에듀윌과 함께 시작하면,
당신도 합격할 수 있습니다!

식품을 전공하고
실전에도 경력을 쌓고 싶은 대학생

취미로 시작해
요리로 미래를 꿈꾸는 직장인

은퇴 후 제2의 인생을 위해
모두 잠든 시간에 책을 펴는 미래의 사장님

누구나 합격할 수 있습니다.
시작하겠다는 '다짐' 하나면 충분합니다.

마지막 페이지를 덮으면

**에듀윌과 함께
합격의 길이 시작됩니다.**

에듀윌로 합격한
찐! 합격스토리

에듀윌 덕분에 조리기능사 필기가 쉬워졌어요!

이○나 합격생

저는 실기는 자신 있었는데 필기가 너무 힘들었어요. 공부할 시간까지 없어서 더 막막했는데 1주끝장(초단기끝장)으로 4일 만에 합격했어요! 우선 이 책은 나오는 부분만 표 위주로 구성되어 있고, 테마가 끝난 후에는 바로 문제가 나와서 공부하기 편했어요. 어려운 테마에는 QR코드를 찍으면 나오는 짧은 토막강의가 있는데, 저에게는 이 강의가 정말 도움이 많이 되었어요. 쉽게 외울 수 있는 방법도 알려주시고, 이해가 안 되는 부분은 원리를 잘 설명해 주셔서 토막강의가 있는 테마는 책으로 따로 공부하지 않고 이동하면서 강의만 반복적으로 들었어요. 시험 당일에는 핸드폰으로 모의고사 3회만 계속 보았는데 여기에서 비슷한 문제가 많이 나왔어요! 덕분에 생각지도 못한 고득점으로 합격했네요! 에듀윌에 정말 감사드려요~

제과·제빵기능사 합격의 지름길, 에듀윌

이○민 합격생

일주일 만에 한 번에 합격했어요. 시간 여유가 없는 직장인에게는 단기간 합격이 제일 중요하죠! 생소한 단어들도 많고, 양도 많아서 막막했지만 단원마다 정리되어 있는 '핵심 키워드'와 '합격팁'으로 집중적으로 공부할 수 있었습니다. 이해하기 어려운 부분은 에듀윌에서 무료로 제공해 주는 동영상 강의로 해결했어요. 그리고 '핵심집중노트'는 시험 보기 전에 꼭 보세요! 딱 세 번만 정독하시면 무조건 합격이에요. 여러분도 합격의 지름길, 에듀윌로 시작하세요.

에듀윌 필기끝장 한 권으로 단기 합격!

김○정 합격생

조리학과 전공이 아니라서 관련된 지식이 아예 없는 상태였습니다. 제과·제빵 학원을 다니면서도 이론이 어렵고 막막했는데, 에듀윌 강의를 보면서 개념을 정리하고 기출문제를 풀고 오답을 정리하며 이해할 수 있었습니다. 책 안 중간 중간에 있는 인생명언으로 긍정적인 에너지를 얻어 공부에 더 집중할 수 있었습니다. 간편하게 들고 다니기 편한 핵심집중노트로 시험보기 직전에 머릿속 내용들을 정리할 수 있어서 좋은 결과로 합격을 했던 것 같습니다. 일을 다니면서 공부 시간이 많이 부족하고 짧았지만 에듀윌 책은 입문자들도 이해하기 쉽게 정리가 잘 되어 있어서 제과·제빵기능사 필기를 빠르게 합격할 수 있었습니다. 감사합니다! 제과·제빵을 처음 공부하시는 분들께 에듀윌 교재 강력 추천입니다.^^

다음 합격의 주인공은 당신입니다!

에듀윌 조리기능사 필기 한권끝장(5종목 통합)
합격 플래너

• 공통편

차례		교재 페이지	공부한 날
SUBJECT 01 위생관리	PART 01 개인위생관리	12	___월 ___일
	PART 02 식품위생관리	16	___월 ___일
	PART 03 주방위생관리	34	___월 ___일
	PART 04 식중독관리	41	___월 ___일
	PART 05 식품위생법 및 관계법규	50	___월 ___일
	PART 06 공중보건	77	___월 ___일
	필기합격 적중문제	102	___월 ___일
SUBJECT 02 안전관리	PART 01 개인안전관리	108	___월 ___일
	PART 02 장비·도구 안전작업	114	___월 ___일
	PART 03 작업환경 안전관리	116	___월 ___일
	필기합격 적중문제	121	___월 ___일
SUBJECT 03 재료관리	PART 01 식품재료의 성분	126	___월 ___일
	PART 02 효소	151	___월 ___일
	PART 03 식품과 영양	154	___월 ___일
	PART 04 저장관리	156	___월 ___일
	필기합격 적중문제	167	___월 ___일
SUBJECT 04 구매관리	PART 01 시장조사 및 구매관리	174	___월 ___일
	PART 02 검수관리	182	___월 ___일
	PART 03 원가	188	___월 ___일
	필기합격 적중문제	192	___월 ___일
SUBJECT 05 기초조리실무	PART 01 조리 준비	198	___월 ___일
	PART 02 식품의 조리 원리	212	___월 ___일
	필기합격 적중문제	243	___월 ___일

• **종목편** * 준비하는 종목만 선택해서 학습하세요!

	차례	교재페이지	공부한 날
SUBJECT 06 한식	PART 01 식생활 문화	250	___월 ___일
	PART 02 밥 조리	263	___월 ___일
	PART 03 죽 조리	267	___월 ___일
	PART 04 국·탕 조리	272	___월 ___일
	PART 05 찌개 조리	280	___월 ___일
	PART 06 전·적 조리	282	___월 ___일
	PART 07 생채·회 조리	287	___월 ___일
	PART 08 조림·초 조리	289	___월 ___일
	PART 09 구이 조리	293	___월 ___일
	PART 10 숙채 조리	296	___월 ___일
	PART 11 볶음 조리	298	___월 ___일
	PART 12 김치 조리	300	___월 ___일
	필기합격 적중문제	302	___월 ___일
SUBJECT 07 양식	PART 01 식생활 문화	308	___월 ___일
	PART 02 스톡 조리	311	___월 ___일
	PART 03 전채·샐러드 조리	314	___월 ___일
	PART 04 샌드위치 조리	322	___월 ___일
	PART 05 조식 조리	327	___월 ___일
	PART 06 수프 조리	331	___월 ___일
	PART 07 육류 조리	334	___월 ___일
	PART 08 파스타 조리	337	___월 ___일
	PART 09 소스 조리	341	___월 ___일
	필기합격 적중문제	344	___월 ___일
SUBJECT 08 중식	PART 01 식생활 문화	350	___월 ___일
	PART 02 절임·무침 조리	359	___월 ___일
	PART 03 육수·소스 조리	363	___월 ___일
	PART 04 튀김 조리	366	___월 ___일
	PART 05 조림 조리	370	___월 ___일
	PART 06 밥 조리	372	___월 ___일
	PART 07 면 조리	374	___월 ___일
	PART 08 냉채 조리	377	___월 ___일
	PART 09 볶음 조리	382	___월 ___일
	PART 10 후식 조리	386	___월 ___일
	필기합격 적중문제	387	___월 ___일

	차례	교재페이지	공부한 날
SUBJECT 09 일식	PART 01 식생활 문화	394	___월 ___일
	PART 02 무침 조리	403	___월 ___일
	PART 03 국물 조리	406	___월 ___일
	PART 04 조림 조리	414	___월 ___일
	PART 05 면류 조리	416	___월 ___일
	PART 06 밥류 조리	422	___월 ___일
	PART 07 초회 조리	426	___월 ___일
	PART 08 찜 조리	428	___월 ___일
	PART 09 롤 초밥 조리	429	___월 ___일
	PART 10 구이 조리	435	___월 ___일
	필기합격 적중문제	438	___월 ___일
SUBJECT 10 복어	PART 01 식생활 문화	444	___월 ___일
	PART 02 복어와 부재료 손질	446	___월 ___일
	PART 03 복어 양념장 준비	449	___월 ___일
	PART 04 복어껍질초회 조리	453	___월 ___일
	PART 05 복어죽 조리	456	___월 ___일
	PART 06 복어튀김 조리	459	___월 ___일
	PART 07 복어회 국화 모양 조리	461	___월 ___일
	PART 08 복어 선별·손질관리	464	___월 ___일
	필기합격 적중문제	467	___월 ___일

특별제공

CBT 모의고사 & 성적분석

QR코드를 활용하여 쉽고 빠른 '문제풀이/채점/성적분석' 경험을 제공합니다.

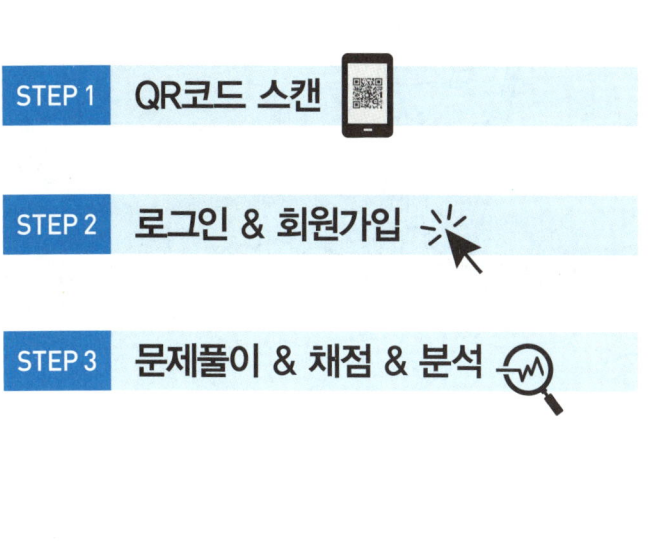

STEP 1 QR코드 스캔

STEP 2 로그인 & 회원가입

STEP 3 문제풀이 & 채점 & 분석

* 한식·양식·중식·일식·복어 공통 출제범위에 해당되는 문제만 제공됩니다.

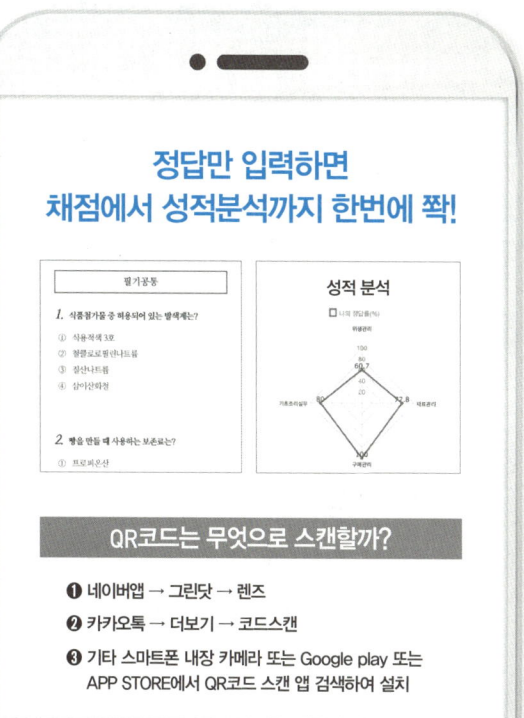

정답만 입력하면 채점에서 성적분석까지 한번에 쫙!

QR코드는 무엇으로 스캔할까?
① 네이버앱 → 그린닷 → 렌즈
② 카카오톡 → 더보기 → 코드스캔
③ 기타 스마트폰 내장 카메라 또는 Google play 또는 APP STORE에서 QR코드 스캔 앱 검색하여 설치

CBT 모의고사 10회 QR코드

01회	02회	03회	04회	05회

eduwill.kr/KYPj	eduwill.kr/fYPj	eduwill.kr/1RPj	eduwill.kr/tRPj	eduwill.kr/eYPj
06회	07회	08회	09회	10회

eduwill.kr/6YPj	eduwill.kr/jYPj	eduwill.kr/xRPj	eduwill.kr/VYPj	eduwill.kr/pYPj

인생은 곱셈이다.

어떤 찬스가 와도 내가 제로라면
아무런 의미가 없다.

– 나카무라 미츠루

에듀윌 조리기능사

필기 한권끝장(5종목 통합)

모의고사 15회분+무료특강

CONTENTS 차례

- 저자소개   6
- 시험안내   7
- 구성과 특징   8

공통편

SUBJECT 01 위생관리
PART 01	개인위생관리	12	PART 02	식품위생관리	16
PART 03	주방위생관리	34	PART 04	식중독관리	41
PART 05	식품위생법 및 관계법규	50	PART 06	공중보건	77
필기합격 적중문제		102			

SUBJECT 02 안전관리
PART 01	개인안전관리	108	PART 02	장비·도구 안전작업	114
PART 03	작업환경 안전관리	116	필기합격 적중문제		121

SUBJECT 03 재료관리
PART 01	식품재료의 성분	126	PART 02	효소	151
PART 03	식품과 영양	154	PART 04	저장관리	156
필기합격 적중문제		167			

SUBJECT 04 구매관리
PART 01	시장조사 및 구매관리	174	PART 02	검수관리	182
PART 03	원가	188	필기합격 적중문제		192

SUBJECT 05 기초조리실무
PART 01	조리 준비	198	PART 02	식품의 조리 원리	212
필기합격 적중문제		243			

종목편
준비하는 종목만 선택해서 학습하세요!

SUBJECT 06　한식

PART 01	식생활 문화	250	PART 02	밥 조리	263
PART 03	죽 조리	267	PART 04	국·탕 조리	272
PART 05	찌개 조리	280	PART 06	전·적 조리	282
PART 07	생채·회 조리	287	PART 08	조림·초 조리	289
PART 09	구이 조리	293	PART 10	숙채 조리	296
PART 11	볶음 조리	298	PART 12	김치 조리	300
필기합격 적중문제		302			

SUBJECT 07　양식

PART 01	식생활 문화	308	PART 02	스톡 조리	311
PART 03	전채·샐러드 조리	314	PART 04	샌드위치 조리	322
PART 05	조식 조리	327	PART 06	수프 조리	331
PART 07	육류 조리	334	PART 08	파스타 조리	337
PART 09	소스 조리	341	필기합격 적중문제		344

SUBJECT 08　중식

PART 01	식생활 문화	350	PART 02	절임·무침 조리	359
PART 03	육수·소스 조리	363	PART 04	튀김 조리	366
PART 05	조림 조리	370	PART 06	밥 조리	372
PART 07	면 조리	374	PART 08	냉채 조리	377
PART 09	볶음 조리	382	PART 10	후식 조리	386
필기합격 적중문제		387			

SUBJECT 09　일식

PART 01	식생활 문화	394	PART 02	무침 조리	403
PART 03	국물 조리	406	PART 04	조림 조리	414
PART 05	면류 조리	416	PART 06	밥류 조리	422
PART 07	초회 조리	426	PART 08	찜 조리	428
PART 09	롤 초밥 조리	429	PART 10	구이 조리	435
필기합격 적중문제		438			

SUBJECT 10　복어

PART 01	식생활 문화	444	PART 02	복어와 부재료 손질	446
PART 03	복어 양념장 준비	449	PART 04	복어껍질초회 조리	453
PART 05	복어죽 조리	456	PART 06	복어튀김 조리	459
PART 07	복어회 국화 모양 조리	461	PART 08	복어 선별·손질관리	464
필기합격 적중문제		467			

실전동형 모의고사	01회	474	02회	486	03회	498	04회	510	05회	522

INTRODUCTION 저자소개

"예비 조리기능사들을 위한 저자의 메시지"

시험 준비를 어떻게 하느냐에 따라 합격으로의 길이 다르게 펼쳐진다는 것을 가르쳐 주고 싶다. 조리기능사 필기시험은 기본적으로 문제은행식이기 때문에 과거의 기출문제와 유사하게 출제되는 경향이 있다. 한식·양식·중식·일식·복어의 필기시험이 각각 시행되어도 공통 범위의 출제 비중이 높으므로 본서의 공통편을 중심적으로 학습하면 좋을 것이다.

본 서는 조리기능사 자격시험에 효과적으로 대비할 수 있도록 다년간의 강의 경험을 바탕으로 각 과목의 개념을 출제기준과 NCS 학습모듈에 기반하여 알기 쉽게 기술하고 이해를 돕기 위한 무료강의를 제공한다. 또한 많은 문제를 통해 이론을 익힐 수 있도록 이론과 함께 볼 수 있는 '바로 확인문제', 공부한 SUBJECT별로 정리할 수 있는 '필기합격 적중문제', 최종 점검용 '실전동형 모의고사 5회분'을 수록하였다. 마지막으로 CBT 시험을 모바일로나마 체험할 수 있도록 'CBT 교재풀이 10회분'을 제공한다. 이 책에는 빠른 합격을 위해 학습 방향과 이해를 돕는 자료를 함께 수록하였으며, 수시로 개정되는 법률을 모두 담았다.

본 서로 조리기능사 필기시험을 준비하는 모든 수험생들이 최소한의 시간을 들여 합격하기를 바란다.

저자 일동

조리기능장 | 김자경
- 세종대학교 대학원 조리·외식경영학과 조리학 박사
- 동원대학교 호텔제과제빵과 전임교수
- 김자경 외식경영연구소 대표
- 조리기능장, 조리기능사 실기 감독위원

조리기능장 | 송은주
- 경기대학교 대학원 외식조리관리학과 관광학 박사
- 백석문화대학교 호텔조리학과 외래교수
- 조리기능장, 조리산업기사, 조리기능사 실기 감독위원
- (사)세종식품연구소 객원연구원
- 유한대학교 호텔외식조리학과 겸임교수

조리기능장 | 김선희
- 호서대학교 대학원 융합공학과 공학 박사
- 이화여자대학교 대학원 크레프트디자인학과 석사 수료
- (재)군포문화재단 군포시 평생학습마을 조리전임
- 단국대학교 대학원 식품영양정보학과 이학 석사
- 혜전대학교 호텔조리계열 겸임교수
- 조리기능장, 조리산업기사, 조리기능사 실기 감독위원

GUIDE 시험안내

※ 시험 정보는 변경될 수 있으니 반드시 시행 기관 홈페이지를 확인하시기 바랍니다.

시행 기관

한국산업인력공단(q-net.or.kr)

시험 응시 절차

| 필기 원서접수 | • 사진(6개월 이내에 촬영한 3.5cm×4.5cm, 120×160픽셀의 JPG 파일) 첨부
• 시험 응시료: 14,500원
• 시험장소 본인 선택(선착순) |

| 필기 시험 | • 신분증, 필기구 지참
• CBT형(시험 종료 즉시 합격 여부 발표)/시험시간 60분 |

| 필기 합격자 발표 | |

| 실기 원서접수 | • 사진(6개월 이내에 촬영한 3.5cm×4.5cm, 120×160픽셀의 JPG 파일) 첨부
• 시험 응시료: 한식 26,900원/양식 29,600원/중식 28,500원/일식 30,800원/복어 35,100원
• 시험장소 본인 선택(선착순) |

| 실기 시험 | • 수험표, 신분증, 수험자 지참 준비물 지참
• 작업형/시험시간 70분 내외(과제별로 상이) |

| 최종 합격자 발표 | |

| 자격증 발급 | [수첩형 자격증] 인터넷 신청 및 우편 배송
[상장형 자격증] 인터넷 신청 및 프린터 출력 |

환불 기준

적용기간	접수기간 중	접수기간 후	회별 시험 시작 4일 전	회별 시험 시작일
환불 적용률	100%	50%	취소 및 환불 불가	

★ 실기시험의 환불 기준일은 수험자가 접수한 시험일이 아닌, 회별 시험의 시작일입니다.
★ 가상계좌의 경우 취소 후 환불되기까지 약 2~7일 정도 소요됩니다.
★ 환불 결과는 별도로 통보되지 않습니다.

STRUCTURE 구성과 특징

STEP 01 SUBJCET별 핵심이론

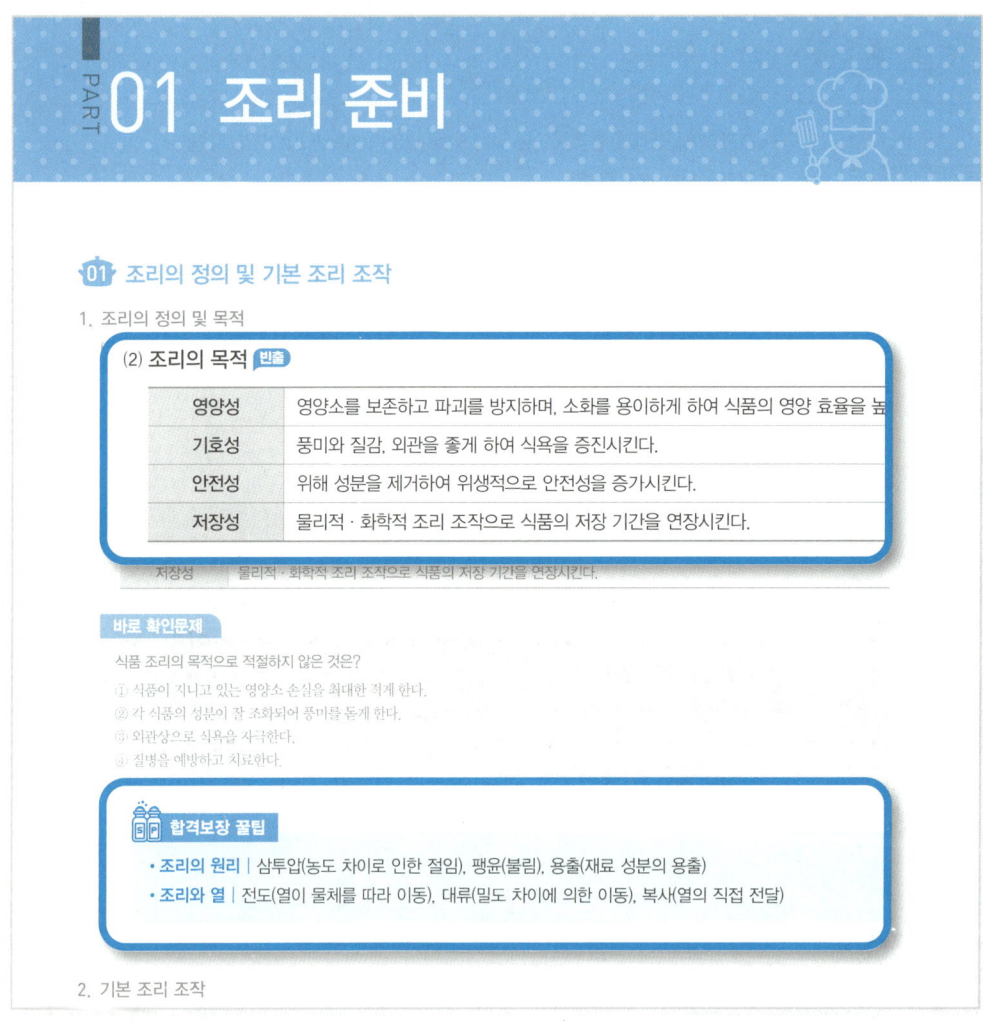

출제기준과 NCS 학습모듈을 이해하기 쉽게 정리하였습니다. '빈출' 표시와 형광펜 표시로 중요한 부분을 확인할 수 있고, 심화적이고도 꼭 필요한 이론은 '합격보장 꿀팁'으로 수록하였습니다.

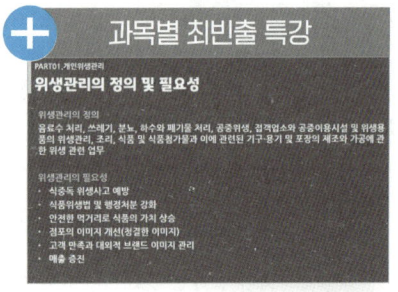

에듀윌 도서몰(book.eduwill.net) – 동영상 강의실에서 '조리기능사'를 검색하세요!

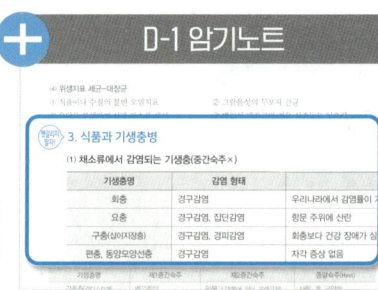

복습할 때 활용하세요!

STEP 02 SUBJCET별 필기합격 적중문제

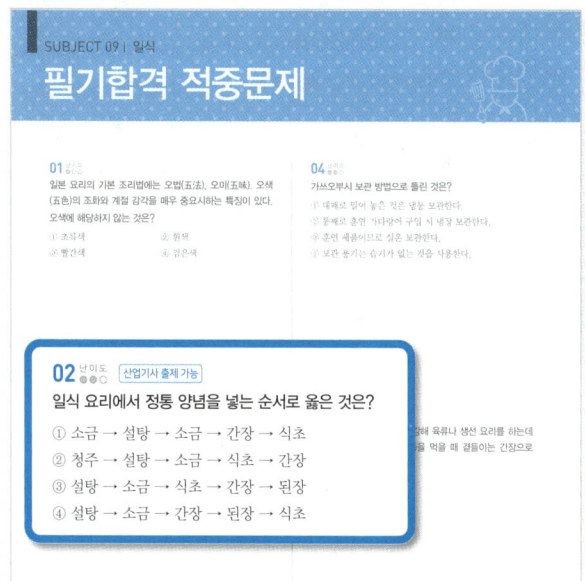

문항별로 난이도를 표시하여 본인의 실력을 확인하고 오답풀이를 통해 정답이 아닌 내용까지 완벽하게 학습할 수 있습니다. '산업기사 출제 가능' 표시로 상위 시험까지 대비 가능합니다.

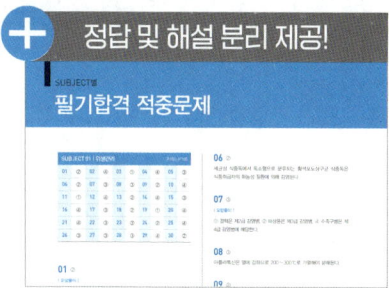

STEP 03 실전동형 모의고사 5회분

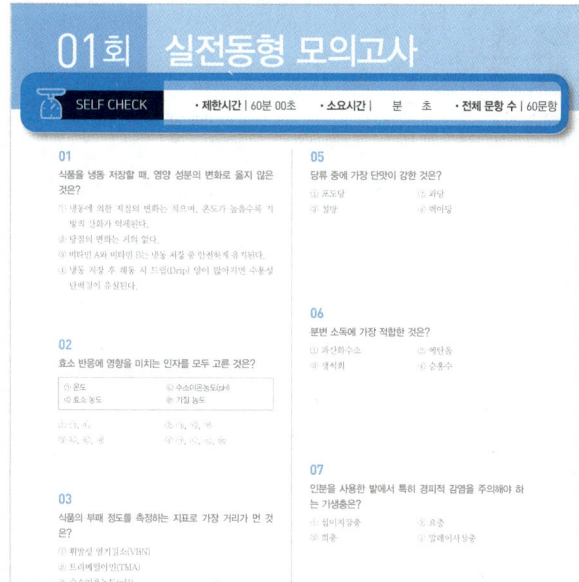

모의고사 5회분으로 최종 마무리할 수 있도록 하였습니다. 문항 구성은 공통편에 이어 종목편(한식 → 양식 → 중식 → 일식 → 복어) 순으로 구성했습니다.

교재 P.1을 확인하세요!

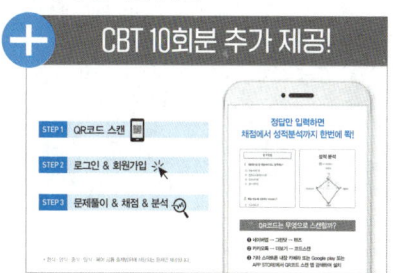

공통편

SUBJECT 01

위생관리

PART 01 개인위생관리 [NCS 능력단위: LM1301010001_21v1.1]

위생관리의 정의와 필요성, 손 씻기 방법을 알고, 개인위생수칙과 위생관리 방법을 숙지한다.

PART 02 식품위생관리 [NCS 능력단위: LM1301010001_21v1.2]

각종 미생물들의 특이점을 구분하여 학습해야 한다. 식품첨가물은 자주 출제되는 주제이므로 식품첨가물의 목적과 종류별 특징, 각각의 유의 사항을 학습한다.

PART 03 주방위생관리 [NCS 능력단위: LM1301010001_21v1.3]

주방위생의 위해 요소를 알고, 작업장 및 조리기구의 위생관리에 대해 학습한다. HACCP의 필요성과 7원칙 12절차에 대해서도 종종 출제되므로 익혀둔다.

PART 04 식중독관리

세균성 식중독, 자연독 식중독, 곰팡이 독소 등 각각의 특이사항과 감염경로, 예방 대책을 구분할 수 있어야 한다. 다소 분량이 많고 낯선 용어가 많은 파트인 만큼 각각의 특징을 잘 구분하여 암기한다.

PART 05 식품위생법 및 관계법규

「식품위생법」에 관한 법률, 시행령, 시행규칙에 대해 학습한다. 「식품위생법」의 목적과 관련 용어들의 정의, 식품첨가물, 조리사·영양사의 면허와 관련된 사항을 숙지한다.

PART 06 공중보건

공중보건의 개념과 대상, 평가지표를 숙지한다. 환경위생을 정의하고, 일광, 조명, 대기오염의 종류와 기준을 학습하며, 하수도의 오염 측정 방법을 학습한다. 각 직업별 질병의 종류를 알고, 질병을 원인별로 분류한다.

PART 01 개인위생관리

01 위생관리 의의

1. 위생관리의 정의
음료수 처리, 쓰레기, 분뇨, 하수와 폐기물 처리, 공중위생, 접객업소와 공중이용시설 및 위생용품의 위생관리, 조리, 식품 및 식품첨가물과 이에 관련된 기구·용기 및 포장의 제조와 가공에 관한 위생 관련 업무를 말한다.

2. 위생관리의 필요성 빈출
① 식중독 위생사고 예방
②「식품위생법」및 행정처분 강화
③ 안전한 먹거리로 식품의 가치 상승
④ 점포의 이미지 개선(청결한 이미지)
⑤ 고객 만족과 대외적 브랜드 이미지 관리
⑥ 매출 증진

02 위생관리 기준

1. 개인위생관리

(1) 상처 및 질병
식품취급자 및 음식조리자는 자신의 건강 상태를 확인하고, 개인위생에 주의를 기울인다.
① 일을 하면 안 되는 경우
- 음식물을 통해 전염 가능한 병원균 보균자인 경우
- 설사, 구토, 황달, 기침, 콧물, 가래, 오한, 발열 등의 증상이 있는 경우
- 콜레라, 장티푸스, 파라티푸스, 세균성 이질, 장출혈성대장균감염증, A형간염에 걸린 경우

② 상급자(점주, 점장, 실장 등)에게 보고 후 작업을 중단해야 되는 경우: 위장염 증상, 부상으로 인한 화농성 질환, 피부병, 베인 부위가 발견된 경우

③ 식품영업에 종사하지 못하는 질병의 종류
- 결핵(비감염성인 경우는 제외)
- 피부병 또는 그 밖의 화농성 질환
- 후천성면역결핍증(성매개감염병에 관한 건강진단을 받아야 하는 영업에 종사하는 사람만 해당)

바로 확인문제

「식품위생법」상 식품영업에 종사하지 못하는 질병의 종류가 아닌 것은?
① 비감염성 결핵   ② 세균성 이질   ③ 장티푸스   ④ 콜레라

|해설|
비감염성 결핵인 경우 조리작업을 해도 무관하다. |정답| ①

- **건강진단의 의무**
  - 영업자·종사자 모두 매 1년마다 1회 이상 건강검진을 받아야 한다.(단, 완전포장된 식품 또는 식품첨가물을 운반하거나 판매하는 일에 종사하는 사람은 제외)
  - 영업자: 종사자를 채용할 때와 정기적 또는 임시로 건강진단을 해야 하며, 건강관리계획을 세우고 종사자의 건강진단 정보 등을 기록해 두어야 한다. 건강상 문제가 있는 자는 식품을 취급하는 데 종사시켜서는 안 된다.
  - 종사자: 질병에 걸린 경우 신속하게 책임자에게 신고를 하고 건강 상태에 충분히 주의를 기울여 건강 유지 및 관리에 노력해야 한다.

(2) 개인위생수칙

① 작업장에 들어가기 전에 보호구(모자, 작업복, 앞치마, 신발, 장갑, 마스크 등)의 상태를 확인한 후 착용한다.
② 작업장에서 사용하는 모든 설비 및 도구는 항상 청결한 상태로 유지하고, 작업장 내에서의 교차오염 또는 2차 오염의 발생을 방지한다.
③ 작업장 내에서는 흡연, 껌 씹기, 음식물 먹기 등의 행위를 하지 않는다.
④ 작업장의 출입은 반드시 지정된 출입구를 이용해야 하며, 허가를 받지 않은 자는 작업장에 출입하지 않도록 한다.
⑤ 작업장 내에서는 지정된 이동 경로를 따라 이동한다.
⑥ 불필요한 개인용품(음식물, 담배, 장신구 등)을 반입하지 않는다.

(3) 개인위생관리 방법

① 정기적인 진단 이외에도 수시로 감염병 예방접종을 하고, 작업 중 발생하는 건강 이상에 대해서는 즉시 진료를 받는다.
② 주기적으로 위생교육을 받고 교육에 대한 효과를 확인받는다.
③ 음식을 조리하기 전후로 손을 깨끗하게 씻는다.

(4) 개인복장의 위생관리

두발 및 용모	• 조리실(주방) 내에서 근무하는 모든 종업원은 위생모를 착용하고, 위생모 밖으로 머리카락이 노출되지 않도록 한다. • 남자 종업원은 수염이 보이지 않도록 깨끗이 면도한다. • 머리, 손톱 등의 용모는 항상 단정하고 청결하게 유지한다.
위생복	• 조리 시에는 항상 청결한 위생복을 착용한다. • 바지는 줄을 세워 입고 긴바지를 착용한다. • 상의는 소매가 너무 넓은 것을 피하고 소매 길이가 짧아 팔이 외부로 노출되지 않도록 한다.(화상 위험 감소) • 최소한 두 벌을 보유하고 세척과 다림질을 습관화한다. • 앞치마는 조리용, 서빙용, 세척용으로 용도에 따라 색상을 달리하거나 구분하여 사용한다.(교차오염 방지) • 기침이나 재채기를 통한 세균의 오염을 방지하기 위해 필요시 위생마스크를 사용한다.
액세서리 및 화장	• 시계, 반지, 목걸이, 귀걸이, 팔찌 등 장신구를 착용하지 않는다. • 손톱 밑은 이물질이 끼거나 세균이 잠복하기 쉽기 때문에 손톱은 항상 짧고 청결하게 유지한다. • 손톱에 매니큐어나 광택제를 칠하면 안 되며, 인조 손톱을 부착하지 않는다. • 진한 화장(인조 속눈썹 포함)과 강한 향수의 사용은 피한다.
위생화	• 종업원은 매장 내에서 슬리퍼를 착용하지 않는다.(부상 위험 방지) • 주방 내에서는 전용 작업화(위생화)를 착용하고 외부 출입 시에는 반드시 소독 발판에 작업화를 소독한다.
장갑	• 음식이나 식재료 취급 시 손이 직접 접촉되지 않도록 위생장갑을 착용한다. • 위생장갑은 전처리용, 조리용, 설거지용, 청소용 등으로 용도에 따라 구분하여 관리한다.(교차오염 방지) • 1회용 위생장갑(라텍스, 폴리에틸렌, 비닐 등의 소재)은 수시로 새것으로 교체하여 사용한다. • 위생장갑의 소매 끝에서 피부가 노출되지 않도록 한다.
머플러	• 주방에서 상해 발생 시 응급조치용으로 사용한다. • 단정하고 깔끔하게 유지한다.

합격보장 꿀팁

- **소독 발판 설치 및 관리 방법**
  - 각 작업장, 가공실, 위생실 입구에 위생화 소독 발판을 설치한다.
  - 1일 2회 이상 소독 발판의 청결 상태 및 소독약품 첨가 유무를 점검한다.
  - 청결 상태가 부적합한 경우 즉시 소독약품을 교환한다.

바로 확인문제

조리장 내 복장에 대한 설명으로 틀린 것은?
① 음식을 서빙할 때 위생마스크를 착용한다.
② 조리실 내에 근무하는 모든 종업원은 모발이 외부로 노출되지 않도록 위생모를 착용한다.
③ 비용 절감을 위해 1회용 위생장갑은 세척하여 사용한다.
④ 음식에 혼입될 수 있는 반지, 목걸이, 귀걸이는 착용하지 않는다.

|해설|
1회용 위생장갑은 교차오염을 방지하기 위해 교체하여 사용한다.

|정답| ③

(5) 손 위생관리

① 손을 반드시 씻어야 하는 경우 빈출
- 음식 조리하기 전
- 식품취급 전, 취급하는 식재료가 바뀔 때마다, 육류/어류/난류 등의 날것을 만진 후
- 화장실 이용 및 외출 후
- 신체의 일부를 만졌을 때나 코를 풀거나 재채기, 기침을 한 경우
- 반려동물이나 휴대전화, 쓰레기, 오물을 만졌을 때
- 담배를 피운 후
- 기구나 설비를 사용하기 전후, 쓰레기를 버린 후

② 손 씻기 8단계

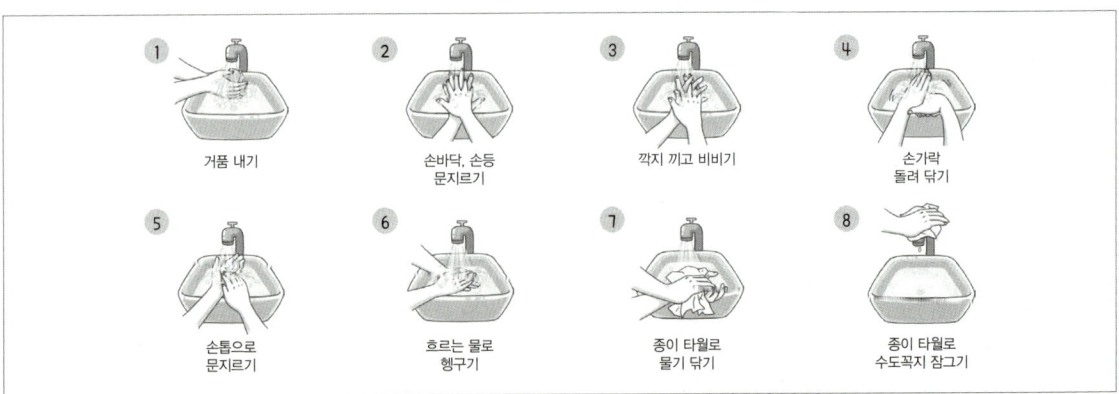

1. 거품 내기
2. 손바닥, 손등 문지르기
3. 깍지 끼고 비비기
4. 손가락 돌려 닦기
5. 손톱으로 문지르기
6. 흐르는 물로 헹구기
7. 종이 타월로 물기 닦기
8. 종이 타월로 수도꼭지 잠그기

③ 식품취급자의 손 씻기 방법
- 손 씻기를 철저히 하기만 해도 질병의 60% 정도는 예방할 수 있다.
- 손 씻기 전에 손톱을 깎고, 시계, 반지 등을 뺀다.
- 충분한 양의 비누를 사용하고 식품취급자는 비누로 세척 후 역성비누를 사용하는 것이 좋다.
- 팔꿈치에서 손까지 깨끗하게 씻는다.
- 왼 손바닥으로 오른 손등을 씻고, 오른 손바닥으로 왼 손등을 씻는다.
- 흐르는 물에 비눗물을 충분히 씻는다.

 **합격보장 꿀팁**

- **비누** | 물에 씻어 흘려 없애고, 더러운 먼지와 같은 것을 제거하는 작용을 한다.
- **역성비누** | 약한 살균 작용이 있다. 냄새가 없고 독성이 적으나 세척력이 약하다.

바로 확인문제

식품취급자가 손을 씻는 방법으로 적합하지 않은 것은?
① 많이 더러운 손을 씻을 때에는 역성비누만을 사용한다.
② 팔꿈치에서 손까지 깨끗하게 씻는다.
③ 비누로 손을 씻은 후 흐르는 물에 비눗물을 충분히 씻는다.
④ 손 씻기 전에 손톱을 깎고 시계, 반지 등을 뺀다.

| 해설 |
역성비누는 세척력이 약하므로 식품취급자는 비누로 세척 후 역성비누를 사용하는 것이 좋다.

| 정답 | ①

2. 개인 외의 위생관리

(1) 식품취급 시 위생관리
① 식품은 항상 청결하고 위생적으로 취급하여 병원미생물, 먼지, 유해물질 등에 의하여 오염되지 않도록 한다.
② 식품종사자의 손에 의하여 식품이 오염되거나 병원균, 유독물질 등을 혼입시키는 일이 없도록 주의를 기울인다.
③ 조리된 식품을 보관할 때 사람의 손, 파리, 바퀴벌레, 쥐, 먼지 등에 의하여 오염되는 일이 없도록 한다.
④ 살충제, 살균제, 기타 유독 약품류는 보관 시 식품과 철저히 구분하여 식품첨가물로 오용하는 일이 없도록 주의한다.

(2) 작업장의 위생관리
① 바닥 부분은 배수의 흐름으로 인한 교차오염이 없어야 하고, 파손, 구멍이 나거나 침하된 곳이 없도록 한다.
② 내벽 부분은 파손, 구멍이 없으며 물이 새지 않고, 배관, 환기구 등의 연결 부위가 밀폐되어 있어야 한다.
③ 가동장치와 벽 사이의 복도 및 작업 공간은 작업자의 원활한 작업과 오염 방지를 위해 적당한 폭을 유지한다.
④ 문과 창문에는 유리의 파손이나 틈이 없으며, 금이 간 곳이 없어야 하고 유리 파손에 의한 오염을 방지하기 위해 코팅 처리를 한다.
⑤ 조명에는 형광등 파손에 의해 유리조각이 흩어지는 것을 방지하기 위해 보호커버를 설치한다.
⑥ 작업실 조도는 정해진 기준 이상으로 유지한다.
⑦ 작업장의 환기 상태와 구역별 공기 흐름 상태, 급·배기시설의 관리 상태가 양호해야 한다.
⑧ 배관은 배관의 용도별로 구분하고 적절한 재질로 패킹하여 파손으로 인해 제품이 오염되지 않도록 한다.

바로 확인문제

조리작업장의 위치 선정 조건으로 적합하지 않은 것은?
① 보온을 위해 지하인 곳
② 통풍이 잘 되며 밝고 청결한 곳
③ 음식의 운반과 배선이 편리한 곳
④ 재료의 반입과 오물의 반출이 쉬운 곳

| 해설 |
지하에 조리작업장이 위치하면 통풍과 채광이 좋지 않기 때문에 적합하지 않다.

| 정답 | ①

PART 02 식품위생관리

01 식품위생의 개관

1. 식품위생의 의의

(1) **식품위생의 정의**
① 세계보건기구(WHO)의 정의: 식품위생이란 식품의 생육(재배), 생산, 제조로부터 유통 과정을 거쳐 최종적으로 사람이 섭취하기까지의 모든 수단에 대한 위생을 말한다.
② 우리나라「식품위생법」상의 정의: 식품위생이란 식품, 식품첨가물, 기구 또는 용기·포장을 대상으로 하는 음식에 관한 위생을 말한다.

(2) **식품위생의 대상**
식품, 식품첨가물, 기구 또는 용기·포장 등 음식에 관한 전반적인 것을 말한다.

(3) **식품위생의 목적** 〔빈출〕
① 식품으로 인하여 생기는 위생상의 위해를 방지한다.(식품의 안전성 확보)
② 식품에 관한 올바른 정보를 제공한다.
③ 식품영양의 질적 향상을 도모한다.
④ 국민보건의 증진에 이바지한다.

바로 확인문제

식품위생의 목적으로 가장 적합한 것은?
① 식품 제조 방법 개발
② 식품 생산량 증대
③ 식품의 안전성 확보
④ 식품의 맛 향상

|해설|
식품위생의 목적에는 식품으로 인하여 생기는 위생상의 위해 방지(식품의 안전성 확보), 식품에 관한 올바른 정보 제공, 식품영양의 질적 향상이 있다. 이를 통해 국민보건의 증진에 이바지하는 것이 식품위생의 궁극적인 목적이다.
|정답| ③

---

2. 식품위생 관련 행정기구

중앙기구	식품의약품안전처	「식품위생법」에 그 기초를 두고 식품위생 행정업무를 총괄·관장·지휘·감독한다.
	질병관리청	• 각종 질병의 원인 규명을 위한 연구를 한다. • 보건·복지 분야 종사자의 교육훈련을 실시한다. • 새로운 진단법 및 백신을 개발한다. • 식품위생행정에 대한 조사, 연구 및 검사를 한다.
지방기구	특별시, 광역시, 각 구청·군청의 보건위생과	• 식품위생 감시원을 배치하여 일선 업무를 담당한다. • 식품위생에 대한 지도, 감독 업무를 한다.
	시·도의 보건환경연구원	식품의 위생 검사를 실시한다.
	보건소	• 관할 영업소 종사자에 대한 건강진단 및 위생 강습을 실시한다. • 식중독 발생 보고 및 역학조사를 한다.

02 미생물의 종류와 특성

1. 미생물의 구분 [빈출]

종류	형태	특징
곰팡이(Mold)	진균에 속하며 균사체를 가진 다세포 미생물	• 포자법으로 증식한다. • 건조한 상태에서도 증식이 가능하다.
효모(Yeast)	구형, 타원형, 균사형, 소시지형	• 출아법으로 증식한다. • 곰팡이와 세균의 중간 크기이다. • 통성혐기성균(산소의 유무에 관계없이 증식)이다.
스피로헤타 (Spirochaeta)	나선형, 단세포생물과 다세포생물의 중간 형태	스피로헤타의 감염균으로는 매독균, 회귀열이 있다.
세균(Bacteria)	구균, 간균, 나선균	2분법으로 증식한다.
리케차 (Rickettsia)	원형, 타원형	• 세균과 바이러스의 중간 크기이다. • 2분법으로 증식한다. • 살아있는 세포 속에서만 증식한다. • 발진티푸스·양충병·큐열을 일으키는 병원성 미생물이다.
바이러스 (Virus)	세균여과기를 통과하는 여과성 미생물로, 미생물 중 크기가 가장 작은 형태	살아있는 세포 속에서만 증식한다.

> **합격보장 꿀팁**
> • 미생물의 크기 | 곰팡이 > 효모 > 스피로헤타 > 세균 > 리케차 > 바이러스

2. 미생물 생육의 조건 [빈출]

(1) **영양소**

질소원(아미노산, 무기질소), 탄소원(당질), 무기염류, 비타민 등이 필요하다.

(2) **수분**

미생물의 몸체를 구성하고 생리 기능을 조절하는 성분으로, 미생물의 발육·증식에는 40% 이상의 수분이 필요하다.

(3) **온도**

균의 종류에 따라 발육 온도가 다르며, 0℃ 이하나 80℃ 이상에서는 대부분의 미생물의 발육이 억제된다.

| 온도에 따른 미생물의 분류

구분	특징	최적 증식 온도
저온균	저온에서 보존 식품에 부패를 일으키는 세균이다.	15~20℃
중온균	대부분이 병원균이며, 세균에 의해 식품의 부패가 발생한다.	25~37℃
고온균	온천수에서 서식하는 세균이다.	50~60℃

> **합격보장 꿀팁**
> • 미생물 증식의 3대 조건 | 영양소, 수분, 온도
> • 미생물 생육에 필요한 최저 수분활성도(Aw) | 세균(0.90~0.95) > 효모(0.88) > 곰팡이(0.65~0.80)

> **바로 확인문제**
>
> 미생물의 생육에 필요한 수분활성도의 크기로 옳은 것은?
>
> ① 세균 > 효모 > 곰팡이 ② 곰팡이 > 세균 > 효모 ③ 효모 > 곰팡이 > 세균 ④ 세균 > 곰팡이 > 효모
>
> |해설|
> 미생물의 생육에 필요한 최저 수분활성도(Aw)는 세균(0.90~0.95) > 효모(0.88) > 곰팡이(0.65~0.80)의 순이다. |정답| ①

(4) 수소이온농도(pH)

곰팡이·효모	최적 pH 4~6의 약산성에서 생육이 활발하다.
세균	최적 pH 6.5~7.5의 중성 또는 약알칼리성에서 생육이 활발하다.

(5) 산소

미생물은 산소의 필요도에 따라 호기성 미생물과 혐기성 미생물로 구분된다.

산소 필요도에 따른 분류

구분	정의	예
호기성 미생물	산소를 필요로 하는 균	곰팡이, 효모, 식초산균, 바실러스(Bacillus), 방선균, 마이크로코커스속(Micrococcus속)
혐기성 미생물	산소를 필요로 하지 않는 균	낙산균, 클로스트리디움
	산소의 유무에 관계없이 발육하는 균(통성혐기성 미생물)	젖산균, 효모
	산소를 절대적으로 기피하는 균(편성혐기성 미생물)	보툴리누스균, 웰치균

3. 미생물에 의한 식품의 변질

(1) 식품의 변질

① 정의: 식품을 적절히 보존하지 않아 여러 가지 환경 요인으로 성분이 변화되어 영양소가 파괴되고, 향기나 맛이 손상되어 식품 원래의 특성을 잃게 되는 상태를 말한다.

② 식품 변질의 요인
- 생물학적 요인: 미생물에 의한 발효 및 부패
- 화학적 요인: 산화와 수소이온농도
- 물리적 요인: 온도, 수분, 빛

(2) 변질의 종류

① 후란(Decay): 단백질 식품이 호기성 미생물에 의해 변질되는 현상을 말한다.

② 변패(Deterioration): 단백질 이외의 식품(당질, 지질 등)이 미생물에 의해 분해되어 산미를 생성하는 현상을 말한다.

③ 산패(Rancidity): 유지 성분이 공기 중에 오래 방치되었을 때 산소, 광선, 금속 등에 의해 산화가 되어 불쾌한 냄새를 형성하며 변질되는 현상을 말한다.

④ 발효(Fermentation): 탄수화물이 미생물의 분해 작용에 의해 알코올과 각종 유기산 등을 생성하는 현상을 말한다.(인간에게 유용한 물질을 생성하는 과정)

⑤ 부패(Putrefaction): 단백질 식품이 혐기성 미생물의 작용에 의해 분해되어 악취가 나고 인체에 유해한 물질이 생성되는 현상을 말한다.

식품의 부패 판정

관능 검사	시각, 촉각, 미각, 후각을 이용한 식품의 부패 판정 방법이다.
생균수 검사	식품 1g당 $10^7 \sim 10^8$일 때 초기 부패로 판정한다.
수소이온농도(pH)	pH $6 \sim 6.2$일 때 초기 부패로 판정한다.
트리메틸아민(TMA)	어류의 신선도 검사로 식품 100g당 $3 \sim 4$ mg%이면 초기 부패로 판정한다.
휘발성 염기질소(VBN) 측정	식품 100g당 어육의 신선도 검사이다. • 신선육: 식품 100g당 $10 \sim 20$ mg% • 초기 부패: 식품 100g당 $30 \sim 40$ mg% • 부패육: 식품 100g당 50mg% 이상
히스타민(Histamine)	단백질 분해 산물인 히스티딘(Histidine)에서 생성되며, 히스타민의 함량이 낮을수록 신선하다. 어육에 $4 \sim 10$ mg% 축적되면 알레르기를 일으킨다.

바로 확인문제

어육의 초기 부패 시에 나타나는 휘발성 염기질소의 양은? (식품 100g당 기준)

① $5 \sim 10$ mg% ② $15 \sim 25$ mg% ③ $30 \sim 40$ mg% ④ 50mg% 이상

|해설|
어육의 초기 부패를 판정하는 휘발성 염기질소의 양은 식품 100g당 $30 \sim 40$ mg%이다. |정답| ③

합격보장 꿀팁

• **부패취** | 암모니아, 황화수소, 인돌, 메르캅탄, 아민 등으로 생성되어 발생하는 악취를 말한다.

바로 확인문제

식품의 변화 현상에 대한 설명 중 틀린 것은?
① 산패 – 유지 식품의 지방질 산화
② 발효 – 화학물질에 의한 유기 화합물의 분해
③ 변질 – 식품의 품질 저하
④ 부패 – 단백질과 유기물이 부패 미생물에 의해 분해

|해설|
발효는 탄수화물이 미생물의 분해 작용에 의해 알코올과 각종 유기산 등을 생성하는 현상이다. |정답| ②

4. 미생물의 관리

(1) 물리적 방법

① 건조법

구분	내용	종류
일광건조법	햇빛에 말리는 방법으로 변색이 된다는 단점이 있다.	농산물, 김, 곡류
배건법	직접 불로 건조시키는 방법으로 식품의 향미를 증가시킨다.	보리차, 찻잎, 담배
열풍건조법	가열된 공기로 식품을 건조시키는 방법으로 품질 변화가 적다.	육류, 어류
분무건조법	액체를 분무하여 열풍건조시키는 방법이다.	분유, 분말 주스, 액상 식품 건조
자연동건법	겨울철에 낮에는 해동·건조, 밤에는 동결시키는 방법이다.	한천, 당면, 북어

> **바로 확인문제**
>
> 다음 중 분유, 분말 주스, 액상 식품 건조에 이용되는 건조법은?
> ① 배건법　　　　② 일광건조법　　　　③ 분무건조법　　　　④ 열풍건조법
>
> |해설|
> 분무건조법은 액체를 분무하여 열풍건조시키는 방법이다.　　　　|정답| ③

② 냉각법

구분	내용	종류
냉동법	−40℃에서 급속 동결하여 −20℃에서 저장하는 방법이다.	육류, 어패류
냉장법	0~4℃에서 얼지 않을 정도로 저장하는 방법이다.	과일, 채소, 육류
냉동건조법	−30℃ 이하로 냉동시켜 저온에서 건조시키는 방법이다.	한천, 건조두부, 당면
움저장법	땅 속에 움을 만들어 10℃ 정도에서 저장하는 방법이다.	각종 채소, 감자, 고구마, 김치

③ 가열살균법: 미생물 증식과 자기소화를 방지하는 방법이다.

구분	내용	종류
저온살균법(LTLT)	61~65℃에서 약 30분 가열살균 후 냉각하는 방법이다.	우유, 주스, 간장, 소스, 술
고온단시간살균법(HTST)	70~75℃에서 15~30초 가열살균 후 냉각하는 방법이다.	우유, 과즙
고온장시간살균법(HTLT)	95~120℃에서 약 60분 가열살균하는 방법이다.(냉각 처리 ×)	통조림
초고온순간살균법(UHT)	130~140℃에서 1~2초 가열살균 후 냉각하는 방법이다.	우유, 과즙

④ 조사살균법: 자외선이나 방사선을 이용하여 미생물을 사멸시키는 방법이다.

구분	내용	종류
자외선살균법	2,500~2,800Å(자외선)의 파장으로 살균하는 방법이다.	기구, 음료수, 분말식품, 식품 표면
방사선살균법	^{60}Co(코발트 60), ^{137}Cs(세슘 137) 등에서 γ선(감마선)을 방출하여 식품에 조사하는 방법으로 감자 등에 뿌리나 싹이 나는 것을 억제한다.	곡류, 청과물, 축산물

> **바로 확인문제**
>
> 감자, 고구마 및 양파와 같은 식품에 뿌리가 나고 싹이 트는 것을 억제하는 효과가 있는 것은?
> ① 자외선살균법　　　② 적외선살균법　　　③ 일광소독법　　　④ 방사선살균법
>
> |해설|
> 방사선살균법은 방사선을 방출하여 살균하는 방법으로 곡류, 청과물, 축산물의 살균 처리 시 이용한다.　　　　|정답| ④

(2) 화학적 방법

구분	내용	종류
염장법 (Salting)	부패하기 쉬운 식품을 소금에 절여 보존하는 방법이다.(소금 농도 10% 이상 이용)	해산물, 채소류, 소금절임, 육류
당장법 (Sugaring)	설탕의 삼투압을 이용하여 세균의 증식을 억제하는 방법이다.(설탕 농도 50% 이상 이용)	잼, 젤리
산저장법 (Pickling)	초산·젖산·구연산을 이용하여 식품을 저장하는 방법이다.(초산 농도 3~4% 이상 이용)	피클, 장아찌

> **합격보장 꿀팁**
>
> - **염장법(Salting)**
>   - 물간법: 식품을 적당한 농도의 소금 용액에 담가 두는 방법(생선류)
>   - 마른간법: 생선의 표면에 소금을 직접 뿌려 간을 하는 방법(생선류)
>   - 압착염장법: 물간법에 돌같이 무거운 것을 얹어 가압하면서 염장하는 방법(생선류)
>   - 염수주사법: 신속한 염장을 위해 어육에 염수를 주사한 후 일반 염장법으로 저장하는 방법(햄, 베이컨 등)

(3) 복합적 처리 방법

구분	내용	종류
훈연법	수지가 적은 나무(참나무, 벚나무, 떡갈나무)를 불완전 연소시켜서 발생하는 연기를 육류, 어류에 그을려 저장하는 방법이다.	햄, 베이컨, 소시지
염건법	소금을 첨가한 후 건조시켜서 저장하는 방법이다.	굴비
밀봉법	밀봉 용기에 식품을 넣어 수분의 증발·흡수·해충의 침범·산소의 통과를 막아 보존하는 방법이다.	통조림, 진공포장, 레토르트 파우치
CA 저장법 (가스저장법)	대기의 가스 조성을 인공적으로 조정하여 식품의 호흡 작용, 산화 작용 등에 의한 성분 변화를 방지하는 방법이다.(질소, 이산화탄소 이용)	채소, 과일, 달걀, 곡류

> **바로 확인문제**
>
> 다음 중 보존성을 높이기 위한 저장 방법과 이에 적합한 식품의 연결이 틀린 것은?
> ① 밀봉법 – 통조림, 진공포장, 레토르트 파우치
> ② 훈연법 – 햄, 베이컨, 소시지
> ③ CA 저장법 – 채소, 과일, 달걀, 곡류
> ④ 염건법 – 잼, 젤리
>
> |해설|
> 염건법은 소금을 첨가한 후 건조하는 방법으로, 적합한 식품에는 굴비가 있다. 잼과 젤리는 당장법에 적합한 식품이다. |정답| ④

5. 위생지표 세균 – 대장균(Escherichia Coli)

현실적으로 병원성 세균을 모두 검사한다는 것은 불가능하므로 위생지표 세균(보통 대장균 사용)을 통해 식품의 안전성을 간접적으로 평가한다.
① 식품이나 수질의 분변 오염지표이다.
② 그람음성의 무포자 간균이다.
③ 유당을 분해하여 산과 가스를 생산한다.
④ 병원성 대장균의 경우 식중독을 일으킨다.

> **합격보장 꿀팁**
>
> - **병원성 미생물** | 사람에게 병을 일으키는 미생물
> - **비병원성 미생물** | 사람에게 병을 일으키지 않는 미생물
>   - 유해한 미생물: 식물의 부패나 변패의 원인이 되는 미생물
>   - 유익한 미생물: 주류(양조)나 장류(발효) 등으로 유익하게 이용되는 미생물

03 식품과 기생충병

1. 기생충의 일반 분류

선충류	회충, 요충, 구충(십이지장충), 편충, 동양모양선충, 사상충, 선모충, 아니사키스충(고래회충)
흡충류	간흡충, 폐흡충, 요코가와흡충, 이형흡충, 극구흡충, 주혈흡충, 간질, 비대흡충
조충류	유구조충, 무구조충, 광절열두조충, 만손열두조충
원충류	이질아메바원충, 말라리아원충

2. 매개체별 기생충의 분류 빈출

(1) 채소류에서 감염되는 기생충(중간숙주 ×)

기생충명	감염 형태	특징
회충	경구감염	우리나라에서 감염률이 가장 높다.
요충	경구감염, 집단감염	항문 주위에서 산란한다.
구충(십이지장충)	경구감염, 경피감염	회충보다 건강 장애가 심하며, 구제가 잘 되지 않는다.
편충, 동양모양선충	경구감염	자각 증상이 없다.

바로 확인문제

오염된 토양에서 맨발로 작업할 경우 감염될 수 있는 기생충은?
① 회충　　　　② 간흡충　　　　③ 폐흡충　　　　④ 구충

|해설|
구충은 분변을 비료로 사용하여 오염된 토양이나 하수로부터 경구감염, 경피감염되므로 맨발 작업을 금지한다.　　|정답| ④

(2) 어패류에서 감염되는 기생충(중간숙주 2개)

기생충명	제1중간숙주	제2중간숙주	종말숙주(Host)
간흡충(간디스토마)	왜우렁이	민물고기(붕어, 잉어, 모래무지)	사람, 개, 고양이
폐흡충(폐디스토마)	다슬기류	가재, 민물게	사람, 개, 고양이
고래회충(아니사키스충)	해산갑각류(크릴새우)	해산어류, 오징어, 문어	해산포유류(고래, 돌고래, 바다표범)
요코가와흡충(횡천흡충)	다슬기류	민물고기(은어, 붕어, 잉어)	사람, 개, 고양이, 돼지
광절열두조충(긴촌충)	물벼룩	민물고기(송어, 연어, 숭어, 농어)	사람, 개, 고양이, 여우
유극악구충	물벼룩	가물치, 메기, 뱀장어, 양시류, 파충류, 조류, 갑각류, 포유동물	돼지, 고양이, 개, 야생동물

(3) 육류에서 감염되는 기생충(중간숙주 1개)

기생충명	중간숙주
무구조충(민촌충)	소
유구조충(갈고리촌충)	돼지
선모충	돼지, 개
톡소플라즈마	돼지, 개, 고양이
만손열두조충	뱀, 개구리

> **바로 확인문제**
>
> 다음 중 중간숙주의 단계가 하나인 기생충은?
> ① 간디스토마　　② 페디스토마　　③ 무구조충　　④ 광절열두조충
>
> |해설|
> 무구조충은 소를 중간숙주로 하며 중간숙주의 단계가 하나이다.　　|정답| ③

 **합격보장 꿀팁**

- 인간이 중간숙주인 기생충 | 말라리아

3. 기생충의 예방 대책
① 육류나 어패류는 날것으로 먹지 않고 충분히 익혀 먹는다.
② 야채류는 희석한 중성세제로 세척한 후 흐르는 물에 여러 차례 세척한다.
③ 인분을 비료로 사용하지 않고, 안전한 화학비료를 사용한다.
④ 중간숙주나 매개체를 박멸한다.
⑤ 개인위생을 철저히 한다.
⑥ 물을 위생적으로 처리하고 조리기구를 소독하여 재감염을 차단한다.

4. 식품과 위생동물

(1) 위생동물의 정의
식품에 침입하거나 번식하여 식품의 외관 손상 및 식품 오염을 발생시키고 병원체를 확산시켜 인체에 해를 주는 것으로, 위생해충을 포함한다.

(2) 위생동물별 질병

파리, 바퀴벌레	세균성 소화기감염증(장티푸스, 파라티푸스, 세균성 이질, 세균성 식중독, 소아마비, 결핵, 콜레라)
쥐	세균성 식중독, 페스트, 유행성출혈열, 쯔쯔가무시증(양충병), 와일씨병, 아메바성 이질, 사교증, 살모넬라증, 발진열
진드기	유행성출혈열, 재귀열, 쯔쯔가무시증(양충병)
벼룩	페스트, 발진열, 재귀열
이	발진티푸스, 재귀열, 참호열 등
모기	말라리아, 일본뇌염, 황열, 사상충증(토고숲모기, 중국얼룩날개모기), 뎅기열

> **바로 확인문제**
>
> 위생동물을 매개로 간접 전파되는 감염병과 가장 거리가 먼 것은?
> ① 재귀열　　② 말라리아　　③ 인플루엔자　　④ 쯔쯔가무시증
>
> |해설|
> 인플루엔자는 기침이나 재채기 등으로 감염되는 비말감염이다.　　|정답| ③

(3) 위생동물의 예방 대책
① 발생원 및 서식처를 제거하여 환경을 청결히 한다.
② 발생 초기에 구충, 구서하여 개체의 확산을 방지한다.
③ 위생동물(위생과 해충 포함)의 서식 습성에 따라 동시에 광범위하게 구제법을 실시한다.
④ 트랩 등의 방충시설을 이용하고, 온도와 습도를 조절하여 위생동물의 침입을 예방한다.

04 살균 및 소독의 종류와 방법

1. 살균·소독 등의 정의 빈출

살균	미생물(세균, 효모, 곰팡이)에 물리적·화학적 자극을 가하여 미생물의 세포를 사멸시키는 것
소독	병원성 미생물의 생활을 파괴하여 감염력을 약화시키는 것
방부	미생물의 증식을 억제하고 식품의 부패나 발효를 방지하는 것
멸균	비병원균, 병원균 등의 미생물을 아포까지 사멸시켜 무균 상태로 만드는 것

합격보장 꿀팁

- **소독력의 크기** | 멸균 > 살균 > 소독 > 방부

바로 확인문제

다음 중 미생물에 작용하는 소독력의 강도 순서로 옳은 것은?

① 방부 > 소독 > 살균 > 멸균
② 멸균 > 살균 > 소독 > 방부
③ 살균 > 소독 > 멸균 > 방부
④ 소독 > 방부 > 멸균 > 살균

|해설|
미생물에 작용하는 소독력의 크기는 '멸균 > 살균 > 소독 > 방부' 순이다.

|정답| ②

2. 살균·소독의 종류 및 방법

(1) 물리적 살균·소독법

① 비열 처리법(무가열 처리법)

자외선멸균법 (자외선조사)	• 일광소독(실외소독)이자 자외선소독(실내소독) 방법이다. • 침투성이 없어 표면에 한정하여 사용한다. • 도르노선(파장 2,800~3,200Å)에서 살균력이 높다. • 단백질이 공존하는 경우 살균 효과가 감소한다.
방사선살균법 (방사선조사)	• ^{60}Co(코발트 60), ^{137}Cs(세슘 137) 등에서 발생하는 방사선을 방출하여 살균하는 방법이다. • 침투성이 커서 포장된 식품이나 대량 살균에 사용한다. • 장기 저장을 목적으로 하는 소독에 적합하다.
세균여과법	• 세균여과기를 이용하여 음료수나 액체식품 등의 균을 걸러내어 제거하는 방법이다. • 세균보다 작은 바이러스는 여과기를 통과하여 걸러지지 않으므로 불완전하다.

② 가열 처리법

자비소독법 (열탕소독법)	• 끓는 물(100℃)에서 15~30분간 처리하는 방법이다. • 식기류와 행주 등의 소독에 이용한다. • 포자는 완전사멸되지 않는다.
화염멸균법	• 불꽃 속에 20초 이상 접촉하여 미생물을 사멸하는 방법이다. • 금속, 도자기류 등의 살균에 이용한다.
건열멸균법	• 건열멸균기(Dry Sterilizer)를 이용하여 160~180℃에서 30~60분간 가열하는 방법이다. • 유리기구, 주삿바늘, 금속 등의 소독에 이용한다.
고압증기멸균법	• 고압증기멸균기(Autoclave)를 이용하여 121℃에서 15~20분간 살균하는 방법이다. • 포자까지 사멸이 가능하다. • 통조림이나 거즈 등의 소독에 이용한다.

유통증기멸균법	• 100℃의 유통증기에서 30~60분간 가열하는 방법이다. • 포자 사멸은 불가능하다.
간헐멸균법	• 100℃의 유통증기에서 20~30분간 1일 1회로 3회 반복한다. • 포자까지 사멸 가능하다.
저온살균법 (LTLT법)	• 61~65℃에서 30분간 가열하는 방법이다. • 영양소 손실이 적고, 고온처리가 부적합한 유제품·건조과실 등의 소독에 사용한다.
고온단시간살균법 (HTST법)	• 70~75℃에서 15~30초간 살균하는 방법이다. • 우유 등의 소독에 이용한다.
초고온순간살균법 (UHT법)	• 130~140℃에서 1~2초간 살균하는 방법이다. • 영양 손실이 적고 완전멸균이 가능하다. • 우유의 소독에 이용한다.

합격보장 꿀팁

• **우유 살균법** | 저온살균법(LTLT법), 고온단시간살균법(HTST법), 초고온순간살균법(UHT법)

바로 확인문제

우유의 초고온순간살균법에 가장 적합한 가열 온도와 시간은?

① 200℃에서 10초간　　　　　　　　　② 162℃에서 5초간
③ 150℃에서 5초간　　　　　　　　　　④ 132℃에서 2초간

|해설|
초고온순간살균법(UHT법)은 130~140℃에서 1~2초간 살균하는 방법으로, 영양 손실이 적고 완전멸균이 가능하다.　　|정답| ④

(2) 화학적 소독법

석탄산(3%)	• 변소(분뇨), 하수도, 진개 등의 오물 소독에 사용한다. • 살균력이 안전하고 유기물에도 소독력이 약화되지 않는다. • 독성이 강하고 냄새가 독하다. • 금속 부식성이 있고, 피부점막에 강한 자극을 준다. • **석탄산 계수**(PC: Phenol Coefficient): 소독약의 살균력을 나타내는 지표로, 석탄산 계수가 높을수록 효과가 뛰어나다. $$\text{석탄산 계수} = \frac{\text{소독제의 희석배수}}{\text{석탄산의 희석배수}}$$
염소, 차아염소산나트륨	채소, 과일, 음료수, 식기 등의 소독에 사용한다.
표백분(클로로칼키)	우물, 수영장, 채소, 식기, 음료수 소독에 사용한다.
역성비누(양성비누)	• 과일과 야채, 식기 소독에 사용하며, 원액(10%)을 200~400배 희석(0.01~0.1%)하여 사용한다. • 과일과 야채는 0.01~0.1%, 식기 및 손 소독은 10%로 사용한다. • 보통비누와 동시에 사용하거나 유기물 존재 시 살균 효과가 감소되므로 세제로 씻은 후 사용한다.
크레졸비누액	• 변소, 하수도 등의 오물 소독, 손 소독에 사용한다. • 석탄산보다 피부에 자극은 약하지만 소독력이 2배 강하다.
생석회	습기가 있는 변소(분변), 하수도, 진개 등의 오물 소독과 우물의 소독에 사용한다.
포르말린	• 포름알데히드를 35~40%로 물에 녹인 수용액이다. • 변소, 하수도, 오물 소독에 사용한다.
과산화수소(3%)	자극성이 적어 피부와 상처의 소독에 사용한다.(구내염에도 사용 가능)

승홍수(0.1%)	• 주로 손, 피부 소독에 사용한다. • 금속 부식성이 있어 비금속기구의 소독에도 사용한다.
에탄올(70%)	• 금속기구, 초자기구, 손 소독에 사용한다. • 유기물과 공존 시 살균력이 감소한다. • 물기가 있는 표면에 사용 시 소독력이 감소한다.
에틸렌옥사이드(기체)	의약품 소독에 사용한다.
오존(O_3)	발생기 산소에 의해 살균되며, 수중에서도 살균력을 가진다.
과망가니즈산칼륨	산화 작용을 이용해 소독한다.

바로 확인문제

과실류, 채소류 등 식품의 살균 목적으로 사용되는 것은?
① 초산비닐수지　　② 이산화염소　　③ 규소수지　　④ 차아염소산나트륨

|해설|
차아염소산나트륨은 과실류, 채소류, 식기, 음료수 등의 살균에 사용된다.

|정답| ④

합격보장 꿀팁

• **소독약의 구비 조건**
　- 살균력이 강할 것
　- 표백성이 없을 것
　- 안전성이 있을 것
　- 금속 부식성이 없을 것
　- 용해성이 높고 침투력이 강할 것
　- 석탄산 계수가 높을 것

05 식품의 위생적 취급 기준

1. 식자재의 위생관리

(1) 식자재 입고 및 보관관리

식자재 입고 시	• 입고 시 식자재의 품질, 선도, 위생 상태, 수량 등을 확인한 후 품질 기준에 적합한 식자재를 보관창고로 즉시 이동한다. • 운반 차량의 내부 온도가 규정 온도를 유지하였는지 확인한다.(냉장 차량 – 0~10℃, 냉동 차량 – 영하 18℃ 이하) • 검수하는 동안 검수품의 품질 변화를 방지하기 위해 검수는 냉장식품 → 냉동식품 → 채소류 → 공산품 순으로 한다. • 육류, 어류, 알류 등의 식품은 냉장 및 냉동 상태로 운송되었는지를 확인한다. • 입고 시 제거한 외포장지 라벨은 해당 식자재를 모두 사용할 때까지 별도로 보관하여 내용물과 표시 사항이 일치하는지를 추적 가능하도록 한다. • 소비기한, 제조일자 등을 확인하고 제조처나 원산지 표시가 없는 품목은 반품처리한다.
식자재 보관 시	• 모든 원부재료, 포장재, 제품에는 명백히 문서화된 라벨링 기준이 있으며, 보관된 실물과 실제로 일치하게 운영되어야 한다. • 소비기한이 초과된 원료 또는 제품을 보관하지 않는다. • 식자재 적재 시에는 벽과 바닥으로부터 일정 간격 이상을 유지한다. • 원료, 자재, 완제품 및 시험시료는 구분하여 보관하며, 제시된 조건(장소, 온도, 식별표시)으로 관리한다.

(2) 식자재의 취급

① 식자재는 소비기한이 경과된 것, 보존 상태가 나쁜 것은 저렴해도 구입하지 않는다.
② 냉장식품의 비냉장 상태, 냉동식품의 해동 흔적, 통조림의 찌그러짐 및 팽창이 있어서는 안 된다.
③ 식자재는 반드시 재고 수량을 파악한 후 적정량을 구입한다.
④ 보존한 식품은 선입선출(FIFO: First-In, First-Out) 방식으로 사용한다.

⑤ 판매 유효기간이 지난 상품은 반드시 버리고, 판매 유효기간 내에 있더라도 신선도가 떨어지는 것은 세균 증식이 진행되었을 수 있으므로 폐기한다.
⑥ 남은 채소는 매일 폐기하고, 채소용 플라스틱 용기를 세척한다.
⑦ 식품 조리 시 물은 주기적으로 점검 및 관리한다.
⑧ 포장지 등은 사용 적합 여부를 판정하기 위한 검사를 하고, 그 기록이 유지되어야 한다.
⑨ 모니터링에 사용되는 장비는 적절하게 교정하고 관리한다.

반품 판단의 기준

진공포장이 풀린 경우	훈제류
곰팡이가 생기거나 변색이 된 경우	소비기한 이내(단, 매장관리 부주의 제외)
봉지가 부풀어 팽창한 경우	소스류(적정 온도에 보관하지 않은 제품 제외)
소비기한이 지난 경우	매장관리 부주의 제외
캔류가 파괴되거나 내용물이 흐를 경우	제품 불량 및 배송 직원 부주의 시(당일 반품)

바로 확인문제

식자재 취급 시 유의 사항으로 옳지 않은 것은?
① 보존한 식품은 후입선출 방식으로 사용한다.
② 식자재는 소비기한이 경과된 것을 구입하지 않는다.
③ 남은 채소는 매일 폐기한다.
④ 식자재는 반드시 재고 수량을 파악한 후 적정량을 구입한다.

|해설|
보존한 식품은 선입선출 방식으로 사용한다.

|정답| ①

(3) 위생적인 식품 보관 및 선택 방법

채소류	• 선입선출(FIFO)이 기본이다. • 사용하고 남은 경우 랩이나 위생팩으로 포장하여 신선도를 유지한다.
냉동식품류 (냉동육류, 냉동해물류)	• 냉동 보관이 원칙이고, 한 번 녹인 것은 다시 얼리지 않는다. • 냉동식품도 소비기한을 확인하여 잘 지킨다.
냉장식품류	• 냉동식품에 비해 소비기한이 짧으므로 주의한다. • 온도의 변화가 심하지 않도록 일정 온도를 유지한다. • 개봉한 제품은 당일 소비가 가장 좋으며, 보관을 해야 되는 경우 랩이나 위생팩으로 포장한다.
과일류	• 과일류는 바구니 등을 이용하여 따로 보관한다. • 사과와 같이 색이 잘 변하는 과일은 껍질을 벗기거나 남은 경우 레몬물이나 설탕물에 담가둔다. • 바나나는 상온에, 수박이나 멜론 등은 절단면을 랩으로 포장하여 냉장 보관한다. • 딸기는 쉽게 물러지고 상하기 쉬우므로 눌리지 않게 보관한다.
건어물류	• 냉동 보관을 원칙으로 한다. • 메뉴별 사용량에 따라 위생팩으로 개별 포장해 두면 사용하기도 편리하고, 위생상으로도 좋다.
양념류	• 플라스틱 용기에 보관한다. • 사용 시 습기로 인해 딱딱하게 굳거나 이물질이 섞이지 않도록 뚜껑을 잘 덮어서 보관한다. • 용기에 물이 묻지 않도록 한다.
소스류	• 적정 재고량을 보유하고 소비기한을 수시로 체크한다. • 사용하기 편리하도록 물기를 제거한 플라스틱 용기에 덜어서 사용한다.
통조림류	• 개봉한 캔은 바로 사용한다. • 개봉 후 남은 것을 밀폐용기에 보관 시 소비기한을 표시한다.

2. 식품조리 시 위생관리

(1) 냉장, 냉동고의 관리
① 냉장, 냉동고는 세균 증식이 어려운 환경이지만 빈번한 식자재 등의 출입으로 세균 침투나 교차오염이 우려될 수 있으므로 세척 및 살균은 최대한 자주 한다.
② 식자재와 음식물이 직접 닿는 랙(Rack)이나 내부 표면, 용기는 매일 세척 및 살균한다.

(2) 식자재 세척 및 소독
① 세척의 의의: 시설, 도구 및 조리장비로부터 더러운 오염물질들을 제거하는 과정을 말한다.
② 세척제의 종류

1종	야채용 또는 과실용 세척제(식기도 가능)
2종	식기류용 세척제
3종	식품의 가공기구용, 조리기구용 세척제

③ 소독
- 세척 작업 후 눈에 보이지 않는 세균이 남아 있을 수 있으므로 소독을 하여 세균을 박멸한다.
- 칼날, 뚜껑 등 분리가 가능한 부품은 따로 세척 및 살균하고, 재조립한 후에도 다시 살균처리한다.
- 이동이 어려운 기구는 분무기를 사용하여 2~3분 동안 소독제를 뿌리는 것이 좋다.

바로 확인문제
식품조리 시 위생관리에 대한 설명으로 옳지 않은 것은?
① 냉장, 냉동고의 세척 및 살균은 최대한 자주 한다.
② 2종 세척제는 식기류용으로 사용한다.
③ 식자재와 음식물이 직접 닿는 랙(Rack)이나 용기의 내부는 매일 세척 및 살균한다.
④ 소독 작업 후 세척을 하여 세균을 박멸한다.

|해설|
세척 작업 후 눈에 보이지 않는 세균이 남아 있을 수 있으므로 소독을 하여 세균을 박멸한다.

|정답| ④

06 식품첨가물과 유해물질

1. 식품첨가물의 일반 정보

(1) 식품첨가물의 정의
식품을 제조·가공·조리 또는 보존하는 과정에서 감미, 착색, 표백 또는 산화방지 등을 목적으로 식품에 사용되는 물질(기구·용기·포장을 살균·소독하는 데 사용되어 간접적으로 식품으로 옮겨갈 수 있는 물질을 포함)을 말한다.

(2) 식품첨가물의 기본 요건
① 안전성을 입증하고 건강에 해를 끼칠 우려가 없을 것
② 소량만으로도 효과가 클 것(소량만으로도 사용 목적을 달성할 수 있을 것)
③ 독성이 없거나 극히 적고 식품에 나쁜 변화를 주지 않으며 영양가를 유지할 것
④ 사용법이 간편하고 경제적으로 소비자에게 이익을 줄 것
⑤ 화학 검사를 통해 첨가물을 확인할 수 있을 것
⑥ 식품의 가치를 향상시킬 것

바로 확인문제

식품첨가물의 조건으로 옳지 않은 것은?

① 식품에 나쁜 영향을 주지 않을 것
② 다량 사용하였을 때 효과가 나타날 것
③ 식품의 가치를 향상시킬 것
④ 화학 검사를 통해 그 첨가물을 확인할 수 있을 것

|해설|
식품첨가물은 소량 사용으로 그 목적을 달성할 수 있어야 한다.

|정답| ②

(3) 식품첨가물의 사용 목적

보존성 향상	식품의 부패와 변질 방지 및 보존을 위해 사용해야 한다.
영양 강화	식품의 영양 강화를 위해 사용해야 한다.
기호도 충족	식품의 기호성 증진 및 관능의 만족을 위해 사용해야 한다.
품질 향상	식품의 제조·가공 시의 품질유지 및 개량을 위해 사용해야 한다.

(4) 식품첨가물 규격 기준

① 식품첨가물은 대상 식품, 사용 목적, 잔존량, 사용 방법 등 안전성과 효과에 따라 최소한의 양을 사용한다.
② 식품의 1일 섭취 허용량(ADI: Acceptable Daily Intake), 식품의 섭취량, 유효 농도를 고려하여 결정한다.

2. 식품첨가물의 종류 빈출

(1) 식품의 변질 및 부패를 방지하는 식품첨가물

① 보존료(방부제): 미생물 증식을 억제하여 식품의 영양가와 신선도를 보존하기 위한 목적으로 사용한다.

|보존료의 종류|

종류	사용 식품
데히드로초산	치즈(자연치즈, 가공치즈), 마가린, 버터
소르빈산	식육·어육 연제품, 잼류, 건조과실류, 토마토 케첩, 된장
안식향산, 안식향산나트륨	과실, 채소류, 간장, 청량음료, 알로에즙 등
프로피온산, 프로피온산나트륨, 프로피온산칼슘	빵, 과자, 케이크류, 자연치즈, 가공치즈

바로 확인문제

식품첨가물 중 보존료의 목적은?

① 산도 조절
② 미생물에 의한 부패 방지
③ 산화에 의한 변패 방지
④ 가공 과정에서 파괴되는 영양소 보충

|해설|
①은 산미료, ③은 산화방지제, ④는 영양강화제의 목적이다.

|정답| ②

② 살균제(소독제): 식품 내 부패 원인균을 단시간에 사멸시키기 위한 목적으로 사용한다.

|살균제의 종류|

종류	용도	사용 시 유의 사항
차아염소산나트륨, 고도표백분, 과산화수소	음료수, 식기 소독, 과실류, 채소류 등 식품의 살균	최종 식품의 완성 전에 제거해야 한다.

> **바로 확인문제**
>
> 다음 중 과일이나 채소의 살균 목적으로 적합한 살균제는?
> ① 차아염소산나트륨   ② 에리소르빈산
> ③ 몰식자산프로필   ④ 디부틸히드록시톨루엔(BHT)
>
> |해설|
> 차아염소산나트륨은 살균제로, 과실류나 채소류 등 식품의 살균 목적 이외에는 사용을 금지한다. ②, ③, ④는 산화방지제이다. |정답| ①

③ **산화방지제(항산화제)**: 식품 속의 지방 성분은 산소와 결합하면 산화하고 변패하므로 이로 인한 품질 저하를 방지하기 위해 사용한다.(변색, 이미, 이취, 퇴색의 방지와 지연의 목적으로 사용)

| 산화방지제(항산화제)의 종류

종류	용도
에리소르빈산(Erythorbic Acid)	과실 통조림, 주스, 단무지 등 각종 식품의 산화방지, 육류의 발색 조제
디부틸히드록시톨루엔(BHT), 부틸히드록시아니솔(BHA)	유지의 산화방지
몰식자산프로필(Propyl Gallate)	식용 유지류(향미유 제외), 식용 우지 및 돈지, 버터류에 한정하여 사용
비타민 C(Ascorbic Acid), L-아스코르브산나트륨(Sodium L-Ascorbate), 비타민 E(Tocopherol)	천연 항산화제

(2) **기호성 향상과 관능을 만족시키는 식품첨가물**

① **조미료**: 식품 본래의 맛을 더욱 강화하거나 개인의 기호도에 맞게 조절하는 용도로, 식품첨가물 중 가장 많이 사용한다.

| 조미료의 종류

천연 조미료	글루타민산나트륨(다시마, 된장, 간장), 이노신산(가다랑어포), 호박산(조개), 구아닐산(표고버섯)
화학 조미료	글리신(향료), 구연산나트륨(안정제), L-주석산나트륨

② **산미료**
- 식품에 신맛(산미)을 부여하기 위해 사용한다.
- 청량감과 상쾌한 자극으로 소화액의 분비를 촉진시킨다.
- 주석산, 구연산, 젖산, 사과산, 초산, 푸마르산 등이 있다.

> **합격보장 꿀팁**
>
> • **주석산** | 포도에 들어 있는 산으로 산미도가 가장 높다.(구연산의 1.2~1.3배)

③ **감미료**
- 식품에 단맛(감미)을 부여하기 위해 사용한다.
- 천연감미료와 인공감미료로 구분한다.
- 인공감미료는 대부분 물에 잘 녹는 수용성이며, 칼로리가 적다.
- 사카린나트륨, 글리실리진산나트륨, 자일리톨, 아스파탐, D-소르비톨, 스테비오사이드(스테비아추출물), 만니톨 등이 있다.

> **합격보장 꿀팁**
>
> • 사카린나트륨
>   - 설탕의 300배로 허용 식품과 사용량의 제한이 있다.
>   - 김치류, 음료류, 어육가공품 등에 사용된다.

바로 확인문제

다음 중 국내에서 허가된 인공감미료는?
① 둘신(Dulcin) ② 사카린나트륨(Sodium Saccharin)
③ 사이클라민산나트륨(Sodium Cyclamate) ④ 에틸렌 글라이콜(Ethylene Glycol)

|해설|
사카린나트륨은 김치류, 음료류 등에 사용이 가능하도록 허가된 인공감미료이다. |정답| ②

④ 발색제: 발색제 자체에는 색이 없으나 식품 중의 색소 단백질과 반응하여 식품의 색을 안정시키고 선명하게 한다.

발색제의 종류

육류 발색제	• 아질산나트륨, 질산나트륨, 질산칼륨 • 식육제품, 어육 햄, 어육 소시지 등에 사용
식물 발색제	• 황산제1철, 황산제2철, 소명반 • 채소, 과일의 변색 방지

바로 확인문제

다음 중 육류 발색제가 아닌 것은?
① 아질산나트륨   ② 질산나트륨   ③ 황산제1철   ④ 질산칼륨

|해설|
황산제1철은 식물 발색제이다. |정답| ③

> **합격보장 꿀팁**
>
> • 사용이 허가된 발색제 | 아질산나트륨, 질산나트륨, 질산칼륨, 황산제1철

⑤ 표백제: 식품 제조 중 식품의 갈변, 착색의 변화를 억제하기 위해 사용한다.

표백제의 종류

산화형 표백제	과산화수소, 차아염소산나트륨
환원형 표백제	메타중아황산칼륨, 아황산나트륨(결정), 아황산나트륨(무수), 산성아황산나트륨, 차아황산나트륨

⑥ 착향료: 식품 본래의 냄새를 강화하거나 제거하여 기호도를 향상시키고, 식품에 향을 부여하기 위해 사용한다.

착향료의 종류

천연착향료	아민계, 지방산, 레몬유, 에스테르류, 알코올류
합성착향료	인공향료, 순수 합성향료
기타	계피알데히드, 멘톨, 바닐린

(3) 품질유지 및 개량을 위한 식품첨가물

구분	특징	종류
유화제 (계면활성제)	물과 기름처럼 잘 섞이지 않는 두 종류의 액체를 혼합·분산시켜 잘 분리되지 않도록 하고 유지시키기 위해 사용한다.	글리세린지방산에스테르, 소르비탄지방산에스테르, 자당지방산에스테르, 프로필렌글리콜지방산에스테르, 대두인지질(레시틴), 난황(레시틴)
밀가루 개량제 (소맥분 개량제)	• 밀가루는 제분 후 저장 중에 산소에 의해 자연적으로 산화되어 표백, 숙성된다. • 장기 저장 시 변색, 품질 저하 현상이 발생하므로 화학적 개량제를 사용하여 색을 보존하고 숙성을 지연시킨다.	과산화벤조일, 과황산암모늄, 이산화염소, 브로민산칼륨
호료 (증점제, 안정제)	식품의 점착성 증가, 식품의 형체 보존, 유화 안전성의 향상, 가열이나 보존 시 선도 유지, 미각적인 촉감 유지를 위해 사용한다.	알긴산나트륨, 카세인, 한천, 카세인나트륨, 글루텐
피막제	과실류, 채소류의 표면에 피막을 형성하여 외관 유지, 호흡작용 제한, 신선도 유지, 광택 부여 등을 하기 위해 사용한다.	몰포린지방산염, 초산비닐수지
품질 개량제	• 식육, 어육으로 연제품 제조 시 결착성을 향상시킨다. • 식품의 탄력성, 보수성, 팽창성 증대의 목적으로 사용한다.	인산염류
이형제	• 천연첨가물이며, 제빵 시 반죽이 분할기로부터 잘 분리되도록 하기 위해 사용한다. • 빵을 구울 때 빵틀로부터 형태를 유지하며 쉽게 분리되도록 하기 위해 사용한다.	유동파라핀만 허용

바로 확인문제

과실류, 채소류의 표면에 피막을 형성하여 외관 유지, 호흡 작용 제한, 신선도 유지, 광택 부여 등을 하기 위하여 사용하는 식품첨가물은?
① 유화제 ② 피막제 ③ 팽창제 ④ 소포제

|해설|
① 유화제는 잘 섞이지 않는 두 액체를 분리되지 않게 하는 식품첨가물이다. ③ 팽창제는 빵, 과자 등의 식품을 부풀게 하여 조직을 연하게 하는 식품첨가물이다. ④ 소포제는 식품 제조 시 거품 생성을 방지하기 위해 사용하는 식품첨가물이다. |정답| ②

(4) 식품 제조 및 가공을 위한 식품첨가물

구분	특징	종류
팽창제	빵, 과자 제조 시 식품을 부풀게 하여 조직을 연하게 하고 기호성을 향상시키기 위해 사용한다.	효모(이스트), 명반, 탄산수소나트륨
소포제	식품 제조 시 거품 생성을 방지하거나 감소시키기 위해 사용한다.	규소수지(식품 1kg에 대하여 0.05g 이하 사용)
껌 기초제	• 껌의 탄력성과 점성을 부여한다. • 과거에는 천연수지인 치클을 많이 사용하였으나, 현재는 합성수지를 많이 사용한다.	에스테르검, 초산비닐수지
추출제	식용 유지를 제조할 때 유지 추출을 용이하게 하기 위해 사용한다.	N-헥산(N-Hexane)
용제	천연물의 성분이나 식품첨가물 등이 식품에 균일하게 혼합되기 위해 적절한 용매에 용해시켜 첨가한다.	프로필렌글리콜, 글리세린, 글리세린지방산에스테르, 헥산
방충제	곡류를 저장할 때 곤충의 서식을 방지하기 위해 사용한다.	피페로닐부톡사이드

> **바로 확인문제**
>
> 유지를 제조할 때 사용하는 추출제로 적합한 것은?
> ① N-헥산　　② 규소수지　　③ 효모　　④ 에스테르검
>
> |해설|
> ② 규소수지는 소포제, ③ 효모는 팽창제, ④ 에스테르검은 껌 기초제이다.　　|정답| ①

3. 조리 및 가공에서 기인하는 유해첨가물

유해 착색제	• 아우라민: 단무지, 황색 색소 • 로다민 B: 토마토 케첩, 과자류 • 파라니트로아닐린: 황색 색소
유해 감미료	에틸렌글리콜, 둘신, 페릴라틴, 사이클라메이트, 파라니트로올소톨루이딘
유해 표백제	롱갈리트, 형광표백제, 삼염화질소
유해 보존료	붕산, 포름알데히드, 불소화합물, 승홍수
유해 발색제	삼염화질소, 아질산칼륨, 아질산나트륨

4. 조리 및 가공에서 생기는 유해물질

메탄올 (메틸알코올)	• 주류(포도주, 사과주)의 발효 과정 중에 생성된다. • 증상: 시신경염증, 두통, 구토, 설사, 실명, 호흡곤란으로 인한 사망
엔-니트로사민 (N-Nitrosamine)	육가공품의 발색제 사용으로 인한 아질산과 아민의 결합 반응으로 생성된 발암성 물질이다.
다환방향족 탄화수소 (Polycyclic Aromatic Hydrocarbon)	• 유기물을 고온으로 가열할 때 생성되는 단백질이나 지방의 분해 생성물이다. • 훈연 식품, 숯불 구이 등의 연기 중에서 벤조피렌(가장 강력한 발암성 물질에 속함)이 발생한다.
아크릴아미드 (Acrylamide)	전분 식품을 가열할 때 아미노산과 당의 열에 의한 결합 반응 생성물이다.
헤테로고리아민 (Heterocyclic Amine)	육류나 생선을 고온으로 조리할 때 육류나 생선에 존재하는 아미노산과 크레아틴이라는 물질이 반응하여 고리 형태로 생성된다.
아크롤레인 (Acrolein)	식용유 등 유지를 발연점 이상으로 가열할 때 발생하는 발암성 물질이다.
에틸카바메이트 (Ethyl Carbamate)	• 주류(와인, 위스키 등), 발효식품(빵, 치즈, 간장, 된장 등)에 함유되어 있다. • 숙성온도가 높을수록, 저장 기간이 길수록 많이 생성된다.

> **바로 확인문제**
>
> 육류의 발색제로 사용되는 아질산염이 산성 조건에서 식품 성분과 반응하여 생성되는 발암성 물질은?
> ① 지질 과산화물(Aldehyde)　　② 벤조피렌(Benzopyrene)
> ③ 엔-니트로사민(N-Nitrosamine)　　④ 포름알데히드(Formaldehyde)
>
> |해설|
> 햄, 소시지 등의 가공 시 붉은색을 유지하기 위하여 질산나트륨 또는 질산칼륨을 첨가하는데, 이렇게 첨가된 질산염은 아질산으로 변화한 후 단백질 분해 산물인 아민과 반응하여 엔-니트로사민이라는 발암성 물질을 형성한다.　　|정답| ③

PART 03 주방위생관리

01 주방위생 위해 요소

1. 방충·방서 및 소독

물리적 방역	• 해충의 서식지를 제거하거나 해충이 발생하지 않도록 물리적 환경을 조성한다. • 배수구, 출입구, 화장실 등에 방서 설비를 한다. • 온도와 습도를 조절한다.
화학적 방역	• 약제를 살포하여 해충을 구제하는 방법으로 단시간에 효과적이고 경제적이다. • 독성이 강하기 때문에 관리에 주의해야 한다.
생물학적 방역	천적생물을 이용하는 방법으로 해충의 서식지를 제거한다.

2. 개인복장 및 작업 위생관리

(1) 개인복장관리

작업 전 점검	위생복, 위생모, 위생화의 청결을 유지한다.
작업복, 장갑	• 앞치마는 조리용, 세척용, 서빙용으로 구분하여 사용한다. • 장갑은 전처리용, 조리용, 설거지용, 청소용으로 구분하여 사용하고 1회용 위생장갑은 수시로 새것으로 교체하여 사용한다.
액세서리 및 화장	• 시계, 반지, 목걸이, 귀걸이, 팔찌 등의 착용을 금지한다. • 진한 화장, 강한 향수의 사용을 금지한다. • 손톱은 짧게 깎아 유지하고 매니큐어를 바르거나 인조 손톱의 착용은 불가능하다.

(2) 작업위생관리

① 바닥으로부터 60cm 이상 떨어진 곳에서 작업을 실시하여 바닥으로 인한 오염을 방지한다.
② 칼, 도마, 조리용구 등을 용도별로 수시로 교체, 소독, 세척하여 교차오염을 방지한다.
③ 조리장의 내부 및 시설은 1일 1회 이상 청소하여 청결을 유지한다.
④ 조리장은 환기를 자주시켜 공기를 순환시킨다.
⑤ 조리장에 음식물과 음식물 찌꺼기를 함부로 방치하지 않는다.
⑥ 조리장의 출입구에 신발을 소독할 수 있는 시설과 손 소독기를 갖춘다.
⑦ 냉장, 냉동고는 주 1회 소독하고 서리를 제거한다.

> **바로 확인문제**
>
> 식품의 위생적인 준비를 위한 조리장의 관리 방법으로 부적합한 것은?
> ① 조리장의 위생해충은 약제를 1회만 사용하면 영구적으로 박멸된다.
> ② 조리장에 음식물과 음식물 찌꺼기를 함부로 방치하지 않는다.
> ③ 조리장의 출입구에 신발을 소독할 수 있는 시설을 갖춘다.
> ④ 조리사의 손을 소독할 수 있도록 손 소독기를 갖춘다.
>
> |해설|
> 조리장의 위생해충은 영구적 박멸이 어려우므로 정기적으로 약제를 사용하여 구제해야 한다.
>
> |정답| ①

3. 식품 조리기구의 위생관리

(1) 식품 조리기구의 관리
① 장비, 용기 및 도구는 청소가 쉬운 디자인으로, 표면 재질은 비독성이면서 세제와 소독약품에 잘 견디고 녹슬지 않아야 한다.
② 주방장 또는 주방의 위생관리 담당자는 사용하는 조리설비, 용기 및 도구를 구매하거나 부품을 교환할 때 구매하고자 하는 물건이 구매 사양과 일치하는지를 구매 전에 확인한다.
③ 작업 종료 후 지정한 인원은 매일 작업 시작 전에 작업장의 모든 장비, 용기, 바닥을 물로 청소하고, 식품 접촉 표면은 차아염소산나트륨, 요오드, 에탄올을 사용하여 살균한 후 습기를 제거한다.

(2) 조리기구의 위생 점검 및 주기
① 위생관리 담당자는 매분기마다 1회씩 조리기구, 식기, 찬기 및 도구 표면의 세균 검사를 실시하고 그 결과를 주방장에게 보고한다.
② 위생관리 담당자는 장비 및 용기에 대한 점검을 실시하여 그 결과를 위생 점검일지에 기록하고 관리한다.

(3) 조리기구의 위생관리

칼	• 사용한 후에는 흐르는 물(음용이 적합한 것)로 깨끗이 세척하고 건조시켜 보관한다. • 쇠 냄새가 날 수 있기 때문에 작업 중에는 칼을 갈지 않는다. • 칼은 전용칼집이나 자외선 살균기에 넣어 보관한다. • 1일 1회 이상, 세제와 조리기구용 소독제를 섞은 물에 씻고 끓는 물(100℃)에 담갔다가 건조시켜 사용한다.(약품소독, 열탕소독) • 채소용, 과일용, 어류용, 육류용으로 구분하여 사용한다.
도마	• 도마를 사용한 후에는 중성세제로 씻고 살균·소독하여 보관한다. • 영업 중에는 조리할 때마다 물로 씻어 사용하고 환절기에는 열탕소독을 필수로 한다. • 1일 1회 이상, 세제와 조리기구용 소독제를 섞어서 세척한 후 60℃ 이상의 열탕 속에서 살균하여 일광에서 건조시켜 사용한다.(약품소독, 열탕소독, 일광소독) • 채소용, 어류용, 육류용으로 구분하여 사용한다. • 나무도마는 칼자국과 흠이 많이 생기면 음식물이 잔류하여 오염되므로 오래 쓴 것은 새것으로 교환한다.
식기	• 세정은 중성세제로 한다. • 용기의 모퉁이는 주의 깊게 닦고, 세정 후 오염을 막기 위해 지정 장소에 수납한다. • 1일 1회 이상, 세제로 씻은 후 충분히 건조시켜 사용한다.
목제 기구	• 세균이 잔존할 가능성이 높으므로 충분히 건조하여 위생적으로 사용한다. • 항균 기능을 가진 제품이라도 반드시 살균하여 사용한다.
행주	• 행주는 많이 준비하여 조리 중 반복 사용하지 않도록 한다. • 1일 1회 이상, 100℃ 이상에서 30분 이상 삶거나 염소소독한 일광에서 건조시켜 사용한다.(열탕소독, 염소소독, 일광소독) • 소재는 흰색 면목이 이상적이며, 마른 행주와 젖은 행주를 구분하여 사용한다.
식품절단기	자주 분해하여 세척, 살균 후 사용한다.
수저	1일 1회 이상, 세제로 깨끗이 씻은 후 여러 번 헹구고 끓는 물(100℃)에 소독한 후 일광에서 건조시켜 사용한다.(열탕소독, 일광소독)
스테인리스 용기 및 기구	1일 1회 이상, 세제로 여러 번 씻어 헹구고 끓는 물(100℃)에 소독한다.(열탕소독)
고무장갑	• 세제로 여러 번 씻어 헹구어 낸다. • 주방에서 사용하는 고무장갑은 빨래, 청소 등 다른 용도로 사용하지 않는다.

바로 확인문제

조리기구의 위생관리 방법으로 잘못된 것은?
① 식품절단기는 위험하므로 분해하지 않고 세척한다.
② 칼은 사용 후 흐르는 물로 깨끗하게 세척하고 건조시켜 보관한다.
③ 식기는 중성세제로 세척한다.
④ 행주는 마른 행주와 젖은 행주를 같이 보관하지 않는다.

| 해설 |
식품절단기는 자주 분해하여 세척, 살균하여 사용한다. | 정답 | ①

합격보장 꿀팁

- **알루미늄**
  - 가볍고 열전도율이 높아 조리기구에 많이 사용한다.
  - 산성분의 식재료와 반응하여 알루미늄 성분이 용출될 수 있다.

바로 확인문제

조리기구의 재질 중 열전도율이 커서 열을 전달하기 쉬운 것은?
① 유리   ② 도자기   ③ 알루미늄   ④ 석면

| 해설 |
알루미늄은 금속 중에서도 열전도율이 우수한 금속으로, 다른 소재보다 열의 전달 속도가 빨라 냄비나 조리기구 등의 소재로 많이 사용된다. | 정답 | ③

4. 주방의 항목별 관리 방법

항목	관리 방법
조리대와 작업대	• 매일 세제를 묻혀 세척한 후 건조시킨다. • 작업대 옆에는 소독세제와 살균 효과가 있는 소독비누를 비치한다.
바닥	• 습기가 많으면 세균 번식의 우려가 있으므로 물을 뿌려 세제로 1일 2회 청소하고 바닥은 건조한 상태를 유지한다. • 기름때가 있을 경우 가성소다를 묻혀 1시간 후 솔로 닦고 헹군다. • 쓰레받기는 폐점 후에 청결하게 청소한다.
가스레인지	• 가스레인지 위는 항상 청결하게 유지한다. • 표면은 전용세제 등을 사용하여 매일 금속수세미로 세척한다.
식기 선반	• 월 2회 세제로 세정하고 행주로 닦은 뒤 건조시켜 사용한다. • 선반에 깔려 있는 행주 등을 꺼내 주 1회 정도 새것으로 교환한다.
닥트와 환기팬	• 월 2회 가성소다로 기름때를 청소하여 닥트에서 기름 등이 떨어져 요리에 들어가는 것을 예방한다. • 필터 세정은 따뜻한 물에 180cc 정도의 가성소다를 넣고 1일 동안 담근 후 중성세제로 세정한다.
음식 보관	• 뚜껑을 덮거나 랩으로 씌워 냉장 보관한다. • 반드시 소비기한을 확인하여 스티커를 부착한다.

02 식품안전관리인증기준(HACCP)

1. HACCP(위해 요소 중점관리기준)의 정의

(1) 용어적 정의

위해 요소 분석(Hazard Analysis)과 중요관리점(Critical Control Point)의 영문 약자로서, '해썹', '식품안전관리인증기준'으로 지칭한다.

(2) **HACCP의 정의**

식품의 원재료부터 제조, 가공, 보존, 유통, 조리 단계를 거쳐 최종 소비자가 섭취하기 전까지의 각 단계에서 발생할 우려가 있는 위해 요소를 규명하고, 이를 중점적으로 관리하기 위한 중요관리점을 결정하여 자율적·체계적·효율적 관리로 식품의 안전성을 확보하기 위한 과학적인 위생관리체계이다.

2. HACCP의 필요성 및 도입 효과

(1) **필요성**

① 세계적으로 대규모화되고 있는 식중독 사고 발생에 대한 위해 미생물과 화학물질 등의 제어에 대한 중요성이 대두된다.[미국, 일본, 유럽연합, 국제기구(CODEX, WHO) 등에서 모든 식품에 HACCP 적용을 권장]
② 새로운 위해 미생물이 출현되었다.
③ 환경오염에 의한 원료의 이화학적·미생물학적 오염이 늘어나고 있다.
④ 국제화에 대응한 식품의 안전대책 강화 요구(규제 기준 초과), 규제 기준 완화에 의한 사후관리가 강화된다.
⑤ 정부의 효율적 식품위생 감시 및 자율관리체계 구축에 의한 안전식품의 공급이 필요하다.
⑥ 식품의 회수 제도, 제조물 책임 배상 제도 등 소비자 보호 정책에 적극적으로 대처해야 한다.
⑦ 제조 공정에서 위해 예방과 관련되는 중요관리점을 실시간으로 감시하는 시스템으로 발전하고 있다.

(2) **도입 효과**

업체 측면	• 체계적인 위생관리체계의 구축 • 위생관리의 효율성 도모 • 회사의 이미지 제고와 신뢰성 향상	• 위생적이고 안전한 식품의 제조 • 집중적인 위생관리
소비자 측면	• 안전한 식품을 소비자에게 제공 • 식품 선택의 기회 제공	

3. HACCP의 7원칙 12절차 빈출

준비단계 5절차와 기본단계 7원칙을 포함한 12단계의 절차로 구성된다.

	순서	내용
준비단계 5절차	절차 1. HACCP 팀 구성	HACCP 팀장, 팀원, 위원회, 중요관리점(CCP) 모니터링 담당자, 해당 공정 현장 종사자
	절차 2. 제품설명서 작성	해당 제품의 안전성 관련 특성을 알리기 위해 작성
	절차 3. 제품의 용도 확인	해당 식품의 의도된 사용 방법 및 대상 소비자 파악
	절차 4. 공정 흐름도 작성	원료의 입고에서부터 완제품 출하까지 모든 공정 단계들을 파악하여 공정 흐름도를 작성하고, 각 공정별 주요 가공 조건의 개요를 기재
	절차 5. 공정 흐름도 현장 확인	작성한 공정 흐름도가 실제 현장에서의 작업 공정과 일치하는지를 검증하는 과정
기본단계 7원칙	원칙 1. 위해 요소 분석	제품설명서에서 파악된 원·부재료별, 공정/단계별로 구분하여 실시
	원칙 2. 중요관리점(CCP) 결정	파악된 위해 요소를 예방, 제거 또는 허용 가능 수준까지 감소시킬 수 있는 최종 단계 또는 공정 결정
	원칙 3. 중요관리점에 대한 한계 기준 설정	중요관리점에서 관리되어야 할 위해 요소의 최대치, 최소치 설정
	원칙 4. 중요관리점 모니터링 체계 확립	중요관리점을 효율적으로 관리하기 위한 모니터링 체계 수립
	원칙 5. 개선 조치 방법 수립	모니터링 결과 한계 기준을 벗어날 경우 취해야 할 개선 조치 방법을 사전에 설정
	원칙 6. 검증 절차 및 방법 수립	HACCP 계획에 대한 유효성 평가, HACCP 계획의 실행성 검증 실시
	원칙 7. 문서화, 기록 유지 방법 설정	기록 담당자 및 검토자, 기록시점 등을 고려하여 이해하기 쉬운 서식 개발

바로 확인문제

HACCP의 기본단계 7원칙에 해당하지 않는 것은?

① 위해 요소 분석 ② 중요관리점(CCP) 결정
③ 개선 조치 방법 수립 ④ 회수명령의 기준 설정

|해설|
회수명령의 기준 설정은 HACCP의 7원칙에 해당하지 않는다.

|정답| ④

4. HACCP 인증마크

도축장, 집유장, 농장	그 밖의 HACCP 적용 작업장 · 업소
안전관리인증 HACCP 농림축산식품부	안전관리인증 HACCP 식품의약품안전처

5. 식품안전관리인증기준(HACCP) 대상 식품 13종(「식품위생법 시행규칙」 제62조)

① 수산가공식품류의 어육가공품류 중 어묵·어육 소시지
② 기타수산물가공품 중 냉동 어류·연체류·조미가공품
③ 냉동식품 중 피자류·만두류·면류
④ 과자류, 빵류 또는 떡류 중 과자·캔디류·빵류·떡류
⑤ 빙과류 중 빙과
⑥ 음료류(다류 및 커피류는 제외)
⑦ 레토르트식품
⑧ 절임류 또는 조림류의 김치류 중 김치(배추를 주원료로 하여 절임, 양념 혼합 과정을 거쳐 이를 발효시킨 것이나 발효시키지 아니한 것 또는 이를 가공한 것에 한함)
⑨ 코코아가공품 또는 초콜릿류 중 초콜릿
⑩ 면류 중 유탕면 또는 곡분, 전분, 전분질 원료 등을 주원료로 반죽하여 손이나 기계 따위로 면을 뽑아 내거나 자른 국수로서 생면·숙면·건면
⑪ 특수용도식품
⑫ 즉석섭취·편의식품류 중 즉석섭취식품(즉석섭취·편의식품류의 즉석조리식품 중 순대 포함)
⑬ 식품제조·가공업의 영업소 중 전년도 총 매출액이 100억 원 이상인 영업소에서 제조·가공하는 식품

바로 확인문제

HACCP의 의무 적용 대상 식품에 해당되지 않는 것은?

① 빙과 ② 음료 ③ 껌류 ④ 레토르트식품

|해설|
HACCP의 의무 적용 대상 식품은 총 13종으로, 껌류는 이에 해당하지 않는다.

|정답| ③

03 작업장 교차오염 발생 요소

1. 교차오염의 정의
오염되지 않은 식재료나 음식에 오염된 식재료, 기구, 종사자로 인해 미생물이 혼입되어 오염되는 것이다.

2. 주방 내 교차오염 발생 장소 및 개선 방안

(1) 교차오염 발생 장소
행주, 바닥, 트렌치, 채소 및 과일 준비 코너, 생선 취급 코너 등에서 발생한다.

(2) 교차오염 개선 방안
많은 양의 식품을 원재료 상태로 들여와 준비하는 과정에서 교차오염 발생 가능성이 높으므로 식재료의 전처리 과정에서 더욱 세심한 청결 상태 유지와 식재료 관리가 필요하다.

(3) 교차오염 예방법
① 작업구역의 구분(청결작업구역, 일반작업구역)
② 기구나 용기(칼, 도마, 앞치마, 장갑 등)를 용도별로 구분해서 사용
③ 작업상의 위생관리
④ 식품, 식재료를 분리해서 보관

3. 시설물 용도에 따른 위생관리

냉동·냉장 시설	• 세척 및 살균을 최대한 자주 한다. • 식자재와 음식물이 직접 닿는 랙(Rack)이나 내부 표면, 용기는 매일 세척 및 살균한다.
상온창고	• 진공청소기로 바닥의 먼지를 제거하고 대걸레로 청소한 후 자연 건조시킨다. • 바닥은 항상 건조한 상태를 유지한다. • 선입선출(FIFO) 원칙을 준수한다. • 3정 5S 원칙에 따라 소모품은 각각 제 위치에 정리정돈한다. • 깔판, 팰릿, 선반도 청결하게 관리한다.
화장실	• 변기는 특히 관리를 철저히 한다. • 유리창, 벽면, 천장 환기팬 등에 먼지가 있어서는 안 된다. • 방향제, 변기 세척제 등을 구비한다.
청소도구	• 청소용 빗자루, 걸레는 청소 후에 깨끗이 세척하고 건조하여 지정된 장소에 보이지 않도록 보관한다. • 불결하고 비위생적인 청소도구는 효과적인 세척이 어렵다.
기물	• 주방 공간에 설치된 장비나 기물은 항상 청결한 상태를 유지하고 정기적으로 세척할 필요가 있다. • 주방설비는 작동 매뉴얼과 세척을 위한 설명서를 확보한다.
배수로	• 하부에 부착된 찌꺼기까지 청소를 하여 해충이 발생하지 않도록 한다. • 쥐의 이동 통로가 되므로 주기적으로 확인한다.
배기후드	• 배기후드 하부에 있는 조리 장비에 먼지나 이물질이 떨어지지 않도록 청소하기 전에 비닐로 덮어둔다. • 배기후드 내의 거름망을 분리하여 세척제에 불린 후 부드러운 수세미에 세척제를 묻혀 배기후드의 내부와 외부를 청소한다. 세척제를 잘 제거한 후 마른 수건으로 닦아 건조시킨다.

합격보장 꿀팁

• 3정 5S
  - 3정: 정위치, 정품, 정량
  - 5S: 정리(Seiri), 정돈(Seiton), 청소(Seiso), 청결(Seiketsu), 습관화(Shitsuke)

4. 주방 쓰레기의 관리

(1) 쓰레기통의 관리
① 쓰레기통은 흡수성이 없으며 단단하고 내구성이 있는 것을 구입하여 사용한다.
② 쓰레기통은 충분한 수량을 비치하여 일반용, 주방용, 음식물 쓰레기 등으로 분리하여 사용한다.
③ 모든 쓰레기통은 반드시 뚜껑을 사용하며, 더러운 냄새가 나거나 액체가 새지 않도록 관리한다.
④ 쓰레기통을 세척하거나 소독 시 주방 내부나 용기 등에 튀지 않도록 유의한다.
⑤ 각 쓰레기통은 지정된 장소에 보관하며 80% 이상 채우지 않고 자주 치운다.
⑥ 더러운 정도가 심한 쓰레기통은 가성소다로 씻고, 세제로 청소 후 건조시킨다.

> **바로 확인문제**
>
> 쓰레기통의 관리 방법으로 잘못된 것은?
> ① 쓰레기통은 일반용, 주방용, 음식물 쓰레기 등으로 분리하여 사용한다.
> ② 쓰레기통은 완전히 꽉 채웠을 때 치운다.
> ③ 더러운 정도가 심한 쓰레기통은 가성소다로 씻어 건조시킨다.
> ④ 쓰레기통을 세척하거나 소독할 때 주방 내부나 용기 등에 튀지 않도록 한다.
>
> |해설|
> 쓰레기통은 80% 이상 채우지 않고 자주 치운다.
>
> |정답| ②

(2) 쓰레기 처리
① 일반 및 음식물 쓰레기 수거가 용이하도록 전용운반도구를 갖춘다.
② 쓰레기 처리 장소는 식품 저장 장소와 분리하고, 환기가 잘 되고 세척 및 소독이 용이해야 하며 자주 청소를 실시한다.
③ 일반 및 음식물 쓰레기 처리 집하장소는 쥐나 곤충, 해충의 침입을 막을 수 있도록 설계하고, 정기적으로 방역·방충 작업을 실시한다.
④ 음식물의 잔반처리는 내부 고객뿐만 아니라 이면도로의 행인에게 보이지 않게 주의한다.

PART 04 식중독관리

01 식중독의 개요

1. 식중독의 정의
식중독이란 유독·유해한 물질이 함유된 음식물을 섭취하고 급성위장장애를 발생시키는 증후군을 말한다. 발생 원인에 따라 세균성 식중독, 자연독 식중독, 화학적 식중독, 곰팡이독 식중독, 노로바이러스 식중독으로 분류한다.

바로 확인문제
식중독에 관한 설명으로 틀린 것은?
① 자연독이나 유해물질이 함유된 음식물을 섭취함으로써 생긴다.
② 발열, 구역질, 구토, 설사, 복통 등의 증세가 나타난다.
③ 세균, 곰팡이, 화학물질 등이 원인 물질이다.
④ 대표적인 식중독에는 콜레라, 세균성 이질, 장티푸스 등이 있다.

|해설|
콜레라, 세균성 이질, 장티푸스는 미생물에 의한 감염병이다.
|정답| ④

2. 식중독 발생 시 신고

(1) **보고 및 신고**

시장, 군수, 구청장 → 식중독 보고·관리 시스템에 등록·보고 → 유관기관에 발생 사실 동시 전파
① 발생 보고: 보건소(감염부서) → 시·군·구(위생부서) → 시·도, 식품의약품안전처
② 발생 신고: 집단급식소·의사(의무 신고), 의심환자·음식점(자율 신고) → 보건소

바로 확인문제
식중독 발생 시 즉시 취해야 할 행정적 조치는?
① 식중독 발생 신고　　　② 원인 식품의 폐기 처분
③ 연막 소독　　　　　　④ 역학조사

|해설|
식중독 발생 시 발생 신고를 제일 먼저 실시해야 한다.
|정답| ①

(2) **식중독 발생 정보 제공**

보건소·위생과 역학조사팀 구성 → 현장 출동 → 역학조사 실시
① 환자 등을 대상으로 증상, 섭취 음식물, 장소, 가검물 채취, 설문조사 등을 실시한다.
② 영업장·시설의 식재료, 칼·도마, 음용수, 종사자 가검물 등 수거 검사를 의뢰한다.

(3) **학교 식중독 조기 경보 시스템**
① 식중독 발생 학교와 동일한 식자재를 사용하는 다른 학교에 식재료 사용 중지 등을 신속하게 조치한다.
② 발생 보고: 교육청 → 식품의약품안전처

02 세균성 식중독 빈출

1. 감염형 세균성 식중독

(1) **살모넬라(Salmonella) 식중독**
① 원인균: 살모넬라균(Salmonella Enteritidis), 그람음성간균
② 잠복기: 12~24시간(평균 18시간)
③ 증상: 38~40℃의 발열을 동반한 급성위염, 구토, 설사, 두통, 오한, 전신권태(4~5일 후 증상 회복)
④ 원인 식품: 육류·조육·난류·어패류 및 그 가공품, 우유 및 유제품, 채소 샐러드 등
⑤ 감염 경로: 쥐, 바퀴벌레, 파리, 가축, 닭, 오리 등의 장내세균으로 서식한다.
⑥ 예방 대책: 쥐, 바퀴벌레, 파리, 가축, 조류에 의한 식품 오염 방지, 냉장·냉동 보관(10℃ 이하에서는 발육하지 않으므로 저온 보관), 가열 조리 후 섭취(60℃에서 20~30분간 처리 시 사멸) 등을 실시한다.

(2) **장염비브리오(Vibrio) 식중독**
① 원인균: 비브리오균(Vibrio Parahaemolyticus), 호염성균(3~4%의 식염 농도에서도 생존), 그람음성간균(아포를 형성하지 않음)
② 잠복기: 10~18시간(평균 12시간)
③ 증상: 복통, 구토, 설사, 발열 등의 급성위장염, 점액변(1~3일 심한 증상이 나타나고, 1주일 후 증상 회복)
④ 원인 식품: 어패류(주로 하절기), 해조류 및 그 가공품
⑤ 감염 경로: 오염된 연안의 해수, 흙, 세균을 통한 생식 혹은 오염된 조리기구를 통한 2차 감염(6~10월 전국적으로 집중 발생)으로 발생한다.
⑥ 예방 대책: 생식 금지, 열에 약하기 때문에 가열 조리 후 섭취(60℃에서 5분간 처리 시 사멸), 2차 오염 방지를 위해 조리도구의 소독 및 살균, 냉장 보관 등을 실시한다.

> **바로 확인문제**
>
> 호염성 세균이 원인균으로 작용하는 식중독은?
> ① 장염비브리오 식중독 ② 병원성 대장균 식중독
> ③ 살모넬라 식중독 ④ 포도상구균 식중독
>
> |해설|
> 호염성 세균은 3~4%의 식염 농도에서도 생존하므로 어패류 등의 섭취를 통해 감염 시 장염비브리오 식중독이 발생한다.
>
> |정답| ①

(3) **병원성 대장균 식중독**
① 원인균: 병원성 대장균(Pathogenic Escherichia Coli), 사람이나 동물의 장 내에 서식, 흙 속 세균, 그람음성간균
② 잠복기: 10~30시간(평균 13시간)
③ 증상: 두통, 발열, 구토, 설사(혈변), 급성위장염
④ 원인 식품: 우유, 햄, 치즈, 소시지, 가정에서 제조한 마요네즈, 덜 익은 소고기 등
⑤ 감염 경로: 환자 및 보균자, 동물의 분변에 의해 직·간접적으로 오염된 조리식품의 섭취로 감염된다.
⑥ 예방 대책: 가열 조리 후 섭취, 분변의 오염 방지, 분변의 비료화 억제 등을 실시한다.

> **합격보장 꿀팁**
>
> - **햄버거병** | 1982년 미국에서 덜 익힌 패티가 들어간 햄버거를 먹고 용혈성 요독증에 걸렸다는 주장이 나오면서 붙은 이름으로, 용혈성 요독 증후군이라고 한다. 주로 O157:H7균(일종의 장관출혈성대장균)에 의해 발생하며, 야채, 우유, 물 등 다양한 요인으로부터 감염될 수 있다.

(4) 클로스트리디움 퍼프리젠스 식중독

① 원인균: 웰치균(C. Perfringens), 편성혐기성균, 그람양성간균
② 잠복기: 8~22시간(평균 12시간)
③ 증상: 복통, 설사, 구토, 발열
④ 원인 식품: 단백질성 식품, 육류, 어패류 및 그 가공품, 튀김두부, 가열 조리 후 실온에 장시간(5시간 이상) 방치된 식품
⑤ 감염 경로: 사람·동물의 분변, 식품의 오염 증식으로 발생한다.
⑥ 예방 대책: 분변의 오염 방지, 조리된 식품은 저온·냉동 보관, 재가열 섭취 등을 실시하고 음식물은 소량씩 덜어서 보관한다.

> **합격보장 꿀팁**
>
> • 웰치균(Welchii) | 웰치균에는 A, B, C, D, E, F의 유형이 있다. A, C는 감염형, B, D, E, F는 독소형으로 분류되므로 중간형이라 구분된다.

> **바로 확인문제**
>
> 감염형 세균성 식중독의 원인균이 아닌 것은?
> ① 살모넬라균   ② 장염비브리오균   ③ 병원성 대장균   ④ 포도상구균
>
> |해설|
> 포도상구균은 독소형 세균성 식중독의 원인균이다. |정답| ④

2. 독소형 세균성 식중독

(1) (황색)포도상구균 식중독

① 원인균: (황색)포도상구균(Staphylococcus Aureus), 그람양성구균, 화농성균
② 원인 독소: 엔테로톡신(Enterotoxin, 장독소)
③ 잠복기: 1~6시간(평균 3시간, 잠복기가 가장 짧음)
④ 증상: 설사, 복통, 구토 및 급성위장염
⑤ 원인 식품: 균에 오염된 유가공품(우유, 버터, 치즈, 크림, 과자), 김밥, 전분질 식품(도시락, 떡, 빵)
⑥ 감염 경로: 화농성 질환자의 식품취급, 식품 중에 (황색)포도상구균이 증식하여 장독소를 생산한다.
⑦ 예방 대책: 식기, 식품의 멸균과 오염 방지, 식품은 저온·냉장 보관하고 화농소가 있는 사람의 식품취급을 금지한다.

> **합격보장 꿀팁**
>
> • 엔테로톡신(장독소) | 100℃에서 30분간 처리해도 파괴되지 않으므로 균이 발생하는 것을 예방하는 것이 중요하다.

> **바로 확인문제**
>
> Staphylococcus Aureus이 분비하는 장독소가 원인이 되는 식중독은?
> ① 살모넬라 식중독   ② 장염비브리오 식중독   ③ 병원성 대장균 식중독   ④ 황색포도상구균 식중독
>
> |해설|
> 황색포도상구균은 장독소인 엔테로톡신을 생성한다. 엔테로톡신은 열에 강해 100℃에서 30분간 처리해도 파괴되지 않으므로 화농성 질환자의 식품취급을 금지한다.
> |정답| ④

(2) 클로스트리디움 보툴리눔 식중독

① 원인균: 보툴리누스균(Clostridium Botulinum) A~G형 중 A, B, E, F형인 원인균, 혐기성균, 그람양성간균
② 원인 독소: 뉴로톡신(Neurotoxin)
③ 잠복기: 12~36시간(잠복기가 가장 긺)
④ 증상: 신경마비 증상(사시, 동공확대), 운동장애, 언어장애, 세균성 식중독 중 가장 높은 치사율(40%)
⑤ 원인 식품: 살균이 불충분한 통조림, 병조림, 부패된 햄, 소시지
⑥ 감염 경로: 식품 중에 증식한 세균이 분비하는 신경독소에 의해 발생한다.
⑦ 예방 대책: 가열 조리 후 섭취(80℃에서 30분간 처리 시 사멸), 통조림 및 소시지 등의 위생적 가공 및 저온 보관 등을 실시한다.

> **바로 확인문제**
>
> 혐기 상태에서 생산된 독소에 의해 신경마비 증상이 나타나는 세균성 식중독은?
> ① 황색포도상구균 식중독   ② 클로스트리디움 보툴리눔 식중독
> ③ 장염비브리오 식중독   ④ 살모넬라 식중독
>
> |해설|
> 클로스트리디움 보툴리눔균은 혐기성세균으로 뉴로톡신이라는 신경독소를 만들어 이를 섭취 시 신경마비 증상을 나타낸다. |정답| ②

03 자연독 식중독

1. 자연독 식중독의 정의
동·식물체에서 자연적으로 생산된 독소를 섭취했을 때 발생하는 식중독을 말한다.

2. 동물성 식중독

(1) 복어 중독
① 원인 독소: 테트로도톡신(Tetrodotoxin)
② 잠복기: 식후 30분~5시간
③ 증상
 • 중독 증상이 단계적으로 진행된다.
 • 구토, 지각이상, 호흡곤란, 호흡마비, 사지의 마비(치사율 50~60%), 청색증 등의 증상이 나타난다.
④ 독소량: 난소 > 간 > 피부 > 내장
⑤ 특징: 열에 의해 파괴되지 않는다.
⑥ 치사량: 2mg
⑦ 예방 대책
 • 독소가 함유된 부위의 제거와 폐기를 철저히 한다.
 • 전문 조리사만이 조리를 해야 한다.
 • 산란 직전인 4~6월에는 독성이 강하므로 특히 주의해야 한다.

(2) 조개류 중독
① 모시조개, 바지락, 굴
 • 원인 독소: 베네루핀(Venerupin)
 • 특징: 열에 의해 파괴되지 않는다.
 • 유독 시기: 5~9월

- 증상: 혈변, 출혈, 혼수상태, 구토
② 섭조개(홍합), 대합
- 원인 독소: 삭시톡신(Saxitoxin)
- 특징: 열에 의해 파괴되지 않는다.
- 유독 시기: 2~4월
- 증상: 신경마비, 신체마비, 호흡곤란

3. 식물성 식중독

(1) 독버섯 중독
① 원인 독소: 무스카린(Muscarine), 뉴린(Neurine), 콜린(Choline), 무스카리딘(Muscaridine), 팔린(Phalline), 아마니타톡신(Amanitatoxin)
② 증상

콜레라형 중독(알광대버섯, 마귀광대버섯)	콜레라 유사 증상, 경련, 허탈, 혼수상태, 헛소리
위장형 중독(무당버섯, 화경버섯)	설사, 구토, 복통 등의 위장장애
신경계(뇌 및 중추신경) 장애 중독(파리버섯, 미치광이버섯, 광대버섯)	중추신경장애, 광증, 근육경련
용혈성 중독	콜레라형 위장장애, 용혈 작용, 황달, 혈색소뇨

③ 독버섯 감별법
- 색이 선명하고 화려하며 표면에 점액이 있다.
- 줄기 부분이 거칠고 버섯의 살이 세로로 쪼개지지 않는다.
- 은수저의 색이 검게 변한다.
- 쓴맛, 신맛, 매운맛이 나고, 악취가 난다.

(2) 감자 중독
① 원인 독소
- 솔라닌(Solanine): 감자의 녹색 부위와 발아 부위에 해당한다.
- 셉신(Sepsine): 썩은 감자에서 생성된다.
② 증상: 구토, 설사, 복통, 언어장애(혀의 마비)
③ 예방 대책: 서늘한 곳에 보관하고, 녹색 부위와 발아 부위를 완전히 제거한다.

(3) 기타 식물의 유독물질 빈출

청매(덜 익은 매실), 살구씨, 복숭아씨	아미그달린(Amygdalin)	독미나리	시큐톡신(Cicutoxin)
피마자	리신(Ricin), 리시닌(Ricinine)	독보리(독맥)	테무린(Temuline)
목화	고시폴(Gossypol)	미치광이풀	아트로핀(Atropine)
대두	사포닌(Saponin)	시금치	옥살산(Oxalic Acid)

바로 확인문제

식물과 그 유독 성분이 잘못 연결된 것은?
① 감자 – 솔라닌(Solanine)
② 청매 – 팔린(Phalline)
③ 피마자 – 리신(Ricin)
④ 독미나리 – 시큐톡신(Cicutoxin)

|해설|
청매의 유독 성분은 아미그달린(Amygdalin)이고 팔린(Phalline)은 독버섯의 원인 독소이다.

|정답| ②

04 화학적 식중독

1. 화학적 식중독의 개요

(1) 화학적 식중독의 정의

유독·유해한 화학물질에 오염된 식품을 섭취하여 중독 증상을 일으키는 것을 말한다.

(2) 화학적 식중독의 예방 대책

① 불량 기구 및 용기의 사용을 금지한다.
② 농약의 위생적 보관 및 사용 방법을 준수한다.

2. 농약에 의한 식중독

(1) 농약의 구분

구분	종류	증상
유기인계	파라티온, 말라티온, 다이아지논 등의 농약	신경독 증상, 신경마비 증상, 혈압 상승, 근력 감퇴
유기염소계	BHC, DDT 등의 농약	신경독 증상, 구토, 두통, 복통, 설사, 시력감퇴, 전신권태
비소화합물	비산칼슘 등의 농약	식도의 수축, 위통, 구토, 색소침착, 설사, 혈변, 소변량의 감소, 흑피증

(2) 예방 대책

① 농약 허용기준 강화(PLS) 지침을 준수하여 사용한다.
② 농약 살포 시 흡입하지 않도록 주의한다.
③ 과채류의 산성액을 세척한다.

3. 중금속 유해물질 빈출

구분	중독 경로	중독 증상
납(Pb)	도료, 제련, 납땜(통조림), 도자기나 법랑용기의 유약, 낡은 수도관	빈혈, 안면창백, 구토, 구역질, 복통, 사지마비, 피로, 지각상실, 시력장애, 연연(鉛緣: 잇몸에 납이 침착하여 청회백색으로 착색되는 증상), 말초신경염
수은(Hg)	공장폐수에 오염된 어패류, 농약, 보존료 등으로 처리한 음식의 섭취	미나마타병(지각이상, 언어장애, 보행곤란)
카드뮴(Cd)	• 광산·공장폐수의 오염에 중독된 어패류 및 농작물의 섭취 • 도자기나 법랑용기의 유약	이타이이타이병(골연화증, 단백뇨, 골다공증)
비소(As)	농약(비소제), 놋사기나 법랑용기의 유약, 순도가 낮은 식품첨가물에 혼입된 불순물	위장장애, 설사, 구토, 피부 이상(흑피증), 신경계통마비, 전신경련
주석(Sn)	통조림관의 도금재료	구토, 설사, 복통, 메스꺼움
구리(Cu)	부식된 구리로 만든 조리기구, 식기에 생긴 녹청의 유출, 구리합금 등 산성에서 쉽게 용출, 착색제 및 농약에 함유	위통, 오심, 구토, 현기증, 호흡곤란, 잔열감
크로뮴(Cr, 크롬)	작업장 등에서의 분진	궤양, 피부염, 알레르기성 습진, 비염

합격보장 꿀팁

• **납 중독** | 호흡이나 경구침입에 의해 발생하며, 중독 시 소변에서 코프로포르피린이 검출된다.

> **바로 확인문제**
>
> 중금속에 의한 중독과 증상을 바르게 연결한 것은?
>
> ① 납 중독 – 빈혈 등의 조혈장애
> ② 수은 중독 – 골연화증
> ③ 카드뮴 중독 – 흑피증, 각화증
> ④ 비소 중독 – 사지마비, 보행장애
>
> |해설|
> ② 수은 중독의 증상으로는 미나마타병, 근육경련, 언어장애가 있고, ③ 카드뮴 중독의 증상에는 이타이이타이병, 골연화증이 있으며, ④ 비소 중독의 증상으로는 신경계통 마비, 전신경련이 있다.
>
> |정답| ①

4. 알레르기성 식중독

① 원인 독소: 히스타민(Histamine)
② 원인균: 모르가넬라 모르가니(Morganella morganii, 프로테우스 모르가니)
③ 원인 식품: 꽁치, 고등어와 같은 붉은살 어류 및 그 가공품
④ 증상: 두드러기, 열증
⑤ 예방 대책: 부패되지 않은 식품에서도 생기므로 개인별 관리가 필요하며, 항히스타민제를 투여한다.

5. 기타 유해물질

(1) 메탄올(Methanol, 메틸알코올)

① 생성 원인: 공업용제로 사용되는 유기 용매로, 주류 발효 시 펙틴으로부터 생성되며, 과일주나 정제가 불충분한 에탄올, 증류주에 미량 함유되어 있다.
② 특징: 에탄올과 냄새와 맛이 같은 액체로, 인체 흡수 시 포름알데히드로 변환되어 치명적인 영향을 미친다.
③ 중독량
　• 10~15mL 섭취 시: 두통, 현기증, 구토, 복통, 설사, 시신경염증으로 실명
　• 30~100mL 섭취 시: 마비, 호흡곤란, 사망

> **바로 확인문제**
>
> 메탄올에 대한 설명으로 옳지 않은 것은?
>
> ① 에탄올과 같은 냄새와 맛을 가진 액체이다.
> ② 인체에 흡수 시 포름알데히드로 변환되어 치명적인 영향을 미친다.
> ③ 10~15mL 섭취 시 두통, 현기증, 구토, 설사 등의 증상이 나타난다.
> ④ 석유, 석탄 등을 태울 때 불완전 연소로 생성된다.
>
> |해설|
> 석유, 석탄 등을 태울 때 불완전 연소로 생성되는 물질은 벤조에이피렌이다.
>
> |정답| ④

(2) 벤조에이피렌(Benzo-a-pyrene)

① 생성 원인: 석유, 석탄, 목재, 식품(훈제육이나 태운 고기) 등을 태울 때 불완전 연소로 생성된다.
② 특징: 발암성이 매우 강하다.

(3) PCB(유기염소제) 중독

① PCB사건: 일명 '가네미 유독증'으로, 미강유 탈취공정 중 혼입된 PCB를 지속적으로 섭취하면 지방 조직에 축적되어 배설되지 않아 중독 증상이 발생한다.
② 증상: 피부병, 간질환, 신경장애 증세

05 곰팡이 독소

1. 곰팡이독(Mycotoxin)의 정의
곰팡이가 생산하는 유독대사산물로 사람이나 가축에 급성 또는 만성의 장애를 유발하는 물질(곰팡이 중 유독물질을 생성하는 경우도 있음)을 말한다.

2. 곰팡이독의 구분

구분	종류	증상
간장독	아플라톡신(Aflatoxin), 루브라톡신(Rubratoxin), 오크라톡신(Ochratoxin), 이슬란디톡신(Islanditoxin), 에르고톡신(Ergotoxin)	간세포의 괴사, 간경변, 간암 유발
신장독	시트리닌(Citrinin)	신장에 급성, 만성 장애 유발
신경독	파툴린(Patulin), 시트레오비리딘(Citreoviridin), 말토리진(Maltoryzine)	뇌와 중추신경 장애 유발
피부염물질	스포리데스민(Sporidesmin)	햇빛에 노출 시 피부염 유발

바로 확인문제
다음 중 곰팡이 독소와 독성을 나타내는 곳을 잘못 연결한 것은?
① 오크라톡신(Ochratoxin) - 간장
② 아플라톡신(Aflatoxin) - 신경
③ 시트리닌(Citrinin) - 신장
④ 스테리그마토시스틴(Sterigmatocystin) - 간장

|해설|
아플라톡신은 간장에 영향을 미치는 간장독이다.

|정답| ②

3. 곰팡이독의 종류

(1) **아플라톡신(Aflatoxin)**
① 원인 곰팡이: 아스퍼질러스 플라버스 곰팡이가 곡류, 견과류, 땅콩 등의 탄수화물을 많이 함유한 식품에 증식하여 생성된 독소
② 원인 식품: 땅콩, 옥수수, 쌀, 보리, 된장, 곶감
③ 독소: 아플라톡신(간장독)
④ 중독 증상: 간암 유발(강한 발암성)
⑤ 특징
- 열에 안정적이므로 가열 조리 후에도 남아 있을 수 있다.(200~300℃로 가열 시 분해)
- 기질수분 16% 이상, 상대습도 80~85% 이상, 온도 25~35℃ 이상에서 생성된다.
- 강산이나 강알칼리성에서 쉽게 분해되어 불활성화된다.

(2) **맥각독**
① 원인 곰팡이: 맥각균이 보리나 호밀에 기생하여 생성된 독소
② 원인 식품: 보리, 호밀, 밀
③ 독소: 에르고톡신(간장독)
④ 중독 증상: 구토, 복통, 설사 유발, 임산부는 유산·조산의 위험성

(3) 황변미(Yellowed Rice)독
   ① 원인 곰팡이: 페니실리움속 푸른곰팡이가 저장미에 증식하여 생성된 독소
   ② 원인 식품: 저장미(수분 14~15%를 함유한 쌀에 곰팡이가 번식하여 누렇게 변색)
   ③ 독소: 시트리닌(신장독), 시트레오비리딘(신경독), 이슬란디톡신(간장독)
   ④ 중독 증상: 신경마비, 혈액순환 장애, 호흡 장애, 경련 유발, 간암, 간경화, 간경변 유발

> **바로 확인문제**
>
> 황변미 중독을 일으키는 오염 미생물은?
> ① 곰팡이　　　② 효모　　　③ 세균　　　④ 기생충
>
> |해설|
> 곰팡이독이 원인이 되어 황변미 중독이 발생한다.　　　|정답| ①

06 노로바이러스 식중독

1. 감염 경로

경구감염	오염식수, 오염된 물로 재배된 채소·과일·식품 등 섭취 시 감염된다.
접촉감염	감염환자의 가검물의 비위생적 처리, 조리도구의 오염 시 감염된다.
비말감염	기침, 재채기, 대화를 통해 감염된다.

2. 노로바이러스의 특징
① 크기가 매우 작고 구형이며 단일가닥 RNA를 가진다.
② 미량으로 발병하며 시간이 경과하면 자연 치유된다.(집단급식에서 주로 발생)
③ 급성위장염, 복통, 구토, 설사를 일으킨다.

3. 증상 및 예방 대책
(1) 증상
   ① 24~48시간 내에 구토, 설사, 복통이 발생하고 발병 2~3일 후 없어진다.
   ② 겨울에 발생 빈도가 더 높다.

(2) 예방 대책
   ① 손을 깨끗하게 씻는다.
   ② 식품을 충분히 가열한다.(85℃에서 1분 이상)

> **바로 확인문제**
>
> 노로바이러스에 대한 설명으로 틀린 것은?
> ① 발병 후 자연 치유되지 않는다.
> ② 크기가 매우 작고 구형이다.
> ③ 급성위장염을 일으키는 식중독 원인체이다.
> ④ 감염되면 설사, 복통, 구토 등의 증상이 나타난다.
>
> |해설|
> 노로바이러스는 발병 후 2~3일 뒤에 자연 치유된다.　　　|정답| ①

PART 05 식품위생법 및 관계법규

01 「식품위생법」 및 관계법규

1. 총칙

(1) 「식품위생법」의 목적(법 제1조)
① 식품으로 인하여 생기는 위생상의 위해를 방지한다.
② 식품영양의 질적 향상을 도모한다.
③ 식품에 관한 올바른 정보를 제공한다.
④ 국민 건강의 보호·증진에 이바지한다.

(2) 「식품위생법」상의 용어 정의(법 제2조)

식품	모든 음식물(의약으로 섭취하는 것은 제외)
식품첨가물	식품을 제조·가공·조리 또는 보존하는 과정에서 감미, 착색, 표백 또는 산화방지 등을 목적으로 식품에 사용되는 물질(기구·용기·포장을 살균·소독하는 데 사용되어 간접적으로 식품으로 옮아갈 수 있는 물질을 포함)
화학적 합성품	화학적 수단으로 원소 또는 화합물에 분해 반응 외의 화학 반응을 일으켜서 얻은 물질
기구	음식을 먹을 때 사용하거나 담는 것, 식품 또는 식품첨가물을 채취·제조·가공·조리·저장·소분·운반·진열할 때 사용하는 것으로서 식품 또는 식품첨가물에 직접 닿는 기계·기구나 그 밖의 물건(농업과 수산업에서 식품을 채취하는 데 쓰는 기계·기구나 그 밖의 물건,「위생용품관리법」제2조 제1호의 위생용품 제외)
공유주방	식품의 제조·가공·조리·저장·소분·운반에 필요한 시설 또는 기계·기구 등을 여러 영업자가 함께 사용하거나 동일한 영업자가 여러 종류의 영업에 사용할 수 있는 시설 또는 기계·기구 등이 갖춰진 장소
용기·포장	식품 또는 식품첨가물을 넣거나 싸는 것으로서 식품 또는 식품첨가물을 주고받을 때 함께 건네는 물품
위해	식품, 식품첨가물, 기구 또는 용기·포장에 존재하는 위험 요소로서 인체의 건강을 해치거나 해칠 우려가 있는 것
영업	식품 또는 식품첨가물을 채취·제조·가공·조리·저장·소분·운반 또는 판매하거나 기구 또는 용기·포장을 제조·운반·판매하는 업(농업과 수산업에 속하는 식품 채취업은 제외), 공유주방을 운영하는 업과 공유주방에서 식품제조업 등을 영위하는 업을 포함함
영업자	법령이 정하는 바에 따라 영업허가를 받거나 영업신고를 한 자 또는 영업등록을 한 자
식품위생	식품, 식품첨가물, 기구 또는 용기·포장을 대상으로 하는 음식에 관한 위생
집단 급식소	영리를 목적으로 하지 아니하면서 특정 다수인에게 계속하여 음식물을 공급하는 기숙사, 학교, 유치원, 어린이집, 병원 등 중 어느 하나에 해당하는 곳의 급식시설로서 1회 50명 이상에게 식사를 제공하는 급식소
식품이력 추적관리	식품을 제조·가공 단계부터 판매 단계까지 각 단계별로 정보를 기록·관리하여 그 식품의 안전성 등에 문제가 발생할 경우 그 식품을 추적하여 원인을 규명하고 필요한 조치를 할 수 있도록 관리하는 것
식중독	식품 섭취로 인하여 인체에 유해한 미생물 또는 유독물질에 의해 발생하였거나 발생한 것으로 판단되는 감염성 질환 또는 독소형 질환
집단급식소에서의 식단	급식대상 집단의 영양 섭취 기준에 따라 음식명, 식재료, 영양 성분, 조리 방법, 조리 인력 등을 고려하여 작성한 급식계획서

바로 확인문제

「식품위생법」상 식품위생의 대상이 되지 않는 것은?

① 식품 및 식품첨가물 ② 의약품 ③ 식품, 용기 및 포장 ④ 식품, 기구

|해설|
식품위생이란 식품, 식품첨가물, 기구 또는 용기·포장을 대상으로 하는 음식에 관한 위생을 말한다.

|정답| ②

(3) 식품 등의 취급(법 제3조)

① 누구든지 판매(판매 외의 불특정 다수인에 대한 제공을 포함)를 목적으로 식품 또는 식품첨가물을 채취·제조·가공·사용·조리·저장·소분·운반 또는 진열을 할 때에는 깨끗하고 위생적으로 하여야 한다.

② 영업에 사용하는 기구 및 용기·포장은 깨끗하고 위생적으로 다루어야 한다.

③ ①, ②에 따른 식품, 식품첨가물, 기구 또는 용기·포장(이하 "식품 등"이라 함)의 위생적인 취급에 관한 기준은 총리령으로 정한다.

바로 확인문제

식품, 식품첨가물, 기구 또는 용기·포장의 위생적 취급에 관한 기준을 정하는 것은?

① 총리령 ② 농림수산식품부령 ③ 고용노동부령 ④ 환경부령

|해설|
식품, 식품첨가물, 기구 또는 용기·포장의 위생적 취급에 관한 기준은 총리령으로 정한다.

|정답| ①

2. 식품 및 식품첨가물

(1) 위해식품 등의 판매 등 금지(법 제4조)

누구든지 다음에 해당하는 식품 등을 판매하거나 판매할 목적으로 채취·제조·수입·가공·사용·조리·저장·소분·운반 또는 진열하여서는 아니 된다.

① 썩거나 상하거나 설익어서 인체의 건강을 해칠 우려가 있는 것

② 유독·유해물질이 들어 있거나 묻어 있는 것 또는 그러할 염려가 있는 것(다만, 식품의약품안전처장이 인체의 건강을 해칠 우려가 없다고 인정하는 것은 제외)

③ 병을 일으키는 미생물에 오염되었거나 그러할 염려가 있어 인체의 건강을 해칠 우려가 있는 것

④ 불결하거나 다른 물질이 섞이거나 첨가된 것 또는 그 밖의 사유로 인체의 건강을 해칠 우려가 있는 것

⑤ 안전성 심사 대상인 농·축·수산물 등 가운데 안전성 심사를 받지 아니하였거나 안전성 심사에서 식용으로 부적합하다고 인정된 것

⑥ 수입이 금지된 것 또는 「수입식품안전관리 특별법」 제20조 제1항에 따른 수입신고를 하지 아니하고 수입한 것

⑦ 영업자가 아닌 자가 제조·가공·소분한 것

합격보장 꿀팁

- 「수입식품안전관리 특별법」에 따른 신고수리보류조치
  - 테러의 수단으로 사용될 우려가 있는 경우
  - 「감염병의 예방 및 관리에 관한 법률」 제2조 제1호에 따른 감염병의 병원체에 오염되었거나 오염되었을 우려가 있는 경우
  - 인체에 위해한 물질에 오염되었을 것으로 판단되나 오염 여부를 확인하기 위한 검사 항목을 특정하기 어렵거나 정해진 시험방법이 없는 경우
  - 국내에 신고·등록 등을 하지 아니하거나 허가·승인 등을 받지 아니한 농약, 동물용 의약품, 유전자변형식품 등의 물질이 사용된 것으로 판단되는 경우로서 해당 원료 또는 성분에 관하여 정해진 시험방법이 없는 경우
  - 그 밖에 해당 수입식품 등으로 인하여 국민건강에 중대한 위해가 발생하였거나 발생할 우려가 있어 신속한 조치가 필요한 경우

바로 확인문제

위해식품 등의 판매 금지 사항에 해당하지 않는 것은?
① 썩거나 상하거나 설익어서 인체의 건강을 해칠 우려가 있는 것
② 병을 일으키는 미생물에 오염되었거나 그러할 염려가 있어 인체의 건강을 해칠 우려가 있는 것
③ 영업자가 제조·가공·소분한 것
④ 불결하거나 다른 물질이 섞이거나 첨가된 것 또는 그 밖의 사유로 인체의 건강을 해칠 우려가 있는 것

| 해설 |
영업자가 아닌 자가 제조·가공·소분한 것은 판매 금지 사항이다. | 정답 | ③

(2) 병든 동물 고기 등의 판매 등 금지(법 제5조)

누구든지 총리령으로 정하는 질병에 걸렸거나 걸렸을 염려가 있는 동물이나 그 질병에 걸려 죽은 동물의 고기·뼈·젖·장기 또는 혈액을 식품으로 판매하거나 판매할 목적으로 채취·수입·가공·사용·조리·저장·소분 또는 운반하거나 진열하여서는 아니 된다.

합격보장 꿀팁

- **총리령으로 정하는 질병**
  - 「축산물 위생관리법 시행규칙」 별표3 제1호 다목에 따라 도축이 금지되는 가축전염병
  - 리스테리아병, 살모넬라병, 파스튜렐라병 및 선모충증

바로 확인문제

병든 동물 고기 등의 판매 금지에 대한 설명으로 옳지 않은 것은? (단, 보기의 질병은 총리령으로 정하는 질병이다.)
① 질병에 걸려 죽은 동물의 고기, 뼈, 젖, 장기를 판매하는 것은 금지 사항이다.
② 질병에 걸려 죽은 동물의 혈액을 식품으로 판매하는 것은 금지 사항이다.
③ 질병에 걸렸을 염려가 있는 동물은 질병이 확실해지기 전까지 판매 가능하다.
④ 질병에 걸려 죽은 동물을 판매할 목적으로 운반하거나 진열해서는 안 된다.

| 해설 |
총리령으로 정하는 질병에 걸렸을 염려가 있는 동물은 판매가 금지된다. | 정답 | ③

(3) 기준·규격이 정하여지지 아니한 화학적 합성품 등의 판매 등 금지(법 제6조)

누구든지 기준·규격이 정하여지지 아니한 화학적 합성품인 첨가물과 이를 함유한 물질을 식품첨가물로 사용하거나 이 식품첨가물이 함유된 식품을 판매하거나 판매할 목적으로 제조·수입·가공·사용·조리·저장·소분·운반 또는 진열하는 행위를 하여서는 아니 된다. 다만, 식품의약품안전처장이 제57조에 따라 식품위생심의위원회(이하 "심의위원회"라 함)의 심의를 거쳐 인체의 건강을 해칠 우려가 없다고 인정하는 경우에는 그러하지 아니하나.

(4) 식품 또는 식품첨가물에 관한 기준 및 규격(법 제7조)

① 식품의약품안전처장은 국민 건강을 보호·증진하기 위하여 필요하면 판매를 목적으로 하는 식품 또는 식품첨가물에 관한 제조·가공·사용·조리·보존 방법에 관한 기준, 성분에 관한 규격을 정하여 고시한다.
② 식품의약품안전처장은 ①에 따라 기준과 규격이 고시되지 아니한 식품 또는 식품첨가물의 기준과 규격을 인정받으려는 자에게 ①의 사항을 제출하게 하여 「식품·의약품분야 시험·검사 등에 관한 법률」에 따라 식품의약품안전처장이 지정한 식품전문 시험·검사기관 또는 단서에 따라 총리령으로 정하는 시험·검사기관의 검토를 거쳐 ①에 따른 기준과 규격이 고시될 때까지 그 식품 또는 식품첨가물의 기준과 규격으로 인정할 수 있다.
③ 수출할 식품 또는 식품첨가물의 기준과 규격은 ①, ②에도 불구하고 수입자가 요구하는 기준과 규격을 따를 수 있다.

④ ①, ②에 따라 기준과 규격이 정하여진 식품 또는 식품첨가물은 그 기준에 따라 제조·수입·가공·사용·조리·보존하여야 하며, 그 기준과 규격에 맞지 아니하는 식품 또는 식품첨가물은 판매하거나 판매할 목적으로 제조·수입·가공·사용·조리·저장·소분·운반·보존 또는 진열하여서는 아니 된다.

⑤ 식품의약품안전처장은 거짓이나 그 밖의 부정한 방법으로 ②에 따른 기준 및 규격의 인정을 받은 자에 대하여 그 인정을 취소하여야 한다.

(5) 권장규격(법 제7조의2)

① 식품의약품안전처장은 판매를 목적으로 하는 「식품위생법」 제7조, 제9조에 따른 기준 및 규격이 설정되지 아니한 식품 등이 국민 건강에 위해를 미칠 우려가 있어 예방조치가 필요하다고 인정하는 경우에는 그 기준 및 규격이 설정될 때까지 위해 우려가 있는 성분 등의 안전관리를 권장하기 위한 규격(이하 "권장규격"이라 함)을 정할 수 있다.

② 식품의약품안전처장은 ①에 따라 권장규격을 정할 때에는 국제식품규격위원회 및 외국의 규격 또는 다른 식품 등에 이미 규격이 신설되어 있는 유사한 성분 등을 고려하여야 하고 심의위원회의 심의를 거쳐야 한다.

③ 식품의약품안전처장은 영업자가 ①에 따른 권장규격을 준수하도록 요청할 수 있으며 이행하지 아니한 경우 그 사실을 공개할 수 있다.

3. 기구와 용기·포장

(1) 유독기구 등의 판매·사용 금지(법 제8조)

유독·유해물질이 들어 있거나 묻어 있어 인체의 건강을 해칠 우려가 있는 기구 및 용기·포장과 식품 또는 식품첨가물에 직접 닿으면 해로운 영향을 끼쳐 인체의 건강을 해칠 우려가 있는 기구 및 용기·포장을 판매하거나 판매할 목적으로 제조·수입·저장·운반·진열하거나 영업에 사용하여서는 아니 된다.

(2) 기구 및 용기·포장에 관한 기준 및 규격(법 제9조)

① 식품의약품안전처장은 국민보건을 위하여 필요한 경우에는 판매하거나 영업에 사용하는 기구 및 용기·포장에 관하여 제조 방법에 관한 기준, 기구 및 용기·포장과 그 원재료에 관한 규격을 정하여 고시한다.

② 식품의약품안전처장은 ①에 따라 기준과 규격이 고시되지 아니한 기구 및 용기·포장의 기준과 규격을 인정받으려는 자에게 ①의 사항을 제출하게 하여 「식품·의약품분야 시험·검사 등에 관한 법률」에 따라 식품의약품안전처장이 지정한 식품전문 시험·검사기관의 검토를 거쳐 ①에 따라 기준과 규격이 고시될 때까지 해당 기구 및 용기·포장의 기준과 규격으로 인정할 수 있다.

③ 수출할 기구 및 용기·포장과 그 원재료에 관한 기준과 규격은 ①, ②에도 불구하고 수입자가 요구하는 기준과 규격을 따를 수 있다.

④ ①, ②에 따라 기준과 규격이 정하여진 기구 및 용기·포장은 그 기준에 따라 제조하여야 하며, 그 기준과 규격에 맞지 아니한 기구 및 용기·포장은 판매하거나 판매할 목적으로 제조·수입·저장·운반·진열하거나 영업에 사용하여서는 아니 된다.

⑤ 식품의약품안전처장은 거짓이나 그 밖의 부정한 방법으로 ②에 따른 기준 및 규격의 인정을 받은 자에 대하여 그 인정을 취소하여야 한다.

4. 유전자변형식품 등의 표시(법 제12조의2)

① 다음 중 어느 하나에 해당하는 생명공학기술을 활용하여 재배·육성된 농산물·축산물·수산물 등을 원재료로 하여 제조·가공한 식품 또는 식품첨가물(이하 "유전자변형식품 등"이라 함)은 유전자변형식품임을 표시하여야 한다. 다만, 제조·가공 후에 유전자변형 DNA 또는 유전자변형 단백질이 남아 있는 유전자변형식품 등에 한정한다.

- 인위적으로 유전자를 재조합하거나 유전자를 구성하는 핵산을 세포 또는 세포 내 소기관으로 직접 주입하는 기술

- 분류학에 따른 과(科)의 범위를 넘는 세포융합기술

② ①에 따라 표시하여야 하는 유전자변형식품 등은 표시가 없으면 판매하거나 판매할 목적으로 수입·진열·운반하거나 영업에 사용하여서는 아니 된다.

③ ①에 따른 표시의무자, 표시대상 및 표시방법 등에 필요한 사항은 식품의약품안전처장이 정한다.

5. 식품 등의 공전(법 제14조)

식품의약품안전처장은 식품 또는 식품첨가물의 기준과 규격, 기구 및 용기·포장의 기준과 규격 등을 실은 식품 등의 공전을 작성·보급하여야 한다.

6. 검사 등

(1) 출입·검사·수거 등(시행규칙 제19조)

① 출입·검사·수거 등은 국민의 보건위생을 위하여 필요하다고 판단되는 경우에는 수시로 실시한다.

② 행정처분을 받은 업소에 대한 출입·검사·수거 등은 그 처분일부터 6개월 이내에 1회 이상 실시하여야 한다. 다만, 행정처분을 받은 영업자가 그 처분의 이행 결과를 보고하는 경우에는 그러하지 아니하다.

> **바로 확인문제**
>
> 식품의 출입·검사·수거 등에 관한 사항 중 틀린 것은?
> ① 국민의 보건위생을 위하여 필요하다고 판단되는 경우에는 수시로 실시한다.
> ② 출입·검사·수거 또는 장부열람을 하고자 하는 공무원은 그 권한을 표시하는 증표를 지녀야 하며 관계인에게 이를 내보여야 한다.
> ③ 시장·군수·구청장은 필요에 따라 영업을 하는 자에 대하여 필요한 서류나 그 밖의 자료 제출을 요구할 수 있다.
> ④ 행정처분을 받은 업소에 대한 출입·검사·수거 등은 그 처분일로부터 1년 이내에 1회 이상 실시해야 한다.
>
> |해설|
> 행정처분을 받은 업소에 대한 출입·검사·수거 등은 그 처분일로부터 6개월 이내에 1회 이상 실시해야 한다. |정답| ④

(2) 수거량 및 검사 의뢰 등(시행규칙 제20조)

① 식품의약품안전처장, 시·도지사 또는 시장·군수·구청장은 수거한 식품 등에 대해서는 지체 없이 식품의약품안전처장이 지정한 식품전문 시험·검사기관 또는 총리령으로 정하는 시험·검사기관에 검사를 의뢰하여야 한다.

② 식품의약품안전처장, 시·도지사 또는 시장·군수·구청장은 관계 공무원으로 하여금 출입·검사·수거를 하게 한 경우에는 수거 검사 처리대장(전자문서를 포함)에 그 내용을 기록하고 이를 갖춰 두어야 한다.

| 무상으로 수거할 수 있는 식품 등의 대상과 그 수거량

식품의 종류 및 시험 항목			수거량
식품(식품접객업소 등의 음식물 포함)	가공식품		600g(mL)(다만, 캡슐류는 200g)
	유탕처리식품		추가 1kg
	자연산물	곡류·두류 및 기타 자연산물, 채소류	1~3kg
		과실류	3~5kg
		수산물	0.3~4kg
식품첨가물	식품 등의 기준 및 규격의 적부에 관한 시험		고체 200g, 액체 500g(mL), 기체 1kg
	비소·중금속 함유량 시험		50g(mL)
기구 또는 용기·포장	재질·용출시험		기구 또는 용기·포장에 대한 식품 등의 기준 및 규격검사에 필요한 양

(3) 식품 등의 재검사 제외 대상(시행규칙 제21조)

재검사 대상에서 제외하는 검사 항목은 이물, 미생물, 곰팡이 독소, 잔류농약 및 잔류동물용의약품에 관한 검사로 한다.

(4) 자가품질검사 의무(법 제31조, 시행규칙 제31조)

① 식품 등을 제조·가공하는 영업자는 총리령으로 정하는 바에 따라 제조·가공하는 식품 등이 기준과 규격에 맞는지를 검사하여야 한다.
② 자가품질검사에 관한 기록서는 2년간 보관하여야 한다.

(5) 식품위생감시원(법 제32조)

① 제22조 제1항에 따른 관계 공무원의 직무와 그 밖에 식품위생에 관한 지도 등을 하기 위하여 식품의약품안전처(대통령령으로 정하는 그 소속 기관을 포함함), 특별시·광역시·특별자치시·도·특별자치도 또는 시·군·구(자치구를 말함)에 식품위생감시원을 둔다.
② ①에 따른 식품위생감시원의 자격·임명·직무범위, 그 밖에 필요한 사항은 대통령령으로 정한다.

(6) 소비자식품위생감시원(법 제33조)

① 식품의약품안전처장(대통령령으로 정하는 그 소속 기관의 장을 포함), 시·도지사 또는 시장·군수·구청장은 식품위생관리를 위하여 「소비자기본법」 제29조에 따라 등록한 소비자단체의 임직원 중 해당 단체의 장이 추천한 자나 식품위생에 관한 지식이 있는 자를 소비자식품위생감시원으로 위촉할 수 있다.
② ①에 따라 위촉된 소비자식품위생감시원(이하 "소비자식품위생감시원"이라 함)의 직무는 다음과 같다.
- 제36조 제1항 제3호에 따른 식품접객업을 하는 자(이하 "식품접객영업자"라 함)에 대한 위생관리 상태 점검
- 유통 중인 식품 등이 「식품 등의 표시·광고에 관한 법률」 제4조부터 제7조까지에 따른 표시·광고의 기준에 맞지 아니하거나 같은 법 제8조에 따른 부당한 표시 또는 광고행위의 금지 규정을 위반한 경우 관할 행정관청에 신고하거나 그에 관한 자료 제공
- 제32조에 따른 식품위생감시원이 하는 식품 등에 대한 수거 및 검사 지원
- 그 밖에 식품위생에 관한 사항으로서 대통령령으로 정하는 사항

③ 소비자식품위생감시원은 ②의 각 직무를 수행하는 경우 그 권한을 남용하여서는 아니 된다.
④ ①에 따라 소비자식품위생감시원을 위촉한 식품의약품안전처장, 시·도지사 또는 시장·군수·구청장은 소비자식품위생감시원에게 직무 수행에 필요한 교육을 하여야 한다.
⑤ 식품의약품안전처장, 시·도지사 또는 시장·군수·구청장은 소비자식품위생감시원이 다음 중 어느 하나에 해당하면 그 소비자식품위생감시원을 해촉하여야 한다.
- 추천한 소비자단체에서 퇴직하거나 해임된 경우
- ②의 각 직무와 관련하여 부정한 행위를 하거나 권한을 남용한 경우
- 질병이나 부상 등의 사유로 직무 수행이 어렵게 된 경우

⑥ 소비자식품위생감시원이 ②의 첫 번째 직무를 수행하기 위하여 식품접객영업자의 영업소에 단독으로 출입하려면 미리 식품의약품안전처장, 시·도지사 또는 시장·군수·구청장의 승인을 받아야 한다.
⑦ 소비자식품위생감시원이 ⑥에 따른 승인을 받아 식품접객영업자의 영업소에 단독으로 출입하는 경우에는 승인서와 신분을 표시하는 증표 및 조사기간, 조사범위, 조사담당자, 관계 법령 등 대통령령으로 정하는 사항이 기재된 서류를 지니고 이를 관계인에게 내보여야 한다.
⑧ 소비자식품위생감시원의 자격, 직무 범위 및 교육, 그 밖에 필요한 사항은 대통령령으로 정한다.

(7) 위생점검의 절차 및 결과 표시 등(시행규칙 제35조)

① 위생관리 상태의 점검을 신청하려는 영업자는 소비자 위생점검 참여신청서(전자문서로 된 신청서를 포함)에 다음의 구분에 따른 서류(전자문서를 포함)를 첨부하여 식품의약품안전처장에게 제출하여야 한다.

식품첨가물제조업자의 경우	제품명, 사용한 원재료명 및 성분배합 비율, 제조·가공의 방법, 사용한 식품첨가물의 명칭·사용량 등에 관한 서류
기타 식품판매업자의 경우	제품의 안전성 및 위생적 관리, 보존 및 보관에 관한 서류
식품접객업자 중 모범업소로 지정받은 영업자의 경우	취수원, 배수시설 등 건물의 구조 및 환경, 주방시설 및 기구, 원재료의 보관 및 운반시설, 종업원의 서비스, 제공 반찬과 가격 표시, 남은 음식을 처리할 수 있는 시설 및 설비에 관한 서류

② 식품의약품안전처장은 ①에 따라 신청을 받은 경우에는 신청받은 날부터 1개월 이내에 식품위생에 관한 전문적인 지식이 있는 사람 또는 소비자단체의 장이 추천한 사람 중에서 해당 영업소의 업종 등을 고려하여 적합한 전문가들로 점검단을 구성하여 위생점검을 실시하게 하여야 한다.

③ 식품의약품안전처장은 ②에 따른 위생점검 결과 합격한 영업자에게는 위생점검 합격증서를 발급하고, 그 영업자는 그 합격 사실을 소비자가 알아보기 쉽게 표시하여야 한다.

7. 식품위생감시원(법 제32조)

(1) 식품위생감시원의 자격 및 임명(시행령 제16조)

법 제32조 제1항에 따른 식품위생감시원은 식품의약품안전처장(지방식품의약품안전처장 포함), 시·도지사 또는 시장·군수·구청장이 다음의 어느 하나에 해당하는 소속 공무원 중에서 임명한다. 단, 다음 요건에 해당하는 사람만으로는 식품위생감시원의 인력 확보가 곤란하다고 인정될 경우에는 식품위생행정에 종사하는 사람 중 소정의 교육을 2주 이상 받은 사람에 대하여 그 식품위생행정에 종사하는 기간 동안 식품위생감시원의 자격을 인정할 수 있다.

① 위생사, 식품제조기사(식품기술사·식품기사·식품산업기사·수산제조기술사·수산제조기사·수산제조산업기사) 또는 영양사
② 「고등교육법」 제2조 제1호 및 제4호에 따른 대학 또는 전문대학에서 의학·한의학·약학·한약학·수의학·축산학·축산가공학·수산제조학·농산제조학·농화학·화학·화학공학·식품가공학·식품화학·식품제조학·식품공학·식품과학·식품영양학·위생학·발효공학·미생물학·조리학·생물학 분야의 학과 또는 학부를 졸업한 자 또는 이와 같은 수준 이상의 자격이 있는 자
③ 외국에서 위생사 또는 식품제조기사의 면허를 받은 자나 ②와 같은 과정을 졸업한 자로서 식품의약품안전처장이 인정하는 자
④ 1년 이상 식품위생행정에 관한 사무에 종사한 경험이 있는 자

(2) 식품위생감시원의 직무(시행령 제17조) 빈출

① 식품 등의 위생적인 취급에 관한 기준의 이행 지도
② 수입·판매 또는 사용 등이 금지된 식품 등의 취급 여부에 관한 단속
③ 「식품 등의 표시·광고에 관한 법률」 제4조부터 제8조까지의 규정에 따른 표시 또는 광고기준의 위반 여부에 관한 단속
④ 출입·검사 및 검사에 필요한 식품 등의 수거
⑤ 시설기준의 적합 여부의 확인·검사
⑥ 영업자 및 종업원의 건강진단 및 위생교육 이행 여부의 확인·지도
⑦ 조리사 및 영양사의 법령 준수 사항 이행 여부의 확인·지도
⑧ 행정처분의 이행 여부 확인
⑨ 식품 등의 압류·폐기 등

⑩ 영업소의 폐쇄를 위한 간판 제거 등의 조치
⑪ 그 밖에 영업자의 법령 이행 여부에 관한 확인·지도

> **바로 확인문제**
>
> 「식품위생법」상 식품위생감시원의 직무로 적합하지 않은 것은?
> ① 영업자 및 종업원의 건강진단, 위생교육 이행 여부의 확인·지도
> ② 조리사 및 영양사의 법령 준수 사항 이행 여부의 확인·지도
> ③ 영업소의 폐쇄를 위한 간판 제거 등의 조치
> ④ 영업의 건전한 발전과 공동의 이익을 도모하는 조치
>
> |해설|
> 식품위생감시원은 식품 등의 위생에 관련된 업무를 하므로 ④는 식품위생감시원의 업무로 적합하지 않다. |정답| ④

8. 영업

(1) 업종별 시설기준 (시행규칙 제36조, 별표14, 위생관리와 관련된 내용만 발췌함)

① 식품제조·가공업의 시설기준

건물	• 건물의 위치는 축산폐수·화학물질, 그 밖에 오염물질의 발생시설로부터 식품에 나쁜 영향을 주지 아니하는 거리를 두어야 한다. • 건물의 구조는 제조하려는 식품의 특성에 따라 적정한 온도가 유지될 수 있고 환기가 잘 될 수 있어야 한다. • 건물의 자재는 식품에 나쁜 영향을 주지 아니하고 식품을 오염시키지 아니하는 것이어야 한다.
작업장	• 작업장은 독립된 건물이거나 식품제조·가공 외의 용도로 사용되는 시설과 분리(별도의 방을 분리함에 있어 벽이나 층 등으로 구분하는 경우를 말함)되어야 한다. • 작업장은 원료처리실·제조가공실·포장실 및 그 밖에 식품의 제조·가공에 필요한 작업실을 말하며, 각각의 시설은 분리 또는 구획(칸막이·커튼 등으로 구분하는 경우를 말함)되어야 한다. 다만, 제조공정의 자동화 또는 시설·제품의 특수성으로 인하여 분리 또는 구획할 필요가 없다고 인정되는 경우로서 각각의 시설이 서로 구분(선·줄 등으로 구분하는 경우를 말함)될 수 있는 경우에는 그러하지 아니한다. • 작업장의 바닥은 콘크리트 등으로 내수 처리를 하여야 하며, 배수가 잘 되도록 하여야 한다. • 작업장의 내벽은 바닥으로부터 1.5m까지 밝은 색의 내수성으로 설비하거나 세균방지용 페인트로 도색하여야 한다.(물을 사용하지 않고 위생상 위해발생의 우려가 없는 경우 제외) • 작업장의 내부 구조물, 벽, 바닥, 천장, 출입문, 창문 등은 내구성, 내부식성 등을 가지고 세척·소독이 용이하여야 한다. • 작업장 안에서 발생하는 악취·유해가스·매연·증기 등을 환기시키기에 충분한 환기시설을 갖추어야 한다. • 작업장은 외부의 오염물질이나 해충, 설치류, 빗물 등의 유입을 차단할 수 있는 구조이어야 한다. • 작업장은 폐기물·폐수 처리시설과 격리된 장소에 설치하여야 한다.
식품취급시설 등	• 식품을 제조·가공하는 데 필요한 기계·기구류 등 식품취급시설은 식품의 특성에 따라 식품의약품안전처장이 고시하는 식품 등의 기준 및 규격에서 정하고 있는 제조·가공기준에 적합한 것이어야 한다. • 식품취급시설 중 식품과 직접 접촉하는 부분은 위생적인 내수성 재질[스테인리스·알루미늄·강화플라스틱(FRP)·테프론 등 물을 흡수하지 아니하는 것]로서 씻기 쉬운 것이거나 위생적인 목재로서 씻는 것이 가능한 것이어야 하며, 열탕·증기·살균제 등으로 소독·살균이 가능한 것이어야 한다. • 냉동·냉장시설 및 가열 처리시설에는 온도계 또는 온도를 측정할 수 있는 계기를 설치하여야 한다.
급수시설	• 수돗물이나 「먹는 물 관리법」 제5조에 따른 먹는 물의 수질 기준에 적합한 지하수 등을 공급할 수 있는 시설을 갖추어야 한다. • 지하수 등을 사용하는 경우 취수원은 화장실·폐기물처리시설·동물사육장, 그 밖에 지하수가 오염될 우려가 있는 장소로부터 영향을 받지 아니하는 곳에 위치하여야 한다. • 먹기에 적합하지 않은 용수는 교차 또는 합류되지 않아야 한다.

화장실	• 작업장에 영향을 미치지 아니하는 곳에 정화조를 갖춘 수세식 화장실을 설치하여야 한다.(인근에 사용하기 편리한 화장실이 있는 경우 화장실을 따로 설치하지 않을 수 있음) • 화장실은 콘크리트 등으로 내수 처리를 하여야 하고, 바닥과 내벽(바닥으로부터 1.5m까지)에는 타일을 붙이거나 방수페인트로 칠하여야 한다.
창고 등의 시설	• 원료와 제품을 위생적으로 보관·관리할 수 있는 창고를 갖추어야 한다.(창고에 갈음할 수 있는 냉동·냉장시설을 따로 갖춘 업소에서는 설치하지 않을 수 있음) • 창고의 바닥에는 양탄자를 설치하여서는 아니 된다.

바로 확인문제

「식품위생법」상 화장실의 시설기준에 대한 설명으로 옳지 않은 것은?
① 화장실은 콘크리트 등으로 내수 처리를 하여야 한다.
② 바닥으로부터 1m까지의 내벽에는 타일을 붙이거나 방수페인트를 칠해야 한다.
③ 정화조를 갖춘 수세식 화장실은 작업장에 영향을 미치지 않는 곳에 설치해야 한다.
④ 인근에 사용하기 편리한 화장실이 있는 경우 수세식 화장실을 설치하지 않아도 된다.

|해설|
바닥으로부터 1.5m까지의 내벽에는 타일을 붙이거나 방수페인트를 칠해야 한다. |정답| ②

② 그 외 업종의 시설기준

즉석판매제조·가공업	판매시설은 식품을 위생적으로 유지·보관할 수 있는 진열·판매시설을 갖추어야 한다.
식품운반업	운반시설은 냉동 또는 냉장시설을 갖춘 적재고가 설치된 운반 차량 또는 선박이 있어야 한다.(어패류에 식용얼음을 넣어 운반하는 경우와 냉동 또는 냉장시설이 필요 없는 식품만을 취급하는 경우 등 제외)
식품소분업	• 식품 등을 소분·포장할 수 있는 시설을 설치하여야 한다. • 소분·포장하려는 제품과 소분·포장한 제품을 보관할 수 있는 창고를 설치하여야 한다.
휴게음식점영업·일반음식점영업 및 제과점영업	• 일반음식점에 객실을 설치하는 경우 객실에는 잠금장치를 설치할 수 없다. • 휴게음식점 또는 제과점에는 객실(투명한 칸막이 또는 투명한 차단벽을 설치하여 내부가 전체적으로 보이는 경우 제외)을 둘 수 없으며, 객석을 설치하는 경우 객석에는 높이 1.5m 미만의 칸막이(이동식 또는 고정식)를 설치할 수 있다. 이 경우 2면 이상을 완전히 차단하지 아니하여야 하고 다른 객석에서 내부가 서로 보이도록 하여야 한다.

(2) 즉석판매제조·가공업의 대상(시행규칙 제37조, 별표15)

① 식품제조·가공업 및 「축산물위생관리법 시행령」에 따른 축산물가공업에서 제조·가공할 수 있는 식품에 해당하는 모든 식품(통·병조림 식품 제외)
② 식품제조·가공업 영업자 및 축산물가공업의 영업자가 제조·가공한 식품 또는 「수입식품안전관리 특별법」 제15조 제1항에 따라 등록한 수입식품 등 수입·판매업 영업자가 수입·판매한 식품으로 즉석판매제조·가공업소 내에서 소비자가 원하는 만큼 덜어서 직접 최종 소비자에게 판매하는 식품(다만, 다음 어느 하나에 해당하는 식품은 제외)
• 통·병조림 제품
• 레토르트식품
• 냉동식품
• 어육제품
• 특수용도식품(체중조절용 조제식품은 제외)
• 식초
• 전분
• 알가공품

- 유가공품(치즈류는 제외)

(3) 식품소분업의 신고대상(시행규칙 제38조)

① "총리령으로 정하는 식품 또는 식품첨가물"이란 영업의 대상이 되는 식품 또는 식품첨가물(수입되는 식품 또는 첨가물 포함)과 벌꿀(영업자가 자가채취하여 직접 소분·포장하는 경우 제외)을 말한다. 다만, 어육제품, 특수용도식품(체중조절용 조제식품은 제외), 통·병조림 제품, 레토르트식품, 전분, 장류 및 식초(제품의 내용물이 외부에 노출되지 않도록 개별 포장되어 있어 위해가 발생할 우려가 없는 경우 제외) 중 어느 하나에 해당하는 경우에는 소분·판매하여서는 안 된다.

② 식품 또는 식품첨가물제조업의 신고를 한 자가 자기가 제조한 제품의 소분·포장만을 하기 위하여 신고를 한 제조업소 외의 장소에서 식품소분업을 하려는 경우에는 그 제품이 ①의 식품소분업 신고대상 품목이 아니더라도 식품소분업 신고를 할 수 있다.

(4) 기타 식품판매업의 신고대상(시행규칙 제39조)

기타 식품판매업에서 총리령으로 정하는 일정 규모 이상의 백화점, 슈퍼마켓, 연쇄점 등이란 영업장의 면적이 $300m^2$ 이상인 업소를 말한다.

(5) 영업허가 등(법 제37조)

① 대통령령으로 정하는 영업을 하려는 자는 영업 종류별 또는 영업소별로 식품의약품안전처장 또는 특별자치시장·특별자치도지사·시장·군수·구청장의 허가를 받아야 한다. 허가받은 사항 중 대통령령으로 정하는 중요한 사항을 변경할 때에도 또한 같다.

② ①에 따라 영업허가를 받은 자가 폐업하거나 허가받은 사항 중 같은 항 후단의 중요한 사항을 제외한 경미한 사항을 변경할 때에는 식품의약품안전처장 또는 특별자치시장·특별자치도지사·시장·군수·구청장에게 신고하여야 한다.

③ 영업을 하려는 자는 영업 종류별 또는 영업소별로 식품의약품안전처장 또는 특별자치시장·특별자치도지사·시장·군수·구청장에게 신고하여야 한다. 신고한 사항 중 중요한 사항을 변경하거나 폐업할 때에도 또한 같다.

④ 영업을 하려는 자는 영업 종류별 또는 영업소별로 식품의약품안전처장 또는 특별자치시장·특별자치도지사·시장·군수·구청장에게 등록하여야 하며, 등록한 사항 중 대통령령으로 정하는 중요한 사항을 변경할 때에도 또한 같다. 다만, 폐업하거나 중요한 사항을 제외한 경미한 사항을 변경할 때에는 식품의약품안전처장 또는 특별자치시장·특별자치도지사·시장·군수·구청장에게 신고하여야 한다.

(6) 영업허가 등의 제한(법 제38조)

① 해당 영업시설이 「식품위생법」 제36조에 따른 시설기준에 맞지 아니한 경우

② 「식품 등의 표시·광고에 관한 법률」 제16조 제1항·제2항에 따라 영업허가가 취소되고 6개월이 지나기 전에 같은 장소에서 같은 종류의 영업을 하려는 경우(다만, 영업시설 전부를 철거하여 영업허가가 취소된 경우는 제외)

③ 청소년을 유흥접객원으로 고용하여 유흥행위를 하게 하였거나 「성매매알선 등 행위의 처벌에 관한 법률」에 따른 금지행위 및 「마약류 관리에 관한 법률」에 따른 행위를 하거나 이를 교사·방조한 경우에 따라 영업허가가 취소되고 2년이 지나기 전에 같은 장소에서 식품접객업을 하려는 경우

④ 영업허가가 취소되거나 「식품 등의 표시·광고에 관한 법률」에 따라 영업허가가 취소되고 2년이 지나기 전에 같은 자(법인인 경우에는 그 대표자 포함)가 취소된 영업과 같은 종류의 영업을 하려는 경우[다만, 영업시설 전부를 철거(행정 제재처분을 회피하기 위하여 영업시설을 철거한 경우는 제외)하여 영업허가가 취소된 경우에는 그러하지 아니함]

⑤ 식품위생법 제44조, 제75조를 위반하여 영업허가가 취소된 후 3년이 지나기 전에 같은 자(법인인 경우에는 그 대표자 포함)가 식품접객업을 하려는 경우

⑥ 위해식품 등의 판매 등 금지 규정을 위반하여 영업허가가 취소되고 5년이 지나기 전에 같은 자(법인인 경우에는 그 대표자 포함)가 취소된 영업과 같은 종류의 영업을 하려는 경우
⑦ 식품접객업 중 국민의 보건위생을 위하여 허가를 제한할 필요가 뚜렷하다고 인정되어 시·도지사가 지정하여 고시하는 영업에 해당하는 경우
⑧ 영업허가를 받으려는 자가 피성년 후견인이거나 파산선고를 받고 복권되지 아니한 자인 경우

> **바로 확인문제**
>
> 「식품위생법」상 영업허가 등이 제한되지 않는 경우는?
> ① 영업허가가 취소되고 6개월이 지나기 전에 같은 장소에서 같은 종류의 영업을 하려는 경우
> ② 청소년에게 유흥행위를 하게 하여 영업허가가 취소되고 3년이 지나기 전에 같은 장소에서 식품접객업을 하려는 경우
> ③ 영업허가를 받으려는 자가 피성년 후견인인 경우
> ④ 해당 영업시설이 시설기준에 맞지 않는 경우
>
> |해설|
> 청소년에게 유흥행위를 하게 하여 영업허가가 취소되고 2년이 지나기 전에 같은 장소에서 식품접객업을 하려는 경우 영업허가 등이 제한된다. |정답| ②

(7) 건강진단(법 제40조)

① 영업자 및 그 종업원은 건강진단을 받아야 한다. 다만, 다른 법령에 따라 같은 내용의 건강진단을 받는 경우에는 이 법에 따른 건강진단을 받은 것으로 본다.
② ①의 결과 타인에게 위해를 끼칠 우려가 있는 질병이 있다고 인정된 자는 그 영업에 종사하지 못한다.

> **바로 확인문제**
>
> 「식품위생법」상 건강진단을 받아야 하는 대상이 아닌 것은?
> ① 영업자
> ② 종업원
> ③ 타인에게 위해를 끼칠 우려가 있는 질병이 있다고 인정된 자
> ④ 동일한 건강진단을 받은 자
>
> |해설|
> 동일한 건강진단을 받은 자는 건강진단을 받은 것으로 보아 건강진단을 받지 않아도 된다. |정답| ④

(8) 식품위생교육(법 제41조)

① 영업자 및 유흥종사자를 둘 수 있는 식품접객업 영업자의 종업원은 매년 식품위생에 관한 교육(이하 "식품위생교육"이라 함)을 받아야 한다.
② 영업을 하려는 자는 미리 식품위생교육을 받아야 한다. 다만, 부득이한 사유로 미리 식품위생교육을 받을 수 없는 경우에는 영업을 시작한 뒤에 식품의약품안전처장이 정하는 바에 따라 식품위생교육을 받을 수 있다.
③ 식품위생교육 시간(시행규칙 제52조 제2항) **빈출**

식품제조·가공업, 식품첨가물제조업, 공유주방 운영업	8시간
식품운반업, 식품소분·판매업, 식품보존업, 용기·포장류제조업	4시간
즉석판매제조·가공업, 식품접객업, 집단급식소를 설치·운영하려는 자	6시간

(9) 영업자 등의 준수 사항(법 제44조)

① 식품접객영업자 등 대통령령으로 정하는 영업자와 그 종업원은 영업의 위생관리와 질서유지, 국민의 보건위생 증진을 위하여 영업의 종류에 따라 다음에 해당하는 사항을 지켜야 한다.

- 「축산물 위생관리법」에 따른 검사를 받지 아니한 축산물 또는 실험 등의 용도로 사용한 동물은 운반·보관·진열·판매하거나 식품의 제조·가공에 사용하지 말 것
- 「야생생물 보호 및 관리에 관한 법률」을 위반하여 포획·채취한 야생생물은 이를 식품의 제조·가공에 사용하거나 판매하지 말 것
- 소비기한이 경과된 제품·식품 또는 그 원재료를 제조·가공·조리·판매의 목적으로 소분·운반·진열·보관하거나 이를 판매 또는 식품의 제조·가공·조리에 사용하지 말 것
- 수돗물이 아닌 지하수 등을 먹는 물 또는 식품의 조리·세척 등에 사용하는 경우에는 「먹는 물 관리법」에 따른 먹는 물 수질검사기관에서 총리령으로 정하는 바에 따라 검사를 받아 마시기에 적합하다고 인정된 물을 사용할 것(둘 이상의 업소가 같은 건물에서 같은 수원을 사용하는 경우에는 하나의 업소에 대한 시험결과로 나머지 업소에 대한 검사를 갈음할 수 있음)
- 제15조 제2항에 따라 위해평가가 완료되기 전까지 일시적으로 금지된 식품 등을 제조·가공·판매·수입·사용 및 운반하지 말 것
- 식중독 발생 시 보관 또는 사용 중인 식품은 역학조사가 완료될 때까지 폐기하거나 소독 등으로 현장을 훼손하여서는 아니 되고 원상태로 보존하여야 하며, 식중독 원인규명을 위한 행위를 방해하지 말 것
- 손님을 꾀어서 끌어들이는 행위를 하지 말 것
- 그 밖에 영업의 원료관리, 제조공정 및 위생관리와 질서유지, 국민의 보건위생 증진 등을 위하여 총리령으로 정하는 사항

② 식품접객영업자는 「청소년 보호법」 제2조에 따른 청소년(이하 "청소년"이라 함)에게 다음 중 어느 하나에 해당하는 행위를 하여서는 아니 된다.
- 청소년을 유흥접객원으로 고용하여 유흥행위를 하게 하는 행위
- 청소년출입·고용 금지업소에 청소년을 출입시키거나 고용하는 행위
- 청소년에게 주류를 제공하는 행위

③ 누구든지 영리를 목적으로 식품접객업을 하는 장소(유흥종사자를 둘 수 있도록 대통령령으로 정하는 영업을 하는 장소는 제외)에서 손님과 술을 마시거나 노래 또는 춤으로 손님의 유흥을 돋우는 접객행위(공연을 목적으로 하는 가수, 악사, 댄서, 무용수 등이 하는 행위는 제외)를 하거나 다른 사람에게 그 행위를 알선하여서는 아니 된다.

④ ③에 따른 식품접객영업자는 유흥종사자를 고용·알선하거나 호객행위를 하여서는 아니 된다.

⑩ 위해식품 등의 회수(법 제45조)

① 판매의 목적으로 식품 등을 제조·가공·소분·수입 또는 판매한 영업자는 해당 식품 등이 법 제4조부터 제6조까지, 제7조 제4항, 제8조, 제9조의 3, 제9조 제4항, 제12조의2 제2항을 위반한 사실(식품 등의 위해와 관련이 없는 위반 사항은 제외)을 알게 된 경우에는 지체 없이 유통 중인 해당 식품 등을 회수하거나 회수하는 데에 필요한 조치를 하여야 한다. 이 경우 영업자는 회수계획을 식품의약품안전처장, 시·도지사 또는 시장·군수·구청장에게 미리 보고하여야 하며, 회수 결과를 보고받은 시·도지사 또는 시장·군수·구청장은 이를 지체 없이 식품의약품안전처장에게 보고하여야 한다. 다만, 해당 식품 등이 「수입식품안전관리 특별법」에 따라 수입한 식품 등이고, 보고 의무자가 해당 식품 등을 수입한 자인 경우에는 식품의약품안전처장에게 보고하여야 한다.

② 식품의약품안전처장, 시·도지사 또는 시장·군수·구청장은 ①에 따른 회수에 필요한 조치를 성실히 이행한 영업자에 대하여 해당 식품 등으로 인하여 받게 되는 제75조 또는 제76조에 따른 행정처분을 대통령령으로 정하는 바에 따라 감면할 수 있다.

③ ①에 따른 회수대상 식품 등·회수계획·회수절차 및 회수결과 보고 등에 관하여 필요한 사항은 총리령으로 정한다.

⑾ **식품 등의 이물 발견보고 등(법 제46조)**
판매의 목적으로 식품 등을 제조·가공·소분·수입 또는 판매하는 영업자는 소비자로부터 판매제품에서 식품의 제조·가공·조리·유통 과정에서 정상적으로 사용된 원료 또는 재료가 아닌 것으로서 섭취할 때 위생상 위해가 발생할 우려가 있거나 섭취하기에 부적합한 물질을 발견한 사실을 신고받은 경우 지체 없이 이를 식품의약품안전처장, 시·도지사 또는 시장·군수·구청장에게 보고하여야 한다.

⑿ **식품 등의 오염사고의 보고 등(법 제46조의2)**
① 식품 등을 제조·가공하는 영업자는 식품 등의 제조·가공 과정에서「산업안전보건법」제2조 제1호에 따른 산업재해로 인하여 식품 등에 이물이 섞이거나 섞일 우려가 있는 등 대통령령으로 정하는 경우에는 해당 식품 등의 폐기, 시설 개선 또는 세척 등 오염 예방을 위한 필요한 조치(이하 "오염예방조치"라 함)를 취하고 지체 없이 식품의약품안전처장에게 보고하여야 한다.
② ①에 따른 보고를 받은 식품의약품안전처장은 현장조사를 실시하여야 한다.
③ ①에 따른 보고 방법·절차 및 오염예방조치 등에 필요한 사항은 총리령으로 정한다.

⒀ **식품접객업소의 위생 등급 지정 등(법 제47조의2)**
① 식품의약품안전처장, 시·도지사 또는 시장·군수·구청장은 식품접객업소(공유주방에서 조리·판매하는 업소 포함) 및 집단급식소의 위생 수준을 높이기 위하여 식품접객영업자 또는 집단급식소 운영자의 신청을 받아 식품접객업소 등의 위생 상태를 평가하여 위생 등급을 지정할 수 있다.
② 식품의약품안전처장은 ①에 따른 식품접객업소 등의 위생 상태 평가 및 위생 등급 지정에 필요한 기준 및 방법 등을 정하여 고시하여야 한다.
③ 식품의약품안전처장, 시·도지사 또는 시장·군수·구청장은 ①에 따른 위생 등급 지정 결과를 공표할 수 있다.
④ 위생 등급을 지정받은 식품접객영업자 등은 그 위생 등급을 표시하여야 하며, 광고할 수 있다.
⑤ 위생 등급의 유효기간은 위생 등급을 지정한 날부터 3년으로 한다. 다만, 총리령으로 정하는 바에 따라 그 기간을 연장할 수 있다.
⑥ 식품의약품안전처장, 시·도지사 또는 시장·군수·구청장은 ①에 따라 위생 등급을 지정받은 식품접객영업자 등이 다음의 어느 하나에 해당하는 경우 그 지정을 취소하거나 시정을 명할 수 있다.
- 위생 등급을 지정받은 후 그 기준에 미달하게 된 경우
- 위생 등급을 표시하지 아니하거나 허위로 표시·광고하는 경우
- 제75조에 따라 영업정지 이상의 행정처분을 받은 경우
- 그 밖에 위의 사항으로서 총리령으로 정하는 사항을 지키지 아니한 경우

⑦ 식품의약품안전처장, 시·도지사 또는 시장·군수·구청장은 위생 등급 지정을 받았거나 받으려는 식품접객영업자 등에게 필요한 기술적 지원을 할 수 있다.
⑧ 식품의약품안전처장, 시·도지사 또는 시장·군수·구청장은 ①에 따라 위생 등급을 지정한 식품접객업소 등에 대하여 제22조에 따른 출입·검사·수거 등을 총리령으로 정하는 기간 동안 하지 아니하게 할 수 있다.
⑨ 시·도지사 또는 시장·군수·구청장은 제89조의 식품진흥기금을 같은 조 제3항 제1호에 따른 영업자의 위생관리시설 및 위생설비시설 개선을 위한 융자 사업과 같은 항 제7호의2에 따른 식품접객업소 등의 위생 등급 지정 사업에 우선 지원할 수 있다.

⑩ 식품의약품안전처장, 시·도지사 또는 시장·군수·구청장은 위생 등급 지정에 관한 업무를 「한국식품안전관리인증원의 설립 및 운영에 관한 법률」에 따른 한국식품안전관리인증원에 위탁할 수 있다. 이 경우 필요한 예산을 지원할 수 있다.

⑪ ①에 따른 위생 등급과 그 지정 절차, ③에 따른 위생 등급 지정 결과 공표 및 ⑦에 따른 기술적 지원 등에 필요한 사항은 총리령으로 정한다.

⑭ 식품이력추적관리 등록기준 등(법 제49조)

식품을 제조·가공 또는 판매하는 자 중 식품이력추적관리를 하려는 자는 총리령으로 정하는 등록기준을 갖추어 해당 식품을 식품의약품안전처장에게 등록할 수 있다.(영유아식 제조·가공업자, 일정 매출액·매장 면적 이상의 식품판매업자 등 총리령으로 정하는 자는 식품의약품안전처장에게 등록하여야 함)

9. 조리사 및 영양사

(1) 조리사(법 제51조)

① 집단급식소 운영자와 복어를 조리·판매하고 영업을 하는 식품접객업자는 조리사를 두어야 한다. 다만, 다음의 어느 하나에 해당하는 경우에는 조리사를 두지 아니하여도 된다.
- 집단급식소 운영자 또는 식품접객영업자 자신이 조리사로서 직접 음식물을 조리하는 경우
- 1회 급식인원 100명 미만의 산업체인 경우
- 영양사가 조리사의 면허를 받은 경우. 다만, 총리령으로 정하는 규모 이하의 집단급식소에 한정함

바로 확인문제

「식품위생법」상 조리사를 두어야 하는 영업장은?
① 유흥주점 ② 단란주점 ③ 일반 레스토랑 ④ 복어 조리점

|해설|
조리사를 두어야 하는 영업장은 복어 조리·판매 영업자, 집단급식소 운영자이다.
|정답| ④

② 집단급식소에 근무하는 조리사가 수행하는 직무
- 집단급식소에서의 식단에 따른 조리업무[식재료의 전(前)처리에서부터 조리, 배식 등의 전 과정을 말함]
- 구매 식품의 검수 지원
- 급식설비 및 기구의 위생·안전 실무
- 그 밖의 조리실무에 관한 사항

(2) 영양사(법 제52조)

① 집단급식소 운영자는 영양사를 두어야 한다. 다만, 다음의 어느 하나에 해당하는 경우에는 영양사를 두지 아니하여도 된다.
- 집단급식소 운영자 자신이 영양사로서 직접 영양 지도를 하는 경우
- 1회 급식인원 100명 미만의 산업체인 경우
- 조리사가 영양사의 면허를 받은 경우. 다만, 총리령으로 정하는 규모 이하의 집단급식소에 한정함

② 집단급식소에 근무하는 영양사가 수행하는 직무
- 집단급식소에서의 식단 작성, 검식 및 배식 관리
- 구매 식품의 검수 및 관리
- 급식시설의 위생적 관리
- 집단급식소의 운영일지 작성
- 종업원에 대한 영양 지도 및 식품위생교육

바로 확인문제

집단급식소에 근무하는 영양사가 수행하는 직무가 아닌 것은?
① 식단에 따른 조리
② 식단 작성
③ 구매 식품의 검수 및 관리
④ 집단급식소의 운영일지 작성

|해설|
식단에 따른 조리는 조리사가 수행하는 직무이다.

|정답| ①

(3) 조리사의 면허(법 제53조)
① 조리사가 되려는 자는 「국가기술자격법」에 따라 해당 기능분야의 자격을 얻은 후 특별자치시장·특별자치도지사·시장·군수·구청장의 면허를 받아야 한다.
② ①에 따른 조리사의 면허 등에 관하여 필요한 사항은 총리령으로 정한다.

(4) 결격사유(법 제54조) 빈출
다음의 어느 하나에 해당하는 자는 조리사 면허를 받을 수 없다.
① 「정신건강복지법」 규정에 따른 정신질환자(다만, 전문의가 조리사로서 적합하다고 인정하는 자는 제외)
② 「감염병의 예방 및 관리에 관한 법률」 규정에 따른 감염병환자(다만, B형간염환자는 제외)
③ 「마약류관리에 관한 법률」 규정에 따른 마약이나 그 밖의 약물 중독자
④ 조리사 면허의 취소처분을 받고 그 취소된 날부터 1년이 지나지 아니한 자

바로 확인문제

다음 중 조리사의 면허를 발급받을 수 있는 자는?
① 정신질환자(전문의가 적합하다고 인정하는 자 제외)
② 2급 전염병환자(B형간염환자 제외)
③ 마약 중독자
④ 파산선고자

|해설|
①, ②, ③은 조리사의 면허를 발급받을 수 없다. 이 외에도 '조리사 면허의 취소처분을 받고 그 취소된 날부터 1년이 지나지 아니한 자' 역시 면허를 발급받을 수 없다.

|정답| ④

(5) **명칭 사용 금지(법 제55조)**

조리사가 아니면 조리사라는 명칭을 사용하지 못한다.

(6) **교육(법 제 56조)**
① 식품의약품안전처장은 식품위생 수준 및 자질의 향상을 위하여 필요한 경우 조리사와 영양사에게 교육(조리사의 경우 보수교육을 포함)을 받을 것을 명할 수 있다. 다만, 집단급식소에 종사하는 조리사와 영양사는 1년마다 교육을 받아야 한다.
② ①에 따른 교육의 대상자·실시기관·내용 및 방법 등에 관하여 필요한 사항은 총리령으로 정한다.
③ 식품의약품안전처장은 ①에 따른 교육 등 업무의 일부를 대통령령으로 정하는 바에 따라 관계 전문기관이나 단체에 위탁할 수 있다.

> **바로 확인문제**
>
> 식품위생 수준 및 자질의 향상을 위해 필요한 경우 조리사, 영양사에게 교육을 받을 것을 명할 수 있는 자는?
> ① 시장 또는 군수 ② 보건소장
> ③ 구청장 또는 시·도지사 ④ 식품의약품안전처장
>
> |해설|
> 식품의약품안전처장은 식품위생 수준 및 자질의 향상을 위하여 필요한 경우 조리사와 영양사에게 교육을 받을 것을 명할 수 있다. |정답| ④

10. 식품위생심의위원회

(1) **식품위생심의위원회의 설치 등(법 제57조)**

식품의약품안전처장의 자문에 응하여 다음의 사항을 조사·심의하기 위하여 식품의약품안전처에 식품위생심의위원회를 둔다.
① 식중독 방지에 관한 사항
② 농약·중금속 등 유독·유해물질 잔류 허용 기준에 관한 사항
③ 식품 등의 기준과 규격에 관한 사항
④ 그 밖에 식품위생에 관한 중요 사항

(2) **심의위원회의 조직과 운영(법 제58조)**

심의위원회는 위원장 1명과 부위원장 2명을 포함한 100명 이내의 위원으로 구성한다.

11. 식품위생단체 등

(1) **식품위생단체 등의 분류**
① 동업자조합
② 식품산업협회
③ 식품안전정보원

12. 시정명령·허가취소 등 행정 제재

(1) 시정명령(법 제71조)
① 식품의약품안전처장, 시·도지사 또는 시장·군수·구청장은 법 제3조에 따른 식품 등의 위생적 취급에 관한 기준에 맞지 아니하게 영업하는 자와 이 법을 지키지 아니하는 자에게는 필요한 시정을 명하여야 한다.
② 식품의약품안전처장, 시·도지사 또는 시장·군수·구청장은 ①의 시정명령을 한 경우에는 그 영업을 관할하는 관서의 장에게 그 내용을 통보하여 시정명령이 이행되도록 협조를 요청할 수 있다.

(2) 폐기처분 등(법 제72조)
식품의약품안전처장, 시·도지사 또는 시장·군수·구청장은 영업자가 다음을 위반한 경우에는 관계 공무원에게 그 식품 등을 압류 또는 폐기하게 하거나 용도·처리 방법 등을 정하여 영업자에게 위해를 없애는 조치를 하도록 명하여야 한다.
① 위해식품 등의 판매 등 금지(법 제4조)
② 병든 동물 고기 등의 판매 등 금지(법 제5조)
③ 기준·규격이 정하여지지 아니한 화학적 합성품 등의 판매 등 금지(법 제6조)
④ 식품 또는 식품첨가물에 관한 기준 및 규격(법 제7조 제4항)
⑤ 유독기구 등의 판매·사용 금지(법 제8조)
⑥ 기구 및 용기·포장에 관한 기준 및 규격(법 제9조 제4항)
⑦ 인정을 받지 아니한 재생원료를 사용한 기구 및 용기·포장을 판매하거나 판매할 목적으로 제조·수입·저장·운반·진열하거나 영업에 사용하지 말 것(법 제9조의3)
⑧ 유전자변형식품 등의 표시(법 제12조의2 제2항)
⑨ 소비기한이 경과된 제품·식품 또는 그 원재료를 제조·가공·조리·판매의 목적으로 소분·운반·진열·보관하거나 이를 판매 또는 식품의 제조·가공·조리에 사용하지 말 것(법 제44조 제1항 제3호)

(3) 허가취소 등(법 제75조)
식품의약품안전처장 또는 특별자치시장·특별자치도지사·시장·군수·구청장은 영업자가 영업의 허가취소사유에 해당하는 경우에는 대통령령으로 정하는 바에 따라 영업허가 또는 등록을 취소하거나 6개월 이내의 기간을 정하여 그 영업의 전부 또는 일부를 정지하거나 영업소 폐쇄(법 제37조 제4항에 따라 신고한 영업만 해당)를 명할 수 있다. 다만, 식품접객영업자가 청소년의 신분증 위조·변조 또는 도용으로 식품접객영업자가 청소년인 사실을 알지 못하였거나 폭행 또는 협박으로 청소년임을 확인하지 못한 사정이 인정되는 경우에는 대통령령으로 정하는 바에 따라 해당 행정처분을 면제할 수 있다.

(4) 면허취소 등(법 제80조)
① 식품의약품안전처장 또는 특별자치시장·특별자치도지사·시장·군수·구청장은 조리사가 다음의 어느 하나에 해당하면 그 면허를 취소하거나 6개월 이내의 기간을 정하여 업무정지를 명할 수 있다. 다만, 조리사가 아래에 해당할 경우 면허를 취소하여야 한다.
- 결격사유(법 제54조) 조항 중 어느 하나에 해당하게 된 경우
- 식품위생 수준 및 자질 향상을 위한 교육(법 제56조) 규정에 따른 교육을 받지 아니한 경우
- 식중독이나 그 밖에 위생과 관련한 중대한 사고 발생에 직무상의 책임이 있는 경우
- 면허를 타인에게 대여하여 사용하게 한 경우
- 업무정지기간 중에 조리사의 업무를 하는 경우

② ①에 따른 행정처분의 세부기준은 그 위반 행위의 유형과 위반 정도 등을 고려하여 총리령으로 정한다.

> **바로 확인문제**
>
> 「식품위생법」상 조리사 면허의 취소사항에 해당되지 않는 것은?
> ① 면허를 타인에게 대여하여 사용하게 한 경우
> ② 식품위생 수준 및 자질 향상을 위한 교육 규정에 따른 교육을 받지 않은 경우
> ③ 식중독이나 그 밖에 위생과 관련한 중대한 사고가 발생한 경우
> ④ 업무정지기간 중에 조리사의 업무를 한 경우
>
> |해설|
> 식중독이나 그 밖에 위생과 관련한 중대한 사고가 발생한 경우에는 사고 발생에 직무상의 책임이 있는 경우에만 면허가 취소된다.
>
> |정답| ③

13. 보칙

(1) 식중독에 관한 조사 보고(법 제86조)

① 다음의 어느 하나에 해당하는 자는 지체 없이 관할 특별자치시장·시장·군수·구청장에게 보고하여야 한다. 이 경우 의사나 한의사는 대통령령으로 정하는 바에 따라 식중독 환자나 식중독이 의심되는 자의 혈액 또는 배설물을 보관하는 데에 필요한 조치를 하여야 한다.
  - 식중독 환자나 식중독이 의심되는 자를 진단하였거나 그 사체를 검안한 의사 또는 한의사
  - 집단급식소에서 제공한 식품 등으로 인하여 식중독 환자나 식중독으로 의심되는 증세를 보이는 자를 발견한 집단급식소의 설치·운영자

② 특별자치시장·시장·군수·구청장은 ①에 따른 보고를 받은 때에는 지체 없이 그 사실을 식품의약품안전처장 및 시·도지사(특별자치시장은 제외)에게 보고하고, 대통령령으로 정하는 바에 따라 원인을 조사하여 그 결과를 보고하여야 한다.

③ 식품의약품안전처장은 ②에 따른 보고의 내용이 국민 건강상 중대하다고 인정하는 경우에는 해당 시·도지사 또는 시장·군수·구청장과 합동으로 원인을 조사할 수 있다.

④ 식품의약품안전처장은 식중독 발생의 원인을 규명하기 위하여 식중독 의심환자가 발생한 원인시설 등에 대한 조사절차와 시험·검사 등에 필요한 사항을 정할 수 있다.

> **합격보장 꿀팁**
>
> - **특별자치시장·시장·군수·구청장이 하여야 할 조사(시행령 제59조)**
>   - 식중독의 원인이 된 식품 등과 환자 간의 연관성을 확인하기 위한 설문조사
>   - 섭취 음식 위험도 조사 및 역학적 조사
>   - 식중독 환자나 식중독이 의심되는 자의 혈액·배설물 또는 식중독의 원인이라고 생각되는 식품 등에 대한 미생물학적 또는 이화학적 시험에 의한 조사
>   - 식중독의 원인이 된 식품 등의 오염경로를 찾기 위한 환경조사

(2) 집단급식소(법 제88조)

① 집단급식소를 설치·운영하려는 자는 총리령으로 정하는 바에 따라 특별자치시장·특별자치도지사·시장·군수·구청장에게 신고하여야 한다.

② 집단급식소를 설치·운영하는 자는 집단급식소 시설의 유지·관리 등 급식을 위생적으로 관리하기 위하여 다음의 사항을 지켜야 한다.
  - 식중독 환자가 발생하지 아니하도록 위생관리를 철저히 할 것
  - 조리·제공한 식품의 매회 1인분 분량을 총리령으로 정하는 바에 따라 144시간 이상 보관할 것
  - 영양사를 두고 있는 경우 그 업무를 방해하지 아니할 것

- 영양사를 두고 있는 경우 영양사가 집단급식소의 위생관리를 위해 요청하는 사항에 대하여는 정당한 사유가 없으면 따를 것
- 소비기한이 경과한 원재료 또는 완제품을 조리할 목적으로 보관하거나 이를 음식물의 조리에 사용하지 말 것
- 그 밖에 식품 등의 위생적 관리를 위하여 필요하다고 총리령으로 정하는 사항을 지킬 것

14. 벌칙

(1) 조리사의 행정처분(법 제80조) 빈출

위반사항	1차 위반	2차 위반	3차 위반
법 제54조에 따라 정신질환자(전문의가 조리사로서 적합하다고 인정하는 자는 제외), 감염병환자(B형간염환자 제외), 마약이나 그 밖의 약물 중독자, 조리사 면허의 취소처분을 받고 그 취소된 날부터 1년이 지나지 아니한 경우 중 어느 하나에 해당하는 경우	면허취소		
조리사와 영양사가 법 제56조에 따른 교육(식품위생 수준 및 자질의 향상을 위함)을 받지 아니한 경우	시정명령	업무정지 15일	업무정지 1개월
식중독이나 그 밖에 위생과 관련한 중대한 사고 발생에 직무상의 책임이 있는 경우	업무정지 1개월	업무정지 2개월	면허취소
면허를 타인에게 대여하여 사용하게 한 경우	업무정지 2개월	업무정지 3개월	면허취소
업무정지기간 중에 조리사의 업무를 하는 경우	면허취소		

> **합격보장 꿀팁**
> - **면허취소 처분을 받은 경우 면허증을 반납받는 자** | 특별자치도지사·시장·군수·구청장

> **바로 확인문제**
> 조리사가 식품위생 수준 및 자질의 향상을 위한 교육을 받지 않은 경우 2차 위반 시 행정처분 기준은?
> ① 업무정지 15일 ② 업무정지 1개월 ③ 업무정지 2개월 ④ 업무정지 3개월
> |해설|
> 조리사가 법 규정에 따른 교육을 받지 않은 경우 1차 위반 시 시정명령, 2차 위반 시 업무정지 15일, 3차 위반 시 업무정지 1개월의 행정처분을 받는다. |정답| ①

(2) 3년 이상의 징역(법 제93조)
소해면상뇌증(狂牛病: 광우병), 탄저병, 가금 인플루엔자 중 어느 하나에 해당하는 질병에 걸린 동물을 사용하여 판매할 목적으로 식품 또는 식품첨가물을 제조·가공·수입 또는 조리한 자

(3) 1년 이상의 징역(법 제93조)
마황, 부자, 천오, 초오, 백부자, 섬수, 백선피, 사리풀 중 어느 하나에 해당하는 원료 또는 성분 등을 사용하여 판매할 목적으로 식품 또는 식품첨가물을 제조·가공·수입 또는 조리한 자

(4) 판매금액의 2배 이상 5배 이하에 해당하는 벌금 병과(법 제93조)
(2), (3)의 경우 제조·가공·수입·조리한 식품 또는 식품첨가물을 판매하였을 때

(5) 10년 이하의 징역 또는 1억 원 이하의 벌금이나 병과(법 제94조)
① 다음의 어느 하나에 해당하는 식품 등을 판매하거나 판매할 목적으로 채취·제조·수입·가공·사용·조리·저장·소분·운반 또는 진열한 자

- 썩거나 상하거나 설익어서 인체의 건강을 해칠 우려가 있는 것
- 유독·유해물질이 들어 있거나 묻어 있는 것 또는 그러할 염려가 있는 것(다만, 식품의약품안전처장이 인체의 건강을 해칠 우려가 없다고 인정하는 것은 제외)
- 병을 일으키는 미생물에 오염되었거나 그러할 염려가 있어 인체의 건강을 해칠 우려가 있는 것
- 불결하거나 다른 물질이 섞이거나 첨가된 것 또는 그 밖의 사유로 인체의 건강을 해칠 우려가 있는 것
- 안전성 심사 대상인 농·축·수산물 등 가운데 안전성 심사를 받지 아니하였거나 안전성 심사에서 식용으로 부적합하다고 인정된 것
- 수입이 금지된 것 또는 「수입식품안전관리 특별법」에 따른 수입신고를 하지 아니하고 수입한 것
- 영업자가 아닌 자가 제조·가공·소분한 것
- 유독·유해물질이 들어 있거나 묻어 있어 인체의 건강을 해칠 우려가 있는 기구 및 용기·포장과 식품 또는 식품첨가물에 직접 닿으면 해로운 영향을 끼쳐 인체의 건강을 해칠 우려가 있는 기구 및 용기·포장을 판매하거나 판매할 목적으로 제조·수입·저장·운반·진열하거나 영업에 사용한 자
- 식품 또는 식품첨가물의 제조업, 가공업, 운반업, 판매업 및 보존업, 기구 또는 용기·포장의 제조업, 식품접객업을 하려는 자 중, 대통령령으로 정하는 바에 따라 영업 종류별 또는 영업소별로 식품의약품안전처장 또는 특별자치시장·특별자치도지사·시장·군수·구청장의 허가를 받지 않은 자

② ①의 죄로 금고 이상의 형을 선고받고 그 형이 확정된 후 5년 이내에 다시 ①의 죄를 범한 자는 1년 이상 10년 이하의 징역에 처한다.

③ ②의 경우 그 해당 식품 또는 식품첨가물을 판매한 때에는 그 판매금액의 4배 이상 10배 이하에 해당하는 벌금을 병과한다.

(6) 5년 이하의 징역 또는 5천만 원 이하의 벌금이나 병과(법 제95조)

① 다음의 어느 하나에 해당하는 규정을 위반한 자
- 식품 또는 식품첨가물에 관한 기준 및 규격에 따라 기준과 규격이 정하여진 식품 또는 식품첨가물은 그 기준에 따라 제조·수입·가공·사용·조리·보존하여야 하며, 그 기준과 규격에 맞지 아니하는 식품 또는 식품첨가물은 판매하거나 판매할 목적으로 제조·수입·가공·사용·조리·저장·소분·운반·보존 또는 진열하여서는 아니 된다.
- 기구 및 용기·포장에 관한 기준 및 규격에 따라 기준과 규격이 정하여진 기구 및 용기·포장은 그 기준에 따라 제조하여야 하며, 그 기준과 규격에 맞지 아니한 기구 및 용기·포장 또는 기구 및 용기·포장에 사용하는 재생원료에 관한 인정에 따라 인정을 받지 아니한 재생원료를 사용한 기구 및 용기·포장을 판매하거나 판매할 목적으로 제조·수입·저장·운반·진열하거나 영업에 사용하여서는 아니 된다.

② 식품 또는 식품첨가물의 제조업, 가공업, 운반업, 판매업 및 보존업, 기구 또는 용기·포장의 제조업, 식품접객업 중 대통령령으로 정하는 영업을 하려는 자 중, 대통령령으로 정하는 바에 따라 영업 종류별 또는 영업소별로 식품의약품안전처장 또는 특별자치시장·특별자치도지사·시장·군수·구청장에게 등록하지 않았거나, 등록한 사항 중 대통령령으로 정하는 중요한 사항을 변경할 때에도 등록하지 않은 자, 폐업하거나 대통령령으로 정하는 중요한 사항을 제외한 경미한 사항을 변경할 때에 식품의약품안전처장 또는 특별자치시장·특별자치도지사·시장·군수·구청장에게 신고하지 않은 자

③ 식품접객영업자와 그 종업원이 영업 질서와 선량한 풍속을 유지하는 데에 필요한 경우로 시·도지사로부터 영업시간 및 영업행위를 제한받았지만 이를 위반한 자

④ 판매의 목적으로 식품 등을 제조·가공·소분·수입 또는 판매한 영업자 중 해당 식품 등이 판매 금지 관련 법령을 위반한 사실(식품 등의 위해와 관련이 없는 위반 사항은 제외)을 알게 된 경우에도 유통 중인 해당 식품 등을 회수하거나 회수하는 데에 필요한 조치를 하지 않은 자

⑤ 다음의 어느 하나에 따른 명령을 위반한 자
- 식품의약품안전처장, 시·도지사 또는 시장·군수·구청장은 영업자가 판매 금지 관련 법령을 위반한 경우에는 관계 공무원에게 그 식품 등을 압류 또는 폐기하게 하거나 용도·처리 방법 등을 정하여 영업자에게 위해를 없애는 조치를 하도록 명하여야 한다.
- 식품의약품안전처장, 시·도지사 또는 시장·군수·구청장은 식품위생상의 위해가 발생하였거나 발생할 우려가 있는 경우에는 영업자에게 유통 중인 해당 식품 등을 회수·폐기하게 하거나 해당 식품 등의 원료, 제조방법, 성분 또는 그 배합 비율을 변경할 것을 명할 수 있다.
- 식품의약품안전처장, 시·도지사 또는 시장·군수·구청장은 식품위생에 관한 위해가 발생하였다고 인정하는 때, 회수계획을 보고받은 때에는 해당 영업자에 대하여 그 사실의 공표를 명할 수 있다. 다만, 식품위생에 관한 위해가 발생한 경우에는 공표를 명하여야 한다.

⑥ 영업자 중 허가취소 등 관련 법령의 어느 하나에 해당하여 식품의약품안전처장 또는 특별자치시장·특별자치도지사·시장·군수·구청장으로부터 대통령령으로 정하는 바에 따라 영업허가 또는 등록을 취소하거나 6개월 이내의 기간을 정하여 그 영업의 전부 또는 일부를 정지하거나 영업소 폐쇄를 명하였지만 이를 위반하여 영업을 계속한 자

(7) 3년 이하의 징역 또는 3천만 원 이하의 벌금이나 병과(법 제96조)

조리사(법 제51조) 또는 영양사(법 제52조) 관련 법을 위반한 자

(8) 3년 이하의 징역 또는 3천만 원 이하의 벌금(법 제97조)

│다음의 어느 하나를 위반한 자

① 유전자변형식품임을 표시하여야 하는 유전자변형식품 등은 표시가 없으면 판매하거나 판매할 목적으로 수입·진열·운반하거나 영업에 사용하여서는 아니 된다.
② 식품의약품안전처장이 긴급대응이 필요하다고 판단한 식품 등에 대하여 그 위해 여부가 확인되기 전까지 해당 식품 등의 제조·판매 등을 금지한 식품 등을 제조·판매 등을 하여서는 아니 된다.
③ 식품 등을 제조·가공하는 영업자는 총리령으로 정하는 바에 따라 제조·가공하는 식품 등이 법 제7조(식품 또는 식품첨가물에 관한 기준 및 규격), 법 제9조(기구 및 용기·포장에 관한 기준 및 규격)에 따른 기준과 규격에 맞는지를 검사하여야 한다.
④ ③에 따른 검사를 직접 행하는 영업자는 ③의 검사 결과 해당 식품 등이 판매 금지 관련 법령을 위반하여 국민 건강에 위해가 발생하거나 발생할 우려가 있는 경우에는 지체 없이 식품의약품안전처장에게 보고하여야 한다.
⑤ 영업허가를 받은 자가 폐업하거나 허가받은 사항 중 대통령령으로 정하는 중요한 사항을 제외한 경미한 사항을 변경할 때에는 식품의약품안전처장 또는 특별자치시장·특별자치도지사·시장·군수·구청장에게 신고하여야 한다.
⑥ 식품 또는 식품첨가물의 제조업, 가공업, 운반업, 판매업 및 보존업, 기구 또는 용기·포장의 제조업, 식품접객업 중 대통령령으로 정하는 영업을 하려는 자는 대통령령으로 정하는 바에 따라 영업 종류별 또는 영업소별로 식품의약품안전처장 또는 특별자치시장·특별자치도지사·시장·군수·구청장에게 신고하여야 한다. 신고한 사항 중 대통령령으로 정하는 중요한 사항을 변경하거나 폐업할 때에도 또한 같다.
⑦ 영업 승계 관련 법령에 따라 그 영업자의 지위를 승계한 자는 총리령으로 정하는 바에 따라 1개월 이내에 그 사실을 식품의약품안전처장 또는 특별자치시장·특별자치도지사·시장·군수·구청장에게 신고하여야 한다.
⑧ 총리령으로 정하는 식품을 제조·가공·조리·소분·유통하는 영업자는 식품의약품안전처장이 식품별로 고시한 식품안전관리인증기준을 지켜야 한다.
⑨ 식품안전관리인증기준 적용업소의 영업자는 인증받은 식품을 다른 업소에 위탁하여 제조·가공하여서는 아니 된다. 다만, 위탁하려는 식품과 동일한 식품에 대하여 식품안전관리인증기준 적용업소로 인증된 업소에 위탁하여 제조·가공하려는 경우 등 대통령령으로 정하는 경우에는 그러하지 아니하다.
⑩ 영유아식 제조·가공업자, 일정 매출액·매장 면적 이상의 식품판매업자 등 총리령으로 정하는 자는 식품이력추적관리를 하고자 할 때 식품의약품안전처장에게 등록하여야 한다.
⑪ 조리사가 아니면 조리사라는 명칭을 사용하지 못한다.

바로 확인문제

1회 급식인원 100명 이상의 산업체 운영자가 영양사와 조리사를 두지 않았을 때 벌칙으로 옳은 것은?

① 1년 이하의 징역 또는 1천만 원 이하의 벌금이나 병과
② 3년 이하의 징역 또는 3천만 원 이하의 벌금이나 병과
③ 5년 이하의 징역 또는 5천만 원 이하의 벌금이나 병과
④ 10년 이하의 징역 또는 1억 원 이하의 벌금이나 병과

|해설|
조리사를 두지 않은 집단급식소 운영자와 식품접객업자, 1회 급식인원 100명 이상의 산업체는 3년 이하의 징역 또는 3천만 원 이하의 벌금이나 병과를 받는다.

|정답| ②

▎다음의 어느 하나에 따른 검사·출입·수거·압류·폐기를 거부·방해 또는 기피한 자

① 식품의약품안전처장, 시·도지사 또는 시장·군수·구청장은 식품 등의 위해방지·위생관리와 영업질서의 유지를 위하여 필요하면 다음의 구분에 따른 조치를 할 수 있다.
  • 영업자나 그 밖의 관계인에게 필요한 서류나 그 밖의 자료의 제출 요구
  • 관계 공무원으로 하여금 다음에 해당하는 출입·검사·수거 등의 조치
    – 영업소(사무소, 창고, 제조소, 저장소, 판매소, 그 밖에 이와 유사한 장소 포함)에 출입하여 판매를 목적으로 하거나 영업에 사용하는 식품 등 또는 영업시설 등에 대하여 하는 검사
    – 위에 따른 검사에 필요한 최소량의 식품 등의 무상 수거
    – 영업에 관계되는 장부 또는 서류의 열람
② 식품의약품안전처장, 시·도지사 또는 시장·군수·구청장은 영업자가 판매 금지 관련 법령을 위반한 경우에는 관계 공무원에게 그 식품 등을 압류 또는 폐기하게 하거나 용도·처리 방법 등을 정하여 영업자에게 위해를 없애는 조치를 하도록 명하여야 한다.
③ 식품의약품안전처장, 시·도지사 또는 시장·군수·구청장은 영업허가 관련 법령을 위반하여 허가받지 아니하거나 신고 또는 등록하지 아니하고 제조·가공·조리한 식품 또는 식품첨가물이나 여기에 사용한 기구 또는 용기·포장 등을 관계 공무원에게 압류하거나 폐기하게 할 수 있다.

▎그 외

① 식품 또는 식품첨가물의 제조업, 가공업, 운반업, 판매업 및 보존업, 기구 또는 용기·포장의 제조업, 식품접객업의 영업을 하려는 자 중 총리령으로 정하는 시설기준을 갖추지 못한 영업자
② 식품의약품안전처장 또는 특별자치시장·특별자치도지사·시장·군수·구청장이 영업허가와 관련하여 붙인 조건을 갖추지 못한 영업자
③ 식품접객영업자 등 대통령령으로 정하는 영업자와 그 종업원 중, 영업의 위생관리와 질서유지, 국민의 보건위생 증진을 위하여 영업자가 지켜야 할 사항을 지키지 아니한 자(다만, 총리령으로 정하는 경미한 사항을 위반한 자는 제외)
④ 식품 등의 오염사고의 보고 등 관련 법령을 위반하여 오염예방조치를 하지 아니한 자
⑤ 영업자 중 식품의약품안전처장 또는 특별자치시장·특별자치도지사·시장·군수·구청장이 대통령령으로 정하는 바에 따라 명한 영업정지 명령을 위반하여 계속 영업한 자 또는 영업소 폐쇄명령을 위반하여 영업을 계속한 자
⑥ 영업자 중 식품의약품안전처장 또는 특별자치시장·특별자치도지사·시장·군수·구청장이 대통령령으로 정하는 바에 따라 명한 제조정지 명령을 위반한 자
⑦ 영업자 중 폐쇄조치 관련 법령에 따라 관계 공무원이 부착한 봉인 또는 게시문 등을 함부로 제거하거나 손상시킨 자
⑧ 식중독에 관한 조사 보고 관련 법령에 따른 식중독 원인조사를 거부·방해 또는 기피한 자

(9) 1년 이하의 징역 또는 1천만 원 이하의 벌금(법 제98조)

① 영리를 목적으로 식품접객업을 하는 장소에서 손님과 함께 술을 마시거나 노래 또는 춤으로 손님의 유흥을 돋우는 것을 금지한 규정을 위반하여 접객행위를 하거나 다른 사람에게 그 행위를 알선한 자
② 소비자로부터 이물 발견의 신고를 접수하고 이를 거짓으로 보고한 자
③ 이물의 발견을 거짓으로 신고한 자
④ 위해식품 등의 회수 시 보고 의무자가 「수입식품안전관리 특별법」에 따라 식품 등을 수입한 자인 경우, 식품의약품안전처장에게 보고하여야 하지만 보고를 하지 아니하거나 거짓으로 보고한 자

⑩ **양벌규정(법 제100조)**

법인의 대표자나 법인 또는 개인의 대리인, 사용인, 그 밖의 종업원이 그 법인 또는 개인의 업무에 관하여 위반행위를 하면 그 행위자를 벌하는 것 외에 그 법인 또는 개인에게도 해당 조문의 벌금형을 부과한다.(다만, 법인 또는 개인이 그 위반행위를 방지하기 위하여 해당 업무에 관하여 상당한 주의와 감독을 게을리하지 아니한 경우에는 제외함)

⑪ **과태료(법 제101조)**

1천만 원 이하	• 식품 등의 오염사고의 보고 등에 관련된 법령에 따라 오염예방조치에 대한 보고를 받은 식품의약품안전처장이 현장조사를 거부하거나 방해한 경우 • 식중독 환자나 식중독이 의심되는 자를 진단하였거나 그 사체를 검안한 의사 또는 한의사, 집단급식소에서 제공한 식품 등으로 인하여 식중독 환자나 식중독으로 의심되는 증세를 보이는 자를 발견한 집단급식소의 설치·운영자가 관할 특별자치시장·시장·군수·구청장에게 보고하지 않은 경우 • 집단급식소를 설치·운영하려는 자가 총리령으로 정하는 바에 따라 특별자치시장·특별자치도지사·시장·군수·구청장에게 신고하지 아니하거나 허위의 신고를 한 경우 • 집단급식소를 설치·운영하는 자가 집단급식소 시설의 유지·관리 등 급식을 위생적으로 관리하기 위한 사항을 위반한 경우(다만, 총리령으로 정하는 경미한 사항을 위반한 경우는 제외)
500만 원 이하	• 식품 등을 위생적으로 취급하지 않은 자 • 검사명령을 받고 검사기한 내에 검사를 받지 아니하거나 자료 등을 제출하지 아니한 영업자 • 소비자로부터 이물 발견신고를 받고 보고하지 아니한 자 • 식품안전관리인증기준 적용업소가 아닌 업소에서 해당 명칭을 사용한 경우
300만 원 이하	• 건강진단을 받아야 하는 영업에 종사하는 자가 건강진단을 받지 않은 경우 • 건강진단을 받지 않은 자나 건강진단 결과 타인에게 위해를 끼칠 우려가 있는 질병이 있는 자를 그 영업에 종사하게 한 영업자 • 공유주방을 운영 또는 이용하는 자가 위생관리책임자의 업무를 방해한 경우 • 공유주방 운영업을 하는 자가 위생관리책임자를 선임하거나 해임할 때 식품의약품안전처장에게 신고를 하지 않은 경우 • 직무 수행내역 등을 기록·보관하지 아니하거나 거짓으로 기록·보관한 위생관리책임자 • 식품위생에 관한 교육을 받아야 하는 자가 받지 않은 경우 • 공유주방 운영업을 하는 자가 식품 등의 위해로 인하여 소비자에게 발생할 수 있는 손해를 배상하기 위한 책임보험에 가입하지 않은 경우 • 식품이력추적관리 등록의무자 중 식품이력추적관리 등록 사항이 변경된 경우 변경사유가 발생한 날부터 1개월 이내에 신고하지 아니한 자 • 집단급식소를 설치·운영하는 자가 영업신고증, 영업허가증 또는 조리사면허증 보관의무를 준수하지 아니한 경우 • 식품이력추적관리정보를 목적 외에 사용한 자 • 집단급식소를 설치·운영하는 자가 지켜야 할 사항 중 총리령으로 정하는 경미한 사항을 지키지 아니한 자
100만 원 이하	• 식품위생에 관한 교육을 받아야 하는 자가 교육을 받지 않은 경우 • 식품위생교육을 받지 아니한 자를 그 영업에 종사하게 한 영업자 • 식품 또는 식품첨가물을 제조·가공하는 영업자가 생산한 실적 등을 보고하지 아니하거나 허위로 보고를 한 자 • 식품접객영업자가 영업신고증, 영업허가증 또는 조리사면허증 보관의무를 준수하지 아니한 경우 • 유흥주점영업자가 종업원명부 비치·기록 및 관리 의무를 준수하지 아니한 경우 • 조리사와 영양사가 1년마다 교육을 받지 않은 경우

> **합격보장 꿀팁**
>
> • **식품위생법 관련 과태료를 부과·징수하는 자** | 식품의약품안전처장, 시·도지사 또는 시장·군수·구청장

> **바로 확인문제**
>
> 다음 중 「식품위생법」상 과태료 부과기준이 가장 적은 자는?
> ① 건강진단을 받아야 하는 영업에 종사하는데 건강진단을 받지 않은 자
> ② 위생에 관한 교육을 받지 않은 자를 그 영업에 종사하게 한 영업자
> ③ 식품 등을 위생적으로 취급하지 않는 자
> ④ 식품이력추적관리정보를 목적 외에 사용한 자
>
> |해설|
> ②는 100만 원 이하, ①, ④는 300만 원 이하, ③은 500만 원 이하의 과태료가 부과된다.
>
> |정답| ②

02 농수산물의 원산지 표시 등에 관한 법률(원산지표시법)

1. 총칙

(1) 목적(법 제1조)
농산물·수산물과 그 가공품 등에 대하여 적정하고 합리적인 원산지 표시와 유통이력 관리를 하도록 함으로써 공정한 거래를 유도하고 소비자의 알권리를 보장하여 생산자와 소비자를 보호하는 것을 목적으로 한다.

(2) 정의(법 제2조)

농산물	농업활동으로 생산되는 산물로서 대통령령으로 정하는 것
수산물	수산동식물을 포획·채취하거나 양식하는 산업, 염전에서 바닷물을 자연 증발시켜 소금을 생산하는 산업으로부터 생산되는 산물
농수산물	농산물과 수산물
원산지	농산물이나 수산물이 생산·채취·포획된 국가·지역이나 해역
통신판매	우편·전기통신, 그 밖에 총리령으로 정하는 방법으로 재화 또는 용역의 판매에 관한 정보를 제공하고 소비자의 청약을 받아 재화 또는 용역을 판매하는 것(전화권유판매는 제외)
유통이력	수입 농산물 및 농산물 가공품에 대한 수입 이후부터 소비자 판매 이전까지의 유통단계별 거래명세를 말하며, 그 구체적인 범위는 농림축산식품부령으로 정하는 것

(3) 다른 법률과의 관계(법 제3조)
이 법은 농수산물 또는 그 가공품의 원산지 표시와 수입농산물 및 농산물 가공품의 유통이력 관리에 대하여 다른 법률에 우선하여 적용한다.

(4) 농수산물의 원산지 표시의 심의(법 제4조)
농산물·수산물 및 그 가공품 또는 조리하여 판매하는 쌀, 김치류, 축산물 및 수산물 등의 원산지 표시 등에 관한 사항은 농수산물품질관리심의회에서 심의한다.

2. 원산지표시 대상(법 제5조, 시행령 제3조)
휴게음식점영업, 일반음식점영업, 위탁급식영업 또는 집단급식소를 설치·운영하는 자는 농수산물이나 그 가공품을 조리하여 판매·제공(배달을 통한 판매·제공 포함)하거나 판매·제공할 목적으로 보관하거나 진열하는 경우에는 그 농수산물이나 가공품의 원료에 대한 원산지를 표시하여야 한다.
① 소고기(식육, 포장육, 식육가공품 포함)
② 돼지고기(식육, 포장육, 식육가공품 포함)
③ 닭고기(식육, 포장육, 식육가공품 포함)
④ 오리고기(식육, 포장육, 식육가공품 포함)

⑤ 양고기(식육, 포장육, 식육가공품 포함)
⑥ 염소고기(식육, 포장육, 식육가공품 포함)
⑦ 밥, 죽, 누룽지에 사용하는 쌀(쌀가공품을 포함, 쌀에는 찹쌀, 현미, 찐쌀 포함)
⑧ 배추김치(배추김치 가공품 포함)의 원료인 배추(얼갈이배추, 봄동배추 포함)와 고춧가루
⑨ 두부류(가공두부, 유부는 제외), 콩비지, 콩국수에 사용하는 콩(콩가공품 포함)
⑩ 넙치, 조피볼락, 참돔, 미꾸라지, 뱀장어, 낙지, 명태(황태, 북어 등 건조한 것은 제외), 고등어, 갈치, 오징어, 꽃게, 참조기, 다랑어, 아귀, 주꾸미 등(해당 수산물가공품 포함)
⑪ 조리하여 판매·제공하기 위하여 수족관 등에 보관·진열하는 살아있는 수산물

> **바로 확인문제**
>
> 다음 중 농수산물이나 그 가공품을 조리하여 판매·제공하는 경우 원산지 표시를 하지 않아도 되는 것은?
> ① 소고기, 돼지고기
> ② 오리고기, 닭고기
> ③ 밥, 죽, 누룽지에 사용하는 쌀
> ④ 주류 및 음료
>
> |해설|
> 주류 및 음료는 원산지 표시를 하지 않아도 된다.
>
> |정답| ④

03 식품 등의 표시·광고에 관한 법률(식품표시광고법)

1. 용어 정의(법 제2조)

건강기능식품	인체에 유용한 기능성을 가진 원료나 성분을 사용하여 제조(가공을 포함)한 식품(해외에서 국내로 수입되는 건강기능식품을 포함)
표시	식품, 식품첨가물, 기구, 용기·포장, 건강기능식품, 축산물(이하 "식품 등"이라 함) 및 이를 넣거나 싸는 것(그 안에 첨부되는 종이 등을 포함)에 적는 문자·숫자 또는 도형
영양표시	식품, 식품첨가물, 건강기능식품, 축산물에 들어 있는 영양 성분의 양(量) 등 영양에 관한 정보를 표시하는 것
나트륨 함량 비교 표시	식품의 나트륨 함량을 동일하거나 유사한 유형의 식품의 나트륨 함량과 비교하여 소비자가 알아보기 쉽게 색상과 모양을 이용하여 표시하는 것
광고	라디오·텔레비전·신문·잡지·인터넷·인쇄물·간판 또는 그 밖의 매체를 통하여 음성·음향·영상 등의 방법으로 식품 등에 관한 정보를 나타내거나 알리는 행위
소비기한	식품 등에 표시된 보관방법을 준수할 경우 섭취하여도 안전에 이상이 없는 기한

2. 표시의 기준(법 제4조)

식품, 식품첨가물, 축산물	• 제품명, 내용량 및 원재료명 • 영업소 명칭 및 소재지 • 소비자 안전을 위한 주의사항 • 제조연월일, 소비기한 또는 품질유지기한 • 그 밖에 소비자에게 해당 식품, 식품첨가물 또는 축산물에 관한 정보를 제공하기 위하여 필요한 사항으로서 총리령으로 정하는 사항
기구, 용기·포장	• 재질 • 영업소 명칭 및 소재지 • 소비자 안전을 위한 주의사항 • 그 밖에 소비자에게 해당 기구 또는 용기·포장에 관한 정보를 제공하기 위하여 필요한 사항으로서 총리령으로 정하는 사항

건강기능식품	• 제품명, 내용량 및 원료명 • 영업소 명칭 및 소재지 • 소비기한 및 보관방법 • 섭취량, 섭취방법 및 섭취 시 주의사항 • 건강기능식품이라는 문자 또는 건강기능식품임을 나타내는 도안 • 질병의 예방 및 치료를 위한 의약품이 아니라는 내용의 표현 • 기능성(인체의 구조 및 기능에 대하여 영양소를 조절하거나 생리학적 작용 등과 같은 보건 용도에 유용한 효과를 얻는 것)에 관한 정보 및 원료 중에 해당 기능성을 나타내는 성분 등의 함유량 • 그 밖에 소비자에게 해당 건강기능식품에 관한 정보를 제공하기 위하여 필요한 사항으로서 총리령으로 정하는 사항

3. 영양표시

(1) 대상식품(법 제5조, 시행규칙 별표4)

- 레토르트식품(조리가공한 식품을 특수한 주머니에 넣어 밀봉한 후 고열로 가열 살균한 가공식품을 말하며, 축산물은 제외)
- 과자류, 빵류 또는 떡류: 과자, 캔디류, 빵류 및 떡류
- 빙과류: 아이스크림류 및 빙과
- 코코아 가공품류 또는 초콜릿류
- 당류: 당류가공품
- 잼류
- 두부류 또는 묵류
- 식용유지류: 식물성유지류 및 식용유지가공품(모조치즈 및 기타 식용유지가공품은 제외)
- 면류
- 음료류: 다류(침출차·고형차는 제외), 커피(볶은 커피·인스턴트 커피는 제외), 과일·채소류 음료, 탄산음료류, 두유류, 발효음료류, 인삼·홍삼음료 및 기타 음료
- 특수영양식품
- 특수의료용도식품
- 장류: 개량메주, 한식간장(한식메주를 이용한 한식간장은 제외), 양조간장, 산분해간장, 효소분해간장, 혼합간장, 된장, 고추장, 춘장, 혼합장 및 기타 장류
- 조미식품: 식초(발효식초만 해당함), 소스류, 카레(카레만 해당함) 및 향신료가공품(향신료조제품만 해당함)
- 절임류 또는 조림류: 김치류(김치는 배추김치만 해당함), 절임류(절임식품 중 절임배추는 제외) 및 조림류
- 농산가공식품류: 전분류, 밀가루류, 땅콩 또는 견과류가공품류, 시리얼류 및 기타 농산가공식품류
- 식육가공품: 햄류, 소시지류, 베이컨류, 건조저장육류, 양념육류(양념육·분쇄가공육제품만 해당함), 식육추출가공품 및 식육함유가공품
- 알가공품류(알 내용물 100% 제품은 제외)
- 유가공품: 우유류, 가공유류, 산양유, 발효유류, 치즈류 및 분유류
- 수산가공식품류(수산물 100% 제품은 제외): 어육가공품류, 젓갈류, 건포류, 조미김 및 기타 수산물가공품
- 즉석식품류: 즉석섭취·편의식품류(즉석섭취식품·즉석조리식품만 해당함) 및 만두류
- 건강기능식품
- 위의 항목 규정에 해당하지 않는 식품 및 축산물로서 영업자가 스스로 영양표시를 하는 식품 및 축산물

> **합격보장 꿀팁**
>
> - 영양표시 대상 제외 식품(식품표시광고법 시행규칙 별표 4)
>   - 즉석판매제조·가공업 영업자가 제조·가공하거나 덜어서 판매하는 식품
>   - 식육즉석판매가공업 영업자가 만들거나 다시 나누어 판매하는 식육가공품
>   - 식품, 축산물 및 건강기능식품의 원료로 사용되어 그 자체로는 최종 소비자에게 제공되지 않는 식품, 축산물 및 건강기능식품
>   - 포장 또는 용기의 주표시면 면적이 $30cm^2$ 이하인 식품 및 축산물
>   - 농산물·임산물·수산물, 식육 및 알류

(2) **영양표시사항(법 제5조, 시행규칙 제6조)**

① 표시대상 영양 성분: 열량, 나트륨, 탄수화물, 당류, 지방, 트랜스지방, 포화지방, 콜레스테롤, 단백질
② 영양 성분의 표시사항: 영양 성분의 명칭, 영양 성분의 함량, 1일 영양 성분 기준치에 대한 비율

| 건강기능식품의 표시기준상 영양 성분 함량을 0으로 표시하는 기준

성분	함량
탄수화물	0.5g 미만
단백질	0.5g 미만
지방	0.5g 미만
열량	5kcal 미만
트랜스지방	0.2g 미만
나트륨	5mg 미만
콜레스테롤	2mg 미만

4. 부당한 표시 또는 광고(시행령 제3조 별표1)

① 질병의 예방·치료에 효능이 있는 것으로 인식할 우려가 있는 표시 또는 광고
② 식품 등을 의약품으로 인식할 우려가 있는 표시 또는 광고
③ 건강기능식품이 아닌 것을 건강기능식품으로 인식할 우려가 있는 표시 또는 광고
④ 거짓·과장된 표시 또는 광고
⑤ 식품학·영양학·축산가공학·수의공중보건학 등의 분야에서 공인되지 않은 제조방법에 관한 연구나 발견한 사실을 인용하거나 명시하는 표시·광고(다만, 식품학 등 해당 분야의 문헌을 인용하여 내용을 정확히 표시하고, 연구자의 성명, 문헌명, 발표 연월일을 명시하는 표시·광고는 제외)
⑥ 다른 업체나 다른 업체의 제품을 비방하는 표시 또는 광고
⑦ 객관적인 근거 없이 자기 또는 자기의 식품 등을 다른 영업자나 다른 영업자의 식품 등과 부당하게 비교하는 표시 또는 광고
⑧ 사행심을 조장하거나 음란한 표현을 사용하여 공중도덕이나 사회윤리를 현저하게 침해하는 표시 또는 광고

PART 06 공중보건

01 공중보건의 개념

1. 건강(Health)의 정의

(1) 1948년 세계보건기구(WHO)의 헌장

단순히 질병이나 신체장애가 없을 뿐 아니라, 육체적·정신적·사회적으로 완전히 안녕한 상태를 말한다.

세계보건기구(WHO)

설립 목적	세계 모든 사람들이 가능한 한 최고의 건강 수준에 도달하는 것이다.
창설	1948년 4월 7일에 유엔의 경제사회 이사회 산하 보건 전문 기관으로 창설되었다.
본부 위치	스위스 제네바
우리나라 가입	1949년 6월에 65번째 회원국으로 가입하였다.
입헌적 직무	• 국제보건사업의 지도와 조정을 관리한다. • 회원국 간의 기술 원조를 장려한다.
세부적 역할	• 중앙검역소로서의 업무를 수행하고 연구 자료를 제공한다. • 유행병 및 전염병에 대한 대책을 후원한다. • 회원국의 공중보건 행정을 강화하고 확장하도록 노력한다.

바로 확인문제

세계보건기구(WHO) 보건헌장에 의한 건강의 의미로 가장 적합한 것은?
① 질병과 허약의 부재 상태를 포함한 육체적으로 완전무결한 상태
② 육체적으로 완전하며 사회적 안녕이 유지되는 상태
③ 단순한 질병이나 허약의 부재 상태를 포함한 육체적·정신적·사회적으로 완전히 안녕한 상태
④ 각 개인의 건강을 제외한 사회적 안녕이 유지되는 상태

|해설|
세계보건기구(WHO)의 헌장에 따르면 건강이란 단순한 질병이나 허약의 부재 상태만을 의미하는 것이 아니라 육체적·정신적·사회적으로 완전히 안녕한 상태를 말한다.

|정답| ③

(2) 1986년 오타와(Ottawa) 헌장

건강은 신체적 능력뿐만 아니라 사회적·개인적 자원을 강조하는 긍정적인 개념으로서, 생활의 목표이기보다는 일상생활을 영위하기 위한 자원이다.

2. 공중보건 개관

(1) 윈슬로우(C.E.A Winslow)의 공중보건학 정의

윈슬로우는 '공중보건학이란 조직적인 지역사회의 공동 노력을 통하여 질병을 예방하고 생명을 연장시키며 신체적·정신적 효율을 증진시키는 기술이자 과학'이라고 정의하였다.

(2) 공중보건의 대상 및 목적

① 대상: 지역사회의 인간 집단(최소 단위 시·군·구)을 대상으로 한다. (개인 ×)

② 목적: 주민의 건강 증진, 수명 연장, 주변 환경 청결, 위생교육 실시, 질병의 예방, 대중에게 이로운 환경 조성 및 유지·조절, 정신적·신체적 효율의 증진 등을 목적으로 한다.
③ 근본 인식: 병의 예방과 치료 및 건강 증진에 사회적(공동체) 활동이 중요하다는 인식을 통해 대두되었고, 의학과 철학에 기반한다.

> **합격보장 꿀팁**
>
> • 공중보건의 3대 목적 | 질병 예방, 수명 연장, 건강 증진

> **바로 확인문제**
>
> 공중보건사업을 하기 위한 최소 단위는?
> ① 가정　　　　　② 개인　　　　　③ 시·군·구　　　　　④ 국가
>
> |해설|
> 개인이 아닌 인간 집단(최소 단위 시·군·구)을 대상으로 하며 우리나라는 1956년 「보건소법」 제정 이후 보건소 조직망을 통해 예방 사업을 진행하면서 시·군·구, 각 도마다 식품위생 행정기구를 두고 있다.
> |정답| ③

(3) 공중보건사업
① 세계보건기구(WHO): 공중보건사업으로 환경위생의 개선, 전염병의 예방, 개인위생에 관한 보건교육, 질병의 조기 발견과 예방적 치료를 위한 의료 및 간호 업무의 체계화 등을 제시하였다.
② 우리나라: 1956년 「보건소법」 제정 이후 보건소 조직망을 통해 전염병 예방, 모자보건, 가족계획, 결핵관리 등의 예방 사업을 진행하면서 본격적인 공중보건사업을 시작하였다.

(4) 공중보건학 분야

환경관리 분야	환경위생, 식품위생, 환경보전과 환경오염, 산업보건
질병관리 분야	역학, 전염병, 기생충질병, 만성질병
보건관리 분야	보건행정, 보건영양, 인구보건, 가족보건, 모자보건, 학교보건, 보건교육, 보건통계

(5) 공중보건학의 역할
① 환경적 위생개선
② 개인의 위생교육
③ 질병의 조기진단과 치료를 위한 의료 및 간호의 조직화
④ 적절한 생활수준을 보장받을 수 있는 사회제도 구축 및 발전

3. 공중보건 수준의 평가지표 빈출

세계보건기구(WHO)는 한 나라의 보건 수준을 나타내는 종합 건강지표로 평균수명, 조사망률, 비례사망지수가 있으며 그 외에도 영아사망률, 모성사망비, 사인별 사망률 등을 지표로 삼기도 한다.

평균수명(기대수명)	인간의 생존 기대 기간
조사망률(보통사망률)	$\dfrac{\text{연간 사망자 수}}{\text{그 해 인구 수}} \times 1{,}000$
비례사망지수	• 정의: 연간 총사망자 수에 대한 50세 이상의 사망자 수의 구성비로, 지수가 낮으면 건강 수준이 낮음을 의미한다. • 비례사망지수 = $\dfrac{\text{50세 이상의 사망자 수}}{\text{연간 총사망자 수}} \times 100$

영아사망률	• 정의: 생후 1년 미만인 영아의 사망률로, 한 국가의 보건 수준을 나타내는 대표적인 지표이다. • 영아 사망의 주원인: 폐렴·기관지염, 장염·설사, 신생아 고유질환 및 사고 등 • 영아사망률 = $\dfrac{\text{연간 영아 사망 수}}{\text{연간 출생아 수}} \times 1{,}000$
모성사망비	• 정의: 임신·분만·산욕(분만 후 자궁 등이 임신 전의 상태로 돌아가는 기간)과 연관된 질병 또는 이로 인한 합병증 때문에 발생하는 사망률 • 주원인: 임신중독증, 출혈, 산욕열, 자궁 외 임신과 유산 등 • 모성사망비 = $\dfrac{\text{연간 모성 사망 수}}{\text{연간 출생아 수}} \times 100{,}000$
사인별 사망률	사망 원인에 따른 사망률
기타	유아사망률, 질환이나 보통사망률, 결핵이나 기생충 감염률

합격보장 꿀팁

- **신생아** | 생후 28일 미만의 아기
- **영아** | 생후 1년 미만의 아기

바로 확인문제

WHO(세계보건기구)에서 한 나라의 보건 수준을 다른 나라와 비교할 때 사용하는 대표적인 지표는?

① 영아사망률　　　② 모성사망비　　　③ 조출생률　　　④ 평균수명

|해설|
공중보건 수준의 평가지표에는 평균수명, 조사망률, 비례사망지수, 영아사망률, 모성사망비 등이 있다. 이 중 한 국가의 보건 수준을 나타내는 대표적인 지표는 영아사망률이다.

|정답| ①

02 환경위생 및 환경오염 관리

1. 환경위생의 의의

(1) 환경위생의 정의

쾌적하고 건강한 생활을 영위할 수 있도록 인간의 건강 및 생존에 영향을 주는 물리적 생활환경의 모든 요소들을 개선·조정·관리하는 것을 말한다.

(2) 환경요소의 분류

① 자연환경: 기후(일광·기온·기습·기류·기압), 공기, 물 등
② 인위적 환경: 채광, 조명, 환기, 냉·난방, 상하수도, 오물 처리, 공해, 해충의 구제 등
③ 사회적 환경: 교통, 인구, 종교

2. 일광

(1) 자외선

① 인체에 대한 영향
- 비타민 D의 합성으로 구루병을 예방한다.
- 신진대사 및 적혈구의 생성을 촉진하고 혈압 강하에 효과가 있다.
- 피부결핵 및 관절염의 치료에 효과가 있고 살균 작용을 한다.
- 살균 작용이 있으나 피부의 홍반, 색소 침착 등을 일으키며, 심할 경우 피부암을 유발할 수 있다.
- 결막염, 설안염 등을 유발할 수 있다.

② 자외선의 파장에 따른 작용: 1,000~4,000Å 사이의 파장으로 3분류의 일광 중 파장이 가장 짧다.

2,000~3,100Å	미생물을 3~4시간 내에 사멸시킨다.
2,500~2,800Å	살균력이 가장 강해 소독에 이용된다.
2,800~3,200Å	• 가장 강력한 반응을 일으키는 빛(건강선)이다. • 도르노선(생명선)은 2,800~3,200Å의 파장으로 건강선이라고도 하며, 사람에게 유익한 작용을 한다.
3,300Å	혈액의 재생 기능과 신진대사를 촉진시킨다.
3,000~4,000Å	스모그를 발생시켜 대기오염을 발생시킨다.

바로 확인문제

자외선에 대한 설명으로 틀린 것은?
① 가시광선보다 짧은 파장이다.
② 피부의 홍반 및 색소 침착을 일으킨다.
③ 인체 내 비타민 D를 형성하게 하여 구루병을 예방한다.
④ 고열물체의 복사열을 운반하므로 열선이라고도 하며 피부 온도를 상승시킨다.

|해설|
적외선은 고열물체의 복사열을 운반하므로 열선이라고도 하며 피부 온도를 상승시킨다.

|정답| ④

(2) 가시광선
① 3,800~7,800Å 사이의 파장이다.
② 대기를 통해 지상에 가장 많이 도달하는 태양복사에너지이다.
③ 전자기파 중 사람의 눈에 보이는 범위의 파장이다.
④ 눈의 망막을 자극하여 색채와 명암을 구분하게 한다.

(3) 적외선(열선)
① 특징
- 7,800Å(=780nm) 이상의 파장 범위이다.
- 적외선이 닿는 곳에는 열이 생기므로 지상에 복사열을 주어 기온을 좌우한다.(온실효과 유발)

② 인체에 대한 영향
- 태양이나 물체가 내는 복사열로 사람들이 적외선을 과도하게 받게 될 경우 두통, 현기증, 열경련 등의 부작용이 나타난다.
- 심할 경우 혈관 확장, 홍반, 화상, 피부 온도 상승 등의 증상이나 일사병과 백내장, 중추신경 장애를 유발할 수 있다.

합격보장 꿀팁

• **파장의 단파순** | 자외선 → 가시광선 → 적외선

(4) 온열 요인

① 감각온도 3요소

기온 (온도)	• 정의: 지상 1.5m 높이에서 측정한 건구온도 • 쾌적 온도: 18±2℃ • 기온 측정: 최고기온 – 오후 2시경, 최저기온 – 일출 30분 전 • 특징: 온열 조건에 가장 영향을 많이 미친다.
기습 (습도)	• 정의: 일정 온도의 공기 중에 들어 있는 수분량 • 쾌적 습도: 40~70% • 부작용: 낮은 습도에서는 피부 질환이 발생하기 쉽고, 높은 습도는 불쾌감을 일으킨다.
기류 (공기의 흐름)	• 정의: 대기 중 공기의 흐름 • 특징: 기압차와 기온차에 의해 발생한다. • 쾌적 기류: 실외 1m/sec, 실내 0.2~0.3m/sec의 움직임 • 불감 기류: 0.2~0.5m/sec의 움직임 • 카타온도계: 체감을 바탕으로 더위나 추위를 측정하는 온도계로, 미풍의 측정이 가능하다.

바로 확인문제

감각온도(체감온도)의 측정에 작용하지 않는 인자는?

① 기온   ② 기압   ③ 기습   ④ 기류

|해설|
감각온도의 3요소는 기온, 기습, 기류이다. |정답| ②

② 감각온도 4요소: 감각온도의 3요소 + 복사열
③ 기온역전현상
- 대기권에서 고도가 상승할수록 기온이 높아져서 상부기온이 하부기온보다 높아지는 특수 상황에서 대기가 안정화되고 공기의 수직 확산이 일어나지 않게 되는 현상이다.
- 대기오염물질이 수직 확산되지 못하여 대기오염이 된다. 예 LA스모그 – 자동차 배기가스, 런던스모그 – 석탄 배기가스 등

바로 확인문제

기온역전현상에 해당하는 것은?
① 대기오염이 심하다.
② 상부기온이 하부기온보다 높다.
③ 상부기온이 하부기온보다 낮다.
④ 상부기온과 하부기온이 같다.

|해설|
기온역전현상은 대기권에서 고도가 상승할수록 기온도 상승하여 상부기온이 하부기온보다 높아지는 때를 말한다. |정답| ②

 합격보장 꿀팁

- **복사열** | 물체에서 방출하는 전자기파를 물체가 직접 흡수하여 열로 변했을 때의 에너지
- **스모그(Smog)** | 매연 성분과 안개의 혼합에 의한 대기오염

④ 불쾌지수(DI: Discomfort Index): 날씨에 따라 사람이 불쾌감을 느끼는 정도를 기온과 습도를 이용하여 나타낸 수치이다.

DI 70 이상	10% 정도의 사람들이 불쾌감을 느낀다.
DI 75 이상	50% 정도의 사람들이 불쾌감을 느낀다.
DI 80 이상	거의 대부분의 사람들이 불쾌감을 느낀다.

(5) 채광·조명

① 채광: 태양광선을 이용하는 자연조명을 말한다.

채광의 효과를 최대화하기 위한 방안

창 면적	• 벽 면적의 70% 이상 • 바닥 면적의 1/7~1/5 • 조리장 창의 면적: 1/5~1/2
창의 방향	남향
개각	4~5°
입사각	보통 28° 이상
창의 높이	• 높을수록 밝다.(천장에 창이 있는 경우 일반 창에 비해 3배 정도의 밝은 효과를 낼 수 있음) • 가로창보다 세로창이 채광 효과가 좋다.

② 조명: 인공광을 이용하는 인공조명을 말한다.
- 구분: 설치 방법에 따라 간접조명, 반간접조명, 직접조명으로 구분한다.
- 인공조명 설치 시 유의점
  - 조명색은 주황색에 가깝고, 간접조명일 것
  - 폭발, 화재의 위험이 없고, 유해가스의 발생이 없을 것
  - 취급이 편하고, 가격이 저렴할 것
  - 조명도가 균일하고, 조명이 작업상 충분할 것

바로 확인문제

인공조명을 설치할 때 주의할 사항으로 옳지 않은 것은?
① 직접조명을 사용한다.
② 균일한 조명도를 사용한다.
③ 유해가스가 발생되지 않아야 한다.
④ 조명색은 주황색에 가깝게 한다.

|해설|
눈의 피로도가 적은 간접조명을 사용하는 것이 좋다.

|정답| ①

- 부적당한 조명에 의한 피해

안정피로	조도가 부족하거나 눈부심이 심한 경우 발생
가성근시	조도가 낮거나 모양근이 피로한 경우 발생
전광성 안염, 백내장	순간적으로 과도한 조명을 받은 경우 발생(용접 작업 시, 고열 작업자)
안구진탕증	안구가 좌우상하로 흔들리는 현상

합격보장 꿀팁

• 조리장의 적정 조명 | 검수장 540Lux 이상, 작업장 220Lux 이상, 기타 지역 100Lux 이상

(6) 환기
① 자연환기: 실내·외의 온도차, 바람·기체의 확산에 의하여 환기가 이루어지며 특별한 장치 없이 출입문, 창문 틈새로 이루어진다.
- 환기의 적정 조건: 실내·외의 온도차가 5℃ 이상이어야 한다.
- 중성대: 실내온도가 실외보다 높으면 아래쪽으로 바깥 공기가 들어오고 위쪽으로 공기가 나가는데, 이때 형성되는 압력이 Zero(0)인 지대를 말한다. 중성대가 위쪽에 형성될수록 환기량이 커지므로 방의 천장 가까이에 있는 것이 좋다.
- 자연환기의 활용: 가정집 거실 등의 환기에 주로 이용한다.

바로 확인문제

자연환기의 원리는?
① 기압의 차이　　② 기온의 차이　　③ 채광의 차이　　④ 동력의 차이

|해설|
자연환기는 실내·외의 온도차, 바람·기체의 확산에 의하여 이루어진다.　　　　|정답| ②

② 인공환기: 환풍기, 후드장치 등 동력을 이용한 환기를 말한다.
- 분류: 공기 조정식 환기법, 흡인식 환기법, 송기식 환기법, 평형식 환기법 등
- 조리장에서의 환기: 조리장은 고온다습하여 1시간에 2~3회 정도 환기시키는 것이 좋으며, 환기창은 벽의 5% 이상으로 내는 것이 좋다.
- 인공환기의 활용: 다수인이 밀집한 강당, 극장 및 밀폐된 실험실, 선박 등에 이용한다.
- 인공환기 시 유의점
  - 탁한 공기는 신속히 제거하고 유입되는 공기는 깨끗하고 신선할 것
  - 쾌적한 온도와 습도를 유지할 것
  - 실내의 환기가 고르게 확산될 것
③ 환기량: 1분 내 실내에 교환된 공기량과 실내의 오염상태를 측정하며, CO_2를 기준으로 측정한다.

(7) 냉·난방
① 쾌적한 실내온도는 지역, 개인의 체질, 습관 등에 따라 차이가 있지만 일반적으로 실내온도 18±2℃(16~20℃), 습도 40~70% 정도일 때 쾌적함을 느낀다.
② 실내의 하부와 상부의 온도를 일정하게 유지하는 것이 좋다.

냉방	• 냉방이 필요한 경우: 실내온도가 28℃ 이상일 때 • 실내와 실외의 온도차: 5~8℃로 유지
난방	• 난방이 필요한 경우: 실내온도가 18℃ 이하일 때 • 실내 상부와 하부의 온도차: 2~3℃로 유지

3. 공기 및 대기오염
(1) 공기의 구성
① 질소(N_2)
- 공기 중 존재량: 78%(공기 중 가장 많음)
- 특징: 정상 기압에서는 인체에 영향이 없으나, 고압환경에서는 잠함병(잠수병), 저압환경에서는 고산병을 유발한다.

② 산소(O_2)
- 공기 중 존재량: 21%
- 특징: 동물의 호흡에서 가장 중요하다.(산소의 양 10% 이하에서 호흡곤란, 7% 이하에서 질식사 발생)

③ 아르곤(Ar): 공기 중 0.9% 존재한다.

④ 이산화탄소(CO_2)
- 공기 중 존재량: 0.03%(위생학적 허용 한계: 0.1%=1,000ppm)
- 특징: 전반적인 공기의 조성 상태를 알 수 있어 실내공기의 오염도를 화학적으로 측정하는 지표로 활용된다.

⑤ 기타 원소(수소, 오존 등): 공기 중 0.07% 존재한다.

바로 확인문제

이산화탄소(CO_2)를 실내공기의 오탁지표로 사용하는 가장 주된 이유는?
① 유독성이 강하므로
② 실내공기 조성의 전반적인 상태를 알 수 있으므로
③ 일산화탄소로 변화되므로
④ 항상 산소량과 반비례하므로

|해설|
이산화탄소는 무색, 무취의 비독성 가스로 이를 통해 전반적인 공기의 조성 상태를 알 수 있어 실내공기의 오염도 측정 지표로 사용된다. |정답| ②

합격보장 꿀팁

- **ppm(part(s) per million)** | 1/1,000,000을 나타내는 약호(100만분의 1)
- **ppm과 %의 단위 변환** | 1%=10,000ppm, 0.0001%=1ppm

(2) 대기오염 물질

① 입자상 물질: 분진(매연, 회분 등), 증기상 물질(납 등), 액체상 물질(아황산가스 등)

② 가스상 물질

일산화탄소 (CO)	• 불완전 연소 시에 주로 발생하는 무색, 무취, 무미의 기체로 맹독성을 지닌다.
	• 헤모글로빈(Hb)과의 친화력이 산소보다 강하여 혈액 내 산소 결핍증을 초래한다.
	• 위생학적 허용 한계가 존재한다.(나라에 따른 차이 존재)
	  – 최고 허용 한계: 8시간 기준으로 0.01%(=100ppm), 4시간 기준으로 0.04%(=400ppm)이다.
	  – 0.1%(=1,000ppm) 이상이면 생명이 위험할 수 있다.

아황산가스 (SO_2)	• 대기오염(실외 공기오염)의 지표(공장 매연, 자동차 배기가스)이다. • 호흡곤란, 식물의 황사·고사, 호흡기계 점막의 염증 등이 발생한다. • 금속을 부식시킨다.
기타	황화수소, 불화수소 등이 있다.

③ 악취물질: 황화수소, 메르캅탄류, 아민류 등

④ 먼지
- 특징: 공기 중에서 확산되지 않고 중력에 의해 가라앉는다.
- 위생학적 허용 한계: 400개/mL 이하, 110mg/m^3 이하
- 먼지에 의한 피해: 진폐증, 점막성 질환(결막염, 기관지염), 알레르기 반응, 금속중독(납, 수은)

합격보장 꿀팁

- **대기오염의 1차 오염물질** | 분진, 매연, 검댕, 황산화물, 질소산화물 등
- **대기오염의 2차 오염물질** | 오존, PAN, 알데히드, 스모그 등

(3) 대기오염의 피해 및 대책
  ① 대기오염 피해
   • 인체에 대한 영향(호흡기계 질병 유발)
   • 식물의 고사(유황 산화물)
   • 자연환경의 악화(산성비, 오존층의 파괴, 온실효과)
   • 재산, 경제적 손실
  ② 대기오염 대책
   • 발생원에 대한 대책: 공장 입지 대책, 연료 배출 대책, 자동차 매연가스 대책
   • 공공기관 측: 도시계획의 합리화, 대기오염 실태 파악과 방지에 대한 계몽·지도, 법적 규제와 방지, 공해방지기술의 개발

(4) 군집독
  ① 정의: 많은 사람이 밀집된 실내에서 공기가 물리적·화학적 조성의 변화를 일으키는 현상이다.
  ② 원인: 산소(O_2) 감소, 이산화탄소(CO_2) 증가, 고온·고습의 상태에서 유해가스 및 취기·구취·체취 등으로 인하여 공기의 조성이 변하기 때문이다.
  ③ 이상현상: 현기증, 구토, 권태감, 불쾌감, 두통 등의 증상이 나타난다.
  ④ 예방법: 환기를 한다.

> **바로 확인문제**
>
> 군집독의 가장 큰 원인은?
> ① 실내 공기의 물리적·화학적 조성의 변화
> ② 실내의 생물학적 변화
> ③ 실내 공기 중 산소의 부족
> ④ 실내 기온의 증가
>
> |해설|
> 군집독은 많은 사람이 밀집된 실내에서 공기가 물리적·화학적 조성의 변화를 일으키는 현상이다. |정답| ①

(5) 공기의 자정 작용
  ① 비, 눈 등에 의한 세정 작용
  ② 기류에 의한 공기 자체의 희석 작용
  ③ 일광(자외선)에 의한 살균 작용
  ④ 식물의 탄소동화 작용(O_2와 CO_2의 교환 작용)
  ⑤ 산소(O_2), 오존(O_3), 과산화수소(H_2O_2) 등에 의한 산화 작용

4. 상하수도, 오물 처리 및 수질오염
 (1) 물 및 수질오염
  ① 물의 기능: 물은 모든 생물의 생명 유지에 필요하다. 인체의 주요 구성 성분으로서 체중의 약 2/3(체중의 60~70%)를 차지하며 인체 내의 영양소와 노폐물 운반, 체온 조절, 체액 구성 및 정상 농도 유지 등의 기능을 한다. 성인 기준 하루에 2.0~2.5L의 물이 필요한데, 인체 내 수분의 10%가 없어지면 경련 및 정신적 불안증이 생기고, 20% 이상이 없어지면 생명이 위험하다.

② 물의 오염: 물에 병원성 미생물이 함유되어 있는 상태를 오염이라고 하고, 유해한 이화학물질이 함유되어 있는 상태를 오탁이라고 한다. 일반적으로 두 경우 모두 물의 오염이라고 한다.
③ 물의 소독

물리적 소독	열처리법(100℃ 이상으로 끓임), 오존(O_3) 소독법, 자외선 소독법
화학적 소독	염소(0.2ppm) 소독법(수도), 표백분 소독법(우물)

④ 물의 오염에 의한 질병

우치(충치)	불소 함량이 낮은 물을 장기 음용 시 발생
반상치	불소 함량이 높은 물을 장기 음용 시 발생
청색증	질산염이 다량 함유된 물을 장기 음용 시 발생
설사	황산마그네슘($MgSO_4$)이 다량 함유된 물을 음용한 경우
기생충 질병	간디스토마, 폐디스토마, 광절열두조충, 회충, 편충, 구충 등
중금속 오염	수은(미나마타병), 카드뮴(이타이이타이병), PCB(미강유증: 쌀겨유 중독), 시안, 유기인, 질산은 등의 유해·유독물질에 의한 수질오염

합격보장 꿀팁

- **우물** | 화장실로부터 20m 이상, 하수관이나 배수로 등으로부터 3m 이상 떨어져 있어야 하며, 화장실 오물이나 하수의 침입이 불가능한 구조여야 한다.

(2) 수인성 감염병

물을 통해 전염되는 질병으로, 대부분 소화기계 전염병에 해당한다.
① 종류: 장티푸스, 파라티푸스, 세균성 이질, 콜레라, 아메바성 이질, 유행성간염
② 특징
- 음용수 사용 지역과 유행 지역이 동일하다.
- 비교적 잠복기가 짧고 치사율이 낮으며, 2차 감염환자의 발생이 거의 없다.
- 환자가 집단적, 폭발적으로 발생한다.
- 계절에 관계없이 발생하나, 주로 여름에 많이 발생한다.
- 성별, 연령, 직업의 차이가 없이 발생한다.
- 음용수 중에서 원인 병원체를 검출한다.

바로 확인문제

수인성 감염병의 유행 특징에 대한 설명으로 옳지 않은 것은?

① 연령과 직업에 따른 이환율에 차이가 있다.
② 환자가 집단적으로 발생한다.
③ 환자 발생은 급수 지역에 한정되어 있다.
④ 계절에 직접적인 관계없이 발생한다.

|해설|
수인성 감염병은 다수의 사람들이 동일한 물을 함께 사용하여 동일한 시기에 많은 환자가 발생하는 것으로, 연령, 직업에 따른 이환율에 차이가 없다. |정답| ①

(3) 물의 자정 작용
① 정의: 지표면의 물이 시간이 지나면서 자연적으로 정화되는 현상을 말한다. 정지해 있는 물에 비해 흐르는 물에서 산소량이 많아 더욱 왕성하다.
② 종류
- **물리적 작용**: 희석 작용, 확산 작용, 침전 작용
- **화학적 작용**: 자외선(일광)에 의한 살균 작용, 산화 작용, 중화 작용
- **생물학적 작용**: 수중생물(이끼 등)에 의한 식균 작용

(4) 음료의 수질 기준
① 세균

일반 세균	• 정의: 보통 한천배지에서 무리를 형성할 수 있는 생균 • 수질 기준: 1mL 중 100CFU(Colony Forming Unit) 이하일 것
대장균	• 특징: 수질오염의 지표 • 수질 기준: 100mL에서 검출되지 않을 것

② 그 외

색도	5도 이하일 것	탁도	1NTU 이하일 것
수소이온농도	pH 5.8~8.5일 것	불소	1.5mg/L 이하일 것
시안	0.01mg/L 이하일 것	수은	0.001mg/L 이하일 것
질산성 질소	10mg/L 이하일 것	염소이온	250mg/L 이하일 것
과망가니즈산칼륨 소비량	10mg/L 이하일 것	암모니아성 질소	0.5mg/L 이하일 것
증발잔류물	500mg/L 이하일 것	페놀	0.005mg/L 이하일 것
기타	소독으로 인한 맛·냄새 이외의 맛과 냄새가 없을 것		

(5) 상수도
① 정의: 중앙급수에 의해 일정한 인구 집단에 보건상 양질의 물을 공급하는 설비를 말한다.
② 물의 운송 과정: 수원지 → 정수장 → 배수지 → 가정, 학교, 공장 등
③ 상수 처리 과정: 취수 → 정수(침전 → 여과 → 소독) → 급수

침전	• 보통 침전(완속 침전법): 물의 흐름을 조정하여 부유물을 침전시키는 방법으로 색도, 탁도, 세균 등이 감소하나 시간이 많이 소요된다. • 약품 침전(응집 침전법): 응집제를 넣어 침전되지 않은 부유물을 침전시키는 방법이다.
여과	• 완속 여과: 물을 모래층으로 천천히 흘려 불순물을 여과하는 방법이다. • 급속 여과: 도시 급수를 위해 사용되는 여과시설로, 빠른 속도로 여과시키므로 약품 침전이 필요하다.
소독	• 일반적으로 음료수 소독에는 염소 소독법을 사용한다. • 잔류염소량(유리잔류염소)은 4.0mg/L(샘물, 먹는 샘물, 염지하수 등은 제외), 황산이온은 200mg/L(샘물, 먹는 샘물 등은 250mg/L)를 넘으면 안 된다.

> **합격보장 꿀팁**
> • **수돗물의 생산 과정** | 취수원 → 취수장 → 착수정 → 혼화지 → 응집지 → 침전지 → 여과지 → 염소투입실 → 정수지 → 배수지

바로 확인문제

상수를 정수하는 일반적인 순서는?
① 침전 → 여과 → 소독
② 예비처리 → 본처리 → 오니처리
③ 예비처리 → 여과처리 → 소독
④ 예비처리 → 침전 → 여과 → 소독

|해설|
상수의 정수 과정은 '침전 → 여과 → 소독'으로 이루어진다.

|정답| ①

(6) 하수도

① 정의: 하수는 천수(비, 눈 등)와 인간의 생활에서 배출되는 오수를 의미하며 하수도는 오수를 처리하기 위한 시설이다.

② 하수 처리 과정: 예비처리 → 본처리 → 오니처리
- 예비처리: 하수 유입구에 제진망(Screening)을 설치하여 부유물, 고형물을 제거하고 토사 등을 침전시키는 방법이다.
- 본처리: 미생물을 이용하여 유기물을 분해하는 방법이다.

호기성 분해 처리(생물 산화법)	혐기성 분해 처리
• 미생물이 물이나 공기에서 산소를 흡수하여 유기물을 분해한다. • 활성 오니법(활성 슬러지법)이 가장 진보된 방법이며, 여과법·산화지법·관개법 등이 있다.	• 무산소 상태에서 균이 증식하여 유기물을 분해한다. • 부패조법과 임호프탱크법을 이용하는 방법이 있다.

- 오니처리: 본처리에서 생기는 슬러지를 탈수·소각하는 과정으로, 소화법이 가장 진보된 방법이며, 육상 투기법·해양 투기법·소각처리법·사상 건조법·퇴비법 등이 있다.

합격보장 꿀팁

- **호기성 미생물** | 유기물을 분해해 에너지를 얻는 데 산소가 필요한 미생물
- **혐기성 미생물** | 생존하는 데 산소가 필요 없는 미생물

바로 확인문제

'예비처리 - 본처리 - 오니처리' 순서로 진행되는 것은?
① 하수 처리
② 쓰레기 처리
③ 상수도 처리
④ 지하수 처리

|해설|
하수의 처리 과정은 '예비처리 → 본처리 → 오니처리'로 이루어진다.

|정답| ①

③ 하수도의 종류

합류식	• 가정하수와 천수(비, 눈)를 함께 처리하는 방법이다. • 시설 비용이 적게 들고, 하수관이 자연 청소되어 유지·관리가 쉽다.
분류식	천수를 별도로 운반하는 방법이다.
혼합식	천수와 가정하수의 일부를 함께 운반하는 방법이다.

④ 하수의 오염 측정 방법

용존산소량(DO)	• 하수 중에 들어 있는 산소량이다. • 용존산소량은 4ppm 이상이어야 하며, 낮을수록 오염도가 높다.
생화학적 산소요구량(BOD)	• 유기물질을 20℃에서 5일간 안정화시키는 데 소비한 산소량을 ppm 또는 mg/L로 표기한 것이다. • 20ppm 이하여야 하며, 수치가 높을수록 오염도가 높다.
화학적 산소요구량(COD) (= 화학적 산소소비량)	• 유기물질이 산화제에 의해 산화될 때 소비된 산소량을 ppm 또는 mg/L로 나타낸 것이다. • 수치가 높을수록 오염도가 높다.
수소이온농도(pH)	• 물속에 존재하는 수소이온량을 나타내는 지수이다. • pH 5.8~8.6이 좋다.
부유물질(SS) (= 현탁물질)	• 여과나 원심 분리에 의해 분리되는 0.1μm 이상의 입자를 말한다. • 70ppm 이하가 좋다.

바로 확인문제

빈칸에 차례대로 들어갈 내용으로 알맞은 것은?

생화학적 산소요구량(BOD)은 일반적으로 (　　)을 (　　)에서 (　　)간 안정화시키는 데 소비한 산소량을 말한다.

① 무기물질, 15℃, 5일　　② 무기물질, 15℃, 7일　　③ 유기물질, 20℃, 5일　　④ 유기물질, 20℃, 7일

|해설|
생화학적 산소요구량(BOD)은 호기성 상태에서 유기물질을 20℃에서 5일간 안정화시키는 데 소비한 산소량을 말한다. 20ppm 이하여야 하며, 수치가 높을수록 오염도가 높다.
|정답| ③

(7) 오물 처리
① 오물의 정의: 쓰레기, 재, 오니, 분뇨, 동물의 사체 등 산업 폐기물이 아닌 폐기물을 뜻한다.
② 분뇨 처리 방법

매립법	• 쓰레기를 땅속에 묻는 방법이다. • 적당한 진개의 두께: 2m 이하 • 적당한 복토의 두께: 60cm~1m 정도 • 처리 비용이 적게 들고 방법이 쉽다.
비료화법(퇴비법)	유기물이 많은 쓰레기를 발효시켜서 비료로 이용하는 방법이다.
소각법	가장 위생적이지만, 대기오염의 원인이 된다.(다이옥신 발생)

③ 진개(쓰레기) 처리
  • 진개의 종류: 가정에서 나오는 주개(주방에서 나오는 동물성 유기물), 잡개, 공장 및 공공건물의 진개 등
  • 가정의 진개 처리: 주개와 잡개를 분리·처리하는 2분법 처리가 좋으며, 위생적 매립법·비료화법(퇴비법)·소각법·재활용법 등이 있다.

5. 소음 및 진동
(1) **공해의 정의 및 종류**
① 정의: 인간의 일상생활 및 생산 활동으로 인하여 일반 공중 또는 다수의 인간에게 건강, 생명, 안전, 재산 등에 위해를 끼치거나 공중이 가지는 공동의 권리를 방해하는 현상을 말한다.
② 종류: 대기오염, 수질오염, 소음, 진동, 악취, 토양오염, 방사선 오염 등
③ 현대 공해의 특징: 다양화, 광역화, 누적화, 다발화 현상 등

(2) 소음 및 진동
① 소음
- 정의: 원하지 않으며 불쾌하고 시끄러운 소리를 말한다. 공장, 건설장, 교통기관, 상가의 각종 소음 등이 있다.
- 소음에 의한 장애: 수면 방해, 불안증, 두통, 작업 방해, 식욕 감퇴, 정신적 불안정, 불쾌감, 불필요한 긴장 등
- 소음의 허용 기준: 1일 8시간 기준 90dB(A) 미만
- 방지 대책: 소음원 규제, 소음 확산 방지, 도시계획의 합리화, 소음 방지 지도, 법적 규제 등

> **합격보장 꿀팁**
> - 데시벨(dB) | 사람이 들을 수 있는 음(소리)의 강도(음압) 수준을 나타내는 단위이다.

② 진동
- 정의: 어떤 물체가 외부의 힘에 의하여 평형 상태에서 전후, 좌우, 상하로 흔들리는 것을 말한다.
- 진동에 의한 장애: 전신장애(위장장애, 월경장애), 국소장애(레이노드병)

6. 구충·구서(위생해충 및 쥐의 구제)

(1) **구충·구서의 일반적인 원칙**
① 서식처 및 발생 원인을 제거한다.(가장 효과적인 대책)
② 구충·구서는 발생 초기에, 광범위하게 동시에 실시한다.
③ 구제 대상의 생태, 습성에 따라 실시한다.

> **바로 확인문제**
> 구충·구서의 일반 원칙과 가장 거리가 먼 것은?
> ① 구제 대상 동물의 발생원을 제거한다.
> ② 대상 동물의 생태, 습성에 따라 실시한다.
> ③ 광범위하게 동시에 실시한다.
> ④ 성충 시기에 구제한다.
>
> |해설|
> 구충·구서는 발생 초기에 실시하는 것이 성충 시기에 실시하는 것보다 효과적이다.
> |정답| ④

(2) **위생해충 및 쥐의 구제 방법**

파리	진개 및 오물의 완전 처리, 소독, 변소의 개량, 각종 살충제 살포
모기	발생지 제거, 장시간의 고인물 정체 방지, 살충제 살포
이 및 벼룩	의복·침실·신체의 청결 유지, 침구류의 일광소독, 쥐의 구제, 살충제 살포, 훈증소독법
바퀴벌레	청결 유지, 각종 살충제 및 붕산에 의한 독이법
진드기	밀봉, 냉장(0℃ 전후)·냉동, 살충, 열처리(70℃ 이상), 방습(수분 함량 10% 이하, 곡물 저장 시 60% 이하로 습도 유지)
쥐	창문이나 하수구 등에 방충·방서시설 구비, 서식처 제거, 압살법, 살서제, 훈증법 및 천적 이용법, 조리장 내에서 쥐가 먹을 수 있는 음식물이나 찌꺼기 제거

> **합격보장 꿀팁**
> - 바퀴벌레
>   - 우리나라에서 서식하는 바퀴의 종류: 독일바퀴(우리나라에 가장 많이 서식), 미국바퀴(이질바퀴), 먹바퀴(검정바퀴), 일본바퀴(집바퀴)
>   - 바퀴의 습성: 군서성(집단 서식), 잡식성, 야간활동성

03 역학 및 산업보건

1. 역학 일반

(1) 역학의 정의
인간 집단에서 발생하고 존재하는 질병의 분포를 관찰하고 그와 관련된 원인을 규명하여 그 질병을 관리·예방하는 것을 목적으로 하는 과학이자 학문이다.

(2) 역학의 목적
① 질병의 예방을 위하여 질병 발생의 병인 또는 그 발생을 결정하는 요인 규명
② 질병의 측정과 유행 발생의 감시 역할
③ 질병의 자연사 연구
④ 보건의료의 기획과 평가를 위한 자료 제공
⑤ 임상 연구에서의 활용

2. 산업보건의 정의 및 목적

(1) 국제노동기구(ILO)와 세계보건기구(WHO) 공동위원회의 정의(1950)
① 모든 직업의 근로자들의 신체적·정신적·사회적 건강을 유지·증진시키는 것이다.
② 작업 조건으로 인한 질병을 예방하고, 건강에 유해한 취업을 생리적으로나 심리적으로 적합한 작업환경에서 일하도록 하는 것이다.

(2) 「산업안전보건법」상 산업보건의 목적
우리나라의 「산업안전보건법」에서는 산업재해를 예방하고 쾌적한 작업환경을 조성함으로써 근로자(노무를 제공하는 사람)의 안전과 보건을 유지·증진함을 목적으로 한다.

3. 산업재해

(1) 산업재해의 정의
작업 활동에 수반하여 발생하는 사고로 인적·물적인 손해를 일으키는 것을 말한다.

(2) 산업재해의 요인
환경적 요인, 기계적 요인, 인적 요인(근로자의 방심, 태만, 무모한 행위)이 있다.

(3) 산업재해지수
산업재해의 발생빈도와 작업에 미치는 손실을 산출하기 위한 지수로서, 재해 요소를 정확하게 파악하여 재해방지 대책을 세워야 한다.

구분	계산식	의미
도수율	$\dfrac{\text{재해 건수}}{\text{연 근로 시간 수}} \times 1,000,000$	재해의 빈도를 나타내는 지수로서 근로 시간 100만시간당 발생하는 재해 건수
강도율	$\dfrac{\text{근로 손실 일수}}{\text{연 근로 시간 수}} \times 1,000$	발생한 재해의 강도를 나타내는 지수로서 근로 시간 1,000시간당 재해에 의해 상실된 근로 손실일수
건수율	$\dfrac{\text{재해 건수}}{\text{연 평균 실근로자 수}} \times 1,000,000$	노동자 수에 대한 재해 발생의 빈도를 나타낸 지수

4. 직업병

(1) 직업병의 정의
직업(직종)별 특정 요인에 의해 그 직업에 종사하는 사람에게만 발생하는 특정 질환을 말한다.

(2) **원인별 직업병** 빈출

이상온도	• 고열환경(이상고온): 열중증(열경련, 열허탈증, 열사병) • 저온환경(이상저온): 참호족염, 동상, 동창
이상기압	• 고압환경(이상고기압): 잠함병(잠수병) • 저압환경(이상저기압): 고산병
분진	진폐증(먼지), 규폐증(유리규산), 석면폐증(석면), 활석폐증(활석)
소음	직업성 난청(방지 방법: 귀마개 사용 · 방음벽 설치 · 작업 방법 개선), 두통, 불면증
조명 불량	안정피로, 근시, 안구진탕증
진동	레이노드병(손가락의 말초혈관 운동장애)
방사선	조혈기능 장애, 백혈병, 피부점막의 궤양과 암 형성, 생식기 장애, 백내장
자외선 및 적외선	피부 및 눈의 장애, 시력 저하
금속 중독	• 납(Pb) 중독: 연연(鉛緣), 권태, 체중 감소, 염기성 과립적혈구 수의 증가, 요독증 증세 • 수은(Hg, 미나마타병의 원인 물질) 중독: 피로감, 언어장애, 기억력 감퇴, 지각이상, 보행곤란 증세 • 크로뮴(Cr, 크롬) 중독: 비염, 인두염, 기관지염, 비중격천공 • 카드뮴(Cd, 이타이이타이병의 원인 물질) 중독: 폐기종, 신장기능 장애, 골연화, 단백뇨의 증세

> **합격보장 꿀팁**
>
> • **잠함병(잠수병)** | 수압이 높은 바다에 들어갔다가 수면 위로 올라오면서 체내에 녹아 있던 질소가 갑작스럽게 기포를 만들면서 혈액 속을 돌아다녀 몸에 통증을 유발하는 증상이다.

바로 확인문제

굴착, 착암 작업 등으로 인한 진동으로 발생할 수 있는 직업병은?

① 공업 중독　　② 잠함병　　③ 레이노드병　　④ 금속열

|해설|
레이노드병은 굴착이나 바위를 뚫는 착암 작업 등으로 인한 진동에 노출된 근로자에게 발생하는 직업병이다.　　　　　　　　　|정답| ③

04 감염병 관리

1. 감염병(전염병)의 생성 과정 및 예방 대책

(1) **생성 과정**

① 병원소로부터 병원체 탈출: 호흡기계, 장관, 비뇨기관 등으로 탈출, 개방병소로 식섭 탈출, 곤충에 의한 기계적 탈출을 말한다.

② 병원체의 전파: 직접 전파, 간접 전파가 해당된다.

③ 병원체의 침입: 호흡기계, 소화기계, 피부점막 등으로 침입한다.

④ 감수성 숙주의 감염: 병원체에 대한 면역이나 저항이 없는 숙주에 감염된다.

(2) **예방 대책**

① 경증환자와 보균자, 환자 등을 조기에 발견하여 격리 및 치료한다.

② 신선하고 위생적으로 처리한 식재료를 사용하고 식품은 냉장이나 냉동 보관하고 생식하지 않는다.

③ 음용수가 전염병균에 오염되지 않도록 하고 오염되면 사용하지 않는다.

④ 식품취급자는 개인위생을 준수하며 정기적으로 건강검진을 받는다.

⑤ 식품과 접촉하는 기구나 용기는 소독하고 청결을 유지한다.
⑥ 식품에 쥐, 파리, 바퀴벌레 등의 침입을 방지하고 구제한다.
⑦ 작업장은 정기적으로 소독하여 병원균의 감염을 예방한다.
⑧ 분변오염지표균을 검사하여 분변이 오염되지 않도록 관리한다.
⑨ 예방접종을 실시한다.

바로 확인문제

감염병을 관리하는데 예방접종이 갖는 의미는?
① 병원소의 제거   ② 감염원의 제거   ③ 환경의 관리   ④ 감수성 숙주의 관리

|해설|
감염병의 예방 대책에는 감수성 숙주의 관리(예방접종 실시), 감염 경로 및 환경위생의 개선(감염 경로 차단), 감염원의 격리 및 예방(환자의 조기 발견, 격리)이 있다.

|정답| ④

합격보장 꿀팁

- **4F의 관리** | Food(식품의 위생적 관리), Feces(대변의 위생적 관리), Fly(파리의 구제), Finger(손의 위생적 관리)
- **보균자** | 병원체를 체내에 보유하고 있는 사람을 말한다.
  - 건강보균자: 병원체를 몸에 지니고 있으나 겉으로는 증상이 나타나지 않는 건강한 사람으로, 감염병의 관리가 가장 어렵다.
  - 잠복기보균자: 병원체에 감염되어 있지만 임상증상이 아직 나타나지 않은 상태의 사람으로, 전염성이 있다.
  - 회복기보균자: 질병의 임상증상이 회복되는 시기에도 여전히 병원체를 지닌 사람이다.

2. 감염병의 분류

(1) 병원체에 따른 분류

① 바이러스(Virus)

호흡기계 침입	홍역, 유행성이하선염, 인플루엔자
소화기계 침입	유행성간염, 폴리오(소아마비)
피부점막 침입	일본뇌염, 광견병(공수병), 후천성면역결핍증(AIDS)

바로 확인문제

바이러스(Virus)가 병원체인 것은?
① 세균성 이질   ② 폴리오   ③ 파라티푸스   ④ 장티푸스

|해설|
바이러스가 병원체인 것은 폴리오(소아마비)이다. 세균성 이질, 파라티푸스, 장티푸스는 세균이 병원체이다.

|정답| ②

② 세균(Bacteria)

호흡기계 침입	디프테리아, 백일해, 결핵, 한센병(나병), 성홍열, 폐렴
소화기계 침입	콜레라, 장티푸스, 파라티푸스, 세균성 이질
피부점막 침입	파상풍, 페스트

③ 리케차(Rickettsia)
- 특징: 바이러스와 세균의 중간 크기에 속하는 미생물로, 살아있는 세포에 존재한다.
- 감염병: 발진티푸스, 발진열, 쯔쯔가무시증(양충병)

> **바로 확인문제**
>
> 리케차(Rickettsia)에 의해 발생되는 감염병은?
> ① 세균성 이질　　② 파라티푸스　　③ 발진티푸스　　④ 디프테리아
>
> |해설|
> 세균성 이질, 파라티푸스, 디프테리아는 세균에 의해 발생한다.　　　　　|정답| ③

　④ 스피로헤타(Spirochaeta)
　　• 특징: 단세포와 다세포 생물의 중간 미생물로, 활발한 운동을 한다.
　　• 감염병: 매독, 서교증, 와일씨병
　⑤ 원충(Protozoa, 원생동물)
　　• 특징: 단세포의 진핵생물이다.
　　• 감염병: 말라리아, 아메바성 이질, 톡소플라즈마, 트리파노소마(아프리카 수면병)

(2) 인체 침입구에 따른 분류

구분	특징	감염병
호흡기계 침입	대화, 환자의 기침 등을 통해 전파되어 호흡기를 통해 감염된다.	디프테리아, 홍역, 백일해, 천연두(두창), 유행성이하선염, 풍진, 성홍열, 레지오넬라증, 인플루엔자, 수막구균성 수막염, 중증급성호흡기증후군(SARS), 중동호흡기증후군(MERS), 신종인플루엔자
소화기계 침입	물, 식품의 섭취를 통해 감염된다.	식중독, 콜레라, 장티푸스, 파라티푸스, 폴리오(소아마비), 세균성 이질, 아메바성 이질, 유행성간염
경피 침입	신체의 일부가 토양에 직접 접촉하거나 상처를 통해 감염된다.	매독, 한센병(나병), 파상풍, 탄저

> **바로 확인문제**
>
> 감염병과 주요한 감염 경로의 연결이 틀린 것은?
> ① 공기 감염 – 폴리오　　② 직접 접촉감염 – 성병　　③ 비말감염 – 홍역　　④ 절족동물 매개 – 황열
>
> |해설|
> 폴리오는 소화기계 감염병이다.　　　　　|정답| ①

(3) 기타 감염 경로에 따른 분류
　① 직접 전파와 간접 전파

직접 전파	신체 접촉	매독, 임질, 성병
	토양으로부터 감염	파상풍, 탄저
간접 전파	비말감염(기침, 재채기를 통한 감염)	홍역, 인플루엔자, 폴리오(소아마비)
	진애감염(먼지를 통한 감염)	결핵, 천연두, 디프테리아

　② 공기 전파
　　• 특징: 기침을 하거나 대화 중일 때 병원체가 대기 중에 부유하여 감염된다.
　　• 감염병: 큐열, 브루셀라, 결핵

③ 절족동물 매개 감염병: 절족동물이 매개가 되는 감염병은 그 종류가 다양하지만, 인간에게 질병을 전파하는 것은 발진티푸스(이), 황열(모기), 말라리아(모기), 일본뇌염(모기), 페스트(벼룩), 발진열(벼룩), 양충병(진드기), 유행성출혈열(진드기) 등이 있다.

④ 수인성 감염으로 전파
- 특징: 음용수 사용 지역과 감염병 발생 지역이 일치하며, 잠복기가 짧고 치사율이 낮다.
- 감염병: 콜레라, 장티푸스, 세균성 이질, 파라티푸스

바로 확인문제

물로 전파되는 수인성 감염병에 속하지 않는 것은?
① 장티푸스 ② 홍역 ③ 세균성 이질 ④ 콜레라

|해설|
홍역은 제2급 감염병으로, 호흡기계(비말감염) 감염병이다. |정답| ②

⑤ 식품(음식물) 감염으로 전파: 콜레라, 세균성 이질, 장티푸스, 폴리오(소아마비), 유행성간염
⑥ 개달물(의복, 침구, 서적, 완구 등) 감염으로 전파: 결핵, 트라코마, 천연두
⑦ 토양 감염으로 전파: 파상풍, 구충(십이지장충)

(4) 잠복기별 분류 및 증상

구분	잠복기	증상
장티푸스	1~3주	오한, 고열(40℃ 내외), 피부발진
콜레라	10시간~5일(보통 2~3일)	설사, 구토, 탈수, 체온저하, 심한 위장장애
세균성 이질	2~7일	설사(점액, 혈변), 식욕감퇴, 복통, 발열
급성회백수염(폴리오, 소아마비)	7~14일(평균 10일)	두통, 식욕감퇴, 사지마비 증상
파라티푸스	5일	고열, 피부발진
유행성간염	25일	발열, 두통, 위장장애, 황달, 간병증
성홍열	4~7일	고열(40℃ 내외), 두통, 인후통
디프테리아	3~5일	편도선발진, 인후두에 흰 막 형성, 발열(38℃ 내외)

합격보장 꿀팁

- **잠복기가 긴 감염병** | 광견병(20~80일), 한센병(9개월~20년), 결핵(1년)
- **투베르쿨린 반응 검사** | 결핵균 감염 유무 검사

3. 경구감염병

(1) 경구감염병의 의의

손, 음료수, 식기 등에 의해 입, 호흡기, 피부 등을 통해 감염되는 전염병으로, 소화기계 감염병이라고 한다.

(2) 경구감염병의 발생 요인

① 감염원
- **병원체**: 세균, 스피로헤타, 바이러스, 리케차, 진균(곰팡이), 기생충 등
- **병원소**: 환자, 보균자, 매개 동물이나 곤충, 오염 토양, 오염 식품, 식기구, 생활용구 등

② 감염 경로: 병원체가 병원소에서 탈출하여 감염원의 전파 경로에 따라 새로운 숙주로 침입하는 과정을 말한다.
- 환자·보균자의 손, 배설물, 침구, 식품, 옷 등이 병원균에 오염되는 경우: 가족, 간호인에게 이행(직접 감염)된다.

- 환자·보균자의 배설물 처리가 철저하지 못한 경우: 병원균이 침입한 하천이나 우물물을 먹을 때 수인성 전염병이 발생(간접 감염)한다.
③ 감수성 숙주: 숙주가 병원체를 받아들이는 감수성에 따라 전염병이 발생한다.

> **합격보장 꿀팁**
>
> • 감수성 지수(접촉감염 지수)
> - 감염되지 않은 사람에게 병원체가 침임했을 때 발병하는 비율을 말한다.
> - 감수성 지수는 천연두(두창)·홍역(95%) → 백일해(60~80%) → 성홍열(40%) → 디프테리아(10%) → 폴리오(소아마비, 0.1%) 순으로 높다.
> - 감수성 지수가 높으면 면역성이 낮으므로 질병이 발병되기 쉽다.

(3) 경구감염병과 세균성 식중독의 차이점

구분	경구감염병(소화기계 감염병)	세균성 식중독
감염원	감염균에 오염된 식품과 음용수 섭취에 의해 감염된다.	감염균에 오염된 식품 섭취에 의해 감염된다.
감염균의 양	적은 양의 균으로도 감염된다.(수십~수백)	많은 양의 균과 독소로 감염된다.(수십만~수백만)
잠복기	상대적으로 길다.(2~7일)	짧다.(12~24시간)
2차 감염	있다.	없다.(살모넬라균 제외)
면역성	있다.	없다.
독성	강하다.	약하다.
음용수	관련 있다.	관련이 적다.
예방	예방접종되는 경우도 있지만, 대부분 불가능하다.	식품 중 균의 증식을 억제하여 예방이 가능하다.(예방접종은 불가능)

> **바로 확인문제**
>
> 경구감염병에 대한 설명으로 옳지 않은 것은?
> ① 잠복기가 12~24시간이다.   ② 면역성이 있다.
> ③ 독성이 강하다.   ④ 적은 양의 균으로도 감염된다.
>
> |해설|
> 경구감염병은 잠복기가 2~7일로 상대적으로 길다.
>
> |정답| ①

4. 법정감염병 빈출

구분	특징	종류
제1급 감염병 (17종)	• 생물테러감염병 또는 치명률이 높거나 집단 발생의 우려가 커서 발생 또는 유행 즉시 신고해야 한다. • 음압격리와 같은 높은 수준의 격리가 필요하다.	에볼라바이러스병, 마버그열, 라싸열, 크리미안콩고출혈열, 남아메리카출혈열, 리프트밸리열, 두창, 페스트, 탄저, 보툴리눔독소증, 야토병, 신종감염병증후군, 중증급성호흡기증후군(SARS), 중동호흡기증후군(MERS), 동물인플루엔자인체감염증, 신종인플루엔자, 디프테리아
제2급 감염병 (21종)	전파 가능성을 고려하여 발생 또는 유행 시 24시간 이내에 신고해야 하고, 격리가 필요하다.	결핵, 수두, 홍역, 콜레라, 장티푸스, 파라티푸스, 세균성 이질, 장출혈성 대장균감염증, A형간염, 백일해, 유행성이하선염, 폴리오, 수막구균감염증, b형헤모필루스인플루엔자, 폐렴구균감염증, 한센병, 성홍열, 반코마이신내성황색포도알균(VRSA)감염증, 카바페넴내성장내세균속균목(CRE)감염증, E형간염, 풍진(선천성, 후천성)

제3급 감염병 (28종)	발생을 계속 감시할 필요가 있어 발생 또는 유행 시 24시간 이내에 신고하여야 하는 감염병을 말한다.	파상풍, B형간염, 일본뇌염, C형간염, 말라리아, 레지오넬라증, 비브리오패혈증, 발진티푸스, 발진열, 쯔쯔가무시증, 렙토스피라증, 브루셀라증, 공수병, 신증후군출혈열, 후천성면역결핍증(AIDS), 크로이츠펠트-야콥병(CJD) 및 변종크로이츠펠트-야콥병(vCJD), 황열, 뎅기열, 큐열, 웨스트나일열, 라임병, 진드기매개뇌염, 유비저, 치쿤구니야열, 중증열성혈소판감소증후군(SFTS), 지카바이러스감염증, 엠폭스(Mpox), 매독(1기, 2기, 3기, 선천성, 잠복)
제4급 감염병 (23종)	제1급 감염병부터 제3급 감염병까지의 감염병 외에 유행여부를 조사하기 위하여 표본감시활동이 필요한 감염병을 말한다.	코로나바이러스감염증-19, 회충증, 편충증, 요충증, 간흡충증, 폐흡충증, 장흡충증, 수족구병, 임질, 클라미디아감염증, 연성하감, 성기단순포진, 첨규콘딜롬, 사람유두종바이러스감염증, 반코마이신내성장알균(VRE)감염증, 메티실린내성황색포도알균(MRSA)감염증, 다제내성녹농균(MRPA)감염증, 다제내성아시네토박터바우마니균(MRAB)감염증, 장관감염증, 해외유입기생충감염증, 급성호흡기감염증, 엔테로바이러스감염증, 인플루엔자

※ 제1급~제3급 감염병의 경우, 갑작스러운 국내 유입 또는 유행이 예견되어 긴급한 예방·관리가 필요하여 질병관리청장이 보건복지부장관과 협의하여 지정하는 감염병을 포함한다.

바로 확인문제

법정 제2급 감염병이 아닌 것은?

① 결핵　　　　② 세균성 이질　　　　③ 한센병　　　　④ 후천성면역결핍증(AIDS)

|해설|
후천성면역결핍증(AIDS)은 법정 제3급 감염병에 해당한다.

|정답| ④

5. 인수공통감염병[=인수공통전염병(Zoonosis), 인축공통감염병]

(1) 인수공통감염병의 용어적 정의

① 1959년 세계보건기구(WHO)에 의한 정의: 인간과 척추동물 사이에 전파되는 질병을 말한다.
② 우리나라 「감염병의 예방 및 관리에 관한 법률」에 의한 정의: 동물과 사람 간에 서로 전파되는 병원체에 의하여 발생되는 감염병 중 질병관리청장이 고시하는 감염병을 말한다.

(2) 인수공통감염병의 분류(병원체의 종류에 따른)

세균	탄저, 브루셀라증, 결핵, 돈단독증
바이러스(Virus)	일본뇌염, 광견병, 동물인플루엔자, 후천성면역결핍증(AIDS)

(3) 주요 인수공통감염병의 종류와 이환가축 빈출

종류	이환가축	특징
탄저 (Anthrax)	소, 말, 양, 염소, 낙타	• 동물 간의 감염은 주로 오염된 풀과 사료에 의해 경구감염된다. • 패혈증을 일으킨다. • 동물에게는 75~100%의 치명률이지만, 사람에게는 매우 드물게 발생한다.
결핵 (Tuberculosis)	소, 산양	• 오염된 사료, 물, 젖 등에 의해 경구감염, 비말감염, 공기전염, 자궁 내 감염이 가능하다. • 기침, 호흡곤란, 가래, 흉통, 관절염, 뇌막염 등의 증상이 발생한다.
야토병 (Tularemia)	산토끼, 쥐, 다람쥐	• 페스트와 비슷한 증상으로, 발열, 오한, 두통, 설사, 근육통, 관절통, 마른기침 등이 발생한다. • 산토끼를 비롯하여 설치류와 가축에 의해 감염된다.
브루셀라증 (Brucellosis, 파상열)	소, 돼지, 양, 산토끼, 말, 개, 닭	• 감염된 동물들과 직·간접적 접촉으로 발생한다. • 동물의 육과 젖에 균이 경구감염이나 상처를 통해 감염된다.

돈단독 (Swine Erysipelas)	돼지가 대표적, 기타 동물 (칠면조, 어류, 파충류, 양)	접촉성 피부 및 피하조직의 질환, 피부염, 패혈증이 발생한다.
렙토스피라증 (Leptospirosis)	쥐	• 가축이나 야생동물의 소변으로 전파된다. • 고위험군: 농림업 · 어업 · 축산업 · 광업 종사자, 하수 청소부, 수의사, 군인
큐열 (Q Fever)	쥐, 소, 양	• Query fever(알 수 없는 열)에서 명명되었다. • 감염동물과 직 · 간접 접촉, 감염된 소의 생우유 또는 오염된 음식물의 섭취로 경구감염이 가능하다.
구제역 (Foot-and-Mouth Disease)	소, 돼지, 양, 염소	• 발굽이 둘로 갈라진 가축들이 잘 걸리는 질병으로, 전염성이 매우 강하며 사람에게 전파된다. • 감염된 가축은 심한 거품이 섞인 침을 흘리며 입안, 혀, 발굽, 젖꼭지에 물집이 생기고 식욕저하 등의 증상을 보이며 심하게 앓다가 죽는다.
조류인플루엔자 (AI: Avian Influenza)	닭, 칠면조, 야생조류	• 전염성이 매우 높은 급성 감염병이다. • 바이러스에 의해 발생한다. • 설사, 호흡기 증상을 보이며 산란율이 급격하게 감소한다.
광우병 (Bovine Spongiform Encephalopathy)	소	• 병원체: 변형 프리온(Prion) 단백질 • 다 자란 소에게 주로 발생한다. • 뇌조직에 스펀지 같은 구멍이 생기는 해면상뇌증으로 소가 포악해지고 정신이상 행동을 보이다가 죽어가는 전염성 뇌질환이다.

합격보장 꿀팁

• **우리나라에서 문제가 되는 인수공통감염병** | 결핵, 탄저, 브루셀라증, 야토병, 돈단독, 렙토스피라증

바로 확인문제

가축이나 야생동물의 소변으로 전파되는 렙토스피라증의 이환가축은?

① 쥐　　　　② 염소　　　　③ 칠면조　　　　④ 돼지

| 해설 |
렙토스피라증은 가축이나 야생동물의 소변으로 전파되며, 쥐에 의해 감염된다. 농림업 · 어업 · 축산업 · 광업 종사자, 하수 청소부, 수의사, 군인 등이 고위험군에 해당한다.

| 정답 | ①

6. 질병의 원인별 분류

(1) 양친에게서 감염되거나 유전되는 질병

① 비감염성 질병: 혈우병, 정신분열증, 정신박약, 색맹 등
② 전염병: 매독, 두창, 풍진

(2) 식사의 부적합으로 일어나는 질병

비만증, 관상동맥, 심장질환, 고혈압, 당뇨병, 빈혈 등

(3) 공해로 일어나는 질병

미나마타병(수은), 이타이이타이병(카드뮴), 만성 기관지염 및 기관지천식 혹은 폐기종(SO_2에 의한 대기오염)

7. 면역(Immunity) 및 질병의 대책

(1) 면역의 종류

① 선천적 면역
- 체내에 자연적으로 형성된 면역을 말한다.
- 종속면역, 인종면역, 개인면역 등이 있다.

② 후천적 면역

능동면역	자연능동면역(자연감염)	질병 감염 후 획득한 면역이다.
	인공능동면역	사람이 백신(예방접종)으로 획득한 면역이다.
수동면역	자연수동면역	모체로부터 항체를 받은 면역이다.
	인공수동면역	면역이 생긴 혈청 등을 접종하여 면역성을 부여한다.

(2) 예방접종(인공능동면역)

① 시기 및 종류

구분	시기	종류
기본접종	생후 4주 이내	B.C.G.(결핵 예방접종)
	생후 2, 4, 6개월	경구용 소아마비, D.P.T.
	15개월	M.M.R., 수두
	3~15세	일본뇌염
추가접종	18개월, 4~6세, 11~13세	경구용 소아마비, D.P.T.
	매년	유행 전 접종(독감)

> **합격보장 꿀팁**
> - **M.M.R.** | 홍역(Measles), 볼거리(Mumps), 풍진(Rubella)을 예방하기 위한 백신이다.
> - **D.P.T.** | 디프테리아(Diphtheria), 백일해(Pertussis), 파상풍(Tetanus)을 예방하기 위한 백신이다.

바로 확인문제

D.P.T. 예방접종과 관계없는 감염병은?
① 페스트　　　② 디프테리아　　　③ 백일해　　　④ 파상풍

|해설|
D.P.T. 예방접종은 디프테리아(Diphtheria), 백일해(Pertussis), 파상풍(Tetanus)을 예방하는 접종이다.　　|정답| ①

② 영구면역이 잘 되는 질병: 홍역, 수두, 풍진, 백일해, 폴리오, 황열, 천연두 등

③ 면역이 되지 않는 질병: 이질, 매독, 말라리아 등

(3) 인공능동면역을 위한 백신

생균(독)백신	홍역, 결핵, 황열, 폴리오(소아마비), 탄저병
사균(독)백신	콜레라, 백일해, 장티푸스, 파라티푸스, 폴리오
순화독소	디프테리아, 파상풍

05 인구와 보건

1. **인구 구성 개관**

   (1) **인구 증가 문제**

   ① 인구 증가
   - 자연 증가: 출생과 사망으로 인한 증가(출생률이 사망률에 비해 높음)
   - 사회 증가: 전입과 전출로 인한 증가
   - 인구 증감에 영향을 미치는 요인: 국민의 경제 성장, 공업화, 산업화, 보건관리 등
   - 인구 증가율 = $\dfrac{\text{자연 증가}}{\text{인구 수}} \times 1,000$

   ② 인구 증가로 야기되는 사회·경제적 문제
   - 정치적, 사회적 불안, 경제 발전의 둔화
   - 환경위생의 악화, 교통 문제
   - 사회적 계층 간의 갈등 증가
   - 빈곤, 기아, 부양비의 증가
   - 인구의 도시화로 인한 농촌의 노동력 문제

   (2) **연령별 인구의 구성 형태**

   ① 자연 증감

피라미드형 (인구증가형, 후진국형)	• 개발도상국에서 나타나는 유형으로 인구가 증가할 잠재력을 많이 가지고 있음 • 출생률과 사망률이 모두 높음 • 유소년층의 비율이 높음(14세 이하 인구가 65세 이상 인구의 2배 이상, 비생산층 인구끼리 비교)
종형 (인구정지형, 이상적 인구형)	• 가장 이상적인 유형 • 출생률과 사망률이 모두 낮음 • 유소년층의 비율은 낮고 노년층의 비율이 높음(14세 이하 인구가 65세 이상 인구의 2배 정도)
항아리형 (인구감소형, 방추형, 선진국형)	• 선진국에서 나타나는 유형으로 인구가 감소함 • 출생률이 사망률보다 낮음(14세 이하 인구가 65세 이상 인구의 2배 이하) • 평균수명이 높고 사망률이 낮음

   ② 사회 증감

별형 (인구유입형, 도시형)	• 생산연령의 인구가 많이 유입되는 도시지역의 인구 구성 • 생산층 인구가 전체 인구의 1/2 이상인 경우 • 생산층 인구가 증가되는 유형
표주박형 (인구유출형, 농촌형)	• 별형과는 반대로 생산층 인구가 유출되는 농촌에서 볼 수 있는 유형 • 노년층의 비율이 높고 생산층 인구가 전체 인구의 1/2 미만인 경우 • 생산층 인구가 감소되는 유형

   | 인구 연령별 구성 형태(가로 - 인구 수, 세로 - 연령)

   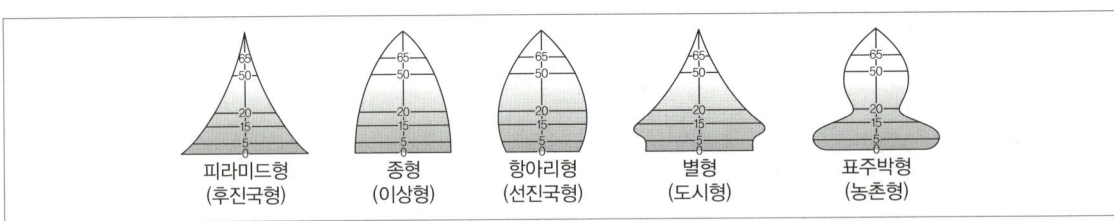

> **바로 확인문제**
>
> 생산연령의 인구가 많이 유입되는 도시지역의 인구형은?
> ① 별형　　　② 표주박형　　　③ 항아리형　　　④ 종형
>
> |해설|
> 별형은 생산연령의 인구가 많이 유입되는 도시지역의 인구 구성 형태로 생산층 인구가 전체 인구의 1/2 이상인 경우이다.
>
> |정답| ①

2. 보건 영양

(1) 보건 영양의 정의

지역사회 주민의 건강을 위해 식생활의 문제점을 해결하고 개선하여 영양의 부족이 일어나지 않도록 하는 것을 말한다.

(2) 영양관리

① 영양관리의 중요성: 국민의 체력 증진과 건강 유지, 질병 이환률 감소
② 영양장애의 유형: 결핍증, 저영양, 영양실조증, 영양 결핍(식욕 부진, 구루병, 갑상선종 등)

3. 보건 종류

(1) 사회보장 및 의료보험

① 사회보장 체계

사회보험	복지연금, 실업보험, 건강보험, 산업재해보험
공공부조	기초생활보장, 의료급여
공공서비스	사회복지서비스, 보건의료서비스(개인보건서비스, 공공보건서비스)

② 우리나라 4대 보험: 국민연금, 건강보험, 고용보험, 산재보험

> **합격보장 꿀팁**
>
> • **공공부조** | 국가 및 지방자치단체의 책임하에 생활이 어려운 국민의 최저 생활을 보장하고 지원하는 제도이다.

(2) 모자보건

모성 및 유아의 건강 유지·증진을 도모하는 것으로, 가정·지역, 국가, 세계적 차원에서 지지된다.

(3) 성인 및 노인보건

① 성인병의 예방 대책: 식생활의 개선, 규칙적인 운동, 충분한 수면과 휴식, 음주 및 흡연의 절제 등
② 노인 질병의 특징
  • 자각증이 적으며 만성으로 진행된다.
  • 노인의 일상생활에 건강관리와 의료를 정착시키는 것이 중요하다.
  • 가족의 협력, 사회자원 이용의 지도가 중요하다.

필기합격 적중문제

SUBJECT 01 | 위생관리

01
식품에 식염을 직접 뿌리는 염장법은?
① 물간법　　② 마른간법
③ 압착염장법　④ 염수주사법

02
식품의 산패에 관한 설명으로 잘못된 것은?
① 식품에 들어 있는 지방질이 산화되는 현상이다.
② 맛, 냄새가 변한다.
③ 유지가 가수분해되어 일어나기도 한다.
④ 부패와 반응 기질이 같다.

03
다음 중 소독력이 가장 큰 것은?
① 멸균　　② 소독
③ 살균　　④ 방부

04
미숙한 매실이나 살구씨에 존재하는 독성분은?
① 아트로핀　② 시큐톡신
③ 고시폴　　④ 아미그달린

05
식품과 독성분이 잘못 연결된 것은?
① 감자 – 솔라닌(Solanine)
② 섭조개(홍합) – 삭시톡신(Saxitoxin)
③ 독미나리 – 베네루핀(Venerupin)
④ 복어 – 테트로도톡신(Tetrodotoxin)

06
식품취급자의 화농성 질환에 의해 감염되는 식중독은?
① 살모넬라 식중독　　② 황색포도상구균 식중독
③ 장염비브리오 식중독　④ 병원성 대장균 식중독

07
「감염병의 예방 및 관리에 관한 법률」상 제1급 감염병에 해당하는 것은?
① 결핵　② 파상풍
③ 탄저　④ 수족구병

08
아플라톡신(Aflatoxin)에 대한 설명으로 틀린 것은?
① 기질수분 16% 이상, 상대습도 80~85% 이상에서 생성된다.
② 탄수화물이 풍부한 곡물에서 많이 발생한다.
③ 열에 비교적 약하며 100℃에서 쉽게 불활성화된다.
④ 강산이나 강알칼리성에서 쉽게 분해되어 불활성화된다.

09
감수성 지수(접촉감염 지수)가 가장 높은 감염병은?

① 폴리오
② 홍역
③ 백일해
④ 디프테리아

10 산업기사 출제 가능
경구감염병과 세균성 식중독의 주요 차이점에 대한 설명으로 옳은 것은?

① 경구감염병은 다량의 균으로, 세균성 식중독은 소량의 균으로 발병한다.
② 세균성 식중독은 2차 감염이 많고, 경구감염병은 2차 감염이 거의 없다.
③ 경구감염병은 면역성이 없고, 세균성 식중독은 면역성이 있는 경우가 많다.
④ 세균성 식중독은 잠복기가 짧고, 경구감염병은 일반적으로 잠복기가 길다.

11
채소로부터 감염되는 기생충으로 짝지어진 것은?

① 편충, 동양모양선충
② 폐흡충, 회충
③ 구충, 선모충
④ 회충, 무구조충

12
쌀뜨물과 같은 설사를 유발하는 경구전염병의 원인균은?

① 살모넬라균
② 포도상구균
③ 장염비브리오균
④ 콜레라균

13
식품의 부패 과정에서 생성되는 불쾌한 냄새물질과 거리가 먼 것은?

① 암모니아
② 포르말린
③ 황화수소
④ 인돌

14
중금속과 중독 증상의 연결이 잘못된 것은?

① 카드뮴 – 신장기능 장애
② 크로뮴 – 비중격천공
③ 수은 – 언어장애
④ 납 – 섬유화 현상

15
조리장의 입지 조건으로 적당하지 않은 것은?

① 채광, 환기, 건조, 통풍이 잘 되는 곳
② 양질의 음료수 공급과 배수가 용이한 곳
③ 단층보다 지하층에 위치하여 조용한 곳
④ 쓰레기 처리장과 화장실이 멀리 떨어져 있는 곳

16
기생충과 중간숙주의 연결이 바르지 않은 것은?

① 폐흡충 – 게, 다슬기
② 간흡충 – 쇠우렁, 참붕어
③ 요코가와흡충 – 은어, 다슬기
④ 광절열두조충 – 소고기, 돼지고기

17 다음 괄호에 들어갈 숫자는?

> 집단급식소는 1회 ( )명 이상에게 식사를 제공하는 급식소를 말한다.

① 30　　② 40
③ 50　　④ 60

18 인공능동면역에 해당하지 않는 것은?

① 생균백신 접종　　② 글로불린 접종
③ 사균백신 접종　　④ 순화독소 접종

19 [산업기사 출제 가능] 간디스토마와 폐디스토마의 제1중간숙주를 순서대로 짝지은 것은?

① 우렁이 – 다슬기　　② 가재 – 잉어
③ 가재 – 사람　　④ 참게 – 붕어

20 다음 중 건조식품, 곡류 등에 가장 잘 번식하는 미생물은?

① 효모　　② 세균
③ 바이러스　　④ 곰팡이

21 상급자에게 보고 후 작업을 중단해야 하는 경우가 아닌 것은?

① 위장염
② 부상으로 인한 화농성 질환
③ 베인 부위가 있을 때
④ 경미한 두통이 생겼을 때

22 미생물학적으로 식품 1g당 생균수가 얼마일 때 초기 부패 단계로 판정하는가?

① $10^3 \sim 10^4$　　② $10^4 \sim 10^5$
③ $10^7 \sim 10^8$　　④ $10^{12} \sim 10^{13}$

23 돼지고기를 완전히 익히지 않고 먹을 경우 감염될 수 있는 기생충은?

① 아니사키스충　　② 무구조충
③ 선모충　　④ 광절열두조충

24 어패류 매개 기생충 질환의 가장 확실한 예방법은?

① 환경위생관리　　② 생식 금지
③ 보건교육　　④ 철저한 개인위생

25. HACCP에 대한 설명으로 틀린 것은?

① 어떤 위해를 미리 예측하여 그 위해 요인을 사전에 파악하는 것이다.
② 위해 방지를 위한 예방적 식품안전관리체계를 말한다.
③ 원재료에서 제조, 가공 등의 식품공정별로 모두 적용된다.
④ HACCP 12절차의 첫 번째 단계는 위해 요소 분석이다.

26. 독소형 세균성 식중독으로 짝지어진 것은?

① 살모넬라 식중독, 콜리균 식중독
② 리스테리아 식중독, 복어독 식중독
③ 황색포도상구균 식중독, 클로스트리디움 보툴리눔 식중독
④ 맥각독 식중독, 병원성 대장균 식중독

27. 작업장의 시설기준에 대한 설명으로 옳지 않은 것은?

① 작업장의 내벽은 바닥으로부터 1.5m까지 밝은색의 내수성으로 설비하거나 세균방지용 페인트로 도색한다.
② 작업장은 외부 오염물질이나 해충, 설치류, 빗물 등의 유입을 차단할 수 있는 구조여야 한다.
③ 작업장은 폐기물, 폐수 처리시설과 가까운 장소에 설치하여야 한다.
④ 작업장의 바닥은 콘크리트 등으로 내수 처리를 하고 배수가 잘 되도록 하여야 한다.

28. 영아사망률을 나타낸 것으로 옳은 것은?

① 1년간 출생아 수 1,000명당 생후 7일 미만의 사망아 수
② 1년간 출생아 수 1,000명당 생후 1개월 미만의 사망아 수
③ 1년간 출생아 수 1,000명당 생후 1년 미만의 사망아 수
④ 1년간 출생아 수 1,000명당 전체 사망아 수

29. 공기의 자정 작용에 속하지 않는 것은?

① 산소, 오존 및 과산화수소 등에 의한 산화 작용
② 공기 자체의 희석 작용
③ 세정 작용
④ 여과 작용

30. 감수성 지수가 높은 질병을 순서대로 나열한 것은?

| ㉠ 홍역 | ㉡ 폴리오 | ㉢ 디프테리아 |
| ㉣ 성홍열 | ㉤ 백일해 | |

① ㉠ > ㉡ > ㉢ > ㉣ > ㉤
② ㉠ > ㉤ > ㉣ > ㉢ > ㉡
③ ㉡ > ㉠ > ㉢ > ㉤ > ㉣
④ ㉡ > ㉢ > ㉣ > ㉠ > ㉤

공통편

SUBJECT 02

안전관리

PART 01 개인안전관리 [NCS 능력단위: LM1301010002_21v1.1]
개인안전사고 예방을 위한 안전관리 대책과 안전교육의 목적을 숙지한다. 특히 주방 내에서 발생할 수 있는 안전사고와 재해 유형을 반드시 학습한다.

PART 02 장비·도구 안전작업 [NCS 능력단위: LM1301010002_21v1.2]
조리장비·도구의 안전관리 지침과 사용 기준을 숙지하고 조리장비·도구별 사고 예방 방법을 학습한다.

PART 03 작업환경 안전관리 [NCS 능력단위: LM1301010002_21v1.3]
작업환경의 개념을 이해하고 안전관리 방법에 대해 숙지한다. 특히 작업장 내 안전수칙을 중점적으로 학습한다.

PART 01 개인안전관리

01 개인안전사고 예방 및 사후조치

1. 개인안전사고 예방

(1) 안전사고 예방을 위한 개인안전관리 대책
관리책임자는 책임 범위 내에서 위험도를 통제할 수 있는 방법을 찾아 안전사고를 예방하도록 해야 한다.

① 위험도 경감의 원칙
- 목적: 사고 발생의 예방, 피해 심각도 억제
- 핵심 요소: 위험요인 제거, 위험 발생 경감, 사고 피해 경감
- 고려 사항: 사람, 절차, 장비의 3가지 시스템 구성 요소

> **바로 확인문제**
>
> 위험도 경감의 원칙으로 옳지 않은 것은?
> ① 위험요인 제거 ② 위험 발생 경감
> ③ 사고 피해 경감 ④ 재발 경감
>
> |해설|
> 위험도 경감의 원칙에 있어 핵심 요소는 위험요인 제거, 위험 발생 경감, 사고 피해 경감이다. |정답| ④

② 안전사고 예방 과정: 위험요인 제거 → 위험요인 차단(안전방벽 설치) → 안전사고를 초래할 수 있는 오류(인적·기술적·조직적)의 예방 및 교정 → 심각도 제한 → 재발 방지를 위한 대응 및 개선

(2) 개인안전관리 점검표
① 재난의 직접 원인이 불안전한 상태나 행동에 있다고 볼 때 안전관리 점검표를 작성하여 원인을 파악한다.
② 사람이 일을 하는 경우 발생하는 재난 원인으로는 4개의 M(Man, Machine, Media, Management)으로 구분할 수 있다.

| 재난 원인별 점검 내용

사람 (Man)	• 심리적 원인: 망각, 걱정, 무의식적인 행동, 위험감각, 생략행위, 억측판단, 착오 등 • 생리적 원인: 피로, 수면 부족, 신체기능, 알코올, 질병, 노화 등 • 작업환경적 원인: 직장 내 인간관계, 리더십, 팀워크, 커뮤니케이션 등
기계 (Machine)	• 기계설비의 설계상 결함 • 방호장치의 불량 • 안전의식의 부족(인간공학적 배려에 대한 이해 부족) • 표준화의 부족 • 점검 장비의 부족
매체 (Media)	• 작업 자세, 작업 동작의 결함 • 부적절한 작업 정보 및 방법 • 작업 공간 및 환경의 불량

관리 (Management)	• 관리 조직의 결함 • 불명확 또는 불철저한 규정 · 매뉴얼 • 부족한 교육 훈련 • 안전관리 계획의 불량 • 부하에 대한 지도 및 감독 부족 • 불충분한 적성 배치 • 건강 관리 불량

2. 개인안전사고 사후조치

(1) 원인 분석

불안전한 행동은 '사고의 직접 원인'으로서 근로자의 불안전한 행동을 조사한다.

불안전한 행동의 분류

기계 · 기구 오용	• 잘못된(준비가 덜 된) 기계 · 기구의 사용 • 필요한 기구의 미사용
운전 중인 기계장치 손질	• 사용 중인 기계장치 및 전기장치의 주유, 수리, 용접 점검 및 청소 • 가압, 가열, 위험물과 관련된 용기 또는 물의 수리 및 청소
불안전한 속도 조작	• 기계장치의 과속 또는 저속 • 기타 불필요한 조작
유해 · 위험물 부주의	화기, 가연물, 폭발물, 압력용기, 중량물 등 취급 시 안전조치 미비
불안전한 상태 방치	• 운전 중인 기계장치 등의 방치 • 불안전한 상태의 기계장치 방치 • 적재, 청소 등 정리정돈 불량
불안전한 자세 동작	• 불안전한 자세(달림, 뜀, 던짐, 뛰어내림, 뛰어오름 등) • 불필요한 동작(장난, 잡담, 잔소리, 싸움 등) • 무리한 힘으로 중량물 운반
감독 및 연락 불충분	• 감독의 부재 및 불충분한 작업 지시 • 경보 오인 • 연락 미비

(2) 안전교육 실시

① 안전교육의 기대 효과: 안전교육을 통해 상해, 사망 또는 재산 피해를 일으키는 불의의 사고를 예방할 수 있도록 한다.

② 안전교육의 목적
- 불의의 사고를 예방한다.
- 일상생활에서 필요한 안전에 대한 지식, 기능, 태도 등을 이해시킨다.
- 안전한 생활을 위한 습관을 형성시키고 개인과 집단의 안정성을 최고로 발달시킨다.

바로 확인문제

안전교육의 목적으로 옳지 않은 것은?

① 불의의 사고를 빨리 해결한다.
② 일상생활에서 필요한 안전에 대한 지식, 기능, 태도 등을 이해시킨다.
③ 안전한 생활을 위한 습관을 형성시킨다.
④ 인간 생명의 존엄성에 대해 인식시킨다.

|해설|
안전교육은 불의의 사고가 발생하지 않도록 예방하기 위해서 실시한다.

|정답| ①

③ 직책별 안전교육에서의 역할

선임관리자	• 적합한 작업 방식을 합의한다. • 종업원을 존중 · 신뢰한다. • 종업원의 필요 사항에 관심을 갖고 문제점에 대해 공감한다. • 부하 직원에 대해 역할 모델이 된다. • 종업원의 역량을 강화시킨다. • 종업원에게 의견을 공유하고 의사결정에 참여시킨다. • 규정을 제정하고 상벌을 위한 리더의 권한을 행사한다. • 종업원의 행동을 검토한다.
중간관리자 및 현장관리감독자	• 방향을 제시하고 조언을 제공한다. • 안전의 모범인물이 되어 안전을 유도하고 의사소통한다. • 모니터링 시스템을 통해 안전 관련 정보를 수집하고 분석하여 종업원들에게 중요한 정보를 공유한다. • 안전 관련 위원회 등의 중요 회의에 참석한다. • 계획, 자원 배분을 통해 안전 전략을 실행하여 성과를 향상시킨다. • 소속된 근로자의 작업복, 보호구 등의 점검과 착용, 사용에 대한 교육과 지도를 한다.
안전관리자	• 위험 관리, 사고 조사, 안전성과 안전 감독을 관리 · 측정한다.(카운슬링) • 정보 수집 방법을 제시하고 조사 방법을 개선한다. • 안전 방침을 개발한다. • 안전 정보를 관리하고 의사소통한다. • 사업장을 순회점검하고, 지도 · 조치 · 건의한다. • 산업재해에 관한 통제의 유지 · 관리 · 분석을 위한 보좌 및 지도 · 조언을 한다.

3. 응급조치

(1) 응급조치의 의미
① 사고현장에서 부상자나 급성질환자에게 즉시 취하는 조치이다.
② 전문 의료기관(119)에 신고하는 것도 포함한다.

(2) 응급조치의 목적
① 더 이상 상태가 악화되지 않도록 방지 또는 지연시킨다.
② 전문 의료진이 도착할 때까지 생명을 유지시킨다.

(3) 응급상황 시 행동 단계
① 현장조사: 행동하기 전에 무엇을 해야 할지에 대한 행동 계획을 세운다.
② 의료기관에 신고: 현장 상황을 파악한 후 전문 의료기관(119)에 전화로 응급 상황을 알린다.
③ 처치 및 도움: 신고 후 응급환자에게 필요한 응급처치를 시행하고 전문 의료진이 도착할 때까지 환자를 돌본다.

(4) 응급조치 시 지켜야 할 사항
① 현장에서 자신의 안전을 확보한다.
② 환자에게 자신의 신분을 알린다.
③ 최초로 응급환자를 발견하고 응급조치를 시행하기 전까지 환자의 생사유무를 판정하지 않는다.
④ 응급조치는 전문 의료진이 도착할 때까지의 행동으로, 원칙적으로 의약품을 사용하지 않는다.

02 작업안전관리

1. 주방 내 안전사고

(1) 주방 내 안전사고 요인

인적 요인	정서적 요인	• 과격한 기질 및 신경질 • 시력 또는 청력의 결함 • 근골박약 • 지식 및 기능의 부족 • 중독증 등 각종 질환
	행동적 요인	• 독단적 행동 • 불완전한 동작과 자세 • 미숙한 작업 방법 • 안전장치 등의 소홀한 점검 • 결함이 있는 기계 및 기구의 사용
	생리적 요인	• 피로로 인한 심적 태도의 교란 • 신체 동작의 통제 불능
물적 요인		• 자재의 불량이나 결함 • 안전장치 또는 시설의 미비 • 노후화된 각종 시설물 • 화재
환경적 요인		• 건축물이나 공작물의 부적절한 설계 • 협소한 통로 • 부적절한 채광, 조명, 환기 등의 시설 • 불안전한 복장 • 고열, 먼지, 소음, 진동, 가스 누출, 누전 등

바로 확인문제

주방 내 안전사고 요인 중 정서적 요인이 아닌 것은?
① 과격한 기질 및 신경질
② 시력 또는 청력의 결함
③ 지식 및 기능의 부족
④ 신체 동작의 통제 불능

|해설|
신체 동작의 통제 불능은 생리적 요인이다.

|정답| ④

(2) 주방 내 재해 유형

① 절단, 찔림과 베임
- 주방에서 가장 많이 일어나는 사고이다.
- 칼, 금속기, 유리 파편 등에 의해 발생한다.
- 올바른 조리기구 사용법을 익히고, 작업대를 정리정돈한다.

합격보장 꿀팁

- **통조림 캔 개봉 방법**
  - 캔 오프너를 사용하여 캔의 아랫부분을 잡고 천천히 개봉한다.
  - 고무장갑 등 보호장비를 사용한다.

② **화상과 데임**: 화상은 주로 뜨거운 액체나 물건, 화염, 일광 등에 의해 피부와 피부 속에 생긴 손상을 의미한다. 전기나 화학물질에 의한 화상의 경우 심각한 후유증을 남길 수 있으므로 반드시 전문 의료진의 진찰이 필요하다.
③ **미끄러짐**: 바닥 면이 미끄러워서 작업 중 넘어지거나 주변 물체 혹은 호스 등에 발이 걸려 넘어진다.
④ **끼임**: 물건을 옮길 때 손이나 팔이 끼이거나 도르래 및 손수레 등으로 물건을 이동시킬 때 주변인의 발목 및 정강이 부위를 치거나 치인다.
⑤ **전기감전 및 누전**: 부적절한 조리기구 및 전자제품 사용 시 발생하며, 절연 상태 등을 수시로 확인해야 한다.
⑥ **유해화합물로 인한 피부 질환**: 부적절한 식품첨가물, 합성세제 등에 의한 피부 가려움증, 피부가 부풀어 오르는 등의 증상을 의미한다.

바로 확인문제

주방에서 가장 많이 일어나는 사고 유형은?
① 절단, 찔림과 베임
② 화상과 데임
③ 미끄러짐
④ 끼임

|해설|
절단, 찔림과 베임은 주방에서 가장 많이 일어나는 사고이다.

|정답| ①

2. 주방 내 안전관리

(1) 안전의식

① 위험이나 사고에 대한 인식, 안전에 대한 견해나 사상, 위험이나 사고 등 안전에 대한 마음의 작용을 아는 것이며, 근로자가 잠재적으로 가지고 있는 안전에 대한 관심이 구체적인 행동과 실천으로 나타나는 정도를 말한다.
② 물리적·정신적 위험이 없는 상태로, 사고나 재해의 위험 상태를 사전에 예방할 수 있다.

(2) 안전보호장비

① 목적: 재해 방지와 건강 장해 방지
② 신체부위별 안전장비의 종류

머리	안전모, 방열두건	눈 및 안면	보안경, 안면보호구
귀	귀마개, 귀덮개	호흡기	방진·방독마스크, 송기마스크, 공기호흡기
몸	방열복, 방수 앞치마	발	안전화(미끄럼 방지), 절연화, 정전화
안전대	안전블록	손	고무장갑, 팔투시, 방열장갑

(3) 칼 사용 방법 빈출

① 사용 시
- 정신을 집중하고 안정된 자세로 작업에 임한다.
- 칼로 캔을 따지 말고 기타 본래 목적 이외에는 사용하지 않는다.
- 칼을 떨어뜨렸을 경우 잡으려 하지 말고 한 걸음 물러서서 피한다.

② 이동 시: 칼끝을 정면으로 두지 않으며 지면을 향하게 하고 칼날을 뒤로 가게 한다.

③ 보관 시
- 칼을 보이지 않는 곳에 두거나 물이 든 싱크대 등에 담가 놓지 않는다.
- 칼을 사용하지 않을 때에는 안전함에 넣어서 보관한다.

3. 안전사고 유의 주방기기

슬라이스 머신	부피가 크고 냉동 상태인 육류 덩어리, 조리된 육류 덩어리, 햄, 소시지 또는 부피가 크고 딱딱한 야채 등을 얇게 자르는 데 주로 사용되는 기기
띠톱 기계(골절기)	큰 덩어리의 고기나 뼈를 자를 때 사용하며, 날이 톱니 모양으로 된 날카로운 기기
연육기	고기를 부드럽게 가공하기 위하여 납작하게 썬 뒤 집어 넣으면 회전 칼날을 통과하여 세로 방향으로 칼집을 넣어 주는 기기
회전식 국솥	많은 양의 음식물을 끓이거나 삶을 때 사용되는 기기
분쇄기	마늘, 생강, 고추 등 여러 가지 야채류 및 양념을 분쇄하는 데 사용되는 기기
회 탈피기	생선 또는 오징어의 껍질을 손쉽게 벗길 수 있는 기기
육류 다짐기	고기나 기타 식재료를 곱게 으깰 때 사용하는 기기
가루 반죽 혼합기(믹싱기)	가루 반죽을 혼합하는 기계로 금속의 훅이나 휘퍼가 회전하는 기기

4. 주방 내 사고 발생 시 대처 방법
① 작업을 중단하고 즉시 관리자에게 보고한다.
② 출혈이 있는 경우 상처 부위를 눌러 지혈시키고 출혈부위를 심장보다 높게 한다.
③ 환자가 움직일 수 있는 상황이면 사고가 발생한 장소로부터 격리한다.

5. 안전관리 지침서
① 조리업무의 전 과정에서 작업 중 상처, 부상 등의 사고가 일어나지 않도록 시설·설비 점검을 철저히 한다.
② 조리종사자는 기기 안전 취급, 작업 방법, 작업 동작 등에 대하여 정기적으로 안전교육을 받아야 한다.
③ 작업장에서는 안정된 자세로 조리작업에 임해야 하며, 작업장 바닥의 상태를 고려하여 뛰지 않도록 한다.
④ 조리작업에 편리한 작업복과 조리안전화를 착용해야 한다.
⑤ 조리작업한 음식물이나 식품류 등을 이동할 때는 앞뒤를 살펴 주위에 위험한 물건이 있는지를 확인한 후 안전장갑, 운반 기구를 사용하여 이동해야 한다.
⑥ 조리기계·기구의 안전작동 방법 교육을 실시하고 관리책임자를 지정한다.
⑦ 작업장에서는 시설·설비의 점검 및 안전검사를 위해 관계 규정을 만들고, 시설·설비의 안전검사를 정기적으로 실시하며, 점검 결과를 기록·유지한다.
⑧ 작업장 내에 안전·보건 표지를 부착하여 항상 안전에 유의하는 작업 자세를 갖는다.

PART 02 장비·도구 안전작업

01 조리장비·도구 안전관리 지침

1. 조리장비·도구 관리와 선택 및 사용

(1) 조리장비·도구 관리의 원칙
① 조리장비와 도구는 사용 방법과 기능을 충분히 숙지하고 정확하게 사용한다.
② 장비는 사용 용도 이외에는 사용하지 않는다.
③ 장비나 도구에 무리가 가지 않도록 유의한다.
④ 장비나 도구에 이상이 있을 경우에는 즉시 적절한 조치를 취한다.
⑤ 전기를 사용하는 장비나 도구의 경우 사용량과 사용법을 충분히 숙지하고 정확하게 사용한다.

> **합격보장 꿀팁**
>
> • 조리도구의 구분
> – 준비도구: 재료 손질과 조리 준비에 필요한 용품 예 앞치마, 머릿수건, 야채 바구니, 가위 등
> – 조리기구: 준비된 재료를 조리하는 과정에 필요한 용품 예 솥, 냄비, 팬 등
> – 보조도구: 조리 과정에 도움을 주는 용품 예 주걱, 국자, 집게 등

(2) 조리장비·도구의 선택 및 사용 기준
① 필요성: 장비가 정해진 작업을 위한 것인가, 질을 개선시킬 수 있는가, 작업 비용을 감소시킬 수 있는가 등을 파악한다.
② 성능: 조작의 용이성, 분해, 조립, 청소의 용이성, 간편성, 사용 기간에 부합되는 비용인지를 고려한다.
③ 요구에 따른 만족도: 투자에 따른 장비의 성능이 효율적인지를 확인한다.
④ 안전성과 위생: 공인된 기구가 인정하는 안전성과 효과성을 확보한 장비를 선택하여 사용한다.

2. 조리장비·도구의 안전점검

(1) 일상점검
① 주방관리자가 매일 육안으로 점검한다.
② 주방 내 조리기구, 전기, 가스 등의 이상 여부를 확인하고 그 결과를 기록·유지한다.

(2) 정기점검
① 안전관리책임자가 매년 1회 이상 정기적으로 점검한다.
② 주방 내 조리기구, 전기, 가스 등의 성능 유지 여부를 확인하고 그 결과를 기록·유지한다.

(3) 긴급점검
관리주체가 필요하다고 판단될 때 실시한다.
① 손상점검: 재해나 사고로 인한 구조적 손상 등에 의하여 긴급히 시행한다.
② 특별점검: 결함이 의심되거나 사용 제한 중인 시설물의 사용 여부를 확인하고자 할 때 시행한다.

바로 확인문제

주방에서 매일 주방 내 조리기구, 전기, 가스 등의 이상 여부를 확인하는 점검은?

① 일상점검 ② 정기점검 ③ 손상점검 ④ 특별점검

|해설|
일상점검은 주방관리자가 매일 육안으로 주방 내 조리기구, 전기, 가스 등의 이상 여부를 확인하는 것이다.

|정답| ①

합격보장 꿀팁

- **일상점검 사항**
  - 도구 및 장비 등은 수시로 정리정돈한다.
  - 도구 및 장비 등의 이상 여부를 상시 점검한다.
  - 도구 및 장비 등은 항상 깨끗이 세척하여 위생적으로 관리한다.
  - 도구 및 장비 등에 옷이나 손이 끼이지 않도록 안전에 유의한다.
  - 가열기기(오븐, 찜기, 그릴 등) 사용 시 화상에 유의한다.
  - 한 개의 콘센트에 여러 개의 전기기구의 플러그를 꽂아 사용하지 않도록 한다.
  - 전기기구의 적정 용량을 확인하고 사용한다.
  - 가열기기 주변에 인화물질이나 가연물질을 놓지 않도록 한다.

바로 확인문제

안전장비류의 취급관리 및 안전점검으로 옳지 않은 것은?

① 도구 및 장비 등은 수시로 정리정돈한다.
② 도구 및 장비 등의 이상 여부는 사고 발생 시만 철저히 점검한다.
③ 도구 및 장비의 정기점검은 매년 1회 이상 실시한다.
④ 도구 및 장비 등은 일상점검, 정기점검, 특별점검을 시행한다.

|해설|
도구 및 장비 등의 이상 여부는 상시 점검한다.

|정답| ②

3. 조리장비·도구별 사고 예방 방법

조리용 칼	• 작업 용도에 맞게 사용한다. • 사용이 끝나거나 운반할 때에는 칼집에 넣는다. • 칼의 방향은 몸의 반대쪽으로 한다.
튀김기	• 적정량의 기름을 사용한다. • 기름탱크에는 조리 시 물기가 튀지 않도록 주의하고, 청소 후에는 물기를 완전히 제거한다.
음식 절단기	• 재료를 넣을 때에는 손으로 직접 넣지 않도록 한다. • 작업 전에 칼날의 상태와 이물질 등이 없는지 확인한다.
가스레인지	• 가스레인지 주변의 작업 공간을 충분히 확보한다. • 가스관은 작업에 지장을 주지 않는 곳에 설치한다. • 가스레인지 사용 후 즉시 밸브를 잠근다.

PART 03 작업환경 안전관리

01 작업장 환경관리

1. 작업환경관리

(1) 작업환경관리의 의의
① 작업환경의 의의: 작업자에게 영향을 주는 작업장의 온도, 환기, 소음 등을 의미한다.
② 작업환경관리의 의의: 근로자의 건강에 장해를 줄 수 있는 물리, 화학, 생물학적 및 인간공학적인 유해 인자를 알아내고, 측정, 분석, 평가하는 과정이다.
③ 작업환경관리의 목적
  • 작업 시 발생하는 소음, 분진, 유해 화학물질 등 유해 인자에 근로자가 얼마나 노출되는지를 측정, 평가한다.
  • 시설과 설비 등의 적절한 개선을 통하여 깨끗한 작업환경을 조성한다.
  • 근로자의 건강 보호 및 생산성 향상에 기여한다.

(2) 작업장 안전시설 관리
① 작업장의 안전관리: 서비스의 품질 향상 및 시설물에 대한 사후 유지 관리를 위해 안전관리 인증이 요구된다.
② 작업장의 안전 및 유지 관리 기본방향 설정 규칙
  • 작업장 안전 및 유지 관리 기준의 정립
  • 작업장 안전 및 유지 관리 체계의 개선
  • 작업장 안전 및 유지 관리 실행 기반의 조성
③ 안전교육의 필요성
  • 안전교육은 위험에 관한 인식을 넓힌다.
  • 직업병과 산업재해의 원인에 대한 지식을 확산시킨다.
  • 효과적인 예방책을 증진한다.

(3) 주방환경

작업환경	조리사를 둘러싸고 있는 물리적 공간인 주방에서 조리사의 반응을 야기시키는 작업장
조리환경	주방의 크기와 규모, 주방의 시설물 및 기물의 배치, 주방 내의 인적 구성 요인, 임금 및 복지시설 등
물리적 환경	시설과 설비를 포함한 주방의 환경

2. 작업환경 안전관리 방법

(1) 정리정돈 점검
① 작업 전에 작업장 주위의 통로와 작업장을 청소한다.
② 사용한 장비·도구는 적합한 보관 장소에 정리해 둔다.
③ 굴러다니기 쉬운 것은 받침대를 사용한다.
④ 적재물은 사용 시기와 용도에 따라 구분하여 정리한다.
⑤ 부식 및 발화 가연제 등 위험물질은 별도로 구분하여 보관한다.

(2) 온도 및 습도관리

적정 온도	• 겨울: 18~21℃ • 여름: 25~26℃
적정 습도	50%

(3) 조명과 바닥관리
① 조리작업장의 권장 조도는 전처리실 및 조리작업대는 220Lux 이상, 식재료 및 물품 검수 장소는 540Lux 이상이다.
② 대부분의 작업장은 백열등이나 형광등을 사용한다.
③ 스테인리스로 된 작업 테이블 및 기계는 작업장 내 눈부심의 주요 원인이다.

02 작업장 안전관리

1. 작업장 내 안전사고의 발생 원인

(1) 인적 요인
① 재난방지 관련 교육의 부재로 인한 안전지식 및 기능의 결여
② 미숙한 작업 방법

(2) 물적 요인
① 부적합한 기구 및 장치
② 불량 자재

(3) 환경적 요인
① 고온, 다습한 환경
② 노후된 시설

2. 작업장 안전관리

(1) 작업장의 안전 및 유지 관리의 기본방향
① 안전점검 및 객관적인 시설물 상태에 대한 평가기준 마련 등의 시설물 관리 기준이 필요하다.
② 주방시설의 설계 단계부터 안전, 유지 관리까지를 위한 시설물 관리 체계의 개선이 필요하다.
③ 시설물 안전 및 유지 관리를 위해 법령의 내용에 기초하여 기반을 마련한다.

(2) 안전관리시설 및 안전용품 관리
① 사용 목적에 맞는 보호구를 비치하고 항상 사용 가능하도록 청결하게 보존한다.
② 개인안전보호구를 선택 및 착용한다.

3. 작업장 내 안전수칙

(1) 조리작업장 안전관리 체계의 7요소
① 사업주의 안전보건 경영에 관한 리더십
② 안전관리에 대한 의견 제시
③ 작업환경 내 위험요소 탐색
④ 위험요소 제거 및 대체·통제 방안 마련
⑤ 응급상황 발생 시 위기관리 매뉴얼 마련
⑥ 사업장 내 일하는 모든 사람의 안전보건 확보
⑦ 안전관리 체계 정기점검 및 개선

(2) 조리작업장의 안전수칙
① 조리작업장 설비 기계를 사용하거나 조리작업 시에는 표준 작업절차를 마련하고, 수시로 작업절차 준수 여부를 확인한다.
② 안전사고 위험이 있는 장소에는 안전 표시판을 부착하여 안전사고에 대한 경각심을 갖는다.
③ 추락 위험이 있는 모든 장소에는 안전난간, 덮개, 추락 방호망 등 추락방지 설비를 설치한다.
④ 화재·폭발 위험이 있는 장소에서 화기 작업을 하는 경우 작업장 내 위험물 현황을 사전에 파악하고 작업절차를 수립한다.
⑤ 불의의 사고 발생에 대처할 수 있는 비상조치 계획을 수립하고 준비함으로써 피해를 최소화한다.
⑥ 미끄러운 작업장 바닥으로 인해 넘어지는 낙상 사고에 대비하여 작업장 바닥은 균열이 가지 않는 재질로 설치하고, 수시로 청소하여 예방한다.
⑦ 전기, 가스, 스팀 등 작업장 내 모든 기기류에 대한 작동 방법을 눈에 잘 띄는 곳에 게시하고 정기적으로 교육을 실시한다.
⑧ 안전사고의 예방을 위하여 작업장 내의 모든 기기 및 도구를 안전수칙에 맞게 정리정돈을 한다.
⑨ 산업안전 관리체계 구축·이행에 관한 사항을 교육 자료에 포함하고, 정기적으로 교육·훈련을 실시한다.
⑩ 조리작업장 직원을 대상으로 안전교육을 월 1회, 분기별 집체교육으로 1회 실시한다.

(3) 조리장비 사용 시 안전수칙 빈출
① 전기장비 사용 시 조리작업자의 손에 물기가 없어야 한다.
② 가스레인지 및 오븐은 사용 전후 전원 상태를 확인한다.
③ 냉장, 냉동시설의 잠금장치를 확인한다.
④ 조리장비의 사용 방법을 철저히 익힌다.

바로 확인문제

조리장비 사용 시 안전수칙으로 옳지 않은 것은?
① 전기장비 사용 시 조리작업자의 손에 물기가 없어야 한다.
② 냉장, 냉동시설의 잠금장치를 확인한다.
③ 조리장비의 사용 방법을 철저히 익힌다.
④ 가스레인지 및 오븐은 사용 전에만 전원 상태를 확인한다.

|해설|
가스레인지 및 오븐은 사용 전후에 전원 상태를 확인한다.

|정답| ④

---

(4) 조리작업자의 안전수칙
① 안전한 자세로 조리한다.
② 규정된 조리 복장을 착용한다.
③ 짐을 옮길 때 너무 무리하지 않으며 주변의 충돌을 감지한다.
④ 뜨거운 것을 만질 때는 장갑을 착용한다.

03 화재 예방 및 조치 방법

1. 화재의 원인 점검

(1) 화재진압기 배치 및 사용

① 인화성 물질의 적정 보관 여부를 점검한다.
② 소화기구의 화재안전기준에 따른 소화전함, 소화기를 비치·관리한다.
③ 소화전함의 관리 상태를 점검한다.

(2) 화재 발생 시 대피 방안 확보

① 출입구 및 복도, 통로 등에 적재물 비치 여부를 점검한다.
② 비상통로 위치, 비상조명등 예비 전원 작동 상태를 점검한다.
③ 자동 확산 소화용구 설치의 적합성을 점검한다.

(3) 화재 발생 시 대처 요령 빈출

① 화재 시 경보를 울리고, 큰 소리로 주위에 알린다.
② 화재의 원인을 제거한다.
③ 소화기나 소화전을 사용하여 불을 끈다.

바로 확인문제

주방 내 화재 발생 시 대처 요령으로 옳지 않은 것은?

① 큰 소리로 주위에 알린다.
② 화재의 원인을 제거한다.
③ 물을 사용하여 불을 끈다.
④ 화재 시 경보를 울린다.

|해설|
화재 발생 시 소화기나 소화전을 사용하여 불을 끈다.

|정답| ③

---

2. 유해, 위험, 화학물질의 관리

(1) 보관 및 비치

보관 상태(밀폐, 보관 위치 등)를 수시로 점검하여 진단하고, 보관 중 넘어지지 않도록 전도방지 조치를 한다.

(2) 경고 표시 부착

물질명 및 주의 사항, 조제일자, 조제자명을 적어 부착한다.

3. 소화 방법

제거소화법	가연물을 제거한다.
질식소화법	불연성 기체, 소화 분말 등으로 연소물을 덮어 산소를 차단한다.
억제소화법	산화 반응의 진행을 차단한다.
냉각소화법	화점의 온도를 낮춘다.
유화소화법	기름 등 화재 시 유면을 에멀전시킨다.
희석소화법	가연물의 농도를 희석시킨다.

합격보장 꿀팁

- 소화기의 종류
  - 일반화재용(백색 바탕에 A 표시): 종이, 섬유, 나무 등 가연성 물질로 인한 화재 발생 시 사용한다.
  - 유류화재용(황색 바탕에 B 표시): 페인트, 알코올, 휘발유 등 가연성 액체나 기체로 인한 화재 발생 시 사용한다.
  - 전기화재용(청색 바탕에 C 표시): 전선, 전기기구 등에 인한 화재 발생 시 사용한다.

04 「산업안전보건법」 및 관련 지침

1. 목적(법 제1조)
산업안전 및 보건에 관한 기준을 확립하고 그 책임의 소재를 명확하게 하여 산업재해를 예방하고 쾌적한 작업환경을 조성함으로써 노무를 제공하는 사람의 안전 및 보건을 유지·증진함을 목적으로 한다.

2. 안전보건관리규정의 작성(법 제25조)
사업주는 사업장의 안전 및 보건을 유지하기 위하여 다음 사항이 포함된 안전보건관리규정을 작성하여야 한다.
① 안전 및 보건에 관한 관리조직과 그 직무에 관한 사항
② 안전보건교육에 관한 사항
③ 작업장의 안전 및 보건 관리에 관한 사항
④ 사고 조사 및 대책 수립에 관한 사항
⑤ 그 밖에 안전 및 보건에 관한 사항

3. 중대재해 발생 시 사업주의 조치(법 제54조)
① 사업주는 중대재해가 발생하였을 때에는 즉시 해당 작업을 중지시키고 근로자를 작업 장소에서 대피시키는 등 안전 및 보건에 관하여 필요한 조치를 하여야 한다.
② 사업주는 중대재해가 발생한 사실을 알게 된 경우에는 고용노동부령으로 정하는 바에 따라 지체 없이 고용노동부장관에게 보고하여야 한다. 다만, 천재지변 등 부득이한 사유가 발생한 경우에는 그 사유가 소멸되면 지체 없이 보고하여야 한다.

SUBJECT 02 | 안전관리
필기합격 적중문제

01 난이도 ●○○
다음 중 칼 사용 작업 중 찔림, 베임에 대한 사고 예방 방법으로 잘못된 것은?

① 전용 도마 위에서 작업한다.
② 칼날의 예리함을 알아보기 위해 손가락이나 손등에 칼을 대본다.
③ 칼날은 적은 힘으로 정확하게 재료를 자를 수 있도록 항상 예리하게 관리한다.
④ 단단한 냉동 재료를 절단할 때에는 무리하게 힘을 주지 말고 여러 번 힘을 나누어 자른다.

02 난이도 ●○○
주방 내 안전사고 요인 중 정서적 요인이 아닌 것은?

① 과격한 기질   ② 청력의 결함
③ 미숙한 작업 방법   ④ 중독증

03 난이도 ●○○
조리장비와 도구에 대한 설명으로 옳지 않은 것은?

① 공인된 기구가 인정하는 장비가 아니더라도 안전성을 확보한 장비라면 사용해도 된다.
② 작업의 질을 개선시킬 수 있어야 한다.
③ 투자에 따른 장비의 성능이 효율적이어야 한다.
④ 조작이 간편해야 한다.

04 난이도 ●●○
다음 중 응급상황 처리 과정으로 옳은 것은?

① 사고 발생 → 후속조치 → 응급조치 → 원인 파악, 보고
② 응급조치 → 원인 파악, 보고 → 후속조치 → 사고 발생
③ 사고 발생 → 원인 파악, 보고 → 응급조치 → 후속조치
④ 사고 발생 → 응급조치 → 원인 파악, 보고 → 후속조치

05 난이도 ●○○
조리작업 중 안전수칙에 해당하지 않는 것은?

① 뜨거운 용기를 옮길 때에는 마른 면이나 장갑을 사용한다.
② 조리실에서는 빠르게 이동하며 작업하면 미끄러짐 사고가 발생할 수 있다.
③ 그릇과 팬에 지나치게 많은 음식을 채워 내용물이 넘치지 않게 한다.
④ 분쇄기는 손으로 안쪽까지 깨끗이 세척한다.

06 난이도 ●●○
튀김기에 화재가 났을 때 적합한 소화 방법은?

① 유화소화법   ② 질식소화법
③ 제거소화법   ④ 냉각소화법

07 난이도

다음 중 주방 내 재해 중 화상과 관련 없는 조리도구는?

① 그릴
② 육절기
③ 튀김기
④ 회전식 국솥

08 난이도

조리도구를 선택할 때 고려할 사항으로 가장 적합하지 않은 것은?

① 필요성
② 성능
③ 안전성
④ 디자인

09 난이도 [산업기사 출제 가능]

주방 내 안전사고의 요인은 인적 요인과 물적 요인, 환경적 요인으로 구분된다. 인적 요인 중 행동적 요인에 해당되지 않는 것은?

① 불완전한 동작
② 미숙한 작업 방법
③ 소홀한 점검
④ 신체 동작의 통제 불능

10 난이도

날이 톱니 모양으로 되어 있어 큰 덩어리의 고기나 뼈를 자를 때 사용하는 주방기기는?

① 슬라이스 머신
② 띠톱 기계
③ 연육기
④ 분쇄기

11 난이도

조리작업 중 화상사고 안전수칙에 해당하지 않는 것은?

① 요리 형태에 적합한 권장 온도를 설정한다.
② 뜨거운 용기를 옮길 때에는 젖은 면이나 장갑을 사용한다.
③ 그릇과 팬에 지나치게 많은 음식을 채워 내용물이 넘치지 않게 한다.
④ 뜨거운 액체가 담긴 그릇의 뚜껑은 튀는 것을 막기 위해 천천히 연다.

12 난이도 [산업기사 출제 가능]

안전교육의 필요성에 대한 설명으로 옳지 않은 것은?

① 위험에 관한 인식을 넓힌다.
② 직업병과 산업재해의 원인에 대한 지식을 확산시킨다.
③ 개인안전의 효과적인 예방책을 증진시킨다.
④ 작업 전후 사고 발생 시에 수시로 실시한다.

13 난이도

칼의 사용 방법에 대한 설명으로 옳지 않은 것은?

① 칼로 캔을 따거나 기타 본래 목적 이외에는 사용하지 않는다.
② 칼을 떨어뜨렸을 경우 잡으려 하지 말고 한 걸음 물러서서 피한다.
③ 이동 시 칼끝이 지면을 향하게 하고 칼날을 앞으로 가게 한다.
④ 칼을 물이 든 싱크대 등에 담가 놓지 않는다.

14 난이도

고기를 부드럽게 가공하기 위하여 납작하게 썬 뒤 집어 넣으면 회전 칼날을 통과하여 세로 방향으로 칼집을 넣어 주는 주방기구는?

① 연육기 ② 분쇄기
③ 그리들 ④ 슬라이스 머신

15 난이도

작업환경관리의 목적으로 옳지 않은 것은?

① 작업 시 발생하는 유해 인자에 근로자가 얼마나 노출되는지를 알 수 있다.
② 깨끗한 작업환경을 조성함으로써 근로자의 건강을 보호한다.
③ 생산성 향상에 기여한다.
④ 생산 기술 향상에 기여한다.

16 난이도

얼음을 만들어 내는 기계인 제빙기의 점검 및 세척 방법으로 옳지 않은 것은?

① 전원을 차단하고 기계를 정지시킨 후 점검을 시작한다.
② 제빙기 내부의 얼음이 저절로 녹을 때까지 기다린 후 세척한다.
③ 중성세제로 세척한다.
④ 마른 행주로 닦고 20분 정도 지난 후 작동시킨다.

17 난이도

안전사고 예방 과정의 첫 단계로 옳은 것은?

① 위험요인 차단
② 위험요인 제거
③ 안전사고를 초래할 수 있는 오류의 예방
④ 재발 방지를 위한 대응 및 개선

18 난이도

다음 중 캔 따기 작업 중 찔림, 베임에 대한 설명으로 잘못된 것은?

① 캔 오프너를 사용하여 개봉한다.
② 고무장갑 등의 보호 장갑을 착용한다.
③ 캔의 윗부분을 잡고 한 번에 개봉한다.
④ 캔의 아랫부분을 잡고 천천히 개봉한다.

19 난이도

응급조치 시 지켜야 할 사항으로 옳지 않은 것은?

① 응급 외의 조치는 전문 의료원에게 맡긴다.
② 환자에게 자신의 신분을 밝힌다.
③ 최초로 응급환자를 발견하고 응급조치를 시행하기 전 환자의 생사유무를 판정해야 한다.
④ 응급환자를 조치할 때 원칙적으로 의약품을 사용하지 않는다.

20 난이도

안전장비류의 취급관리 및 안전점검으로 옳지 않은 것은?

① 도구 및 장비 등의 이상 여부는 1개월에 한 번 점검한다.
② 한 개의 콘센트에 여러 개의 전기기구를 꽂아 사용하지 않도록 한다.
③ 전기기구의 적정 용량을 확인하고 사용한다.
④ 가열기기 주변에 인화물질이나 가연물질을 놓지 않도록 한다.

공통편

SUBJECT 03

재료관리

PART 01 식품재료의 성분
탄수화물, 단백질, 지질의 분류와 기능에 대한 내용이 자주 출제된다. 또한 무기질과 비타민의 종류별 기능과 결핍증상, 급원식품을 연관지어 학습하고, 식품과 유독 성분을 연결할 수 있다.

PART 02 효소
효소 반응에 영향을 미치는 인자에 대해 알고, 소화가 진행됨에 따라 작용하는 소화 효소의 종류와 기능을 학습한다.

PART 03 식품과 영양
출제 빈도가 높은 영양소의 분류와 각 기능을 반드시 학습한다. 또한 영양 섭취 기준을 숙지한다.

PART 04 저장관리 [NCS 능력단위: LM1301010005_21v1.1]
냉장·냉동 저장이 가능한 식품과 관리 방법을 학습한다. 품질관리에서 선입선출에 대한 내용이 자주 출제되므로 개념과 관리 방법을 학습한다.

PART 01 식품재료의 성분

01 수분(물)

1. 수분 개관 및 수분활성도

(1) 수분의 중요성

① 생리적 기능
- 생명체 내에서 생화학 반응, 물질 운반, 삼투 현상 등에 관여한다.
- 신체를 구성하고, 체온을 일정하게 유지시킨다.
- 윤활제 역할을 한다.

② 생명 유지에 필수적인 요소
- 체중의 65~70%를 차지한다. 체내 수분이 정상적인 양보다 10% 이상 손실되면 발열, 경련, 혈액순환 장애가 생기며, 20% 이상 손실되면 생명이 위험하다.
- 건강한 사람은 보통 하루 2~3L의 물을 섭취해야 한다.

③ 식품의 성질 및 성분 변화: 식품의 물리적·화학적 성질뿐만 아니라 조리·가공·저장 시 성분들의 변화에 큰 영향을 미친다.

바로 확인문제

신체 내 수분의 작용에 대한 설명으로 옳지 않은 것은?
① 체온을 조절한다.
② 영양소를 운반한다.
③ 체내 대사작용에 관여한다.
④ 5대 영양소에 해당된다.

|해설|
5대 영양소는 탄수화물, 단백질, 지방, 무기질, 비타민이다. |정답| ④

---

(2) 수분의 종류 빈출

자유수(유리수)	결합수
• 식품 중에 유리 상태로 존재하는 물(보통의 물)이다. • 식품의 수분 함량 개념으로 사용한다. • 수용성 물질을 녹여 용매로 작용한다. • 미생물 번식에 이용이 가능하다. • 유기물로부터 간단하게 분리된다. • 0℃ 이하에서 얼음으로 동결되고, 100℃ 이상에서 증발한다.(4℃에서 비중이 가장 큼) • 표면 장력이 크다.	• 식품 중의 탄수화물이나 단백질 분자의 일부분을 형성하는 물이다. • 수용성 물질을 녹일 수 없어 용매로 작용이 불가능하다. • 미생물 번식에 이용이 불가능하다. • 유기물로부터 분리가 불가능하다. • 0℃ 이하에서 얼음으로 동결되지 않는다. • 자유수보다 밀도가 크다.

> **바로 확인문제**
>
> 결합수의 특성이 아닌 것은?
>
> ① 수용성 물질을 녹이지 못한다.
> ② 자유수보다 밀도가 크다.
> ③ 0℃에서 매우 잘 언다.
> ④ 용질에 대해서 용매로 작용하지 않는다.
>
> |해설|
> 결합수란 식품 중의 탄수화물이나 단백질 분자의 일부분을 형성하는 물로, 0℃ 이하에서 얼음으로 동결되지 않는다. |정답| ③

(3) 수분활성도(Aw) 빈출

① 임의의 온도에서 식품 내의 물이 나타내는 수증기압(P)을 그 온도에서 순수한 물의 최대 수증기압(P_0)으로 나눈 것을 말한다.

② 미생물의 생육으로 인한 화학 반응에 관여하는 지표로 식품 내 화학적 반응과 관련이 있는 중요한 특성이다.

$$식품의\ 수분활성도(Aw) = \frac{식품이\ 나타내는\ 수증기압(P)}{순수한\ 물의\ 최대\ 수증기압(P_0)}$$

$$= \frac{용질의\ 증기압}{용매의\ 증기압} = \frac{\frac{용매의\ 농도}{분자량}}{\frac{용매의\ 농도}{분자량} + \frac{용질의\ 농도}{분자량}}$$

③ 순수한 물: 수분활성도(Aw)가 1인 물이다.

④ 일반식품: 수분 외에 탄수화물, 단백질 등 가용성 영양소들이 포함되어 있으므로 수분활성도는 항상 1보다 작다. (일반식품의 Aw < 1)

⑤ 식품별 수분활성도(Aw): 수분활성도가 큰 식품일수록 미생물이 번식하기 쉬워 저장성이 낮다.

건조식품	0.20 이하	어패류, 과일, 채소류	0.90~0.98
곡류, 콩류	0.60~0.64	육류나 생선	0.98

⑥ 미생물 생육에 필요한 수분활성도: 수분활성도 0.6 이하에서는 미생물의 번식 억제가 가능하며 소금 절임은 수분활성도를 낮게 하여 미생물의 생육을 억제한다.

보통 세균	0.91 이상	내건성 곰팡이	0.65 이상
보통 효모	0.88 이상	내삼투압성 효모	0.60 이상
보통 곰팡이	0.80 이상		

> **바로 확인문제**
>
> 생육이 가능한 최저 수분활성도가 가장 높은 것은?
>
> ① 내건성 포자   ② 세균   ③ 곰팡이   ④ 효모
>
> |해설|
> 생육에 필요한 최저 수분활성도는 '세균(0.91) > 효모(0.88) > 보통 곰팡이(0.80) > 내건성 곰팡이(0.65)' 순으로 세균이 가장 높다. |정답| ②

02 탄수화물

1. 탄수화물의 특성 및 기능

(1) 탄수화물의 특성
① 탄소(C), 수소(H), 산소(O)의 복합체이다.
② 탄수화물은 크게 소화되는 당질과 소화되지 않는 섬유소로 구분된다.
③ 과잉 섭취 시 간과 근육에 글리코젠으로, 나머지는 지방으로 저장된다.
④ 탄수화물의 대사 과정에는 비타민 B_1(티아민)이 반드시 필요하다.

바로 확인문제

탄수화물을 구성하는 것이 아닌 것은?
① 탄소(C)   ② 수소(H)   ③ 산소(O)   ④ 질소(N)

|해설|
탄수화물은 탄소(C), 수소(H), 산소(O)의 복합체이다. |정답| ④

(2) 탄수화물의 기능
① 에너지의 공급원으로 전체 열량의 65%를 차지한다.(1g당 4kcal의 에너지 발생)
② 인체 내에서의 소화 흡수율이 98%이다.
③ 단백질의 절약 작용을 하며, 탄수화물 섭취 부족 시 단백질을 분해하여 에너지원으로 사용한다. 이런 상태가 계속되면 근육이 줄어들게 된다.
④ 지방의 완전 연소에 꼭 필요하며, 부족 시 산 중독증을 유발한다.
⑤ 혈당을 유지시킨다.(정상인의 혈당치: 0.1%)

바로 확인문제

탄수화물의 체내 기능에 대한 설명으로 옳지 않은 것은?
① 체내에서 가장 많은 에너지를 발생한다.   ② 혈당을 유지시킨다.
③ 피로 회복 효과가 있다.   ④ 단백질의 절약 작용을 한다.

|해설|
탄수화물은 1g당 4kcal의 에너지를 발생시키며, 지질은 1g당 9kcal를 발생시킨다. |정답| ①

2. 탄수화물의 분류(결합한 당의 수에 따라)

(1) 단당류
더 이상 가수분해되지 않는 가장 작은 탄수화물의 구성 단위로, 물에 녹고 일반적으로 단맛이 난다.

① **오탄당**: 식물체에 유리 상태가 아닌 다당류의 형태로 식물의 줄기, 잎, 세포막 등에 존재한다.

아라비노스(Arabinose)	• 동물과 식물에 존재하며, 핵산의 구성 성분이다. • 아라반을 구성하는 단당류, 단백질과 결합된 상태로 존재한다.
리보스(Ribose)	• 식물에 존재하며, 펙틴 등의 구성 성분이다. • DNA와 RNA 등의 핵산구성당이다.
자일로스(Xylose)	• 식물에 존재하며, 설탕의 60% 정도의 단맛을 내는 성분이다. • 에너지원으로 사용되지 않는다.

② 육탄당

포도당 (Glucose)	• 전분이 소화되어서 가장 작은 형태로 된 것이다. • 포유동물의 혈액 중에 0.1% 정도 포함되어 있으며, 당류 중 영양상 · 생리상 가장 중요하다. • 동물체에 글리코젠 형태로 저장된다. • 식물성 식품에 광범위하게 분포되어 있다.(포도 및 과실)
과당 (Fructose)	• 당류 중 가장 단맛이 강하다. • 과일 · 벌꿀 · 꽃에 유리 상태로 존재하고 물에 잘 녹는다. • 감미도가 상온에서는 강해지고, 고온에서는 약해진다.
갈락토오스 (Galactose)	• 자연계에 단독으로 존재하지 못하고 젖당의 구성 성분으로 포유동물의 유즙에 존재하거나 해조류나 두류에 다당류 형태로 존재한다. • 동물 체내에서 당지질 형태로 뇌와 신경조직의 성분이 된다.
만노오스 (Mannose)	• 처음에는 단맛, 끝에는 쓴맛이 나는 성분이다. • 밀감류의 과피 · 당밀 · 발아 종자 등에 유리 상태로 존재하나 대부분 만난(Mannan), 갈락토만난(Galactomannan)과 같은 다당류의 구성 성분으로 존재한다. • 곤약, 감자, 백합뿌리 등에 존재한다.

바로 확인문제

포도당에 대한 설명으로 옳지 않은 것은?

① 동물체에 글리코젠 형태로 저장된다.
② 탄수화물의 최종 분해 산물이다.
③ 자연계에 단독으로 존재하지 못한다.
④ 포유동물의 혈액 중 0.1% 정도 포함되어 있다.

|해설|
자연계에 단독으로 존재하지 못하는 당류는 갈락토오스이다. |정답| ③

(2) **이당류**

단당류 2개가 결합된 당이다.

자당 (설탕, 서당: Sucrose)	• 포도당과 과당이 결합된 당으로, 180~200℃ 이상 가열하면 갈색 색소인 캐러멜이 된다. • 단맛이 강하고 환원성이 없다. • 감미도의 기준물질로 사용된다. • 사탕수수나 사탕무에 함유되어 있다.
맥아당 (엿당: Maltose)	• 전분이 아밀레이스(아밀라아제)에 의해 가수분해된 중간 생성물로, 포도당 두 분자가 결합된 당이다. • 발아 중의 곡류나 엿기름에 많고, 물엿의 주성분이며, 소화 · 흡수가 빠르다.
젖당 (유당: Lactose)	• 포도당과 갈락토오스가 결합된 당이다. • 동물의 유즙에 함유되어 있으며 감미가 거의 없다. • 유산균, 젖산균의 살균 작용과 정장 작용을 도와준다. • 칼슘과 인의 흡수를 도와준다.

합격보장 꿀팁

- **전화당(Invert Sugar)** | 설탕을 가수분해할 때 얻어지는 것으로 포도당과 과당이 1:1로 섞여 있는 동량 혼합물을 말한다.(벌꿀에 많음)
- **당질의 감미도** | 과당(120~180) > 전화당(85~130) > 설탕(서당)(100) > 포도당(70~74) > 맥아당(엿당)(60) > 갈락토오스(33) > 젖당(유당)(16)

(3) **다당류**

여러 종류의 단당류가 결합된 분자량이 큰 탄수화물로, 단맛이 없으며 물에 잘 녹지 않는다.

① 전분(녹말: Starch)
- 포도당의 결합 형태로 아밀로오스(Amylose)와 아밀로펙틴(Amylopectin)으로 구성된다.
- 냉수에는 잘 녹지 않고, 열탕에 의해 팽윤·용해되어 호화된다.
- 단맛은 거의 없고, 곡류, 서류(감자, 고구마) 등 식물의 뿌리·줄기·잎 등에 존재하며, 곡류의 25~80%를 차지한다.
- 찹쌀과 찰옥수수의 전분은 아밀로오스가 거의 포함되어 있지 않고, 아밀로펙틴만으로 구성되어 있다.

바로 확인문제

다당류와 거리가 먼 것은?
① 젤라틴(Gelatin)
② 글리코젠(Glycogen)
③ 펙틴(Pectin)
④ 글루코만난(Glucomannan)

|해설|
젤라틴은 유도 단백질의 일종으로, 콜라겐(피부, 힘줄, 뼈, 연골)을 물과 함께 장시간 끓이면 뜨거운 물에는 녹고 찬물에는 녹지 않는 젤라틴이 만들어진다. |정답| ①

합격보장 꿀팁

- **찹쌀** | 아밀로펙틴 100%
- **멥쌀** | 아밀로오스 20%, 아밀로펙틴 80%

바로 확인문제

찹쌀의 아밀로오스와 아밀로펙틴에 대한 설명 중 맞는 것은?
① 아밀로오스 함량이 더 많다.
② 아밀로오스 함량과 아밀로펙틴의 함량이 거의 같다.
③ 아밀로펙틴으로만 이루어져 있다.
④ 아밀로펙틴은 존재하지 않는다.

|해설|
찹쌀은 아밀로펙틴 100%로 이루어져 있다. |정답| ③

② 글리코젠(Glycogen)
- 동물체의 저장 탄수화물이다.
- 체내 에너지 고갈 시 분해되어 에너지원으로 사용된다.
- 간, 근육에 많이 함유되어 있고, 균류, 효모, 조개류 등에도 들어 있다.(동물성 전분)

③ 섬유소(Cellulose)
- 식물의 줄기, 세포벽 등에 포함되어 있는 당이다.
- 소화되지 않는 전분으로, 영양적 가치는 없으나 배변 운동을 돕고, 장내에서 비타민 B군의 합성을 촉진한다.

④ 펙틴(Pectin)
- 세포벽 또는 세포 사이의 중층에 존재하는 다당류이다.
- 과실류와 감귤류의 껍질에 다량 함유되어 있다.
- 과실의 뿌리, 줄기, 잎 등에서 세포벽과 세포벽을 결합시켜 준다.
- 겔화하는 성질 때문에 잼이나 젤리를 만드는 데 이용된다.
- 소화되지 않는 다당류로, 영양적 가치는 없으나 장내 세균·유독물질을 흡착하여 배설시킨다.

⑤ 키틴(Chitin): 새우, 게 껍데기에 함유되어 있다.
⑥ 이눌린(Inulin): 과당의 결합체로 우엉, 돼지감자에 다량 함유되어 있다.

⑦ 갈락탄(Galactan)
- 중합된 갈락토오스를 구성하는 다당류이다.
- 한천에 들어 있으며 소화되지 않는다.

⑧ 알긴산(Alginic Acid)
- 미역과 같은 갈조류의 세포막 성분이다.
- 아이스크림이나 냉동 과자의 안정제로 쓰인다.

⑨ 올리고당류(Oligosaccharides)

라피노오스(Raffinose)	포도당, 과당, 갈락토오스로 이루어진 삼당류로, 사탕무·목화의 종자 등에 함유되어 있다.(3당류)
스타키오스(Stachyose)	라피노오스에 갈락토오스가 결합된 사당류로, 면실과 콩류에 함유되어 있으며, 장내 가스를 발생시킨다.(4당류)

03 지질

1. 지질의 특성 및 기능

(1) 지질의 특성
① 탄소(C), 수소(H), 산소(O)로 구성된 유기 화합물로, 그 외 인(P), 질소(N), 황(S) 등을 함유하고 있다.
② 지방산 3분자와 글리세롤 1분자가 에스테르(Ester) 상태로 결합되어 지방 조직을 구성한다.
③ 물에 녹지 않고, 유기 용매(에테르, 벤젠, 클로로포름, 사염화탄소 등)에 녹는다.
④ 과잉 섭취 시 피하지방으로 저장된다.
⑤ 상온에서 고체 형태인 지방과 액체 형태인 유지로 존재한다.

(2) 지질의 기능
① 필수지방산 공급 및 지용성 비타민(비타민 A, D, E, K)의 흡수를 좋게 한다.
② 전체 에너지 섭취량 중 20%를 공급하며, 발생하는 열량이 높다.(1g당 9kcal의 에너지 발생)
③ 유지의 높은 열을 조리에 이용하여 영양소의 손실을 감소시킨다.
④ 지방 조직과 세포막(인지질, 콜레스테롤), 호르몬 등의 구성 성분으로 생리 작용에 관여한다.
⑤ 신체 보호(물리적 충격으로부터 중요한 장기 보호) 및 체온 조절(피하지방은 외부의 온도 변화로부터 체온 유지)의 기능을 한다.
⑥ 식품의 특별한 맛과 향미를 제공하며, 포만감을 준다.

2. 지질의 분류

(1) 구성 성분에 따른 분류
① 단순 지질(중성지방): 지방산과 글리세롤의 에스테르 결합물이다.

지방	지방산 3분자와 글리세롤 1분자의 에스테르 결합물
왁스	고급 알코올과 고급 지방산의 에스테르 결합물

② 복합 지질: 단순 지질에 다른 화합물(인산, 단백질, 탄수화물 등)이 더 결합된 지질이다.

인지질(단순 지질 + 인)	레시틴, 세팔린, 스핑고미엘린
당지질(단순 지질 + 당)	세레브로시드, 강글리오시드

③ 유도 지질: 단순 지질, 복합 지질의 가수분해 산물 중 지용성인 것으로 지방산, 고급 알코올, 콜레스테롤, 스핑고신, 지용성 비타민, 스테로이드 등이 있다.

콜레스테롤(동물스테롤)	프로비타민 D로 자외선에 의해 생체 내에서 비타민 D_3로 변환
에르고스테롤(식물스테롤)	프로비타민 D로 자외선에 의해 비타민 D_2로 변환

바로 확인문제

다음 중 유도 지질(Derived Lipids)은?
① 왁스   ② 인지질   ③ 지방산   ④ 당지질

|해설|
유도 지질에는 지방산, 고급 알코올류, 비타민류 등이 있다. ① 왁스는 단순 지질, ② 인지질과 ④ 당지질은 복합 지질에 속한다. |정답| ③

(2) 식품의 급원에 따른 분류

동물성 지방	• 일반적으로 포화지방산의 함량이 높다. • 육류, 유제품 등에 함유되어 있다.
식물성 지방	• 일반적으로 불포화지방산의 함량이 높다. • 견과류, 올리브유 등에 함유되어 있다.

3. 지방산의 분류

(1) 포화지방산

① 정의: 탄소와 탄소 사이의 결합에 이중결합이 없는 지방산이다.

② 특징
- 융점이 높아 상온에서 고체로 존재한다.(탄소수가 증가함에 따라 융점 증가)
- 동물성 지방에 함유되어 있다.

③ 종류: 팔미트산과 스테아르산이 천연에 가장 많이 분포되어 있다.

④ 탄소 수에 따른 분류

구분	탄소 수
저급지방산	6개 이하
중급지방산	6~10개
고급지방산	10개 이상

(2) 불포화지방산

① 정의: 탄소와 탄소 사이의 결합에 1개 이상의 이중결합이 있는 지방산이다.(이중결합의 수가 많을수록 불포화도가 높음)

② 특징
- 융점이 낮아 상온에서 액체로 존재한다.
- 식물성 지방 또는 어류에 함유되어 있다.
- 혈관벽에 쌓여 있는 콜레스테롤을 제거하는 역할을 한다.

③ 종류: 리놀레산, 리놀렌산, 아라키돈산, 올레산

④ 트랜스지방산(Trans Fatty Acid): 불포화지방산인 식물성 기름(마가린, 쇼트닝 등)을 가공식품으로 만들 때 산패를 억제하기 위해 수소를 첨가하는 과정에서 생기는 지방산이다.

⑤ 필수지방산(Essential Fatty Acid, 비타민 F)
- 불포화지방산 중 체내의 대사 과정에 중요한 역할을 하는 지방산으로, 체내에서 합성할 수 없기 때문에 식사를 통해 공급받아야 한다.

- 대두유, 옥수수유 등 식물성유와 생선의 간유에 다량 함유되어 있다.
- 종류: 리놀레산, 리놀렌산, 아라키돈산 등
- 결핍증: 피부염, 성장 지연, 생식 기능 장애, 지방간 등

바로 확인문제

다음 중 필수지방산이 아닌 것은?

① 스테아르산　　② 리놀레산　　③ 리놀렌산　　④ 아라키돈산

|해설|
필수지방산에는 리놀레산, 리놀렌산, 아라키돈산 등이 있다.　　|정답| ①

  단백질

1. 단백질의 특성 및 기능

(1) 단백질의 특성
① 탄소(C), 수소(H), 산소(O), 질소(N)를 포함하는 고분자 유기 화합물로, 그 외 황(S), 인(P) 등을 함유하고 있다.
② 동물, 식물, 미생물 등 모든 생물의 원형질을 구성하는 중요한 물질이다.
③ 단백질은 평균 16%의 질소를 함유하므로 단백질을 분해하여 생기는 질소의 양에 6.25(=100÷16, 단백질의 질소 계수)를 곱하면 단백질의 양을 알 수 있다.(조단백질)
④ 열, 산, 알칼리 등에 응고되는 성질이 있으며 뷰렛에 의한 정색 반응으로 보라색을 띤다.

(2) 단백질의 기능
① 혈장 단백질, 피부, 효소, 항체, 호르몬 등 성장 및 체조직을 구성한다.
② 전체 에너지 섭취량 중 15%를 공급한다.(1g당 4kcal의 에너지 발생)
③ 삼투압 유지를 통해 체내의 수분 함량을 조절하고, 체내의 pH를 조절한다.
④ 필수아미노산인 트립토판으로부터 나이아신(비타민 B_3)이 합성된다.
⑤ 결핍 시 부종, 성장 장애, 빈혈, 피로감 등의 증상이 나타난다.

바로 확인문제

신체의 근육이나 혈액을 합성하는 구성 영양소는?

① 단백질　　② 무기질　　③ 물　　④ 비타민

|해설|
신체의 근육이나 혈액을 합성하는 구성 영양소는 단백질이다.　　|정답| ①

2. 단백질의 분류

(1) 식품의 급원에 따른 분류
① 동물성 단백질: 난류 단백질, 우유 단백질, 어류 단백질, 육류 단백질
② 식물성 단백질: 곡류 단백질, 콩류 단백질

(2) 성분에 따른 분류
① 단순 단백질: 아미노산만으로 구성된 단백질이다. ㉑ 알부민, 글로불린, 글루텔린, 프롤라민, 히스톤 등
② 복합 단백질: 단순 단백질과 비단백질 성분으로 구성된 복합형 단백질이다. ㉑ 핵단백질, 당단백질, 인단백질, 지단백질 등

③ 유도 단백질: 열에 의해 변성된 단순·복합 단백질, 산·알칼리 등의 작용으로 변성·분해된 단백질이다.

제1차 유도 단백질(변성 단백질)	분자의 골격은 변하지 않고 성질만 변한 단백질 예 젤라틴, 메타프로테인, 응고 단백질
제2차 유도 단백질(분해 단백질)	단백질이 아미노산으로 가수분해될 때까지의 중간 생성물 예 프로테우스, 펩톤, 펩타이드

합격보장 꿀팁

- **효소적 작용** | 유도 단백질이 단순 단백질이나 복합 단백질의 물리적·화학적 작용에 의해 변성 및 분해 등의 변화를 거친 것을 말한다.

(3) 구조적 특징에 따른 분류

① 섬유상 단백질: 펩타이드 사슬이 일정한 방향으로 섬유상을 가지는 단백질로, 보통 용매에 녹지 않는다.

콜라겐(Collagen)	동물의 뼈, 연골, 이, 피부 등을 구성하는 단백질
엘라스틴(Elastin)	힘줄, 혈관에 있는 단백질
케라틴(Keratin)	모발, 깃털 등에 들어 있는 단백질

② 구상 단백질: 펩타이드 사슬이 구부러져 타원 모양을 가지는 단백질로 산, 알칼리나 염류 용액, 유기 용매 등에 녹는 영양성 단백질이다. 예 알부민, 글로불린, 글루텔린, 히스톤, 프로타민 등

(4) 영양학적 분류(필수아미노산 함량에 따른 분류)

① 완전 단백질: 필수아미노산이 골고루 들어 있는 단백질이다. 예 달걀 흰자−알부민, 우유−카세인

② 부분적 불완전 단백질
- 필수아미노산을 모두 함유하고 있으나 그중 하나 또는 그 이상의 아미노산 함량이 부족한 단백질이다.
  예 쌀−오리제닌, 보리−호르데인
- 부족한 아미노산을 다른 식품을 통해 보충하여 완전 단백질로 영양가를 높일 수 있다.
  예 콩밥−리신이 부족한 쌀에 콩을 넣어 완전한 단백질을 공급

③ 불완전 단백질
- 하나 또는 그 이상의 필수아미노산이 결여된 지질 단백질 혹은 생물가가 낮은 단백질이다.
- 체단백질 합성에 필요한 모든 아미노산을 제공할 수 없는 불완전 단백질을 섭취해서는 동물의 성장과 생명 유지가 어렵다. 예 옥수수−제인(제인에는 필수아미노산인 트립토판이 없기 때문에 옥수수를 주식으로 하는 민족에게서 펠라그라병이 많이 나타남)

합격보장 꿀팁

- **필수아미노산** | 체내에서 합성이 불가능하여 반드시 식사를 통해 공급받아야 하는 아미노산이다.
  - 성인에게 필요한 **필수아미노산(8가지)**: **트**레오닌, **발**린, **트**립토판, 아이소류신, 류신, 라이신, 페닐알라닌, 메티오닌
  - 성장기 어린이나 회복기 환자 등에게 필요한 필수아미노산(10가지): 성인에게 필요한 필수아미노산 8가지＋아르기닌＋히스티딘

바로 확인문제

필수아미노산으로만 짝지어진 것은?

① 트립토판, 메티오닌　　② 트립토판, 글리신　　③ 라이신, 글루타민산　　④ 류신, 알라닌

|해설|
필수아미노산의 종류에는 트레오닌, 발린, 트립토판, 아이소류신, 류신, 라이신, 페닐알라닌, 메티오닌, 아르기닌, 히스티딘이 있다.　　|정답| ①

05 무기질

1. 무기질의 정의와 특성

(1) 무기질의 정의

탄소(C), 수소(H), 산소(O), 질소(N) 등 인체를 구성하는 유기 성분을 제외한 나머지 원소를 말하며 미네랄이라고도 한다.

(2) 무기질의 특성

① 우리 몸을 구성하는 중요 성분으로 인체의 약 4~5%를 차지한다.
② 체내에서 필요로 하는 양에 따라 다량원소와 미량원소로 구분한다.

다량원소	하루에 100mg 이상 필요 예 칼슘, 인, 칼륨, 황, 나트륨, 염소, 마그네슘 등
미량원소	하루에 100mg 미만이나 체중의 0.05% 미만 필요 예 철, 아연, 구리, 망가니즈(망간), 아이오딘(요오드), 코발트, 불소 등

③ 체내에서 체액의 pH와 삼투압을 조절한다.
④ 신경의 자극 전달, 근육 수축, 혈액 응고 등에 관여한다.
⑤ 생리적 반응을 위한 촉매제로 이용된다.
⑥ 뼈, 치아(칼슘, 인, 마그네슘), 머리카락, 손톱(황), 혈액(철, 구리, 나트륨, 인, 염소 등)의 구성 성분이다.
⑦ 체내에서 합성되지 않으므로 반드시 음식물로 섭취한다.

2. 무기질의 종류

구분	기능	결핍증/과잉증	공급원
칼슘(Ca)	• 99%는 골격과 치아를 구성하며, 1%는 혈액, 연조직에서 대사 조절에 관여한다. • 신경 자극 전달, 근육 수축, 효소의 활성화, 혈액 응고 기능을 한다. • 체중의 1.5~2% 정도를 차지한다. • 비타민 D가 함유된 식품(등푸른 생선, 꽁치, 고등어, 무말랭이, 표고버섯 등)과 같이 섭취하면 칼슘 흡수에 좋다. • 수산(옥살산: Oxalic Acid)은 칼슘과 결합하여 결석을 형성한다.	결핍증: 골다공증, 구루병, 골격·치아의 발육 불량, 골연화증, 혈액 응고 불량, 근육의 경련	뼈째 먹는 생선, 우유 및 유제품, 난황, 해조류, 녹엽채소 등
인(P)	• 칼슘과 함께 세포의 분열과 재생·대사 과정에 작용을 한다. • 세포내액에서 완충 작용을 한다. • 인지질의 형태로 세포막을 구성한다. • 칼슘의 약 1/2 정도가 체내에 존재한다. • 칼슘과 인의 섭취 비율은 성인의 경우 1:1을 권장한다. • 1일 권장량은 700mg이다.(성인 기준)	결핍증: 골격·치아의 발육 불량, 성장 정지, 골연화증, 구루병	우유, 육류, 생선류, 난황, 야채류, 콩 등
철분(Fe)	• 혈액 생성 시 필수 영양소이다.(헤모글로빈 및 미오글로빈의 성분) • 체내에서 산소를 운반하고, 면역 기능을 유지한다. • 헤모글로빈(혈색소)을 구성하는 성분이며, 근육의 미오글로빈에 함유되어 있다. • 체중의 약 3~5% 정도를 차지하고, 60~70%는 꼭 필요하며 나머지는 저장된다. • 1일 권장량은 남자 10mg, 여자 14mg이다.(성인 기준)	• 결핍증: 철분 결핍성 빈혈(영양 결핍성 빈혈), 식욕부진 • 과잉증: 혈색소증	난황, 육류, 간, 어패류, 녹황색 채소류, 도정하지 않은 곡류 등
마그네슘(Mg)	뼈의 구성 성분으로, 단백질 대사 및 신경·근육의 수축에 관여한다.	결핍증: 테타니(신경 및 근육경련), 간의 장애, 골연화증, 구토, 설사	녹엽채소, 곡류, 두류, 소고기, 생선류, 가금류, 견과류 등

나트륨(Na)·칼륨(K)·염소(Cl)	• 수분 균형 유지, 삼투압 조절, 산과 염기 평형 유지, 근육 수축에 관여한다. • 이 원소들의 기능이 거의 비슷하며, 전체 무기질 중 나트륨은 2%, 칼륨은 5%, 염소는 3%를 차지한다. • 나트륨과 염소는 세포외액, 칼륨은 세포내액에 존재한다. • 나트륨의 성인 1일 충분 섭취량은 1,500mg 이하, 목표 섭취량(WHO 권장량)은 2,000mg 이하이다.	• 결핍증: 근육경련, 식욕감퇴, 저혈압[주로 나트륨(Na)이 결핍일 때] • 과잉증: 고혈압, 부종, 심장병 유발[주로 나트륨(Na)을 과잉 섭취했을 때]	곡류, 채소류, 소금, 식품첨가물의 식염(NaCl) 등
황(S)	• 세포단백질의 구성 성분이며, 산과 염기의 균형을 조절하고 해독 작용을 한다. • 비타민 B_1, 비오틴의 구성 성분이다.	결핍증: 손톱, 발톱, 모발의 발육 부진	단백질 식품
불소 (F, 플루오린)	골격 및 치아의 강도를 증가시킨다.	• 결핍증: 우치(충치) • 과잉증: 반상치, 골경화증, 체중 감소, 빈혈	해조류, 차 등
아이오딘 (I, 요오드)	• 갑상선 호르몬(티록신)을 구성하며 유즙 분비를 촉진한다. • 기초대사량을 조절한다.	• 결핍증: 갑상선종, 크레틴병(발육 정지) • 과잉증: 바세도우병(=그레이브스병), 갑상선 기능 항진증, 말단 비대증	해조류(미역, 다시마 등의 갈조류), 해산물
코발트(Co)	• 조혈 작용, 효소 작용의 활성화에 관여한다. • 비타민 B_{12}의 구성 성분으로, 헤모글로빈 생성에 필요하다.	결핍증: 악성 빈혈	쌀, 콩 등
아연(Zn)	• 상처 회복을 촉진시키고 면역 기능을 향상시킨다. • 췌장 호르몬인 인슐린의 구성 성분이다.	• 결핍증: 면역 기능 저하, 상처 회복 지연, 성장 부진 • 과잉증: 설사, 구토 등	해산물(새우, 조개, 굴 등), 육류, 달걀, 우유 등
구리(Cu)	헤모글로빈의 합성을 촉진시켜 철분 흡수가 잘 된다.	• 결핍증: 빈혈(소적혈구성) • 과잉증: 적혈구 파괴로 인한 빈혈, 간 손상	달걀, 콩류, 조개류, 해조류
망가니즈 (Mn, 망간)	골격을 형성하며 탄수화물 대사에 필수적인 영양소이다.	• 결핍증: 성장 장애, 지질 및 탄수화물 대사의 이상 • 과잉증: 신경계 장애, 면역 기능 장애, 췌장염, 간 손상	효모, 콩류, 밀, 녹황색 채소류, 난황 등
셀레늄(Se)	• 활성산소로부터 세포를 보호한다. • 항산화 효소의 주요 구성 성분이다.	결핍증: 케샨병	우유, 브로콜리, 동물의 간 및 육류 등

> **합격보장 꿀팁**
> • **칼슘(Ca) 흡수 촉진 요인** | 산성 환경, 인과 칼슘의 1:1 섭취, 비타민 D 섭취, 단백질 섭취

06 비타민

1. 비타민의 기능과 특성

(1) 비타민의 기능

① 대사 작용 조절 물질로 보조 효소의 역할을 한다.
② 여러 결핍증을 예방한다.

(2) **비타민의 특성**
　① 인체에 반드시 필요한 물질이지만 미량만 필요로 한다.
　② 에너지원이나 신체 구성물질로는 사용되지 않는다.
　③ 대부분 체내에서 합성되지 않아 음식물을 통해 공급해야 한다.

2. 비타민의 종류와 특징

기름에 녹는 지용성 비타민과 물에 녹는 수용성 비타민으로 분류한다.

(1) **지용성 비타민**

구분	기능	특징	결핍증	공급원
비타민 A (Retinol, 레티놀)	• 피부의 상피 세포를 보호한다. • 시력 유지 등 눈의 기능을 좋게 한다.	• 시각 기능에 관여하고 성장 인자로 작용한다. • 식품에 들어 있는 카로티노이드가 식품으로 섭취되어 동물의 몸에 들어가면 비타민 A로 바뀐다. • 카로틴 중 β-카로틴이 비타민 A로 가장 많이 변환된다.	야맹증, 점막장애, 안구 건조증	우유, 난황, 당근, 버터, 뱀장어, 간
비타민 D (Calciferol, 칼시페롤)	뼈 성장에 필요한 물질로 칼슘 흡수 및 골격과 치아의 발육을 촉진한다.	• 반드시 식품으로 섭취하지 않아도 자외선에 의해 피하에서 생성된다. • 에르고스테롤은 자외선을 받아 비타민 D_2를 생성한다. • 7-디하이드로콜레스테롤은 자외선을 받아 비타민 D_3를 생성한다.	구루병, 골다공증	건조식품(말린 생선류, 버섯류), 생선 간유, 효모, 맥각
비타민 E (Tocopherol, 토코페롤)	• 항산화 작용(노화방지)을 한다. • 비타민 A의 흡수를 촉진한다. • 산화를 예방한다.	α-토코페롤의 생물학적 활성이 가장 좋고, 지질 흡수를 돕는다.	용혈 작용, 노화 촉진, 불임증, 근육 위축증	녹색채소, 곡물의 배아, 식물성 기름, 달걀, 견과류 등
비타민 K (Phylloquinone, 필로퀴논)	혈액 응고에 관여하여 지혈 작용을 한다.	장내 세균에 의해 합성되며, 열에 안정적이고, 빛과 알칼리에 불안정하다.	혈액 응고 지연, 잦은 출혈	녹색채소, 콩류, 당근, 감자, 달걀, 간
비타민 F (Essential Fatty Acid, 필수지방산)	성장과 영양에 꼭 필요하다.	• 체내에서 합성되지 않으며, 불포화지방산이다. • 리놀레산, 리놀렌산, 아라키돈산 등이 있다.	피부염, 피부건조증	식물성 기름

바로 확인문제

비타민 E에 대한 설명으로 틀린 것은?
① 물에 용해되지 않는다.
② 항산화 작용이 있어 비타민 A나 유지 등의 산화를 억제한다.
③ 버섯 등에 에르고스테롤(Ergosterol)로 존재한다.
④ α-토코페롤이 가장 효력이 강하다.

|해설|
에르고스테롤은 프로비타민 D로, 자외선에 의해 비타민 D_2로 변환된다.

|정답| ③

(2) 수용성 비타민

구분	기능	특징	결핍증	공급원
비타민 B₁ (Thiamin, 티아민)	• 포도당(탄수화물)이 에너지로 전환될 때 필요하다. • 위액 분비를 촉진하고 식욕을 증진시킨다.	마늘의 매운맛 성분인 알리신에 의해 흡수율이 증가한다.	각기병, 다발성 신경염	녹색채소, 돼지고기, 간, 육류의 내장, 어류
비타민 B₂ (Riboflavin, 리보플라빈)	• 피부나 점막을 보호한다. • 성장 촉진 작용을 한다.	산에는 안정적이나, 빛에 분해되기 쉽고 알칼리에 약하다.	피부염, 구순구각염, 설염, 야맹증	우유, 육류, 곡류, 난류, 녹색채소, 간
비타민 B₃ (Niacin, 나이아신 / Nicotinic Acid, 니코틴산)	• 탄수화물의 대사 작용을 증진시킨다. • 지방 합성에 관여한다.	• 열에 강하고, 알칼리에 안정적이다. • 필수아미노산인 트립토판 60mg으로 나이아신 1mg을 생성한다.	펠라그라(설사, 피부병, 우울증)	육류, 어류, 가금류, 유제품, 땅콩, 효모 등
비타민 B₆ (Pyridoxine, 피리독신)	• 항피부염성 비타민이다. • 신경 전달 물질, 적혈구의 합성에 관여하는 작용이 크다.	열, 산소, 빛에 쉽게 파괴된다.	피부염	쌀겨, 효모, 육류, 간, 녹황색 채소
비타민 B₉ (Folic Acid, 엽산)	단백질 대사 과정에서 보조 효소로 작용한다.	산과 열을 가하면 쉽게 파괴된다.	빈혈	간, 달걀, 도정하지 않은 곡류
비타민 B₁₂ (Cobalamin, 코발라민)	• 성장 촉진 작용을 한다. • 조혈 작용을 한다.	• 코발트(Co)를 함유한 비타민이다. • 동물성 식품에만 있다.	악성 빈혈	살코기, 간, 내장, 생선, 우유, 선지
비타민 C (Ascorbic Acid, 아스코르브산)	• 세포 사이를 합치는 데 관여하고, 혈관벽을 튼튼하게 유지한다. • 대사 작용에 관여한다. • 철분 흡수 촉진, 간장 보호, 피로 회복, 혈액 정화 등을 한다. • 콜라겐 합성에 관여하고 항산화 작용을 한다.	• 조리 시 가장 많이 손실되는 영양소이다. • 알칼리에 약하고 물에 잘 녹으며, 열에 쉽게 파괴된다.	괴혈병, 간염	신선한 채소, 콩나물, 과일
비타민 P	비타민 C와 비슷하고, 모세혈관을 튼튼하게 한다.	신체에서 합성되지 않는다.	피하 출혈	감귤류, 메밀

바로 확인문제

쌀과 같이 당질을 많이 먹는 식습관을 가진 한국인에게 대사상 꼭 필요한 비타민은?

① 비타민 B₁
② 비타민 B₆
③ 비타민 A
④ 비타민 D

|해설|
비타민 B₁은 당질(탄수화물)이 분해될 때 필요하며, 당질의 적절한 대사를 촉진시켜 에너지를 만드는 데 도움을 준다.

|정답| ①

합격보장 꿀팁

- **각기병** | 쌀의 도정 과정에서 쌀눈 속의 비타민 B₁이 제거되기 때문에 정제된 쌀을 주식으로 하는 사람에게 주로 발생한다. 팔, 다리에 부종이 나타나며, 주로 신경계, 피부, 근육, 소화기, 심혈관계에 영향을 준다.
- **아스코르비나아제(Ascorbinase)** | 아스코르비나아제는 비타민 C를 파괴하는 효소로, 아스코르비나아제가 들어 있는 식품과 비타민 C가 들어 있는 식품을 같이 두면 비타민 C의 효과가 감소한다.

(3) 지용성 비타민과 수용성 비타민의 비교

구분	지용성 비타민	수용성 비타민
구성	탄소(C), 수소(H), 산소(O)	탄소(C), 수소(H), 산소(O), 질소(N)
종류	비타민 A, D, E, K, F	비타민 B_1, B_2, B_3, B_6, B_9, B_{12}, 비타민 C, 비타민 P
특징	• 기름에 용해가 잘 된다. • 기름과 함께 섭취했을 때 흡수율이 증가한다.	물에 용해가 잘 된다.
과잉 섭취 시	체내에 저장되어 과잉증 또는 독성이 나타난다.	몸에 필요한 양만큼을 제외하고 모두 배출된다.
결핍증	서서히 나타난다.	즉시 나타난다.
1일 섭취량	매일 섭취할 필요는 없다.(간 또는 지방 조직에 저장됨)	매일 필요한 양만큼 섭취해야 한다.
손실	조리 손실이 적다.	열과 알칼리성 물질에 쉽게 파괴된다.

바로 확인문제

물에 녹는 비타민은?

① 레티놀(Retinol)　② 토코페롤(Tocopherol)　③ 티아민(Thiamin)　④ 칼시페롤(Calciferol)

|해설|
물에 녹는 수용성 비타민에는 비타민 B_1(티아민), B_2, B_3, B_6, B_9, B_{12}, 비타민 C, 비타민 P가 있다. ① 레티놀(비타민 A), ② 토코페롤(비타민 E), ④ 칼시페롤(비타민 D)은 기름에 녹는 지용성 비타민이다.　|정답| ③

07 식품의 색

1. 식물성 색소

(1) 클로로필

① 식물의 잎, 줄기에 있는 녹색 색소(엽록소)로, 포르피린환(고리)의 중심에 마그네슘(Mg)을 함유하며, 광합성에 중요한 색소이다.
② 물에 녹지 않지만, 유기 용매에는 잘 녹는다.(지용성)
③ 산, 알칼리, 효소, 금속에 의해 색이 변한다.

클로로필의 색 변화

산성(식초물)	녹갈색(페오피틴)
알칼리성(소다 첨가)	진한 녹색(클로로필린)을 유지하지만, 비타민 C 등이 파괴되고 조직이 지나치게 연화됨, 수용성
효소(클로로필라아제)	선명한 초록색(클로로필라이드, 수용성)
금속이온[구리(Cu), 철(Fe)]	선명한 초록색(완두콩 가공 시 황산구리 첨가)

바로 확인문제

클로로필(Chlorophyll)에 관한 설명으로 틀린 것은?

① 포르피린환(Porphyrin Ring)에 구리(Cu)가 결합되어 있다.
② 김치의 녹색이 갈변하는 것은 발효 중 생성되는 젖산 때문이다.
③ 산성 식품과 같이 끓이면 갈색이 된다.
④ 알칼리 용액에서는 청록색을 유지한다.

|해설|
클로로필은 포르피린환(고리)의 중심에 마그네슘(Mg)을 함유하고 있다.　|정답| ①

(2) **카로티노이드**
① 식물성·동물성 식품에 널리 분포하는 황색, 주황색, 적색의 색소이다.
② 물에는 녹지 않고 기름에는 잘 녹는 프로비타민 A의 기능이 있다.(지용성)
③ 산과 알칼리에 거의 변하지 않고, 열에 비교적 안정적이므로 조리 중 성분의 손실이 거의 없다.
④ 빛에 민감하다.

카로티노이드의 분류

카로틴계	• 탄소 · 수소로만 구성되어 있다. • 당근, 고구마, 호박, 일반 녹색식물에 존재한다.
크산토필계	• 탄소 · 수소 · 산소로 구성되어 있다. • 고추, 옥수수, 버섯, 녹엽, 갈조류에 존재한다.

(3) **플라보노이드**
식물에 넓게 분포하는 황색 계통의 수용성 색소로, 밀가루, 양파 등에 함유되어 있다.
① 안토잔틴: 백색이나 담황색의 수용성 색소로, 식물의 뿌리, 줄기, 잎 등에 분포되어 있다.

산성	백색 예 연근이나 우엉을 식초물에 삶으면 흰색을 띰
알칼리성	황색 예 밀가루 반죽에 소다를 넣으면 밀가루의 플라본 색소 때문에 황색을 띰
철(Fe)	암갈색 예 감자를 철제 칼로 자를 경우
가열 시	노란색 예 감자, 양파, 양배추

② 안토시아닌: 적색, 자색, 청색의 채소 및 과일에 있는 수용성 색소이다.

산성	적색 예 생강(담황색)을 식초에 절이면 붉게 됨
알칼리성	자색 예 가지를 삶을 때 백반을 넣으면 보라색이 유지됨
금속	청색 예 철 등의 금속과 결합 시 청색이 유지됨

바로 확인문제

적자색 양배추를 채 썰어 물에 장시간 담가 두었더니 탈색되었다. 이 현상의 원인이 되는 색소와 그 성질을 바르게 연결한 것은?
① 안토시아닌계 색소, 수용성
② 플라보노이드계 색소, 지용성
③ 헴계 색소, 수용성
④ 클로로필계 색소, 지용성

|해설|
안토시아닌계 색소는 적색, 자색 등의 색소이며 수용성 색소이므로 물에 장시간 담가 두면 색이 빠진다.

|정답| ①

2. 동물성 색소

미오글로빈	• 육색소라고도 하며, 가축의 종류, 연령, 근육 부위에 따라 함량이 달라진다. • 연령이 높고 활동을 많이 할수록 색소 함량이 많아져 고기의 색깔이 진해진다. • 신선한 생육은 적자색이며, 공기 중 산소와 결합하여 선명한 적색의 옥시미오글로빈이 되고, 가열하면 갈색 또는 회색의 메트미오글로빈이 된다.
헤모글로빈	• 근육 중 혈관에 분포하는 혈액 색소로, 철(Fe)이 함유되어 있다. • 육류 가공 시 질산칼륨이나 아질산칼륨을 첨가하면 선홍색을 유지할 수 있다.
아스타산틴	• 피조개의 붉은 살, 새우, 게, 가재 등에 포함되어 있는 흑색 또는 청록색 색소이다. • 가열 및 부패에 의해 붉은색으로 변한다.

헤모시아닌	• 문어, 오징어 등의 연체류에 포함되어 있는 파란색 색소이다. • 익혔을 때 적자색으로 변한다.
멜라닌	• 오징어 먹물에 포함되어 있는 검은색 색소이다. • 버섯, 과일 등의 변색 시 나타난다.

08 식품의 갈변

1. 식품의 변질

(1) **변질의 주원인**

① 미생물의 번식

② 식품 자체의 효소 작용

③ 공기 중의 산화로 인한 비타민 파괴 및 지방 산패

(2) **육류의 부패**

사후경직(사후강직) → 자가소화(숙성) → 부패 순으로 진행된다.

① 사후경직(사후강직): 동물 도살 후 산소 공급이 중지되어 당질의 호기적 분해가 일어나지 않아 근육 중 젖산의 증가로 인해 근육 수축이 일어나 경직되는 것을 말한다.

| 도살 후 일반적인 고기별 최대 경직 시간

닭고기	6~12시간
돼지고기	12~24시간
소고기	24~36시간(2~3일)

② 자가소화(숙성)
- 근육 내의 단백질 분해 효소(카텝신)에 의해 근육 단백질이 분해되는 것을 말한다.
- 근육이 연화되고 즙액 및 정미 성분이 증가한다.
- 근육의 글리코젠이 젖산이 되어 pH가 감소하고 감칠맛이 생성된다.

③ 부패
- 숙성 후 미생물에 의해 일어난다.
- 단백질 식품이 혐기성 미생물의 작용으로 변질되는 현상을 말한다.
- 암모니아, 인돌, 페놀, 황화수소, 히스타민, 트리메틸아민 등이 형성된다.

바로 확인문제

육류의 사후경직을 설명한 것 중 틀린 것은?

① 근육에서 해당 과정에 의해 산이 감소된다.
② 해당 과정으로 생성된 산에 의해 pH가 낮아진다.
③ 경직 속도는 도살 전의 동물의 상태에 따라 다르다.
④ 근육의 글리코젠이 젖산이 된다.

|해설|
육류의 사후경직이란 동물 도살 후 산소 공급이 중지되어 당질의 호기적 분해가 일어나지 않기 때문에 근육 중의 젖산이 증가하고, 근육이 수축되어 경직되는 것을 말한다.

|정답| ①

2. 식품의 갈변

식품의 원래 색소에 의해서가 아닌, 조리, 가공, 저장에 의해 식품 성분들 사이의 반응, 효소 반응, 산화 등의 이유로 갈색으로 변하거나 원래의 색이 진해지는 현상을 말한다.

(1) 효소에 의한 갈변

① 폴리페놀 옥시다아제: 채소류나 과일류를 자르거나 껍질을 벗길 때, 홍차 갈변
② 티로시나아제: 감자 갈변
③ 효소에 의한 갈변 방지법(효소의 활성 제거)

산 이용	pH(수소이온농도)를 3 이하로 낮춘다.
온도 조절	온도를 -10°C 이하로 낮추거나 고온에서 식품을 열처리하여 효소를 불활성화 처리한다.(블랜칭-데치기)
당 또는 염류 첨가	껍질을 벗긴 배나 사과를 설탕이나 소금물에 담가서 보관한다.
산소 제거	밀폐용기에 식품을 넣고 공기를 차단하거나, 이산화탄소나 질소가스를 주입한다.
기질 제거	구리나 철로 된 용기나 기구의 사용을 피한다.

바로 확인문제

효소에 의한 갈변을 억제하는 방법으로 옳은 것은?

① 환원성 물질 첨가 ② 기질 첨가 ③ 산소 접촉 ④ 금속이온 첨가

|해설|
아스코르브산(Ascorbic Acid) 같은 환원제를 사용하면 식품조직 속에 용해되어 있는 산소를 급속히 환원시켜 갈변을 억제할 수 있다. |정답| ①

(2) 비효소에 의한 갈변 빈출

① 마이야르 반응(아미노카르보닐 반응)
- 아미노기(단백질)와 카르보닐기(당류)가 공존할 때 일어나는 반응으로, 멜라노이딘을 생성한다.
- 에너지의 공급 없이도 자연적으로 발생한다.
- 140~165°C의 식품가공 중에 많이 발생한다.
  - ⓔ 간장, 된장, 식빵, 누룽지, 케이크, 쿠키, 오렌지 주스
② 캐러멜화 반응: 당류를 고온(180~200°C)으로 가열할 때 산화 및 분해 산물에 의한 중합, 축합으로 갈색물질이 생성된다.
  - ⓔ 소스, 합성청주, 약식 및 기타 식품 가공에 이용
③ 아스코르브산(Ascorbic Acid)의 산화 반응
- 비가역적으로 산화된 아스코르브산이 항산화제로의 기능을 상실하고 갈색화 반응을 수반한다.
- 아스코르브산은 과채류의 가공식품에 항산화제 및 항갈변제로 이용된다.
  - ⓔ 감귤류의 가공품인 오렌지 주스, 농축물 등에서 발생

바로 확인문제

사과의 절단면에서 일어나는 갈변 현상을 막기 위한 방법으로 옳지 않은 것은?

① 소금물에 담근다. ② 설탕물에 담근다.
③ 냉장고에 보관한다. ④ 창가에 보관한다.

|해설|
사과 등 과일의 절단면이 공기 중의 산소와 결합하여 수분을 발생시키면 갈변 현상이 나타난다. 따라서 밀폐용기에 보관하는 등 공기를 차단하는 것이 좋다. |정답| ④

09 식품의 맛과 냄새

1. 식품의 맛 개관

식품은 각각의 특유한 맛을 가지고 있으며, 맛은 식품의 품질을 결정짓는 중요한 요소이다. 식품의 맛을 느끼는 미각은 혀 표면의 미뢰(미각신경)가 맛 성분의 화학적인 자극을 받아 일어나는 감각을 말한다. 맛의 종류는 매우 다양하고 정확히 분류하기 어렵지만, 헤닝(Henning)의 4원미에 기초한 기본적인 맛과 기타 보조적인 맛으로 나누어 볼 수 있다.

2. 기본적인 맛(헤닝의 4원미 + 감칠맛)

(1) 단맛

① 특징
- 유기 화합물이 가지고 있는 맛으로, 영양과도 관계가 있다.
- 소량의 소금으로 단맛이 증가되고, 쓴맛, 신맛으로 단맛이 감소된다.

② 종류

천연감미료	당류, 당알코올, 아미노산 및 펩타이드
인공감미료	아스파탐, 만니톨(다시마 표면의 흰 가루)

③ 감미도: 상대적인 개념(10%의 설탕 용액의 단맛을 100으로 기준을 정해 그와 비교한 값)으로, 단맛의 정도를 나타낸다.

(2) 짠맛

① 특징: 신맛이 더해지면 강해지고, 단맛이 더해지면 약해진다. 소금 농도가 1~2%일 때 좋은 짠맛이 난다.
② 종류: 염화나트륨, 염화칼륨, 브롬화나트륨(소금 성분) 등이 있다.

(3) 신맛

① 특징
- 산이 해리되어 만들어진 수소이온에 의한 맛이다.
- pH가 같을 경우 무기산보다 유기산의 신맛이 더 강하다.
- 식욕 증진, 방부 효과 및 살균 효과(2% 이상의 식초 절임)가 있다.

② 무기산의 음이온: 쓰거나 떫은 신맛(염산, 황산, 질산)이 난다.
③ 유기산: 상쾌한 맛과 특유의 감칠맛이 난다.

| 유기산이 포함된 식품

유기산	식품	유기산	식품
젖산	요구르트, 김치류	사과산	사과, 배
초산	식초, 김치류	구연산	감귤류, 딸기, 살구
호박산	청주, 조개류, 김치류	주석산	포도

> **바로 확인문제**
>
> 신맛 성분과 주요 소재 식품의 연결이 틀린 것은?
> ① 구연산(Citric Acid) – 감귤류 ② 젖산(Lactic Acid) – 김치류
> ③ 호박산(Succinic Acid) – 늙은 호박 ④ 주석산(Tartaric Acid) – 포도
>
> |해설|
> 호박산은 조개류, 김치류 등의 신맛 성분으로, 특유의 감칠맛을 내는 유기산이다.
>
> |정답| ③

(4) 쓴맛

① 특징
- 인간의 자기 보존을 위한 본능적 감각이며, 10℃ 정도에서 가장 강하게 느껴진다.
- 소량의 쓴맛은 식욕을 촉진시키고 맛에 변화와 힘을 줄 수 있으므로 다른 맛들과 혼용하여 조미 기술의 요소로 쓰인다.

② 종류

쓴맛	식품	쓴맛	식품
후물론(Humulone)	맥주(호프)	나린진(Naringin)	밀감, 자몽
테오브로민(Theobromine)	코코아, 초콜릿	카페인(Caffeine)	커피, 초콜릿
쿠쿠르비타신(Cucurbitacin)	오이의 꼭지 부분	테인(Theine)	차류
퀘르세틴(Quercetin)	양파 껍질		

(5) 감칠맛(맛난맛)

① 특징: 음식물이 입에 당기는 맛으로, 단백질 식품에 많다.

② 종류

감칠맛	식품	감칠맛	식품
글루타민산(Glutamic Acid)	김, 된장, 간장, 다시마, 죽순	아미노산(Amino Acid)	소고기
이노신산(Inosinic Acid)	가다랑어 말린 것, 멸치	구아닐산(Guanylic Acid)	표고버섯, 송이버섯, 느타리버섯
타우린(Taurine)	오징어, 문어, 조개류	베타인(Betaine)	오징어, 새우

바로 확인문제

감칠맛 성분과 소재 식품의 연결이 잘못된 것은?

① 베타인(Betaine) - 오징어, 새우
② 이노신산(Inosinic Acid) - 멸치, 가다랑어
③ 글루타민산(Glutamic Acid) - 김, 된장
④ 타우린(Taurine) - 버섯, 죽순

|해설|
타우린은 오징어, 문어, 조개류 등에 들어 있는 감칠맛 성분이다. 버섯에는 구아닐산, 죽순에는 글루타민산이 들어 있다.

|정답| ④

합격보장 꿀팁

- **맛을 느끼는 속도** | 짠맛 → 단맛 → 신맛 → 쓴맛
- **미맹(Taste Blindness)** | 정상적인 사람이 느낄 수 있는 맛을 다르게 느끼거나 전혀 느끼지 못하는 현상을 말한다.
- **PTC(Phenyl Thio Carbamide)** | 미맹을 가려내기 위해 사용하는 쓴맛 성분으로, 0.13%의 PTC 용액에 대하여 정상인의 경우는 쓴맛을 느끼고, 미맹인 사람은 무미 또는 다른 맛으로 느낀다.

3. 기타 보조적인 맛

(1) 매운맛

① 특징
- 미각신경이 강하게 자극받아 생기는 통각 또는 온도 감각에 의한 맛이다.
- 60℃ 정도에서 가장 강하게 느껴진다.
- 소화액 분비를 촉진시켜 식욕을 증진하며, 살균·살충 작용을 도와준다.

② 종류

매운맛	식품	매운맛	식품
캡사이신(Capsaicin)	고추	피페린(Piperine), 차비신(Chavicine)	후추
쇼가올(Shogaols), 진저론(Zingerone), 진저롤(Gingerol)	생강	시니그린(Sinigrin)	겨자
알리신(Allicin)	마늘, 양파	커큐민(Curcumin)	강황
신남알데히드(Cinnamic Aldehyde)	계피	유황화합물(Sulfur Compound)	양파

바로 확인문제

매운맛 성분과 소재 식품의 연결이 올바른 것은?
① 시니그린 – 겨자　② 캡사이신 – 마늘　③ 진저롤 – 고추　④ 차비신 – 생강

|해설|
② 캡사이신은 고추, ③ 진저롤은 생강, ④ 차비신은 후추의 매운맛 성분이다.

|정답| ①

(2) 떫은맛
① 특징: 혀의 점막 단백질이 일시적으로 응고되어 미각신경이 마비되면서 생기는 수렴성의 불쾌한 맛으로, 차 제조에 중요한 성분이다.
② 성분: 탄닌(미숙한 과일에 포함되어 있는 떫은맛의 폴리페놀 성분, 인체 내에서 변비 유발)

(3) 아린맛
① 특징
- 떫은맛과 쓴맛이 섞인 것과 같은 맛이다.
- 죽순, 토란, 가지, 고사리, 우엉, 도라지 등에 들어 있다.
- 사용하기 하루 전에 물에 담가 놓으면 아린맛을 제거할 수 있다.

② 성분: 무기염류, 배당체, 유기산, 탄닌 성분 등

4. 맛의 변화

(1) 온도에 따른 맛의 변화
① 일반적으로 혀의 미각은 30℃ 전후에서 가장 예민하다.

맛의 종류	최적 온도	맛의 종류	최적 온도
단맛	20~50℃	신맛	25~50℃
짠맛	30~40℃	쓴맛	40~50℃
매운맛	50~60℃		

② 단맛, 짠맛, 쓴맛은 온도가 낮을수록 맛이 증가하고, 매운맛은 온도가 높을수록 증가하며, 신맛은 온도에 크게 영향을 받지 않는다.

바로 확인문제

음식의 온도와 맛의 관계에 대한 설명으로 틀린 것은?
① 국은 식을수록 짜게 느껴진다.
② 커피는 식을수록 쓰게 느껴진다.
③ 차게 먹을수록 신맛이 강하게 느껴진다.
④ 과일은 차게 먹는 것이 단맛이 더 강하게 느껴진다.

|해설|
신맛은 온도에 영향을 받지 않는다.

|정답| ③

(2) **기타 맛의 변화** 빈출

맛의 대비 현상 (강화)	• 주된 맛 성분에 소량의 다른 맛 성분을 넣어 주된 맛이 강해지는 현상이다. • 단맛과 감칠맛은 짠맛이나 쓴맛으로, 짠맛은 신맛으로 주된 맛을 강하게 할 수 있다. 예 단팥죽에 약간의 소금을 첨가하여 단맛을 좋게 하는 것
맛의 상승 현상	같은 맛 성분을 혼합하여 원래의 맛보다 더 강한 맛이 나게 되는 현상이다. 예 설탕에 포도당을 넣으면 단맛이 더 강해지는 것
맛의 억제 현상 (손실)	서로 다른 맛 성분이 혼합되었을 때 주된 맛이 약화되는 현상이다. 예 커피에 설탕을 넣어 쓴맛을 억제하는 것, 지나친 신맛의 과일에 설탕을 넣어 신맛을 억제하는 것
맛의 변조 현상	한 가지 맛 성분을 먹은 직후 다른 맛 성분을 먹으면 원래 식품의 맛이 다르게 느껴지는 현상이다. 예 짠맛·쓴맛·신맛의 식품 섭취 후 물의 맛이 달게 느껴지거나, 오징어를 먹은 후 식초나 밀감을 먹으면 쓰게 느껴지는 것
맛의 상쇄 현상	서로 다른 맛 성분이 혼합되었을 때 각각의 고유한 맛을 내지 못하고 약해지거나 없어지는 현상이다. 예 된장에는 소금이 많이 함유되어 있지만 감칠맛과 상쇄되어 짠맛이 약해지는 것
맛의 피로 현상 (순응)	같은 맛을 계속 섭취하면 미각이 둔해져 그 맛을 알 수 없게 되거나 다르게 느끼는 현상이다. 예 황산마그네슘이 처음에는 쓰게 느껴지지만 조금 지나면 약간의 단맛이 느껴지는 것

바로 확인문제

식혜를 당화시켜 끓일 때 설탕과 함께 소금을 조금 넣어 단맛이 강하게 느껴지는 현상은?
① 미맹 현상　　② 소실 현상　　③ 대비 현상　　④ 변조 현상

|해설|
맛의 대비 현상(강화)이란 서로 다른 두 가지 맛이 작용할 때 주된 맛 성분이 강해지는 현상으로 설탕 용액에 약간의 소금을 첨가하면 단맛이 증가한다.　|정답| ③

5. 기타 특수 성분

식품	성분	식품	성분
생선 비린내 성분	트리메틸아민, 피페리딘	참기름	세사몰
마늘	알리신	고추	캡사이신
겨자	시니그린	후추	차비신, 피페린
강황(울금)	커큐민	생강	진저롤
맥주	후물론	산초	산쇼올
커피, 초콜릿	카페인	홍어	암모니아

6. 식품의 냄새

식품의 냄새는 맛, 색과 함께 식품의 기호에 영향을 주며, 일반적으로 쾌감을 주는 것을 향(香), 불쾌감을 주는 것을 취(臭)라고 한다. 아직 확립된 분류법은 없으며, 발생하는 물질로 냄새의 종류를 표시한다.

(1) **식품 냄새의 특징**

① 식품의 냄새는 풍미 성분 중 휘발 성분에 의해 냄새와 향을 인지한다.
② 냄새는 맛에 비해 민감도가 커서 역치가 매우 낮은 농도이다.
③ 사람은 약 10,000종의 냄새를 인식할 수 있으며, 냄새는 맛에 비해 매우 다양하다.
④ 약 2,600종의 화합물이 휘발성 냄새 성분으로 알려졌는데, 대부분 분자량 300 이하의 지용성 화합물이다.

(2) 헤닝(Henning)의 냄새 프리즘

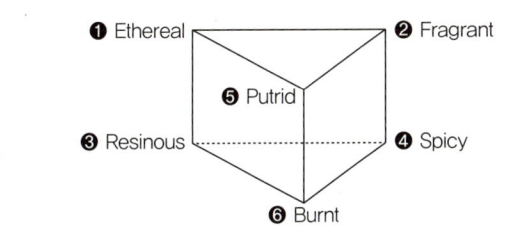

❶ 과일향(Ethereal): 사과, 레몬
❷ 꽃향기(Fragrant): 장미, 매화, 백합
❸ 수지향(Resinous): 테르펜유, 송정유
❹ 매운향(Spicy): 마늘, 생강, 후추
❺ 부패한 냄새(Putrid): 부패육
❻ 탄 냄새(Burnt): 캐러멜류, 커피, 타르

(3) 식품의 냄새

식물성	알코올 및 알데히드류	주류, 감자, 복숭아, 오이, 계피
	에스테르류	과일
	테르펜류	녹차, 찻잎, 레몬, 오렌지, 허브
	황화합물	마늘, 양파, 파, 무, 고추, 부추, 고추냉이
동물성	휘발성 아민류 및 암모니아류	육류, 어류
	지방산류	유제품
	카르보닐 화합물	고기 굽는 냄새

> **합격보장 꿀팁**
>
> • 어류와 관련된 냄새 성분 | 트리메틸아민, 암모니아, 피페리딘

> **바로 확인문제**
>
> 과일의 주된 향기 성분이며 분자량이 커지면 향기도 강해지는 냄새 성분은?
> ① 알코올　　② 에스테르류　　③ 유황화합물　　④ 휘발성 질소화합물
>
> |해설|
> 과일의 향기 성분으로는 여러 종류의 에스테르, 알코올, 알데히드 등이 있는데 에스테르류는 분자량이 커지면 향기도 강해진다.　|정답| ②

10 식품의 물성

1. 식품의 콜로이드성

식품은 둘 또는 그 이상의 물질로 이루어진 혼합물 또는 분산된 상태로 식품의 종류에 따라 다르다. 식품의 분산 형태를 결정하는 데 중요한 것은 분산되는 분자 또는 입자의 크기로 진용액, 교질용액, 현탁액으로 나눌 수 있다.

(1) **진용액**

소금이나 설탕은 물에 완전히 용해되어 진용액을 형성한다. 소금물과 설탕물에서 소금과 설탕은 용질이고, 물은 용매이다.

① 용액: 어떤 물질이 다른 한 물질 속에 용해되었을 때 균질 상태를 형성하는 것이다.
② 용질: 용액에 용해된 물질이다.
③ 용매: 용질을 용해시키는 물질이다.

(2) 교질용액

교질용액은 진용액보다 분산질 크기가 커서 용해되거나 침전되지 않고 분산되어 있는 상태이다.

① 졸(Sol): 액체에 콜로이드 입자가 분산되어 흐를 수 있는 상태이다.
② 젤(Gel): 졸 상태의 용액이 온도, pH 등의 요인으로 인해 흐르지 않고 굳은 상태이다.
- 가역성젤: 젤 상태에서 가열에 의해 다시 졸로 되돌아가는 현상으로 사골국을 끓여 냉장고에 보관하면 말랑말랑한 젤이 되는데 이를 다시 끓이면 처음 상태로 돌아가게 되는 현상이다.
  예) 펙틴, 젤라틴 젤, 한천 젤
- 비가역성젤: 젤 상태에서 가열에 의해 다시 졸로 돌아갈 수 없는 현상이다.
  예) 묵, 어묵, 삶은 달걀 등

(3) 현탁액

현탁액은 분산되어 있는 물질로 물에 용해되지 않고 가라앉는다. 용액을 저어주면 분산상태이지만 그대로 두면 중력에 의해 가라앉는다.
예) 물에 전분이나 물을 풀어 놓은 상태

2. 식품의 기타 물성

기포성	액체(분산매)에 공기와 같은 기체(분산질)가 분산된 것이다.
점성(Viscosity)	액체가 흐르기 쉬운지 어려운지 나타내는 성질이다.
탄성(Elasticity)	외부의 힘에 의한 변형으로부터 본래의 상태로 되돌아가려는 성질이다. 예) 젤리
가소성(Plasticity)	외부의 힘에 의한 변형으로부터 원래의 상태로 돌아가지 않는 성질이다. 예) 버터, 마가린, 생크림 등
점탄성(Viscoelasticity)	점성+탄성의 상태이다. 예) 추잉 껌, 밀가루 반죽

11 식품의 유독 성분

1. 식물성 식품의 천연 유독 성분

(1) 면실유

① 원인 독소: 천연 폴리페놀(Polyphenol)이 일종인 고시폴이 송자뿐만 아니라 줄기와 뿌리에도 함유되어 있다.
② 증상: 남성 불임증 유발

(2) 감자

감자에는 솔라닌(Solanine)이라는 유독 성분이 함유되어 있는데, 이 성분은 콜린에스테라아제(Cholinesterase)라는 효소의 강한 억제제이며, 태아에 대해서는 기형을 유발하는 잠재성 인자이기도 하다.

① 원인 독소
- 솔라닌(Solanine): 감자의 녹색 부위와 발아 부위에 해당
- 셉신(Sepsine): 썩은 감자에서 생성

② 증상: 구토, 설사, 복통, 언어장애(혀의 마비)
③ 예방 대책: 서늘한 곳에 보관하고, 녹색 부위와 발아 부위를 완전히 제거할 것

(3) 후추

검은 후추는 사프롤(Safrol)과 피페린(Piperine)이 10% 정도 함유되어 있다. 발암성을 갖고 있으며, 이들 성분의 대사 성분은 돌연변이 인자이다.

(4) 독버섯

① 원인 독소: 무스카린(Muscarine), 뉴린(Neurine), 콜린(Choline), 무스카리딘(Muscaridine), 팔린(Phalline), 아마니타톡신(Amanitatoxin)

② 종류: 무당버섯, 화경버섯, 외대버섯, 미치광이버섯

③ 증상

콜레라형 중독(알광대버섯, 마귀광대버섯)	콜레라 유사 증상, 경련, 허탈, 혼수상태, 헛소리
위장형 중독(무당버섯, 화경버섯)	설사, 구토, 복통 등의 위장장애
신경계(뇌 및 중추신경) 장애 중독 (파리버섯, 미치광이버섯, 광대버섯)	중추신경장애, 광증, 근육경련
용혈성 중독	콜레라형 위장장애, 용혈 작용, 황달, 혈색소뇨

바로 확인문제

독버섯의 독소 성분이 아닌 것은?

① 무스카린   ② 팔린   ③ 고시폴   ④ 콜린

|해설|
고시폴은 목화씨의 독성 성분이다.

|정답| ③

(5) 고구마

고구마의 검게 되는 부분이 쓴맛의 유독 성분이다.

① 원인 독소: 흑반병균, 이포메아마론

② 증상: 설사, 고열, 정신혼미

(6) 아플라톡신(Aflatoxin)

① 원인 곰팡이: 아스퍼질러스 플라버스 곰팡이가 곡류, 견과류(땅콩 등)의 탄수화물을 많이 함유한 식품에 증식하여 생성된 독소

② 원인 식품: 옥수수, 쌀, 보리, 된장, 곶감

③ 독소: 아플라톡신(간장독)

④ 증상: 간암 유발

(7) 맥각 중독(Ergotoxin)

① 원인 곰팡이: 맥각균

② 원인 식품: 보리, 호밀, 밀

③ 독소: 에르고톡신(간장독)

④ 증상: 구토, 복통, 설사, 임산부는 유산·조산의 위험성

(8) 황변미(Yellowed Rice) 중독

① 원인 곰팡이: 페니실리움속 푸른곰팡이

② 원인 식품: 저장미(수분 14~15%를 함유한 쌀에 곰팡이가 번식하여 누렇게 변색)

③ 독소: 시트리닌(신장독), 시트레오비리딘(신경독), 이슬란디톡신(간장독)

④ 증상: 인체에 신장독, 신경독(신경마비, 혈액순환 장애, 호흡장애, 경련 유발), 간장독을 일으킴

2. 동물성 식품의 천연 유독 성분

(1) 복어
① 원인 독소: 테트로도톡신(Tetrodotoxin)
② 잠복기: 식후 30분~5시간
③ 증상: 구토, 지각이상, 호흡곤란, 호흡마비, 사지의 마비(치사율 50~60%), 청색증
④ 독소량: 난소 > 간 > 피부 > 내장
⑤ 치사량: 2mg
⑥ 예방 대책
- 독소가 함유된 부위의 제거와 폐기를 철저히 할 것(끓여도 파괴되지 않음)
- 전문 조리사만이 조리할 것
- 산란 직전인 4~6월에는 독성이 강하므로 특히 주의할 것

(2) 조개류 중독

구분	모시조개, 바지락, 굴	섭조개(홍합), 대합
원인 독소	베네루핀(Venerupin)	삭시톡신(Saxitoxin)
특징	끓여도 파괴되지 않음	끓여도 파괴되지 않음
유독시기	5~9월	2~4월
증상	혈변, 출혈, 혼수상태, 구토	신경마비, 신체마비, 호흡곤란

3. 기타 유독 성분 빈출
① 청매(덜 익은 매실), 살구씨, 복숭아씨: 아미그달린(Amygdalin)
② 미나리: 시큐톡신(Cicutoxin)
③ 피마자: 리신(Ricin)
④ 독보리(독맥): 테무린(Temuline)

> **바로 확인문제**
>
> 동물성 식품에서 유래하는 식중독 유발 유독 성분은?
> ① 아마니타톡신　　② 솔라닌　　③ 베네루핀　　④ 시큐톡신
>
> |해설|
> ① 아마니타톡신은 독버섯 ② 솔라닌은 감자싹 중독, ④ 시큐톡신은 독미나리의 유독 성분으로 식물성 식품에서 유래하고, ③ 베네루핀은 조개류 중독으로 동물성 식품에서 유래한 유독 성분이다.　　|정답| ③

PART 02 효소

01 식품과 효소

1. 효소의 이용

(1) 효소의 이용에 따른 분류

식품에 함유되어 있는 효소를 이용	육류, 치즈, 된장의 숙성 등에 이용한다.
효소 작용을 억제하는 경우	신선도를 위한 변화 방지를 목적으로 효소 작용을 억제한다.
효소를 식품에 첨가하는 경우	펙틴 분해 효소를 첨가해 과즙이나 포도주의 혼탁을 예방하고, 육류 연화를 위해 프로테이스(Protease, 프로테아제)를 첨가한다.
효소를 사용하여 식품을 제조하는 경우	전분으로부터 포도당을 제조하고, 효소 반응을 이용해 글루타민산, 아스파라긴산을 제조한다.

(2) 효소 반응에 영향을 미치는 인자

① 온도
- 효소의 최적 온도는 30~40℃이고, 일부 내열성 효소는 70℃에서 활성이 유지된다.
- 효소의 최적 온도는 반응 시간, 효소 농도, 용액의 pH, 공존하는 화학물질 등에 영향을 받는다.

② 수소이온농도(pH): 효소의 최적 pH는 완충액의 종류, 기질 및 효소의 농도, 작용 온도 등에 따라 변한다.

| 최적 pH

효소	최적 pH
펩신(Pepsin)	pH 1~2
트립신(Trypsin)	pH 7~8
사상균의 α-아밀레이스(아밀라아제)	pH 4.5~4.8
세균 및 동물의 α-아밀레이스(아밀라아제)	pH 6~7

③ 효소 농도와 기질 농도
- 최대 효소의 반응 속도를 유지하기 위해서는 효소 농도와 기질 농도의 조절이 중요하다.
- 효소 농도가 낮을 경우 효소 농도와 반응 속도가 직선적으로 비례한다.
- 효소 농도가 일정할 때 기질 농도가 낮으면 기질 농도와 반응 속도는 정비례하고, 기질 농도가 일정치를 넘으면 반응 속도는 일정해진다. 기질이 증가하지 않으면 반응 속도는 증가하지 않는다.

④ 저해제
- 중금속 이온[은(Ag), 수은(Hg), 납(Pb) 등], 황화물, 시안화물, 계면활성제 및 금속 이온을 요구하는 효소에 대한 킬레이트 시약 등이 있다.
- 비가역적 저해와 가역적 저해로 구분된다.

> **바로 확인문제**
>
> 다음 중 효소의 활성을 저해하는 물질이 아닌 것은?
>
> ① 수은　　　　　② 마그네슘　　　　　③ 계면활성제　　　　　④ 황화물
>
> |해설|
> 효소 활성의 저해제는 중금속 이온(은, 수은, 납 등), 황화물, 시안화물, 계면활성제 및 금속 이온을 요구하는 효소에 대한 킬레이트 시약 등이 있다.　　|정답| ②

(3) 에너지원별 소화 효소

구분	탄수화물	지질	단백질
구성 성분	탄소(C), 수소(H), 산소(O)	탄소(C), 수소(H), 산소(O)	탄소(C), 수소(H), 산소(O), 질소(N)
1g당 열량	4kcal	9kcal	4kcal
에너지 적정 비율	65%	20%	15%
소화 효소	아밀레이스(아밀라아제), 말테이스(말타아제), 락테이스(락타아제), 수크레이스(수크라아제)	라이페이스(리파아제), 스테압신	펩신, 트립신, 에렙신
분해 산물	포도당	지방산, 글리세롤	아미노산

02 소화와 흡수

1. 소화의 개념 및 구분

(1) 소화의 개념
음식물이 소화 기관을 통해 세포에 흡수되기 쉬운 영양소 상태로 변하는 것을 말한다.

(2) 소화의 구분
① 기계적 소화
- 씹는 운동(저작 운동): 음식을 삼키기 위한 준비로, 치아를 이용해 음식물을 으깨거나 씹는 것을 말한다.
- 소화관 운동

분절 운동	장관 근육의 수축으로 음식물을 잘게 부수고 섞이도록 하는 운동
연동 운동	소화관 벽 근육의 수축과 이완에 의해 음식물이 위에서 아래로 이동하는 운동

② 화학적 소화: 소화 효소(침, 위액, 췌장액, 장액)에 의한 아주 작은 단위로 가수분해되는 과정을 말한다.

2. 소화 작용 및 효소

(1) 입에서의 소화
① 기계적 소화: 이(저작 운동), 혀(혼합 운동)
② 화학적 소화: 침 속의 아밀레이스(아밀라아제)에 의해 녹말이 덱스트린과 엿당 등으로 분해된다.

(2) 위에서의 소화
① 기계적 소화: 연동 운동, 분절 운동
② 화학적 소화: 위액의 펩신, 라이페이스(리파아제), 레닌에 의해 분해된다.

펩신	단백질 → 폴리펩타이드
라이페이스(리파아제)	지방 → 지방산과 글리세롤
레닌	우유의 카세인 → 응고

- **레닌** | 젖먹이 유아의 위에만 존재하는 효소이다.

(3) 소장에서의 소화
① 기계적 소화: 분절 운동으로 음식물과 소화액이 섞이며, 소화·흡수되지 않은 음식물이 대장으로 이동한다.
② 화학적 소화: 이자액(= 췌장액, 이자에서 분비), 소장액(소장벽에서 분비), 담즙(십이지장에서 분비)이 작용한다.

이자액	아밀롭신	전분 → 맥아당과 포도당
	스테압신	지방 → 지방산과 글리세롤
	라이페이스(리파아제)	지방 → 지방산과 글리세롤
	트립신	폴리펩타이드 → 디펩타이드, 아미노산
소장액	수크레이스(수크라아제)	서당(설탕) → 포도당 + 과당
	말테이스(말타아제)	맥아당(엿당) → 포도당 + 포도당
	락테이스(락타아제)	젖당 → 포도당 + 갈락토오스
	디펩티데이스(디펩티다아제)	디펩타이드 → 아미노산 + 아미노산

③ 담즙(쓸개즙)
- 간에서 생성되며 쓸개(담낭)에 저장되었다가 십이지장에서 분비된다.
- 지방의 유화 작용을 하며, 음식 중 지용성 비타민과 칼슘의 흡수를 도와준다.
- 베타카로틴을 비타민 A로 변하게 도와준다.
- 인체 내의 해독 작용 및 산의 중화 작용 등을 하지만 소화 효소는 아니다.

바로 확인문제
다음 중 담즙에 대한 설명으로 옳지 않은 것은?
① 지방의 유화 작용을 한다.
② 간에서 생성된다.
③ 소화 효소이다.
④ 지용성 비타민과 칼슘의 흡수를 도와준다.

|해설|
담즙은 소화 효소는 아니다. |정답| ③

3. 흡수
(1) 소장(작은 창자)에서의 흡수
소화된 영양소들은 소장 내벽의 융털을 통해 흡수된다.

융털의 모세혈관으로 흡수되는 영양소	포도당, 아미노산, 무기염류, 수용성 비타민, 물 등
융털의 암죽관으로 흡수되는 영양소	지방산, 글리세롤, 지용성 비타민 등

(2) 대장(큰 창자)에서의 흡수 작용
소장을 통과한 내용물 중에 변에 섞여 들어가야 할 수분 이외의 수분과 나트륨과 같은 염분을 흡수한다.

- **알코올** | 1g당 7kcal의 열량을 내며, 위에서부터 흡수된다.

PART 03 식품과 영양

01 영양소의 기능 및 영양소 섭취 기준

1. 영양소의 기능

(1) 영양소의 정의
우리가 먹는 음식에 포함되어 있는 매우 다양한 물질 중에서 인간의 생명 유지에 필수적인 성분을 말한다.

(2) 영양소의 기능에 따른 분류
① 에너지원으로 이용되는지 여부에 따른 분류: 주영양소(탄수화물, 단백질, 지방)와 부영양소(물, 비타민, 무기질)로 나눈다.
② 기능에 따른 분류

구분	설명
3대 열량 영양소	생명 유지와 활동에 필요한 에너지를 공급하는 영양소로 탄수화물(1g당 4kcal), 지질(1g당 9kcal), 단백질(1g당 4kcal)이 있다.
구성 영양소	인체를 구성하는 영양소로 단백질, 무기질, 물이 있다.
조절 영양소	생리 기능을 조절하는 영양소로 단백질, 비타민, 무기질, 물이 있다.

> **바로 확인문제**
>
> 영양소 중 체내 대사 과정을 조절해 주는 영양소가 아닌 것은?
> ① 탄수화물   ② 비타민   ③ 무기질   ④ 물
>
> |해설|
> 탄수화물은 열량 영양소이다.
> |정답| ①

(3) 기초 식품군
① 균형 잡힌 식생활을 위해 반드시 먹어야 하는 식품들로, 식품에 함유되어 있는 주요 영양소를 근거로 하여 기초 식품군을 정한다.
② 종류

구분	특징	식품
곡류 및 전분류	• 탄수화물의 급원식품이다. • 우리 몸과 뇌에 에너지를 공급한다.	밥, 빵, 감자, 고구마, 과자, 국수, 떡 등
채소 및 과일류	• 비타민 및 무기질의 급원식품이다. • 몸의 기능을 조절하며, 무기질은 인체 구성 성분이다.	여러 가지 채소, 과일, 주스 등
고기, 생선, 계란, 콩류	• 단백질의 급원식품이다. • 근육, 혈액 등의 구성 성분이다. • 호르몬, 효소 기능을 조절한다. • 성장 발달에 관여한다.	육류, 어류, 계란, 콩, 두부, 조개 등
우유 · 유제품류	• 칼슘과 각종 무기질, 단백질의 급원식품이다. • 골격과 치아의 구성 성분이다.	우유, 요구르트, 떠먹는 요구르트, 두유, 아이스크림 등

| 유지·당류 | • 지방과 당질의 급원식품이다.
• 에너지 공급, 체온 유지, 신체 보호 등의 기능을 한다.
• 과잉 섭취 시 비만을 유발한다. | 식용유, 버터, 마요네즈, 콜라, 견과류, 사탕 등 |

③ 식품구성자전거
- 의의: 다양한 식품 섭취를 통한 균형 잡힌 식사와 수분 섭취의 중요성, 그리고 적당한 운동을 통한 건강 유지라는 기본 개념을 나타낸 것이다.
- 면적 비율: 곡류 > 채소류 > 고기·생선·달걀·콩류 > 과일류 > 우유·유제품류 > 유지·당류

| 식품구성자전거

2. 영양 섭취 기준

(1) 영양 섭취 기준의 정의
① 질병이 없는 대다수의 사람들이 최적의 건강 상태를 유지하고 질병을 예방하는 데 필요한 영양소의 섭취 수준을 말한다.
② 식품군을 기초로 식단을 작성한다.

(2) 한국인 영양 섭취 기준
한국인 영양 섭취 기준은 만성질환이나 영양소의 과다 섭취를 예방하고 최적의 건강 상태를 유지할 수 있는 영양소들의 섭취 수준을 의미한다.

평균 필요량	집단을 구성하는 건강한 사람들의 절반에 해당되는 사람들의 일일 필요량을 충족하는 섭취 수준이다.
권장 섭취량	대부분의 사람들(97~98%)의 필요량을 충족시키는 수준이다.
충분 섭취량	영양소 필요량에 대한 자료가 부족한 경우 건강한 사람들에게 부족할 확률이 낮은 영양소의 섭취 수준이다.
상한 섭취량	건강에 유해한 영향이 나타나지 않는 최대 영양소 섭취 수준이다.

> **합격보장 꿀팁**
> - **식단 작성 순서** | 영양기준량 산출 → 섭취식품량 산출 → 3식의 배분 결정
> - **식단 작성의 필요조건** | 영양, 경제, 기호, 안전성, 지역, 능률

PART 04 저장관리

01 냉동·냉장

식품의 저장관리는 식품을 구입하여 조리할 때까지 영양가의 손실 없이 안전한 상태로 저장하는 방법이다.

1. 냉동과 냉장의 개요

(1) 냉동·냉장의 역사
① 음식물의 장기 보존을 위한 목적으로 활용된 냉동·냉장은 초기에는 육류, 우유, 와인, 맥주 등 저장성이 약한 식품 위주로 활용되다가 점점 과일, 채소 등 신선 편의 식품으로 확대되었다.
② 14세기 중국에서, 17세기 이탈리아에서 소금물의 증발이 물체의 열을 빼앗아가 소금물이 저장된 용기는 차가운 상태를 유지한다는 사실을 알게 되었다.(액체가 기체로 될 때, 주위의 물체에서 열을 빼앗는 원리를 터득)
③ 산업 혁명 이후 19세기 초반(1830년)에 영국의 제이컵 퍼킨스(Jacob Perkins)가 얼음을 인공적으로 만드는 압축기 특허를 출원하였다.(오늘날 프레온가스 냉매 냉장고의 탄생 계기)
④ 19세기 말에는 냉장고를 이용하여 세계 전역에 소고기를 배로 운반하고, 프랑스의 와인을 차갑게 보관하는 데도 사용되었다.

> **합격보장 꿀팁**
>
> • 우리나라 냉장고의 기원
>   – 신라시대: 석빙고
>   – 조선시대: 동빙고와 서빙고

(2) 냉동·냉장의 원리
① 냉동·냉장은 오염된 균이 성장하지 않도록 그 수준을 그대로 유지하거나 성장 속도를 늦춰 저장 기간을 연장시키는 방법이다.
② 온도를 낮춤으로써 생명체의 화학적, 미생물학적, 효소적 반응 속도를 늦춰 품질 변화를 최소화하는 원리이다.
③ 동결은 미생물의 생육을 억제할 뿐 살균 효과는 거의 없다.
④ 냉동식품이라도 장기간 보관하면 위해 미생물이 증식할 수 있고 지방의 산패 등 화학적 변질이 발생하므로 항상 소비기한을 준수하고, 적정한 기간만 저장하고 소비하도록 한다.

> **바로 확인문제**
>
> 냉장고 사용 방법으로 틀린 것은?
> ① 뜨거운 음식은 식혀서 냉장고에 보관한다.
> ② 문을 여닫는 횟수를 가능하면 줄인다.
> ③ 온도가 낮으므로 식품을 장기간 보관해도 안전하다.
> ④ 식품의 수분이 건조되므로 밀봉하여 보관한다.
>
> |해설|
> 냉장고에 식품을 장기간 보관하면 위해 미생물이 증식할 수 있고, 지방의 산패 등 화학적 변질이 발생하므로 항상 소비기한을 준수하여 적정한 기간만 저장하도록 한다.
>
> |정답| ③

(3) 냉동·냉장의 구분
① 냉동(Freezing): 식품의 어는점 이하로 동결시켜 보존하는 것을 말한다.
② 냉장(Refrigeration): 일반적으로 0~10℃로 보존하는 것을 말한다.

2. 냉동 저장

(1) 냉동 저장의 의의
① 냉동고에 저장하는 식재료는 저온 상태에서 저장하여 조리할 때까지 안전한 상태로 영양가의 손실 없이 저장 가능한 식품이 이용된다.
② 0℃에서도 화학적인 변화와 미생물의 발육이 가능하며 장기간 보관 시 냉해, 탈수, 오염 및 부패 등의 품질 변화가 일어날 수 있다.
③ 미생물의 번식을 억제하고 품질의 저하를 방지할 수 있도록 식품의 종류와 특성에 따라 -23~-18℃ 범위 내의 온도로 저장해야 한다.

바로 확인문제

냉동에 대한 설명 중 옳지 않은 것은?
① 동결은 미생물의 생육을 억제하고 살균 효과가 우수하다.
② 저온에서 조리할 때까지 안전한 상태로 저장 가능한 식품이 이용된다.
③ 지방의 산패 등 화학적 변질이 발생될 수 있다.
④ 식품의 어는점은 염류나 당류의 함량에 따라 달라진다.

|해설|
동결은 미생물의 생육을 억제할 뿐 살균 효과는 거의 없다.

|정답| ①

(2) 냉동 저장의 원리 및 분류

냉동은 일정한 공간이나 물체의 온도를 주위의 온도보다 낮추어 열을 제거하는 조작으로, 어는 범위에서 온도를 낮추는 동결(Freezing) 조작이다.

① **냉동 원리**: 냉매(Refrigerant) 물질인 암모니아 또는 프레온가스가 냉동 장치를 순환하면서 냉동 현상이 일어난다.
② **냉동 방법**
  - 자연 냉동법: 자연 현상을 이용한 방법
  - 기계적 냉동법: 에너지를 인위적으로 공급하여 인공적으로 냉동하는 방법
③ **어는점(Freezing Point)**
  - 식품이 내부에서 얼음 결정이 생성되기 시작하는 온도로, 얼기 시작하는 온도이다.
  - 순수한 물의 어는점은 0℃이고, 식품은 0℃ 이하이다.
  - 식품의 어는점은 염류나 당류의 함량에 따라 달라지는데, 염이나 당의 함량이 높을수록 어는점은 낮다.
  - 어류의 경우에 담수어는 -0.5℃, 해수어는 -2℃로 낮다.

식품의 종류별 어는점

식품	어는점	식품	어는점
소고기	-0.6℃	레몬, 포도	-2.2℃
감자	-1.7℃	토마토	-0.9℃
고구마	-1.9℃	바나나	-3.4℃
양파	-1.1℃	밤	-4.5℃
우유	-0.5℃	사과	-2.0℃

(3) **냉동고 종류**
　① 냉고는 식재료 운반차가 들어갈 수 있는 대형 냉동고(Walk in Freezer)와 냉동식품을 손으로 꺼낼 수 있는 소형 냉동고(Reach in Freezer) 등이 있다.
　② 대형 냉동고는 안에서 문을 열 수 있는 안전장치와 사람이 갇힐 경우 비상시에 작동할 수 있는 경보 장치가 반드시 설치되어 있어야 하며, 식품을 냉동 저장·보관하기 위해서는 식품의 종류와 품목의 특성에 따라 보관할 수 있어야 한다.

(4) **냉동 보관 방법**
　① 식품별 냉동(-23~-18℃) 보관 기간

식품		보관 기간
소고기	로스트, 스테이크	6개월
	간 것, 국거리	3~4개월
	소간과 혀	3~4개월
돼지고기	로스트, 스테이크	4~8개월
	간 것	1~3개월
양고기	로스트, 스테이크	6~8개월
	간 것	3~5개월
송아지 고기		8~12개월
조리된 육류 중 남은 것		2~3개월
소고기 육수		2~3개월
고기를 넣은 샌드위치		1~2개월
생닭, 오리, 칠면조, 거위		12개월
가금류	가금류 내장	3개월
	조리된 가금류	4개월
생선	고지방 생선(연어, 고등어)	3개월
	저지방 생선	6개월
조개류		3~4개월
과일류, 과일주스		8~12개월
채소류		8~12개월
프렌치 프라이용 감자		2~6개월
제과·제빵	제과류	2~6개월
	케이크	4~9개월
	제빵류	3~9개월

　② 냉동 가능 식품별 품질 감별법

소고기, 돼지고기	• 육색이 선홍색이고 윤택이 나는 것 • 수분이 충분하게 함유되어 탄력성이 있는 것 • 이취가 없는 것
닭고기	• 신선하며 광택이 있는 것 • 이취가 없이 닭고기 특유의 냄새가 나는 것

어류	• 눈이 튀어나오고, 선명한 것 • 비늘이 잘 부착되어 있고 탄력이 있으면서 광택이 나는 것
조개류	• 물기가 있고 입이 열린 것은 죽은 것이므로 주의할 것 • 껍데기가 얇은 것은 어린 조개로 겨울철에 맛이 좋음
표고버섯	• 버섯 갓이 고르게 피어 있고, 상처가 없는 것 • 고유의 색상과 향기가 있는 것
건조버섯	• 건조가 고르게 되어 변색과 변질이 되지 않은 것 • 부서진 것이 없이 갓의 형태를 잘 유지하고 있는 것

(5) 냉동식품

① 특징

보존성	• 양질의 원료를 냉동 보관하여 품질을 유지할 수 있다. • 맛과 영양을 그대로 장기간 보관할 수 있다.
계획성	필요한 여러 식재료를 장기 보존할 수 있으므로 계획적인 메뉴 구성을 할 수 있다.
안정성	냉동식품은 미생물이 활동할 수 없는 저온에 의해 저장되는 식품이므로 보존을 위해 합성보존료 없이 일정 기간 동안 안심하고 이용할 수 있다.
절약성	• 저렴한 가격일 때 다량 구입해도 저장이 가능하므로 비용을 절약할 수 있다. • 반조리 상태이므로 조리 시간이 단축된다.
위생성	• 부패 및 식중독의 원인이 되는 미생물의 활동이 적정 온도에서 정지되므로 일정 기간(적정 보관 가능 기간) 동안 안심하고 이용할 수 있다. • 재료 손질 등이 완료된 상태이므로 조리장을 청결하게 유지할 수 있다.

바로 확인문제

조리에 사용하는 냉동식품의 특성이 아닌 것은?

① 완만 동결하여 조직이 좋다.
② 미생물 발육을 저지하여 장기간 보존이 가능하다.
③ 저장 중 영양가 손실이 적다.
④ 산화를 억제하여 품질 저하를 막는다.

|해설|
급속 냉동은 얼음의 결정수가 많고 크기가 작아 균일한 형태를 띠며, 세포 사이사이에 분포하여 수분을 고르게 분산시키므로 조직에 큰 변형을 일으키지 않는다. 따라서 식품의 냉동은 완만 냉동보다 급속 냉동이 좋다.

|정답| ①

② 영양

단백질	• 냉동에 의한 단백질 변성은 다른 식품에 비해 적다. • 동결 방법과 해동 조건에 의해 해동 시 나오는 드립(Drip) 양이 많아지면 동시에 수용성 단백질이 유실되므로 적절한 동결법과 해동법이 필요하다. • 포장 등으로 건조를 막고 저장 중 온도를 일정하게 유지하여 단백질의 변성을 막는다. • 변성이 일어난 단백질은 점도가 증가하고, 용해도가 감소한다.
당질	냉동 보관 중 당질의 변화는 거의 없다.
지방	• 냉동에 의한 지질의 변화는 적지만, 저장 중 공기와의 직접 접촉에 의해 건조 및 지방의 산화에 의한 변색이 발생된다. • 냉동 저장 중의 지방 산화는 저장 온도가 낮을수록 억제된다. • 산화된 지방은 풍미가 저하되고 신체에도 유해하므로 포장, 글레이징 처리, 산화방지제의 사용, 저온 보관 등의 주의가 필요하다.

비타민	• 비타민 A, 비타민 B: 냉동 저장 중 안전하게 유지된다. • 비타민 C: 가열 및 산화에 의해 파괴되기 쉬워 비타민 C의 잔존량은 냉동 야채의 품질 지표로서 이용된다. 냉동 저장 중 비타민 C의 안정도는 저장 온도에 따라 다르다. ㉠ – 완두콩: −1℃에서는 1개월 후, −7℃에서는 2개월 후에 비타민 C가 거의 손실되지만, −12℃에서는 1년 후에도 1/4 정도가 남아 있고, −18℃에서는 1년 경과 후에도 거의 감소하지 않는다. – 시금치: −23℃에서 저장한 경우 1년 후에도 비타민 C의 변화가 거의 없다.

바로 확인문제

냉동 중 육질의 변화가 아닌 것은?
① 육질 내의 수분이 동결되어 체적 팽창이 이루어진다.
② 건조에 의한 감량이 발생한다.
③ 단백질이 변성되어 고기의 맛을 떨어뜨린다.
④ 단백질 용해도가 증가한다.

|해설|
변성이 일어난 단백질은 점도가 증가하고 용해도와 영양가가 감소한다.

|정답| ④

(6) 냉동 저장관리

① 식재료의 품질 규격 및 물리, 화학적 특성을 확인한다.
② 식재료의 표시 사항을 확인한 후 안내된 보관 방법에 맞게 냉동 저장한다.
③ 식재료의 포장 상태를 확인한 후 특성에 맞게 냉동 저장한다.
④ 저장고의 온도를 관리한다.(적정 온도는 −18℃ 이하)
⑤ 저장할 수 있는 공간과 시설이 충분히 확보되어 있어야 한다.

3. 냉장 저장

냉장(0~10℃)은 냉장 보관이 가능한 식품을 단기간 보관하기 위한 것으로 식품군별로 냉장 보관 온도와 기간이 다르다. 육류, 가금류, 어류, 패류, 난류, 채소류, 과일류와 보관 기간이 짧은 유제품류 등이 있다.

(1) 냉장 저장의 원리

① 냉장은 일정한 공간이나 물체의 온도를 주위의 온도보다 인위적으로 낮춰 주는 열 제거 조작으로, 얼지 않은 범위에서 공기를 이용하여 온도를 낮추는 냉각(Cooling) 조작이다.
② 이미 번식된 미생물은 사멸되지 않으며, 온도 관리가 부저절할 경우 품질 저하가 더 빨리 올 수 있다.

(2) 냉장고의 종류

① 가정용 냉장고: 냉장고 주위가 단열재로 싸여 있다.
② 쇼케이스
 • 개방형(Open Type): 식품을 바로 볼 수 있는 형태이다.
 • 반개방형(Semi-open): 유리문이 부착되어 있는 형태이다.
 • 밀폐형(Closed): 유리문을 좌우 또는 앞뒤로 열 수 있는 형태이다.
③ 영업용 냉장고(Walk-in, 워크인): 창고의 개념으로 대량으로 구입하여 보관할 수 있다.

(3) 냉장 저장관리

① 발주서에 따라 입고된 식재료의 품질 규격과 물리·화학적 특성을 확인한다.
② 식재료의 표시 사항을 확인한 후 안내된 보관 방법에 맞게 냉장 저장한다.
③ 식재료의 포장 상태를 확인한 후 특성에 맞게 냉장 저장한다.

(4) 냉장 보관 방법
① 식품군별 냉장 저장 방법

식품		저장 기간	저장 온도	저장 습도
육류	로스트, 스테이크	3~5일	0~2.2℃	70~75%
	국거리, 간 것	1~2일		
	베이컨	7일		
	기타 육류	1~2일		
가금류	거위, 오리, 닭	1~2일		70~75%
	가금류 내장			
어류 및 패류	냉장 저장 가능 생선류, 각종 조개류	1~2일	−1.1~1.1℃	80~95%
알류	달걀, 가공된 달걀	7일	4.4~7.2℃	75~85%
	달걀 조리식품	1일 미만	0~2.2℃	
채소류	고구마, 호박, 양파	7~14일	15~16℃	80~90%
	감자	30일	7.2~10℃	
	양배추, 근채류	14일	4.4~7.2℃	
	기타 모든 채소류	5일		
과일류	사과	14일		
	딸기, 포도, 배	3~5일		
우유 및 유제품	유제품류, 시판우유	제조일로부터 5~7일	3.3~4.4℃	75~85%
	농축우유, 탈지우유	밀폐된 상태로 1년		
	고형치즈	6개월		

② 냉장 가능 식품의 감별법

식품		감별법
육류 가공품	소시지, 햄	• 담홍색으로 잘랐을 때 육질이 탄력 있고, 밀착되어 있는 것 • 특유의 풍미가 있는 것
	베이컨	• 훈연 냄새가 나고 광택이 있는 것 • 끈적이지 않는 것
어육 가공품	어육제품	• 탄력이 있으며 표면에 이물질이 없는 것 • 특유의 풍미가 있는 것
알류	달걀	• 표면이 까칠까칠하고, 무게감이 있는 것 • 흔들었을 때 소리가 나지 않는 것
채소류	감자	모양이 둥글고 고르며, 싹이 없고 껍질이 깨끗한 것
	토란	모양이 둥글고 고르며, 잘랐을 때 점액질이 많은 것
과일류	오이	• 위·아래의 굵기가 고르고 곧게 자란 것 • 취청(청오이)이나 가시오이는 표면에 가시가 많은 것
	사과	• 붉은색이 고르며 반점이나 해충이 없는 것 • 향이 있는 것
	배	• 껍질이 얇고 매끄러우며 짙은 황색인 것 • 꼭지가 깊은 것

	포도	• 포도분이 많이 묻어 있고 꼭지와 속줄기가 싱싱하며 껍질이 얇은 것 • 고유의 향기를 지닌 것
우유 및 유제품류	우유	• 위생적으로 처리되어 있고, 상단 부분이 밀폐되어 있는 것 • 소비기한이나 제조일자를 확인할 것
	버터	• 포장이 위생적으로 되어 있고, 담황색의 색상이 균일한 것 • 이취가 없는 것

바로 확인문제

식품 구입 시의 감별 방법으로 틀린 것은?

① 육류 가공품인 소시지는 색이 담홍색이며 탄력성이 없는 것
② 오이는 위·아래의 굵기가 고르고 곧게 자란 것
③ 감자는 싹이 없고 껍질이 깨끗한 것
④ 생선은 탄력이 있으며 표면에 이물질이 없는 것

|해설|
소시지는 담홍색이고 탄력성이 있는 것이 선도가 좋은 것이다.

|정답| ①

02 창고 저장

1. 저장관리

(1) **창고 저장이 가능한 식품**

대부분 실온(20±5℃)에서 보관이 가능한 곡류, 근채류, 건조식품류와 캔류이다.

(2) **저장 환경**

① 직사광선이 없고 통풍이 잘 되어야 하며, 온도(15~25℃)와 습도(50~60%) 관리가 중요하다.
② 통풍이 잘 되지 않으면 곰팡이가 생기므로 벽 상단과 창고 하단에 환기구가 설치되어야 하며 물품을 적재하는 선반은 통풍이 잘 되는 그물형이 좋다.
③ 창고는 업체의 상황에 따라 일반 창고, 식재료 창고, 음료 창고 등으로 구분한다.

2. 창고 저장의 원칙 및 방법

(1) **창고 저장의 원칙**

① 식재료의 표시 사항을 확인한 후 안내된 보관 방법에 맞게 저장한다.
② 식재료의 물리, 화학적 특성을 파악하고 저장한다.
③ 식재료의 포장 상태를 확인한 후 특성에 맞게 저장한다.

(2) **창고 저장관리의 원칙**

① 안전성(Safety): 식품의 품질을 유지하여 안전하게 출고될 수 있도록 물품의 적재 방법, 선반, 설비, 사다리, 냉동 및 냉장 시설 내부에 설치된 개폐 장치 및 소화기의 배치 등 시설에 대한 안전관리를 철저히 해야 한다.
② 위생성(Sanitation): 저장고는 청결, 정리정돈의 상태가 잘 유지되어야 하고, 구충·구서의 시설과 미생물의 오염 방지를 위해 온도와 습도관리가 철저히 이루어져야 한다.
③ 자각성(Perception): 저장고의 효율적인 운영 관리를 위해 물품별로 구획 배치를 하고 입고 순서대로 적재하거나 사용 빈도에 따라 분리하여 저장해야 한다.

바로 확인문제

창고 저장관리의 3원칙에 해당되지 않는 것은?

① 안전성　　　　② 위생성　　　　③ 자각성　　　　④ 지속성

|해설|
창고 저장관리의 원칙은 안전성, 위생성, 자각성이다.　　　　|정답| ④

(3) 창고 저장 방법

① 식품군별 창고 저장 방법

식품		저장 기간	저장 습도
건조식품류	전분가루	2~3개월	40~50%
	향신료	무한정	
	허브	24개월 이상	
	베이킹소다, 베이킹파우더	8~12개월	
	이스트	18개월	
	도넛 가루	6개월	
	건과일	6~8개월	
	말린 콩	1~2년	
	인스턴트 커피, 인스턴트 차, 엽차	8~12개월	
통조림류 (캔류)	과일 통조림	6~12개월	50~60%
	채소 통조림, 수프, 해산물	12개월	
	초절임 생선	4개월	
유제품	파우더 크림	4개월	
	농축밀크, 증류밀크	12개월	
유지류	마요네즈, 샐러드 드레싱	2개월	
조미료류	가공소금, 고춧가루, 꿀, 시럽	12개월	40~50%
	식초, 간장	24개월	
	겨자	2~6개월	
	정제설탕, 일반 소금, 화학조미료	무한정	
음료	일반 커피	14일	50~60%
	진공포장 커피	7~12개월	

바로 확인문제

다음 중 식재료의 창고 저장 방법으로 틀린 것은?

① 건조허브는 2년 이상 보관 가능하다.
② 유지류는 통조림류에 비해 저장 기간이 길다.
③ 진공포장류는 저장 기간이 7~12개월로 긴 편이다.
④ 일반 소금류는 무한정 저장이 가능하다.

|해설|
유지류의 저장 기간은 2개월, 통조림류의 저장 기간은 6~12개월이므로 유지류가 통조림류에 비해 저장 기간이 짧다.　　　　|정답| ②

② 창고 저장 가능 식품의 감별법

식품		감별법
해조류	미역	건조가 잘 되어 있고, 색상이 고르며, 찢어지지 않고 두꺼운 것이 좋다.
	김	건조가 잘 되어 있고, 광택이 있으며, 표면이 고른 것이 좋다.
버섯류	표고버섯	버섯 갓이 고르게 피어 있고, 상처가 없으며, 고유의 색상과 향기가 있는 것이 좋다.
	건조버섯	건조가 고르게 되어 변색과 변질이 되지 않은 것으로, 부서진 것이 없이 갓의 형태를 잘 유지하고 있는 것이 좋다.
저장 식품류	통조림	외형이 위생적이고 상표가 잘 보이며 찌그러지거나 튀어나온 곳이 없고, 두드렸을 때 맑은 소리가 나는 것이 좋다.
	병조림	외형이 위생적이며 상표가 잘 부착되어 있고, 뚜껑이 잘 밀봉되어 있는 것이 좋다.

03 품질관리

1. 식재료의 품질관리

(1) **시간 경과에 따른 식재료의 변화**
① 저장식품은 장기간 저장 시 자기노후, 미생물 증식, 물리적·화학적 반응에 의한 품질 저하가 일어나고, 이에 따라 소비기한이 짧아진다.
② 대부분의 식품은 식품 자체의 효소 및 생화학적 작용에 의해 숙성, 과숙, 부패되며, 색, 향미, 조직감이 저하되고 지방의 산화, 비타민 감소, 색소의 변화 등의 화학적인 반응에 의해 품질이 저하된다.
③ 온도, pH, 산소, 습도 등의 외부 환경적인 영향으로 미생물에 의해 품질이 저하된다.
④ 건조식품의 경우 수분 상승은 수분활성도가 높아져 미생물에 의한 변패가 일어난다.
⑤ 신선식품인 우유, 채소류, 과일류, 육류와 어패류 등은 미생물 증식에 의해 품질이 크게 저하된다.

(2) **식재료의 보관 온도 기준**
① 냉장식품은 10℃ 이하(5℃ 이하를 권장)에서 보관한다.
② 냉동식품은 냉동 상태를 유지하고 녹은 흔적이 없어야 한다.
③ 조리된 채소는 10℃ 이하에서 보관한다.
④ 일반 채소는 상온에서 보관하며 신선도를 확인한다.
⑤ 곡류, 식용유, 통조림 등 상온에서 보관 가능한 것을 제외한 육류, 어패류, 채소류 등의 신선식품은 구입한 당일에 사용하는 것을 원칙으로 한다.

(3) **식재료 소비기한 관리**
① 소비기한 내의 식품을 구입해야 하며, 식품의 제조 판매자나 유통업자는 소비기한이 경과한 식품을 판매해서는 안 된다.
② 소비기한이 지난 식품의 가식 여부는 식품의 저장 수명(Shelf Life)에 따라 다르지만, 구입한 식품은 소비기한 내에 소비하도록 한다.
③ 모든 식품은 소비기한을 정하여 표시해야 하는 대상이다.
④ 식품별로 소비기한의 표시 방법이 다르기 때문에 식품 구매 시 확인한다.

(4) 소비기한과 제조일자의 표기 방법

소비기한	• ○○년 ○○월 ○○일까지 • ○○○○. ○○. ○○까지 • ○○○○년 ○○월 ○○일까지
제조일자를 표시한 경우	• 제조일로부터 ○○일까지 • 제조일로부터 ○○월까지 • 제조일로부터 ○○년까지 • 도시락류는 제조일로부터 ○○시까지 표시

(5) 소비기한 관련 용어

품질유지기한	• 최상의 품질로 유지 가능한 기한이다. • 표시된 저장 조건하에서 그 품질이 특정하게 유지되며 완전한 시장성이 있는 최종일자를 보증하는 날짜이다. • 품질유지기한이 지난 식품이라도 일정 기간 소비할 수 있다.
최종 판매일자	• 소비자에게 판매를 위해 제공할 수 있는 최종일자로, 가정에서 통상적인 저장 기간이 남아 있는 날짜이다. • 소비기한과 가장 유사한 개념이다.
최종 권장 사용일자	표시된 저장 조건하에서 그 일자 이후에는 소비자가 기대하고 있는 품질 특성을 가지지 못할 수 있는 추정 기간의 최종일을 보증하는 날짜이다.
포장일자	• 식품이 팔리게 될 용기에 포장된 날짜이다. • 식품을 제조한 날짜이다.
소비기한	• 정해진 조건하에서 보관했을 때 위생상의 안전성이 보장되는 최종 기한이다. • 소비기한이 지난 식품은 소비할 수 없다.

(6) 유통기한과 소비기한의 차이

구분	유통기한(미개봉 상태 기준)	소비기한(유통기한 경과 후)
우유	10일	50일
식빵	3일	20일
치즈	6개월	70일
달걀	20일	25일
두부	14일	90일
액상커피	11주	30일
요구르트	10일	20일
냉동만두	9개월	1년 이상

> **합격보장 꿀팁**
>
> • 소비기한 표시제의 기대 효과
>   - 유통기한 경과로 인한 식품 폐기물이 줄어든다.
>   - 국제 기준에 맞는 식품 제도로 도약할 수 있다.(EU 등 대다수의 국가가 소비기한 표시제를 도입·운영하고 있음)

(7) 선입선출관리
① 선입선출법(First-In, First-Out)
- 출고관리 방법 중 하나로 먼저 입고되었던 식재료부터 순서대로 출고하는 방법이다.
- 구매 과정에서부터 출고되기 전까지 생산 날짜, 구입일이 빠른 식재료부터 선별하여 출고하는 방법이다.
- 대부분의 식재료는 출고방법으로 선입선출법을 사용한다.
② 자재분류
- 입고된 식재료를 일정한 기준과 방법에 따라 품목별 식별코드 번호나 부호를 부여하는 것이다.
- 자재관리를 기계화·전산화하여 효율적으로 관리할 수 있다.

자재분류의 원칙

데이터 코드화	품목별 식별 코드번호에 여유 자리의 수를 두어 자재량이 많을 경우를 대비한다.
분류 집계의 체계화	품목별 분류 집계의 체계화로 모든 식자재가 포함될 수 있도록 예상하여 계획한다.
해독성과 편이성	품목별 식별·분류 코드번호는 부여된 코드의 의미를 이해하기 쉽도록 한다.
전산처리화	• 품목별 식별·분류 작업이 전산으로 처리될 수 있도록 미리 확인하고, 한 개의 품목이 분류 항목 한 개가 될 수 있도록 한다. • 입고된 모든 재료들을 식별하기 위해 품목별 분류 번호나 부호를 부여하여 다른 품목과 구별해야 한다.

바로 확인문제

출고관리 방법 중 하나로 구매 과정에서부터 출고되기 전까지 생산 날짜, 구입일이 빠른 식재료부터 선별하여 출고하는 방법은?
① 선입선출법   ② 후입선출법
③ 총평균법   ④ 최소-최대관리법

|해설|
선입선출법은 먼저 입고되었던 식재료부터 순서대로 출고하는 방법이다. |정답| ①

(8) 바코드
① 바코드는 우리나라에서 1984년부터 사용하기 시작하여 1988년에 국제상품코드에 가입하였다. 현재 대부분의 품목에 사용되고 있다.
② 바코드는 제품의 가격, 제품의 종류와 제조회사를 알 수 있고, 제조업체나 유통회사에서는 판매량과 재고량까지도 확인할 수 있다.
③ 13자리의 수로, 맨 앞에 880은 우리나라 고유의 국가코드, 다음의 4자리는 제조회사코드, 다음의 5자리는 제품의 가격과 종류를 나타내는 상품코드, 마지막 한 자리의 수는 바코드의 이상 유무를 확인하는 검증코드이다.

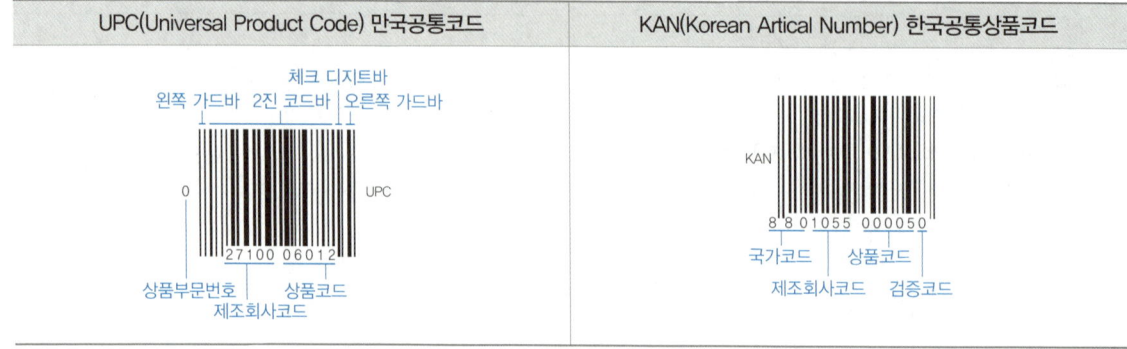

필기합격 적중문제

SUBJECT 03 | 재료관리

01 난이도 ●○○

식품을 고를 때 채소류의 감별법으로 틀린 것은?

① 표고버섯은 상처가 없으며 고유의 색상과 향기를 가지고 있는 것이 좋다.
② 당근은 두께가 일정하고 마디나 뿔이 없는 것이 좋다.
③ 양배추는 가볍고 잎이 얇으며 신선하고 광택이 있는 것이 좋다.
④ 우엉은 껍질이 매끈하고 수염뿌리가 없는 것으로 굵기가 일정한 것이 좋다.

02 난이도 ●●○

식재료별 보관 온도로 틀린 것은?

① 토마토 – 7~10℃
② 빵 또는 떡류 – 냉동 보관
③ 견과류 – 냉동 보관
④ 바나나 – 상온 보관

03 난이도 ●○○

냉동 보관에 대한 설명으로 틀린 것은?

① 냉동된 닭을 조리할 때 해동되면서 변색되기 때문에 뼈가 검게 변하기 쉽다.
② 떡의 노화 지연을 위해 냉동 보관하는 것이 좋다.
③ 급속 냉동 시 얼음 결정이 크게 형성되어 식품의 조직 파괴가 크다.
④ 서서히 동결하면 해동 시 드립(Drip) 현상으로 식품의 질을 저하시킨다.

04 난이도 ●○○

저온 저장의 특징이 아닌 것은?

① 미생물의 생육을 일시적으로 억제할 수 있다.
② 효소 활성이 낮아져 수확 후 호흡, 발아 등의 대사를 억제할 수 있다.
③ 살균 효과가 있다.
④ 냉장 보관은 주로 채소나 과일에 많이 사용된다.

05 난이도 ●●○

냉동 시 영양소의 변화로 틀린 것은?

① 당질의 변화는 거의 없다.
② 지방은 건조 및 산화에 의한 변색이 발생한다.
③ 비타민 A 및 비타민 B, 비타민 C는 냉동 저장 중 안전하게 유지된다.
④ 단백질 변성은 다른 식품에 비해 적으며 약간의 변성이 있다고 해도 단백질의 변성이 영양가 저하에 직접 관련이 있다고 할 수 없다.

06 난이도 ●○○

냉동 보관 중 육류의 변화가 아닌 것은?

① 수분이 동결되어 부피 팽창이 이루어진다.
② 건조에 의한 무게 감량이 발생한다.
③ 단백질이 변성되어 맛을 떨어뜨린다.
④ 단백질 용해도가 증가한다.

07 식품을 저온 저장하는 이유가 아닌 것은?
① 호흡량 감소
② 미생물 번식 지연
③ 화학 반응 속도 감소
④ 저장 수명의 감소

08 다음은 식용유의 재고대상이다. 식용유의 재고가 10병일 때 선입선출법에 의한 식용유의 재고자산은 얼마인가?

입고일자	수량	단가
1일	5병	3,000원
10일	10병	3,200원
20일	10병	3,200원
30일	5병	3,500원

① 32,000원
② 33,500원
③ 35,000원
④ 35,500원

09 소비기한 관련 용어로서 소비자에게 판매를 위해 제공할 수 있으며 가정에서 통상적인 저장 기간이 남아 있는 날짜를 뜻하는 것은?
① 품질유지기한
② 최종 판매일자
③ 소비기한
④ 최종 권장 사용일자

10 바코드에 대한 설명 중 옳지 않은 것은?
① 제품의 가격, 제품의 종류와 제조회사를 알 수 있다.
② 제조업체나 유통회사에서는 판매량을 알 수 있다.
③ 유통회사에서는 재고량을 확인할 수 있다.
④ 각 나라별로 바코드가 다르기 때문에 타국 제품은 파악하기 어렵다.

11 동물이 도축된 후 화학변화가 일어나 근육이 긴장되어 굳어지는 현상은?
① 사후경직
② 자기소화
③ 산화
④ 팽화

12 지방의 경화에 대한 설명으로 옳은 것은?
① 물과 지방이 서로 섞여 있는 상태이다.
② 불포화지방산에 수소를 첨가하는 것이다.
③ 기름을 7.2℃까지 냉각시켜서 지방을 여과하는 것이다.
④ 반죽 내에서 지방층을 형성하여 글루텐 형성을 막는다.

13 마늘에 함유된 황화합물로 특유의 매운 성분이 있는 것은?
① 알리신(Allicin)
② 디메틸설파이드(Dimethyl Sulfide)
③ 머스터드 오일(Mustard Oil)
④ 캡사이신(Capsaicin)

14 맛의 변화 현상 중 설탕 용액에 미량의 소금을 가하여 단맛이 증가하는 현상은?
① 맛의 상쇄
② 맛의 변조
③ 맛의 대비
④ 맛의 발현

15 난이도
침(타액)에 들어 있는 소화 효소의 작용에 해당하는 것은?

① 전분을 맥아당으로 변화시킨다.
② 단백질을 펩톤으로 분해시킨다.
③ 설탕을 포도당과 과당으로 분해시킨다.
④ 카세인을 응고시킨다.

16 난이도
결합수의 특징이 아닌 것은?

① 전해질을 잘 녹여 용매로 작용한다.
② 자유수보다 밀도가 크다.
③ 식품에서 미생물의 번식과 발아에 이용되지 못한다.
④ 동·식물의 조직에 존재할 때 그 조직에 큰 압력을 가하여 압착해도 제거되지 않는다.

17 난이도
버터 대용품으로 생산되고 있는 식물성 유지는?

① 쇼트닝 ② 마가린
③ 마요네즈 ④ 땅콩버터

18 난이도
조리 시 나타나는 비타민, 무기질의 변화로 틀린 것은?

① 비타민 A는 지방 음식과 함께 섭취할 때 흡수율이 낮아진다.
② 비타민 D는 자외선과 접하는 부분이 클수록, 오래 끓일수록 많이 생성된다.
③ 칼슘(Ca)을 비타민 D와 함께 섭취하면 칼슘 흡수가 촉진된다.
④ 인(P)은 인지질의 형태로 세포막을 구성한다.

19 난이도
다음 냄새 성분 중 어류와 관계가 먼 것은?

① 트리메틸아민(Trimethylamine)
② 암모니아(Ammonia)
③ 피페리딘(Piperidine)
④ 디아세틸(Diacetyl)

20 난이도
식품에 존재하는 물의 형태 중 자유수에 대한 설명으로 틀린 것은?

① 식품에서 미생물의 번식에 이용된다.
② −20℃에서도 얼지 않는다.
③ 100℃에서 증발하여 수증기가 된다.
④ 식품을 건조시킬 때 쉽게 제거된다.

21 난이도
헤모글로빈을 구성하며, 혈액 생성에 필수인 영양소는?

① 철분 ② 인
③ 황 ④ 마그네슘

22 난이도 산업기사 출제 가능
식물성 식품에 들어 있는 카로틴이 바뀐 비타민으로, 피부의 상피 세포를 보호하고 눈의 기능을 좋게 하는 것은?

① 비타민 A ② 비타민 C
③ 비타민 D ④ 비타민 E

23 난이도
지방 분해 효소는 무엇인가?
① 라이페이스 ② 프로테이스
③ 말테이스 ④ 트립신

24 난이도
무기질으로만 짝지어진 것은?
① 지방, 나트륨, 비타민 A
② 칼슘, 인, 철
③ 지방산, 염소, 비타민 B
④ 아미노산, 아이오딘, 지방

25 난이도
냉장 보관 시 나타나는 증상과 거리가 먼 것은?
① 식빵이 굳는다.
② 바나나 껍질이 검게 변한다.
③ 밥의 노화가 진행된다.
④ 감자에서 솔라닌 성분이 생성된다.

26 난이도
칼슘의 기능에 해당되지 않는 것은?
① 골격과 치아 구성
② 혈액의 성분 생성
③ 연조직에서 대사 조절에 관여
④ 혈액의 응고 작용

27 난이도
인체의 미량원소로 주로 갑상선 호르몬인 티록신을 구성하며 원소기호가 I인 영양소는?
① 아이오딘 ② 철
③ 마그네슘 ④ 셀레늄

28 난이도 산업기사 출제 가능
식품의 감별법 중 틀린 것은?
① 패류는 입이 열린 것은 죽은 것이므로 주의한다.
② 생선은 안구가 돌출되어 있고 비늘이 단단하게 붙어 있는 것이 좋다.
③ 닭고기의 뼈(관절) 부위가 변색된 것은 변질된 것으로 맛이 없다.
④ 돼지고기의 색이 검붉은 것은 늙은 돼지에서 생산된 고기일 수 있다.

29 난이도
열에 의해 가장 쉽게 파괴되는 비타민은?
① 비타민 A ② 비타민 C
③ 비타민 E ④ 비타민 K

30 난이도 산업기사 출제 가능
만성 중독의 경우 반상치, 골경화증, 체중 감소, 빈혈 등을 나타내는 물질은?
① 붕산 ② 불소
③ 승홍 ④ 포르말린

정답 및 해설 P.5

에듀윌이
너를
지지할게

ENERGY

행운이란
100%의 노력 뒤에 남는 것이다.

– 랭스턴 콜먼(Langston Coleman)

공통편

SUBJECT 04

구매관리

PART 01 시장조사 및 구매관리 [NCS 능력단위: LM1301010004_21v1.1, 1.2]

시장조사를 하는 이유와 식품의 구입 계획을 위한 기초 지식, 구매 계획의 수립 절차가 주요 내용이다. 이를 바탕으로 구매 및 재고관리하는 방법을 연결지어 학습한다.

PART 02 검수관리 [NCS 능력단위: LM1301010004_21v1.1.3]

식품검수 방법과 절차, 검수 시 유의 사항이 중요하다. 또한 식품별 감별 항목과 사항을 구분하여 학습한다.

PART 03 원가

원가의 3요소와 원가의 종류인 직접비, 간접비, 원가의 구성도를 알아야 하고, 원가를 계산하는 문제가 자주 출제되므로 계산식을 암기한다.

PART 01 시장조사 및 구매관리

01 시장조사

1. 시장조사의 의의 및 목적

(1) 의의
① 구매 활동에 필요한 자료를 수집하고, 이를 분석 및 검토하여 결과를 구매에 적용하는 것을 말한다.
② 비용 절감 및 이익 증대를 도모하고, 미래의 시장을 예측하기 위해 실시한다.

(2) 목적
① **구매 가격의 예산 결정**: 원가와 시장 가격을 기초로 이루어진다.
② **합리적인 구매 계획의 수립**: 구매할 품목의 품질, 구매 거래처, 구매 시기, 구매 수량 등을 수립한다.
③ **신제품의 설계**: 상품의 종류와 경제성, 구입의 용이성 등을 조사한다.
④ **제품 개량**: 기존 상품의 새로운 판로 개척이나 원가 절감을 목적으로 한다.

> **바로 확인문제**
>
> 식재료 구매 시 시장조사를 하는 목적이 아닌 것은?
> ① 합리적인 구매 계획의 수립　② 구매 가격의 예산 결정
> ③ 판매 증진　　　　　　　　　④ 신제품의 설계
>
> |해설|
> 판매 증진이 아닌, 기존 상품의 새로운 판로 개척이나 원가 절감을 목적으로 한다.　　　　　　　　　　　　　　　　|정답| ③

2. 시장조사의 내용 [빈출]

품목	구매하고자 하는 품목 결정
품질	요구되는 품질과 가격 대비의 가치 확인
수량	구입하고자 하는 수량(보관 및 저장 고려)
가격	물품의 가격, 거래 조건 등
구매 시기	납품 가격, 물가, 사용 시기 등을 고려하여 결정
구매 거래처	품목 결정에 따른 업체 선정(복수 거래 및 상시 공급업체 선정)
거래 조건	인수 및 지불 조건, 계약 사항 등 조건 확립

3. 시장조사의 원칙 [빈출]

비용 경제성의 원칙	시장조사에 소요되는 비용과 구매의 효율성이 조화를 이루어야 한다.
조사 적시성의 원칙	필요 시기에 적절하게 이루어져야 한다.(시간 소요는 비용으로 이어짐)
조사 탄력성의 원칙	식품은 구매 활동에 변동이 많으므로 시장 변동 상황에 능동적으로 대응할 수 있어야 한다.
조사 계획성의 원칙	구체적인 계획을 수립해야 한다.
조사 정확성의 원칙	시장의 실태에 대한 정확한 정보가 필요하다.

> **바로 확인문제**
>
> 구매관리에서 시장조사의 원칙이 아닌 것은?
> ① 조사 한시성의 원칙 ② 조사 정확성의 원칙
> ③ 비용 경제성의 원칙 ④ 조사 계획성의 원칙
>
> |해설|
> 시장조사의 원칙에는 비용 경제성의 원칙, 조사 적시성의 원칙, 조사 탄력성의 원칙, 조사 계획성의 원칙, 조사 정확성의 원칙이 있다.
>
> |정답| ①

4. 시장조사의 유형

기초 시장조사	• 구매정책 등을 결정하기 위한 시장조사로, 시장조사의 기초가 된다. • 관련 업계의 동향, 가격 현황, 거래처의 대금 결제 방법, 관련 업체의 수급 동향 등을 조사한다.
품목별 시장조사	• 현재 필요한 물품의 가격 변동과 수급 현황을 조사한다. • 구매 물품의 가격 산정과 구매 수량을 결정하는 자료로 활용된다.
구매 거래처별 시장조사	• 지속적인 거래를 위해 특정 업체를 조사한다. • 주거래 업체의 상황, 재무 상태, 경영 관리, 성장성, 생산 및 판매 상황, 품질관리, 제조원가 등을 조사한다.
유통 체계별 시장조사	• 생산에서 소비에 이르는 유통 과정의 건전성을 알아보기 위한 조사이다. • 유통 단계별 제품, 가격 촉진, 유통 경로 등을 조사한다.

5. 식품 구입 계획을 위한 기초 지식

물가 파악을 위한 자료 장비	전년도에 사용한 식품의 단가 일람표 등이 해당한다.
식품의 출회표와 가격 상황	육류, 어패류, 과일류, 채소류 등 산지 및 출하 시기에 따른 변수가 많은 식품의 가격 현황과 변동 추세를 확인한다.
식품의 소비기한과 가격 인지	각각의 식품이 소비자에게 입수될 때까지의 모든 과정을 파악하여 가격과 선도를 판정한다.
폐기율과 가식부	사용 빈도가 높은 식품은 작업 전에 표준 폐기율 산출표를 작성하여 구입 수량을 결정한다.
사용 계획	저장 허용량, 저장 수량과 저장 기간의 관계를 고려하여 예산과 대조, 식품에 따라 사용 계획을 세운다.
재료의 종류와 품질 판정법	우수한 품질을 구매하기 위해 품목별로 구분하고, 원산지와 품질 특성을 파악한다.

> **합격보장 꿀팁**
>
> • **폐기율** | 생선의 뼈나 야채의 껍질과 같이 식품 중에서 실제로 먹지 않고 버리는 부분이 전체 식품에서 차지하는 비율을 말한다. 폐기율은 식품의 품질, 계절, 구입 방법, 조리법, 신선도, 기계화의 정도, 조리 기술 능력에 따라 다르다.
> • **가식부** | 식품 중에서 식용이 가능한 부분을 말하며 가식량이라고도 한다.

6. 재료구매 계획 수립

구매하고자 하는 물건에 대해 상품과 업체를 미리 결정하고, 결정한 물건을 구입하는 행위를 말한다.

(1) 식품구매 계획 수립 시 필요 사항
① 식품 수급 현황
② 가격 변화(산지가, 경매가 등)
③ 경기 변동
④ 물가 동향
⑤ 저장 수명 등

> **바로 확인문제**
>
> 식품구매 계획 수립 시 필요 사항이 아닌 것은?
> ① 식품 가격 변화 ② 식품 수급 현황
> ③ 식품의 저장 수명 ④ 과거 기록
>
> |해설|
> 식품구매 계획 수립 시 식품 수급 현황, 가격 변화, 경기 변동, 물가 동향, 저장 수명 등이 필요하다.
>
> |정답| ④

(2) 재료구매 계획 수립 시 기초 조사
① 구매물품의 가격, 납품업체, 거래 조건, 물가 동향 등에 대한 조사
② 구매 관련 내·외부 정보 및 자료 조사
③ 조직 내 설비·장치·저장 능력 및 활용도 검토
④ 구매물품의 재고 현황, 생산 계획, 판매 계획 수립
⑤ 수송 수단, 유통 구조, 비용 조사
⑥ 구매물품 및 거래처의 과거 기록 자료 조사

(3) 원활한 구매 계획을 수행하기 위한 조건
① 조직의 정책 결정과 판매 계획이 수립되어야 한다.
② 생산 계획이 결정된 후 효율성, 경제성을 고려한 구매 계획을 수립해야 한다.

(4) 구매 계획의 수립 절차
방침 계획, 구매 계획, 생산 및 판매 계획으로 세분화하여 수행한다.

방침 계획	• 경영계획과 관련된 기본지침이다. • 구체적인 실행을 위한 규정으로, 중·장기적인 정책 수립과 상품 결정을 위한 전략을 수립하고, 마케팅 계획과 연계하여 상품 전략, 구매 계획 방향을 결정한다. • 정책을 수립하고 메뉴(상품)를 계획한다.
구매 계획	• 소요량을 파악한 후 구매 내용에 따라 발주하고 입고, 검수, 저장관리를 계획한다. • 구매 계획은 월별, 분기별, 1년 단위로 수립한다. • 경제적인 구매 계획하에 구매 활동이 수행될 때 효율적인 경영 관리가 가능하다.
생산 및 판매 계획	• 구매 계획의 기초가 된다. • 식품 관련 업체에서 생산되는 식품은 소비자에게 판매·소비되고, 소비 결과를 바탕으로 정보를 분석하여 지속적인 수정·보완이 이루어지도록 체계적인 구매 계획을 수립한다. • 배식(판매) 및 통제 관리(결과)를 한다.

02 식품구매관리

1. 구매관리의 정의 및 목적

(1) 구매관리의 정의
구매관리는 구매자가 물품을 구입하기 위해 계약을 체결하고 그 계약 조건에 따른 물품의 인수 및 대금 지불의 과정을 의미한다.

(2) 구매관리의 목적
① 필요한 물품과 용역을 지속적으로 공급한다.
② 품질, 가격, 제반 서비스 등을 최적의 상태로 유지한다.
③ 재고와 저장관리 시 발생할 수 있는 손실을 최소화한다.

④ 신용이 있는 공급업체를 확보하여 원만한 관계를 유지해야 한다.
⑤ 구매 관련 정보 및 시장조사를 통해 경쟁력을 확보한다.
⑥ 표준화, 전문화, 단순화를 실현한다.

> **바로 확인문제**
>
> 구매관리의 목적이 아닌 것은?
> ① 필요한 물품과 용역을 지속적으로 공급한다.
> ② 표준화, 전문화, 단순화를 실현한다.
> ③ 품질, 가격, 제반 서비스 등을 최적의 상태로 유지한다.
> ④ 재고를 제로(0)로 유지한다.
>
> |해설|
> 구매관리는 재고와 저장관리 시 발생할 수 있는 손실을 최소화하는 데에 목적을 둔다.
> |정답| ④

2. 식품구매

(1) 식품구매 방법

① 보관 및 저장에 제한이 없다면 대량 또는 공동 구입으로 저렴하게 구입한다.
② 식품 구입 계획 시 식품의 가격과 출회표에 유의한다.
③ 육류는 중량과 부위에 유의하고, 냉장 시설이 있으면 일주일분을 구입한다.
④ 과일류는 산지별, 품종, 상자당 개수를 확인하고, 과채류 및 어패류는 신선도를 확인하여 필요에 따라 수시로 구입한다.
⑤ 곡류, 건어물, 조미료 등 장기 보관이 가능한 식품은 1개월분을 한 번에 구입한다.
⑥ 가공식품은 제조일, 소비기한을 확인하여 구입한다.
⑦ 비가식부와 폐기율을 고려하여 필요량만 구입한다.

(2) 식품구매 절차

품목의 종류 및 수량 결정 → 용도에 맞는 제품 선택 → 식품명세서 작성 → 공급자 선정 및 가격 결정 → 발주 → 납품 → 검수 → 대금 지불 및 물품 입고 → 보관

> **합격보장 꿀팁**
>
> - **발주** | 식단표에 따라 7~10일 단위로 재료를 발주한다.
> - **검수** | 납품 시에는 품질, 양, 형태 등이 발주내역서와 일치하는지를 검수한다.

> **바로 확인문제**
>
> 다음은 식품구매 절차이다. (   ) 안에 들어갈 알맞은 답은?
>
> | 품목의 종류 및 수량 결정 → 용도에 맞는 제품 선택 → 식품명세서 작성 → 공급자 선정 및 가격 결정 → (   ) → 납품 → 검수 → 대금 지불 및 물품 입고 → 보관 |
>
> ① 시장조사　　　　　　　　　　　② 재고조사
> ③ 발주　　　　　　　　　　　　　④ 매출관리
>
> |해설|
> 공급자 선정 및 가격 결정 후 식단표에 따라 7~10일 단위로 재료를 발주한다.
> |정답| ③

3. 구매 담당자의 업무

(1) 물품구매 총괄
구매계획서, 구매명세서를 작성하고 구매결과를 분석한다.

> **합격보장 꿀팁**
>
> - 구매명세서에 포함될 내용 | 물품명, 용도, 상표명(브랜드), 품질 및 등급, 크기, 형태, 숙성 정도, 원산지, 전처리 및 가공 정도, 보관 온도, 폐기율

(2) 식재료 결정
발주 단위를 결정하고 신상품을 개발한다.

발주량 계산식 빈출

총발주량	정미중량 × 100 ÷ (100 − 폐기율) × 인원수
필요 비용	필요량 × 100 ÷ 가식부율 × 1kg당 단가
대체 식품량	원래 식품의 양 × 원래 식품의 해당 성분의 수치 ÷ 대체하고자 하는 식품의 해당 성분의 수치

바로 확인문제

고등어구이를 하려고 한다. 정미중량 70g을 조리하고자 할 때 1인당 발주량은 얼마인가? (단, 고등어의 폐기율은 35%임)

① 43g   ② 91g   ③ 108g   ④ 110g

|해설|
70g × 100 ÷ (100−35) ≒ 108g 즉, 1인당 발주량은 108g이다. |정답| ③

(3) 구매방법 결정
품목별로 경쟁력 있는 구매방법을 결정한다.

(4) 시장조사
경쟁업체의 가격 및 시세를 분석한다.

(5) 공급업체 선정 및 관리
① 방법
- 공급업체와의 약정서를 체결한다.
- 공급업체를 관리 및 평가한다.
- 공급업체별 구매품목을 결정한다.

② 구매계약의 종류

구분	경쟁입찰계약(공식적 구매방법)	수의계약(비공식적 구매방법)
정의	다수의 입찰자 중에서 가격, 상태 등을 고려하여 입찰가격이 낮은 업체와 체결하는 계약이다.	경쟁이나 입찰을 하지 않고 업체를 임의로 선택하여 체결하는 계약이다.
용도	저장성이 높은 식품(쌀, 조미료 등)을 정기적으로 구매할 때 주로 사용한다.	소규모 시설에 적합하며, 육류, 수산물 등을 수시로 구매할 때 주로 사용한다.
장점	• 공평하고 경제적이다. • 새로운 업체를 발견할 수 있다.	• 절차가 간편하고 경비를 절약할 수 있다. • 신용이 확실한 업체를 선정할 수 있다.
단점	• 긴급 시 조달시기를 놓칠 수도 있다. • 업자 담합으로 낙찰이 힘들 수 있다.	• 구매자의 구매력이 제한된다. • 불리한 가격으로 계약할 수 있다.

 **합격보장 꿀팁**

- **공급업자의 선정**
  - 대량 구매 시에는 전문 공급업자를 선정하여 구매하고 소량 구매 시에는 근거리에서 구매한다.
  - 단일 업종을 취급하는 공급업자와 계약하는 것이 가격과 품질 면에서 합리적이다.

(6) 원가관리
구매원가 및 경쟁지수를 관리하고, 대금지급 업무를 한다.

(7) 식재료관리
① 식재료를 모니터링한다.
② 식재료 관련 정보 사항을 공지한다.

03 식품재고관리

1. 재고관리의 개요

(1) 재고관리의 의의
① 재고관리는 식재료의 원가 계산 시 반드시 필요하다. 특히 단체급식소에서는 재료관리상 월 1회 이상 조사해야 한다.
② 물품의 수요 발생 시 신속하고 경제적으로 대응할 수 있도록 최적의 상태로 재고관리를 한다.

(2) 재고관리의 목적
물품의 수요가 발생했을 때 신속히 대처하여 경제적으로 대응할 수 있도록 재고의 수준을 최적 상태로 유지·관리하는 것이 재고관리의 목적이다. 또한, 최소한의 재고로 최상의 품질 상태를 유지하여 손실되는 비용을 최대한 절감하는 것이 중요하다.

① **재고수준**: 사용할 수요를 예측하여 재고로 보유해야 할 자재의 수량을 말한다. 즉, 수요의 변동, 공급 방법, 가용 자금, 저장 시설, 회전율을 감안하여 남거나 부족한 것이 없도록 하는 것이다.
② **적정재고**: 수요를 경제적으로 적절하게 충족시킬 수 있는 최소한의 재고량을 말한다.
③ **재고회전율**
  - 일정 기간 동안 재고가 제로베이스에 몇 번이나 도달되었다가 채워졌는가를 측정하는 것이다.
  - 재고량이 많으면 일정 기간 회전 빈도가 낮아지고, 재고량이 적으면 회전 빈도가 높아진다. 즉, 회전율이 높을수록 재고가 고갈될 위험성이 높다는 것을 의미한다.
  - 재고회전율 = 총출고액 ÷ 평균재고액
  - 평균재고액 = (기초재고액 + 마감재고액) ÷ 2

바로 확인문제

재고회전율이 표준치보다 낮은 경우에 대한 설명으로 틀린 것은?
① 긴급 구매로 비용 발생이 우려된다.
② 종업원들이 심리적으로 부주의하게 식품을 사용하여 낭비가 심해진다.
③ 부정 유출이 우려된다.
④ 저장 기간이 길어지고 식품 손실이 커지는 등 많은 자본이 들어가 이익이 줄어든다.

|해설|
재고회전율이 표준치보다 낮다는 것은 재고가 많다는 것을 의미한다. 따라서 과다 재고 보유 시 물품의 손실을 초래하거나 투자비가 재고에 묶여 자금 운용상 불리(현금화가 안 됨)하게 되는 등의 문제점이 발생할 수 있다.

|정답| ①

(3) 적정재고 수준의 원칙(계속 공급의 원칙, 경제성 확보의 원칙)
① 일정 기간 동안 사용된 평균 수요량을 산정한다.
② 품목에 따라 발주 및 배송 기간 등 유동적인 부분을 고려한다.
③ 저장 시설의 용량, 재고회전율과 재고의 균형을 유지한다.

2. 재고량 조절

(1) 재고량 조절의 필요성
물품의 효율적인 저장관리는 도난이나 부패에 의한 손실을 최소화하며 필요할 때 신속하게 공급할 수 있다.

(2) 재고량 조절 방법
① 모든 식재료는 출고될 때까지 수량과 잔고를 재고카드에 기입한다.
② 재고 관리자는 재고카드에 저장된 물품의 재고량을 주기적으로 조사하여 과잉 저장 및 식재료의 부족 현상이 일어나지 않도록 한다.

(3) 재고량 조사 시스템

영구재고 시스템 (Perpetual Inventory System)	• 구매하여 입고되는 물품에 대하여 출고 및 입고 수량을 기록하여 현재 저장고에 남아 있는 물품의 품목과 수량을 수시로 파악할 수 있는 방법이다. • 합리적으로 적정 재고량을 확보 및 유지할 수 있다. • 대량재고가 필요한 대형 외식업체에서 주로 사용하고, 일반적으로 창고나 냉동 저장고에 보관하는 재고관리에 활용된다. • 적정 재고량을 유지하는 데 필요한 정보를 수시로 파악할 수 있어 과다 또는 과소 구매를 방지하고, 재고량을 합리적으로 통제할 수 있다.
실사재고 시스템 (Physical Inventory System)	• 저장고에 보유하고 있는 물품의 품목과 수량에 대해 주기적으로 확인하여 기록하는 방법이다. • 실사재고 파악을 수시로 할 경우, 시간과 노동력이 많이 들고 조사원에 의한 실수가 생길 수 있는 영구재고 시스템의 부정확성을 보완할 수 있다. • 보유하고 있는 재고의 총자산가치를 계산할 수 있다. • 생산에 사용된 식자재의 원가 산출에 필요한 정보를 제공하고 재고자산과 생산 원가 수익률을 파악할 수 있다. • 실사 기간 내의 총사용량 = 전월 재고액(량) + 실사 기간 내의 구매액(량) = 실사 기간 내의 총재고액(량) − 현재고액(량)

> **바로 확인문제**
>
> 단체급식에서 식품의 재고관리에 대한 설명으로 틀린 것은?
> ① 각 식품에 적당한 재고 기간을 파악한다.
> ② 저장 장소는 식품의 특성이나 사용 빈도 등을 고려하여 정한다.
> ③ 비상시를 대비하여 가능한 많은 재고량을 확보할 필요가 있다.
> ④ 먼저 구입한 것을 먼저 소비한다.
>
> |해설|
> 식품의 재고 기간을 파악하여 적정 수준의 재고량을 확보한다. |정답| ③

(4) 재고보안관리
① 재고보안관리 방법
- 물품 보관 창고의 열쇠와 기록은 보안을 담당하는 부서에서 보관한다.
- 관리 담당자를 단일화한다.
- 도난과 부주의에 의한 손실을 최소화할 수 있도록 열쇠, 창고관리 책임자의 권한과 책임, 출입 통제, 입고 및 출고 절차의 규정 등이 체계적으로 이루어져야 한다.

② 보안관리의 원칙
- 저장고별로 잠금 장치를 설치한다.
- 담당 책임자를 정하여 열쇠를 철저히 관리한다.
- 저장고의 출입 시 담당 관리자나 책임자로 제한하여 관리한다.
- 입고 및 출고 시간 및 절차를 규정한다.
- 저장고의 책임자를 지정하여 권한과 책임을 명확하게 한다.

3. 재고자산의 원가 계산

(1) 재고자산 평가 방법 빈출

① 선입선출법(FIFO: First-In, First-Out): 먼저 구입한 재료부터 먼저 소비하는 것으로, 가격 변동이 있는 상품의 경우 나중에 들어온 재료의 가격을 기준으로 재고자산을 평가한다.
② 후입선출법(LIFO: Last-In, First-Out): 나중에 구입한 재료부터 먼저 사용하는 것으로, 가격 변동이 있는 상품의 경우 먼저 들어온 재료의 가격을 기준으로 재고자산을 평가한다.
③ 개별법: 구입 단가별로 재료에 가격표를 붙여서 보관하다가 출고할 때 그 가격표에 붙어 있는 구입 단가를 재료의 소비 가격으로 하는 방법이다.
④ 평균법

단순평균법	일정 기간 동안 구입 단가를 구입 횟수로 나눈 구입 단가의 평균을 재료의 소비 단가로 하는 방법이다.
이동평균법	구입 단가가 다른 재료를 구입할 때마다 재고량과의 가중 평균가를 산출하여 이를 소비 재료의 가격으로 하는 방법이다.

바로 확인문제

재고자산 평가 방법으로 틀린 것은?
① 선입선출법 – 먼저 구입한 재료부터 먼저 소비하는 것
② 단순평균법 – 일정 기간 동안 구입 단가를 구입 횟수로 나눈 구입 단가의 평균을 재료 소비 단가로 하는 방법
③ 개별법 – 구입 단가별로 재료에 가격표를 붙여서 보관하다가 출고할 때 그 가격표에 붙어 있는 구입 단가를 재료의 소비 가격으로 하는 방법
④ 이동평균법 – 나중에 구입한 재료부터 먼저 사용하는 것

|해설|
나중에 구입한 재료부터 먼저 사용하는 것은 후입선출법(Last-In, First-Out)이다. |정답| ④

(2) 재료소비량의 계산법

① 계속기록법
- 재료의 입고 및 출고 상황을 장부에 계속 기록하여 재료소비량을 파악한다.
- 재료의 소비처를 알 수 있고 소비량을 정확히 계산할 수 있는 가장 좋은 방법이다.

② 재고조사법
- 전기의 재료 이월량과 당기의 재료 구입량의 합계에서 기말 재고량을 차감함으로써 재료소비량을 파악한다.
- 당기 소비량 = (전기 이월량 + 당기 구입량) − 기말 재고량
- 월중 소비액 = (월초 재고액 + 월중 매입액) − 월말 재고액

③ 역계산법
- 일정 단위를 생산하는 데 소요되는 재료의 표준소비량과 제품의 수량을 곱하여 전체의 재료소비량을 산출한다.
- **재료소비량** = 제품 단위당 표준소비량 × 생산량

PART 02 검수관리

01 식재료의 품질 확인 및 선별

1. 식품검수관리

(1) 식품검수 방법

생화학적 방법	효소 반응, 효소 활성도, 수소이온농도(pH) 등을 측정하는 방법
화학적 방법	영양소의 분석, 첨가물, 유해 성분 등을 검출하는 방법
물리학적 방법	식품의 비중, 경도, 점도, 빙점 등을 측정하는 방법
검경적 방법	현미경을 이용하여 식품의 세포나 조직의 모양, 불순물, 병원균, 기생충의 존재를 검사하는 방법

> **합격보장 꿀팁**
>
> - **전수 검사법** | 납품된 물품(식자재)을 하나하나 전부 검사하는 방법으로 품목이 다양하거나 고가의 품목에 사용된다.
>   - 장점: 우수한 품질이 정확하게 입고될 수 있다.
>   - 단점: 검수 시간과 비용이 많이 소요된다.
> - **발췌 검수법(샘플링법)** | 납품된 물품(식자재) 중에서 일부 품목을 뽑아 검사하고 그 결과를 판정 기준과 대조하여 적합 여부를 결정하는 방법으로 일반적으로 많이 사용된다.
>   - 장점: 검수 시간이 단축될 수 있다.
>   - 단점: 파괴 검사에 효과적이나, 저품질의 물품이 섞여 있을 수 있다.

(2) 식재료의 검수 절차

① 검수 절차: 납품 물품과 발주처·납품서 대조 → 품질 검사 → 물품의 인수 또는 반품 → 인수 물품 입고 → 검수 기록 및 문서 정리

② 식품 종류별 검수 순서: 냉장식품 → 냉동식품 → 신선식품(과일, 채소) → 공산품

> **바로 확인문제**
>
> 식재료의 검수 순서로 맨 처음 검수해야 할 식품은 무엇인가?
>
> ① 냉동식품　　② 냉장식품　　③ 공산품　　④ 신선식품
>
> |해설|
> 식재료의 검수 절차는 '냉장식품 → 냉동식품 → 신선식품(과일, 채소) → 공산품' 순으로 이루어진다.　　|정답| ②

(3) 검수 시 유의 사항

① 검수기기는 식품의 품목에 따라 당도계, 염도계 등을 준비하고, 식품이 도착하자마자 검사를 진행한다.

② 물품 배송 차량의 청결 상태, 차량 내부 온도를 측정한다.

③ 검수 시 식품은 검수대 바닥에서 60cm 이상 높이에서 진행한다.

④ 검수 시 맨손으로 식품을 만지거나 손으로 맛을 보지 않는다.

⑤ 검수 공간은 식품을 감별할 수 있도록 충분한 조도(540Lux 이상)가 확보되어야 한다.

⑥ 식품의 반입 횟수, 저장 식품의 양 등을 고려하여 저장 공간을 확보한다.

⑦ 식재료 검수 시 규격에 맞지 않는 식품은 반드시 반품 처리한다.
⑧ 진공포장된 식품은 두 팩 사이에 온도계를 넣고 온도를 측정한다.
⑨ 박스 안에 들어 있는 야채는 박스를 제거한 후 검수한다.
⑩ 김치류는 관능검사(맛, 냄새)를 실시하고, 배추의 원산지 증명서를 함께 받아 보관한다.
⑪ 얼음이나 물이 있는 식품의 경우 이를 제거한 후 수량, 중량을 측정하여 수량, 중량 측정물 관련 증명서를 받는다. 불가능할 경우 원본 확인 후 관련 내용을 기재하여 사본을 첨부하여 보관한다.
⑫ 소비기한을 의무적으로 표시해야 하는 품목인 우유(살균 제품), 두부, 묵 등은 검수 시 반드시 소비기한을 확인한다.
⑬ 수입식품의 경우 소비기한, 품질유지기한, 소비기한 등으로 표시되어 있으므로 검수 시 표시 사항을 확인한다.

바로 확인문제

식재료 검수 시 유의 사항으로 옳지 않은 것은?

① 식품의 품목에 따라 당도계, 염도계 등의 기기를 사용한다.
② 박스 안에 들어 있는 야채는 박스를 제거한 후 검수한다.
③ 얼음이나 물이 있는 식품의 경우 바로 측정한다.
④ 김치류는 관능검사(맛, 냄새)를 실시하고, 배추의 원산지 증명서를 함께 받아 보관한다.

|해설|
얼음이나 물이 있는 식품의 경우 이를 제거한 후 수량, 중량을 측정한다. |정답| ③

(4) 검수 담당자의 업무

① 검수 담당자는 관계 서류(계약서, 견적서, 주문서)에 근거하여 검수한다.
② 주문한 물품의 품질과 수량에 관하여 검수를 해야 한다.
③ 검수 담당자는 검수 결과에 대한 내용을 반드시 기록하고, 서명하여 검수에 관한 기록을 남겨야 한다.
④ 납품이 안 된 사항, 반품 현황 등은 해당 부서에 보고한다.
⑤ 공급업체의 물품 청구서에 검수를 확인하고 대금 청구에 이상이 없도록 한다.
⑥ 냉장, 냉동식품의 온도를 확인한다.
⑦ 공산품은 제조업체, 소비기한, 제조연월일을 확인한다.
⑧ 납품처, 식자재 수량, 소비기한 확인, 무게나 중량, 명세서 확인, 입고일자, 원산지, 포장 상태 등을 확인한다.

바로 확인문제

식품검수 담당자의 업무로 옳지 않은 것은?

① 검수 담당자는 관계 서류(계약서, 견적서, 주문서)에 근거하여 검수해야 한다.
② 주문한 물품의 품질과 수량에 관하여 검수를 해야 한다.
③ 검수 담당자는 검수 결과에 대한 내용을 반드시 기록하고, 서명하여 검수에 관한 기록을 남겨야 한다.
④ 납품이 안 된 사항, 반품 현황 등을 기록하여 보관한다.

|해설|
납품이 안 된 사항, 반품 현황 등은 해당 부서에 보고해야 한다. |정답| ④

(5) 검수의 기록(검수일지)

① 검수한 물품에 대한 정보를 보유하기 위한 것으로 검수 시 반드시 작성한다.(최근에는 컴퓨터를 활용)
② 검수일지, 검수표, 납품서(거래명세서), 검수인장, 반품서 등이 사용된다.

2. 식품감별

인체에 해가 되는 성분을 찾아내어 불량식품의 유통을 막고, 위해사고를 방지하기 위해 식품검수 시 신선식품의 감별이 선행되어야 한다.

(1) 쌀
① 감별 항목: 낱알의 상태(모양, 크기, 색, 광택), 건조 상태, 이물질 혼합 여부, 산지, 수확 시기
② 감별 사항
- 형태는 타원형이 좋으며, 싸라기가 적고 돌, 뉘(벼 알갱이) 등이 없는 것이어야 한다.
- 색은 광택이 있고 입자가 고른 것이어야 한다.
- 쌀에 곰팡이가 발생하면 황변미 식중독을 일으키기 때문에 건조가 잘 되어 있어야 한다.
- 산패취가 나지 않는 것이어야 한다.

> **바로 확인문제**
>
> 쌀의 품질을 감별할 때 감별 항목이 아닌 것은?
> ① 건조 상태　　② 낱알의 모양　　③ 이물질 혼합 여부　　④ 탄력 상태
>
> |해설|
> 쌀의 품질을 감별할 때 감별 항목으로 낱알의 상태, 건조 상태, 이물질 혼합 여부, 산지, 수확 시기 등이 있다.
> |정답| ④

(2) 소맥분(밀가루)
① 감별 항목: 가루의 상태, 색과 광택, 이물질 혼합 여부
② 감별 사항
- 색은 희고 밀기울이 섞이지 않아야 한다.
- 가루가 미세하고 뭉쳐 있지 않으며 감촉이 좋아야 한다.
- 냄새가 없고 잘 건조된 것이어야 한다.

(3) 수산식품과 그 가공품 〔빈출〕
① 감별 항목: 신선도, 색과 광택, 외관 형태(눈, 비늘, 살의 탄력 등)
② 감별 사항
- 신선한 어류는 물에 가라앉고, 부패된 것은 물 위로 뜬다.
- 윤이 나고 광택이 있으면서 비늘이 고르게 밀착되어 있어야 한다.
- 살이 탄탄하고 탄력성이 있어야 한다.
- 눈이 투명하며 돌출되어 있고, 아가미의 색이 선홍색이어야 한다.

(4) 육류
① 감별 항목: 부위등급(지방 점유율, 육색, 지방색), 중량, 신선도
② 감별 사항
- 소고기는 선홍색을 띠며 윤기가 나야 하고, 돼지고기는 분홍색을 띠는 붉은색이어야 한다.
- 결이 곱고 윤기가 나며, 육질에 탄력이 있어야 한다.
- 병육은 피를 많이 함유하여 냄새가 난다.
- 오래된 것은 암갈색을 띠고 탄력성이 없다.
- 기생충이 있는 것은 고기를 얇게 잘라 투명하게 비췄을 때 얼룩반점이 있다.

바로 확인문제

육류의 구매 검수 시 필요 사항으로 적합하지 않은 것은?

① 소고기는 선홍색을 띠며 윤기가 나야 한다.
② 결이 곱고 윤기가 나며, 육질에 탄력이 있어야 한다.
③ 피를 많이 함유하고, 암갈색을 띠고 탄력성이 없어야 한다.
④ 돼지고기는 분홍색을 띠는 붉은색이어야 한다.

|해설|
병육은 피를 많이 함유하여 냄새가 나며, 오래된 것은 암갈색을 띠고 탄력성이 없다.

|정답| ③

(5) 서류(감자, 고구마 등)
  ① 감별 항목: 형상, 크기, 싹의 유무
  ② 감별 사항
  • 병충해, 발아, 외상, 부패 등이 없어야 한다.
  • 싹이 나지 않아야 한다.

(6) 과일류
  ① 감별 항목: 성숙도, 중량, 색과 광택, 잔류농약
  ② 감별 사항
  • 성숙하고 신선하며 상처가 없어야 한다.
  • 색이 선명하고 건조되지 않아야 한다.

(7) 채소류
  ① 감별 항목: 신선도, 폐기율, 색과 광택, 잔류농약
  ② 감별 사항

양배추	바깥쪽 잎이 싱싱하고 녹색이며, 단단하고 무거운 것
배추	잎이 연하며 굵은 섬유질이 없고, 누런 떡잎이 없으며 속에 심이 없는 것
오이	굵기가 고르며, 가시가 있고 무거운 느낌이 나는 것
대파	줄기가 시들거나 억세지 않고, 흰 대가 굵고 긴 것
깻잎	향기가 나며 짙은 녹색을 띠고 흰색 반점이 없으며 벌레 먹은 것이 없고, 잎이 마르지 않은 것
상추	잎의 크기가 적당하고 상하거나 짓무른 잎이 없는 것

(8) 달걀
  ① 감별 항목: 색과 광택, 투시, 난백, 난황의 상태
  ② 감별 사항
  • 껍질이 까칠까칠하고, 광택이 없는 것이 좋다.
  • 흔들었을 때 소리가 나지 않아야 한다.

(9) 우유
  ① 감별 항목: 외관 형태, 제조일자, 포장표시(비중)
  ② 감별 사항
  • 이물질이나 침전물, 점성이 없고 가열했을 때 100℃까지는 응고하지 않아야 한다.
  • 색깔이 이상하지 않아야 한다.
  • 물 컵에 우유를 떨어뜨렸을 때 구름처럼 퍼져야 한다.

> **바로 확인문제**
>
> 우유의 식품감별 사항으로 옳지 않은 것은?
> ① 침전물이 없어야 한다.
> ② 농도가 진한 점성이 있어야 한다.
> ③ 우유를 가열했을 때 100℃까지는 응고하지 않아야 한다.
> ④ 제조일자를 확인해야 한다.
>
> |해설|
> 점성이 없어야 한다.
>
> |정답| ②

(10) 통조림
  ① 감별 항목: 외관 형태, 제조일자, 소비기한
  ② 감별 사항
  - 외관이 녹슬었거나 찌그러졌다면 내용물의 변질 우려가 있으므로 좋지 않다.
  - 개봉 전 라벨의 내용물, 제조자명, 소재지, 제조연월일, 무게, 첨가물의 유무를 확인한다.
  - 개봉했을 때 식품의 형태, 색, 맛, 냄새 등에 이상이 없어야 한다.

02 조리기구 및 설비 특성과 품질 확인

1. 조리기구 및 설비 작업 시 고려 사항
  ① 영업장의 콘센트 위치
  ② 규모, 영업 시간, 품질, 서비스, 분위기 등
  ③ 메뉴의 다양성과 판매량
  ④ 조리 종사자의 조리 수준
  ⑤ 주방시설, 설비, 관리
  ⑥ 식기와 각종 조리기물(칼, 도마, 행주 등 관리)

2. 주방설비의 분류
  ① 주방설비의 형태는 전통형, 편의형, 혼합형, 분리형 주방 등으로 구분된다.
  ② 목적에 따라 주방 설비 배치가 이루어져야 한다.

3. 주방의 생산 시스템에 따른 설비 분류
생산 시스템에 따라 설비가 달라진다.

전통식	가장 오래된 형태로, 음식의 생산, 분배, 서비스가 같은 장소에서 연속적으로 이루어지는 형태
중앙공급식	중앙의 공동조리장에서 표준화된 방법으로 음식을 대량 생산하여 각 단위급식소로 운반한 후 배식이 이루어지는 형태
조리저장식	식품을 조리한 직후 냉동해서 얼마간 저장한 후 급식하는 형태
조합식	편이식 급식체계라고도 하며 완전 조리된 음식을 대량 구입하여 제공하는 형태

03 검수를 위한 설비 및 장비 활용 방법

1. 검수 설비의 요건

(1) 검수대
① 검수대는 위생적으로 깨끗하고 안전한 상태를 위해 소독 및 세척을 한다.
② 검수대의 조도는 540Lux 이상을 유지한다.

(2) 그 외
① 사람과 물건, 장비가 이동할 공간을 확보한다.
② 청소와 배수가 편리해야 한다.

2. 검수기기의 종류 빈출

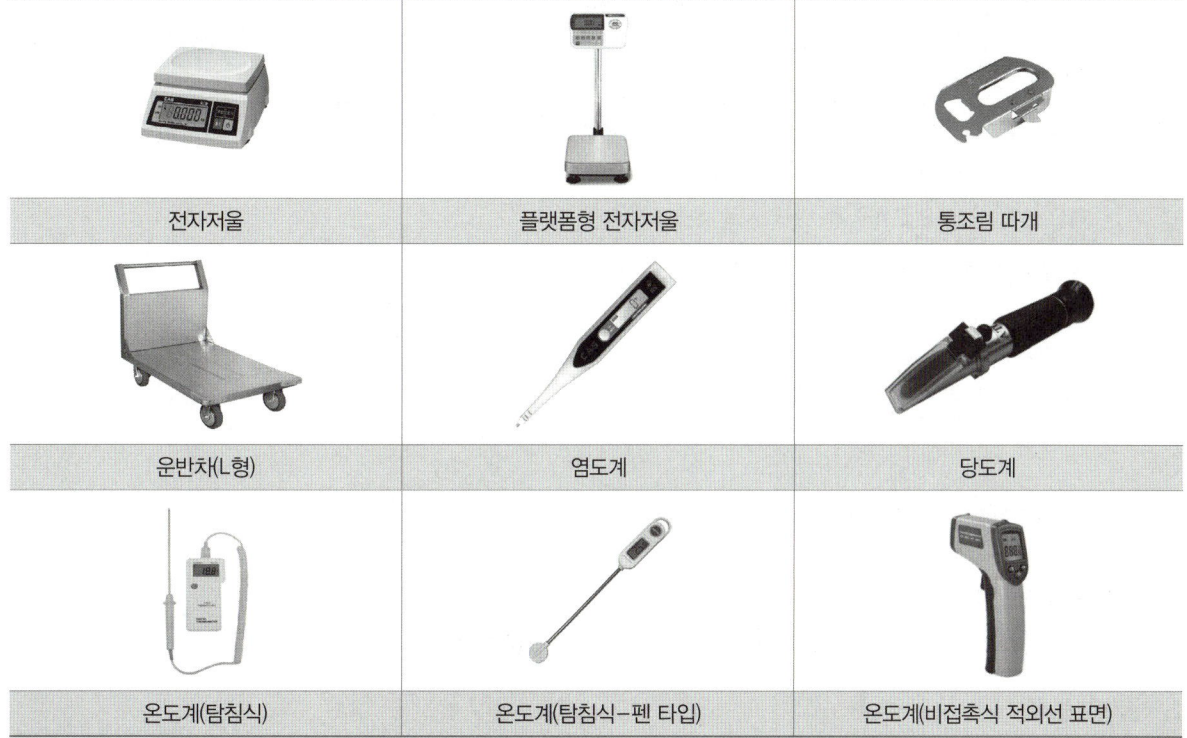

전자저울	플랫폼형 전자저울	통조림 따개
운반차(L형)	염도계	당도계
온도계(탐침식)	온도계(탐침식-펜 타입)	온도계(비접촉식 적외선 표면)

합격보장 꿀팁

• 검수용 온도계
 - 적외선 온도계: 식품검수 시 가장 많이 사용하며, 비접촉식이므로 제품이 손상되지 않는다는 장점이 있지만, 표면 온도만 측정이 가능하다.
 - 탐침 심부 온도계: 식품 내부 온도를 측정할 수 있다.

바로 확인문제

식품검수 시 가장 많이 사용하며, 비접촉식으로 표면 온도만 측정이 가능한 온도계의 종류는?
① 적외선 온도계
② 탐침 심부 온도계
③ 서모컬러
④ 건습구 온도계

|해설|
적외선 온도계는 비접촉식이므로 제품이 손상되지 않는다는 장점이 있지만, 표면 온도만 측정이 가능하다.

|정답| ①

PART 03 원가

01 원가의 의의 및 종류

1. 원가의 의의

(1) 원가의 개념

특정 제품의 제조, 판매, 서비스 제공을 위해 소비된 경제적 가치라고 하며, 일정 급부를 생산하는 데 필요한 경제 가치의 소비액을 화폐 가치로 표시한 것을 말한다.

(2) 원가 계산의 목적

가격 결정	제품의 판매가격(= 실제 소비된 원가 + 일정 이윤) 결정
원가 관리	원가 절감과 원가 관리의 기초 자료 제공
예산 편성	예산 편성을 위한 기초 자료 제공
재무제표 작성	기업이 외부 이해관계자에게 경영활동 결과를 보고하기 위한 재무제표를 작성하는 데 기초 자료 제공

바로 확인문제

원가 계산의 목적으로 적절하지 않은 것은?

① 원가 관리　　② 예산 편성　　③ 검수일지 작성　　④ 가격 결정

|해설|
원가 계산의 목적으로는 가격 결정, 원가 관리, 예산 편성, 재무제표 작성이 있다.　　|정답| ③

(3) 원가 계산의 기간

매월 실시하는 것이 원칙이지만, 3개월 또는 1년에 한 번 실시하기도 한다.

2. 원가의 종류

(1) 원가의 3요소

재료비	• 제조를 위하여 소비되는 물품의 비용 • 재료비(재료의 소비액) = 재료소비량 × 재료소비단가 • 재료소비량 계산법: 계속기록법, 재고조사법, 역계산법 예 급식재료비, 재료 구입비 등
노무비	제조를 위하여 소비되는 노동의 가치 예 임금, 급료, 시간 외 수당 등
경비	제조를 위하여 소비되는 재료비, 노무비 이외의 비용 예 수도, 전력비, 보험료, 감가상각비 등

(2) 원가의 분류

① 제품 생산 관련성에 따른 분류

직접비 (직접원가)	• 특정 제품에 직접 부담시킬 수 있는 비용이다. • 직접재료비: 주요 재료비 • 직접노무비: 임금 • 직접경비: 외주가공비 등
간접비	• 여러 제품에 공통 또는 간접적으로 소비되는 것으로, 각 제품에 인위적으로 적절히 부담시킬 수 있는 비용이다. • 간접재료비: 보조 재료비(조미료, 양념 등) • 간접노무비: 급여, 급여수당 등 • 간접경비: 감가상각비, 보험료, 수선비, 교통비, 가스비 등

② 생산량과 비용의 관계에 따른 분류

고정비	생산량에 관계없이 고정적으로 발생하는 비용이다.
변동비	생산량에 따라 증감하는 비용이다.

③ 원가 계산의 시점과 방법의 차이에 따른 분류

실제원가	• 제품이 제조된 후에 실제로 소비된 것으로, 제조 완료 후에 산출된 원가이다. • 확정원가, 현실원가, 보통원가라고도 한다.
예정원가	• 제품이 제조되기 이전에 제조에 소비될 것으로 예상되는 원가이다. • 사전원가, 견적원가, 추정원가라고도 한다.
표준원가	• 기업이 이상적으로 제조활동을 할 경우에 예상되는 원가이다. • 실제원가를 통제하는 기능이 있으며 효과적인 원가관리의 목적을 의미한다.

(3) 원가 계산의 구조

| 원가의 구성도

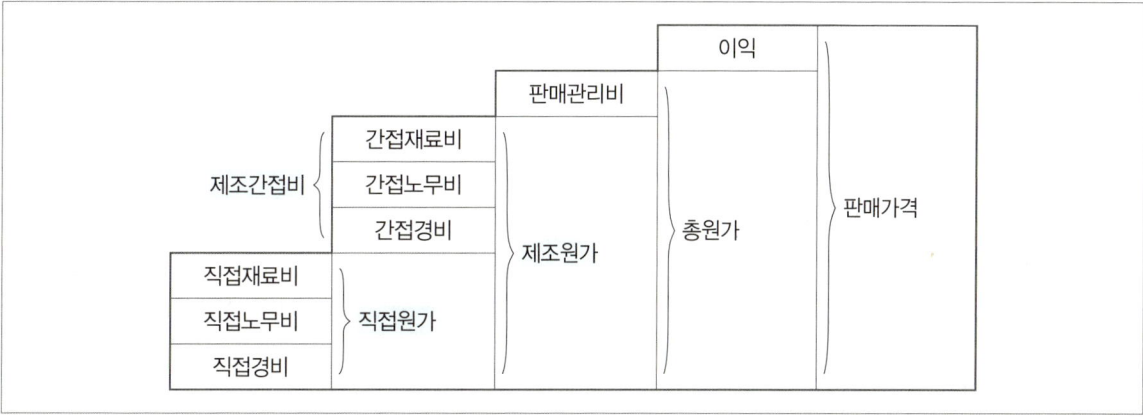

① 직접원가 = 직접재료비 + 직접노무비 + 직접경비
② 제조간접비 = 간접재료비 + 간접노무비 + 간접경비
③ 제조원가 = 직접원가 + 제조간접비
④ 총원가 = 제조원가 + 판매관리비
⑤ 판매가격 = 총원가 + 이익

> **바로 확인문제**
>
> 원가의 구성으로 옳은 것은?
> ① 판매가격 = 이익 + 제조원가
> ② 직접원가 = 직접재료비 + 직접노무비 + 직접경비
> ③ 총원가 = 직접원가 + 제조간접비
> ④ 제조원가 = 판매경비 + 일반관리비 + 제조간접비
>
> |해설|
> ① 판매가격 = 이익 + 총원가, ③ 총원가 = 직접원가 + 제조간접비 + 판매관리비, ④ 제조원가 = 직접경비 + 직접노무비 + 직접재료비 + 제조간접비 |정답| ②

02 원가 분석 및 계산

1. 원가 계산의 원칙 빈출

진실성의 원칙	제품 제조에 소요된 원가를 사실대로 표현하여 실제로 발생한 원가의 진실을 파악한다.
발생기준의 원칙	이익에 상관없이 발생한 것도 원가로 인정해야 한다는 원칙으로, 모든 비용과 수익의 계산은 그 발생 시점을 기준으로 해야 한다.
계산 경제성(중요성)의 원칙	원가 계산 시 경제성을 고려한다.
확실성의 원칙	실행 가능한 여러 방법이 있을 경우 가장 확실한 방법을 선택한다.
정상성의 원칙	정상적으로 발생한 원가만을 계산한다.
비교성의 원칙	다른 일정 기간이나 다른 부문과 비교할 수 있도록 실행한다.
상호관리의 원칙	원가 계산과 일반회계, 각 요소별·부문별, 제품별 계산 간에 상호관리가 가능해야 한다.
객관성의 원칙	유익한 원가관리를 위하여 계산을 객관적으로 수행해야 한다.
일관성의 원칙	방법의 빈번한 변경은 비교할 수 없는 자료가 되므로 일관성 있게 작성되어야 한다.

2. 원가 계산의 단계

요소별 원가 계산 → 부문별 원가 계산 → 제품별 원가 계산

(1) 요소별 원가 계산
제품의 원가를 발생 성격에 따라 재료비, 노무비, 경비의 세 가지 원가요소로 분류하여 계산한다.

(2) 부문별 원가 계산
① 원가에서 부문이란 좁은 의미로는 원가가 발생한 장소, 넓은 의미로는 발생한 기능에 따라 원가를 집계하고자 할 때 설정되는 계산상의 구분을 말한다.
② 일정 기간에 발생하는 원가를 작업장, 기계 등의 단위로 구분하여 집계·계산한다.

(3) 제품별 원가 계산
① 각 부문별로 집계한 원가를 제품별로 배분하여 최종적으로 각 제품의 제조원가를 계산하는 절차를 말한다.
② 요소별 원가 계산에서 이루어진 직접비는 제품별로 직접 집계하고, 부문별 원가 계산에서 파악된 것은 기준에 따라 제품별로 배분하여 집계한다.

3. 원가관리

(1) 표준원가 계산
① 원가관리란 원가 절감 및 통제를 위하여 가능한 한 원가를 합리적으로 절감하려는 경영기법으로, 표준원가 계산방법을 이용한다.

② 표준원가 계산방법은 원가관리를 위하여 미리 분석하여 설정한 표준원가와 실제원가를 비교하여 그 차이를 분석하는 것이다.

(2) 손익분기점
① 이익도 손실도 발생하지 않으며, 한 기간의 매출액과 총비용(= 고정비 + 변동비)이 일치하는 기점이다.
② 수익이 손익분기점 이상으로 증대하면 이익이, 수익이 손익분기점 이하로 감소하면 손실이 발생한다.

(3) 감가상각
① 정의: 시간이 지나면서 감소하는 자산의 가치를 내용연수에 따라 일정한 비율로 할당하여 비용화하는 것을 말하며, 이때 감가된 비용을 감가상각비라고 한다.

② 감가상각 계산요소

기초가격	취득원가(구입가격)
내용연수	취득한 고정자산이 유효하게 사용될 수 있는 추산기간(사용 연수)
잔존가격	고정자산이 내용연수에 도달했을 때 매각하여 얻을 수 있는 추정가격. 보통 기초가격(구입가격)의 10%를 잔존가격으로 계산

③ 감가상각 계산법
- **정액법**: 감가총액을 내용연수로 균등하게 할당하는 방법이다.

$$감가상각액 = \frac{기초가격 - 잔존가격}{내용연수}$$

- **정률법**: 기초가격에서 감가상각비 누계액을 차감한 미상각 잔액(= 취득원가 − 감가상각누계액)에 대하여 매기 일정한 상각률을 곱하여 산출한 금액을 상각하는 방법으로, 초년도의 상각액이 가장 크며 연수가 경과함에 따라 상각액이 점점 줄어든다.

$$감가상각액 = 미상각 잔액 \times 상각률$$

필기합격 적중문제

SUBJECT 04 | 구매관리

01 난이도
식품 구매관리의 목적이 아닌 것은?
① 필요한 물품과 용역을 지속적으로 공급한다.
② 품질, 가격, 제반 서비스 등을 최적의 상태로 유지한다.
③ 재고 및 저장관리 시 손실을 최소화한다.
④ 고객 맞춤화를 실현한다.

02 난이도
구매 물품의 가격 산정과 구매 수량을 결정하기 위한 자료를 수집하는 것으로, 현재 필요한 물품의 가격 변동과 수급 현황을 조사하는 시장조사 유형은?
① 기초 시장조사
② 품목별 시장조사
③ 구매 거래처별 시장조사
④ 유통 체계별 시장조사

03 난이도
구매명세서에 포함될 내용은 몇 개인가?

| • 물품명 | • 상표명 | • 원산지 |
| • 보관 온도 | • 폐기율 | • 숙성 정도 |

① 3개   ② 4개
③ 5개   ④ 6개

04 난이도
식품을 구매하는 방법으로 옳지 않은 것은?
① 가공식품은 제조일과 소비기한에 영향을 받지 않으므로 한 번에 많이 구입한다.
② 과채류 및 어패류는 신선도를 확인하여 필요에 따라 수시로 구입한다.
③ 곡류, 건어물, 조미료 등 장기 보관이 가능한 식품은 1개월분을 한 번에 구입한다.
④ 비가식부와 폐기율을 고려하여 필요량만 구입한다.

05 난이도
일반적인 식품의 구매 방법으로 옳은 것은?
① 고등어는 2주일분을 한꺼번에 구입한다.
② 느타리버섯은 3일에 한 번씩 구입한다.
③ 쌀은 1개월분을 한꺼번에 구입한다.
④ 소고기는 1개월분을 한꺼번에 구입한다.

06 난이도
단체급식소에서 식수인원 400명의 풋고추조림을 할 때 풋고추의 총발주량은 얼마인가? (단, 풋고추 1인분은 30g, 풋고추의 폐기율은 6%이다.)
① 12kg   ② 13kg
③ 15kg   ④ 16kg

07 난이도
구매한 식품의 재고관리 시 적용되는 방법 중 최근에 구입한 식품부터 사용하는 것으로 가장 오래된 물품이 재고로 남게 되는 것은?
① 후입선출법   ② 선입선출법
③ 이동평균법   ④ 최소-최대관리법

08
다음은 간장의 재고 대장이다. 간장의 재고가 10병일 때, 선입선출법에 의한 간장의 재고자산은 얼마인가?

입고일자	수량	단가
5일	5병	3,500원
12일	10병	3,000원
20일	8병	3,000원
27일	3병	3,500원

① 25,500원
② 31,500원
③ 32,500원
④ 35,000원

09 산업기사 출제 가능
두부 50g을 돼지고기로 대체할 때 필요한 돼지고기의 양은? (단, 100g당 두부 단백질 함량은 15g, 돼지고기 단백질 함량은 18g이다.)

① 39.45g
② 40.52g
③ 41.67g
④ 42.81g

10
식품 구입 시 감별 방법으로 옳지 않은 것은?

① 육류 가공품인 소시지의 색은 담홍색이며 탄력성이 없어야 한다.
② 밀가루는 잘 건조되고 덩어리가 없으며 냄새가 없어야 한다.
③ 감자는 굵고 상처가 없으며 발아되지 않은 것이어야 한다.
④ 생선은 탄력이 있고 아가미는 선홍색이고 눈알이 맑은 것이어야 한다.

11
식품과 감별 항목의 연결이 옳지 않은 것은?

① 수산물 – 신선도, 색과 광택
② 육류 – 부위등급, 중량
③ 채소류 – 성숙도, 중량, 색과 광택
④ 달걀 – 투시, 난백, 난황의 상태

12
식재료를 검수하는 순서를 옳게 나열한 것은?

| ㉠ 냉장식품 | ㉡ 공산품 |
| ㉢ 냉동식품 | ㉣ 신선식품 |

① ㉠ → ㉡ → ㉢ → ㉣
② ㉠ → ㉢ → ㉣ → ㉡
③ ㉡ → ㉢ → ㉠ → ㉣
④ ㉢ → ㉠ → ㉡ → ㉣

13
우유의 구매 검수 시 필요 사항으로 적절하지 않은 것은?

① 이물질이나 침전물, 점성이 없어야 한다.
② 색깔이 이상하지 않아야 한다.
③ 물 컵에 우유를 떨어뜨렸을 때 그대로 가라앉아야 한다.
④ 우유를 가열했을 때 100℃까지는 응고하지 않아야 한다.

14 난이도
식품검수 시 유의할 점으로 잘못된 것은?

① 정확한 검수를 위해 식품은 맨손으로 만져 보고, 직접 맛을 본다.
② 검수 시 식품은 검수대 바닥에서 60cm 이상 높이에서 진행한다.
③ 검수는 식품이 도착하자마자 바로 진행한다.
④ 검수 후 규격에 맞지 않는 식품은 반드시 반품 처리한다.

15 난이도
납품된 물품(식자재) 중에서 일부만 뽑아 검사하고 그 결과를 판정 기준과 대조하여 적합 여부를 결정하는 방법은?

① 전수 검사법
② 발췌 검수법(샘플링법)
③ 비규칙 검사법
④ 무게 검수법

16 난이도
식품검수 방법의 연결이 틀린 것은?

① 화학적 방법 – 영양소의 분석, 첨가물, 유해 성분 등을 검출하는 방법
② 검경적 방법 – 식품의 중량, 부피 등을 측정하는 방법
③ 물리학적 방법 – 식품의 비중, 경도, 점도, 빙점 등을 측정하는 방법
④ 생화학적 방법 – 효소 반응, 효소 활성도, 수소이온농도 등을 측정하는 방법

17 난이도
원가 계산의 원칙이 아닌 것은?

① 진실성의 원칙
② 확실성의 원칙
③ 발생기준의 원칙
④ 비정상성의 원칙

18 난이도 　산업기사 출제 가능
김치공장에서 포기김치를 만든 원가자료가 다음과 같다면 포기김치의 판매가격은 총 얼마인가?

구분	금액
직접재료비	60,000원
간접재료비	19,000원
직접노무비	150,000원
간접노무비	25,000원
직접제조경비	20,000원
간접제조경비	15,000원
판매관리비	제조원가의 20%
기대이익	판매원가의 20%

① 229,000원
② 289,000원
③ 346,800원
④ 416,160원

19 난이도
총원가에 대한 설명으로 옳은 것은?

① 제조간접비와 직접원가의 합이다.
② 판매관리비와 제조원가의 합이다.
③ 판매관리비, 제조간접비, 이익의 합이다.
④ 직접재료비, 직접노무비, 직접경비, 직접원가, 판매관리비의 합이다.

20 난이도
불고기를 만들어 파는 데 1kg 기준으로 등심 18,000원, 양념비 3,500원이 소요되었다. 1인분에 200g을 사용하고 식재료 비율을 40%로 하려고 할 때 판매가격은?

① 9,000원
② 8,600원
③ 17,750원
④ 10,750원

정답 및 해설
P.7

에듀윌이
너를
지지할게

ENERGY

우리의 모든 꿈은 이루어질 것이다.
그것들을 믿고 나아갈 용기만 있다면

– 월트 디즈니(Walt Disney)

공통편

SUBJECT 05

기초조리실무

PART 01 조리 준비

기본 조리 조작, 기본 조리법에 대한 내용을 다룬다. 칼질하는 방법, 썰기 방법, 계량 방법에 대한 문제가 빈번히 출제된다.

PART 02 식품의 조리 원리

농산물, 축산물, 수산물의 조리 및 가공 방법과 유지의 특징을 학습한다. 각 식재료별 특징에 대해 구분할 수 있어야 하며, 조리 시 식품의 변화에 관한 문제가 많이 출제되므로 꼼꼼히 학습한다.

PART 01 조리 준비

01 조리의 정의 및 기본 조리 조작

1. 조리의 정의 및 목적

(1) 조리의 정의

먹을 수 있는 모든 음식물에 물리적·화학적 조작을 가하고 위생적으로 처리하여 소화를 용이하게 하며, 풍미를 향상시켜 식욕을 증진시키는 과정을 말한다.

(2) 조리의 목적 [빈출]

영양성	영양소를 보존하고 파괴를 방지하며, 소화를 용이하게 하여 식품의 영양 효율을 높인다.
기호성	풍미와 질감, 외관을 좋게 하여 식욕을 증진시킨다.
안전성	위해 성분을 제거하여 위생적으로 안전성을 증가시킨다.
저장성	물리적·화학적 조리 조작으로 식품의 저장 기간을 연장시킨다.

> **바로 확인문제**
>
> 식품 조리의 목적으로 적절하지 않은 것은?
> ① 식품이 지니고 있는 영양소 손실을 최대한 적게 한다.
> ② 각 식품의 성분이 잘 조화되어 풍미를 돋게 한다.
> ③ 외관상으로 식욕을 자극한다.
> ④ 질병을 예방하고 치료한다.
>
> |해설|
> 조리의 목적에는 영양성, 기호성, 안전성, 저장성이 있다. ①은 영양성, ②, ③은 기호성에 해당한다.
> |정답| ④

> **합격보장 꿀팁**
>
> - **조리의 원리** | 삼투압(농도 차이로 인한 절임), 팽윤(불림), 용출(재료 성분의 용출)
> - **조리와 열** | 전도(열이 물체를 따라 이동), 대류(밀도 차이에 의한 이동), 복사(열의 직접 전달)

2. 기본 조리 조작

(1) 조리 온도

대개 음식의 온도는 체온을 중심으로 하여 25~30℃ 전후의 범위가 적당하다.

음식의 적정 온도

종류	적정 온도	종류	적정 온도
청량음료, 김치	0~5℃	밥, 우유, 겨자	40~45℃
냉수	10~15℃	식혜, 술 발효	50~60℃
빵 발효	25~30℃	녹차, 국, 달걀찜, 커피	70~75℃
소주, 백포도주	7~10℃	찌개 및 전골	95~98℃

(2) 폐기량과 정미량

식재료의 정확한 발주를 위해 반드시 필요하다.

① **폐기량**: 조리 시 식품에 있어서 버려지는 부분의 양으로, 껍질, 꼭지, 씨 등이 해당한다. 식품의 전체 중량에 대한 폐기량을 퍼센트(%)로 표시한 것을 폐기율(부가식부율)이라고 한다.

$$폐기율(\%) = \frac{폐기되는\ 식품의\ 무게(폐기량)}{식품\ 전체의\ 무게(전체\ 중량)} \times 100$$

| 주요 폐기율

종류	폐기율	종류	폐기율
곡류	0%	패류	75~83%
서류	5%	생선류	28~35%
채소류	13~18%	버섯류	10%
난류	12%	과일류	22~25%

② **정미량**: 식품에서 폐기량을 제외한 부분으로 가식 부위(먹을 수 있는 부위)를 중량으로 나타낸 것이다.

(3) 조리 방법

① **물리적 조리**: 저울에 달기, 씻기, 담그기, 썰기, 갈기, 다지기, 치대기, 무치기, 담기가 있다.
② **생식 조리**: 가열하지 않고 생으로 먹는 방법이다.
③ **가열 조리** `빈출`

습열 조리	데치기 (Blanching, 블랜칭)	• 다량의 끓는 물에 재빨리 삶는 방법이다. • 효소 작용과 미생물의 번식을 억제한다. • 1~2%의 소금물에 채소를 데치면 조직이 부드러워지고 색을 유지할 수 있다.
	끓이기 (Boiling, 보일링)	• 100℃의 끓는 물이나 육수에 재료를 익히는 방법이다. • 비교적 영양분의 손실이 많고, 모양이 변형되기 쉽다.
	은근히 끓이기 (Simmering, 시머링)	• 85~93℃의 약한 불에서 식지 않을 정도로 조리하는 방법이다. • 재료를 부드럽게 하고 국물을 우려내기 위해 사용한다.
	찌기 (Steaming, 스티밍)	• 물을 끓여 수증기의 대류 작용을 이용하는 방법이다. • 재료의 모양이 그대로 유지되고, 영양 손실이 적다.
	삶기 (Poaching, 포칭)	• 물이 끓기 직전 또는 찬물에서부터 재료를 넣고 끓이기도 한다. • 재료를 부드럽게 하고 단백질이 응고된다.
건열 조리	굽기 (Broiling, 브로일링)	• 재료를 직화로 굽는 방법이다. • 높은 온도에서 조리한다.
	볶기 (Sauteing, 소테잉)	• 유지를 사용하여 고온에서 단시간에 조리하는 방법이다. • 수용성 성분의 용출을 줄일 수 있다. • 색이 그대로 유지되고, 영양소 및 비타민의 손실이 적다.
	튀기기 (Deep-frying, 딥-프라잉)	• 고온의 기름에 재료를 넣어 열이 전도되며 식품을 익히는 방법이다. • 조리 시간이 짧지만 열량이 높아진다.
	지지기 (Pan-frying, 팬-프라잉)	• 팬에 기름을 두르고 지져서 식품을 익히는 방법이다. • 볶기보다 높은 온도에서 재료를 넣어 재료에 기름이 스며드는 것을 방지한다.(170~200℃가 적당)
복합 조리		습열 조리+건열 조리, 브레이징(Braising), 스튜잉(Stewing)
초단파 조리		전자레인지에 의한 조리

> **바로 확인문제**
>
> 다음 중 조리 방법에 대한 설명으로 옳지 않은 것은?
> ① 찌기는 수증기의 잠열을 이용하는 가열법으로 수용성 성분의 손실이 적다.
> ② 튀김은 높은 온도의 기름에, 단시간에 익히기 때문에 영양소 손실이 적다.
> ③ 데치기는 다량의 끓는 물에 재빨리 삶는 방법이다.
> ④ 끓이기는 기름을 열 전달 매개체로 한다.
>
> |해설|
> 끓이기는 100℃의 액체에서 식품을 가열하는 방법으로, 물을 열 전달 매개체로 한다.
>
> |정답| ④

④ 화학적 조리: 효소(분해 작용), 알칼리(연화·표백 작용), 알코올(탈취·방부 작용), 금속염(응고 작용) 등이 있다.

02 기본 조리법 및 다량 조리 기술

1. 기본 조리법

다듬기	• 식재료를 조리할 수 있도록 전처리하는 과정이다. • 식재료의 비가식 부분(먹을 수 없는 부위)을 제거한다.
씻기	조리를 위생적으로 하기 위해 가장 먼저 행하는 과정이다.
담그기와 불리기	• 식품을 물이나 조미액에 담그는 과정이다. • 식품 내의 수분 함량을 증가시켜 조직을 연화시킨다. • 식품의 불미 성분과 불필요한 성분을 제거한다. • 변색을 방지하고 조미료를 침투시키는 효과가 있다.
썰기	• 가장 많이 사용되는 조리 조작법으로 식품을 먹기 좋은 모양, 적당한 크기로 만드는 데 목적을 둔다. • 식재료의 표면적을 증가시켜 열 전달과 조미료 침투를 용이하게 한다.
섞기와 젓기	• 섞기: 두 가지 이상의 재료를 서로 접촉시키면서 고르게 분산시키는 것으로, 식품의 재료를 균질화하고 가열하거나 냉각시킬 때 열의 전도를 균일하게 하기 위해 사용한다. • 젓기: 재료가 부드러워질 때까지 휘저어 주는 것이다. • 믹싱: 서로 다른 두 개 이상의 재료를 섞어 주는 것이다.
짜기	• 식품에 물리적인 힘을 가해 압착·여과하여 액을 만들거나 물기를 짜내는 방법이다. • 고형물과 액즙을 분리하기 위한 목적으로 교반, 혼합 등과 함께 행한다. • 과일 주스, 두부의 물기 짜기 등이 해당한다.
밀기	• 반죽의 밀기는 두께를 얇게 하여 내용물을 싸거나 조직의 균질화를 목적으로 한다. • 만두피나 국수, 우동면, 파이를 제조할 때 사용된다.
빚기	• 조리할 재료의 모양을 만들거나 다듬는 것이다. • 만두를 만들 때처럼 손으로 빚거나 테린(Terrine), 젤리 등을 만들 때처럼 성형도구를 이용할 수 있다.
냉각	• 가열 조리된 음식의 온도를 내리는 것이다. • 자연적으로 식히는 경우와 냉수·냉장고에 넣어 식히는 경우가 있다.
냉동	• 식품의 저장 방법 중 하나이다. • 식품을 0℃ 이하로 냉각시켜 식품 내의 수분을 동결시키는 방법이다.
해동	• 냉동한 식품을 냉동 전의 상태로 만들기 위해 녹이는 것이다. • 해동 방법에는 급속 해동, 완만 해동 등이 있다. 냉동제품을 해동할 때에는 0℃에 가까운 온도에서 천천히 해동하여 표면과 중심부의 온도 차이를 적게 하는 것이 좋다. 원래 상태로 회복하기가 쉬우므로 완만 해동이 좋다.

2. 다량 조리 기술

국	• 건더기는 국물의 1/3 정도가 좋다. • 국물의 맛을 내는 멸치, 다시마, 육류 등을 넣고 끓여 육수가 우러나면 건더기를 넣어 끓인다.
찌개	• 건더기는 국물의 2/3 정도가 좋다. • 센 불에서 끓이다가 어느 정도 끓으면 불을 약하게 하여 끓인다.
조림	• 국물 맛을 내기보다 재료에 맛을 들게 하는 조리법으로 어느 부분이나 같은 맛이 나도록 해야 한다. • 생선은 국물을 끓이다가 생선을 넣고 졸이는 것이 영양의 손실도 적고 생선살이 부서지지 않는다.
구이	• 불이 너무 세면 겉면만 타고 속은 익지 않고 재료가 너무 두꺼우면 조미료가 속까지 배어 들어가지 못해 맛이 좋지 않으면서 조미료만 태울 수 있다. • 미리 달군 석쇠를 이용한다.
튀김	• 조리 시간이 짧으며, 온도 조절에 유의해야 한다. • 식물성 유지를 사용하는 것이 좋다.
무침	• 채소를 데쳐 사용할 때에는 데친 후 완전히 식혀서 무치도록 한다. • 푸른 채소는 끓는 물에 소금을 넣어 살짝 데쳐 놓고 먹기 직전에 무쳐야 특유의 향을 유지할 수 있다. • 건나물을 사용할 때에는 충분히 불린 후 사용해야 한다.

03 기본 칼 기술 습득

1. 칼의 종류

한식 조리에는 약 30~35cm 정도 길이의 일반 조리용 칼을 많이 사용한다. 가정용 칼은 길이가 25cm 정도로 스테인리스나 니켈, 크로뮴(크롬) 등의 재료를 혼합하여 만든 제품을 사용한다.

(1) 칼끝의 모양에 따른 분류

아시아형 (Low Tip)	• 칼날 길이를 기준으로 18cm 정도이며, 칼등이 곡선 처리되어 있고 칼날이 직선인 안정적인 모양이다. • 칼이 부드럽고 똑바로 자르기에 좋다. • 채 썰기 등 동양요리에 적당하며, 우리나라, 일본과 같은 아시아에서 많이 사용된다.
서구형 (Center Tip)	• 칼날 길이를 기준으로 20cm 정도이며, 칼등과 칼날이 곡선으로 처리되어 칼끝에서 한 점으로 만난다. • 주로 자르기에 편하며 힘이 들지 않는다. • 일반 가정용 칼이나 회칼로도 많이 사용된다.
다용도칼 (High Tip)	• 칼날 길이를 기준으로 16cm 정도이며, 칼등이 곧게 뻗어 있고 칼날은 둥글게 곡선 처리된 칼이다. • 주로 칼을 자유롭게 움직이면서 도마 위에서 롤링하여 뼈를 발라내는 등 다양한 작업을 할 때 사용한다.

바로 확인문제

칼에 대한 설명 중 옳지 않은 것은?
① 아시아형 칼은 칼날 길이를 기준으로 18cm 정도이며, 칼등이 곡선 처리되어 있고 칼날이 직선인 안정적인 모양이다.
② 서구형 칼은 칼날 길이를 기준으로 20cm 정도이며, 칼등과 칼날이 곡선으로 처리되어 칼끝에서 한 점으로 만난다.
③ 가정용 칼은 길이가 25cm 정도로 스테인리스로만 만들어진 제품을 사용한다.
④ 한식 조리에는 약 30~35cm 정도 길이의 일반 조리용 칼을 많이 사용한다.

|해설|
가정용 칼은 길이가 25cm 정도로 스테인리스나 니켈, 크로뮴(크롬) 등의 재료를 혼합하여 만든 제품을 사용한다. |정답| ③

(2) 칼의 용도에 따른 분류

한식칼, 양식칼, 일식 회칼, 일식 데바칼, 중식칼, 과도 및 조각도 등이 있다.

(3) **칼날의 모양에 따른 분류**
　① 양면칼: 양손 사용
　② 일면칼: 좌수도, 우수도

2. 칼 갈기

무딘 칼을 사용할 경우 재료를 썰 때 힘이 많이 들어가므로 칼날은 날카롭게 관리해야 사고의 위험을 줄일 수 있다.

(1) **숫돌을 이용하여 칼 갈기**

칼날을 세우기 위해서는 숫돌에 갈아서 날카롭게 만들어야 한다. 숫돌 입자의 크기를 측정하는 단위를 입도라고 하며, 기호로 #(방)으로 나타낸다. 숫자가 클수록 입자가 미세하다는 뜻이다.

| 숫돌의 종류

400# (거친 숫돌)	• 칼의 형상을 조절하고 형태가 깨진 칼끝의 형태를 수정하기도 한다. • 칼날이 두껍고 이가 많이 빠진 칼을 갈거나 새 칼을 길들일 때 사용한다.
1000# (고운 숫돌)	• 굵은 숫돌로 간 다음 칼의 잘리는 면을 부드럽게 하기 위해 사용한다. • 일반적인 칼갈이에 많이 사용한다.
4000~6000# (마무리 숫돌)	• 부드럽게 손질된 칼날을 더 윤기가 나고 광이 나게 갈아 준다. • 칼을 갈고 마지막으로 날을 세우기 위해서 마무리용으로 사용한다.

① 숫돌의 수평 맞추기
　• 거친 시멘트 바닥 등에 물을 뿌려 놓는다.
　• 원을 그리며 숫돌을 갈아 준다.
　• 숫돌의 수평을 맞추어 평평하게 되도록 갈아 준다.(여러 번 사용한 숫돌은 가운데나 한쪽으로 치우치게 패여 있어 칼이 잘 갈리지 않음)

② 숫돌의 전처리
　• 숫돌이 건조하면 칼날에 흠집을 낼 수 있으므로 사용하기 전에 물에 45분 이상 담가 두었다가 사용한다.
　• 숫돌의 수분을 유지시키기 위해 옆에 물을 준비한다.

③ 숫돌 고정하기
　• 숫돌 집을 준비하거나 칼을 가는 동안 숫돌이 밀려 움직이지 않도록 젖은 천 등을 깔고 숫돌을 올린다.
　• 숫돌은 자신을 기준으로 수직이 되도록 놓는다.

④ 사전 확인하기
　• 칼의 갈린 부분, 갈아야 할 부분, 중점적으로 갈아야 할 부분을 확인한다.
　• 평평한 곳에 칼날을 놓고 칼날이 들어가거나 나온 부분의 틈을 보고 칼의 수평을 확인한다.
　• 왼손잡이용 좌수도와 오른손잡이용 우수도를 확인하고 칼날의 각도를 확인한다.

⑤ 칼 갈기: 칼을 가는 방법은 숫돌과 칼의 방향에 따라 사선 갈기와 직각 갈기로 나눈다.

사선 갈기	• 칼에 갈리는 부분이 넓어 빨리 갈 수 있지만 칼끝까지 한 번에 갈 수 없어 칼 끝부분을 한 번 더 갈아야 한다. • 엄지손가락으로 눌러 각도 잡기 → 칼날을 밀고 당기며 갈기 → 손을 바꾸어 반대쪽도 밀고 당기며 갈기
직각 갈기	• 칼이 들지 않는 부분만 갈 수 있지만 숫돌의 중앙이 많이 패여 날의 각도가 변하고 가는 데 시간이 오래 걸린다. • 숫돌면과 칼 단면이 15~20°를 이루게 고정시키기 → (중간에 물을 넣어가며) 칼이 숫돌 위에서 미끄러지듯이 움직이면서 힘을 주되 부드럽게 갈기 → 날이 바깥으로 오게 하기 → 반대쪽도 똑같은 방법으로 갈기

⑥ 칼 갈린 상태 확인하기: 칼을 간 후 칼날을 손가락으로 밀어서 확인하거나 빛 반사로 확인하는 등 칼이 갈린 상태를 확인한다.

칼 갈린 상태 확인 방법

손으로 밀어서 확인하기	• 칼날을 위로 향하게 하고 엄지와 검지로 칼날의 끝을 살짝 밀어서 표면을 확인한다. • 까칠까칠한 것은 한쪽으로 치우친 것이고, 까칠까칠한 것이 느껴지지 않으면 제대로 갈린 것이다.
빛의 반사로 확인하기	• 빛을 등지고 칼날을 보면 갈리지 않은 부분이나 날이 빠진 부분은 빛이 나고, 제대로 갈린 부분은 틈이 없어 빛이 나지 않는다. • 이가 빠진 날이나 들지 않는 날을 확인할 수 있다.
손톱으로 확인하기	칼을 세워 엄지손톱에 칼날을 살짝 대어 봤을 때 칼이 밀리지 않으면 잘 갈린 것이고, 밀리면 제대로 안 갈린 것이다.
화장지로 확인하기	화장지를 접어 문질렀을 때 날에 화장지가 걸리면 날이 넘어가거나 이가 빠진 부분이다.
기타	• 종이를 썰어 확인한다. • 도마에 문질러서 확인한다. • 고추나 피망을 썰어 본다. • 펜으로 문질러 확인한다.

⑦ 칼 세척하기: 칼은 세제로 깨끗하게 씻어 주고, 깨끗한 행주로 칼의 양쪽 옆면 바닥을 닦아 준다.

바로 확인문제

숫돌의 사용 방법으로 옳은 것은?
① 입도 숫자가 작을수록 입자가 미세하다는 뜻이다.
② 1000#은 칼날이 두껍고 이가 많이 빠진 칼을 가는 데 사용한다.
③ 400#은 고운 숫돌로, 굵은 숫돌로 간 다음 칼의 잘리는 면을 부드럽게 하기 위해 사용하며 일반적인 칼갈이에 많이 사용한다.
④ 칼날은 예리하고 날카롭게 관리해야 사고의 위험을 줄일 수 있다.

|해설|
① 입도 숫자가 클수록 입자가 미세하다는 뜻이다. ② 칼날이 두껍고 이가 많이 빠진 칼을 가는 데 사용하는 것은 400#이다. ③ 고운 숫돌로, 굵은 숫돌로 간 다음 칼의 잘리는 면을 부드럽게 하기 위해 사용하며 일반적인 칼갈이에 많이 사용하는 것은 1000#이다.

|정답| ④

(2) 쇠칼갈이 봉을 이용하여 칼 갈기

쇠칼갈이 봉은 칼날을 바로 잡고 칼날을 예리하게 잡아주기 위해 사용한다. 식재료를 써는 과정에서 칼이 잘 들지 않는다고 판단될 때 사용하기도 한다. 마찰열에 의해 칼의 변형을 일으키거나 칼날이 손상될 수 있다.
① 왼손으로 칼갈이 봉을 약 45° 정도 기울이고 흔들리지 않게 힘껏 잡는다.
② 오른손으로 칼을 잡고 반원형을 그리며 칼갈이 봉을 아래쪽에 두고 칼날을 부드럽게 문지른다.
③ 칼의 반대쪽은 봉을 위쪽에 두고 ②와 같은 방법으로 문지른다. 한 쪽당 3~4회를 넘기지 않도록 한다.
④ 마지막으로 위쪽에서 아래쪽으로 내려주면서 문지른다.

3. 기본 칼질법

(1) 칼 잡는 법

칼등 말아 잡기 (칼날의 양면을 잡는 방법)	• 일반적으로 식재료를 자르거나 슬라이스를 할 때 가장 많이 사용하는 방법이다. • 칼날이 옆으로 젖혀지는 것을 방지하기 위해 손잡이와 날을 함께 잡는다. • 칼날을 엄지와 검지로 잡고 칼을 손가락으로 잡았다고 생각될 정도로 가볍게 잡는다.
검지 걸어 잡기	• 후려 썰기에 적당한 방법이다. • 검지를 손잡이 끝에 걸고 칼끝으로 도마를 살짝 누른다는 느낌으로 새끼손가락으로만 잡는다. 나머지 손가락은 가볍게 대주기만 한다는 느낌으로 잡는다.
손잡이 말아 잡기 (칼 손잡이만 잡는 방법)	• 밀어 썰기, 후려 썰기를 할 때 사용하는 방법이다. • 칼의 손잡이만을 잡는 방법으로 힘을 가하지 않고 칼을 사용할 수 있다. • 칼이 돌아가 다칠 수 있다. • 손잡이에 손바닥을 댄 후 감싸듯이 잡는다.
엄지 눌러 잡기 (칼등쪽에 엄지를 얹고 잡는 방법)	• 딱딱한 재료나 냉동된 재료를 썰 때, 뼈를 부러트릴 때와 같이 힘이 많이 필요할 때 손목에 무리가 가지 않도록 잡는 방법이다. • 힘을 가하는 방향을 칼날 부위에 가까이 댄다.
검지 펴서 잡기 (칼등쪽에 검지를 얹고 잡는 방법)	• 칼의 폭이 좁아 손가락을 말아 잡기 어렵거나 칼의 움직임이 클 때, 칼을 뉘어 포를 뜨는 경우에 많이 사용한다. • 대부분의 일식 조리사들이 잡는 모양이다. • 정교한 작업을 할 때 칼의 끝쪽을 사용하기 위해 잡는 방법이다.
칼 바닥 잡기	• 오징어나 한치 등에 칼집을 넣을 때 사용하는 방법이다. • 칼을 45° 정도 뉘어 썬다.

바로 확인문제

닭뼈를 부러트릴 때 적합한 칼 잡는 법은?
① 손잡이 말아 잡기   ② 엄지 눌러 잡기   ③ 검지 펴서 잡기   ④ 칼 바닥 잡기

|해설|
딱딱한 재료를 썰거나 뼈를 부러트릴 때와 같이 힘이 많이 필요할 때는 손목에 무리가 가지 않도록 엄지를 눌러 잡는다. |정답| ②

(2) 칼질하는 방법

칼을 잡을 때 힘을 주면 유연성이 떨어져서 손을 벨 수 있으므로 힘을 주지 말아야 한다.

밀어 썰기	• 모든 칼질의 기본이 되는 칼질법이다. • 안전사고와 피로도가 적고 소리가 작아 많이 사용한다. • 무, 양배추, 오이 등을 채 썰 때 사용한다.
작두 썰기 (칼끝 대고 눌러 썰기)	• 배우기 쉬운 방법으로 길이 잘 들지 않을 때 사용한다. • 무, 당근과 같이 두꺼운 재료를 썰기에는 부적합하다. • 길이가 27cm 이상 되는 칼이 주로 사용된다.
칼끝 대고 밀어 썰기	• 밀어 썰기와 작두 썰기를 합친 방법이다. • 소리가 작고 밀어 썰기보다 쉽게 배울 수 있다. • 힘이 분산되지 않고 한곳으로 집중되어 두꺼운 재료를 썰기에는 부적합하며, 고기처럼 질긴 것을 썰기에 좋다. • 양식 조리에 많이 사용한다.
후려 썰기	• 손목의 스냅을 이용하기 때문에 빠르고 힘이 적게 들지만 정교함이 떨어지고 소리가 크게 나는 단점이 있다. • 많은 양을 썰 때 적당하다.

칼끝 썰기	• 재료를 곱게 썰거나 다질 때 주로 사용한다. • 재료가 흩어지지 않도록 칼끝으로 한쪽을 그대로 두고 썬다.
당겨 썰기	• 칼끝을 도마에 대고 손잡이를 약간 들었다 당기며 눌러 써는 방법이다. • 오징어나 파를 채 썰 때 적당하다.
당겨서 눌러 썰기	• 내려치듯이 당겨 썰고 그대로 살짝 눌러 써는 방법이다. • 초밥이나 김밥을 썰 때 칼에 물을 묻혀 내려치듯이 당겨 썰고 그대로 살짝 눌러 김이 썰리게 하는 방법이다.
당겨서 밀어붙여 썰기	• 발라낸 생선살을 일정한 간격으로 썰 때 적당한 방법으로, 주로 회를 썰 때 많이 사용한다. • 칼을 당겨서 썰어 놓은 횟감을 차곡차곡 옆으로 밀어붙여 겹쳐 가며 썬다.
당겨서 떠내어 썰기	• 발라낸 생선살을 일정한 두께로 떠내는 방법이다. • 주로 회를 썰거나 탄력이 좋은 생선을 자를 때 사용하는 방법이다.
뉘어 썰기	• 칼을 45° 정도 눕혀 칼집을 넣는 방법이다. • 오징어에 칼집을 넣을 때 사용한다.
밀어서 깎아 썰기	• 모양 없이 썰 때 많이 사용하는 방법이다. • 우엉이나 무를 깎아 썰 때 사용한다.
톱질 썰기	• 톱질하는 것처럼 왔다 갔다 하며 써는 방법이다. • 말아서 만든 것이나 잘 부서지는 것을 썰 때 부서지지 않게 하기 위해 사용한다.
돌려 깎아 썰기	• 엄지손가락에 칼날을 붙이고 일정한 간격으로 돌려 가며 껍질을 깎는 방법이다. • 오이나 당근, 무 등을 돌려 가며 얇게 썰 때 사용한다.
손톱 박아 썰기	• 작고 모양이 불규칙적이어서 잡기가 나쁠 때 손톱 끝으로 재료를 고정시키고 써는 방법이다. • 마늘을 썰 때 사용한다.

바로 확인문제

칼질하는 방법에 대한 설명으로 옳지 않은 것은?
① 밀어 썰기는 모든 칼질의 기본이 되는 칼질법으로, 안전사고와 피로도가 적다.
② 당겨 썰기는 채 썰기에 적당한 방법으로, 칼끝을 도마에 대고 손잡이를 약간 들었다 당기며 눌러 써는 방법이다.
③ 톱질 썰기는 재료를 곱게 썰거나 다질 때 재료가 흩어지지 않게 하기 위해 써는 방법으로, 한식에서 다질 때 많이 사용한다.
④ 돌려 깎아 썰기는 엄지손가락에 칼날을 붙이고 일정한 간격으로 돌려가며 껍질을 깎는 방법이다.

|해설|
톱질 썰기는 말아서 만든 것이나 잘 부서지는 것을 썰 때 부서지지 않게 하기 위해 톱질하는 것처럼 왔다 갔다 하며 써는 방법이다. ③은 칼끝 썰기에 대한 설명이다.

|정답| ③

4. 재료 썰기

조리에 사용되는 식재료는 요리에 알맞은 모양과 크기로 일정하게 썰어서 사용해야 한다. 고르지 못하게 썬 재료는 조리 시간의 차이로 인해 모양이 망가지기도 한다.

(1) 썰기의 목적

① 재료를 조리의 목적에 맞는 모양과 크기로 만들어 조리하기 쉽게 한다.
② 식재료의 표면적을 증가시켜 열 전달을 좋게 한다.
③ 먹지 못하는 부분(비가식부)은 없애고, 씹기 편하게 하여 소화가 잘 되게 한다.
④ 열의 전달이 쉽고, 조미료(양념류)의 침투를 좋게 한다.

바로 확인문제

썰기의 목적으로 옳지 않은 것은?

① 비가식부를 제거한다.　　　　　　　　　　② 소화를 용이하게 한다.
③ 조미료의 침투를 돕는다.　　　　　　　　④ 영양소의 함량을 높여 준다.

| 해설 |
재료 썰기와 영양소의 함량 증진과는 상관없다.

| 정답 | ④

(2) 썰기 방법 빈출

편 썰기 (얄팍 썰기)	• 재료를 원하는 길이로 자른 후 원하는 두께로 고르게 얇게 썬다. • 마늘이나 생강, 삶은 고기 등을 모양대로 얇게 썰 때 이용하는 방법이다.
채 썰기	• 보통 생채, 구절판이나 생선회에 곁들이는 채소를 썰 때 사용한다. • 원하는 길이로 자른 후 얇게 편을 썰어 겹쳐 일정한 두께로 가늘게 썬다.
다지기	• 곱게 채 썬 후 채를 가지런히 모아 잡아 직각으로 잘게 써는 방법이다. • 파, 마늘, 생강, 양파 등으로 양념을 만들 때 주로 사용한다. • 크기는 일정하게 써는 것이 좋다.
막대 썰기	• 재료를 원하는 길이로 토막 낸 후 일정한 굵기의 막대 모양으로 썬다. • 무장과나 오이장과 등을 만들 때 사용한다.
골패 썰기	무, 당근 등의 둥근 가장자리를 잘라내어 직사각형으로 만든 후 얇게 써는 방법이다.
나박 썰기	가로와 세로가 비슷한 사각형으로 반듯하고 얇게 써는 방법이다.
깍둑 썰기	• 무, 감자 등을 주사위 모양으로 썬다. • 깍두기, 찌개, 조림 등에 이용하는 방법이다.
둥글려 깎기	• 각이 지게 썬 모서리를 얇게 도려내 모서리를 둥글게 만들어 써는 방법이다. • 오랫동안 끓이거나 졸여도 재료의 모양이 뭉그러지지 않아 조리 후에 음식이 보기 좋게 된다.
반달 썰기	• 무, 감자, 당근, 애호박 등을 원하는 두께로 썰 때 길이로 반을 가른 후 반달 모양으로 썬다. • 통으로 썰기에 너무 큰 재료는 세로로 반을 가른 후 썬다.
은행잎 썰기	• 감자, 당근, 무 등의 재료를 세로로 십자 모양으로 4등분한 다음 원하는 두께로 은행잎 모양으로 썬다. • 주로 조림이나 찌개 등에 이용하는 방법이다.
통 썰기	• 오이, 당근, 연근 등을 통째로 둥글게 썬 다음 재료와 음식에 따라 두께를 다르게 조절하여 썬다. • 주로 볶음, 절임 등에 이용하는 방법이다.
어슷 썰기	• 오이, 파, 당근 등과 같이 가늘고 길쭉한 재료를 적당한 두께로 어슷하게 썬다. • 주로 볶음, 찌개 등에 이용하는 방법이다.
깎아 썰기	• 재료를 칼날의 끝부분으로 연필 깎듯이 돌려 가면서 얇게 썬다. • 깎아신 형태가 한쪽은 둥글고 다른 한쪽은 뾰족하게 된다. • 무와 같이 굵은 것은 칼집을 여러 번 넣은 다음 썬다. • 우엉 등의 재료를 얇게 써는 방법이다.
저며 썰기	• 재료의 끝을 한 손으로 누른 후 칼몸을 뉘어서 재료를 안쪽으로 당기듯이 한 번에 썬다. • 표고버섯이나 고기 또는 생선포를 뜰 때 이용하는 방법이다.
마구 썰기	• 오이나 당근과 같이 비교적 가늘고 긴 재료를 한 손으로 잡고 돌려 가며 한 입 크기로 작고 각이 있게 썬다. • 주로 채소의 조림에 이용하는 방법이다.
돌려 깎기	• 채를 썰기 전에 얄팍하고 긴 띠 모양으로 써는 방법이다. • 호박, 오이, 당근 등을 일정한 크기(길이 5cm 정도)로 토막을 낸 후 껍질에 칼집을 넣어 칼을 위·아래로 움직이며 얇게 돌려 깎는다.
솔방울 썰기	• 안쪽에 사선으로 칼집을 넣고 다시 엇갈려 비스듬히 칼집을 넣는다. • 갑오징어나 오징어를 볶거나 데쳐서 낼 때 큼직하게 모양을 내어 써는 방법이다.

바로 확인문제

썰기에 대한 설명으로 옳지 않은 것은?

① 편 썰기는 재료를 원하는 길이로 자른 후 그대로 얄팍하게 썰거나 원하는 두께로 얇게 써는 방법이다.
② 마구 썰기는 오이나 당근과 같이 비교적 가늘고 긴 재료를 한손으로 잡고 돌려 가며 한 입 크기로 작고 각이 있게 써는 방법이다.
③ 돌려 깎기는 우엉 등의 재료를 얇게 써는 방법이다.
④ 저며 썰기는 재료의 끝을 한손으로 누른 후 칼몸을 뉘여서 재료를 안쪽으로 당기듯이 한 번에 써는 방법이다.

|해설|
돌려 깎기는 채를 썰기 전에 얄팍하고 긴 띠 모양으로 써는 방법이다. 우엉 등의 재료를 얇게 써는 방법은 깎아 썰기이다. |정답| ③

04 조리기구의 종류와 용도

1. 식품절단기(Food Cutter)

슬라이서(Slicer)	햄, 육류 등을 일정하게 써는 기구
베지터블 커터(Vegetable Cutter)	채소를 여러 가지 형태로 썰어 주는 기구
푸드 차퍼(Food Chopper)	식품을 다지는 기구
민서(Mincer)	식재료를 곱게 으깨는 기구

2. 필러(Peeler)
감자, 당근, 무, 토란 등 과일·채소의 껍질을 벗기는 기구이다.

3. 샐러맨더(Salamander)
① 가스 또는 전기를 사용하여 위쪽에서 열이 나오는 직화 방식의 기구이다.
② 생선구이나 스테이크 구이용으로 사용된다.

4. 그리들(Griddle)
① 두꺼운 철판 밑으로 열을 가열하여 철판 위에서 음식을 조리하는 기구이다.
② 전, 햄버거 패티 등 부침 요리에 사용된다.

5. 브로일러(Broiler)
① 석쇠에 구운 모양을 나타내는 시각적 효과를 내며 복사열을 직·간접으로 이용하는 기구이다.
② 스테이크 등의 메뉴에 많이 이용된다.

6. 블렌더(Blender)
① 식재료를 다지거나 갈아서 액체와 교반하여 동일한 성질로 만드는 기구이다.
② 식품의 혼합·교반 등에 사용된다.

7. 믹서(Mixer)
여러 가지 재료를 혼합하는 기구이다.

8. 휘퍼(Whipper)
반죽하거나 달걀 거품을 낼 때 사용하는 기구이다.

> **바로 확인문제**
>
> 식재료를 다지거나 갈아서 액체와 섞을 때 사용하는 기기는?
> ① 브로일러　　　② 슬라이서　　　③ 블렌더　　　④ 휘퍼
>
> |해설|
> ① 브로일러는 석쇠에 구운 모양을 나타내는 효과를 내는 구이용 기기이다. ② 슬라이서는 햄, 육류 등을 일정하게 썰 때, ④ 휘퍼는 반죽하거나 달걀 거품을 낼 때 사용한다.
> |정답| ③

9. 그 외 식기류

제공자와 이용 고객의 측면을 모두 고려하여 선택해야 한다.

제공자	가볍고, 단단하여 쉽게 깨지지 않으며, 내열성이 큰 재질이 좋다.
이용 고객	위생적이고, 가벼우면서 식욕을 돋우는 모양과 색깔의 디자인이 좋다.

> **합격보장 꿀팁**
>
> • **식기 필요량** | 전체 이용 고객의 수 × 1.1(식수 변동률) × 1.07(식기 파손율)

05 식재료 계량 방법

1. 계량의 의의

(1) 계량의 중요성

조리의 표준화와 조리작업의 시스템화를 위해 중요하다.

(2) 계량에 필요한 조리도구

계량을 위해 주방에 계량컵, 계량스푼, 저울, 온도계, 타이머 등을 구비하여 식품 및 조미료의 양, 조리 온도, 시간 등을 확인해야 한다.

저울	• 무게를 측정하는 기구로 g, kg으로 나타낸다. • 저울을 사용할 때에는 평평한 곳에 수평으로 놓고 지시침을 숫자 '0'에 놓는다.
계량컵	• 부피를 측정하는 데 사용된다. • 미국 등 외국에서는 1컵을 240mL로 하고 있으나, 우리나라의 경우 1컵을 200mL로 하고 있다.
계량스푼	• 계량스푼은 양념 등의 부피를 측정하는 데 사용된다. • 큰술(Ts: Table spoon), 작은술(ts: tea spoon)로 구분한다.

(3) 계량 단위

계량 단위	단위 환산
1컵(C)	• 쿼트법: 240cc(mL) = 8온스(oz) • 미터법: 200cc(mL), 우리나라 적용
1큰술(Ts: Table spoon)	15cc(mL) = 3작은술(ts)
1작은술(ts: tea spoon)	5cc(mL)
1온스(oz: ounce)	30cc = 28.35g
1파운드(lb: pound)	453.6g
1쿼터(quart)	32온스(oz) = 946.4mL

(4) 계량 방법 [빈출]

액체 식품 (물, 우유 등)	투명한 계량컵이나 스푼에 흘러넘치지 않을 정도로 담고, 눈높이를 비커 눈금의 밑선과 동일하게 하여 눈금을 읽는다.
입상 식품 (쌀, 소금, 백설탕 등)	덩어리가 없는 상태에서 가볍게 수북히 담은 후 평면으로 깎아 계량한다.
분상 식품 (밀가루, 설탕 파우더 등)	체를 쳐서 계량컵이나 계량스푼에 가볍게 수북히 담은 후(담으면서 흔들어서는 안 됨) 평면으로 깎아 계량한다. 분상 식품은 부피보다 무게를 재는 것이 정확하다.
지방 (버터, 마가린, 쇼트닝)	저울로 계량하는 것이 바람직하나, 컵이나 스푼으로 계량할 경우 실온에서 반고체 상태로 컵에 빈 공간이 없도록 꾹꾹 눌러 수평으로 깎아 계량한다.
황설탕, 흑설탕	모양이 유지될 정도로 계량컵에 꾹꾹 눌러 담아 컵의 위를 평면으로 깎아 계량한다.

바로 확인문제

계량 방법이 잘못된 것은?
① 저울은 수평으로 놓고 눈금은 정면에서 읽으며 바늘은 0에 고정시킨다.
② 가루 상태의 식품은 계량기에 꾹꾹 눌러 담은 다음 윗면이 수평이 되도록 깎아서 잰다.
③ 액체 식품은 투명한 계량 용기를 사용하여 계량컵의 눈금과 눈높이를 맞추어서 계량한다.
④ 된장이나 다진 고기 등은 빈 공간이 없도록 계량기구에 눌러 담고 깎아서 잰다.

|해설|
밀가루와 같은 가루 상태의 식품은 체를 쳐서 누르지 않고 계량컵이나 계량스푼에 가볍게 담아 평면으로 깎아 계량한다.

|정답| ②

06 조리장의 시설 및 설비 관리

1. 조리장의 시설 조건

(1) **조리장의 3원칙**
위생성, 능률성, 경제성

(2) **조리장의 위치**
① 통풍과 채광이 좋고 급수와 배수가 용이한 곳이어야 한다.
② 객실 및 객석의 구분이 명확하고 식품의 출입과 반출이 용이한 곳이어야 한다.
③ 소음, 악취, 가스, 분진 등이 없는 위생적인 곳이어야 한다.
④ 종사자의 출입이 편리한 곳이어야 한다.
⑤ 비상시 통로 및 출입문에 방해가 되지 않는 곳이어야 한다.

(3) **조리장의 면적**
① 식당 면적은 취식자 1인당 $1m^2$, 조리장 면적은 식당의 1/3이 기준이다.
② 일반급식소(1인당)는 $1.0m^2$, 학교(아동 1인당)는 $0.3m^2$, 병원급식시설(침대 1개당)은 $0.8 \sim 1.0m^2$, 기숙사(1인당)는 $0.3m^2$가 기준이다.
③ 1인당 급수량

일반급식	5~10L	기숙사급식	7~15L
학교급식	4~6L	공장급식	5~10L
병원급식	10~20L		

2. 조리장의 설비 및 관리

(1) 조리장
① 개방식 구조로 하며, 객실 및 객석과 구분되어야 한다.
② 식품 및 식기류의 세척 시설과 종업원 전용의 수세 시설을 완비해야 한다.
③ 급수 및 배수 시설을 갖추어야 한다.

(2) 바닥
① 바닥과 1.5m까지의 내벽은 물청소가 용이한 내수성 자재를 사용한다.
② 미끄럽지 않고 내수성, 산, 염, 유기 용액에 강한 자재를 사용한다.
③ 영구적으로 색상을 유지할 수 있어야 하며, 유지비가 저렴해야 한다.

(3) 작업대
① 효율적인 작업대의 높이: 신장의 52%가량(80~85cm)
② 효율적인 작업대의 너비: 55~60cm
③ 작업대와 뒤 선반의 간격: 최소 150cm 이상
④ 작업(동선) 순서에 따른 기기 배치: 준비대 → 개수대 → 조리대 → 가열대 → 배선대

▍작업대의 종류

ㄴ자형	조리장이 좁은 경우 사용한다.
ㄷ자형	• 동일 면적에서 동선이 가장 짧다. • 넓은 조리장에 가장 적합하다.
병렬형	작업할 때 180° 회전하게 되므로 에너지 소모가 크며 쉽게 피로해진다.
일렬형	작업 동선이 길고 비능률적이지만 조리장이 굽은 경우 사용한다.
아일랜드형	• 공간 활용이 자유로우며, 동선을 단축시킬 수 있다. • 조리기구를 한곳에 모아 놓았기 때문에 환풍기나 후드의 수를 최소한으로 줄일 수 있다.

▣ 바로 확인문제

조리대 배치 형태 중 환풍기와 후드의 수를 최소화할 수 있는 것은?

① 일렬형　　② 병렬형　　③ ㄷ자형　　④ 아일랜드형

|해설|
아일랜드형은 개수대나 가열대 또는 조리대가 독립되어 있는 형태로, 조리기구를 한곳으로 모아 놓았기 때문에 환풍기나 후드의 수를 최소한으로 줄일 수 있다.

|정답| ④

(4) 벽, 창문
① 벽의 마감재로 자기타일, 모자이크타일, 금속판, 내수합판을 사용하며 창틀은 알루미늄 등을 사용한다.
② 창 면적은 바닥의 20% 정도가 적당하며, 직사광선을 막을 수 있도록 한다.
③ 창문은 밀폐할 수 있는 고정식으로 하고, 30메시 이상의 방충망을 설치하여 해충의 침입을 방어한다.

> **바로 확인문제**
>
> 조리장의 창문 시설에 대한 설명으로 적합하지 않은 것은?
> ① 창의 면적은 바닥의 20% 정도로 한다.
> ② 창틀은 목조 재질을 사용한다.
> ③ 30메시 이상의 방충망을 설치하여 해충의 침입을 방어한다.
> ④ 직사광선을 막을 수 있어야 한다.
>
> |해설|
> 조리장에서 창틀은 내수성이 있는 알루미늄 재질을 사용하는 것이 좋다.
>
> |정답| ②

(5) 조명 시설
① 작업하기 충분하고 균등한 조도를 유지한다.
② 기준 조명: 객석은 30Lux(유흥음식점은 10Lux), 단란주점은 30Lux, 조리실은 50Lux 이상이다.

(6) 환기
① 후드의 경사각은 30°, 후드의 형태는 환기 속도와 주방의 위치에 따라 달라지며, 사방 개방형이 가장 효율적이다.
② 높은 효율성을 위해 후드 장치는 가열 기구의 설치 범위보다 넓게 설치한다.
③ 창문을 이용한 자연환기, 송풍기(Fan)를 이용한 환기, 배기용 환풍기(Hood)를 이용한 환기가 있다.

(7) 화장실
① 남녀용을 구분한다.
② 내수성 자재를 사용하고 손 씻는 시설을 갖추어야 한다.

PART 02 식품의 조리 원리

01 농산물의 조리 및 가공·저장

1. 곡류의 구조 및 종류

구조	외피, 배아(단백질, 지방, 무기질 풍부), 배유(다량의 전분, 우리가 주로 먹는 부분)
종류	• 맥류: 미곡류, 보리, 밀, 귀리, 호밀 등 • 잡곡: 조, 기장, 피, 수수, 옥수수 등

(1) 쌀
① 구성: 주성분은 탄수화물(전분), 소량의 단백질(오리제닌)로 구성되어 있다.
② 특징: 벼에서 왕겨만 제거한 것을 현미, 쌀겨층을 제거하고 배유만 남은 것을 백미라고 지칭한다.
③ 형태에 따른 종류

일본형	쌀알이 둥글고 굵으며 밥의 끈기가 강하다.(단립미)
인도형	안남미, 쌀알이 가늘고 길며 밥의 끈기가 약하다.(장립미)

④ 찹쌀과 멥쌀

찹쌀	아밀로펙틴 100%
멥쌀	아밀로오스 20%, 아밀로펙틴 80%

(2) 보리
① 종류: 이삭의 배열에 따라 육조대맥, 사각보리, 이조대맥 등으로 구분한다.
② 가식부: 75% 정도로, 이 중 60%는 전분, 10%는 단백질(호르데인)이다.
③ 특징: 탄수화물, 단백질, 비타민 B_1, 비타민 B_2, 니코틴산, 무기물(칼슘, 철분, 인)이 많고 쌀에 비해 섬유질 성분이 5배가 많기 때문에 소화율이 떨어진다.
④ 활용
  • 주로 사료로 사용되거나, 된장·고추장·제과 등의 원료로 사용된다.
  • 보리차와 맥주의 제조, 엿기름으로 엿 제조, 감주, 소주, 소화제 등의 원료로 이용된다.
⑤ 압맥과 할맥: 보리의 섬유소를 가공 또는 제거하여 조리가 간편하고 소화율이 높아진다.

압맥	보리를 기계로 눌러 단단한 조직을 파괴하고, 납작하게 누른 보리쌀
할맥	보리의 홈을 따라 이등분으로 분쇄하고, 쌀처럼 다듬은 보리쌀

> **바로 확인문제**
>
> 엿기름의 재료로 사용되는 곡류는?
> ① 쌀　　　　② 옥수수　　　　③ 보리　　　　④ 호밀
>
> |해설|
> 보리는 엿, 감주, 소주, 맥주 등의 제조에 사용된다.
> |정답| ③

(3) 호밀
① **구성**: 배아의 단백질 함량은 약 12~18%이고, 이 중 50%는 프롤라민이다.
② **특징**: 글루텐(Gluten)이 적어 빵을 만들어도 점탄성이 나쁘며, 밀로 만든 빵보다 부피가 작고 단맛이 약하다.
③ **활용**: 냉면, 과자, 장류, 사료나 누룩의 제조에 이용된다.

(4) 귀리
① **구성**
- 주성분은 전분이며, 단백질은 13%(글루테닌과 글로불린이 많음) 정도 차지한다.
- 지질은 5% 정도 함유하고 있으며 영양분이 많다.
- 라이신과 함황 아미노산의 함량이 적다.
- 베타글루칸 성분이 있어 콜레스테롤 수치를 낮춰 준다.

② **활용**
- 정백하여 오트밀을 만들어 식용한다.
- 과자의 원료, 주정발효의 원료, 가축(특히 말)의 사료로 이용된다.

(5) 밀
① **구성**: 전분이 70%, 단백질이 10% 정도이며 수분 12%, 지질 2% 정도를 차지한다.
② **특징**: 글루텐의 함량에 따라 밀가루의 종류와 용도가 달라진다.(강력분 > 중력분 > 박력분)
③ **활용**: 소맥분은 날것으로 쓸모가 없으나, 가루로 가공하면 여러 가지 가공 형태에 이용된다.

(6) 조
① **종류**: 모래조, 호조, 청미실
② **특징**: 단백질, 지질, 비타민류 등의 함량이 비교적 높으나, 섬유질이 많다.
③ **활용**
- 주정용으로 이용된다.
- 제분하여 떡, 엿, 과자, 소주, 누룩 등의 원료나 보리 대용 혼식으로 이용된다.
- 새의 모이나 사료로 이용된다.

(7) 기장
① **구성**: 주성분은 전분이며, 단백질 함량은 약 10~13%이다.
② **특징**: 소화율이 높지 않다.
③ **활용**: 제분하여 밀가루와 섞어 떡이나 과자류를 만들고, 사료로도 이용된다.

(8) 피
① **구성**: 주성분은 탄수화물이며, 단백질 13%, 지질 3.5%, 비타민 B_1 0.4%로 구성되어 있다.
② **특징**: 쌀에는 적은 트립토판(Tryptophan)과 기타 필수아미노산이 많이 함유되어 있어 영양 가치가 높다.
③ **활용**
- 밥, 죽, 단자로 이용된다.
- 엿, 된장, 간장, 술의 원료로 이용된다.
- 새의 모이나 사료로 이용된다.

(9) 수수
① **구성**: 탄수화물이 70%, 단백질이 10% 정도이다.(트립토판과 함황 아미노산 부족)
② **특징**: 다른 곡류에 비해 호화율이 낮고 잘 익지 않아 소화가 나쁘다.
③ **활용**: 떡, 엿, 과자, 술의 원료로 이용된다. 특히 사탕수수는 제당의 원료로 이용된다.

⑽ **옥수수**
  ① 구성: 전분이 70%, 단백질이 10%이며, 단백질의 주성분은 제인(Zein)이다.
  ② 종류: 마치종, 경립종, 감미종, 폭열종 등
  ③ 활용: 빵, 과자, 물엿, 포도당, 알코올 발효, 방직용 풀 등의 원료로 이용된다.

2. 서류 및 콩류

(1) **서류**
  ① 종류: 감자, 고구마, 토란, 마, 돼지감자, 야콘 등
  ② 주성분: 곡류와 같은 탄수화물(전분)
  ③ 특징
  • 수분 함량이 70~80%로 높으므로 곡류에 비해 저장성이 낮다.
  • 칼슘이나 인과 같은 무기질이 풍부하고 비타민 함량도 높다.

> **합격보장 꿀팁**
> • **투베린** | 감자 단백질
> • **이포마인** | 고구마 단백질

(2) **콩류**
  ① 종류: 대두, 팥, 녹두, 완두, 강낭콩, 땅콩 등
  ② 특징: 단백질 함량이 곡류에 비해 3~6배 높고, 필수아미노산이 골고루 함유되어 있다.

3. 전분

(1) **전분의 구성**
  ① 전분은 식물의 저장물질로서, 곡류와 감자류가 주된 공급원이며, 여러 개의 포도당이 결합된 다당류를 말한다.
  ② 곡류, 감자류 등에 존재하며, 아밀로오스와 아밀로펙틴으로 구성된다.
  ③ 냉수에는 잘 녹지 않고, 열탕에 의해 팽윤·용해되어 풀처럼 된다.

아밀로오스와 아밀로펙틴

구분	아밀로오스(Amylose)	아밀로펙틴(Amylopectin)
결합	α-1, 4 결합	α-1, 4 결합과 α-1, 6 결합
구조	포도당으로 구성된 직선상 구조	포도당으로 구성된 직선상 구조에 α-1, 6 결합으로 연결된 가지 구조
나선 구조	있음	없음
가열 시 변화	불투명	투명, 점성
아이오딘(요오드) 반응 시	청색	적자색
함량 비율 (아밀로오스 : 아밀로펙틴)	• 멥쌀 20 : 80 • 고구마 20 : 80 • 보리 27 : 73	• 찹쌀 0 : 100 • 감자 23 : 77	• 밀 28 : 72 • 옥수수 26 : 74

바로 확인문제

전분에 대한 설명으로 틀린 것은?

① 멥쌀은 아밀로오스와 아밀로펙틴의 비율이 2:8로 구성되어 있다.
② 식혜 엿은 전분의 효소 작용을 이용한 식품이다.
③ 동물성 탄수화물로 열량을 공급한다.
④ 가열하면 팽윤되어 점성을 갖는다.

|해설|
전분은 식물성 탄수화물로, 곡류와 감자류가 주된 공급원이다.

|정답| ③

(2) 전분의 특징 빈출

① 전분의 호화(전분의 α화): 전분에 물을 넣고 가열하면 점성이 생기고 부풀어 오르는 현상을 말한다.

- 호화의 3단계

수화(Hydration) 단계	전분 입자에 물을 가하면 전분 입자 중량의 약 25~30% 정도의 수분을 흡수하는데, 주로 아밀로펙틴이 많이 분포된 비결정성 영역 사이에 수분이 들어가는 단계이다.
팽윤(Swelling) 단계	온도가 상승하면서 수분을 계속 흡수하여 팽윤하는 단계이다.
콜로이드(Colloid) 상태가 되는 단계	전분 입자의 내부가 붕괴되고 액체 속으로 일부의 아밀로오스와 아밀로펙틴이 분산하여 콜로이드 상태의 용액이 되는 과정으로, 점도가 증가하는 단계이다.

- 전분의 호화에 영향을 주는 요인

전분의 종류	• 아밀로펙틴은 아밀로오스보다 호화되기 어렵다. • 일반적으로 찹쌀을 이용한 음식은 조리 시간이 길어진다.
전분 입자의 크기	• 전분 입자의 크기가 클수록 호화가 빠르다. • 감자, 고구마와 같은 서류의 전분 입자가 곡류의 전분 입자보다 커서 호화되기 쉽다.
수침 시간	전분을 가열하기 전에 전분을 수침하면 호화되기 쉽고 균일한 질감을 얻을 수 있다.
가열 온도	가열 온도가 높을수록 단시간에 호화된다.
수소이온농도(pH)	• 알칼리에서는 전분의 팽윤과 호화가 촉진되고 전분에 산을 가하면 전분이 가수분해되어 호화가 잘 일어나지 않고 점도가 낮아진다. • 전분에 산을 첨가하여 음식을 조리할 때에는 전분의 호화가 이루어진 이후에 산과 섞는 것이 좋다.
젓기 정도	전분 풀 형성 전에 전분 용액을 지나치게 저어 주면 전분 입자가 팽창하여 파괴되면서 호화가 잘 이루어지지 않아 점성이 감소하게 된다.
당	전분에 설탕을 첨가하면 설탕의 용해성이 커서 전분이 호화하는 데 필요한 물을 당이 흡수하므로 전분의 물 이용을 방해하여 호화를 지연시키고 점도를 낮춘다. 이때 설탕은 탈수제 역할을 한다.
단백질, 지방	단백질, 지방은 전분 입자를 둘러싸서 물의 흡수를 방해하여 호화를 지연시킨다.
염류	대부분의 염은 팽윤을 촉진시켜 전분의 호화 온도를 내려주어 호화를 촉진시킨다.(황산염은 호화 억제)

바로 확인문제

전분의 호화와 점성에 대한 설명으로 틀린 것은?

① 곡류는 서류보다 호화 온도가 높다.
② 전분의 입자가 클수록 빨리 호화된다.
③ 소금은 전분의 호화와 점도를 억제한다.
④ 산 첨가는 가수분해를 일으켜 호화를 촉진시킨다.

|해설|
전분에 산을 가하면 전분이 가수분해되어 호화가 잘 일어나지 않으며 점도도 낮아진다.

|정답| ④

② **전분의 노화(전분의 β화)**: 호화된 전분을 공기 중에 방치하면 분자 구조가 다시 규칙적으로 정렬되어 생전분의 구조와 같은 물질로 변하는 현상을 말한다.

요인	노화가 빨라지는 조건	노화방지법
온도	0~5℃	0℃ 이하 또는 60℃ 이상
수분 함량	30~60%	15% 이하 또는 60% 이상
아밀로오스와 아밀로펙틴 함량	• 아밀로오스 함량이 높을수록 • 아밀로펙틴 함량이 낮을수록	• 아밀로오스 함량이 낮을수록 • 아밀로펙틴 함량이 높을수록
기타	• 전분 입자의 크기가 작을수록 • pH가 낮을수록	설탕, 지방, 유화제의 첨가로 재결정 방해

바로 확인문제

호화된 전분이 노화를 일으키기 어려운 조건은?
① 온도가 0~4℃일 때
② 수분 함량이 15% 이하일 때
③ 수분 함량이 30~60%일 때
④ 전분의 아밀로오스 함량이 높을 때

|해설|
노화는 수분 함량에 따라 차이가 많이 나는데, 수분 함량이 30~60%일 때 노화가 빠르고, 15% 이하 또는 60% 이상에서는 노화가 거의 일어나지 않는다. |정답| ②

③ **전분의 호정화(덱스트린화)**
- 전분을 160~170℃의 건열로 가열하면 덱스트린이 되는 호정화가 일어난다.
- 용해성이 생기고 점성이 낮아지며 맛이 구수해지고 색은 갈색으로 변한다.
- 활용: 미숫가루, 누룽지, 빵 등

④ **전분의 당화**
- 전분을 당화 효소(β-아밀레이스)나 산을 이용해 가수분해하여 단당류, 이당류 또는 올리고당으로 만들어 감미를 얻는 과정이다.
- 활용: 조청, 물엿, 식혜 등

⑤ **전분의 겔화**
- 전분을 가열하여 호화한 후 냉각시키면서 굳어지는 과정이다.
- 활용: 도토리묵, 청포묵, 메밀묵, 앵두편
- 전분의 이용(겔화로 인한 현상): 조리에 농후제, 안정제, 결착제 등 다양하게 이용된다.

(3) **전분의 조리**

① 쌀의 조리(밥 짓기)
- 수분 함량은 65% 전후, 물의 양은 쌀 중량의 1.0~1.5배이다.(완성된 밥의 경우 부피가 2.3~2.4배로 증가)
- 호화는 60~65℃에서 시작되고, 100℃에서 20~30분 정도 두면 완료된다.

| 밥맛에 영향을 주는 요인

쌀의 건조 상태	수확 후 시일이 오래 지나면 지나치게 건조되어 밥맛이 좋지 않다.
밥물의 pH	pH 7~8일 때 밥맛이 가장 좋다.
소금 첨가	소금을 0.03% 정도 넣으면 밥맛이 좋아진다.
아밀로펙틴의 함량	아밀로펙틴의 함량이 높을수록 점성이 많고 밥맛이 좋다.
밥 짓는 용구	재질이 두껍고 무거운 것으로 무쇠나 돌로 만든 것이 밥맛이 좋다.

② 밀의 조리
- 밀가루의 분류 및 용도

구분	글루텐 함량	용도
강력분	13% 이상	식빵, 하드롤, 파스타, 피자, 마카로니
중력분	10% 초과 13% 미만	소면·우동 등의 면류, 크래커
박력분	10% 이하	케이크, 과자, 튀김옷

바로 확인문제

강력분을 사용하지 않는 것은?
① 케이크 ② 식빵 ③ 마카로니 ④ 피자

|해설|
케이크는 박력분을 사용한다. |정답| ①

- 글루텐의 형성: 밀가루에 액체(물 등)를 첨가하여 단백질이 수화되면 글리아딘(Gliadin)과 글루테닌(Glutenin)이 서로 연결되어 망상구조인 글루텐이 형성된다. 글리아딘은 점성을 주고, 글루테닌은 탄력이 강해 글루텐에 탄성을 준다.

글루텐의 형성에 영향을 주는 요인

밀가루의 종류	강력분은 단단하고 질긴 반죽이 된다.
물을 첨가하는 방법	물을 조금씩 나누어 가며 치대는 것이 효과적이다.
반죽을 치대는 정도	반죽을 많이 치댈수록 글루텐의 형성이 용이하다.
입자의 크기	입자의 크기가 작을수록 글루텐의 형성이 용이하다.
온도	온도를 상승시키면 글루텐의 형성 속도가 빨라진다.
지방	글루텐의 형성을 방해하며, 제품의 연화 작용을 한다.
설탕	글루텐의 형성을 방해하고 가열 시 갈변 현상이 일어난다.
소금	글루텐의 구조를 단단하게 한다.
달걀, 우유	글루텐의 형성을 도와 제품의 모양을 유지하며 맛과 색을 좋게 한다.(달걀은 너무 많이 사용하면 반죽이 질겨짐)
팽창제	제품을 부풀게 한다.(구조 형성)

바로 확인문제

밀가루 반죽에서 글루텐의 형성을 억제하는 물질은?
① 우유 ② 소금 ③ 설탕 ④ 난백

|해설|
설탕은 흡습성이 있어 밀 단백질의 수화를 감소시켜 글루텐의 형성을 방해한다. |정답| ③

합격보장 꿀팁

- 팽창제
  - 생물적 팽창제: 이스트(밀가루의 1~3%를 사용하는 것이 적당함)
  - 화학적 팽창제: 베이킹소다(유색을 더 선명하게 하지만 백색을 황색으로 변화시킴), 베이킹파우더(무색·무취로 거의 모든 제품의 팽창제로 사용됨)

③ 감자의 조리
- 감자의 분류 및 활용

구분	특징	활용
점질감자	• 감자 내의 전분 성분이 낮다. • 찌거나 구울 때 잘 흩어지거나 부서지지 않고 모양이 잘 유지된다. • 단백질의 함량이 많고, 과육이 노란색이다.	샐러드, 조림, 기름으로 볶는 요리에 적합하다.
분질감자	• 감자 내의 전분 성분이 높다. • 보슬보슬하면서 윤이 나지 않는 질감이다. • 전분의 함량이 많고 과육이 흰색이다.	화덕이나 오븐을 이용한 구운 감자, 매시드 포테이토(Mashed Potato), 프렌치 프라이드 포테이토(French Fried Potato) 등에 적합하다.

- 보관 및 저장: 감자는 싹이 나지 않도록 검은색 종이나 천으로 빛을 차단하여 서늘한 곳에 보관한다.
- 감자의 유독 성분: 솔라닌(Solanine), 셉신(Sepsine)

④ 고구마의 조리
- 특징: 당분 함량이 많아 단맛이 강하다.
- 활용: 찐고구마, 군고구마, 튀김, 샐러드 등으로 이용될 뿐만 아니라 가공 조리에 많이 이용되며, 전분, 제과, 물엿, 주정의 가공 원료로 사용된다.
- 보관 및 저장: 고구마는 저장 기간 중 연부병이나 흑반병으로 상하기 쉽고 냉장 저장하면 냉해를 일으키는 등 저장성이 떨어지므로 13℃ 정도의 온도와 85~90% 정도의 습도로 저장한다.

⑤ 토란의 조리
- 수확 시기: 7월 중순경부터 수확하여 추석 전후에 많이 이용한다.
- 구성: 수분이 약 80%이고, 주성분은 탄수화물로 대부분이 전분이며 무기질로는 칼륨이 많다.
- 갈락탄(Galactan): 토란의 껍질을 벗겼을 때 미끈거리는 점성물질로 다당류이며, 조리할 때에는 끓는 물에 데쳐서 점성물질을 제거한 후 이용한다.
- 아린맛: 소금물에 데치면 아린맛의 원인 성분인 호모겐티신산(Homogentisic Acid)을 제거할 수 있다.

⑥ 마의 조리
- 특징: 주성분은 전분과 점질물질로, 수분이 적고 점성이 강하다.
- 점질물질(뮤신, Mucin): 효소를 많이 함유하고 있어 소화를 촉진시킨다.

⑦ 콩류의 조리
- 특징: 두류는 양질의 단백질 식품으로 단백질의 중요한 급원이며 지방, 인, 철, 칼슘, 비타민 B_1이 풍부하다.
- 분류

난백실과 지방의 함량이 많은 것	대두와 땅콩
당질의 함량이 많은 것	강낭콩, 녹두, 동부, 완두, 팥
비타민 C의 함량이 많은 것	청태콩, 미성숙 완두콩, 껍질콩

- 콩류의 조리 시 성질 빈출

가열에 의한 변화	• 기포성과 용혈 작용이 있는 사포닌의 기능과 독성물질을 상실한다. • 날콩에는 단백질의 소화 흡수를 방해하는 트립신 저해제(안티트립신)가 들어 있으나, 가열 처리 시 그 기능을 상실하여 단백질의 소화율과 이용률이 높아진다. • 중조 등을 넣은 물(알칼리성)에 대두를 삶으면 조직이 연해지지만 맛이 나빠지고 비타민 B_1이 파괴된다. • 대두를 삶을 때 거품이 생기는 것은 사포닌 때문이다. • 대두 단백질인 글리시닌이 두부응고제(황산칼슘, 염화마그네슘, 염화칼슘 등)의 열에 의해 응고되는 성질을 이용하여 두부를 제조한다.
상호 보충 효과	콩류와 곡류를 함께 섭취하면 곡류에 부족한 아미노산(메티오닌, 시스틴 등)을 보완할 수 있다.

> **바로 확인문제**
>
> 날콩에 함유된 단백질의 체내 이용을 저해하는 것은?
> ① 펩신　　　　② 트립신　　　　③ 글로불린　　　　④ 안티트립신
>
> |해설|
> 날콩에는 단백질의 소화 흡수를 방해하는 트립신 저해제(안티트립신)가 들어 있으나, 가열하면 파괴된다.　　|정답| ④

- 콩류 발효식품

간장, 된장	콩을 쪄서 메주를 만들고 여기에 소금물을 첨가하여 발효시킨 후 여액은 간장으로 하고, 그 나머지를 된장으로 한다.
청국장	콩과 볏짚에 붙어 있는 고초균(Bacillus Subtilis)을 이용하여 만든다.
낫토	삶은 콩을 납두균(Bacillus Natto)을 이용하여 발효시켜 만든 일본 전통식품이다.

4. 채소류

(1) 특징
① 수분 함량이 높다.
② 다양한 향기와 색, 비타민, 무기질 등의 영양소를 제공한다.

(2) 분류
섭취하는 부위에 따라 엽채류, 경채류, 근채류, 과채류, 화채류로 분류한다.

구분	섭취하는 부위	특징	종류
엽채류	잎	• 수분이 90% 이상으로 많고 당질, 단백질, 지질 함량이 낮다. • 철분, 칼슘 등의 무기질과 비타민이 많으며, 특히 짙은 색의 잎에는 비타민 A가 풍부하다.	배추, 양배추, 상추, 시금치, 깻잎, 쑥갓 등
경채류	줄기	수분 함량이 높고 당질이 적다.	인경채류(양파, 마늘), 셀러리, 아스파라거스, 죽순, 두릅 등
근채류	뿌리	수분 함량이 적고 당질이 많다.	무, 당근, 우엉, 연근, 생강 등
과채류	과실, 씨	• 수분 함량이 높고 당질이 적다. • 토마토, 수박, 참외 등은 채소와 과일로 혼용하여 사용하기도 한다.	가지, 호박, 오이, 토마토, 고추 등
화채류	꽃봉오리, 꽃잎	비타민 A, 비타민 C, 리보플라빈, 칼슘, 칼륨 등이 풍부하다.	브로콜리, 콜리플라워, 아티초크 등

> **바로 확인문제**
>
> 채소의 분류로 옳지 않은 것은?
> ① 엽채류 – 잎이나 줄기를 식용으로 하는 채소
> ② 과채류 – 과실과 씨를 식용으로 하는 채소
> ③ 근채류 – 뿌리를 식용으로 하는 채소
> ④ 경채류 – 줄기를 식용으로 하는 채소
>
> |해설|
> 엽채류는 잎을 식용으로 하는 채소이다.　　|정답| ①

(3) 채소류 조리 시 색 변화 빈출

① 클로로필(Chlorophyll)계 색소(녹색채소)
- 산: 식초를 사용하면 누런 갈색이 된다. 예 오이피클
- 중조(탄산수소나트륨): 안정된 녹색을 유지하지만, 비타민이 파괴되고 조직이 연화된다.
- 녹색채소를 데칠 때에는 다량의 조리수를 넣어 비휘발성 유기산을 희석시키고, 휘발성 유기산의 제거를 위해 뚜껑을 열고 끓는 물에서 단시간에 조리한다.
- 1% 소금물로 데치면 색이 선명해지고 비타민의 손실도 적다.

바로 확인문제

시금치의 녹색을 최대한 유지시키면서 데치려고 할 때 가장 좋은 방법은?
① 100℃ 다량의 조리수에 소금을 넣고 뚜껑을 열고 단시간에 데쳐 재빨리 헹군다.
② 100℃ 다량의 조리수에 소금을 넣고 뚜껑을 닫고 단시간에 데쳐 재빨리 헹군다.
③ 100℃ 소량의 조리수에 소금을 넣고 뚜껑을 열고 단시간에 데쳐 재빨리 헹군다.
④ 100℃ 소량의 조리수에 소금을 넣고 뚜껑을 닫고 단시간에 데쳐 재빨리 헹군다.

|해설|
녹색채소 조리 시 다량의 조리수에 소금을 넣고 뚜껑을 열고 데쳐야 휘발성 유기산에 의한 갈변을 방지할 수 있다.

|정답| ①

② 안토시아닌(Anthocyanin) 색소
- 산: 적색 예 생강을 식초에 절이면 적색으로 변한다.
- 알칼리: 청색
- 열에 불안정하여 색이 변한다. 예 가지의 조리

③ 안토잔틴계(Anthoxanthin) 색소(백색채소)
- 산: 안정하여 선명한 백색으로 변한다. 예 무초절임
- 알칼리: 불안정하여 황색이나 갈색으로 변한다.

④ 카로티노이드(Carotenoid) 색소
- 산, 알칼리, 열: 안정
- 지용성: 녹황색 채소는 기름에 볶거나 튀기는 것이 흡수가 더 잘 된다.

(4) 채소의 갈변 현상

① 효소적 갈변: 감자, 우엉 등의 껍질을 벗기거나 자르면 폴리페놀 화합물이 산소와 접촉하게 되어 폴리페놀 옥시다아제(Polyphenol Oxidase, Polyphenolase)에 의해 갈색물질을 생성한다.

② 채소의 갈변 방지법

효소의 불활성화	가열 처리, 산 처리(pH 3 이하에서는 활성이 상실되므로 레몬즙, 오렌지즙 등을 뿌리거나 담가 갈변을 지연시킬 수 있음)를 한다.
산소의 제거	물에 담그거나 진공포장을 한다.
항산화제의 사용	아스코르브산(Ascorbic Acid)이나 아황산은 갈변을 억제시킨다.

바로 확인문제

감자의 효소적 갈변을 억제하는 방법이 아닌 것은?
① 아스코르브산 첨가　② 아황산 첨가　③ 질소 첨가　④ 물에 담금

|해설|
감자의 효소적 갈변을 억제하는 방법은 물에 담가 산소와의 접촉을 막거나 아스코르브산이나 0.25%의 아황산 등 환원성 물질을 첨가하는 것이다.

|정답| ③

(5) 보관 및 저장
① 85~90%의 수분 유지
② 건조
③ 절임 예 각종 장아찌류
④ 익힌 후 냉동
⑤ 가스 저장(CA 저장)

• **가스 저장(CA 저장)** | 채소 종류에 따라 탄산가스의 조성 비율을 높이고 산소를 낮추는 가스 저장을 이용한다.

5. 과일류

과일은 감미와 산미가 있고 식욕을 증진시키며 비타민, 무기질, 식이섬유 외에도 파이토케미컬(Phytochemical) 물질을 비롯한 다양한 영양 성분을 함유한다.

(1) 과일의 갈변 방지법
① 1%의 식염수나 설탕 용액에 담가 둔다.
② pH 3 이하에서는 활성이 상실되므로 레몬즙, 오렌지즙 등을 뿌리거나 담가(산 처리) 갈변을 지연시킬 수 있다.

(2) 과일류의 조리
① 과일류 조리 시 변화

질감의 변화	가열 시 아삭한 질감이 없어지고 조직은 더욱 연해진다.
향기의 변화	향기 성분은 주로 휘발성인 유기산과 에스테르이므로, 가열하면 유기산이 휘발되어 향기를 잃게 된다.
색의 변화	유기산과 조리수의 pH 및 무기질 등에 의해 발생한다.

② 과일 가공품

잼	과일(사과, 포도, 딸기 등)의 과육에 설탕(60~65%)을 넣고 점성을 띠게 농축한 것이다.
젤리	과일즙에 설탕(70%)을 넣고 가열하여 농축한 것이다.
마멀레이드	과육이나 과피에 설탕을 넣어서 젤리화시킨 것이다.

(3) 펙틴
① 식물의 줄기나 뿌리 또는 과실류의 세포막에 함유되어 있는 수용성 탄수화물이다. 과일이 익을 때 젤리화를 촉진하며, 설탕과 함께 열을 가하면 펙틴이 녹아 나와 잼이 만들어진다.
② 펙틴의 활용 – 잼의 조리
• 펙틴이 과실 중의 유기산, 당에 의해 겔화되는 성질을 이용하여 잼을 제조한다.
• 펙틴 1.0~1.5% 이상, 당 60~65%, pH 2.8~3.4에서 잼이 형성된다.
• 과일의 당도는 10~15%이므로 젤리에 가장 적당한 설탕 농도인 65%로 맞추기 위해서는 과일 양의 반이나 동량의 설탕을 넣는다.
• 펙틴과 산이 많은 감귤, 사과, 살구, 자두, 딸기가 잼 제조에 적당하다.

• **과일류의 젤리화 조건** | 펙틴 1.0~1.5%, pH 2.8~3.4, 당 60~65%의 조건에서 최적의 겔이 형성된다.

| 잼의 완성 판정법

스푼법	• 숟가락으로 떠서 떨어뜨린 후 퍼짐성을 관찰하는 방법이다. • 묽은 상태로 떨어지지 않고 일부가 스푼에 붙어 얇게 퍼지고 젤리 모양으로 굳으면 완성되었다고 판정한다.
컵법	• 숟가락으로 떠서 흘러 내렸을 때의 흩어짐을 관찰하는 방법이다. • 흩어지지 않고 한 번에 흘러 내리거나 물에 떨어뜨렸을 때 퍼지지 않고 그대로 가라앉으면 완성되었다고 판정한다.

(4) 보관 및 저장

일반 저장법	마르지 않도록 처리한 후 냉장 저장한다.
열대과일	실온에서 보관한다.
저온가스 저장법	대기 중의 산소를 2~3% 정도로 감소하여 저장하는 방법으로, 사과의 장기 저장에 사용한다.
급속냉동	연화현상이 일어나므로 주의한다.
표면 차단	식용 밀랍(Wax)으로 표면을 피복하는 방법이 있다.

(5) 과일의 성숙 시 변화
  ① 과육이 연해진다.
  ② 비타민 C의 함량이 증가한다.
  ③ 엽록소의 분해로 푸른색이 옅어진다.
  ④ 카로틴의 함량이 증가한다.
  ⑤ 탄닌의 감소로 떫은맛이 사라진다.

바로 확인문제

과일이 성숙함에 따라 일어나는 성분 변화가 아닌 것은?
① 과육은 점차 연해진다.
② 엽록소가 분해되면서 푸른색이 옅어진다.
③ 비타민 C와 카로틴 함량이 증가한다.
④ 탄닌이 증가한다.

|해설|
떫은맛을 내는 탄닌은 미숙한 과일에 많이 함유되어 있으며 과일이 성숙할수록 감소한다.

|정답| ④

02 축산물의 조리 및 가공·저장

1. 육류의 조리 및 가공·저장

(1) 육류의 성분
① 미오신과 액틴을 기본으로 하는 단백질 분자들이 모여 근원섬유를 만들고, 근원섬유가 모여 근섬유(긴 원통 모양)를 형성하며, 근섬유는 근육을 만든다.
② 근육 조직은 연령이 낮을수록 연하며, 운동이 적은 등심, 안심과 같은 부분의 고기가 연하다.

(2) 결합 조직

콜라겐(Collagen)	끓이면 물 속에서 분해되어 젤라틴으로 변하는 물질
엘라스틴(Elastin)	거의 변화되지 않는 물질

> **합격보장 꿀팁**
> - **근육의 육색소** | 미오글로빈과 혈액의 헤모글로빈
> - **근내지방(마블링)** | 근육 속에 함유되어 있는 지방으로, 고기를 연하게 하고 맛을 좋게 하여 육류 등급 판정 기준으로 활용된다.

(3) 육류의 사후경직과 숙성 [빈출]
① 동물은 도살 직후 근육이 단단해지는 사후경직(사후강직)이 일어난다.
② 이후 최대 강직 상태를 지나 체내의 효소에 의해 자가소화 현상(숙성)이 일어나면서 육질이 연해지고 풍미가 향상되며 소화가 잘 된다.
③ 숙성에 의해 육류의 품질이 향상된다.

| 육류의 사후경직과 숙성 기간

육류의 종류	사후경직 시작시간	숙성(냉장) 기간
소고기	12시간	7~10일
돼지고기	12시간	3~5일
닭고기	6시간	2일

(4) 가열에 의한 변화 [빈출]

미오글로빈 →(공기 중 산소 결합, 산소화)→ 옥시미오글로빈(선홍색) →(가열 및 산화)→ 메트미오글로빈(갈색)

① 단백질이 응고되고, 고기가 수축·분해된다.
② 중량, 보수성이 감소된다.
③ 결합 조직의 콜라겐이 약 80℃ 이상에서 젤라틴화되면서 조직이 부드러워진다.
④ 지방이 융해되고 색과 풍미가 좋아진다.

> **바로 확인문제**
>
> 육류를 가열 조리할 때 일어나는 변화로 옳은 것은?
> ① 보수성의 증가
> ② 단백질의 변패
> ③ 단백질의 응고
> ④ 미오글로빈이 옥시미오글로빈으로 변화
>
> | 해설 |
> 육류를 가열 조리하면 보수성은 감소하고 단백질의 변성이 일어나며, 미오글로빈이 메트미오글로빈으로 변한다.
> | 정답 | ③

(5) 육류의 연화법

① 도살 직후 숙성 기간을 두어 근육 조직을 연화시킨다.
② 단백질 분해 효소를 첨가한다.

식품에 함유된 단백질 분해 효소

식품	분해 효소	식품	분해 효소
파파야	파파인(Papain)	배	프로테아스(Protease, 프로테아제)
파인애플	브로멜린(Bromelin)	키위	액티니딘(Actinidin)
무화과	피신(Ficin)		

③ 고기를 결의 반대로 썰거나 칼집을 넣거나 두들기거나 갈아 주는 물리적 방법을 이용한다.
④ 결합 조직이 많은 부위는 장시간 물에 끓이면 콜라겐이 가수분해되어 연해진다.
⑤ 당을 첨가한다.(너무 많이 첨가할 경우 탈수 작용으로 고기가 질겨짐)
⑥ 고기를 얼리면 고기 속의 수분이 단백질보다 먼저 얼어 용적의 팽창에 따라 조직이 파괴되므로 약간의 연화 작용이 일어난다.
⑦ 염(소금, 간장 등)을 첨가한다.(일반적으로 식육은 1.3~1.5%의 염을 첨가하면 간이 적절하고 연화 효과가 있지만, 염이 5% 이상이 되면 탈수 작용을 일으켜 질겨지고 맛이 없어짐)

(6) 육류 감별법 `빈출`

소고기	• 육색이 선홍색이고 윤택이 나며, 수분이 충분하게 함유되어 탄력성이 있어야 한다. • 고기의 빛깔이 검붉은색이면 오래되었거나 늙은 고기 또는 노동을 많이 한 고기이므로 질기고 맛이 좋지 않다.
돼지고기	• 기름지고 윤기가 있어야 한다. • 살이 두껍고 육색이 옅어야 한다.

(7) 육류의 조리법

① 육류의 주요 조리법

탕	• 양지, 사태, 꼬리를 활용한다. • 찬물에 고기를 넣고 끓여야 지미 성분이 충분히 용출되어 맛이 좋다. • 양파, 무, 마늘, 생강 등의 향신료를 넣어 끓이면 냄새 제거에 좋다.
장조림	• 홍두깨, 우둔, 대접살을 활용한다. • 처음부터 간장과 설탕을 넣으면 콜라겐이 젤라틴화되기 전에 고기 내의 수분이 빠져나오면서 단단해지므로 물만 넣고 끓이다가 나중에 조미료를 넣는다.
편육	• 소고기는 양지, 사태, 우설 등을 활용한다. • 돼지고기는 삼겹살, 돼지머리 등을 활용한다. • 편육은 끓는 물에 고기를 넣어 삶으면 고기의 맛 성분이 많이 용출되지 않아 맛이 좋다.
구이	• 등심, 안심, 갈비 등을 활용한다. • 양면이 갈색이 되도록 지진 후 약한 불로 내부까지 익힌다.

② 소고기의 부위별 조리법

소고기 부위별 명칭

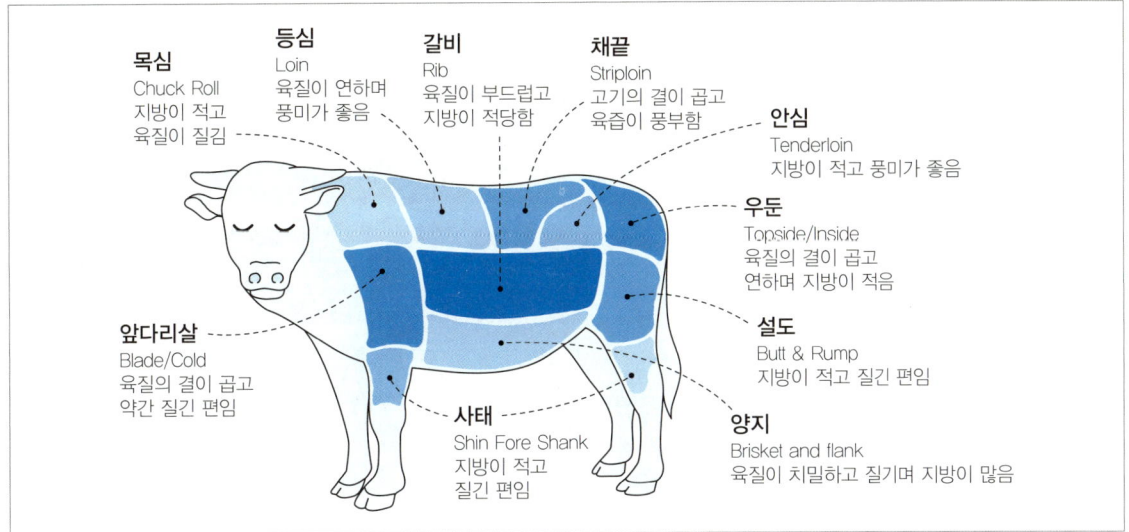

- 소머리: 편육, 찜
- 목심: 구이, 스테이크
- 양지: 전골, 조림, 편육, 탕
- 등심: 전골, 구이, 볶음, 스테이크
- 갈비: 찜, 구이, 탕
- 쇠악지, 중치살, 홍두깨살: 조림, 탕
- 채끝: 구이, 조림, 지짐, 찌개, 전골
- 안심: 전골, 구이, 볶음, 스테이크
- 양지(업진살): 편육, 탕, 조림
- 우둔: 조림, 육포, 구이, 산적, 육회, 육전, 불고기
- 설도: 육회, 육포, 전골, 불고기
- 앞다리(대접살): 구이, 조림, 육회, 육포, 산적
- 꼬리: 탕
- 사태: 탕, 찌개, 국, 조림, 편육, 찜
- 족: 족편, 탕

바로 확인문제

소의 부드러운 살코기로서 맛이 좋아 구이, 전골, 산적용으로 적합한 부위는?

① 갈비, 삼겹살, 안심
② 안심, 채끝, 우둔
③ 양지, 사태, 목심
④ 양지, 설도, 삼겹살

|해설|
안심, 채끝, 우둔은 구이, 전골, 산적용으로 적합하다.

|정답| ②

③ 돼지고기의 부위별 조리법

돼지고기 부위별 명칭

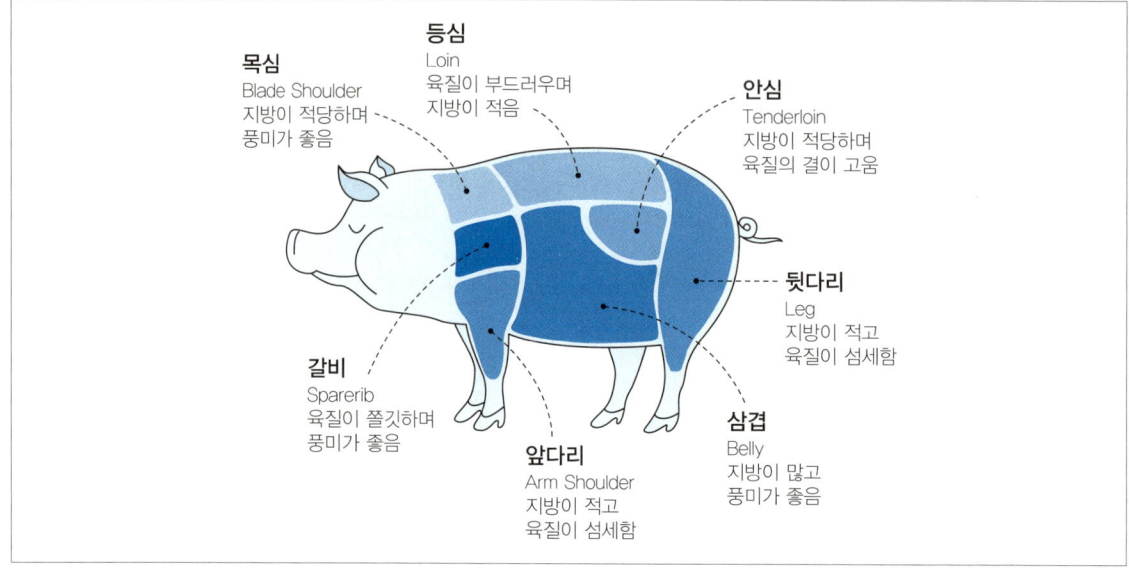

- 머리: 편육
- 목심, 등심, 갈비: 구이, 찜, 찌개, 튀김, 볶음
- 안심: 구이, 찜, 돈가스
- 삼겹: 편육, 구이, 조림, 베이컨
- 볼기: 조림, 편육
- 앞다리·뒷다리: 불고기, 찌개 등
- 족: 탕, 찜

(8) 젤라틴

① 동물의 가죽, 뼈에 다량 존재하는 콜라겐을 가수분해하여 얻어진 단백질이다.
② 식품에 사용되는 젤라틴의 농도는 3~4% 정도이다.
③ 13℃ 이하에서 응고하므로 냉장고 또는 얼음을 이용하는 것이 좋다.
④ 설탕의 첨가량이 많으면 젤 강도를 감소시켜 농도가 증가할수록 응고력이 감소한다. 설탕 첨가량은 20~25%가 적당하다.
⑤ 염류는 단단한 응고물을 형성한다.
⑥ 단백질 분해 효소는 젤라틴을 분해하여 응고를 방해하므로 가열해서 사용해야 한다.
⑦ 젤리, 족편, 마시멜로, 아이스크림, 푸딩 제조 시 응고제·유화제·안정제로 사용한다.

바로 확인문제

젤라틴의 응고에 대한 내용으로 틀린 것은?

① 젤라틴의 농도가 높을수록 빨리 응고된다.
② 설탕의 농도가 높을수록 빨리 응고된다.
③ 염류는 젤라틴이 물을 흡수하는 것을 막아 단단하게 응고시킨다.
④ 단백질 분해 효소를 사용하면 응고력이 약해진다.

|해설|
설탕의 첨가량이 많으면 젤 강도를 감소시켜 농도가 증가할수록 응고력이 감소한다.

|정답| ②

(9) **육류의 가공 및 저장**

① 냉장
- 냉장고 보관 시 유의점: 가장 차가운 위치에 저장하여 유지해야 한다.
- 가장 좋은 저장 방법: 냉장 저장으로 어는점 이상의 온도에 저장하여 물리적 변화를 최소화해야 한다.

② 냉동
- 장시간 저장 시: 부패를 방지하기 위해 냉동시켜야 한다.
- 드립(Drip) 현상의 방지: 고기를 천천히 얼리면 얼음 결정이 커져서 근육의 세포를 파괴하여 해동 시 세포로부터 수분이 많이 빠져나오는 드립(Drip) 현상이 생겨 고기의 맛이 없어진다. 따라서 −40℃ 이하에서 급속 동결시키는 것이 좋다.

> **바로 확인문제**
>
> 다음 중 식육의 동결과 해동 시 조직 손상을 최소화할 수 있는 방법은?
> ① 급속 동결, 급속 해동 ② 급속 동결, 완만 해동
> ③ 완만 동결, 급속 해동 ④ 완만 동결, 완만 해동
>
> |해설|
> 육류를 냉동할 때 생성되는 얼음의 결정은 동결이 완료되는 데 걸리는 시간이 짧을수록 미세한 크기로 형성되어 식품의 조직 파괴가 적어진다. 또한, 냉장고 내에서 저온 해동(완만 해동)시켜 즉시 조리하는 것이 좋다.
>
> |정답| ②

2. 달걀의 조리 및 가공·저장

달걀은 영양소를 골고루 함유한 완전 식품이자, 필수아미노산을 모두 지닌 완전 단백질 식품이다.

(1) **달걀의 구조**

난각	• 95% 정도가 탄산칼슘으로 구성된다. • 난각의 큐티클(Cuticle): 신선한 달걀의 까슬까슬한 표면이다. • 신선도 판별의 지표: 신선도가 떨어질수록 큐티클이 벗겨지므로 이를 통해 신선도를 판별한다.
난백	• 달걀의 약 55~60%를 차지한다. • 구분: 농후난백(점도가 높음), 수양난백(점도가 낮음) • 산란 직후에는 농후난백의 함량이 많으나 시간이 지날수록 자가소화가 일어나 수양난백으로 변한다. • 난백 단백질의 구성: 오브알부민(Ovalbumin, 약 60%), 콘알부민, 오보뮤코이드, 오보뮤신 등
난황	• 달걀의 약 30%를 차지한다. • 수중유적형의 유탁액 • 레시틴(Lecithin): 유화제로서의 역할, 난황의 유화성을 결정짓는 성분이다. • 난황 단백질: 리포프로테인(Lipoprotein), 리포비텔린(Lipovitellin), 리포비텔레닌(Lipovitellenin) 등

(2) **달걀의 특성**

① 응고성
- 응고 온도는 난백이 60~65℃, 난황이 65~70℃이다.
- 소금과 식초 첨가 시 응고 작용을 돕고, 설탕 첨가 시 응고 온도가 높아진다.
- 10~15분을 삶으면 완숙, 3~5분을 삶으면 반숙이 된다.
- 소화 작용이 활발한 순서: 반숙 > 완숙 > 생란 > 달걀 프라이

② 녹변 현상
- 달걀을 15분 이상 삶았을 때 난황 주위가 암녹색으로 변하는 현상을 말한다.
- 원인: 난백의 황화수소(H_2S)와 난황의 철(Fe)이 결합하여 황화제1철(FeS)을 생성하기 때문이다.

- 녹변 현상이 잘 일어나는 경우
  - 가열 시간이 길거나 가열 온도가 높은 경우
  - 오래되어 신선도가 낮은 달걀인 경우
  - 삶은 즉시 찬물에 넣어 식히지 않은 경우

③ 기포성
- 난백의 기포성에 관여하는 단백질

오보글로불린(Ovoglobulin)	기포 형성 능력이 크다.
오보뮤신(Ovomucin)	거품을 안정화시킨다.

- 활용: 튀김옷, 스펀지 케이크, 머랭 등의 요리에 활용된다.
- 기포가 잘 일어나는 경우
  - 수양란일수록 거품이 잘 형성된다. 수양란이 농후란에 비해 안전성과 점성이 적다.
  - 30℃에서 거품이 잘 일어난다. 따라서 달걀을 실온에 미리 꺼내어 두고 거품을 내는 것이 좋다.
  - 식초, 레몬즙과 같은 산을 첨가하면 기포 발생이 좋아지며, 설탕, 우유, 기름은 기포 발생을 저해시킨다.(설탕은 기포가 어느 정도 형성된 후 소량씩 넣어 주는 것이 좋음)
  - 윗면이 아랫면보다 넓은 용기에서 기포가 잘 형성된다.
  - 교반을 오래할수록 탄력있고 안정된 기포가 형성된다.

④ 유화성
- 난황의 레시틴(Lecithin)이 천연 유화제로 작용한다.
- 유화성을 이용한 식품: 마요네즈, 수프, 케이크 반죽 등

바로 확인문제

달걀의 특성을 이용한 음식의 연결이 틀린 것은?

① 응고성 – 달걀찜
② 팽창제 – 시폰 케이크
③ 간섭제 – 달걀국
④ 유화성 – 마요네즈

|해설|
간섭제는 결정체 형성을 방해하여 매끈하고 부드러운 질감을 만드는 역할을 하며, 셔벗이나 캔디 제조 시 이용한다.

|정답| ③

(3) 달걀의 신선도 평가 [빈출]

외관판정법	표면이 꺼칠꺼칠하며, 흔들어서 소리가 나지 않는 것이 신선하다.
투광판정법	신선한 달걀은 기실의 크기가 작으며 난황이 중앙 부근에 둥글고 옅은 자홍색을 띠지만, 오래된 달걀은 기실이 크고 난황이 붉은색을 띤다.
난황계수와 난백계수의 측정법	• 달걀을 깨뜨려 측정하는 방법으로, 신선도가 떨어질수록 수치가 낮다. • 난황계수 = 난황의 높이(mm) ÷ 난황의 지름(mm)(0.36 이상이면 신선) • 난백계수 = 난백의 높이(mm) ÷ 난백의 평균지름(mm)(0.14 이상이면 신선) • 오래된 달걀일수록 난황계수와 난백계수가 작아진다.
비중법	10%의 소금물에 달걀을 넣어 가라앉으면 신선한 것이고, 위로 뜨면 오래된 것이다. ❶ 산란 직후의 신선한 것 ❷ 1주일이 경과된 것 ❸ 보통 상태 ❹ 오래된 것 ❺ 부패한 것

바로 확인문제

다음 중 신선한 달걀은?
① 프라이를 하려고 깨 보니 난백이 넓게 퍼진다.
② 난황과 난백을 분리하려는데, 난황막이 터져 분리가 어렵다.
③ 삶아서 껍질을 벗겨 보니 기공이 있는 부분이 움푹 들어갔다.
④ 삶아서 반으로 잘라 보니 노른자가 가운데에 있다.

| 해설 |
① 신선한 달걀은 농후난백으로, 점도가 높아 퍼지지 않는다. ② 오래된 달걀은 주변의 수분을 흡수하여 난황의 부피가 커지면서 막이 약화되어 쉽게 터진다. ③ 오래될수록 기공의 형성으로 달걀이 움푹 들어가 가벼워진다. | 정답 | ④

(4) 달걀의 가공

피단 (송화단)	• 난류를 염류 및 알칼리에 침투시켜 내용물을 응고시키고 숙성하여 독특한 풍미와 단단한 조직을 갖게 되는 중국 음식이다. • 주로 오리알을 이용하여 만들지만, 달걀도 사용 가능하다.
마요네즈	난황에 유지를 소량씩 첨가하며 충분히 저어 준 후 식초, 소금, 향신료를 첨가하여 만든다.
머랭	달걀 흰자에 설탕을 넣고 거품이 나게 섞은 것이다.

(5) 달걀의 저장

냉장법	달걀에서 가장 문제가 되는 살모넬라균은 71℃ 이상 또는 5℃ 이하에서는 번식을 하지 않으므로 5℃ 이하의 냉장 보관이 필요하다.
냉동법	• 달걀을 냉동하면 미생물의 성장을 최소한으로 억제할 수 있다. • -30~-25℃에서 껍데기를 깨뜨려 냉동 보관한다.
건조법	• 달걀을 저온 살균하여 건조시키는 방법이다. • 운송 시 공간 차지가 적어 저장이 편리하지만, 달걀의 기능성이나 맛, 향미가 손상되고, 박테리아 오염에 노출되기 쉽다. • 건조분말은 습기를 쉽게 흡입하여 변질되기 쉬우므로 밀봉하여 냉장고에 저장한다.

3. 우유의 조리 및 가공·저장

우유는 동물성 단백질과 칼슘의 공급원으로, 대표적인 완전 식품이다.

(1) 우유의 성분

① 단백질, 비타민 B_2, 칼슘(Ca), 인(P) 등의 영양소가 풍부하다.
② 우유의 단백질은 산과 응유효소(레닌)에 의해 응고되는 카세인과 가열에 의해 응고되는 락토글로불린과 락트알부민으로 구성되어 있다.
③ 우유의 당질은 대부분 유당이고, 미량의 글루코오스, 갈락토오스로 구성되어 있다.

바로 확인문제

우유를 응고시키는 요인과 거리가 먼 것은?
① 가열 ② 레닌 ③ 산 ④ 당류

| 해설 |
우유는 가열, 레닌, 산에 의해 응고된다. | 정답 | ④

(2) 조리 시 우유의 역할 [빈출]
① 음식의 색을 희게 한다.
② 단백질의 겔(Gel) 강도를 높인다.
③ 갈변 현상인 마이야르 반응을 일으킨다.
④ 여러 가지 냄새를 흡착한다. 예 생선의 비린내 제거

(3) 우유 가열 시 변화 [빈출]
① 유청 단백질이 응고하여 피막이 형성된다.(60~65℃ 이상으로 우유를 가열하면 냄새가 나면서 표면에 피막이 생기는데, 이를 열변성이라고 함)
② 저으며 끓이거나 뚜껑을 닫고 약한 불에서 은근히 끓이면 억제가 가능하다.

(4) 우유의 응고

카세인	• 우유 단백질의 80%를 차지하며 칼슘과 결합된 형태로 존재하는 인단백질이다. • 산이나 레닌을 가하면 응고하지만, 열에 안정하여 열에 의해서는 응고되지 않는다. • 요구르트, 치즈를 만들 때 활용된다.
유청 단백질	• 우유 단백질의 약 20%를 차지하고 있으며, 카세인이 응고된 후에도 남아 있는 단백질이다. • α-락트알부민(Lactalbumin)과 β-락토글로불린(Lactoglobulin) 등이 있다. • 산이나 레닌에 의해 응고되지 않으나, 약 65℃ 이상의 가열에 의해 쉽게 응고된다. • 우유 가열 시 유청 단백질은 피막을 형성하고 냄비 밑바닥에 침전물이 생기게 하는데, 이 피막은 저으며 끓이거나 뚜껑을 닫고 약한 불에서 은근히 끓이면 억제가 가능하다.

(5) 우유의 가공

연유	우유의 수분을 증발시켜 1/3~1/2로 농축시킨 무당연유와 설탕을 첨가하여 농축시킨 가당연유로 구분한다.
탈지유	우유를 원심분리하여 지방을 제거한 것으로, 유지 함유량이 0.5% 이하이다.
요구르트	• 탈지유를 농축시키고 설탕을 첨가하여 저온 살균한 후 유산균을 첨가하여 배양해서 만든 음료이다. • 액상발효유와 농후발효유로 구분한다.
분유	우유의 수분을 제거하여 분말로 만든 것으로, 전지분유, 탈지분유, 조제분유 등으로 구분한다.
크림	우유를 원심분리하였을 때 위로 뜨는 유지방이 많은 부분이다.
사워크림	생크림(유지방)을 발효한 것이다.
버터	크림을 가열, 살균, 발효, 가염, 냉장시킨 유중수적형의 유가공식품으로, 지방 함량이 80%이다.
치즈	카세인을 레닌으로 응고시킨 것이다.

 합격보장 꿀팁

• **우유의 균질화** | 원유에 압력을 가해서 우유의 지방 입자의 크기를 작게 하는 과정이다. 이를 통해 소화 및 흡수가 용이해지고, 크림층이 형성되는 것을 방지해 준다. 단, 지방구 표면적이 넓어져 산패되기 쉽다.

바로 확인문제

우유의 균질화로 인해 발생하는 효과가 아닌 것은?
① 유지방의 크기를 작게 한다.
② 미생물의 번식을 억제한다.
③ 크림층이 형성되는 것을 방지한다.
④ 소화 및 흡수율이 좋아진다.

|해설|
우유의 균질화는 유지방의 크기를 작게 하여 소화 및 흡수율을 높여주고 크림층의 형성을 방지해 준다. |정답| ②

03 수산물의 조리 및 가공·저장

1. 수산물의 조리

(1) 수산물의 종류

어류 (Fish)	• 담수어와 해수어로 구분한다. • 담수어보다 해수어의 지방 함량이 많다. • 지방 함량이 5% 미만인 흰살 생선(가자미, 도미, 민어, 광어 등)과 5~20%인 붉은살 생선(꽁치, 고등어, 청어 등)으로 구분한다.
연체류 (Mollusks)	• 몸에 뼈가 없고 부드러우며 마디가 없다. • 문어, 오징어, 낙지, 꼴뚜기, 해파리 등
조개류 (Shellfish)	• 딱딱한 외피에 싸여 있고, 조직이 연하다. • 대합, 굴, 소라, 백합, 우렁이, 바지락, 가리비, 전복, 홍합 등
갑각류 (Crustacean)	• 외피로 싸여 있고 여러 조각의 마디로 구분되어 있다. • 게, 새우, 가재 등

(2) 수산물의 성분

단백질	• 어류는 15~25%, 문어·오징어·낙지 등의 연체류는 13~20%, 조개류는 7~10%의 단백질을 함유하고 있다. • 어류 단백질은 미오신(Myosin), 액틴(Actin)으로 구성되어 있으며, 전체 단백질의 약 70%를 차지하고, 소금에 녹는 성질이 있어 어묵을 만들 때 이용한다.
지방	• 생선의 지방은 약 80%는 불포화지방산, 나머지 약 20%는 포화지방산으로 구성된다. • 제철 생선과 산란 1~2개월 전에는 지방 함량이 높으나, 산란 후에는 지방과 단백질 함량이 낮고 수분 함량이 증가하여 맛이 없어진다.
무기질 및 비타민	• 무기질은 1~2% 가량 함유하고, 주로 인(P)과 아이오딘(I, 요오드)이 많다. • 어유와 간유에는 비타민 A와 비타민 D가 풍부하다.

> **바로 확인문제**
>
> 수산물의 성분 특성으로 옳지 않은 것은?
> ① 염용해성이 있다.
> ② 비타민 A와 비타민 D가 풍부하다.
> ③ 생선 지방의 약 80%는 포화지방산이다.
> ④ 단백질은 주로 액틴과 미오신이다.
>
> |해설|
> 생선 지방의 약 80%는 불포화지방산이다.
> |정답| ③

(3) 수산물의 특징

① 사후 1~4시간에서 최대 강직 현상을 보인다.(붉은살 생선이 흰살 생선보다 사후강직이 빨리 시작됨)
② 생선은 자기소화 과정 중 글루타민산(Glutamic Acid)과 IMP가 생성되어 맛이 좋아진다.
③ 콜라겐(Collagen)의 함량이 적어 식육류보다 살이 연하다.
④ 갑각류는 가열 시 회색의 아스타잔틴(Astaxanthin)이 적색의 아스타신(Astacin)으로 변한다.

> **합격보장 꿀팁**
>
> • **아스타잔틴과 아스타신** | 아스타잔틴 역시 붉은색 색소이지만, 산소에 존재 시 단백질과 결합하여 회색, 청색 등을 나타낸다. 이를 가열하면 안정화된 붉은색인 아스타신이 된다.
> • **멜라닌(Melanin)** | 오징어, 문어의 먹물 색소

(4) 수산물의 신선도

① 수산물의 부패
- 신선도가 떨어지면 중성으로 변하면서 수화성이 증가되어 부패되기 쉽다.
- 세균의 번식으로 해수어의 비린내의 원인 물질인 트리메틸아민(TMA)이나 암모니아와 같은 휘발성 염기 물질 등이 생성된다.(담수어의 비린내 성분: 피페리딘)
- 사후강직 이후 신선도가 저하된다.
- 담수어는 자체 내 효소의 작용으로 인해 해수어보다 부패 속도가 빠르다.

② 어류의 신선도 판정법 빈출

분류		신선도 판정 기준
관능적 방법	아가미	• 아가미가 선명한 적색이며 불쾌한 냄새가 나지 않는 것이 좋다. • 신선도가 저하되면 점액질의 분비가 많아지고 부패취가 증가하여 점차 회색으로 변한다.
	눈	• 안구가 외부로 돌출되어 있고 생선의 눈이 투명한 것이 좋다. • 신선도가 저하될수록 눈이 흐리고 각막은 눈 속으로 내려앉는다.
	복부	신선한 생선일수록 복부의 탄력성이 좋다.
	표면	비늘이 밀착되어 있고 표면은 광택이 나는 것이 좋다.
	근육	탄력성이 있고 살이 뼈에 밀착되어 있는 것이 좋다.
	냄새	악취, 시큼한 냄새, 암모니아 등의 냄새가 나지 않아야 한다.
이화학적 방법		휘발성 염기질소 함량, 트리메틸아민(TMA) 함량, 히스타민 함량이 낮을수록 신선하다.

바로 확인문제

부패된 어류에 나타나는 현상은?
① 아가미의 색깔이 선홍색이다.
② 육질은 탄력성이 있다.
③ 눈알이 맑지 않다.
④ 비늘은 광택이 있고, 점액이 별로 없다.

|해설|
신선한 어류의 눈은 외부로 돌출되어 있고 투명하다. 신선도가 저하될수록 눈이 흐리고 각막은 눈 속으로 내려앉는다. |정답| ③

③ 어취(생선 비린내) 제거 방법 빈출
- 생선의 비린내는 어체 내에 있는 트리메틸아민 옥사이드(TMAO: Trimethylamine Oxide)가 환원되어 트리메틸아민(TMA: Trimethylamine)이 되면서 나는 냄새이다.
- 신선도가 저하되면 증가하는 트리메틸아민은 수용성이므로 물로 씻어내 비린내를 줄인다.
- 산(레몬즙, 식초 등)을 첨가하여 트리메틸아민 외 휘발성, 염기성 물질을 중화시킨다.
- 마늘, 파, 양파, 생강, 겨자, 고추냉이 등의 향신료를 사용한다.(생강은 생선이 익은 후 넣어야 효과적임)
- 비린내 억제 효과가 있는 된장을 첨가한다.
- 맛술 등을 사용하여 알코올 성분으로 어취를 제거한다.
- 우유에 미리 담가 두었다가 조리하는 방법이 있다. 우유의 단백질인 카세인이 트리메틸아민을 흡착하므로 비린내를 제거하는 데 효과적이다.

바로 확인문제

어취 제거 방법에 대한 설명으로 틀린 것은?

① 식초나 레몬즙을 이용하여 어취를 약화시킨다.
② 된장, 고추장의 흡착성은 어취 제거 효과가 있다.
③ 술을 넣으면 알코올에 의해 어취가 더 심해진다.
④ 우유에 미리 담가 두면 어취가 약화된다.

|해설|
술을 넣으면 알코올에 함유된 호박산 성분과 휘발 성분으로 인해 어취 제거 효과가 있다.

|정답| ③

(5) 수산물의 조리

① 생선구이 시, 생선 중량의 2~3% 정도의 소금을 뿌리면 생선살이 단단해진다.
② 생선조림 시, 물이나 양념장이 끓을 때 생선을 넣어야 그 모양을 유지하고 영양 손실을 줄일 수 있다.
③ 조림이나 탕 조리 시, 가열하는 처음 수분간은 뚜껑을 열어야 비린내를 휘발시킬 수 있다.
④ 탕 조리 시, 육수가 끓은 후에 생선을 넣어 주어야 단백질 응고 작용으로 인해 국물이 맑고 생선살이 풀어지지 않으며 비린내가 덜 난다.
⑤ 튀김 시 튀김옷은 박력분을 사용하고 180℃에서 2~3분간 튀기는 것이 좋다.
⑥ 오징어와 같이 결체 조직이 치밀한 것은 모양을 살리고 소화가 용이할 수 있도록 안쪽에 칼집을 넣는 것이 좋다.
⑦ 생강은 생선이 익은 후 넣어야 탈취 효과가 있다.

2. 수산물의 가공 및 저장

(1) 가공

건제품	오징어, 굴비, 가자미, 쪄서 건조한 멸치, 동결과 해동을 반복하면서 건조한 황태 등이 있다.
젓갈	어패류에 20% 내외의 소금을 넣어 부패를 억제하면서 미생물의 작용으로 분해, 발효, 숙성시켜 만든다.
어묵	• 생선살에 2~3%의 소금을 넣어 으깨면 생선 단백질이 녹아 엉기면서 응고되는 원리를 이용하여 어묵을 제조한다.(어육 단백질의 염용해성 이용) • 점탄성을 부여하기 위해 전분을 첨가한다.
기타	• 훈제연어처럼 훈연시켜 제조한 훈제품 • 기름이나 물에 담겨 있거나 조미가 되어 있는 통조림 • 캐비아, 연어알 등을 넣은 병조림

바로 확인문제

어패류에 소금을 넣고 발효, 숙성시켜 원료 자체 내 효소의 작용으로 풍미를 내는 식품은?

① 어육 소시지   ② 어묵   ③ 통조림   ④ 젓갈

|해설|
젓갈은 어패류에 20% 내외의 식염을 가해 미생물의 발효 작용으로 숙성시키는 식품이다.

|정답| ④

(2) 저장

건조	북어, 건오징어, 굴비, 멸치, 홍합, 조개, 문어 등
냉장	• 신선한 생선은 구입 후 바로 조리하고, 냉장된 생선은 2~3일 내에 조리할 것 • 어패류의 냉장, 냉동 시에는 생선 냄새가 다른 음식에 전달되지 않도록 잘 포장해서 보관할 것
냉동	• 냉동 어류를 구입할 시에는 단단히 얼어 있는 것을 구입하고, 조리할 때까지 냉동 상태로 보관하며, 해동한 어류는 다시 재냉동을 하지 않을 것 • 냉동한 것은 6개월 이상 저장하지 않을 것
염장	• 생선을 소금에 절여 저장한 것 • 자반고등어, 자반삼치, 자반전갱이, 자반가자미, 자반전어 등

3. 해조류의 조리

(1) 해조류의 성분과 특징

탄수화물	• 해조류에 함유된 탄수화물의 대부분은 비소화성 복합다당류로, 에너지원으로는 가치가 없지만 식이성 섬유소를 지녀 포만감을 주고, 변비를 예방한다. • 해조류에는 만니톨(Mannitol), 소르비톨(Sorbitol) 등의 당알코올이 있어 약간의 단맛을 보유한다. • 녹조류(파래, 청각): 헤미셀룰로오스 • 갈조류(미역, 다시마): 알긴산, 후코이단, 라미나란 • 홍조류(우뭇가사리, 김): 알긴, 식이섬유(포피란)
단백질	• 해조류에는 단백질이 15~60% 정도 있으며, 메티오닌, 아이소류신, 라이신 등은 부족하나 이들을 제외한 대부분의 필수아미노산을 많이 함유하고 있어 단백가가 높다. • 김에는 글리신이 많아 구수한 맛을 내고, 다시마에는 글루타민산이 많아 감칠맛을 낸다.
지질	2% 미만인 적은 양의 지질을 함유한다.
비타민과 무기질	• 비타민 C의 양이 비교적 많고, 비타민 B_2, 나이아신의 함량이 풍부하다. • 무기질이 풍부한 알칼리성 식품이다. • 나트륨, 칼슘, 칼륨, 인, 철, 아이오딘(요오드)이 풍부하게 함유되어 있다.
특수 성분	• 함황화합물인 디메틸설파이드(Dimethyl Sulfide)에 의해 독특한 냄새를 보유한다. • 트리메틸아민(TMA: Trimethylamine)에 의해 비린 냄새를 보유한다.

(2) 해조류의 분류 및 종류

바다의 깊이와 색에 따라 분류된다.

녹조류	클로로필의 녹색소를 가진다. 예 파래, 청각, 청태, 매생이, 클로렐라 등
갈조류	카로티노이드인 β-카로틴과 푸코잔틴(Fucoxanthin) 등의 색소를 가진다. 예 톳, 미역, 다시마 등
홍조류	홍색의 피코에리트린이 풍부하고, 소량의 카로티노이드를 함유하고 있다. 예 김, 우뭇가사리 등

(3) 해조류의 조리

① 끓는 물에 단시간 데치면 수용성 영양 성분의 손실을 줄일 수 있다.
② 김을 여러 장 겹쳐서 굽게 되면 비타민 A의 손실을 줄일 수 있다.

4. 한천

우뭇가사리 등의 홍조류를 삶아서 얻은 액체를 냉각시킨 후 잘라 동결, 건조시킨 식품으로 양갱 제조 시 사용된다.

(1) 한천의 구성 성분

주성분은 갈락탄(Galactan)이고, 갈락토오스와 아가로오스, 아가로펙틴으로 이루어진다.

(2) **한천의 특징** 빈출

① 체내에서 소화되지 않으나, 물을 흡수하면 팽창하고 장을 자극하여 연동 운동을 촉진시켜 변비를 예방한다.
② 물에 담그면 흡수·팽윤하며, 팽윤한 한천을 가열하면 쉽게 녹는다.
③ 농도가 낮을수록 빨리 녹고 식품의 0.5~3%에서 활발히 생성된다.
④ 팽윤된 한천의 용해 온도는 80~100℃이고, 35~40℃에서 잘 응고된다.
⑤ 용해된 한천액을 냉각시키면 점도가 증가하여 유동성을 잃고 겔화된다.
⑥ 설탕의 첨가량이 많으면 점성과 탄성이 증가하고, 투명감도 증가하며 겔의 농도가 증가한다. 단, 75% 이상 첨가 시에는 오히려 강도가 저하된다.
⑦ 산과 우유는 겔의 강도를 약하게 한다.
⑧ 우뭇가사리 등 홍조류에 존재하는 점질물로 동결 건조한 제품이다.
⑨ 응고력이 강하고, 응고하면 용융점이 높아 잘 부패하지 않는다.
⑩ 물과의 친화력이 강해 수분을 일정한 형태로 유지시킨다.
⑪ 겔화력이 커서 젤리, 잼, 과자, 아이스크림, 양갱, 청량음료의 겔화제 등으로 이용된다.(제과·제빵에서 안정제로 이용)
⑫ 곰팡이, 세균 등의 배지로 이용된다.

04 유지 및 유지 가공품

1. 유지의 특징 및 종류

(1) **유지의 특징**

① 상온에서 액체인 '유(Oil, 油)'와 상온에서 고체인 '지(Fat, 脂)'로 분류된다.
② 필수지방산의 공급원이 되며, 지용성 비타민의 흡수에 도움을 준다.
③ 식품의 향, 색, 입안의 감촉 등을 증진시킨다.
④ 동물성 유지는 포화지방산을, 식물성 유지는 불포화지방산을 많이 함유한다.

(2) **유지의 종류**

동물성 유지	우지, 라드, 어유, 버터
식물성 유지	면실유, 옥수수유, 유채유, 참기름, 대두유, 팜유, 올리브유, 피마자유
가공유지	마가린, 쇼트닝

바로 확인문제

식물성 유지가 아닌 것은?

① 올리브유　　② 면실유　　③ 피마자유　　④ 버터

|해설|
버터는 동물성 유지이다.　　　　　　　　　　　　　　　　　　　　　　　　　　　　|정답| ④

2. 유지의 물리적 성질

(1) **비중**

유지의 평균 비중은 비중이 1인 물보다 적어 물 위에 뜨는 성질을 지닌다.

(2) 융점

고체 지방이 액체 기름으로 되는 온도로, 구성 지방산에 따라 녹는점이 달라진다.

(3) 용해성

물에는 녹지 않고, 에테르, 벤젠, 클로로포름 등의 유기 용매에 잘 녹는다.

(4) 비열

① 유지의 비열은 0.40~0.47cal/g℃로 작아 온도가 빨리 오르거나 내려간다.
② 튀김 조리 시 끓는 기름에 냉동 재료를 넣으면 기름의 온도가 바로 내려가므로 낮은 온도에서 튀겨진다.

(5) 가소성

① 외부에서 가해지는 힘에 의하여 자유롭게 변하는 성질을 말한다.
② 버터, 라드, 쇼트닝 등의 고체 지방이 해당 성질을 지닌다.
③ 이 성질을 이용하여 제과 반죽에서 다양한 모양을 만드는 것이 가능하다.

(6) 쇼트닝성(Shortening Property)

밀가루 반죽의 글루텐 길이를 짧게 하는 성질이다.

(7) 크리밍성(Creaming Property)

버터, 마가린, 쇼트닝 등의 지방을 빠르게 저어 주면 지방 안에 공기가 침입하여 부피가 증가하며 부드럽고 하얗게 변하는 성질을 말한다.

> **합격보장 꿀팁**
>
> • 유지의 크리밍성 순서 | 라드 > 쇼트닝 > 마가린 > 버터

(8) 연화 작용(Softening)

글루텐의 형성을 방해한다.(부드럽게 해 주는 역할)

(9) 거품성(Foaming Property)

고체 지방에 설탕을 넣고 저으면 공기를 함유하여 거품이 형성되는 성질이다.

(10) 유화성

① 유화제: 물과 유지를 혼합시킬 때 첨가하는 물질로, 친수성과 친유성(소수성)을 모두 지닌다.
② 천연 유화제: 난황의 레시틴, 모노글리세리드(유지의 분해물질), 디글리세리드, 우유 단백질

(11) 발연점

① 정의: 유지 가열 시 표면에서 푸른 연기가 나기 시작하는 때의 온도를 말한다.
② 발연점이 낮아지는 요인 [빈출]
  • 유지가 분해되어 유리지방산의 함량이 높아진 경우
  • 용기의 표면적이 넓은 경우(1인치 넓을수록 발연점은 2℃씩 저하)
  • 기름에 이물질이 많은 경우
  • 사용 횟수가 많은 경우(1회 사용할 때마다 발연점이 10~15℃씩 저하)
③ 유지의 발연점: 포도씨유 250℃, 옥수수유 240℃, 면실유 216℃, 버터 208℃, 라드 190℃, 올리브유 175℃, 땅콩기름 160℃

> **바로 확인문제**
>
> 다음 중 기름의 발연점이 낮아지는 경우는?
> ① 유리지방산 함량이 많을수록
> ② 기름을 사용한 횟수가 적을수록
> ③ 기름 속에 이물질의 유입이 적을수록
> ④ 튀김용기의 표면적이 좁을수록
>
> |해설|
> 기름의 사용 횟수가 많은 경우, 이물질이 많은 경우, 튀김용기의 표면적이 넓은 경우 발연점이 낮아진다.
>
> |정답| ①

⑫ **아크롤레인**
　지방을 발연점 이상으로 가열할 때 발생하는 자극적인 냄새와 푸른 연기의 원인 물질을 말한다.

3. 지질의 기능적 성질

(1) **유화(에멀전화, Emulsification)**

수중유적형(O/W)	물에 기름이 분산된 형태 예) 우유, 생크림, 마요네즈, 아이스크림 등
유중수적형(W/O)	기름에 물이 분산된 형태 예) 버터, 마가린 등

> **바로 확인문제**
>
> 유화의 형태가 나머지 셋과 다른 것은?
> ① 우유　　② 마가린　　③ 마요네즈　　④ 아이스크림
>
> |해설|
> 유화의 형태는 수중유적형(O/W)과 유중수적형(W/O)으로 구분된다. 수중유적형은 우유, 생크림, 마요네즈, 아이스크림 등이 있고, 유중수적형은 버터, 마가린 등이 있다.
>
> |정답| ②

(2) **수소화(경화, Hydrogenation)**
　액체 상태의 기름에 수소(H_2)를 첨가하고 니켈(Ni)과 백금(Pt)을 넣어 고체형의 기름으로 만든 것이다.
　예) 마가린, 쇼트닝 등

(3) **연화 작용(Softening)**
　밀가루 반죽에 유지를 첨가하면 반죽 내에서 지방을 형성하여 전분과 글루텐의 결합을 방해하는 것을 말한다.

(4) **가소성(Plasticity)**
　외부 조건에 의해 유지의 상태가 변했다가 외부 조건을 복구해도 유지의 변형 상태가 유지되는 성질을 말한다.

4. 지질의 이화학적 성질

(1) **검화가(비누화가: Saponification Value)**
　① 유지 1g을 검화(비누화)하는 데 소요되는 수산화칼륨(KOH)의 mg 수를 말한다.
　② 글리세롤과 지방산염(비누)이 생성된다.
　③ 저급 지방산이 많을수록 비누화가 잘 된다.

(2) **산가(Acid Value)**
　유지 1g에 함유되어 있는 유리지방산을 중화하는 데 필요한 수산화칼륨(KOH)의 mg 수를 말하며, 유지의 산패도를 알아내는 방법이다.

(3) **과산화물가(Peroxide Value)**
　유지의 자동산화에 의하여 생성되는 하이드로퍼옥시드 등의 과산화물 함유량을 나타내며 유지의 산패 진행을 판정하는 척도이다.

(4) 아이오딘가(Iodine Value, 요오드가)
① 유지 100g 중에 첨가되는 요오드의 g 수를 말한다.
② 아이오딘가가 높다는 것은 지방산 중 불포화지방산이 많다는 것을 의미한다.

아이오딘가에 따른 식물성 지방의 구분

구분	아이오딘가	종류
건성유	130 이상	들기름, 해바라기유, 호두기름 등
반건성유	100 초과 130 미만	대두유(콩기름), 참기름, 면실유 등
불건성유	100 이하	올리브유, 동백유, 땅콩유 등

(5) 융점
고체물질이 액체 상태로 바뀌는 온도를 말한다.
① 저급지방산, 불포화지방산 함량이 많으면 융점이 낮다.(상온에서 액체)
② 포화지방산 함량이 많으면 융점이 높다.(상온에서 고체)
③ 지방의 구조 중 탄소의 개수가 많을수록 융점이 높아진다.

5. 유지의 산패

(1) 산패의 정의
식용 유지나 지방질 식품을 장기간 저장할 때 산소, 광선, 빛, 효소, 물, 미생물 등의 작용을 받아 색이 암색으로 짙어지고 불쾌한 냄새와 맛, 점성, 독성물질이 발생하며 거품이 생기는 등의 품질 저하 현상을 말한다.

(2) 유지의 산패에 영향을 끼치는 요인 [빈출]
① 온도가 높을수록 반응 속도가 증가한다.
② 광선 및 자외선은 산패를 촉진시킨다.
③ 수분이 많으면 촉매 작용이 강해진다.
④ 금속류는 유지의 산화를 촉진시킨다.
⑤ 불포화지방산의 함량이 높을수록 유지의 산패가 촉진된다. 예) 식물성 유지, 어유 등

> **합격보장 꿀팁**
> • 유지의 산패도를 나타내는 값 | 산가, 과산화물가, 카르보닐가, TBA 등

바로 확인문제

유지의 산패에 영향을 미치는 요인으로 옳지 않은 것은?
① 자외선은 유지의 산패를 촉진시킨다.
② 불포화지방산의 함량이 낮을수록 유지의 산패가 촉진된다.
③ 산소는 유지의 산패를 촉진시킨다.
④ 수분은 유지의 산패를 촉진시킨다.

|해설|
불포화지방산의 함량이 높을수록 유지의 산패가 촉진된다.

|정답| ②

(3) 유지의 산패를 방지하는 방법 [빈출]
① 천연 항산화제가 있는 식물성 기름을 사용한다.
② 불투명한 용기에 담아 차갑고 어두운 곳에 밀폐시켜서 보관한다.
③ 쓰던 기름은 새 기름과 혼합하여 사용하지 않는다.

6. 유지의 조리

(1) 유지 조리의 장점
① 풍미와 맛이 향상되고 속재료는 부드럽고 겉의 질감은 바삭해진다.
② 고온으로 단시간 조리하므로 영양가 손실을 최소화할 수 있다.
③ 용기 바닥에 재료가 눌어 붙거나 재료가 서로 부착되는 것을 방지한다.
④ 유지의 다양한 특징인 연화, 가소성, 크리밍성 등을 활용하여 다양한 조리가 가능하다.

(2) 튀김 조리의 특징 및 조리 시 유의점
① 영양의 손실이 가장 적은 조리법이다.
② 튀김의 적정 온도는 160~180℃이며, 기름의 온도가 낮을수록, 튀김 시간이 길수록 기름의 흡수가 많아진다.
③ 글루텐이 적어 흡습성이 약하고 탈수가 잘 되는 밀가루인 박력분을 사용하면 바삭하게 조리가 가능하다.
④ 튀김옷에 소량의(0.1~0.2%) 중조를 첨가하면 표면을 빨리 건조시켜 바삭한 맛을 낼 수 있지만, 비타민의 손실이 크다.
⑤ 달걀은 반죽의 글루텐 형성을 도와 튀김옷의 경도를 높이고 맛이 좋아지게 하는 역할을 한다.
⑥ 튀김이 오래되면 눅눅해진다.
⑦ 설탕은 글루텐 형성을 방해하여 연하게 만들고 튀김옷을 적당히 갈변시킨다.
⑧ 튀김 반죽에 찬물이나 얼음물을 사용하면 바삭한 튀김으로 조리가 가능하다.
⑨ 튀김 반죽을 많이 저으면 글루텐이 형성되어 질겨진다.
⑩ 적은 양의 기름으로 많은 양의 식품을 튀기지 않아야 한다. 식품의 양은 기름 양의 1/3이 적당하다.
⑪ 수분이 남아 있는 상태에서 튀기지 않아야 한다.

> **바로 확인문제**
>
> 튀김 음식을 할 때 고려할 사항과 거리가 먼 것은?
> ① 튀길 식품의 양이 많은 경우 동시에 모두 넣어 한 번에 똑같은 조건에서 튀긴다.
> ② 수분이 많은 식품은 미리 어느 정도 수분을 제거한다.
> ③ 이물질을 제거하면서 튀긴다.
> ④ 튀긴 후 과도하게 흡수된 기름은 키친타월을 사용하여 제거한다.
>
> |해설|
> 적은 양의 기름으로 많은 양의 식품을 튀기지 않아야 한다. 식품의 양은 기름 양의 1/3이 적당하다.
>
> |정답| ①

7. 유지의 저장 및 보관
① 버터, 마가린: 밀봉하여 냉장고에 보관한다.
② 쇼트닝, 식물성유: 뚜껑을 닫고 빛이 없는 실온에서 보관한다.
③ 올리브유: 다른 식물성유보다 소비기한이 짧아 개봉 후 빨리 사용해야 한다.

05 조미료와 향신료

1. 조미료

(1) 조미료의 정의
모든 식품의 맛, 향기, 색을 증진시키는 물질이다.

(2) 조미료의 효과
① 조미료 자체의 맛이 삼투압 작용에 의해 식품에 배어 드는 효과가 나타난다.
② 농도가 짙은 조미액에 담가 두면 저장성이 증가한다. ⑩ 피클류, 장아찌류 등
③ 식품이 지닌 좋은 맛은 증가시키고 좋지 않은 맛은 감소시킨다.
④ 식품 자체의 맛과 조미료의 맛이 어우러져 새로운 맛이 생성된다.

(3) 조미료의 종류

단맛(감미료)	설탕, 물엿, 꿀, 조청, 올리고당, 인공감미료 등
신맛(산미료)	양조식초, 빙초산, 구연산, 주석산 등
짠맛(함미료)	식염, 간장, 된장 등
쓴맛(고미료)	호프, 카페인 등
감칠맛(지미료)	멸치, 다시마, 가다랑어포, 화학 조미료 등
매운맛(신미료)	고추, 후추, 겨자, 고추냉이 등
아린맛	감자, 죽순, 토란 등

> **합격보장 꿀팁**
> - 조미료의 4가지 기본 맛 | 단맛, 신맛, 짠맛, 쓴맛
> - 조미료의 첨가 순서 | 설탕 → 술 → 소금 → 식초 → 간장 → 된장 → 고추장 → 화학 조미료

> **바로 확인문제**
> 조미료의 첨가 순서로 옳은 것은?
> ① 설탕 → 소금 → 식초 → 간장
> ② 설탕 → 소금 → 간장 → 식초
> ③ 소금 → 식초 → 간장 → 설탕
> ④ 간장 → 설탕 → 식초 → 소금
>
> |해설|
> 조미료의 첨가 순서는 '설탕 → 술 → 소금 → 식초 → 간장 → 된장 → 고추장 → 화학 조미료'이다.
>
> |정답| ①

2. 향신료

(1) 향신료의 정의
특수한 방향성이나 자극적인 맛을 내기 위해 음식에 첨가하는 조미료이다.

(2) 향신료의 효과 빈출
① 특수한 향기와 맛으로 음식에 풍미를 더해주고 식욕을 촉진시킨다.
② 육류나 생선의 불쾌취를 완화시킨다.
③ 곰팡이·효모의 발생, 부패균의 증식을 억제시킨다.
④ 소화 효소의 작용을 활성화하여 소화를 촉진하고 정장제로서의 역할을 한다.

(3) 향신료의 종류 빈출

생강	• 매운맛을 내는 진저롤(Gingerol)은 육류와 생선의 냄새를 없애고 식욕을 증진시키며 연육 작용을 한다. • 생강은 식품이 익은 후에 넣는 것이 냄새를 제거하는 데 도움이 된다. • 살균 효과가 있어 생선회를 먹을 때 곁들이기도 한다.
고추	매운맛의 캡사이신(Capsaicin)은 소화의 촉진제 역할을 수행한다.
후추	매운맛을 내는 차비신(Chavicine)은 육류와 어류의 살균 작용을 하며, 육류의 누린 냄새와 생선의 비린내를 없애는 데 많이 활용된다.
마늘	매운 성분은 알리신(Allicin)으로 강한 살균력을 갖고 있으며 체내에서 비타민 B_1의 흡수를 돕는다.
파	매운 성분은 황화알릴이고, 자극적인 향과 매운맛을 지닌다.
계피	특유의 방향성과 쓴맛, 매운맛을 함유한다.
타임	스튜, 생선수프, 토마토를 넣은 음식에 많이 사용되고, 살균·방부 효과가 있다.
정향	고기의 누린내를 감소시키고 소화의 촉진제 역할을 하며, 식욕 증진에 도움이 된다.
월계수잎	특이한 향미가 있어 양식요리의 육수나 소스 등에 사용한다.
바질	토마토소스와 잘 어울리며, 스파게티, 피자, 샐러드에 사용한다.

바로 확인문제

냄새 제거를 위한 향신료가 아닌 것은?

① 육두구(넛맥) ② 월계수잎 ③ 마늘 ④ 허브

|해설|
육두구(넛맥)는 말려서 방향성 건위제, 강장제 등으로 사용하며, 서양에서는 향미료로 사용한다.

|정답| ①

06 냉동식품의 조리

1. 냉동

(1) **냉동식품의 정의**

전처리 후 -18℃ 이하가 되도록 급속 동결하여 포장한 식품이다.

(2) **냉동의 특징**

① 축산물과 수산물의 장기 저장에 이용된다.
② 식품을 0℃ 이하로 냉각시켜 식품 내의 수분이 동결되므로 미생물은 거의 작용하지 못한다.

(3) **냉동의 목적**

① 미생물의 번식 억제: 식품의 온도를 빙점 이하로 낮추어 함유된 수분을 얼게 한다.
② 품질 저하 방지: 식품 중의 효소 작용 및 산화를 억제시킨다.

(4) **냉동 방법**

① 냉동 시 생성되는 얼음의 결정은 급속 동결시킬수록(동결이 완료되는 데 걸리는 시간이 짧을수록) 미세한 크기로 형성되어 식품의 조직 파괴가 적다.
② 서서히 동결되면 얼음 결정이 커지면서 드립(Drip) 현상이 생겨 식품의 질이 떨어지므로 -40℃ 이하에서 급속 동결시키거나 액체 질소를 사용하여 -194℃에서 급속 동결시킨다.
③ 채소류는 데친 후 동결시킨다.
④ 모든 식품은 밀폐하여 냉동한다.

⑤ 신선한 재료를 선택한다.
⑥ 해동 후 재냉동을 하지 않는다.
⑦ 냉동 날짜와 식품명을 표시한다.

> **합격보장 꿀팁**
>
> • **채소를 냉동시키기 전에 데치거나 삶는 이유**
>   - 채소류에 함유된 품질을 저하시킬 수 있는 효소를 불활성화시키기 위함이다.
>   - 미생물을 살균하여 변질을 막기 위함이다.
>   - 조직의 질감을 부드럽게 하기 위함이다.
>   - 부피를 감소시켜 저장을 용이하게 하기 위함이다.

(5) **냉동 시 식품의 변화**
① 조직 중에 대형의 얼음 결정이 생긴다.
② 근섬유가 손상되어 해동 시 수분이 흡수되지 못하고 유출되어 구멍이 생긴다.
③ 드립(Drip) 현상으로 수용성 단백질, 염류, 비타민류 등의 영양분 손실이 생긴다.
④ 중량, 풍미, 식감이 감소한다.

2. 해동

(1) **해동의 정의**
냉동한 식품을 냉동 전의 상태로 만들기 위해 녹이는 것을 말한다.

(2) **식품의 해동 방법**

육류 및 어류	• 높은 온도에서 해동하면 조직이 상해 드립(Drip)이 많이 나오기 때문에 냉장고나 흐르는 냉수에서 밀폐한 채 해동하는 것이 좋다. • 냉장고 내에서 저온 해동(완만 해동)시켜 즉시 조리하는 것이 좋다.
채소류	• 데친 후 냉동시키므로 단시간 조리가 가능하다. • 삶을 때에는 끓는 물에 냉동 채소를 넣고 2~3분간 끓여 해동과 조리를 동시에 진행한다. • 찌거나 볶을 경우에는 동결된 채로 조리한다.
과일류	• 먹기 직전에 포장된 채로 냉장고나 실온에서 해동하고 가열하면 안 된다. • 주스 제조 시 동결된 상태에서 그대로 믹서에 넣어 갈아서 만든다.
튀김류	• 빵가루를 입힌 제품은 높은 온도의 기름에서 그대로 튀긴다. • 미리 튀겨져 있는 것은 오븐에서 15~20분간 데운다.
빵 및 과자류	상온에서 해동시키거나 오븐을 사용하여 해동시킨다.

> **바로 확인문제**
>
> 냉동식품의 조리에 대한 설명으로 틀린 것은?
> ① 소고기의 드립(Drip)을 막기 위해 높은 온도에서 빨리 해동하여 조리한다.
> ② 채소류는 가열 처리하여 냉동하므로 조리하는 시간이 절약된다.
> ③ 조리된 냉동식품은 녹기 직전에 가열한다.
> ④ 빵, 케이크는 실내온도에서 자연 해동한다.
>
> |해설|
> 축산물은 높은 온도에서 해동하면 드립이 많이 나오므로 냉장고나 흐르는 냉수에서 밀폐한 채 해동하는 것이 좋다.
>
> |정답| ①

SUBJECT 05 | 기초조리실무
필기합격 적중문제

01 난이도
식품 썰기의 목적으로 옳지 않은 것은?
① 갈변 방지 ② 열전도율 상승
③ 보기 좋은 외관 ④ 폐기부의 분리

02 난이도
곡류에 대한 설명으로 옳은 것은?
① 강력분은 글루텐의 함량이 13% 이상으로 케이크 제조에 알맞다.
② 박력분은 글루텐의 함량이 10% 이하로 과자, 비스킷 제조에 알맞다.
③ 보리의 고유한 단백질은 오리제닌(Oryzenin)이다.
④ 압맥·할맥은 소화율을 저하시킨다.

03 난이도
소금의 용도가 아닌 것은?
① 채소 절임 시 수분 제거
② 효소 작용 억제
③ 아이스크림 제조 시 빙점 강하
④ 생선구이 시 석쇠 금속의 부착 방지

04 난이도
갑오징어나 오징어를 볶거나 데쳐서 회로 낼 때 큼직하게 모양을 내어 써는 방법은?
① 저며 썰기 ② 밀어 썰기
③ 돌려 깎기 ④ 솔방울 썰기

05 난이도
육류의 가열 변화에 대한 설명으로 틀린 것은?
① 생식할 때보다 풍미와 소화성이 향상된다.
② 근섬유와 콜라겐은 45℃에서 수축하기 시작한다.
③ 가열한 고기의 색은 메트미오글로빈이다.
④ 고기의 지방은 근수축과 수분 손실을 적게 한다.

06 난이도
향신료의 역할에 대한 설명으로 틀린 것은?
① 고추 – 매운맛과 향으로 소화 촉진제 역할을 한다.
② 파 – 휘발성 자극의 방향과 매운맛을 가지고 있다.
③ 후추 – 육류나 어류 요리에 주로 사용된다.
④ 생강 – 자극제로 식욕을 돋우며 소고기 요리에 주로 사용된다.

07
특수 성분인 차비신이 있으며 육류나 어류에 사용되는 향신료는?

① 마늘　② 생강
③ 후추　④ 고추

08
두부를 만드는 과정은 콩 단백질의 어떠한 성질을 이용한 것인가?

① 건조에 의한 변성
② 동결에 의한 변성
③ 효소에 의한 변성
④ 무기염류에 의한 변성

09
일반적으로 꽃 부분을 주요 식용 부위로 하는 화채류는?

① 고추　② 파슬리
③ 브로콜리　④ 아스파라거스

10
강력분에 대한 설명으로 옳은 것은?

① 케이크 제조에 쓰인다.
② 우동 제조에 쓰인다.
③ 글루텐 함량이 13% 이상이다.
④ 글루텐의 탄력성과 점성이 약하다.

11
조리 시 센 불로 가열한 후 약한 불로 세기를 조절하지 않는 조리법은?

① 조림　② 찌개
③ 국　④ 튀김

12
어류에 대한 설명으로 옳지 않은 것은?

① 어류 단백질은 미오신(Myosin), 액틴(Actin)으로 구성되어 있다.
② 붉은살 생선보다 흰살 생선의 지방 함량이 많다.
③ 생선의 지방은 약 80%는 불포화지방산이고, 나머지 약 20%는 포화지방산이다.
④ 산란 후에는 지방과 단백질 함량이 낮고 수분 함량이 증가하여 맛이 없어진다.

13
큰술, 작은술로 부피를 재는 가장 작은 계량 도구는?

① 저울　② 계량컵
③ 비이커　④ 계량스푼

14
콩류에 해당하지 않는 것은?

① 현미　② 녹두
③ 팥　④ 서리태

15 난이도 [산업기사 출제 가능]
유지를 가열할 때 일어나는 변화를 설명한 것 중 옳지 않은 것은?
① 점성이 높아진다.
② 거품이 나고 색이 짙어진다.
③ 강한 냄새가 난다.
④ 발연점이 높아진다.

16 난이도
식품의 계량에 대한 설명으로 옳지 않은 것은?
① 밀가루 계량은 부피보다 무게가 더 정확하다.
② 흑설탕은 덩어리가 없는 상태로 누르지 않고 계량한다.
③ 물엿같이 점성이 있는 것은 계량컵을 이용한다.
④ 버터는 컵에 꾹꾹 눌러 수평으로 깎아 계량한다.

17 난이도
점질감자에 적당한 조리법은?
① 볶는 요리   ② 으깨는 요리
③ 찌는 요리   ④ 굽는 요리

18 난이도
저울의 사용 방법으로 옳지 않은 것은?
① 평평한 곳에 놓고 수평을 맞춘다.
② 저울의 한계 무게 범위를 확인한다.
③ 무게를 측정하기 전에 저울에 용기를 올려놓고 전원을 켜고 영점을 맞춘다.
④ 사용 후 저울 위에는 무거운 물건을 올려 두지 않는다.

19 난이도
식품 자체의 식감과 맛을 느끼기 위한 조리 방법으로 조직이 부드러워야 하고 불미 성분이 없어야 하는 조리 방법은?
① 복합 조리   ② 가열 조리
③ 습열 조리   ④ 생식 조리

20 난이도 [산업기사 출제 가능]
우뭇가사리를 푹 삶아 다당류를 추출하여 동결 건조한 가공품은?
① 젤라틴   ② 곤약
③ 한천   ④ 키틴

21 난이도
밀가루 제품에서 팽창제 역할을 하지 않는 것은?
① 소금   ② 달걀
③ 이스트   ④ 베이킹파우더

22 난이도
육류, 채소 등을 다질 때 사용하는 조리기구는?
① 푸드 차퍼(Food Chopper)
② 슬라이서(Slicer)
③ 베지터블 커터(Vegetable Cutter)
④ 필러(Peeler)

23
우유 가공품이 아닌 것은?
① 치즈 ② 버터
③ 마시멜로 ④ 액상발효유

24 산업기사 출제 가능
소고기의 부위별 용도와 조리법이 틀린 것은?
① 앞다리 – 불고기, 육회, 장조림
② 설도 – 탕, 샤브샤브, 육회
③ 목심 – 구이, 스테이크
④ 우둔 – 산적, 장조림, 육포

25
감자의 갈변에 관한 설명으로 옳은 것은?
① 티로시나아제는 불용성이다.
② 감자의 갈변은 산소와 상관이 없다.
③ 감자의 갈변은 효소적 갈변이다.
④ 감자를 썰어서 그대로 두면 갈변하지 않는다.

26
0℃에 가까운 온도에서 천천히 해동하는 해동 방법은?
① 완만 해동 ② 급속 해동
③ 트레이 해동 ④ 전자레인지 해동

27
서양요리 조리 방법 중 습열 조리와 거리가 먼 것은?
① 브로일링(Broiling) ② 스티밍(Steaming)
③ 보일링(Boiling) ④ 시머링(Simmering)

28
달걀을 이루는 세 가지 구조에 해당하지 않는 것은?
① 난각 ② 난황
③ 난백 ④ 기공

29
홍조류에 속하며 무기질과 비타민, 단백질이 많이 함유되어 있어 스낵이나 부각으로 만들어 먹을 수 있는 해조류는?
① 김 ② 미역
③ 우뭇가사리 ④ 다시마

30
음식을 제공할 때 고려해야 하는 음식의 온도가 가장 높은 것은?
① 전골 ② 국
③ 커피 ④ 밥

정답 및 해설 P.9

**에듀윌이
너를
지지할게**
ENERGY

절대 어제를 후회하지 마라.
인생은 오늘의 나 안에 있고
내일은 스스로 만드는 것이다.

– L. 론 허바드(L. Ron Hubbard)

종목편

SUBJECT 06

한식

PART 01 식생활 문화

식생활 문화에서는 한국 상차림에 대한 내용이 중요하다. 또한 한식에서 사용하는 다양한 양념의 특징과 한식 고유의 담음새도 출제될 수 있다.

PART 02 밥 조리 [NCS 능력단위: LM1301010121_21v4]

밥 재료(쌀, 보리, 콩 등)를 고르는 법과 세척 방법을 알고, 밥맛에 영향을 주는 요인과 밥 짓기 방법을 학습한다.

PART 03 죽 조리 [NCS 능력단위: LM1301010122_21v4]

농도, 재료, 쌀의 처리 방법에 따른 죽의 분류와 각각의 내용을 학습한다. 죽 조리 방법은 무조건 암기하기보다는 실제로 조리를 하는 것처럼 이해하는 것이 좋다.

PART 04 국·탕 조리 [NCS 능력단위: LM1301010104_21v4]

국물 양에 따른 국과 탕의 종류를 구분할 수 있어야 하며 육수 끓이는 방법과 적합한 부재료가 중요하다.

PART 05 찌개 조리 [NCS 능력단위: LM1301010123_21v4]

찌개의 의의와 주재료에 따른 찌개의 종류, 조리법과 육수의 전처리 방법을 알아 둔다.

PART 06 전·적 조리 [NCS 능력단위: LM1301010127_21v4]

전과 적은 다양한 식재료를 활용하므로 주재료에 대한 내용과 조리 방법에 대해 학습한다.

PART 07 생채·회 조리 [NCS 능력단위: LM1301010129_21v4]

생채는 식재료 본연의 맛을 살리는 조리 방법이다. 이러한 생채의 의미와 특징, 조리 방법에 대해 학습한다.

PART 08 조림·초 조리 [NCS 능력단위: LM1301010125_21v4]

조림과 초의 조리 방법을 알아 둔다. 특히 조림과 초 조리 시에는 불 조절이 중요하므로 꼭 학습한다.

PART 09 구이 조리 [NCS 능력단위: LM1301010109_21v4]

재료와 양념에 따른 여러 가지 구이 방법을 학습한다. 구이는 대표적인 건열식 조리 방법이므로 조리 방법의 특징도 알아 둔다.

PART 10 숙채 조리 [NCS 능력단위: LM1301010130_21v4]

숙채는 다양한 채소를 사용하며 영양 성분이 많이 유지되므로 주재료의 특징을 알아 두는 것이 좋다. 숙회와 비슷한 점이 많으므로 두 가지 조리 방법을 비교하면서 학습하는 것이 효율적이다.

PART 11 볶음 조리 [NCS 능력단위: LM1301010126_21v4]

볶음은 다른 조리 방법에 비해 짧은 조리 시간이 특징이다. 이를 위한 조리도구가 출제될 수 있다.

PART 12 김치 조리 [NCS 능력단위: LM1301010111_21v4]

김치에 사용되는 재료와 이에 따른 김치의 종류가 중요하다. 김치 발효 중의 변화도 출제될 수 있으니 알아 둔다.

PART 01 식생활 문화

01 한국 음식의 문화와 배경

1. 한국 음식의 특징
① 주식(밥)과 부식(반찬)이 뚜렷하게 구분되며, 영양학적으로 상호보완적이다.
② 음식의 종류와 조리법이 다양하다.
③ 김치, 젓갈, 장아찌, 장, 술 등의 발효식품과 저장식품이 발달했다.
④ 식재료 본연의 맛보다는 향신료(파, 마늘, 생강)와 양념(간장, 된장, 고추장 등)의 복합적인 맛을 즐긴다.
⑤ 음양오행 사상에 입각하여 오색재료, 오색고명을 많이 사용했다.
⑥ 국수, 죽, 식혜 등 곡물류의 가공·조리법이 발달했다.
⑦ 사계절이 있어 절기에 따라 시식을 즐기고, 농사에 의존한 구황식품과 구황음식이 발달했다.

> **합격보장 꿀팁**
>
> - **오방색(다섯 가지 색)** | 흰색(달걀 흰자), 노란색(달걀 노른자), 붉은색(홍고추, 당근, 실고추, 대추), 푸른색(녹색)(미나리, 실파, 호박, 오이, 풋고추), 검은색(석이버섯, 표고버섯)

02 한국 음식의 분류

1. 한국 상차림
(1) 한국 상차림의 특징
① 공간 전개형 상차림으로 한상에 차려 놓고 먹는 식사법이다.
② 유교의 영향으로 상차림이나 식사예법이 엄격하다.
③ 상의 배치(밥은 상의 앞 왼쪽, 국은 밥 오른쪽)와 수저의 위치(숟가락이 왼쪽, 젓가락이 오른쪽)가 정해져 있다.

> **바로 확인문제**
>
> 한국 상차림의 특징으로 옳지 않은 것은?
> ① 김치, 젓갈, 장아찌, 장, 술 등의 발효식품이 발달했다.
> ② 밥은 상의 앞 오른쪽, 국은 밥 왼쪽으로 상의 배치가 정해져 있다.
> ③ 곡물을 이용한 음식이 발달했다.
> ④ 공간 전개형 상차림으로 한상에 차려 놓고 먹는 식사법이다.
>
> |해설|
> 밥은 상의 앞 왼쪽, 국은 밥 오른쪽으로 상의 배치가 정해져 있다.
>
> |정답| ②

(2) 첩수에 따른 구분
① 5첩 이상의 반상을 품상이라고 하며, 접대용 요리상이다.
② 7첩 이상의 반상에는 곁상과 반주, 반(쟁반)과 등(굽이 높은 그릇)이 따른다.
③ 사대부집에서는 9첩 반상까지만 차릴 수 있었고, 임금님의 수라상에 12첩 반상을 차렸다.

 **합격보장 꿀팁**

- **임금의 식사**
  - 수라상: 임금님이나 대전, 중전, 대비 등 왕실에서 먹는 아침과 저녁상, 12첩 반상차림으로 차리며 예법이 까다롭다.
  - 초조반상(또는 자릿조반): 죽이나 미음 따위의 묽은 음식으로 차려서 이른 아침에 내는 상이다.
  - 낮것상: 아침과 저녁 사이에 먹는 간단한 면상이나 떡국상을 말한다.

④ 전통 반상의 종류 및 메뉴

- 첩수에 포함 ×

기본 음식	밥	국	찌개	찜	전골	김치	장류
3첩	1	1	X	X	X	1	1
5첩	1	1	1	X	X	2	2
7첩	1	1	1	택1		2	2~3
9첩	1	1	2	1	1	3	2~3

- 첩수에 포함

반찬	생채	숙채	구이	조림	전	장아찌	마른반찬	젓갈	회, 편육
3첩	택1		택1		X	택1			X
5첩	택1		1	1	1	택1			X
7첩	1	1	1	1	1	택1			택1
9첩	1	1	1	1	1	1	1	1	택1

바로 확인문제

한식의 상차림은 3첩, 5첩, 7첩, 9첩, 12첩으로 나뉜다. 첩수에 포함되는 것은?
① 김치　　　　② 국　　　　③ 생채　　　　④ 밥

|해설|
첩수에 따른 구분은 반찬의 수로 한다.　　　　　　　　　　　　　　　　　　　　　　|정답| ③

(3) **한국 상차림의 분류(목적 및 주식에 따른)**

반상	• 밥을 주식으로 하는 일상식 상차림이다. • 첩수에 따라 3첩, 5첩, 7첩, 9첩, 12첩 반상으로 나뉜다.
장국상(면상)	• 국수장국을 주식으로 하는 상차림이다. • 잔치 때 국수, 만두, 떡국 등을 주식으로 하고 그 밖에 찬품과 함께 차린다.
큰상	• 혼례, 회갑례, 회혼례 등의 잔치를 축하하기 위한 상차림이다. • 주식은 국수이며 색을 맞춘 편, 유과 등을 높게 놓는다.
입맷상	• 잔치 때 큰상을 받기 전에 먼저 간단히 차려 대접하는 상차림이다. • 주로 장국상으로 차린다.
주안상	• 손님에게 술을 대접하기 위한 상차림이다. • 술과 간단한 안주를 함께 낸다.
교자상	• 명절, 축하연, 회식 등 많은 사람이 함께 식사할 때의 상차림이다. • 주안상 형식의 건교자, 밥상 형식의 식교자, 건교자와 식교자가 합쳐진 얼교자가 있다.
다과상	• 차와 과자류를 차려 놓은 상차림이다. • 주로 손님 접대 시 사용하는 상차림으로, 과거에는 집에 귀한 손님이 왔을 때 바깥손님의 경우 주안상을, 안손님의 경우 다과상을 차려 냈다.

> **바로 확인문제**
>
> 명절이나 축하연, 회식 등 많은 사람이 함께 식사할 때 차리는 상차림은?
> ① 입맷상   ② 교자상   ③ 다과상   ④ 수라상
>
> |해설|
> ① 입맷상은 잔치 때 큰상을 받기 전에 먼저 간단히 차려 대접하는 상차림. ③ 다과상은 차와 과자류를 차려 놓은 상차림. ④ 수라상은 임금님의 밥상이다. |정답| ②

2. 지역에 따른 구분 빈출

지역	특징	주요 향토 음식
서울·경기도	• 간이 적당하다. • 크기가 작고 모양이 정갈하다. • 음식의 종류가 다양하다.	• 서울: 설렁탕, 떡국, 육개장, 탕평채 등 • 경기도: 조랭이떡국, 개성순대, 갈비탕, 오미자화채 등
강원도	• 산에서 난 나물, 감자 등과 바다에서 수확한 해산물을 주재료로 한다. • 소박하고 구수하다.	감자밥, 메밀막국수, 오징어회, 명태식해, 오징어순대 등
충청도	• 농업이 발달되어 떡 종류가 유명하다. • 해산물을 주재료로 하는 음식이 많으며, 인삼, 버섯 등으로 만든 음식이 유명하다.	쇠머리떡, 호박범벅, 넙치아욱국, 인삼약과 등
경상도	• 간이 맵고 짠 편이다. • 된장, 마늘, 고추를 많이 사용한다. • 투박하지만 감칠맛이 있다.	아구찜, 안동식혜, 추어탕, 해물잡채, 파김치 등
전라도	• 음식의 종류가 다양하고 조리 과정이 정성스럽다. • 간이 맵고 짠 편이다.	콩나물국밥, 홍어찜, 꼬막무침, 낙지호롱 등
제주도	• 쌀이 거의 생산되지 않아 곡류는 콩, 보리 등 잡곡을 많이 섭취한다. • 육류를 이용한 음식이 발달되었다. • 각 재료의 본연의 맛을 살린다.	전복죽, 소라회, 미역국, 옥돔구이 등

03 한국의 식기

1. 사용 용도에 따른 구분 빈출

(1) 밥그릇

주발(남성용)	• 뚜껑이 있고 그릇 모양이 일자형인 밥그릇이다. • 놋쇠, 유기, 사기, 은기가 있으며, 계절에 따라 달리 쓰기도 한다.
바리(여성용)	• 뚜껑에 꼭지가 있고 그릇 모양은 입구보다 몸체가 더 나와 있는 형태이다. • 놋쇠나 유기가 있고, 계절에 따라 달리 쓰기도 한다. • 사기로 만든 입이 작고 오목한 바리(여성용 밥그릇)는 옴파리라고 한다.

(2) 국그릇

① 탕기(국그릇): 주발과 같은 모양으로 운두가 낮고, 주발보다는 작은 크기이다.

② 대접(국대접)
  • 밥그릇과 세트로 사용한다.
  • 위가 넓고 운두가 낮은 그릇으로, 사이즈가 다양하다.
  • 면, 국수, 숭늉 등을 담는 그릇이다.

(3) **조치보**
　① 주발과 같은 모양으로 탕기보다 작은 크기의 그릇을 말한다.
　② 찌개, 찜 등을 담는 그릇이다.

(4) **반찬그릇**
　① 보시기: 김치나 국물이 있는 반찬을 담을 때 사용한다.
　② 쟁첩
　　• 작고 납작하며 뚜껑이 있다.
　　• 전, 구이, 나물, 장아찌 등을 담는 그릇이다.
　　• 반상기 중에 가장 많은 수를 차지하며, 쟁첩의 숫자에 따라 한식 첩수(3첩, 5첩, 7첩, 9첩, 12첩 반상)가 결정된다.

> **바로 확인문제**
>
> 반찬그릇으로 숫자에 따라 한식 첩수 3첩, 5첩, 7첩, 9첩, 12첩 반상으로 결정하는 그릇의 명칭은?
> ① 종지　　　② 대접　　　③ 쟁첩　　　④ 접시
>
> |해설|
> 쟁첩은 반상기 중에 가장 많은 수를 차지한다.　　　　　　　　　　　　　　　　　　　|정답| ③

(5) **종지**
　간장, 초장, 초고추장, 꿀 등을 담는 그릇이다.

(6) **합**
　① 크기가 작은 것은 밥그릇으로 사용하고, 큰 것은 떡, 약식, 면, 찜 그릇으로 사용한다.
　② 대부분 유기(놋그릇)나 은기 재질이다.
　③ 밑이 넓고 평평하며 뚜껑이 평평한 모양이다.

(7) **조반기**
　① 죽, 미음 그릇으로 사용한다.
　② 대접처럼 운두가 낮고 뚜껑이 있는 그릇이다.

(8) **반병두리**
　① 양푼과 비슷한 국그릇이다.
　② 뚜껑은 없고 위는 넓고 아래는 조금 평평한 그릇이다.
　③ 일종의 놋그릇이다.
　④ 국수장국, 떡국, 비빔밥, 떡, 약식 등을 담는 그릇이다.

(9) **접시**
　① 운두가 낮고 납작한 그릇이다.
　② 찬, 과실, 떡 등을 담는 그릇이다.

(10) **밥소라**
　① 떡국, 밥, 국수 등을 담는 그릇이다.
　② 유기 재질로 뚜껑이 없다.

(11) 쟁반
① 운두가 낮고 둥근 모양이다.
② 다른 그릇이나 주전자, 술병, 찻잔 등을 담아 놓거나 받쳐 나르는 용도로 쓰인다.
③ 사기, 유기, 목기 등 재질이 다양하다.

(12) 놋양푼
음식을 담거나 데우는 데 쓰는 놋그릇이다.

(13) 수저
① 숟가락과 젓가락은 같은 재질로 되어 있다.
② 재질에 따라 유기 수저, 은 수저, 백동 수저, 스테인리스 수저 등이 있다.

2. 재질에 따른 식기

금속	유기, 은, 스테인리스
흙	토기, 도기, 자기
그 외	유리그릇, 죽제품, 목기 등

3. 그릇의 형태

요리의 형태나 이미지에 맞게 원형, 사각형, 마름모, 타원형, 삼각형, 역삼각형 등이 있으며 한식에는 비교적 원형이 잘 어울린다.

원형	• 기본적인 형태이다. • 편안함과 고전적인 느낌을 준다.
사각형	• 모던함을 연출할 때 쓰인다. • 세련된 느낌과 친근한 인상을 준다.
마름모	• 움직임과 속도감을 느낄 수 있다. • 평면이면서도 입체적으로 보인다.
타원형	우아함, 여성적인 기품, 원만함 등을 표현한다.
삼각형	• 이등변삼각형이나 피라미드형 삼각형 등의 전통적인 구도이다. • 날카로움과 빠른 움직임을 느낄 수 있다.
역삼각형	• 앞이 좁아 날카로움과 속도감을 느낄 수 있다. • 강한 이미지를 연출한다.

 **합격보장 꿀팁**

• 계절에 따른 식기 종류
 - 여름철(단오~추석): 도자기를 사용한다.
 - 겨울철(여름 외 계절): 유기, 은기를 사용한다.

바로 확인문제

우리나라는 계절에 따라 식기 재질을 달리 사용한다. 여름철 식기로 적절한 것은?
① 스테인리스　　② 도자기　　③ 유기　　④ 은기

|해설|
여름철 식기로는 도자기를 사용한다.

|정답| ②

4. 한식의 담음새

(1) 색감
① 한식의 색감은 고명색, 양념색, 식재료 색, 숙성된 색 등으로 나타낸다.
② 백색이 한식 색감에 가장 잘 어울린다.

(2) 담는 방법(형태)

구분	모양	특징
좌우대칭		• 중앙 중심의 대칭으로 가장 균형적인 형태이다. • 고급스러워 보이며 안정감이 느껴지나, 단순화되기 쉽다.
대축대칭		• 접시 중심에 똑같이 배분된 형태이다. • 안정감, 화려함, 높은 완성도를 나타낸다.
회전대칭		• 요리 배열이 일정한 방향으로 회전하는 형태이다. • 대칭의 안정감과 함께 움직임, 리듬, 흐름을 느낄 수 있다. • 격정적이고 경쾌하며 중심을 강조한다.
비대칭		• 불균형한 형태지만 시각적으로 정돈되어 있어 균형이 잡힌 배열이다. • 불균형 속 균형을 중시한다.

바로 확인문제

중앙 중심의 대칭으로 가장 균형적인 형태이며, 안정감이 느껴지나 단순화되기 쉬운 그릇 담기 형태는?
① 비대칭   ② 대축대칭   ③ 회전대칭   ④ 좌우대칭

|해설|
좌우대칭은 고급스러워 보이며 안정감이 느껴지나, 단순화되기 쉽다. |정답| ④

(3) 담는 양
① 담음새의 조화를 의미하며, 예술성 부여를 통한 고부가가치를 창출한다.
② 식욕을 촉진하고 이미지를 좌우한다.
③ 음식의 품질 평가에 결정적인 영향을 미친다.
④ 너무 많이 담지 않는다.

음식의 종류별 담는 양

식기의 70%	국, 찜, 선, 생채, 나물, 조림, 초, 전유어, 구이, 적, 회, 쌈, 편육, 족편, 튀각, 부각, 포, 김치
식기의 70~80%	탕, 찌개, 전골, 볶음
식기의 50%	장아찌, 젓갈

(4) 담기의 원칙
① 시각적인 색의 조화를 고려하여 보기 좋고 먹음직스럽게 담는다.
② 먹는 사람의 편리성에 초점을 두어 담는다.
③ 공간의 적절한 배치로 획일적이지 않으면서 질서와 간격을 두어 담는다.
④ 재료별 특성을 이해하여 담는다.
⑤ 과도한 고명은 피하고, 소스 사용 시 기본 음식이 흐트러지지 않게 담는다.
⑥ 음식물이 접시를 벗어나지 않게 담는다.
⑦ 차가운 음식은 차갑게, 따뜻한 음식은 따뜻하게 담는다.

바로 확인문제

한국 음식을 담을 때 주의 사항으로 옳지 않은 것은?
① 시각적인 색의 조화를 고려하여 보기 좋고 먹음직스럽게 담는다.
② 만드는 사람의 편리성에 초점을 둔다.
③ 음식물이 접시를 벗어나지 않게 담는다.
④ 과도한 고명은 피하고, 깔끔하게 담는다.

|해설|
먹는 사람의 편리성에 초점을 두어 담는다.

|정답| ②

04 양념의 종류

양념이란 음식에 넣으면 몸에 이롭다고 생각하여 여러 가지를 고루 넣었다는 데에서 유래되었다. 양념은 음식의 맛을 향상시킬 때 사용하며, 윤기와 향을 북돋워 주고, 음식의 탄력을 조절하여 보존성을 높여 준다.

바로 확인문제

음식에 넣으면 몸에 이롭다고 생각하여 여러 가지를 고루 넣었다는 데에서 유래된 한식의 용어는?
① 무침장   ② 쌈장   ③ 육수   ④ 양념

|해설|
양념이란 음식에 넣으면 몸에 이롭다고 생각하여 여러 가지를 고루 넣었다는 데에서 유래되었다.

|정답| ④

1. 소금

(1) 특징
① 짠맛을 낸다.
② 신맛을 줄여 주고, 단맛을 높여 준다.

(2) 종류

호렴	알이 굵고 거친 천일염을 말하며, 장을 담그거나 간장, 채소, 생선의 절임용으로 사용한다.
자염	천일염을 끓여 추출한 소금이다.
재제염(꽃소금)	음식에 직접 간을 맞추거나 적은 양의 채소나 생선 절임에 사용한다.
정제염	깨끗한 바닷물을 여과와 침전의 과정을 거친 후 증발, 농축한 순수 소금(염도 98%)을 말한다.
맛소금	정제염에 MSG를 배합한 것이다.
기능성 소금	특별한 기능이 있거나 보강한 것으로 와인 소금, 버섯 소금, 허브 소금, 솔잎 소금 등 종류가 다양하다.

> **바로 확인문제**
>
> 장을 담그거나 간장, 채소, 생선의 절임용으로 사용하는 천연 소금은?
>
> ① 호렴　　② 재제염　　③ 정제염　　④ 꽃소금
>
> |해설|
> 호렴은 알이 굵고 거친 천일염을 말하며, 장을 담그거나 간장, 채소, 생선의 절임용으로 주로 사용한다.　　|정답| ①

2. 간장

(1) 특징
① 콩을 소금물에 발효시켜 만드는 흑갈색의 장으로 짠맛을 낸다.
② 오래된 간장은 조림, 육포 등에 사용하고, 그해에 담근 맑은 간장은 국을 끓일 때 사용한다.

(2) 종류

국간장	• 콩으로 메주를 만들어 발효 후 메주에 소금물을 넣어 만든 것으로, 보통 염도가 24%이다. • 집간장, 조선간장이라고 한다.
청장	담근 지 1년이 된 맑은 간장이다.
진간장	• 시판용 진간장은 콩을 쑤어 띄워서 보통 간장보다 싱겁게 담근 것으로 콩을 분해해 아미노산을 액화시켜 만든 화학간장이다. • 보통 염도가 18~20%이다. • 조림, 장아찌, 초, 불고기, 구이, 찜 등에 사용한다.
양조간장	• 6개월 정도 발효시킨 간장이다. • 소스 간장, 초간장, 무침, 샐러드 등에 이용한다.
향신간장	진간장에 대파, 마늘, 양파, 다시마, 생강, 통후추, 건표고, 건고추 등을 넣어 끓인 후 걸러 요리에 사용하는 간장이다.

> **바로 확인문제**
>
> 콩을 분해해 아미노산을 액화시켜 만든 화학간장으로, 염도가 18~20%인 간장은?
>
> ① 진간장　　② 양조간장　　③ 청장　　④ 국간장
>
> |해설|
> 진간장은 화학간장으로, 조림, 장아찌, 초, 불고기, 구이, 찜 등에 사용한다.　　|정답| ①

3. 설탕

(1) 특징
① 단맛을 내는 감미료로, 사탕수수와 사탕무에서 추출하여 가공한 감미료이다.
② 짠맛을 줄여 주며 소금과 같이 사용할 때는 설탕부터 사용한다.

(2) 종류
흑설탕, 황설탕, 백설탕

(3) 역할
① 전분 노화방지
② 발효 촉진
③ 방부 작용
④ 육류 연화 작용
⑤ 지방산의 산화방지

4. 식초

(1) 특징
살균 작용과 보존 효과가 있다.

(2) 종류

양조식초	• 원료(곡물이나 과실)를 발효시켜 초산을 생성하는 식초이다. • 일반적으로 산도는 7%이다. • 곡물초, 과실초, 알코올초로 구분한다. • 원료에 따라 쌀초, 사과초, 현미초, 포도주초, 엿기름초, 주정초, 소맥초 등이 있다.
합성식초	• 화학적으로 합성된 빙초산 또는 초산을 물로 희석하여 식초산이 3~4%가 되도록 한 식초이다. • 양조식초에 인위적으로 합성한 초산(아세트산) 또는 빙초산에 물을 섞어 만든다. • 강하고 자극적인 냄새와 맛이 난다. • 떫은맛이 입안에 남는다. • 가열하면 향미는 날아가고 신맛만 남는다.
혼성식초	합성식초와 양조식초를 혼합한 것이다.

> **바로 확인문제**
>
> 식초 중에서 곡물이나 과실을 발효시켜 초산을 생성하는 식초는?
> ① 혼성식초   ② 합성식초   ③ 양조식초   ④ 감식초
>
> |해설|
> 양조식초는 곡물이나 과실을 원료로 하여 초산을 생성하는 식초이다. |정답| ③

5. 고추장과 고춧가루

고추장	• 질게 지은 밥(쌀 또는 보리, 찹쌀)이나 되게 쑨 죽에 고춧가루, 메줏가루, 엿기름, 소금을 넣어 만든 붉은 빛깔의 장이다. • 고추장찌개, 조림, 매운탕, 토장국, 구이, 생채, 숙채, 초고추장, 약고추장 등에 다양하게 사용한다.
고춧가루	• 고춧가루는 붉은빛이 강하고 윤기가 있는 것이 좋다. • 굵게 빻거나 곱게 빻아 용도에 맞게 사용한다. • 고춧가루 색이 주황색에 가깝거나 맵고 알싸한 고춧가루 향 대신 다른 냄새가 난다면 산화된 것이므로 사용하지 않는다. • 오래 보관 시 냉장 보관한다.

6. 된장

(1) 의의
메주로 장을 만들어 간장을 덜어내고 남은 건더기에 소금 간을 한 것이다.

(2) 사용 용도
① 찌개, 토장국 등에 이용한다.
② 재래식 된장은 조리 시 오래 끓일수록 깊은 맛이 나고, 숙성 정도에 따라 짠맛과 산미가 증가한다.
③ 발효가 짧은 개량 된장은 조리 시 잠깐만 끓여도 된다.

7. 젓갈류

새우젓	• 작은 새우에 염도 15~40% 가량의 소금을 넣고, 서늘한 곳에서 2~3개월간 발효·숙성시킨 것이다. • 김치, 나물 등에 쓰이고, 국, 찌개의 간으로 사용한다. • 새우, 바지락 등을 이용한 젓갈류는 주로 토굴, 토방에서 숙성을 거친다.
멸치액젓	• 멸치에 염도 15~20%의 소금을 넣어 발효·숙성·여과시킨 것이다. • 6개월 정도 발효한 후 추출물을 걸러 김치 등에 사용한다.

8. 마늘

(1) 특징
① 매운 성분인 알리신(Allicin)을 함유한다.
② 살균, 구충, 강장 작용으로 살균력이 강하다.

(2) 용도
① 육수를 낼 때 사용한다.
② 고기의 맛을 상승시키고 비린내와 누린내를 제거한다.
③ 김치, 찌개, 생채, 나물, 찜, 조림 등 우리나라 음식에 다양하게 사용한다.
④ 체내에서 비타민 B_1의 흡수를 돕고 소화와 혈액순환을 촉진시킨다.

9. 생강

매운맛을 내는 진저롤(Gingerol)은 육류와 생선의 냄새를 없애고 식욕을 증진시키며 연육 작용을 한다.

고기 육수에 사용 시	누린내를 제거하므로 처음부터 넣어 사용한다.
생선 육수에 사용 시	냄새를 제거하기 위해서 나중(요리 끝내기 10분 전)에 넣는 것이 더 효과적이다.

바로 확인문제

생강을 생선 육수에 사용할 때 냄새를 제거하기 위해 가장 효과적인 시점은?
① 생선과 함께 처음부터
② 요리 중간
③ 요리 마치고 불을 끈 후
④ 요리 끝내기 10분 전

|해설|
생강은 생선 육수에 사용 시 요리 끝내기 10분 전에 넣는 것이 냄새 제거에 가장 효과적이다. |정답| ④

10. 파

(1) 특징
① 자극적인 향과 매운맛을 낸다.
② 육류의 누린내와 생선의 비린내를 제거하고, 음식의 맛을 상승시키는 작용을 한다.

(2) 파 구입 및 손질 방법
① 뿌리가 곧고 흰 부분과 푸른 부분의 구분이 뚜렷한 것이 좋다.
② 뿌리 부분을 1cm 남기고 잘라 흐르는 물에 씻은 후 찬물에 담가 불순물을 제거한다.
③ 건조시켜 보관하면 장기간 사용하기 편리하다.

(3) 사용 용도

대파	흰 부분 – 양념, 푸른 부분 – 찌개나 육수	쪽파	김치, 전 등
중파	설렁탕, 곰탕, 해장국	실파	국, 전, 적 등

바로 확인문제

파를 분류하여 사용할 때 찌개나 육수에 사용하기 적합한 것은?
① 대파의 흰 부분
② 실파
③ 대파의 푸른 부분
④ 쪽파

|해설|
① 대파의 흰 부분은 양념, ② 실파는 국이나 전 등, ④ 쪽파는 김치, 전 등에 사용한다. |정답| ③

11. 후추

(1) 사용 용도
① 매운맛을 내는 차비신(Chavicine)은 육류와 어류의 살균 작용을 한다.
② 육류의 누린 냄새와 생선의 비린내를 없애는 데 많이 활용한다.
③ 매운맛과 특유의 상큼한 향으로 식욕을 증진시킨다.
④ 통으로 사용하거나 갈아서 사용한다.

(2) 종류
① 검은 후추: 성숙하기 전의 열매를 건조시킨 것이다.
② 흰 후추: 완숙한 열매의 껍질을 벗겨 건조시킨 것이다.(순한 매운맛)

12. 기름

참기름	• 참깨를 볶아 짠 기름이다. • 고소한 향과 맛을 내며, 나물, 고기 기름장, 밑반찬 등에 사용한다.
들기름	• 들깨를 볶아 짠 기름이다. • 나물을 무치거나 볶을 때 많이 사용한다.

13. 깨소금
① 고소한 맛을 내며 참깨를 씻어 볶은 후 반쯤 빻아 사용한다.
② 빻을 때 소금을 약간 넣는데, 이는 고소함을 더하고 방부 효과를 준다.
③ 겉껍질을 없애고 볶은 깨는 실깨라고 한다.

14. 조청
① 곡류를 엿기름으로 당화시켜 푹 끓여 걸쭉하게 만든 감미료이다.
② 한과, 밑반찬, 떡, 과자 등에 사용한다.

05 한식의 고명

1. 고명의 의의
음식의 모양과 색을 좋게 하여 식욕을 돋우고, 음식의 가치를 높이기 위해 장식하는 것으로 '웃기' 또는 '꾸미'라고도 한다.

2. 고명의 종류

(1) 달걀 지단
달걀을 흰자와 노른자로 분리하여 소금을 넣어 체에 거른 후 지져서 사용한다.

흰자에 석이버섯 다진 것을 넣은 지단	신선로, 전골 등에 이용한다.
채 썬 지단	나물, 잡채 등에 이용한다.
마름모 지단	만둣국, 떡국, 국수 등에 이용한다.

(2) 미나리초대
① 미나리의 줄기 부분만 다듬어 꼬치에 끼고 날 밀가루를 묻힌 후 달걀 흰자 또는 노른자를 입혀 지져서 원하는 모양(주로 마름모)으로 잘라 사용한다.
② 전골, 만둣국, 신선로 등에 사용한다.

(3) **고추**
  ① 실고추: 씨를 제거한 마른 붉은 고추를 채 썰어 국수, 나물, 김치 등에 고명으로 사용한다.
  ② 홍고추, 풋고추
  - 홍고추와 풋고추는 반을 갈라 씨를 제거하여 채 썰기 또는 어슷 썰기, 완자형, 골패형으로 썰어 사용한다.
  - 익은 요리에는 살짝 데쳐 사용하기도 한다.
  - 국수, 잡채, 각종 나물류, 전골 등에 사용한다.

(4) **실파**
  푸른 부분을 세로 또는 사선으로 썰어 찜, 전골, 국수의 고명으로 사용한다.

(5) **버섯**

석이버섯	• 미지근한 물에 불려 소금으로 비벼 깨끗이 씻은 후 채 썰어 사용한다. • 국수, 보쌈김치, 잡채, 떡 등에 사용한다.
표고버섯	• 고명으로는 보통 마른 표고버섯을 사용한다. • 물에 불려 밑기둥을 떼어 내고 채 썰어 고명으로 사용한다.
목이버섯	• 물에 불려 3~4등분으로 찢어 사용한다. • 가운데 딱딱한 부분은 사용하지 않는다.

(6) **고기완자**
  ① 소고기를 곱게 다져 양념한 후 둥글게 빚어 지져서 사용한다.(봉오리라고 함)
  ② 면, 신선로, 전골 등에 사용한다.

(7) **견과류**

잣	• 통잣: 떡, 전골, 신선로, 탕, 차, 화채 등에 사용한다. • 비늘잣: 육포, 만두소, 편 등에 사용한다. • 다진 잣: 일반적인 고명으로 사용한다.
은행	• 기름, 소금을 조금 넣은 팬에 겉껍질을 깐 은행을 볶은 후 키친타월에 비벼서 껍질을 벗겨 사용한다. • 끓는 물에 소금과 은행을 넣어 익힌 후 껍질을 벗겨 사용하기도 한다. • 신선로, 찜, 전골 등에 사용한다.
대추	• 채 썰어 사용: 보쌈김치, 백김치 등에 사용한다. • 돌돌 만 후 잘라 사용: 식혜, 차, 떡 등에 사용한다.
밤	• 단단한 껍질과 속껍질을 벗긴 후 통째로 사용하거나 채 썰기, 편 썰기하여 사용한다. • 밤을 쪄서 체에 내려 고명으로 사용하기도 한다.
호두	• 뜨거운 물에 담가 불린 후 꼬치를 이용하여 속껍질을 벗겨 사용한다. • 용도에 따라 다지거나 잘게 다져서, 또는 통으로 사용한다. • 녹말가루를 입힌 후 튀겨서 사용하기도 한다. • 찜, 신선로, 전골 등에 사용한다.

바로 확인문제

고깔을 떼어 낸 통잣을 고명으로 사용하는 요리가 아닌 것은?
① 신선로
② 전골
③ 구절판 밀쌈 위
④ 화채

|해설|
구절판 밀쌈 위에는 고명으로 다진 잣을 사용한다.

|정답| ③

06 절식과 시식

절기에 맞춰 먹는 특별한 음식을 절식, 제철에 나는 재료를 사용한 음식을 시식이라고 한다.

월별 절식과 시식 빈출

월	분류	음식
1월	설날	떡국, 생선찜, 각종 전, 갈비찜, 삼색나물, 약식, 강정류, 식혜, 수정과
	대보름	오곡밥, 복쌈, 부럼, 묵은 나물, 귀밝이술
2월	중화절	노비송편, 볶은 콩
3월	삼짇날	화전, 진달래화채, 탕평채, 개피떡, 두견화주
4월	한식	찬 음식, 쑥탕, 쑥떡, 한식면, 과일, 포
	초파일	느티떡, 쑥떡, 파강회, 증편, 어채, 미나리나물, 장미꽃 화전
5월	단오	증편, 수리취절편, 제호탕, 앵두편, 준치만두
6월	유두	증편, 편수, 떡수단, 상화병, 보리수단, 화전, 호박밀전병, 유두면, 참외
7월	삼복	육개장, 칼국수, 임자수탕, 장어국, 민어국, 오이소박이, 복죽, 규아상
8월	한가위	토란탕, 햅쌀밥, 송편, 화양적, 율란, 배숙, 송이산적, 햇과일
9월	중양절	국화주, 국화전, 유자화채, 어란, 도루묵찜
10월	무오절	무시루떡, 무오병, 신선로, 만두, 강정, 연포탕, 유자화채, 감국화전
11월	동지	팥죽, 곶감, 인절미, 동치미, 식혜, 수정과, 생실과
12월	그믐	비빔밥, 완자탕, 가래떡, 각색편, 골무병, 주악, 식혜, 장김치

바로 확인문제

단오절에 먹는 음식으로 옳지 않은 것은?
① 느티떡　　② 수리취절편　　③ 제호탕　　④ 준치만두

|해설|
느티떡은 초파일에 먹는 음식이다. |정답| ①

PART 02 밥 조리

01 밥 개요

한국 음식은 주식과 부식으로 나뉜다. 농경 사회가 시작된 시기부터 현재까지 밥은 주식으로서 중요한 역할을 하며, 쌀로 지은 흰밥이 대부분을 차지한다.

> **합격보장 꿀팁**
> • **한국의 밥 짓기** | 삼국시대 후기부터 시작되었다.

1. 밥에 대한 표현

진지(양반), 밥, 식사(서민), 수라(임금), 메(죽은 사람) 등

> **바로 확인문제**
>
> 죽은 사람이 먹는 밥을 표현하는 말은?
> ① 진지　　② 식사　　③ 수라　　④ 메
>
> |해설|
> ① 진지는 양반, ② 식사는 서민, ③ 수라는 임금이 먹는 밥을 의미한다.　　　　　　　　　|정답| ④

2. 밥의 분류

쌀밥	일반적인 흰밥
보리밥	쌀에 보리를 넣어 지은 밥
콩밥	쌀에 콩을 넣어 지은 밥
잡곡밥	콩, 조, 수수, 옥수수, 팥, 녹두 등의 잡곡을 섞어 지은 밥
주재료에 따라 붙여진 특별한 밥	다양한 식재료(감자, 고구마, 밤, 버섯, 굴, 김치, 송이버섯, 콩나물, 무, 채소나 서류, 해산물 등)를 넣어 지은 밥
약밥	찹쌀에 밤, 은행, 대추, 잣, 양념을 넣어 지은 밥
기능성 쌀을 이용한 밥	동충하초쌀, 버섯쌀, 영지쌀, 영양 성분 배양쌀, 누룽지쌀, 홍국쌀 등 다양한 쌀을 이용해 지은 밥

3. 밥의 종류

밥의 종류에는 흰밥, 오곡밥, 보리밥, 영양밥, 팥밥, 완두콩밥, 조밥, 흑미밥, 잡곡밥, 돌솥비빔밥, 찰밥, 차조밥, 콩나물밥, 돼지고기콩나물밥, 팥물밥, 고구마밥, 주먹밥, 옥수수밥, 대통밥, 감자밥, 굴밥, 밤밥, 수수밥, 야채밥, 무밥, 산나물밥, 현미밥, 해물솥밥, 서미채소밥, 비지밥, 소고기볶음밥, 새우볶음밥, 닭고기볶음밥 등이 있다.

> **합격보장 꿀팁**
> • **서미밥** | 잘게 썰어 말린 고구마와 쌀을 넣어 지은 밥이다.

02 밥 재료 준비

1. 곡류의 구성
외피, 배아(단백질, 지방, 무기질 풍부), 배유(다량의 전분, 우리가 주로 먹는 부분)로 구성된다.

2. 곡류의 구분
① 맥류: 보리, 밀, 귀리, 호밀 등
② 잡곡: 콩, 조, 기장, 피, 수수, 옥수수 등

3. 밥 재료의 품질 확인
(1) 쌀 품질
① 일정량의 쌀로 직접 밥을 지어 품질 테스트를 하는 것이 가장 바람직하다.
② 쌀 고유의 모양인 타원형이 좋으며 미강층이 완전히 제거된 것이어야 한다.
③ 곰팡이가 발생하면 황변미 식중독을 일으키므로 건조가 잘 된 것이어야 한다.(수분 함량이 14~16%인 쌀의 밥맛이 가장 좋음)
④ 색은 윤기가 나고 입자가 정리된 것이어야 한다.
⑤ 산패취, 묵은 냄새, 곰팡이 냄새가 나지 않는 것이어야 한다.
⑥ 주식용 쌀의 도정도는 10~11분 정도된 것이 좋다.
⑦ 싸라기가 적고 돌, 뉘 등이 없는 것이어야 한다.

> **바로 확인문제**
>
> 쌀의 품질 선별로 옳지 않은 것은?
> ① 색은 윤기가 나고 입자가 정리된 것이어야 한다.
> ② 건조가 잘 된 것이어야 한다.
> ③ 주식용 쌀 백미의 도정도는 7~9분 정도된 것이 좋다.
> ④ 일정량의 쌀로 직접 밥을 지어 품질 테스트를 하는 것이 좋다.
>
> |해설|
> 주식용 쌀의 도정도는 10~11분 정도된 것이 좋다.
> |정답| ③

(2) 보리 품질
① 보리 고유의 모양으로, 미강층이 완전히 제거된 것이 좋다.
② 묵은 냄새, 곰팡이가 없는 것이어야 한다.
③ 수분이 14% 이하인 것이어야 한다.

(3) 콩의 품질
① 콩 고유의 모양과 색을 갖춘 것이어야 한다.
② 낟알이 일정하고 고른 것이어야 한다.
③ 수분이 14% 이하인 것이어야 한다.

(4) 밥맛에 영향을 주는 요인
① 쌀의 건조 상태
  • 수확 후 시일이 오래 지나면 지나치게 건조되어 밥맛이 좋지 않다.
  • 취반한 밥의 수분 함량이 60~65%일 때 맛이 좋다.
② 밥물의 pH: pH 7~8일 때 밥맛이 가장 좋다.

③ 소금 첨가: 소금을 0.03% 정도 넣으면 밥맛이 좋아진다.
④ 밥 짓는 도구
- 재질이 두껍고 무거운 것이면서 열전도가 적고 열용량이 큰 무쇠나 돌로 만든 돌솥이 밥맛이 좋다.
- 재가 남는 연료인 숯불이나 장작으로 조리 시 밥맛이 좋다.

⑤ 품종: 좋은 토질에 좋은 품종이 조화된 쌀의 맛이 좋다.
⑥ 아밀로펙틴의 함량: 아밀로펙틴의 함량이 많을수록 점성이 높다.

> **바로 확인문제**
>
> 밥맛에 영향을 주는 요인에 대한 설명으로 옳지 않은 것은?
>
> ① 소금을 0.03% 정도 넣으면 밥맛이 좋아진다.
> ② pH 7~8일 때 밥맛이 가장 좋다.
> ③ 아밀로오스의 함량이 많을수록 점성이 높다.
> ④ 수확 직후의 쌀이 밥맛이 좋다.
>
> | 해설 |
> 아밀로펙틴의 함량이 많을수록 점성이 높다.
>
> | 정답 | ③

03 밥 조리 및 담기

1. 밥 재료 세척

(1) 밥 재료를 세척하는 이유
① 불순물 및 유해물, 불미 성분 제거
② 촉감 상승
③ 맛 상승

(2) 곡류 세척
① 곡류 세척 방법: 맑은 물이 나올 때까지 세척한다.
② 곡류 세척 시 유의 사항
- 유해물질이 잔류되지 않도록 3~5회 헹군다.
- 수용성 비타민과 단백질, 향미물질의 손실을 최소화하고, 맛을 보존하기 위해 큰 체를 사용하여 흐르는 물에 단시간 작업한다.
- 쌀알이 깨지지 않도록 살살 씻는다. (너무 많이 세척할 경우 밥의 찰기가 줄어듦)

> **합격보장 꿀팁**
>
> - 쌀(백미) 세척 시 손실되는 영양 성분
>   - 0.5~1% 유실: 전분, 수용성 단백질, 섬유소, 지방 등
>   - 20~60% 유실: 비타민 B_1

2. 침지 및 불림

(1) 침지
① 쌀 침지 시 수분 흡수 속도: 쌀의 품종, 쌀 생산 연도, 물의 온도, 시간 등에 따라 다르다.
② 침지 시간: 실온에서 30분~1시간이 좋다.
③ 쌀 침지 목적: 가열 전 쌀 내부에 수분을 침투시켜 호화 시간을 단축하기 위해서이다.

④ 침지가 불충분한 경우: 미립 표층부에 호층이 생겨 쌀 내부의 열전도를 막아 밥 내부는 딱딱하고 외부는 물컹해진다.

> **바로 확인문제**
>
> 쌀 침지 시간으로 밥맛이 가장 좋은 시간은?
> ① 씻자마자 바로   ② 30분   ③ 2시간   ④ 3시간
>
> |해설|
> 쌀의 침지 시간은 30분~1시간이 좋다. |정답| ②

(2) **불림**
① 쌀의 호화를 돕기 위해 쌀을 미리 물에 불린다.
② 팽윤, 수화 등의 물성 변화를 촉진시켜 조리 시간을 단축시킬 수 있다.

3. 밥 짓기

(1) **밥 짓는 방법**
① 물의 양은 쌀 중량의 1.0~1.5배로 한다.(완성된 밥의 경우 2.3~2.4배가 됨)
② 60~65℃에서 호화가 시작되어 100℃에서 20~30분 정도 두면 호화가 완료된다.

(2) **밥 조리 시 가수량**
① 침지나 가수량 변수 요인: 품종, 재배 조건, 저장 기간
② 쌀이 흡수하는 일반적인 물의 양: 쌀 중량의 1.0~1.5배
③ 물 양의 변수 요인: 가열 시 증발량, 기호, 용도 등

4. 뜸 들이기

쌀의 경도는 5분 정도 뜸을 들였을 때 가장 높고, 15분일 때 가장 낮게 나타난다. 따라서 향미가 가장 좋은 밥을 만들기 위한 뜸 들이기 시간은 15분이다.

5. 밥 담기

밥을 주걱으로 골고루 살살 섞어 주고, 그릇에 눌러 담지 않는다.

> **바로 확인문제**
>
> 뜸 들이기 시간으로 가장 적절한 것은?
> ① 7분   ② 9분   ③ 10분   ④ 15분
>
> |해설|
> 뜸 들이는 시간은 쌀의 경도가 5분 정도일 때 가장 높고, 15분일 때 가장 낮게 나타나므로 15분일 때 맛이 가장 좋다. |정답| ④

PART 03 죽 조리

01 죽 개요

1. 죽의 도입
죽 조리는 정착 생활을 통해 곡물의 수확과 조리기구인 토기 문화가 도입되면서 시작되었다.

초기	주식, 구황식으로 이용
현대	별미식, 식욕 촉진제, 병인식, 보양식, 기호식 등으로 이용

바로 확인문제
현대의 죽의 기능으로 틀린 것은?
① 별미식   ② 구황식   ③ 병인식   ④ 기호식

|해설|
초기에 죽은 구황식으로 이용되었다. |정답| ②

2. 죽의 영양 및 효능
① 죽의 열량은 100g당 30~50kcal 정도로, 밥의 1/4~1/3 정도이다.
② 찹쌀은 화학 구조상 아밀로펙틴 100%로 구성되어 있어 멥쌀에 비해 소화·흡수가 잘 되어 위장을 보호한다.

죽의 종류별 영양 및 효능

팥죽	• 산모의 젖을 많이 나게 한다. • 해독 작용이 있으며 체내 알코올을 배설하는 이뇨 작용으로 숙취를 완화한다. • 위장에 좋다.
호박죽	• 부종을 가라앉히는 데 좋다. • 임신 중 요통, 복통, 하혈이 있을 때 좋다.
행인(살구)죽	• 변비에 좋다. • 기침, 가래를 삭여 준다.
당귀홍화죽	중풍 예방 효과가 있다.
잣죽	• 신경통을 줄여 준다. • 자양 강장 및 수명 연장의 효능이 있다.
전복죽	• 숙취를 완화한다. • 피로 회복과 피부 노화방지에 좋다.

바로 확인문제
부종에 좋고, 임신 중 요통, 복통, 하혈이 있을 때 좋은 죽은?
① 전복죽   ② 잣죽   ③ 암죽   ④ 호박죽

|해설|
호박죽은 부종에 좋고, 임신 중 요통, 복통, 하혈이 있을 때 좋다. |정답| ④

3. 죽의 분류

(1) 농도에 따른 분류

미음	푹 고아 체로 걸러 낸 음식으로, 곡물의 10배의 물을 넣어 끓인다.
응이	녹말에 물을 넣어 끓인다.
암죽	밤이나 곡식 등의 가루를 밥물(밥 지을 때 끓인 물)에 타서 끓인 죽으로, 모유의 대용 식품이다.
즙	육즙, 양즙이 있다.

> **바로 확인문제**
>
> 녹말에 물을 넣어 끓인 죽은?
> ① 응이　　② 암죽　　③ 미음　　④ 즙
>
> |해설|
> 응이는 녹말에 물을 넣어 끓인 죽이다.　　　　　　　　　　　　　　　　　　　　|정답| ①

(2) 재료에 따른 분류

흰죽	옹근죽, 무리죽, 원미죽, 쌀암죽
장국죽	장국죽, 맑은장국죽
두태죽	콩죽, 팥죽, 녹두죽
어패류죽	전복죽
비단죽	타락죽, 잣죽

(3) 쌀의 처리 방법에 따른 분류

옹근죽	쌀알을 그대로 사용한다. 예 대부분의 죽
원미죽	쌀을 갈아서/으깨서 가루는 걸러내고 싸라기만 사용한다. 예 장국죽
무리죽	쌀을 갈거나 쌀가루를 사용한다. 예 타락죽, 호두죽, 잣죽

> **바로 확인문제**
>
> 쌀을 반으로 으깨서 싸라기를 만들어 쑨 죽은?
> ① 옹근죽　　② 원미죽　　③ 무리죽　　④ 타락죽
>
> |해설|
> 원미죽은 쌀을 으깨서 싸라기로 만든 죽이다.　　　　　　　　　　　　　　　　|정답| ②

02 죽 재료 준비

1. 죽 조리에 많이 사용하는 채소류

오이	• 비타민 A, C, K가 함유되어 있으며, 특히 칼륨이 100g당 312mg 함유되어 있어 체내 노폐물을 배출시킨다. • 오이 꼭지 부분은 배당체인 쿠쿠르비타신(Cucurbitacin)이 쓴맛을 낸다. • 비타민 C 산화 효소가 있어 비타민 C를 파괴한다. • 굵기가 고르며, 가시가 있고 무거운 느낌이 나는 것을 선택한다.

양파	• 양파 껍질에 있는 퀘르세틴(Quercetin)은 황색 색소로 지질의 산패를 방지하고, 양파를 익혔을 때 설탕의 50~60배 단맛을 내는 프로필메르캅탄을 형성하며 신진대사를 높이고 혈액순환을 좋게 하여 콜레스테롤을 저해시킨다. • 껍질이 광택이 나고, 중심부가 단단하며 적황색인 것을 고른다.
당근	• 체내에서 β-카로틴이 비타민 A로 전환된다. • β-카로틴이 많아 항산화제로 노화방지 및 항암 효과가 있고 면역 기능 강화 및 피부 건강에 좋다. • 지용성으로 기름에 조리해야 흡수율을 높인다. • 당근 겉껍질의 주황 색소는 카로틴으로 비타민 A가 많고, 비타민 B_1, B_2, C 등이 들어 있으며 칼슘, 마그네슘, 철 등 다양한 영양소를 보유한다. • 마디나 뿌리 없이 굵기가 고르며, 조직이 연하고 중심부까지 색이 짙은 것을 고른다.
도라지	• 소금물에 담가 쓴맛(알칼로이드 성분)을 제거한 후 사용한다.(너무 오래 담가 두면 영양소가 손실됨) • 섬유질, 비타민, 무기질이 풍부하게 들어 있는 알칼리 식품으로, 기관지 점막을 튼튼히 하여 폐의 기능을 향상시키고 면역력 증진에 도움이 된다. • 도라지에 함유된 사포닌(Saponin)은 가래를 삭이고 진통·소염 작용을 한다. • 통도라지는 잔뿌리가 많고, 연한 노란색을 띠며 조직이 단단하지 않은 것을 고른다.
시금치	• β-카로틴이 많으며, 시금치의 떫은맛은 수산(Oxalic Acid, 옥살산)으로 칼슘 흡수를 저해하고 체내 결석을 만든다. • 조리 시 끓는 물에 소량의 소금을 넣고 살짝 데쳐서 사용한다. • 사포닌과 식이섬유가 다량 함유되어 있고, 혈중 콜레스테롤을 낮춘다. • 무침용으로는 길이가 짧고 뿌리가 선명한 붉은색을 띠는 것이 좋고, 국거리용은 줄기가 연하면서 길고 잎이 넓은 것이 좋다.
고사리	• 아린맛인 프타퀼로사이드와 브라켄톡신이 있으나 물에 담가 삶으면 제거된다. • 잎에는 탄닌 성분이 있으며, 어린 싹은 유리아미노산이 1.4%로 로이신, 아스파라긴산, 티로신, 페닐알라닌, 글루타민산의 함량이 높고 잎을 달여 마시면 이뇨, 해열에 효과가 있다. • 생고사리에는 비타민 B_1을 분해하는 효소인 티아미네이스(Thiaminase)가 있어 삶아 먹어야 한다. • 생것은 연하고 부드러우며 대가 통통하고 잎이 많이 피지 않은 것, 건조된 고사리는 진한 밤색을 띤 것으로 고른다.
호박	• β-카로틴이 풍부하여 항산화 작용, 항암 작용을 한다. • 당뇨, 고혈압, 전립선 비대, 야맹증, 안구 건조증에 효과가 있다. • 기름과 조리하면 비타민 A의 흡수를 돕고, 전신 부종, 임신 부종, 천식으로 인한 부종 등에 사용된다. • 표면에 윤기가 나고 형태가 고르며, 같은 크기일 때 무겁고 속이 꽉 찬 것을 고른다.

2. 죽 조리에 많이 사용하는 어패류

전복	• 전복의 감칠맛은 글루타민산과 아데닐산, 단맛은 아르기닌, 글리신, 베타인, 글리코젠이 어우러져 깊은 맛을 낸다. • 생전복은 콜라겐, 엘라스틴과 같은 단단한 단백질이 많아 식감이 딱딱하다. • 종류에는 참전복, 긴전복, 둥근전복, 오분자기, 말전복 등이 있다. • 활전복으로 광택이 있고 탄력 있는 것이 좋다.
새우	• 고단백 저지방 식품으로, 영양이 우수하여 찜, 튀김, 새우젓, 전, 구이, 마른 새우 등 다양한 조리법으로 독특한 향미와 풍미를 갖는다. • 보리새우는 글리신, 아르기닌 및 타우린의 함량이 높아 단맛이 나며 비타민 E와 나이아신이 풍부하다. • 새우 종류는 약 2,500가지이지만, 우리나라에는 차새우, 젓새우, 민물새우, 보리새우가 있으며, 크기에 따라 대하, 중하, 소하로 분류한다. • 몸이 투명하고 윤기가 나며 껍질이 단단한 것을 고른다.
참치	• 참치는 단백질이 약 25% 정도로 고단백 저칼로리 식품이다. • 적색육 부위는 지질이 1% 수준으로 낮아 다이어트에 도움이 되지만, 머리, 배와 같은 지방육 부위는 지질이 25~40% 수준으로 높다. • 철 함량은 소고기와 유사한 수준으로 높으며, 셀레늄이 많아 항산화 작용과 발암 억제 작용을 한다. • 감칠맛 성분인 이노신산이 다량 들어 있다.

3. 죽 조리에 많이 사용하는 견과류

호두	• 호두의 성분은 지질이 60% 이상으로 불포화지방산을 다량 함유하고 있다. • 주성분은 리놀렌산이다. • 표면에 윤기가 나고 갈색으로 모양이 일정하며 껍질이 얇은 것으로 고른다. • 콜레스테롤 수치를 낮춰 주고, 고혈압, 심장질환, 동맥경화증을 예방하고 치료할 수 있으며, 뇌 활동 촉진, 노화방지 효과가 있다.
잣	• 잣의 성분은 지질이 약 74%이고, 칼로리가 높다. • 단백질이 약 15% 들어 있고 철, 칼슘, 비타민 B군이 풍부하며, 철분이 많다. • 표면에 윤기가 나고 짙은 노란색으로 맛이 고소하고 낱알이 일정한 것을 고른다.

03 죽 조리 및 담기

1. 죽 종류

죽의 종류에는 잣죽, 율자죽, 타락죽, 흑임자죽, 오자죽, 인삼대추죽, 흰죽, 녹두죽, 은행죽, 전복죽, 전복내장죽, 성게알죽, 호박죽, 고구마죽, 단호박고구마죽, 게살죽, 대추죽, 황률죽, 닭찹쌀죽, 장국죽, 완두콩죽, 호두죽, 녹각죽, 남매죽, 콩죽, 홍합죽, 아욱죽, 들깨죽, 복죽, 팥죽, 속미음, 어죽, 밤대추죽, 산마죽, 청태콩죽, 새우살죽, 서리태콩죽, 율무죽, 깨죽, 행인죽, 조기죽, 석화죽, 보리죽, 연뿌리죽, 칡죽, 고기죽, 부추죽, 옻닭죽, 추어죽, 낙화생죽, 모과죽, 죽엽죽, 박죽, 조죽 등이 있다.

2. 죽 조리 방법

(1) 조리 방법

① 주재료인 곡물은 충분히 수분을 흡수시킨다.
② 일반적인 죽의 물 양은 5~6배 정도가 적당하다.
③ 죽 조리 시 냄비는 죽 끓이기에 눋지 않고 끓어 넘치지 않는 두꺼운 재질을 사용한다.
④ 죽을 저을 때는 나무주걱을 사용해 곡물(쌀)이 삭지 않도록 한다.
⑤ 강한 불에서 끓이다가 끓기 시작하면 약불로 끓인다.
⑥ 간을 할 경우 약하게 한다.
⑦ 간을 미리 하면 죽이 삭으므로 죽 상차림의 기호에 따라 간장, 소금, 설탕, 꿀을 곁들여 내는 것이 좋다.

> **바로 확인문제**
>
> 죽 조리 방법으로 옳지 않은 것은?
> ① 주재료인 곡물은 충분히 수분을 흡수시킨다.
> ② 일반적인 죽의 물 양은 5~6배 정도가 적당하다.
> ③ 처음부터 약불로 은근히 끓인다.
> ④ 간을 미리 하면 죽이 삭으므로 기호에 맞는 장을 곁들여 낸다.
>
> |해설|
> 처음에는 강한 불에서 끓이다가 끓기 시작하면 약불로 끓인다.
>
> |정답| ③

(2) 죽 조리 시 가수량

쌀은 취반 전에 30분~1시간 정도 침지시켜 수분을 흡수하는데, 흡수된 평균 수분 함량은 품종, 재배 조건, 저장 기간에 따라 달라지므로 조리 시 가수량을 조절한다. 쌀이 흡수하는 물의 양은 쌀 중량의 1.0~1.5배 정도이며, 가열 시 증발량, 기호, 용도에 따라 달라진다.

3. 죽 조리 시 기물

조리용 칼, 도마, 두꺼운 냄비, 밥솥, 나무주걱, 믹서, 계량컵, 계량스푼, 계량저울, 타이머 등

> **바로 확인문제**
>
> 죽 조리 시 사용하는 기물 중 적절하지 않은 것은?
> ① 스테인리스 수저 ② 나무주걱 ③ 두꺼운 냄비 ④ 믹서
>
> |해설|
> 스테인리스 수저 대신에 나무주걱을 사용해야 죽이 삭지 않는다.
>
> |정답| ①

4. 죽 담기

죽그릇은 용도에 맞는 크기를 선정하여 사용하고, 죽의 종류와 양에 따라 고명을 올려 낸다.

5. 죽 상차림

① 죽을 주식으로 차리는 상차림을 말한다.
② 간을 할 수 있는 것(간장, 소금, 꿀 등)을 함께 담아 낸다.
③ 반찬으로는 동치미 또는 나박김치, 젓국조치, 마른찬(북어 보푸라기, 건대구 보푸라기), 다시마 자반, 미역 자반, 육포, 장조림, 장산적 등 간이 약한 것이 어울린다.

PART 04 국·탕 조리

01 국·탕 개요

1. 용어

국	• 고기, 생선 따위에 물을 많이 붓고 간을 맞추어 끓인 음식이다. • 국은 밥과 함께 먹는 국물 요리로, 재료에 물을 붓고 간장이나 된장, 소금으로 간을 하여 끓인다. • 국은 소고기, 닭고기, 생선, 채소류, 해조류 등이 주재료로 쓰인다.
국물	국, 찌개 따위의 음식에서 건더기를 제외한 나머지 물을 의미한다.
육수(肉水)	• 육수는 '고기를 삶아 낸 물'을 의미한다. • 육류 또는 가금류, 뼈, 채소류, 건어물, 향신채 등을 넣고 물에 충분히 끓여 내어 국이나 찌개, 전골의 국물로 사용한다.

2. 국물 양과 명칭에 따른 분류 빈출

국	• 찌개보다는 국물이 많다. • 건더기는 국물의 1/3 정도가 좋다.
탕	• 건더기는 국물의 1/2 정도가 좋다. • 고기, 생선 같은 재료에 양념을 넣어 오래 끓인다.
찌개	• 국보다 건더기가 많다. • 건더기는 국물의 2/3 정도가 좋다.
조치	• 궁중에서 찌개를 일컫는 말이다. • 건더기는 국물의 2/3 정도가 좋다. • 골조치, 천엽조치, 생선조치 등이 있다. • 맑은조치는 간장이나 젓국으로 조리하고, 토장조치는 고추장이나 된장에 쌀뜨물로 조리한다.
감정	• 국물이 적고 고추장으로 간을 한 찌개이다. • 호박감정, 오이감정, 조기감정, 병어감정, 게감정 등이 있다.
지짐이	• 국보다 국물을 조금 넣어 짜게 끓인다. • 무 지짐이, 오이 지짐이, 우거지 지짐이, 왁적이, 호박 지짐이 등이 있다.
전골	• 찌개와 국물 양은 같으나 재료를 가지런히 놓고 직접 화로 등을 준비하여 즉석에서 끓인다. • 만두전골, 곱창전골, 생굴전골, 가색전골, 신선로, 버섯전골, 도미면 등이 있다.

바로 확인문제

고추장으로 간을 한 찌개의 명칭은?

① 조치　　② 감정　　③ 전골　　④ 지짐이

|해설|
감정은 국물이 적고 고추장으로 간을 한 찌개이다.

|정답| ②

3. 국의 종류

(1) 국의 종류

국의 종류에는 무맑은국, 어묵국, 선짓국, 감자탕, 된장국, 김칫국, 시래깃국, 애호박새우젓국, 계란국, 토란국, 된장배춧국, 준칫국, 버섯국, 숙주해장국, 바지락파래국, 우럭미역국, 재첩국, 나물국, 홍합고추장국, 콩나물국, 감잣국, 늙은호박국, 아욱된장국, 보리프물장, 홍합부춧국, 조기맑은국, 시금칫국, 전주식해장국, 감자옹심이국, 굴매생이국, 사골배춧국, 닭살감자국, 소고기뭇국, 근댓국, 냉잇국, 아욱국, 배추속댓국, 순댓국 등이 있다.

(2) 조미료에 따른 국 분류 [빈출]

분류	조미료	특징	종류
맑은국	소금, 간장	• 소고기 육수를 기본으로 많이 사용한다. • 건더기는 적은 편이다. • 담백한 맛이 난다.	콩나물국, 대합국, 재첩국, 홍합국
토장국	된장, 고추장	쌀뜨물을 이용한다.	된장국, 청국장
장국	소금, 간장	약간의 고춧가루를 사용한다.	소고기장국, 민어맑은장국, 콩나물맑은장국
곰(고음)국	소금	소의 내장, 살코기, 뼈, 꼬리, 도가니 등으로 끓인다.	설렁탕, 곰국
냉국	소금, 간장	• 여름철에 차갑게 먹는다. • 식힌 육수나 물을 사용하기도 한다.	오이냉국, 미역냉국

(3) 계절에 따른 국 분류

제철에 나오는 재료에 따라 주재료 및 부재료를 사용한다.

봄	애탕국, 비비추국, 생고사리국, 맑은장국, 생선맑은장국, 냉이토장국, 원추리국, 소루쟁이토장국, 조깃국, 준칫탕, 고락찌개 등
여름	미역냉국, 오이냉국, 근댓국, 깻국, 초교탕, 육개장, 영계백숙, 용봉탕, 삼계탕 등
가을	무맑은국, 토란국, 배추속댓국, 버섯맑은장국 등
겨울	시금치토장국, 우거짓국, 움파두붓국, 생태탕, 청국장, 선짓국, 꼬리탕 등

바로 확인문제

애탕국, 비비추국, 생고사리국, 맑은장국, 생선맑은장국, 냉이토장국, 원추리국은 어느 계절에 먹는 국인가?

① 봄　　② 여름　　③ 가을　　④ 겨울

|해설|
봄에는 애탕국, 비비추국, 생고사리국, 맑은장국, 생선맑은장국, 냉이토장국, 원추리국 등을 먹는다.

|정답| ①

4. 탕의 종류

(1) 탕의 종류

탕의 종류에는 갈치탕, 임자수탕, 오모가리탕, 양탕, 양곰탕, 생새우탕, 배추완자탕, 북어매운탕, 조기매운탕, 대합맑은탕, 우거지갈비탕, 메기탕, 고갱이갈비탕, 잔조기풋고추탕, 생태매운탕, 삼숙이매운탕, 토란들깨탕, 흑미찹쌀연계탕, 작약생선쑥갓탕, 장어탕, 아귀탕, 꽃게매운탕, 꼬리닭곰탕, 사골우거지탕, 전복송이탕, 두부탕, 청포탕, 도라지탕, 섭조개탕, 용봉탕, 회생탕, 제탕국, 낙지연포탕, 내포중탕, 해부탕, 서여탕, 되비지탕, 가무락탕, 코다리지리탕, 꼬리곰탕, 육개장, 영계백숙, 닭곰탕, 대합탕, 닭살당면탕, 야채수란탕, 추어탕, 박연포탕, 해신탕, 조기탕, 민어매운탕, 곰탕, 설렁탕, 갈비탕, 도미탕, 미역누룽지탕, 우럭매운탕, 알탕, 완자탕, 어알탕, 자연송이탕, 애탕, 초교탕, 삼계탕, 노각탕, 호박편수탕, 전복도가니탕, 야채탕, 도미맑은탕, 닭매운탕, 도가니탕, 우족탕, 소머리곰탕, 전복맑은탕 등이 있다.

(2) 맑게 끓이는 탕
  ① 곰탕: 소의 뼈나 양(胖), 곱창, 부아(허파), 양지머리, 업진육, 도가니뼈 등이 주재료이고, 대파, 마늘, 통후추 등을 넣어 진하게 푹 끓인 탕이다.
  ② 갈비탕: 소의 갈비가 주재료이고, 대파, 마늘, 통후추 등을 넣어 푹 끓인 탕이다.
  ③ 설렁탕: 소머리, 사골, 도가니, 소뼈, 사태, 양지머리, 내장 등을 재료로 하여 푹 끓인 탕이다.
  ④ 조개탕: 모시조개, 재첩, 바지락, 대합조개 등을 껍데기째로 다시마와 함께 끓인 탕이다.

(3) 얼큰하게 끓이는 탕
  ① 추어탕: 미꾸라지를 삶아 으깬 후 체에 내려 된장과 함께 채소를 넣어 끓인 탕이다. 미꾸라지를 통째로 두부와 함께 끓이기도 한다.
  ② 육개장: 소고기의 양지머리나 사태와 대파, 마늘 등을 넣고 삶아 건지고 그 국물에 찢은 고기와 갖은 채소(고사리, 대파, 버섯 등), 고춧가루를 넣어 맵게 끓인 탕이다.
  ③ 매운탕: 메기, 붕어, 쏘가리 등 민물 생선인 천어(川魚)와 채소, 고춧가루나 고추장을 넣어 얼큰하고 시원하게 끓인 탕이다.

> **바로 확인문제**
>
> 얼큰하게 끓이는 탕이 아닌 것은?
> ① 추어탕　　　② 매운탕　　　③ 설렁탕　　　④ 육개장
>
> |해설|
> 설렁탕은 소머리, 사골, 도가니, 소뼈, 사태, 양지머리, 내장 등을 재료로 하여 맑게 푹 끓인 탕이다.
> |정답| ③

(4) 닭 육수를 이용한 탕
  ① 삼계탕: 영계의 배 속에 불린 찹쌀, 밤, 대추, 마늘 등을 넣고, 물을 넉넉히 부은 냄비에 푹 삶아 고기가 충분히 익으면 인삼을 넣고 한 번 더 끓인 탕이다.
  ② 초계탕: 여름에 먹는 음식으로, 닭 육수를 차게 식혀 식초와 겨자로 간을 한 다음 고기를 찢어 오이, 버섯 등을 넣어 먹는 탕이다.
  ③ 임자수탕: 닭 육수에 흰깨를 갈아 거른 물을 넣은 냉국으로 소고기, 미나리, 오이, 지단을 넣어 만든 탕이다.

02 국·탕 재료 준비

1. 국·탕에 적합한 부재료
국·탕에 부재료나 향신료를 넣는 순서에 따라 맛의 차이가 많으므로 처음부터 다 넣고 끓이지 않는다.

국·탕에 부재료를 넣는 시점에 따른 구분

향미 성분을 발산하지 않는 향신료와 부재료	처음부터 넣고 사용한다. 예 마늘, 인삼(미삼)
향미 성분을 발산하는 향신료와 부재료	구수하고 담백한 맛을 감소시키므로 육수 끝내기 20분 전에 넣고 사용한다. 예 파, 생강, 양파, 무, 통후추 등

(1) 대파

양념으로 사용 시	흰 부분
찌개나 육수로 사용 시	푸른 부분

(2) **마늘**

깔끔한 국물을 내기 위해 마늘은 주로 껍질을 깐 후 통째로 사용한다.

> **바로 확인문제**
>
> 육수 사용 시 마늘 썰기로 가장 적당한 것은?
> ① 다지기　　　　② 편 썰기　　　　③ 깐마늘 통째로　　　　④ 채 썰기
>
> |해설|
> 육수 사용 시 마늘을 썰지 않고 깐마늘 통째로 사용하면 국물이 깔끔하다.　　　　|정답| ③

(3) **생강**

고기 육수	누린내를 제거하므로 처음부터 넣어 사용한다.
생선 육수	나중에 넣는 것이 냄새 제거 효과에 더 좋다.

(4) **양파**

찌개	다량 사용 시 단맛이 많이 나므로 주재료에 따라 가감한다.
육수	고기 육수에 사용 시 육질이 부드러워지고 잡냄새를 제거한다.

(5) **무**

단백질 분해 효소인 프로테이스(프로테아제)에 의해 돼지고기, 소고기, 닭고기 육수로 사용하여 식감을 부드럽게 하고, 어패류에 사용 시 비린내와 독성을 풀어 시원한 맛을 낸다.

(6) **표고버섯**

마른 표고버섯은 씻은 후 미지근한 물에 불려 그 물을 육수로 사용하고, 불린 표고버섯도 함께 사용한다.

(7) **통후추**

육류의 누린내와 생선의 비린내를 없애는 데 많이 활용되며, 매운맛과 특유의 상큼한 향으로 식욕을 증진시킨다.

(8) **고추씨**

고추씨는 고추보다 더 매운맛을 내고, 개운한 맛을 내므로 육수에 넣어 사용한다.(단, 다량 사용 시 쓴맛이 남)

> **합격보장 꿀팁**
>
> - 부재료와 향신료를 첨가하는 이유
>   - 향기와 맛으로 음식에 풍미를 더해 주고 식욕 촉진을 위해 특수한 방향성이나 자극적인 맛을 음식에 첨가한다.
>   - 육류나 생선의 불쾌취를 완화시킨다.
>   - 곰팡이·효모의 발생과 부패균의 증식을 억제시킨다.
>   - 소화 효소의 작용을 활성화하여 소화를 촉진하고 정장제로서의 역할을 한다.

2. 국·탕 양념장 제조

(1) **육수를 우려내어 냉각**

① 육수에 소금, 간장, 된장, 고추장 등 주된 간을 하여 상온에서 냉각시킨다.
② 육수를 우려내어 냉각하지 않으면 양념 고유의 맛이 나지 않는다.

(2) **부재료 양념 첨가**

냉각된 혼합액에 분쇄된 마늘, 생강, 고춧가루를 혼합한다.

(3) 숙성

1차 숙성	상온에서 2~4일 동안 숙성(계절에 따라 조절)시킨다.
2차 숙성	8~12℃에서 5~10일 동안 숙성시킨다.

바로 확인문제

국·탕 양념장 제조에 대한 설명으로 틀린 것은?
① 1차 숙성은 상온에서 일주일 동안 숙성시킨다.
② 육수는 우려내어 냉각시킨다.
③ 2차 숙성은 8~12℃에서 5~10일 동안 숙성시킨다.
④ 냉각된 혼합액에 부재료를 혼합한다.

|해설|
1차 숙성은 상온에서 2~4일 동안 숙성시킨다.

|정답| ①

3. 육수의 종류

맑은 물(맹물), 쌀뜨물, 고기를 끓인 육수, 멸치 국물, 다시마 물, 채소 우린 물 등을 사용한다. 용도나 원하는 음식의 맛과 영양에 따라 육수를 선택한다.

(1) **쌀뜨물(쌀 씻은 물)**
  ① 특징
   • 쌀을 첫 번째 씻은 물은 불순물 제거를 위해 버리고 두 번째 이상 쌀을 비벼서 씻은 물을 쌀뜨물로 사용한다.
   • 국물 농도를 높여 주고, 효소 작용으로 채소 조직을 부드럽게 한다.
   • 토장국 끓일 때 채소의 풋냄새를 제거한다.
   • 쌀의 수용성 영양소를 더해 준다.
   • 다른 국물보다 잘 상한다.
  ② 용도: 된장국, 청국장, 강된장, 찌개 등

바로 확인문제

국물로 쌀뜨물을 이용하는 것에 대한 설명으로 옳지 않은 것은?
① 채소의 풋냄새를 제거한다.
② 국물 농도를 높여 준다.
③ 맹물보다 잘 상하지 않게 한다.
④ 효소 작용으로 채소의 조직을 부드럽게 한다.

|해설|
쌀뜨물 이용 시 다른 국물보다 잘 상한다.

|정답| ③

(2) **멸치 국물**
  ① 특징
   • 국, 찌개 국물을 내기 위해서는 국물용 멸치(다시 멸치)를 사용한다.
   • 멸치는 머리와 내장을 떼고 사용해야 쓴맛이 없고, 비린내가 제거된다.
   • 손질된 멸치를 냄비에 볶다가 그대로 찬물을 부은 후 뚜껑을 열고 끓여 비린내와 잡맛이 나지 않게 한다.
   • 국물이 끓기 시작하면 거품을 걷어 내고 5분 정도 끓인 후 불을 끄고, 10~15분 우려낸 후 체에 걸러 사용한다.
  ② 용도: 된장찌개, 김치찌개, 부대찌개, 들깨버섯전골, 잔치국수, 메밀국수, 어묵 국물 등

> **바로 확인문제**
>
> 멸치 국물을 낼 때에 대한 설명으로 틀린 것은?
> ① 멸치는 머리와 뼈에 영양이 많으므로 통째로 사용한다.
> ② 멸치를 냄비에 살짝 볶다가 그대로 찬물을 부어 끓인다.
> ③ 끓기 시작하면 거품을 걷어 내고 5분 정도 끓인 후 불을 끄고, 10~15분 우려낸 후 체에 걸러 사용한다.
> ④ 뚜껑을 열고 끓여야 비린내 및 잡맛이 나지 않는다.
>
> |해설|
> 멸치는 머리와 내장을 떼고 사용해야 쓴맛이 없다.
>
> |정답| ①

(3) **조개 국물**
  ① 특징
  - 국물을 내는 조개로는 모시조개, 바지락, 웅피, 비단조개 등을 많이 사용한다.
  - 3~4% 소금물에 조개를 담가 놓아 해감시킨 후 사용한다.
  ② 용도: 조개탕, 칼국수, 순두부찌개, 매운탕, 해물탕 등

(4) **다시마 육수**
  ① 특징
  - 국물용 다시마는 두껍고 검은빛을 띠는 것이 좋다.
  - 다시마는 감칠맛 성분인 글루타민산나트륨, 알긴산, 만니톨 등을 많이 함유하고 있다.
  - 다시마 단독으로 국물을 내기도 하지만 일반적으로 멸치 국물, 조개 국물, 건새우 국물, 채소 국물을 낼 때 함께 사용한다.
  - 물에 담가 두었다 우려낸 물을 사용하거나 물에 다시마를 넣고 1분 이내 끓여 건져 낸 후 국물을 사용한다.
  - 다시마를 오래 끓이면 다시마가 영양 성분을 빨아들인다.
  - 다시마를 물에 씻으면 아이오딘(요오드), 핵산이 나와서 끈적이므로 젖은 행주로 겉면을 닦은 후 사용한다.
  ② 용도: 더덕전골, 불고기전골 등

(5) **소고기 육수**
  ① 특징
  - 국물용 소고기 부위로는 사태, 양지머리, 업진육이 지방이 적고 결합 조직이 많아 적절하다.(결합 조직이 많아도 가열 시 부드러워짐)
  - 국이나 전골에 사용할 소고기는 물에 담가 핏물을 뺀 후 사용해야 누린내가 적다.
  - 흐르는 물에 고기를 넣으면 빠른 시간 내에 핏물을 뺄 수 있다.
  - 찬물에 고기를 넣고 센 불에서 끓이다가 육수가 끓기 시작하면 불을 줄여 육수가 잘 우러나도록 한다.
  - 염도가 있으면 육수가 우러나지 않기 때문에 육수가 우러나기 전에는 간을 하지 않는다.
  ② 용도: 미역국, 냉면, 두부전골, 소고기뭇국, 표고맑은국, 떡국 등

(6) **사골 육수**
  ① 특징
  - 소의 다리뼈를 이용한 육수를 말하며, 국, 전골, 찌개 요리 등에 중심이 되는 맛을 내는 육수이다.
  - 핏물을 빼지 않으면 국물이 검어지며 흐르는 물에 1~2시간 두면 핏물이 잘 빠져 누린내가 나지 않는다. 뼈를 물에 오랫동안 담가두면 삼투압 작용으로 누린내가 난다.
  - 잡뼈나 도가니 등을 섞어 끓이면 맛은 더 진해지지만 육수가 탁해진다.
  ② 용도: 떡국, 김치찌개, 칼국수 등

(7) 채소 육수
① 특징
- 향이 강하지 않은 양파, 표고버섯, 배추, 대파, 마늘, 당근, 무 등의 채소를 넣어 끓인다.
- 국물을 내어 국, 찌개, 전골, 밑반찬, 이유식, 죽 등에 육수로 사용한다.
- 향이 강한 채소를 사용하는 경우 주요리의 맛을 해칠 수 있다.

② 용도: 대구 매운탕, 이유식, 죽 등

> **바로 확인문제**
>
> 채소 육수를 만들 때 적당하지 않은 재료는?
> ① 무　　② 당근　　③ 배추　　④ 셀러리
>
> |해설|
> 셀러리 등 향이 강한 채소를 사용하는 경우 주요리의 맛을 해친다.　　|정답| ④

4. 육수 끓이는 방법

(1) 육수 끓이기에 적절한 조리기구(통)
① 육수 냄비는 장시간 끓이므로 두께가 두껍고 열전도가 빠른 것을 사용한다.
② 수분 증발이 적고 끓어 넘치지 않도록 깊이가 있는 냄비를 사용한다.
③ 뚜껑이 있는 냄비를 사용한다.

(2) 온도 〔빈출〕
① 고기 국물 사용 시: 찬물에 고기를 넣고 가열하여 맛 성분이 잘 용출되도록 한다.
② 편육 사용 시: 끓는 물에 고기를 넣고 가열하여 육즙이 빠져나가는 것을 막아 고기를 부드럽게 한다.

(3) 끓이는 시간
① 맑은 육수를 내기 위해 고기를 너무 오래 끓이면 국물이 탁해지므로 2시간 정도가 적당하다.
② 육수를 끓일 때에는 끓기 전까지는 뚜껑을 열어 놓아야 누린내와 비린내 등이 빠지고, 국물이 끓으면 뚜껑을 덮고 끓인다.

> **바로 확인문제**
>
> 맑은 육수를 내기 위해 고기 육수를 끓이는 방법으로 옳지 않은 것은?
> ① 오래 끓인다.　　　　　　　　　　② 2시간 이내가 적당하다.
> ③ 끓으면 올라오는 불순물은 걷어준다.　④ 처음에는 뚜껑을 열고 끓인다.
>
> |해설|
> 너무 오래 끓이면 국물이 탁해진다.　　|정답| ①

(4) 육수 양념
① 소금, 간장, 된장, 고추장 등을 사용한다.
② 육수를 끓일 때 간을 하면 염도에 의해 국물이 잘 우러나지 않으므로 국물이 우러난 후 간을 한다.
③ 매운맛을 낼 때 고추장을 사용하면 깊은 맛이 나지만 많이 사용할 경우 텁텁하므로 고운 고춧가루와 함께 사용한다.

03 국·탕 담기

1. 국·탕을 담는 그릇의 종류

탕기	국을 담는 그릇으로, 주발과 같은 모양을 말한다.
대접	국이나 숭늉을 담는 그릇으로, 밥그릇보다 조금 작은 크기이다.
뚝배기	• 입구의 지름이 넓고 속이 조금 깊으며, 뚜껑이 없는 형태이다. • 상에 오를 수 있는 유일한 토기로 불에서 끓이다가 상에 올려도 한동안 식지 않아 찌개를 담기 좋다.
질그릇	잿물을 입히지 않고 진흙만으로 구워 만든 그릇으로, 겉면에 윤기가 없다.
오지그릇	• 광택이 적고 섬세하지 못한 모양이 특징으로 독, 항아리, 뚝배기, 단지 등이 있다. • 붉은 진흙으로 만들어 볕에 말리거나 약간 구운 다음 오짓물을 입혀 다시 구운 질그릇을 말한다.
유기그릇	놋쇠로 만든 그릇으로, 보온, 보냉, 항균 효과가 좋다.

바로 확인문제

놋쇠로 만든 그릇으로, 보온, 보냉, 항균 효과가 좋아 국과 탕을 담을 때 사용하는 그릇은?
① 뚝배기　　　　② 오지그릇　　　　③ 유기그릇　　　　④ 질그릇

|해설|
유기그릇은 놋쇠로 만들어 보온, 보냉, 항균 효과가 좋다.　　　　　　　　　　　　　　　　　　　　　　　　|정답| ③

2. 고명의 종류 빈출

달걀 지단	달걀 흰자와 노른자로 분리하여 소금을 조금 넣고 저은 후 기름을 두른 프라이팬에 약한 불로 익힌다. 식힌 후 마름모꼴, 골패 모양 또는 채 썰어 사용한다.
미나리초대	씻은 미나리를 잎과 뿌리를 떼어 낸 후 꼬치에 끼워 밀가루와 달걀을 묻혀 프라이팬에 지져 낸다. 식힌 후 꼬치를 빼고 마름모꼴로 썰어 사용한다.
미나리	씻은 미나리의 잎을 떼어 낸 후 일정한 길이로 자르고, 소금을 뿌려 살짝 절였다가 프라이팬에 볶아서 사용한다.
고기완자	소고기를 곱게 다져서 양념(소금, 파, 마늘, 후추, 참기름 등)을 하고 새알 모양으로 빚은 다음 밀가루와 달걀을 묻혀 기름을 두른 프라이팬에 굴려 가며 익힌다.
홍고추	어슷하게 썰어 고추씨를 제거하고 사용한다.

PART 05 찌개 조리

01 찌개 개요

1. 찌개의 의의
① 찌개, 전골, 조치, 감정은 국물 양이 비슷하여 현대에 와서는 통상적으로 찌개 개념으로 인지한다.
② 건더기는 국물의 2/3 정도가 좋고, 센 불에서 끓이다가 국물이 끓으면 불을 약하게 하여 끓인다.

2. 찌개의 종류
찌개에는 된장찌개, 해물된장찌개, 콩비지찌개, 부대찌개, 순두부찌개, 참치김치찌개, 호박김치찌개, 분디장찌개, 매운어묵찌개, 고추장찌개, 김치찌개, 생태찌개, 돼지고기김치찌개, 동태찌개, 조기찌개, 꽁치찌개, 오모가리김치찌개, 두부찌개, 오징어버섯찌개, 미더덕된장찌개, 호박찌개, 냉이된장찌개, 두부된장찌개, 굴북어찌개, 장어매운찌개, 오징어섞어찌개, 갈비된장찌개, 김치부대찌개, 호박고지찌개, 시래기고등어된장찌개, 연두부연어알찌개, 명태알찌개, 생태수제비찌개 등이 있다.

(1) 양념에 따른 분류
① **맑은 찌개**: 소금, 새우젓 등으로 간한 찌개 예) 두부젓국찌개, 명란젓국찌개
② **탁한 찌개**: 된장, 고추장으로 간한 찌개 예) 된장찌개, 청국장찌개, 생선찌개, 순두부찌개, 두부고추장찌개, 호박감정, 오이감정, 게감정 등

(2) 주재료에 따른 분류
① **명란젓국찌개**: 명란(명태의 알)젓과 두부, 무, 파 등을 넣어 새우젓으로 간을 맞춘 맑은 찌개이다.
② **된장찌개**: 된장으로 간을 하고 무, 애호박, 양파, 두부 등을 넣고 끓이는 찌개이다. 육수로는 쌀뜨물, 소고기, 멸치를 많이 사용한다.
③ **생선찌개**: 주로 흰살 생선을 많이 이용하고, 고추장과 고춧가루로 매운맛을 내며, 무, 양파 등과 함께 생선 비린내 제거를 위해 미나리, 쑥갓, 대파, 마늘 등 향이 강한 채소도 함께 사용한다.
④ **순두부찌개**: 순두부를 이용하여 매운맛을 낸 찌개로, 단백질 급원식품으로 좋다. 돼지고기, 김치, 조개 등 해산물을 넣어 끓인다.
⑤ **청국장찌개**: 쌀뜨물이나 멸치 육수에 청국장을 풀어 두부와 김치 등을 넣고 끓인 찌개이다.

02 찌개 재료 준비

1. 육수 준비

(1) 육류의 전처리
① 소고기와 소뼈는 찬물에 담가 핏물을 제거한다.
② 닭고기는 내장을 제거하고 끓는 물에 한 번 데친다.
③ 곱창은 기름기와 곱창을 둘러싼 막을 제거한 후 소금이나 밀가루를 넣고 주물러서 깨끗하게 씻는다.

(2) **어패류 및 해조류의 전처리**

생선	• 생선은 깨끗하게 씻은 후 꼬리에서 머리쪽으로 비늘을 제거하고, 아가미와 내장을 제거한다. • 통째로 사용할 때에는 배를 가르지 않고 아가미를 통해 내장을 제거한다.
조개	• 조개는 살아있는 것을 구입하여 껍질을 깨끗하게 씻은 후 1%의 소금물에 담가 해감시킨다. • 해감시킨 조개를 바닥에 세게 내리치면 뻘이나 모래가 든 조개는 입이 벌어진다.
낙지	• 머리에 칼집을 내서 먹물을 제거한다. • 굵은 소금 또는 밀가루를 뿌려 다리와 몸통을 주무른 후 물에 씻는다.(주로 신선한 낙지는 굵은 소금, 죽어 있는 낙지는 밀가루 사용)
게	• 수세미나 솔로 깨끗하게 닦은 후 배의 딱지를 떼어 내고 몸통과 등딱지를 분리시킨다. • 몸통에 붙어 있는 모래주머니와 아가미를 제거하고 발끝은 가위로 잘라 낸다.
새우	• 등쪽에 있는 내장을 제거하고, 머리와 꼬리는 제거하지 않은 채 몸통의 껍질만 벗겨서 모양을 살린다. • 익으면서 등쪽이 수축되는 것을 방지하고자 배쪽에 칼집을 넣거나 머리부터 꼬리쪽으로 꼬챙이를 끼운다.
다시마	찬물에 담가 두거나 끓여서 감칠맛 성분을 우려낸다.

(3) **버섯류 전처리**

① 표고버섯
- 말린 표고버섯은 물에 씻은 다음 미지근한 물에 충분히 불려 기둥을 제거한다.
- 생표고버섯은 손으로 흙을 털어 준 후 물에 씻어 사용한다.

② 느타리버섯: 끓는 물에 데친 후 손으로 찢어서 사용한다.

③ 석이버섯: 미지근한 물에 불린 후 소금을 약간 묻혀 양손으로 비벼 이끼를 제거한다.

(4) **견과류 전처리**

① 호두: 뜨거운 물에 불린 후 이쑤시개를 이용하여 속껍질을 제거한다.

② 은행: 달군 프라이팬에 약간의 기름과 소금을 넣어 볶은 후 키친타월에 싸서 비벼 속껍질을 제거한다.

2. 양념 활용

(1) **조미료의 4가지 기본 맛**

단맛, 신맛, 짠맛, 쓴맛

(2) **조미료의 첨가 순서**

설탕 → 술 → 소금 → 식초 → 간장 → 된장 → 고추장 → 화학 조미료

03 찌개 담기

1. 고기 육수의 경우

육수로 끓인 고기를 썰어 주고, 무를 바닥에 평평하게 둔 후 그 위에 준비해 둔 재료를 올리면 모양이 가지런히 올려진다.

2. 생선 육수의 경우

무처럼 단단한 채소를 바닥에 놓고 가지런히 담아 낸다.

3. 채소 육수의 경우

숙주나 버섯 등을 위쪽에 가지런히 담아 낸다.

PART 06 전·적 조리

01 전·적 개요

1. 전(煎)

(1) 전의 의의
① 전은 재료의 제약을 받지 않고 다양하게 활용이 가능하다.
② 육류, 가금류, 채소류, 어패류 등을 먹기 좋은 크기로 잘라 양념한 후 밀가루와 달걀물을 씌워 팬에 지진 것을 말한다.
③ 밀가루에 달걀물을 씌워 기름에 지지는 조리 방법이므로 영양소가 상호 보완된다.
④ 찌개나 전골에도 전을 활용할 수 있다.

(2) 전의 특징
① 종류, 모양, 형태, 조리법이 다양하다.
② 궁중에서는 전유화라고도 하며, 전유어, 저냐, 지짐개, 부침개, 납, 갈납으로 불린다.
③ 간장이나 초간장을 곁들여 낸다.

> **바로 확인문제**
>
> 전유화, 전유어, 저냐, 지짐개, 부침개, 납, 갈납으로 불리는 음식의 명칭은?
> ① 적　　　② 빈대떡　　　③ 전　　　④ 지짐
>
> |해설|
> 전은 궁중에서 전유화라고도 하며, 전유어, 저냐, 지짐개, 부침개, 납, 갈납으로 불린다.　　　|정답| ③

(3) 전의 종류
전의 종류에는 애호박전, 표고전, 더덕전, 깻잎전, 간전, 조개전, 생선전, 녹두전, 장떡, 해삼전, 애호박채전, 청둥호박채전, 굴전, 조갯살전, 오이쌈떡, 백합쑥전, 완자전, 다진생선전, 광어전, 동태전, 병어전, 등골전, 두부전, 감자전(통), 도토리묵전, 팽이버섯전, 자연송이전, 부추새우살전, 달래부추전, 게살전, 인삼전, 새우살전, 동래파전, 다진해물파전, 녹두지짐, 화전사마저(통), 토끼고기전, 꿩전, 메추라기전, 도토리빙떡, 밀쌈, 밀전병, 메밀전, 밀부꾸미, 육원전, 파전, 바닷가재전, 청포묵전, 관자전, 산마전, 연계전, 참새전, 수수전병, 찰전병, 연근전, 매생이전, 인삼오색전, 새송이전, 가자미전, 대구전, 고물전유어, 영덕게살전, 부추전, 김치전, 육전, 양동구리전, 풋고추전, 전복전, 고사리전, 잡곡부침개, 도미전, 뱅어전, 북어전, 노리대전, 더덕섭산전, 너비아니전, 녹유전, 제육전, 동전, 두골전, 부아전, 콩부침전, 피망전, 감자장전, 선지전유어, 순모전, 우설전, 천엽전, 쏘가리전, 도래전, 토마토전, 숭어전, 잉어전, 대합전, 소라전, 김전, 다시마전, 느타리버섯전, 고구마순전, 늙은호박전, 목이전, 석이전, 가죽전, 가지전 등이 있다.

> **합격보장 꿀팁**
>
> • **지짐** | 밀가루 반죽에 재료들을 모두 섞어 기름에 지진 것으로, 빈대떡, 해물파전 등이 있다.

2. 적(炙)

(1) 적의 의의
① 재료를 꼬치에 꿰는 조리 방법으로, 꼬치에 처음 꿰인 재료와 마지막 재료가 같아야 한다.
② 적의 명칭은 처음 꿰는 재료를 따른다.

(2) 적의 분류

지짐누름적	재료 하나하나를 익혀 꼬치에 끼운 후 밀가루와 달걀물을 씌워 팬에 지진다. ⑩ 김치적, 잡누름적, 두릅적 등
누름적	재료를 익혀 꼬치에 끼우기만 한 것이다. ⑩ 화양적
산적	재료를 양념하여 익히지 않고 꼬치에 끼워 석쇠나 팬에 익힌다. ⑩ 소고기산적, 움파산적, 떡산적, 해물산적 등

> **바로 확인문제**
>
> 재료 하나하나를 익혀 꼬치에 끼운 후 밀가루와 달걀물을 씌워 팬에 지지는 음식은?
> ① 지짐누름적　　② 빈대떡　　③ 누름적　　④ 산적
>
> |해설|
> 지짐누름적은 재료 하나하나를 익혀 꼬치에 끼운 후 밀가루와 달걀물을 씌워 팬에 지지는 것이다.
> |정답| ①

(3) 적의 종류
적의 종류에는 육산적, 송이산적, 해물산적, 새송이버섯산적, 떡산적, 사슬적, 어산적, 고기산적, 닭산적, 삼겹살꼬치, 소고기파산적, 두릅적, 김치적, 장산적, 잡누름적, 화양적, 섭산적, 풋고추산적, 밤꼬치, 소고기꼬치, 닭다리매운꼬치, 은행꼬치, 마늘꼬치, 떡꼬치, 양고기꼬치, 장어꼬치, 대합산적, 코다리꼬치, 간산적, 소라산적, 더덕산적, 도라지산적, 낙지산적, 양산적, 행적, 배추누름적, 가리비산적 등이 있다.

02 전·적 재료 준비

1. 전·적의 주재료

(1) **육류**
① 결이 곱고 윤기가 나며, 육질에 탄력이 있는 것이 좋다.
② 익으면서 길이가 줄어들기 때문에 길이를 넉넉하게 준비한다.

(2) **가금류**
① 닭고기는 담황색이고 윤기가 나는 것을 고르며 1일 정도 숙성하면 맛이 더 좋아진다.
② 탄력이 있고 생후 1년 이내의 것이 육질과 맛이 좋다.

(3) **어패류**
① 살이 탄탄하고 탄력성이 있고, 눈은 투명하며 돌출되어 있고, 아가미는 선홍색을 띠는 것이 좋다.
② 전이나 적을 만들 때에는 흰살 생선을 사용한다.

> **바로 확인문제**
>
> 전이나 적을 만들 때 좋은 생선은?
> ① 붉은살 생선　　② 기름진 생선　　③ 흰살 생선　　④ 참치
>
> |해설|
> 전이나 적을 만들 때에는 흰살 생선을 사용한다.
> |정답| ③

(4) 채소류

재료 선택에 따라 모양과 맛에 차이가 나므로 재료의 특징에 맞는 신선한 것을 선택한다.

깻잎	• 향기가 나며 짙은 녹색을 띠고 흰색 반점이 없는 것 • 벌레 먹은 것이 없는 것 • 잎이 마르지 않은 것
배추	• 잎이 연하며 굵은 섬유질이 없는 것 • 누런 떡잎이 없으며 속에 심이 없는 것
당근	굵기가 고르며 마디나 뿔이 없는 것
오이	굵기가 고르며 가시가 있고 무거운 느낌이 나는 것
양파	• 껍질에 광택이 나는 것 • 중심부가 단단하며 적황색인 것
통도라지	• 잔뿌리가 많고 연한 노란색을 띠는 것 • 조직이 단단하지 않은 것
호박	• 표면에 윤기가 나고 형태가 고른 것 • 같은 크기일 때 무겁고 속이 꽉 찬 것

2. 전·적의 부재료

(1) 가루

① 밀가루, 멥쌀가루, 찹쌀가루 등을 사용한다.

② 전의 모양이 잘 만들어지지 않을 때는 밀가루를 첨가한다.

③ 전을 도톰하고 부드럽게 만들 때는 전분을 사용한다.

(2) 유지류

① 전이나 적 요리에는 발연점이 높은 기름이 적합하고, 무취이고 가열 안정성이 있는 것이 좋다.

② 대두유, 카놀라유, 포도씨유, 미강유, 면실유, 채종유 등을 사용한다.

온도에 따른 기름의 종류

발연점이 높은 기름	콩기름, 옥수수기름, 카놀라유 등
발연점이 낮은 기름	참기름, 들기름 등

바로 확인문제

전을 부칠 때 사용하는 기름으로 적절하지 않은 것은?

① 콩기름   ② 들기름   ③ 카놀라유   ④ 옥수수 기름

|해설|
들기름은 발연점이 낮아 전을 부칠 때 사용하기 적절하지 않다. |정답| ②

(3) 달걀

① 전의 점성을 높이고 적의 모양을 유지하는 데 사용한다.

② 전의 모양이 잘 만들어지지 않을 때는 달걀의 양을 줄인다.

③ 흰자와 노른자의 양으로 색을 조절한다.

(4) 양념류

제품 소비기한 내의 것으로 이취가 없는 것을 선택한다.

03 전·적 조리 및 담기

1. 전처리

(1) 전처리 식품
① 전처리 식품이란 가열 조리 전의 준비 과정으로 다듬기(탈피), 씻기(세척), 자르기(절단), 수분 제거 등을 마친 식품을 말한다.
② 보관 방법(냉장, 냉동)에 따라 전처리 방법이 다르다.
③ 식품재료에 따라 전처리 방법이 다르므로 재료에 대해 아는 것이 중요하다.
④ 넓은 의미로는 냉동식품, 즉석식품, 가공식품 등을 포함한다.

(2) 전처리 식품의 장단점 빈출

장점	단점
• 조리 시간이 단축된다. • 인력 부족에 대한 대책안이 될 수 있다. • 쓰레기 처리가 용이하고 비용이 절감된다. • 재고관리가 편리하다. • 협소한 주방에서도 작업 공정이 편리하다.	• 생산, 저장, 가공 과정에서 화학적 물질이 유입될 수 있다. • 세척, 소독 과정에서 잔류물이 있을 수 있다. • 공정 과정에서 철저한 관리가 필요하다. • 가공되지 않은 농산물과 사람 사이에서 발생하는 병원성 미생물에 의해 생물학적 위해 요소가 발생할 수 있다.

> **바로 확인문제**
>
> 전처리 식품의 장점으로 옳지 않은 것은?
> ① 조리 시간 단축
> ② 인력 부족에 대한 대책안
> ③ 쓰레기 처리의 용이성과 비용 절감
> ④ 재고의 발생
>
> |해설|
> 전처리 식품은 재고관리가 편리하다.
>
> |정답| ④

2. 주재료

(1) 사용 방법과 보관 방법
① 중간 냉동된 상태에서 썰기를 하면 모양 유지가 편리하다.
② 썰어 놓은 재료는 서로 붙지 않게 해야 한다.
③ 다지거나 갈아낸 재료는 투명한 비닐봉지에 담아 냉동한다.
④ 야채는 소(속재료)로 사용될 경우 냉장 보관한다.

(2) 주재료에 따른 전의 형태
① 재료의 크기가 알맞을 경우 원형을 살려 재료를 준비한다.
② 재료의 원형을 유지하기 어려울 때에는 다져서 사용한다.
③ 재료에 따라 소(속재료)를 채워서 전을 만든다.

3. 전·적류 조리 및 담기

(1) 형태에 따른 조리 방법
① 재료를 다져 밀가루와 달걀물을 씌워 지져 내는 방법
② 주재료와 부재료를 꼬치에 꿴 다음 밀가루와 달걀을 씌워서 지져 내는 방법
③ 여러 가지 채소나 육류를 섞어 지져 내는 방법
④ 다진 재료에 양념과 밀가루, 녹말가루, 달걀 등을 섞어 둥글고 납작하게 부치는 방법

> **바로 확인문제**
>
> 전(煎)류 형태에 따른 조리 방법으로 옳지 않은 것은?
> ① 재료를 다져 밀가루와 달걀물을 씌워 지져 내는 방법
> ② 주재료와 부재료를 꼬치에 꿴 다음 밀가루와 달걀을 씌워서 지져 내는 방법
> ③ 여러 가지 채소나 육류에 밀가루를 묻혀 튀겨 내는 방법
> ④ 다진 재료에 양념과 밀가루, 녹말가루, 달걀 등을 섞어 둥글고 납작하게 부치는 방법
>
> |해설|
> 여러 가지 채소나 육류에 밀가루를 묻혀 튀겨 내는 방법은 전(煎)이 아니라 튀김이다. |정답| ③

(2) 전·적류 조리기구
① 코팅이 쉽게 벗겨지지 않는 것을 사용한다.
② 가볍고 손잡이가 있는 것을 사용한다.

(3) 전·적류 조리 시 유의 사항
① 신선한 재료를 선택한다.
② 전을 지질 때에는 달궈진 팬에 재료를 올려야 기름 흡수가 적고 맛있다.
③ 전은 튀김이 아니므로 적당한 기름을 사용하되 기름의 양이 적으면 눌어 붙을 수 있다. 곡류전은 곡류가 기름을 흡수하므로 다른 재료보다 기름을 넉넉히 둘러야 한다.
④ 전은 한입 크기가 좋다.
⑤ 소금 간은 2%가 적당하나, 간을 약하게 하고 초간장을 곁들여 낸다.
⑥ 달걀의 소금 간이 짜면 전 옷이 벗겨진다.
⑦ 전 만들기 중 접착제 역할을 하는 밀가루를 많이 사용할 경우 텁텁하므로 밀가루는 재료의 5% 정도만 사용한다.
⑧ 올리고 내리고를 반복하면 안 익은 재료의 교차오염이 발생할 수 있으므로 전 재료는 팬에 한꺼번에 올리고, 한꺼번에 내린다.
⑨ 부쳐진 전은 키친타월 위에 올려 기름을 일부 제거한다.

> **바로 확인문제**
>
> 전류 조리 시 주의 사항으로 옳지 않은 것은?
> ① 신선한 재료를 선택한다.
> ② 달궈진 팬에 기름을 두르고 재료를 올려야 기름이 적게 흡수되고 맛있다.
> ③ 전은 크게 부쳐야 맛이 좋다.
> ④ 전 만들기 중 접착제 역할을 하는 밀가루를 많이 사용할 경우 텁텁하므로 밀가루는 재료의 5% 정도만 사용한다.
>
> |해설|
> 전의 특성상 한입 크기가 좋다. |정답| ③

(4) 전·적 담기
① 음식의 색을 강조: 어두운 색의 접시를 선택한다.
② 풍부한 효과: 같은 계열인 색의 접시를 섞어서 사용한다.

> **합격보장 꿀팁**
>
> • 완성된 음식의 외형을 결정하는 요소 | 음식의 크기, 음식의 형태, 음식의 색

PART 07 생채·회 조리

01 생채·회 개요

1. 생채

(1) 생채의 의미

생채는 계절에 나오는 싱싱한 재료를 익히지 않고 바로 무친 나물을 말한다.

(2) 생채의 특징

① 생채는 식재료 본연의 맛을 살리며, 초장, 초고추장, 겨자, 식초 등을 이용하여 새콤달콤한 맛을 낸다.
② 조리 과정에서 영양소 손실이 거의 없고, 비타민이 풍부하다.
③ 주재료는 대부분 채소류를 사용하고, 소고기, 해산물, 해파리, 조개 등은 익혀서 냉채 재료로 사용하기도 한다.

바로 확인문제

재료를 익히지 않고 바로 무친 나물을 의미하는 조리는?

① 무침　　② 숙채　　③ 생채　　④ 샐러드

|해설|
생채는 계절에 나오는 싱싱한 재료를 익히지 않고 바로 무친 나물을 말한다.
|정답| ③

(3) 생채의 종류

생채의 종류에는 굴생채, 무생채, 도라지생채, 파래무침, 실파무침, 더덕생채, 오이생채, 달래무침, 두부생채, 잣즙생채, 호두냉채, 겨자냉채, 게살냉채, 수삼냉채, 달래냉채, 청포묵 야채냉채, 도토리묵냉채, 해물냉채, 더덕 유자냉채, 연두부냉채, 광어냉채, 상추생채 등이 있다.

2. 회

(1) 회의 의미

회는 어패류, 육류를 썰어 날로 먹는 음식으로, 초간장, 초고추장, 겨자초장, 참기름장, 소금, 후추 등에 찍어 먹는다.

(2) 회의 종류

회의 종류에는 육회, 생선회, 가자미회, 각색회, 조개회, 굴회, 처녑회, 송이회, 물회 등이 있다.

3. 기타 채류

기타 채류에는 잡채, 구절판, 겨자채, 월과채, 죽순채, 원산잡채, 콩나물잡채, 대하잣즙냉채 등이 있다.

02 생채·회 재료 준비

1. 해산물
전복, 새우 등의 해산물은 삶은 후 차게 식혀 놓는다.

2. 채소류
무, 도라지, 더덕 등을 주로 사용한다.

무	무에 함유되어 있는 지방 분해 효소인 에스테라제가 소화를 촉진시킨다.
도라지	• 도라지의 쓴맛은 알칼로이드 성분으로, 소금물에 담가 우려낸 후 사용한다. • 도라지에 함유된 사포닌은 가래를 삭이고 진통·소염 작용이 있으며, 기관지 점막을 튼튼히 하여 폐의 기능을 향상시킨다.
더덕	• 다량의 사포닌이 함유되어 있는 알칼리성 식품이다. • 소금물에 담가 우려낸 후 사용한다.

03 생채·회 조리 및 담기

1. 생채 조리

(1) **다듬기**

다듬기는 재료의 가식 부위를 손질하는 기초 단계이다.
① 잎이나 줄기를 먹는 채소(미나리, 배추, 상추 등)는 누런 잎이나 뿌리를 제거한다.
② 뿌리를 먹는 채소(무, 당근, 도라지 등)는 껍질 또는 잔뿌리를 제거한다.

(2) **씻기**

씻기는 불순물을 제거하는 단계이다.
① 채소에 따라 그릇에 물을 담아 씻거나, 흐르는 물에 씻는다.
② 소금이나 식초를 넣은 물에 씻기도 한다.
③ 통으로 씻거나 썰어서 씻는다.

(3) **생채 조리 시 주의 사항**

① 물이 생기지 않도록 주의한다.
② 조리 시 기름을 많이 사용하지 않는다.(참기름, 들기름은 소량 사용)

2. 생채 담기
① 제공 직전에 무쳐 낸다.
② 색상에 맞게 담는다.
③ 그릇이 화려하면 음식이 죽어 보이므로 단색 그릇에 담는 것이 좋다.

PART 08 조림·초 조리

01 조림·초 개요

1. 조림

(1) 조림의 특징

① 재료를 큼직하게 썬 다음 간장 등으로 간을 하여 약한 불에서 국물이 아주 조금만 남도록 오래 조린 음식을 말한다.
② 국물 맛을 내기보다 재료에 맛을 들게 하는 조리 방법이다.
③ 궁중에서는 조림을 조리개라고 하였다.
④ 다른 조리법보다 간이 세기 때문에 저장성이 높다.
⑤ 조림 요리 시 재료의 모든 부분에서 같은 맛이 나도록 해야 한다.

> **바로 확인문제**
>
> 조림에 대한 설명으로 옳지 않은 것은?
> ① 국물 맛을 내기보다 재료에 맛을 들게 하는 조리법이다.
> ② 조림은 재료를 큼직하게 썬 다음 간을 하여 약한 불에서 오래 조린 것이다.
> ③ 다른 조리법보다 간이 세기 때문에 저장성이 높다.
> ④ 조림의 간은 위, 아래가 다르다.
>
> |해설|
> 조림 요리 시 재료의 어느 부분이나 같은 맛이 나도록 해야 한다.
>
> |정답| ④

(2) 조림의 종류

조림의 종류에는 갈치조림, 감자두부조림, 감자풋고추조림, 달걀조림, 광어조림, 꽁치조림, 굴조림, 닭고기감자조림, 깻잎조림, 돈육감자조림, 풋고추고기조림, 호박조림, 두부조림, 두부양파조림, 멸치풋고추조림, 명태조림, 생태조림, 무두부조림, 무양파조림, 무조림, 북어조림, 마른새우조림, 무풋고추조림, 삼치조림, 병어조림, 소라야채조림, 소고기감자조림, 소고기달걀조림, 소고기장조림, 연근조림, 우엉조림, 제육장조림, 가자미조림, 가지조림, 간조림, 홍합조림, 임연수어조림, 전갱이조림, 조기조림, 전복초조림, 청어조림, 콩조림, 토란조림, 소라조림, 오징어풋고추조림 등이 있다.

2. 초(炒)

(1) 초의 특징

① 초(炒)의 원래 뜻은 '볶는다'이며, 국물이 없도록 조린 음식을 말한다.
② 국물에 녹말물을 풀어 윤기나게 만들기도 한다.
③ 『조선무쌍신식요리제법』에 따르면 초는 '국물을 바특하게 하여 찜보다 조금 국물이 있는 것'이다.

> **바로 확인문제**
>
> 국물이 없도록 조린 음식으로 국물에 녹말물을 풀어 윤기나게 만드는 조리 방법은?
> ① 초　　　　② 조림　　　　③ 볶음　　　　④ 무침
>
> |해설|
> 초는 국물이 없도록 조린 음식이다.
> |정답| ①

(2) **초의 종류**

초의 종류에는 홍합초, 소라초, 해삼초, 삼합초, 마른 꼴뚜기초, 전복초, 대구초, 마른 조갯살초 등이 있다.

02 조림·초 재료 준비

1. **주재료**

   (1) **소고기**

   ① 사태(아롱사태, 앞다리사태, 뒷다리사태)
   - 운동량이 많은 부위로 근육 다발이 모여 있어 식감이 쫄깃하다.
   - 장시간 물에 넣어 가열 시 연해진다.
   - 지방이 없어 담백하고 깊은 맛을 낸다.

   ② 우둔살, 홍두깨살
   - 지방이 적고 살코기가 많다.
   - 우둔살은 고기의 결이 굵은 편이지만 근육막이 적어 고기 육실이 연하다.
   - 홍두깨살은 결이 거칠고 단단하나 연하고 맛이 담백하다.

   > **바로 확인문제**
   >
   > 소고기 장조림의 부위로 적절하지 않은 것은?
   > ① 꽃등심　　　　② 아롱사태　　　　③ 우둔살　　　　④ 홍두깨살
   >
   > |해설|
   > 사태, 우둔살, 홍두깨살은 장조림의 부위로 적절하다.
   > |정답| ①

   (2) **닭 가슴살**

   ① 단백질이 풍부한 저지방 식품으로, 근육 섬유로 되어 있다.
   ② 퍽퍽한 느낌은 나지만 칼로리를 줄일 수 있고 영양 균형을 이루기가 좋다.

   (3) **돼지고기 뒷다리살**

   ① 운동량이 많은 부위로 근육이 많아 식감이 좋다.
   ② 지방이 적고 육즙이 풍부하다.

   (4) **전복**

   ① 단백질 함량이 생선 이상으로 많고 비타민 B_1, B_{12}, 류신, 아르기닌 등이 많다.
   ② 무와 함께 삶은 후 우유에 담가 두면 부드러워지므로 전복장조림의 전처리 작업으로 좋다.

2. 부재료

(1) 메추리알
① 영양 성분은 달걀과 거의 같고, 비타민 A, B_1, B_2가 풍부하다.
② 껍질에 금이 없이 깨끗하고 거칠면서 크기에 비해 무게가 있는 것이 좋다.
③ 달걀보다 유통이 느리기 때문에 신선도에 주의해야 한다.

(2) 꽈리고추
① 고추의 변이종으로 풋고추에 속하지만 일반 고추와 달리 표면이 쭈글쭈글하고, 크기가 작은 편이다.
② 모양이 곧고 만졌을 때 탄력이 있는 것이 좋다.
③ 비타민 C가 풍부하다.

03 조림·초 조리

1. 조림 조리

(1) 조림 조리용기
바닥이 넓은 팬을 사용하면 재료가 균일하게 익고, 조림장이 골고루 잘 스며든다.

(2) 조림 조리 시 유의 사항
① 강한 불로 시작하여 끓기 시작하면 불을 줄이고, 거품을 걷어 내야 조림이 깔끔하다.
② 불의 강도는 센 불 → 중불 → 약불 순으로 한다.

| 불의 강도

센 불	요리 시작 시 국물을 끓이거나 팬을 달굴 때 사용한다.
중불	센 불로 끓어 오른 다음 끓는 상태를 유지하기 위해 사용한다.
약불	뭉근히 끓일 때 사용한다.

③ 생선은 조림장이 끓은 뒤 넣어야 생선이 부서지지 않고, 생선을 넣고 끓을 때까지 뚜껑을 열고 요리해야 비린내가 적다.
④ 고기는 끓는 물에 넣어 육즙이 나오는 것을 막아야 고기가 부드럽다. (단백질의 응고 작용)

합격보장 꿀팁

- **고기 장조림 시 주의 사항**
  - 고기에 간장을 먼저 넣을 경우 고기가 질겨지므로 향신료와 물을 끓인 후 고기를 넣고 고기가 익으면 그 이후 간장을 넣어 조림을 한다.
  - 부재료를 많이 사용하면 빨리 상하므로 유의한다.
  - 향신료로 대파, 깐마늘, 통후추 등을 사용한다.

바로 확인문제

조림 요리를 뭉근히 끓일 때에나, 국물 요리 시 적절한 불의 세기는?
① 센 불　　② 중불　　③ 약불　　④ 강한 불에서 중불로

|해설|
조림 요리를 뭉근히 끓일 때에나, 국물 요리에 사용할 때에는 약불이 적절하다.　　|정답| ③

2. 초 조리

(1) 초 조리 시 유의 사항
① 재료의 크기와 모양을 일정하게 썬다.
② 양념은 너무 세지 않게 하여 식재료 본연의 맛을 살린다.
③ 삶거나 데치는 시간에 유의하고, 익힌 후 재빨리 식혀 색을 선명하게 한다.
④ 불의 강도는 센 불 → 중불 → 약불 순으로 한다.
⑤ 남은 국물은 10% 이내로 하고 녹말물로 농도를 맞춘다.
⑥ 조리도구는 바닥이 넓은 것을 사용하여야 균일하게 익고 양념이 골고루 배어든다.

> **바로 확인문제**
>
> 초 만들기 요령으로 틀린 것은?
> ① 재료의 크기와 모양을 자유롭게 썰어 요리의 멋을 살린다.
> ② 양념은 너무 세지 않게 하여 식재료 본연의 맛을 살린다.
> ③ 남은 국물은 10% 이내로 하고 녹말물로 농도를 맞춘다.
> ④ 생선은 조림장이 끓은 뒤 넣어야 생선이 부서지지 않고, 생선을 넣고 끓을 때까지 뚜껑을 열고 요리해야 비린내가 적다.
>
> |해설|
> 재료의 크기와 모양을 일정하게 썬다.
>
> |정답| ①

(2) 초의 종류 및 조리 방법

구분	내용	조리 방법
전복초	전복을 삶아 칼집 내어 양념한 뒤에 조린 음식	• 간장, 설탕, 후춧가루를 넣고 조린다. • 녹말과 참기름을 넣어 윤기나게 한다.
홍합초	홍합을 데쳐 조린 음식	• 생홍합은 살짝 데친다. • 대파, 마늘, 생강, 간장, 설탕, 물로 초를 만들어 조린다. • 참기름 한두 방울로 마무리한다. • 그릇에 담은 후 잣가루를 올려 낸다.
삼합초	소고기, 홍합, 소라, 해삼, 전복을 넣어 조린 음식	• 해산물은 손질하여 데친다. • 양념(대파, 마늘, 생강, 간장, 설탕)과 물을 넣고 초 양념이 끓으면 소고기를 넣어 익히다가 데친 해산물을 넣어 조린다. • 국물이 졸아 들면 녹말물로 농도를 맞추고 참기름과 후추를 넣어 마무리한다. • 그릇에 담은 후 잣가루를 올려 낸다.

04 조림·초 담기

1. 그릇
오목한 그릇에 주재료를 소복하게 담는다.

2. 담음새
① 주재료와 부재료가 어울리도록 주재료를 중앙에, 부재료를 가장자리에 담는다.
② 조림의 표면이 마르지 않도록 국물을 끼얹어 조림간장이 있게 담는다.

PART 09 구이 조리

01 구이 개요

1. 구이의 특징
① 구이는 인류 역사상 불을 사용하는 화식(火食) 중 가장 먼저 발달한 조리법이다.
② 육류, 어패류, 가금류, 채소류 등의 재료를 직접 불에 굽는 음식이다.
③ 직접 불에 굽는 직화법과 철판 및 도구를 이용하는 간접화법이 있다.

바로 확인문제

인류 역사상 불을 사용하는 화식 중 가장 먼저 발달된 조리법은 무엇인가?
① 볶음   ② 밥 짓기   ③ 구이   ④ 무침

|해설|
구이는 인류 역사상 불을 사용하는 화식 중 가장 먼저 발달한 조리법이다. |정답| ③

2. 구이 조리의 방법

(1) 직접 조리 방법 – 브로일링(Broiling)
① 위에서 복사열을 내려 직화로 조리하는 방법이다.
② 복사에너지와 대류에너지로 구성된 열을 직접 가하여 굽는 방법이다.

(2) 간접 조리 방법 – 그릴링(Grilling)
① 석쇠 아래에 열원이 있어 전도열로 굽는 방법이다.
② 석쇠가 뜨겁게 달궈져야 고기가 잘 달라붙지 않는다.

3. 종류

구이의 종류에는 가자미구이, 가지된장구이, 통도라지구이, 청어소금구이, 조개양념구이, 개조개양념장구이, 고기완자구이, 고등어된장구이, 고등어자반구이, 꽁치구이, 안심구이, 등심구이, 자연송이구이, 느타리구이, 닭갈비구이, 소갈비구이(양념), 돼지갈비구이, 은대구구이, 은대구간장구이, 연어소금구이, 연어간장구이, 삼겹살오징어불고기, 삼치소금구이, 삼치된장구이, 메로소금구이, 메로간장구이, 소불고기, 닭불고기, 돼지불고기, 고추장돼지구이, 닭안심구이, 대하소금구이, 더덕구이, 더덕가지고추장구이, 도미구이, 북어구이, 도미양념장구이, 돼지된장구이, 명태양념구이, 병어양념구이, 건옥돔구이, 생태양념구이, 양곱창구이, 막창구이, LA갈비구이, 장어구이, 제육가지구이, 양겨자닭구이, 청어양념구이, 안심철판구이, 통더덕구이, 굴비구이, 전복돌구이, 너비아니구이, 떡갈비구이, 꼼장어구이, 김구이, 오리로스구이, 오리훈제구이, 꽃등심구이, 등심구이, 치맛살구이, 주물럭, 살치살구이, 삼치구이 등이 있다.

02 구이 재료 준비

1. 주재료에 따른 구이의 종류

육류	갈비구이, 너비아니구이, 방자(소금)구이, 양지머리편육구이, 염통구이, 콩팥구이, 제육구이, 양갈비구이 등
가금류	닭구이, 생치(꿩)구이, 메추라기구이, 오리구이 등
어패류	갈치구이, 도미구이, 민어구이, 병어구이, 북어구이, 삼치구이, 청어구이, 장어구이, 잉어구이, 낙지호롱, 오징어구이, 대합구이, 키조개구이 등
채소류, 기타	더덕구이, 송이구이, 표고구이, 가지구이, 김구이 등

2. 재료에 따른 구이 양념

(1) 소금구이

방자구이	얇게 썬 소고기에 소금을 뿌려 구운 음식이다.
청어구이	청어에 칼집을 넣어 소금을 뿌려 구운 음식이다.
고등어구이	손질한 고등어를 반으로 갈라 내장을 제거한 후 소금을 뿌려 구운 음식이다.
김구이	김에 기름(들기름이나 참기름)을 바르고 소금을 뿌려 구운 음식이다.

(2) 간장양념구이

간장양념에는 간장, 다진 대파, 다진 마늘, 설탕, 참기름, 후추 등이 쓰인다.

가리구이 (갈비구이)	소갈비를 포 뜬 후 잔 칼집을 내어 양념장, 배즙, 술에 재워 두었다가 구운 음식이다.
너비아니구이	궁중 음식으로, 소고기를 저며 양념장에 재워 두었다가 석쇠나 화로를 이용해 직화로 구운 음식이다.
장포육	소고기를 도톰하게 저며 부드럽게 연육한 후 양념하고 굽기를 반복해서 만든 음식이다.
염통구이	염통에 잔 칼집을 넣고 저며 양념장에 재워 두었다가 구운 음식이다.
닭구이	닭을 토막 내거나 살을 발라 양념장에 재워 두었다가 구운 음식이다.
생치(꿩)구이	생치(꿩)를 넓게 포를 떠 칼집을 내고 양념장에 재워 두었다가 구운 음식이다. 생치를 통으로 구우면 전체수라고 한다.
도미구이	도미를 손질하여 양념장에 재워 두었다가 구운 음식이다.
민어구이	민어를 손질하여 양념장에 재워 두었다가 구운 음식이다.
삼치구이	삼치를 손질하여 양념장에 재워 두었다가 구운 음식이다.
낙지호롱	낙지를 대나무 젓가락이나 볏짚에 끼워서 양념장을 발라가며 구운 음식이다.

(3) 고추장양념구이

고추장양념에는 고추장, 고춧가루, 간장, 다진 대파, 다진 마늘, 설탕, 후추, 참기름 등이 쓰인다.

제육구이	돼지고기를 고추장 양념장에 재워 두었다가 구운 음식이다.
병어구이	칼집을 낸 병어를 통째로 애벌구이한 후 고추장 양념장을 발라 구운 음식이다.
북어구이	손질한 북어를 부드럽게 불려서 유장에 재워 애벌구이한 후 고추장 양념장을 발라 구운 음식이다.
장어구이	장어 머리와 뼈를 제거하고 고추장 양념장을 발라 구운 음식이다.
오징어구이	오징어 껍질을 제거하고 안쪽에 칼집을 넣어 고추장 양념장에 재워 두었다가 구운 음식이다.
뱅어포구이	뱅어포에 양념장을 발라 구운 음식이다.
더덕구이	더덕 껍질을 벗기고 두드려 펴서 쓴맛을 제거한 후 양념장을 발라 구운 음식이다.

 구이 조리

1. 건열에 의한 조리 방법

① 직접 구이: 석쇠, 망을 이용하여 직접 굽는 방법이다. 석쇠 구이는 석쇠 위에서 직접 불에 굽는 방법으로 280~300℃의 온도로 가열한다.

하방 가열법(Under Heat)	아래에서 열이 나와 굽는 방법 예 석쇠
상방 가열법(Over Heat)	위에서 열이 나와 굽는 방법 예 샐러맨더(Salamander)
쌍방 가열법(Between Heat)	양쪽에 열원이 있는 방법 예 토스터기

② 간접 구이: 철판이나 프라이팬 위에 식품을 올려놓고 가열하는 방법으로 열이 균등하게 전해진다.

그릴링(Grilling)	• 복사열을 이용한 직화 조리이다. • 석쇠 모양의 그릴 스탠딩을 놓고 그 위에 음식을 올려 조리한다는 점에서 직접 구이와 다르다.
그리들링(Griddling)	• 두껍고 평평한 철판(Griddle) 위에서 식재료를 구워 내는 방법이다. • 가스 또는 전기를 열원으로 사용한다.

2. 구이 조리 시 유의 사항

① 수분량이 많은 재료(생선 등)는 겉만 타고 속은 익지 않으므로 약한 불로 천천히 구워 준다.
② 생선과 소고기는 40℃ 전후에서 단백질이 응고된다. 소고기는 65℃, 생선은 70~80℃에서 응고시키는 것이 가장 맛이 좋다.
③ 지방이 많은 고기는 로스팅 시 지방이 흘러 식자재에 들어가므로 주의한다.
④ 생선 무게의 약 2% 소금을 사용하는 것이 적절하다.
⑤ 오래 재워 두면 육즙이 빠져나와 질겨지므로 양념 후 30분 정도 재워 두었다가 조리하는 것이 좋다.
⑥ 고추장 양념은 잘 타기 때문에 다른 양념을 먼저 해서 익히고 고추장 양념은 나중에 발라 구워 준다.
⑦ 구이는 달궈진 팬을 사용해야 육즙이 빠져 나가지 않고 좋다.
⑧ 고온으로 가열 시 겉만 타고 속은 익지 않으므로 온도 조절에 유의한다.

3. 구이 순서

초벌구이	유장을 발라 초벌구이를 할 때는 살짝 익힌다.
재벌구이	유장을 발라 초벌구이를 한 후에는 타지 않게 양념을 2번에 나누어 사용한다.
뒤집기	자주 뒤집으면 모양 유지가 어렵고 부서지기 쉬우므로 주의한다.

바로 확인문제

구이 조리 방법에 대한 설명으로 틀린 것은?

① 유장을 발라 초벌구이를 할 때는 살짝 익힌다.
② 유장을 발라 초벌구이를 한 후 다시 굽는 것을 이번구이라 한다.
③ 구이는 달궈진 팬을 사용해야 육즙이 빠져 나가지 않고 좋다.
④ 고온으로 가열 시 겉만 타고 속은 익지 않으므로 온도 조절에 유의한다.

|해설|
유장을 발라 초벌구이를 한 후에 타지 않게 양념을 2번에 나누어 굽는 것을 재벌구이라 한다.

|정답| ②

PART 10 숙채 조리

01 숙채 개요

1. 숙채

(1) 숙채의 특징
① 숙채는 물에 삶기, 찌기, 볶기 등의 조리 방법으로 재료를 익힌 후 갖은 양념을 한 것으로, 보통 나물이라고 한다.
② 채소를 익혀서 조리하면 쓴맛이나 떫은맛을 없애고, 부드러운 식감을 준다.

(2) 숙채의 종류
콩나물무침, 숙주나물, 비름나물, 머위나물, 곤드레나물, 시금치나물, 고사리나물, 가지나물, 시래기나물, 취나물, 호박나물, 두릅나물, 무나물, 감자숙채, 유채나물무침, 방풍나물, 탕평채 등이 있다.

2. 숙회

(1) 숙회의 특징
① 숙회는 육류, 생선류, 어패류, 채소류를 끓는 물에 삶거나 데쳐서 익힌 음식을 말한다.
② 초고추장이나 겨자즙 등을 찍어 먹는다.

> **바로 확인문제**
>
> 육류, 생선류, 어패류, 채소류를 끓는 물에 삶거나 데쳐서 익힌 음식으로 초고추장이나 겨자즙 등을 찍어 먹는 것이 특징인 요리는?
> ① 숙회   ② 숙채   ③ 생채   ④ 무침
>
> |해설|
> 숙회는 끓는 물에 삶거나 데쳐서 익힌 음식이다. |정답| ①

(2) 숙회의 종류
미나리강회, 파강회, 문어숙회, 오징어숙회, 한치숙회, 두릅회, 낙지숙회, 새우숙회, 어채, 호래기숙회, 뱅어숙회, 대합숙회 등이 있다.

02 숙채 재료 준비

숙채 재료로는 콩나물, 고사리, 비름, 시금치 등 다양한 채소를 사용한다.

콩나물	• 비타민 B, C와 아스파라긴산, 단백질, 무기질이 풍부하다. • 통통하고 줄기의 길이가 짧은 것을 고른다.
고사리	• 칼륨, 인, 무기질이 풍부하고 피부에 좋다. • 마른 고사리는 진한 밤색이 나는 것, 대가 통통한 것, 불렸을 때 미끈거리지 않고 모양을 유지하는 것이 좋다. • 생고사리에는 비타민 B_1을 분해하는 효소인 티아미네이스가 있어 삶아 먹어야 한다.
비름	잎이 신선하고 억세지 않고, 줄기가 길지 않은 것을 고른다.

시금치	• 철분이 풍부하고 비타민, 식이섬유가 많다. • 연녹색 잎에 억센 줄기나 대가 없는 것, 떡이 진 부분이 없고 윤기가 나는 것, 뿌리는 붉은색이 선명한 것을 고른다.
숙주	• 식이섬유 함량이 높으며 해독 작용이 있다. • 뿌리가 무르지 않은 것, 잔뿌리가 없는 것, 흰 광택이 있는 것, 통통하지 않고 가는 것을 고른다.
쑥갓	• 빈혈과 골다공증에 좋고, 위장 질환을 완화하고 불면증에 좋다. • 잎은 짙은 색으로 줄기가 짧은 것을 고른다.
미나리	• 알칼리성 식품으로 혈액의 산성화를 막아 주고, 주독을 제거해 준다. • 줄기가 매끄럽고 굵지 않은 것, 진한 녹색으로 수분감이 있는 것, 줄기를 부러뜨렸을 때 쉽게 부러지는 것을 고른다.
가지	• 혈액순환을 좋게 하고 열을 내리며 콜레스테롤을 낮춰 준다. • 곧은 모양의 가벼운 것, 선명한 보라색으로 광택이 있고 상처가 없는 것, 꼭지에 가시가 적고 싱싱한 것을 고른다. • 가지 요리는 냉국, 볶음, 장아찌, 나물, 조림, 김치 등 다양하다.
물쑥	• 봄나물로 데친 후 식초를 넣은 양념장으로 무친다. • 물쑥나물에 묵이나 김, 배를 채 썰어 무치면 좋다.
씀바귀	봄나물로, 뿌리를 초고추장에 무쳐 먹는다.
표고버섯	• 독특한 향기의 주성분은 렌티오닌이고, 저칼로리 식품이다. • 혈액순환을 돕고 피를 맑게 해 주며, 고혈압과 심장병에 좋다.
두릅	• 비타민과 단백질이 많다. • 연한 두릅을 데쳐 초고추장에 찍어 먹는다.
무	• 무에 있는 디아스타제가 소화를 촉진하고, 해독 작용이 뛰어나다. • 무를 채 썰어 물을 조금 넣고 새우젓이나 소금 간을 하고 익힌 것을 무숙채라고 하며, 나복나물이라고도 한다.

03 숙채 조리

1. 조리 방법

끓는 물에 데쳐 무치는 것	콩나물, 시금치, 숙주나물, 쑥갓, 기타 나물 등
소금에 절였다 기름에 볶는 것	호박, 오이, 도라지 등

바로 확인문제

숙채 조리 중 끓는 물에 데쳐 무치는 요리가 아닌 것은?
① 콩나물 ② 호박나물 ③ 시금치나물 ④ 쑥갓나물

|해설|
호박나물은 소금에 절였다 기름에 볶는 요리이다.　　　　　　　　　　　　　　　　　　　　　　|정답| ②

PART 11 볶음 조리

01 볶음 개요

1. 볶음의 특징
① 소량의 기름을 이용해 팬에서 익히는 조리법을 말한다.
② 달궈진 팬에 단시간에 볶으면 원하는 질감, 색, 향을 얻을 수 있다.
③ 넓은 팬을 이용하면 조리하기에 편리하다.
④ 완성된 요리는 남은 열로 인하여 과하게 익는 것을 방지하기 위해 재빨리 팬에서 내린다.
⑤ 너무 낮은 온도에서 조리하면 기름이 많이 흡수되어 좋지 않다.

> **바로 확인문제**
>
> 볶음 조리의 특징으로 옳지 않은 것은?
> ① 달궈진 팬에 장시간 볶으면 원하는 질감, 색, 향을 얻을 수 있다.
> ② 넓은 팬을 이용하면 편리하다.
> ③ 소량의 기름을 이용해 팬에서 익히는 조리법이다.
> ④ 완성된 요리는 재빨리 팬에서 내려 놓는다.
>
> |해설|
> 달궈진 팬에 단시간에 볶으면 원하는 질감, 색, 향을 얻을 수 있다. |정답| ①

2. 볶음의 종류
볶음의 종류에는 전복송이볶음, 전복해삼볶음, 전복바닷가재볶음, 닭발고추장볶음, 새우마늘볶음, 죽순야채볶음, 감자양파볶음, 제육버섯볶음, 산낙지볶음, 오징어볶음, 관자살볶음, 주꾸미볶음, 감자볶음, 건해삼볶음, 돼지고기고추장볶음, 김치볶음, 풋고추어묵볶음, 내장볶음, 느타리야채볶음, 능이버섯소고기볶음, 닭고기채소볶음, 닭양송이볶음, 도라지갈비살볶음, 낙지야채볶음, 닭살매운볶음, 두부김치볶음, 대게고추볶음, 송이볶음, 말린취나물볶음, 무청삼겹살볶음, 미역줄기볶음, 돼지고기김치볶음, 돼지고기두루치기, 돼지고기야채볶음, 소고기야채볶음, 닭고기야채볶음, 제육야채볶음, 양송이버섯볶음, 봄동광어볶음, 송이해삼볶음, 낙지전복볶음, 돼지내장볶음, 송이전복볶음, 버섯마늘볶음, 부추볶음, 산초인버섯볶음, 삼겹살콩나물볶음, 소고기상추볶음, 모듬버섯볶음 등이 있다.

02 볶음 재료 준비 및 조리

1. 볶음 양념 재료

짠맛	소금, 된장, 고추장, 간장
단맛	설탕, 꿀, 조청, 물엿, 올리고당, 매실청 등
신맛	레몬즙, 식초, 매실청, 감귤 등
쓴맛	생강
매운맛	고춧가루, 마늘, 고추장, 겨자, 산초, 후추 등

> **바로 확인문제**
>
> 볶음 조리 시 사용하는 양념 중 매운맛을 내는 것으로 옳지 않은 것은?
> ① 마늘　　　　② 매실청　　　　③ 겨자　　　　④ 고춧가루
>
> |해설|
> 매실청은 단맛과 신맛의 양념으로 활용한다.　　　　|정답| ②

2. 볶음 조리

(1) 불 조절
① 다른 조리 방법보다 볶음 조리는 조리 시 화력이 중요하므로 강한 불에서 조리한다. 또한 영양소의 손실을 방지하기 위해서 단시간에 조리해야 한다.
② 화력이 약하면 조리 시간이 길어져 채소의 경우 수분 손실로 인해 식감이 좋지 않고, 조리 과정 중에 식재료 본연의 색이 변한다.

(2) 볶음 조리도구

넓은 볶음팬, 깊이가 있는 팬, 큰 프라이팬	• 양념이 골고루 스며든다. • 많은 재료도 균일하게 볶아진다. • 넓은 표면적으로 완성된 요리를 식히기 용이하므로 채소의 색상이 변하지 않는다. • 단시간에 볶아져 식자재의 식감을 좋게 한다.
나무주걱	• 코팅된 프라이팬에 사용하기 적합하다. • 식자재의 마찰에 영향을 주지 않고 상처가 나지 않아 사용이 편리하다.
체	재료를 씻은 후 물기를 제거할 때 사용한다.
쟁반 또는 큰 접시	• 볶음 요리 완성 후 식힐 때 사용한다. • 남은 열로 인해 과하게 익는 것을 방지한다.

> **바로 확인문제**
>
> 볶음 조리도구로 바닥이 넓은 팬이 좋은 이유로 옳지 않은 것은?
> ① 적은 재료를 사용하기에 적합하다.
> ② 많은 재료도 균일하게 볶아진다.
> ③ 단시간에 볶아져 식자재의 식감이 좋다.
> ④ 시각적으로 음식의 색을 살릴 수 있다.
>
> |해설|
> 바닥이 넓은 팬을 사용하면 양념이 골고루 스며들고, 많은 재료도 균일하게 볶아진다.　　　　|정답| ①

PART 12 김치 조리

01 김치 재료 준비

1. 김치의 정의
소금에 절인 배추나 무 등을 고춧가루, 파, 마늘 등 여러 가지 양념류와 젓갈에 버무린 뒤 발효를 시킨 음식이다.

2. 김치의 역사

원시 시대	김치의 기원은 소금에 채소를 절인 원시 채소절임에서 시작된다.
삼국시대	• 산채류, 야생채류를 소금에 절인 형태이다. • 〈삼국지-위지동이전〉(중국 역사서): 고구려인이 저장 음식을 잘 만들었다는 기록이 있다. • 〈정창원고문서〉(일본): 수수보리저(김치 무리)라는 단어가 등장하였다. • 〈제민요술〉: 김치 담그는 법을 소개하였다.
통일신라	〈삼국사기〉(신문왕): 김흠운의 딸을 신부로 맞으면서 보낸 납채, 물, 술, 장, 메주, 젓갈의 발효 식품이 포함되어 있다고 기록되어 있으며 '혜'라는 단어가 등장하였다.
고려시대	• 겨울에 저장을 위한 김치뿐만 아니라 여름철 순무장아찌와 같이 계절에 따라 즐겨 먹는 조리 가공식품이 되었다. • 〈동국이상국집〉: 김치 관련 내용을 직접적으로 언급하고 있는 가장 오래된 문헌이다. '무를 장에 넣으면 한여름에 좋고, 소금에 절이면 긴 겨울을 버틴다.'라고 쓰여 있으며 순무를 절이는 방법에 대한 소개가 있다. • 〈한양구급방〉에는 배추에 관한 기록이 있고 〈산촌잡영〉에는 소금절이 김치를 소개하는 내용이 있다.
조선 전기	• 절이는 채소의 종류와 향신료가 다양해졌다. • 〈태종왕조실록〉: 침장고 용어가 등장했다. • 〈사시찬요초〉: 침채저 용어가 등장했다. • 〈수운잡방〉: 무김치, 가지김치 등에 대한 소개가 있다.
조선 후기	• 고추가 유입되고 통배추를 사용하면서 오늘날과 같은 김치로 발전하였다. • 〈음식디미방〉: 나박김치, 생치김치, 산갓김치 등을 소개하였다. • 〈증보산림경제〉: 마늘, 파, 부추를 양념으로 사용되었다고 기록되어 있다. • 〈농가월령가〉: 여름의 장과 겨울의 김치는 민가에서 일년의 중요한 계획이 되었다.

3. 김치의 효능

항균 작용	• 숙성 과정 중에 유산균이 번성하여 김치 내의 유해 미생물의 번식을 억제시킨다. • 김치 유산균은 장내 유해세균의 번식을 억제하여 정장 작용을 한다.
중화 작용	김치에 사용되는 주재료들은 알칼리성 식품이므로 육류나 산성 식품을 과잉 섭취 시 혈액의 산성화를 막아 준다.
항암 작용	• 김치에 포함된 젓갈균은 식중독균, 병원균 등 유해균의 생육을 억제하고 정장 작용을 하여 대장암 예방에 효과가 있다. • 고추의 매운 성분인 캡사이신은 엔돌핀을 비롯한 호르몬 유사물질의 분비를 촉진시켜 폐 표면에 붙어 있는 니코틴을 제거해 주며 면역을 증강시켜 주고 베타카로틴의 함량이 비교적 높기 때문에 폐암도 예방할 수 있다.
항산화 작용	김치에 들어 있는 비타민 C와 베타카로틴, 클로로필 등은 항산화 작용을 일으켜 노화 억제 효과가 있다.
다이어트 효과	• 대부분 채소로 구성된 저열량 식품으로 식이섬유, 비타민, 무기질의 함량이 높은 편이다. • 배추나 무 등에 포함된 식이섬유는 성인병, 변비 예방에 도움이 된다.
동맥경화, 혈전증 예방	• 혈중 중성지질, 콜레스테롤, 인지질 함량을 감소시켜 지질대사에 좋은 효과를 나타내어 동맥경화 예방에 도움을 준다. • 김치에 들어가는 마늘은 혈전을 억제하여 심혈관 질환 예방에 효과적이다.

02 김치 조리

1. 양념 재료의 영양 성분 및 효능

고추	• 비타민 A, B₁, B₂, C, E, 칼륨 및 칼슘이 많이 들어 있으며 이중 비타민 C가 제일 많다. • 빨간색은 캡산틴과 카로틴이며, 매운 성분은 캡사이신, 감칠맛 성분은 베타인과 아데닌이다. • 생체 내에서는 마취, 진정, 항산화, 염증 억제, 암 예방 효과, 소화 촉진, 혈액순환 촉진 등의 작용 등의 역할을 한다. • 캡사이신은 체지방을 연소하여 비만 예방에 효과적이며 혈중 콜레스테롤의 수치를 낮춰준다.
마늘	• 비타민 B₁, B₂, C, K, P가 많고 칼슘, 셀레늄, 아연, 게르마늄, 사포닌, 폴리페놀이 풍부하다. • 마늘을 다질 때 나는 매운맛과 냄새는 황을 함유한 알리신(Allicin)에 기인되며 무미무취의 알린(Alliin)에 알리네이즈(Alliinase)가 작용하여 생성된다. • 피로회복, 강장, 항암, 항산화, 항동맥경화, 항혈전, 혈액순환 촉진, 항당뇨, 해독, 면역증강 등 다양한 효능이 있다.
파	• 칼슘, 철분 등 무기질이 많지만 유황이 풍부하여 산성 식품이다. • 대파의 자극성 성분은 마늘과 같은 알릴설파이드류로서 소화액 분비를 촉진시키고 진정 작용과 발한 작용도 있다. • 파의 매운맛 성분은 알린(Alliin)이 효소 알리네이즈(Alliinase)에 의해 분해된 알리신(Allicin) 때문이며 알리신은 체내에서 흡수되어 비타민 B₁의 이용률을 높여 준다.
생강	• 생강의 매운맛 성분은 진저론(Zingerone), 진저롤(Gingerol), 쇼가올(Shogaol)이며, 향기 성분은 시트랄(Citral), 리나롤(Linalool)이다. • 육류의 누린내와 생선의 비린내를 제거하고 항균, 항산화, 항염, 혈전 예방 작용이 있다. • 위액 분비를 증가시키고 소화를 촉진하며, 발한작용이 있어 감기에 효과적이며 기침, 냉증, 요통 등에도 효능이 있다.
갓	항균, 항암, 호흡기 질환, 가래에 효과적이고 적갓은 안토시아닌 색소가 많다.
젓갈	• 젓갈 중 새우젓은 칼슘 함량이 높고 지방 함량이 적어 담백한 맛을 내며 숙성하는 동안 비타민의 함량이 증가한다. • 젓갈은 소금의 농도가 13~18% 정도인 고염 식품으로 젓갈의 염도를 고려하여 소금의 양을 조절해야 한다.

2. 김치 숙성

(1) 김치 발효 중에 발생하는 맛 성분 변화

① 김치가 숙성되면서 생성된 유기산은 산도를 증가시킨다. 또한 pH를 감소시키다가 숙성 후기에 유리아미노산에 의해 산도가 지나치게 떨어지는 것을 방지한다.
② 숙성 중 가장 많이 생성되는 물질은 젖산, 구연산, 주석산이다.
③ 김치의 맛을 좋게 해주는 성분으로 아미노산이 있다.

(2) 김치 발효 중 그 밖의 변화

① 비타민 C의 함량이 발효 초기에는 감소하다가 곧 회복하여 계속 증가하다가 약간 감소하는 양상을 보인다.
② 발효 최적기를 지난 후기에는 과도한 발효로 생성된 산을 이용하는 산막 효모류(칸디다, 피키아)가 증가한다.

(3) 김치 산패의 원인

① 김치 주재료 및 부재료가 청결하지 못한 경우
② 김치의 저장 온도가 높거나 소금 농도가 낮은 경우
③ 김치 발효 마지막에 곰팡이나 효모에 오염된 경우

03 김치 담기

배추김치	• 양념소를 넣은 배추를 반으로 접어서 겉잎으로 잘 싼 후 그릇에 차곡차곡 담는다. • 용기의 제일 위에는 배추 겉대 절인 것으로 덮는다.
파김치	두서너 가닥씩 손에 잡고 돌돌 말아 묶어 담는다.

SUBJECT 06 | 한식
필기합격 적중문제

01 난이도 ●○○
한식은 밥을 주식으로 하는 상차림으로 3첩, 5첩, 7첩, 9첩, 12첩 반상으로 나눈다. 첩수에 들어가는 것은?
① 국
② 김치
③ 초간장
④ 반찬

02 난이도 ●●○
한국의 상차림으로 품상이라고 하며 접대용의 요리상은 어느 것인가?
① 3첩 이상 반상
② 5첩 이상 반상
③ 7첩 이상 반상
④ 9첩 이상 반상

03 난이도 ●●○
화학적으로 합성된 빙초산 또는 초산을 물로 희석하여 식초산이 3~4%가 되도록 한 식초의 명칭으로 옳은 것은?
① 혼성식초
② 합성식초
③ 사과식초
④ 양조식초

04 난이도 ●○○
산모의 젖을 많이 나게 하고 해독 작용이 있으며 체내 알코올을 배설하는 이뇨 작용으로 숙취를 완화하고 위장에 좋은 죽은?
① 잣죽
② 팥죽
③ 호박죽
④ 당귀홍화죽

05 난이도 ●○○
떡국, 밥, 국수 등을 담는 그릇으로 유기 재질이며 뚜껑이 없는 것을 많이 사용하는 그릇의 명칭은?
① 반병두리
② 조반기
③ 밥소라
④ 조치보

06 난이도 ●●○
대파는 육수를 낼 때 통째로 사용해도 무관하지만 요리 시 용도에 맞게 사용한다. 다음 설명 중 옳지 않은 것은?
① 대파 뿌리는 잡내를 제거하는 효과가 있어 동치미를 담그거나 국물을 낼 때 사용한다.
② 찌개나 육수에는 대파의 푸른 부분을 많이 이용한다.
③ 양념으로 사용 시 대파의 흰 부분을 다져 이용하면 음식이 깔끔하다.
④ 깔끔한 국물을 낼 때는 대파의 흰 부분을 사용한다.

07
육수를 만들 때 향신료를 첨가하는 이유로 옳지 않은 것은?
① 육류나 생선의 불쾌취를 완화시킨다.
② 새로운 맛을 창조하는 데 의의를 갖는다.
③ 소화 효소의 작용을 활성화하여 소화를 촉진하고 정장제로서의 역할을 한다.
④ 곰팡이나 효모의 발생, 부패균의 증식을 억제한다.

08
김치 산패의 원인으로 알맞지 않은 것은?
① 김치 주재료 및 부재료가 청결하지 못한 경우
② 배추를 절인 후 수분을 많이 제거한 경우
③ 김치의 저장 온도가 높거나 소금 농도가 낮은 경우
④ 김치 발효 마지막에 곰팡이나 효모에 오염된 경우

09
국이나 탕을 끓일 때 양념장을 넣고 거품이 올라오면 하는 행동으로 옳은 것은?
① 바로 걷어 낸다.
② 한소끔 끓인 후 걷어 낸다.
③ 내버려 둔다.
④ 채소를 넣는다.

10
건더기는 국물의 2/3 정도가 좋으며 궁중에서 찌개를 일컫는 말은?
① 조치
② 지짐이
③ 국
④ 전골

11
적의 분류에 대한 설명으로 바르지 않은 것은?
① 누름적은 재료를 익혀 꼬치에 끼우기만 한 것이다.
② 지짐누름적은 재료를 양념하여 익히지 않고 꼬치에 끼워 석쇠나 팬에 익힌 것이다.
③ 지짐누름적은 재료 하나하나를 익혀 꼬치에 끼운 후 밀가루와 달걀물을 씌워 팬에 지지는 것이다.
④ 지짐은 밀가루 반죽에 재료들을 모두 섞어 기름에 지진 것이다.

12
전(煎)을 부칠 때 주의 사항으로 틀린 것은?
① 곡류전은 다른 재료보다 기름을 넉넉히 두른다.
② 전을 지질 때는 달궈진 팬에 재료를 올려야 전에 기름이 적게 흡수된다.
③ 전은 기름이 많이 흡수되므로 한 면만 오래 익힌다.
④ 달궈진 팬에 약한 불로 지진다.

13
소고기를 도톰하게 저며 부드럽게 연육한 후 양념하여 굽기를 반복해서 만든 음식은?
① 염통구이
② 너비아니구이
③ 장포육
④ 갈비구이

14
장조림 조리 방법으로 옳지 않은 것은?
① 찬물에 고기를 넣으면 육즙이 흘러 나와 고기의 맛이 덜하다.
② 셀러리나 미나리같이 향이 나는 채소를 넣어 조리한다.
③ 부재료를 너무 많이 사용하면 빨리 상하므로 유의한다.
④ 고기와 간장을 먼저 넣으면 고기가 질겨진다.

15 난이도

구이 조리에 대한 설명으로 틀린 것은?

① 직접 불에 굽는 방법을 직화법이라고 한다.
② 철판 및 도구를 이용하는 방법을 간접화법이라고 한다.
③ 육류 구이 시 달궈진 팬을 사용한다.
④ 구이는 육류에만 사용하는 조리법이다.

16 난이도

생채의 의미 및 특징으로 옳지 않은 것은?

① 초장, 초고추장, 겨자, 식초 등을 이용해 새콤달콤한 맛을 낸다.
② 다른 조리 방법보다 영양소 손실이 적다.
③ 식재료 본연의 맛을 살린 것이 특징이다.
④ 주재료는 육류를 사용한다.

17 난이도

숙채에 대한 설명으로 틀린 것은?

① 부드러운 식감을 준다.
② 삶아서 사용한다.
③ 소금에 절인 경우 쪄서 사용한다.
④ 쪄서 사용한다.

18 난이도 [산업기사 출제 가능]

김치를 잘 담그기 위한 조건으로 옳지 않은 것은?

① 좋은 재료를 선택한다.
② 꽃소금을 사용하여 절인다.
③ 유산균은 산소를 싫어하고 김치를 부패시키는 균은 산소를 좋아하므로 밀폐시켜 보관한다.
④ 저온(4℃ 이하)에서 온도 변화 없이 저장해야 유산균이 맛있는 성분을 만든다.

19 난이도 [산업기사 출제 가능]

볶음 조리는 다른 조리법보다 화력이 중요하므로 강한 불에서 조리하여야 한다. 그 이유로 옳지 않은 것은?

① 조리 시간이 길어지면 수분이 손실된다.
② 화력이 약하면 채소의 식감이 좋지 않아진다.
③ 화력을 강하게 하면 영양소가 많이 파괴된다.
④ 화력이 약하면 조리 과정 중 식재료 본연의 색이 변한다.

20 난이도

멸치 볶음을 요리할 때 기름을 두르지 않은 팬에 볶아 사용하는 이유로 옳지 않은 것은?

① 소독하는 전처리 과정이다.
② 비린내 제거 방법 중 하나이다.
③ 딱딱하지 않게 된다.
④ 기름 없는 다이어트 멸치를 만들기 위한 작업이다.

에듀윌이 너를 지지할게

ENERGY

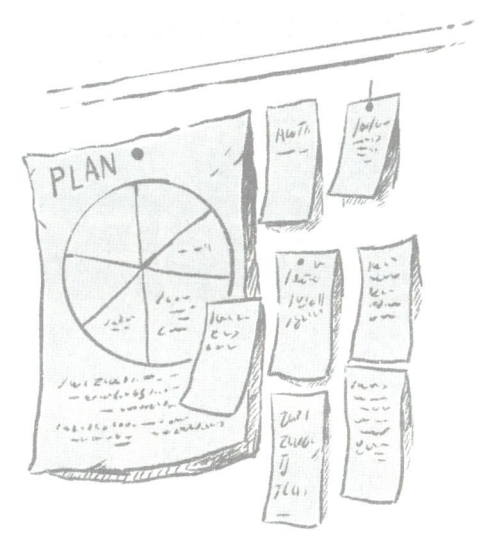

오늘은
어제 생각한 결과이다.
우리의 내일은
오늘 무슨 생각을 하느냐에 달려있다.

– 존 맥스웰(John Maxwell)

종목편

SUBJECT 07

양식

PART 01 식생활 문화

서양의 주요 나라별 특징과 대표 음식, 서양의 식사 방법에 대한 내용이 출제될 수 있다. 특히 양식 코스 요리는 순서와 제공되는 요리의 특징을 반드시 알아 둔다.

PART 02 스톡 조리 [NCS 학습모듈: LM1301010202_21v4]

스톡은 한국의 육수와 유사한 것으로 향을 내는 부케가르니, 미르포아에 대해 꼭 알아 두어야 한다. 완성된 스톡에 문제가 있을 때 해결 방법을 조리 방법과 연결하여 학습한다.

PART 03 전채 · 샐러드 조리 [NCS 학습모듈: LM1301010223_21v4]

전채 요리는 적당한 자극을 줄 수 있는 재료와 조리 방법이 특징이며, 전채 요리와 함께 제공되는 콩디망이 중요하다. 샐러드 기본 구성과 이 중 본체에 해당하는 채소를 손질하는 순서와 방법을 알아 둔다. 여러 가지 드레싱의 종류와 여기에 많이 사용되는 기본 재료도 학습한다.

PART 04 샌드위치 조리 [NCS 학습모듈: LM1301010217_21v4]

샌드위치는 온도나 형태에 따른 분류를 조리 방법과 재료를 중심으로 학습한다.

PART 05 조식 조리 [NCS 학습모듈: LM1301010210_21v4]

양식 조리에서 조식은 크게 달걀 요리, 조찬용 빵류와 시리얼류로 구분할 수 있다. 각각의 종류를 학습한다.

PART 06 수프 조리 [NCS 학습모듈: LM1301010204_21v4]

수프를 구성하는 스톡, 농후제, 가니쉬, 허브와 향신료 각각에 대한 내용을 학습한다. 농도, 가니쉬 등에 따른 수프의 종류와 함께 이해한다.

PART 07 육류 조리 [NCS 학습모듈: LM1301010208_21v4]

서양의 육류는 플레이팅 순서와 방법이 특이하니 알아 두는 것이 좋다. 육류의 종류별 주요 특징과 육류 익힘의 정도가 중요하므로 꼭 암기한다.

PART 08 파스타 조리 [NCS 학습모듈: LM1301010209_21v4]

파스타는 면의 종류와 삶는 방법이 중요하다. 파스타 형태에 따라 어울리는 소스의 활용 가능한 부재료를 학습한다.

PART 09 소스 조리 [NCS 학습모듈: LM1301010203_21v4]

소스를 만들 때 필요한 재료를 학습하고, 육수 소스, 디저트 소스 등 분류를 알아 둔다.

PART 01 식생활 문화

01 서양 음식의 분류

1. 서양의 식사 제공 형태 [빈출]

양식은 식사 시간, 종류 등에 따라 식사의 형태가 다양하다.

브렉퍼스트 (Breakfast)	• 아침 식사를 말한다. • 주로 달걀 요리나 빵, 과일, 베이컨 등과 주스, 커피로 구성된다.
런치 (Lunch)	• 정오부터 오후 2시 사이의 점심 식사를 말한다. • 수프, 생선 또는 고기 요리, 빵과 샐러드와 같이 가벼운 음식으로 구성된다.
런천 (Luncheon)	• 격식을 차린 점심 식사를 말한다. • 보통 수프, 주요리 2종류, 샐러드, 빵, 후식, 음료 등으로 구성된다.
디너 (Dinner)	• 하루 중 가장 비중을 두는 식사로, 정찬이라고 한다. • 전채 요리, 수프, 빵, 샐러드, 생선 또는 육류 요리, 후식, 음료 등으로 구성된다.
서퍼 (Supper)	• 늦은 저녁 식사 또는 밤참을 말한다. • 각종 모임이나 행사 후 가벼운 음식의 2~3코스로 구성된다. • 소화가 잘 되는 재료와 조리법을 사용한다.
뷔페 (Buffet)	• 큰 식탁에 요리를 차려 놓고 먹게 하는 방법과 여러 그릇에 음식을 담고 먹을 사람이 마음대로 덜어 먹을 수 있도록 하는 방법이 있다. • 파티 시 장소가 협소하거나 짧은 시간에 많은 손님을 대접할 때 사용한다.

바로 확인문제

식사 제공의 형태에 따른 용어와 설명이 옳지 않은 것은?
① 런치 - 정오부터 오후 2시 사이의 점심 식사
② 서퍼 - 늦은 저녁 식사 또는 밤참
③ 브렉퍼스트 - 격식을 차린 점심 식사
④ 디너 - 하루 중 가장 비중을 두는 식사

|해설|
브렉퍼스트는 아침 식사를 말하며, 격식을 차린 점심 식사는 런천이다.

|정답| ③

2. 양식 코스 요리 [빈출]

애피타이저 → 수프 → 생선 요리 → 앙트레 → 육류 요리 → 샐러드 → 디저트 → 음료 순으로 제공된다.

애피타이저 (Appetizer)	• 식사 전에 제공하여 식욕을 돋우어 주는 음식이다. • 차가운 애피타이저로는 카나페, 과일 등이 있고, 따뜻한 애피타이저에는 구운 베이컨, 새우 등이 있다. • 포도주와 칵테일 등을 함께 곁들이기도 한다.
수프 (Soup)	• 애피타이저 다음에 제공되며, 위의 부담을 덜어 준다. • 스톡에 건더기를 넣고 끓여 양념한 것으로, 한국의 국과 비슷하다.
앙트레 (Entree)	• 정찬에서 중심이 되는 요리로, 생선 요리 뒤에 나가는 육류 요리이다. • 소고기, 송아지 고기, 닭고기, 양고기 등을 주재료로 한다.
샐러드 (Salad)	채소, 과일, 육류를 골고루 섞어 드레싱으로 간을 맞춘 음식이다.

빵 (Bread)	• 주로 처음부터 테이블에 놓여 있다. • 양식에서 빵은 요리와 함께 시작해서 디저트를 들기 전에 끝낸다.
디저트 (Dessert)	• 식사의 마지막 단계로 제과, 제빵, 과일 등을 제공한다. • 차가운 디저트로는 아이스크림, 셔벗이 있고, 따뜻한 디저트에는 파이, 케이크 등이 있다.

02 양식 조리 방법

로스트 (Roasted)	• 육류를 덩어리째 오븐에 굽는 방법이다. • 육류 본연의 맛을 내기에 좋다.
훈제 (Smoked)	• 연기를 이용해서 고기 등을 훈연 처리하여 건조시키는 방법이다. • 보존성이 높아지고, 연기를 통해 향과 맛이 좋아진다.
테린 (Terrine)	• 보존을 위해 육류나 양념을 항아리에 담아 두는 방법이다. • 장식을 더해 항아리째 식탁에 제공하기도 하고, 항아리째 조리하기도 한다.
갈라틴 (Galantine)	• 재료를 랩이나 면포로 말아 스톡에 익힌 후 식혀 차갑게 제공하는 프랑스 전통 요리이다. • 닭고기나 송아지 고기 등을 주재료로 한다.
세비체 (Ceviche)	• 얇게 자른 해산물을 레몬즙이나 라임즙에 재운 후 잘게 다진 채소와 함께 소스를 뿌려 차갑게 먹는 방법이다. • 주로 생선살이나 오징어, 새우, 조개 등을 사용한다.
콩디망 (Condiment)	• 요리에 사용되는 여러 가지 양념을 섞은 것을 말한다. • 단맛, 짠맛, 신맛, 쓴맛, 매운맛, 떫은맛, 감칠맛 등으로 독특한 맛이 나도록 음식 전체의 맛을 조절하는 작용을 한다.
그라탱 (Gratin)	식품에 치즈, 크림과 달걀 등을 올려 샐러맨더를 이용하여 윗면이 황금색을 내게 하는 조리법이다.

바로 확인문제

양식의 조리 방법으로 옳지 않은 것은?
① 로스트는 육류를 덩어리째 오븐에 굽는 방법이다.
② 훈제는 연기를 이용해서 고기 등을 훈연 처리하여 건조시키는 방법이다.
③ 세비체는 육류나 양념을 항아리에 담아 두거나 항아리째 조리하는 방법이다.
④ 갈라틴은 닭고기나 송아지 고기를 랩이나 면포로 말아 스톡에 익힌 후 식혀 차갑게 먹는 방법이다.

|해설|
세비체는 얇게 자른 해산물을 레몬즙이나 라임즙에 재운 후 잘게 다진 채소와 함께 소스를 뿌려 차갑게 먹는 방법이다. 육류나 양념을 항아리에 담아 두거나 항아리째 조리하는 방법은 테린이다.

|정답| ③

03 서양 음식의 특징 및 용어

1. 양식 조리의 의의

양식이란 서양 요리를 말하며, 유럽과 북아메리카 요리를 일컫는 말이다.

2. 나라별 특징

구분	특징	대표 음식
미국	• 다양한 인종과 문화가 존재하여 음식 문화도 다양하다. • 육류의 소비가 많고, 채소류의 소비는 적어 영양학적으로 불균형한 편이다. • 간편성, 실용성을 강조하는 문화적 특징으로 가공식품, 반조리 식품, 인스턴트 식품 등이 발달하였다.	핫도그, 햄버거, 스테이크, 애플파이, 샌드위치, 샐러드, 칠면조 고기, 젤리, 바비큐

프랑스	• 조리법이 섬세하며, 프랑스의 푸아그라는 세계 3대 진미 중 하나이다. • 낙농업이 발달하여 치즈, 생크림과 버터를 많이 사용한다. • 바게트, 브리오슈, 마카롱 등 제과·제빵으로도 유명하다. • 식사코스: 오르되브르(혹은 수프) → 메인디쉬 → 샐러드와 치즈, 디저트 → 차와 식후 음료	포도주, 제과·제빵(바게트, 브리오슈, 마카롱), 다양한 치즈, 달팽이 요리, 푸아그라 요리, 부이야베스, 송로버섯, 캐비어
이탈리아	• 주로 올리브유를 사용하고, 채소 섭취량이 많다. • 저장을 목적으로 향신료를 많이 사용하며, 앤초비, 살라미 등 저장식품이 발달하였다. • 식사코스: 아페리티프(식전 요리, 식전주) → 안티파스토(에피타이저, 전채 요리) → 프리모 피아토 → 세콘도피아토 → 콘토로노 → 포르마죠(치즈) → 돌체(아이스크림, 과일, 티라미슈) → 단과자 → 카페(에스프레소)	피자, 파스타, 젤라토(아이스크림), 아란치니(주먹밥 튀김), 크로켓
영국	• 목축업이 발달하여 소고기, 양고기, 돼지고기, 소시지, 베이컨을 즐겨 먹는다. • 어업의 발달로 생선 요리 및 가공업이 발달하였다. • 쿠키, 스콘, 샌드위치 등을 곁들인 티 타임이 하나의 식문화로 인식된다.	로스트 비프, 피시 앤 칩스, 요크셔 푸딩, 하기스 등
독일	• 아침 식사 또는 브런치를 중요시한다. • 감자와 빵을 주식으로 하며, 스튜나 수프(국물 요리)를 곁들인다. • 맥주의 종류가 많고 맥주를 음료수처럼 소비한다.(9월 말~10월 초, 2주간 옥토버페스트라는 맥주 축제가 열림)	사워크라우트(독일식 김치), 아인스바인(돼지족발), 소시지, 슈바인학세, 아인토프, 브리첸, 감자 요리

합격보장 꿀팁

- **세계 3대 진미** | 푸아그라, 캐비아, 트러플
- **세계 3대 수프** | 프랑스의 부이야베스, 중국의 샥스핀, 태국의 똠얌꿍
- **앤초비** | 멸치를 소금과 올리브유에 절여 만든 보존 식품이다.
- **살라미** | 소시지에 소금과 향신료로 강하게 간을 한 뒤 럼주를 가하여 건조시킨 것이다.

바로 확인문제

서양의 각 나라별 대표 음식으로 옳지 않은 것은?
① 프랑스 - 바게트, 브리오슈, 마카롱, 치즈
② 이탈리아 - 피자, 파스타, 젤라토
③ 독일 - 사워크라우트
④ 영국 - 햄버거, 핫도그

|해설|
햄버거, 핫도그 등 인스턴트 식품은 미국에서 발달하였다.

|정답| ④

PART 02 스톡 조리

01 스톡 재료 준비

1. 스톡의 재료 [빈출]

(1) 부케가르니(Bouquet Garni)
① 프랑스어로 향초다발이라는 뜻이다.
② 통후추, 월계수잎, 타임, 파슬리 줄기, 마늘, 셀러리로 향을 낼 때 사용한다.

> **바로 확인문제**
>
> 부케가르니에 대한 설명으로 틀린 것은?
> ① 부케가르니는 프랑스어로 향초다발이라는 뜻이다.
> ② 밀가루와 버터를 볶은 것이다.
> ③ 스톡이나 소스를 만들 때 향을 내거나 잡내를 제거하기 위해 사용한다.
> ④ 통후추, 월계수잎, 타임, 파슬리 줄기와 마늘로 향을 낼 때 사용한다.
>
> |해설|
> ②는 루(Roux)에 대한 설명이다.
> |정답| ②

(2) 미르포아(Mirepoix)
스톡의 향을 강화할 때 사용하는 양파, 당근과 셀러리의 혼합물을 말한다.

(3) 뼈(Bone)
뼈는 절단기를 이용하여 8~10cm의 조각으로 잘라 주어야 스톡을 조리하는 동안 맛, 젤라틴, 영양 성분을 완전히 추출해 낼 수 있다.

스톡 조리에 사용하는 뼈	
소뼈와 송아지뼈	소뼈를 사용하면 비프 스톡(Beef Stock), 송아지뼈를 사용하면 빌 스톡(Veal Stock)이라고 한다.
닭뼈	목과 등뼈가 좋고, 닭 전체를 사용해도 무방하다.
생선뼈	• 주로 넙치, 가자미(기름기가 적은 뼈)를 사용한다. • 생선뼈는 자른 후 찬물에 담가 피와 불순물을 제거하고 사용한다.
기타 잡뼈 (Other Bones)	• 양(Lamb), 칠면조(Turkey), 가금류(Poultry) 등을 화이트 스톡(White Stock) 또는 브라운 스톡(Brown Stock)으로 사용한다. • 허브(Herb)와 스파이스(Spice)를 곁들여 특정 냄새를 제거하는 데 사용한다.

> **합격보장 꿀팁**
>
> • 스톡 조리 시간
>   - 소뼈와 송아지뼈: 6~8시간
>   - 생선뼈: 30분~1시간
>   - 닭뼈: 5~6시간

2. 스톡의 종류

스톡은 색에 따라 화이트 스톡과 브라운 스톡으로 나뉘며, 주재료인 뼈(Bone)에 따라 종류가 다양하다.

구분	조리 방법 및 특징	종류
화이트 스톡 (White Stock)	• 찬물에 각종 뼈, 야채, 향신료를 넣어 은근히 끓인다. • 조리 과정 중에 색이 나면 안 된다.	• 화이트 비프 스톡(White Beef Stock) • 화이트 피시 스톡(White Fish Stock) • 화이트 치킨 스톡(White Chicken Stock) • 화이트 베지터블 스톡(White Vegetable Stock)
브라운 스톡 (Brown Stock)	• 각종 뼈, 야채를 오븐이나 스토브에서 갈색으로 구워 향신료를 넣고 장시간 끓인다. • 강한 육즙 향이 난다.	• 브라운 비프 스톡(Brown Beef Stock) • 브라운 빌 스톡(Brown Veal Stock) • 브라운 폴트리 스톡(Brown Poultry Stock) • 브라운 치킨 스톡(Brown Chicken Stock)
부용(Bouillon)	야채, 식초, 소금, 와인 등을 넣고 맑게 끓인다.	• 미트 부용(Meat Bouillon) • 베지터블 부용(Vegetable Bouillon)

> **합격보장 꿀팁**
> - **쿠르 부용(Court Bouillon)** | 야채, 부케가르니, 식초나 와인 등의 산성 액체를 넣어 은근히 끓여서 만들며 야채나 해산물을 포칭(Poaching)하는 데 사용한다.
> - **나지(Nage)** | 쿠르 부용에 생선뼈나 갑각류의 껍데기를 넣어 끓이는 것을 말한다.

02 스톡 조리 및 완성

1. 스톡 조리 방법

(1) 찬물에서 스톡 조리를 시작하기
찬물은 식품 중에 있는 맛, 향 등 요리의 질을 향상시키는 식품의 성분을 잘 용해시켜 준다. 열을 가했을 때 이러한 불순물은 굳어져 표면 위로 떠오르게 되는데, 이때 불순물을 쉽게 제거할 수 있다. 따라서 반드시 찬물에 재료가 충분히 잠길 정도까지 부어 조리를 시작한다.

(2) 서서히 스톡을 조리하기
스톡은 일단 끓기 시작하면 불을 줄인 다음에 서서히 끓여 주고, 그 상태를 유지한다.

(3) 거품 및 불순물 걷어 내기
① 처음 끓어 오르기 시작할 때 표면 위로 떠오르는 불순물이 가장 많다.
② 거품과 함께 떠오르는 것을 제거해 주어야 한다. 이를 제거하지 않으면 거품이 물 속에 섞여 스톡이 혼탁해진다.
③ 냄비 주위에 생기는 기름기는 젖은 키친타월로 닦아 준다.
④ 너무 자주 저을 경우 스톡이 탁해질 수 있다.
⑤ 스톡은 용도가 매우 다양하고, 소량이 될 때까지 졸여서 사용하는 경우도 있기 때문에 간을 하지 않는다.

> **바로 확인문제**
>
> 스톡 조리 시 주의 사항으로 옳지 않은 것은?
> ① 스톡은 찬물에서 끓이기 시작한다.　　② 스톡이 끓으면 불을 줄이고 끓인다.
> ③ 스톡은 다 끓인 후 소금 간을 한다.　　④ 스톡이 끓어 오르며 생기는 거품과 불순물을 제거한다.
>
> |해설|
> 스톡은 용도가 매우 다양하고 때에 따라 소량이 될 때까지 졸여서 사용해야 하므로 간을 하지 않는다.
> |정답| ③

2. 스톡 보관

(1) 스톡 보관 방법
① 조리된 스톡은 내용물과 스톡으로 분리하여 다른 불순물이 섞이지 않게 한다.
② 스톡 표면 위에 기름기를 제거한다.
③ 21℃로 2시간 이내로 냉각시킨 후 4시간 동안 5℃ 이하로 냉각시킨다.(쿨링 작업)

(2) 보관 기간
① 스톡의 생산 시기를 알 수 있게 만든 날짜와 시간을 기록한다.
② 냉장 보관은 3~4일, 냉동 보관은 5~6개월 가능하다.

3. 완성된 스톡 평가하기

(1) 좋은 스톡
좋은 스톡은 본체(Body), 향(Flavor), 투명도(Clarity), 색(Color)이 좋은 것이다.

> **바로 확인문제**
>
> 좋은 스톡을 평가할 때 필요한 요소로 틀린 것은?
> ① 향(Flavor)　　② 본체(Body)　　③ 투명도(Clarity)　　④ 속도(Speed)
>
> |해설|
> 좋은 스톡은 본체, 향, 투명도, 색으로 평가하며 요구되는 스톡에 따라 조리 속도를 조절한다.　　|정답| ④

(2) 문제별 해결 방법

문제점	원인	해결 방법
색이 맑지 않은 경우	• 조리 시 불 조절 실패 • 이물질이 들어간 경우	• 찬물에서 스톡 조리를 시작한다.(시머링) • 소창으로 걸러 낸다.
향이 적은 경우	• 충분히 조리되지 않은 경우 • 뼈와 물의 불균형	• 조리 시간을 늘린다. • 뼈를 추가로 더 넣는다.
색이 옅은 경우	뼈와 미르포아가 충분히 태워지지 않은 경우	뼈와 미르포아를 짙은 갈색이 나도록 볶는다.
무게감이 없는 경우	뼈와 물의 불균형	뼈를 추가로 더 넣는다.
스톡에서 짠맛이 나는 경우	조리하는 동안 소금을 넣은 경우	스톡을 다시 조리한다.(스톡에 소금 사용 금지)

PART 03 전채 · 샐러드 조리

01 전채 · 샐러드 재료 준비

1. 전채 요리(애피타이저, 오르되브르)의 분류

구분	플레인(Plain)	드레스드(Dressed)
의의	아무것도 가미하지 않아 형태와 맛이 식재료 본래 그대로의 상태인 것을 말한다.	요리의 가치를 상승시키기 위해서 외관을 장식한 음식으로, 맛이 유지된다.
종류	• 햄 카나페(Ham Canape) • 소시지(Sausage) • 생굴(Oyster) • 렐리시(Relish) • 살라미(Salami) • 연어(Salmon) • 캐비아(Caviar) • 앤초비(Anchovy) • 올리브(Olive) • 치즈(Cheese) • 토마토(Tomato) • 과일(Fruits) • 거위 간(Goose Liver, 푸아그라) • 새우 카나페(Shrimp Canape)	• 과일 주스(Fruits Juice) • 소시지 말이(Sausage Roll) • 칵테일(Cocktail) • 굴 구이(Grilled Oyster) • 육류 카나페(Meat Canape) • 스터프트 에그(Stuffed Egg) • 게살 카나페(Crabmeat Canape)

> **합격보장 꿀팁**
> • **푸아그라(Foie gras)** | 푸아그라는 크고 지방이 많은 거위 간을 말하며 프랑스 고급 요리에 주로 사용한다.

2. 샐러드의 분류

순수 샐러드 (Simple Salad)	• 한 가지 채소로만 이루어진 샐러드를 지칭하였으나 현대에는 여러 가지 채소를 적당히 배합하여 조화를 이루도록 만들어진 샐러드를 말한다. • 주로 잎채소를 생으로 사용한 단순한 재료 구성으로, 곁들임 요리나 세트 메뉴에 코스용으로 사용한다.
혼합 샐러드 (Compound Salad)	• 각종 식재료, 향신료, 소금, 후추 등을 혼합한 것으로, 추가로 양념, 조미료 등을 첨가하지 않고 그대로 제공 가능한 완전한 상태이다. • 2~3가지 이상의 재료를 사용하여 애피타이저나 뷔페에 사용한다.
더운 샐러드(Warm Salad)	중간 불이나 낮은 불에서 드레싱을 데워 샐러드 재료와 버무려 만든다.
그린 샐러드(Green Salad)	한 가지 또는 그 이상의 잎채소를 드레싱과 곁들인다.

3. 재료의 특성과 용도

(1) 육류

단백질과 살코기 부위가 많은 부드러운 안심이나 등심, 간(Liver)이나 송아지 목젖(Sweetbread) 등을 이용한다.

>  **합격보장 꿀팁**
> • **육류의 가공식품**
>   - 이탈리아의 파르마 햄(Parma Ham): 생고기를 염지해서 말린 것
>   - 에어 드라이 비프(Air Dry Beef): 소고기를 양념해서 말린 것
>   - 하몽(Jamon): 돼지고기 뒷다리의 넓적다리 부분을 통째로 잘라 소금에 절여 건조·숙성시켜 만든 것

314 • SUBJECT 07 양식

(2) **가금류**
  ① 종류: 오리, 거위, 닭, 메추라기, 꿩
  ② 조리 방법: 로스트(Roasted), 테린(Terrine), 훈제(Smoked), 갈라틴(Galantine)

(3) **생선**
  ① 종류

바다생선(Sea Fish)	도미, 광어, 우럭 등
민물생선(River Fish)	잉어, 붕어, 메기, 뱀장어, 은어, 가물치, 미꾸라지
극피동물(Echinodermata)	성게류와 해삼류
갑각류(Crustacean)	바닷가재, 새우, 게, 대하
연체동물(Mollusks)	두족류(오징어, 문어, 꼴뚜기, 낙지), 복족류(전복, 소라), 조개류(굴, 대합, 모시조개, 가리비)

  ② 조리법: 타르타르(Tartar), 훈제(Smoked), 세비체(Ceviche), 쿠르 부용(Court Bouillon)에 살짝 삶은 후 콩디망(Condiment)으로 양념한다.

(4) **채소**
  ① 채소는 모두 사용이 가능하나 향이 많이 나거나 맛이 강한 채소는 요리의 특성에 맞게 사용해야 한다.
  ② 양상추(Lettuce), 당근(Carrot), 셀러리(Celery), 양파(Onion), 로메인 상추(Romaine Lettuce) 등을 주로 사용한다.

> **합격보장 꿀팁**
> - **엽채류** | 샐러드에 있어 가장 기본이 되는 채소류로, 수분 함량이 많고 비타민, 무기질이 풍부하다. 각종 상추류(엽상추, 로메인 상추), 시금치, 파슬리, 각종 배추류가 해당된다.

(5) **전채 · 샐러드 요리에 사용하는 양념**

소금	• 천일염, 정제염, 맛소금 등이 있다. • 조리 용도에 맞게 사용한다.
식초	• 신맛을 내는 가장 대표적인 조미료로 과일, 곡류의 알코올을 발효시켜 양조한 것이다. • 과일의 신맛을 이용한 것과 합성한 것 등이 있다.
올리브유	• 올리브나무(감람나무)의 열매에 함유된 기름을 압착 · 추출한 것이다. • 불포화지방산이 다량 함유된 식용유 중에서 최고급품으로 사용된다. • 주성분: 올레산(Oleic Acid)

4. 조리도구

소스 냄비	• 소스를 끓일 때 사용한다. • 전채 요리에서는 달걀을 삶거나 생선을 데칠 때 사용하는 조리도구로 주로 긴 손잡이가 한 개 있는 것을 사용한다.
짤 주머니	• 생크림 등을 넣고 모양을 내어 짤 때 사용한다. • 전채 요리 중 스터프트 에그(Stuffed Egg)를 만들 때 사용한다.
고운체	• 음식을 거를 때 사용하는 도구이다. • 용도에 맞게 사용한다.
달걀 절단기	• 달걀을 삶아 껍질을 벗긴 후 일정한 모양으로 썰 때 사용한다. • 삶은 달걀을 이용하여 카나페를 만들 때 사용한다.
프라이팬	• 생선, 고기, 야채 등을 볶거나 튀길 때 사용한다. • 쓰임새에 따라 알맞은 크기와 모양의 것을 사용한다.

> **바로 확인문제**
>
> 쉬림프 카나페를 만들 때 달걀을 일정하게 썰기 위해 이용할 수 있는 조리도구는?
> ① 고운체   ② 달걀 절단기   ③ 꼬치   ④ 국자
>
> |해설|
> 달걀 절단기는 달걀을 삶아 껍질을 벗긴 후 일정한 모양으로 써는 조리도구로, 삶은 달걀을 이용하여 카나페를 만들 때 사용한다. |정답| ②

02 전채·샐러드 조리

1. 전채 조리

(1) 전채 조리 시 유의 사항

① 적당히 신맛과 짠맛으로 침샘을 자극해서 식욕을 돋우고 먹고 싶은 욕구를 일으켜야 한다.
② 다음 요리에 대한 기대감이 생길 수 있도록 소량으로 만들어야 한다.
③ 전채 요리는 식사의 시작을 알리는 음식으로 모양과 색채, 맛이 어우러지게 만들어야 한다.
④ 계절에 맞고 지역의 특성이 나타나는 식재료를 사용하며, 새로 재배되는 채소나 식재료를 활용하는 것이 좋다.
⑤ 주요리에 사용되는 재료와 반복된 조리법을 사용하지 않는다.

(2) 콩디망(Condiment)

① 의의
- 요리에 사용되는 양념들을 섞은 것(단맛, 짠맛, 신맛, 쓴맛, 매운맛, 떫은맛, 감칠맛 등)으로 음식 전체의 맛을 조절한다.
- 전채 요리의 특성에 따라 제공되어야 한다.
- 전채 요리에 조미료나 향신료로 사용되기도 하고, 전채 요리에 뿌리거나 작은 접시에 따로 제공된다.

② 콩디망의 종류

오일 비네그레트 (Oil Vinaigrette)	• 오일과 식초를 3:1의 비율로 섞어 소금과 후추로 간을 한다. • 허브를 다져 넣으면 허브 비네그레트가 된다. • 해산물이나 채소 요리에 어울린다.
베지터블 비네그레트 (Vegetable Vinaigrette)	• 양파, 홍피망, 청피망, 파프리카(노란색, 주황색), 마늘, 파슬리 등을 작은 주사위 모양으로 잘라 마늘 찹과 파슬리 찹, 오일과 식초를 섞고 소금과 후추로 간을 한다. • 해산물 요리에 많이 사용한다.
토마토 살사 (Tomato Salsa)	토마토를 작은 주사위 모양으로 잘라 다진 양파, 올리브유, 적포도주, 식초, 파슬리 찹을 넣어 섞고 소금과 후추로 간을 한다.
마요네즈 (Mayonnaise)	• 정제된 식물성 유지, 달걀 노른자, 식초를 유화시켜 반고체 식품으로 만든 소스이다. • 채소와 같이 먹거나 소스로 사용한다.
발사믹 소스 (Balsamic Sauce)	• 포도주 식초의 일종이다. • 발사믹 식초를 반으로 졸여 올리브유와 소금, 후추로 간을 한다.

> **바로 확인문제**
>
> 전채 요리의 특성에 따라 제공되는 콩디망의 종류가 아닌 것은?
> ① 토마토 살사   ② 발사믹 소스   ③ 오일 비네그레트   ④ 미르포아
>
> |해설|
> 미르포아는 스톡에 향을 강화할 때 사용하는 양파, 당근, 셀러리의 혼합물이다. |정답| ④

2. 샐러드 조리

(1) 샐러드 기본 구성

바탕(Base)	• 잎상추, 로메인 상추와 같은 샐러드 채소로 구성된다. • 그릇을 채워 주는 역할과 사용된 본체와의 색 대비를 이루는 것을 목적으로 한다.
본체(Body)	• 본체는 샐러드의 중요한 부분이다. • 본체에 사용된 재료의 종류에 따라 샐러드의 종류가 결정된다.
드레싱(Dressing)	• 일반적으로 모든 종류의 샐러드와 함께 낸다. • 드레싱은 요리의 성공 여부에 매우 중요한 역할을 한다. • 맛을 증가시키고, 가치를 돋보이게 하며 소화를 돕고, 곁들임의 역할을 한다.
가니쉬(Garnish)	• 완성된 제품을 아름답게 보이도록 한다. • 때에 따라 형태를 개선하고 맛을 증진시키는 역할을 한다.

바로 확인문제

샐러드를 구성할 때 갖추어야 할 형식으로 옳은 것은?

① 샐러드 채소로 구성하여 본체와의 색 대비를 고려한다.
② 본체는 아름답게 보이는 재료를 선택한다.
③ 드레싱은 따뜻하게 제공한다.
④ 가니쉬는 생략해도 무방하다.

|해설|
샐러드는 잎상추, 로메인 상추와 같은 샐러드 채소로 구성되며, 본체와의 색 대비를 이루는 것을 목적으로 한다.

|정답| ①

(2) 채소 손질

① 채소 세척: 흐르는 물로 여러 번 헹궈 낸 후 3~5℃ 정도의 차가운 물에 30분 정도 담가 둔다.
② 채소 다듬기
- 샐러드의 용도에 따라 칼로 자르거나 손으로 뜯어 한입 사이즈로 다듬는다.
- 줄기보다는 잎을, 겉잎보다는 속잎을 사용한다.

③ 채소의 수분 제거
- 채소가 충분히 살아났으면 채소를 건져 내고 야채 탈수기(스피너)를 이용해서 물기를 제거한다.
- 보관하기 전에 채소의 물기를 제거하면 오랫동안 저장이 가능하고 잘 마른 야채에 드레싱이 잘 묻힌다.

④ 용기에 채소 보관하기
- 넓은 통에 젖은 행주를 깔고 채소를 넣은 후 다시 젖은 행주를 덮어서 보관한다.
- 채소는 통의 2/3 정도만 담아 싱싱하게 보관하고 채소를 많이 보관할 경우 여러 통에 나눠서 보관한다.

(3) 드레싱(Dressing)

샐러드의 맛을 좀 더 향상시키고 소화를 돕기 위한 액체로 샐러드, 육류, 생선 등의 위에 뿌려 제공하는 소스이다. 샐러드의 맛과 풍미가 조화를 이루는 신맛이 나야 한다.

① 샐러드 드레싱의 목적
- 차가운 온도의 드레싱으로 샐러드의 맛을 한층 더 증가시켜 준다.
- 맛이 강한 샐러드는 맛을 부드럽게 해 준다.
- 맛이 순한 샐러드에는 향과 풍미를 충분하게 제공한다.
- 음식을 섭취할 때 입에서 즐기는 질감을 높일 수 있다.
- 신맛으로 소화를 촉진시키고, 상큼한 맛으로 식욕을 촉진시킨다.

> **바로 확인문제**
>
> 드레싱을 만드는 목적으로 틀린 것은?
> ① 뜨거운 온도의 드레싱으로 샐러드의 맛을 한층 더 증가시켜 준다.
> ② 맛이 강한 샐러드는 맛을 부드럽게 해 주고, 맛이 순한 샐러드에는 향과 풍미를 충분하게 제공한다.
> ③ 신맛의 드레싱으로 소화를 촉진시켜 준다.
> ④ 상큼한 맛으로 식욕을 촉진시킨다.
>
> |해설|
> 드레싱의 온도를 뜨겁게 할 경우 채소가 아삭한 식감보다는 눅눅한 식감으로 바뀔 수 있으므로 반드시 차가운 온도의 드레싱을 사용해야 한다.
>
> |정답| ①

② 드레싱의 기본 재료

오일	올리브 오일, 옥수수기름, 카놀라유, 포도씨유, 호두기름, 땅콩기름, 면실유, 헤이즐넛 오일, 바질 오일, 아몬드 오일, 코코넛 오일, 아르간 오일, 아보카도 오일 등이 있다.
식초	사이다식초, 발사믹식초, 와인식초, 셰리식초, 레몬식초, 현미식초, 라즈베리 식초 등이 있다.
달걀 노른자	마요네즈나 다른 드레싱의 유화제로 사용한다.
소금	천일염을 사용한다.
후추	오일이나 달걀의 비린내 제거에 사용한다.
설탕	올리고당, 꿀, 포도당, 메이플시럽 등으로 대체 가능하다.
레몬	드레싱의 완성 단계에 즙으로 사용한다.

> **합격보장 꿀팁**
>
> - **주 사용 오일** | 올리브 오일
> - **오일의 산도가 좋은 순서** | 엑스트라 버진 올리브 오일 > 버진 > 퓨어 > 정제

③ 드레싱의 종류 [빈출]

- 차가운 유화소스

비네그레트 (Vinaigrettes)	• 기름, 식초, 소금, 후추를 넣고 빠르게 섞어 주면 일시적으로 섞이면서 유화되는 드레싱(오일 : 식초 = 3:1) • 종류: 레드와인비네그레트, 발사믹비네그레트, 셰리와인비네그레트 등 • 조리 방법: 믹싱 볼에 머스터드, 소금, 후추, 허브 등을 넣고 식초를 조금씩 부어 가며 거품기로 빠르게 섞기 → 천천히 오일을 부어 가며 젓기 → 가니쉬를 첨가하여 마무리하기
마요네즈 (Mayonnaise)	• 주재료(난황, 오일, 머스터드, 소금, 식초, 설탕)를 넣고 잘 섞어서 분리되지 않게 만든 차가운 드레싱 • 대표 드레싱: 사우전 아일랜드 드레싱, 아이올리 등 • 조리 방법: 믹싱 볼에 달걀 노른자와 유지, 식초(기호에 따라 머스터드, 소금, 후추 첨가)를 넣고 거품기로 빠르게 섞기 → 재료가 골고루 섞이면 기름을 조금씩 넣어 가며 마요네즈 만들기 → 어느 정도 되직한 질감이 되면 식초를 조금씩 부어 가며 농도 조절하기

> **합격보장 꿀팁**
>
> - **유화 드레싱 유분리 현상 원인**
>   - 달걀 노른자가 기름을 흡수하기 전에 기름이 첨가될 때
>   - 소스의 농도가 너무 진할 때
>   - 소스를 만드는 과정이 너무 차거나 따뜻할 때
>   - 잘 저어 주지 않았을 때
> - **유분리 복원 방법**
>   - 멸균 처리된 달걀 노른자를 거품이 일어날 정도로 젓는다.
>   - 유분리된 마요네즈를 조금씩 부어 가면서 다시 드레싱을 만든다.

> **바로 확인문제**
>
> 마요네즈가 분리되는 경우가 아닌 것은?
> ① 기름의 양이 많을 때
> ② 기름을 첨가하고 천천히 저어 주었을 때
> ③ 기름의 온도가 너무 낮을 때
> ④ 마요네즈를 조금씩 첨가했을 때
>
> |해설|
> 마요네즈를 만들 때 분리되는 경우는 기름의 양이 많을 때, 기름의 온도가 낮을 때, 잘 저어 주지 않았을 때 등이다. |정답| ④

- 유제품을 기초로 하는 소스류: 샐러드 드레싱이나 디핑소스로 사용되며, 우유, 생크림, 사워크림 등을 주재료로 한다.

허브 크림 드레싱	바질, 딜과 같은 허브류를 다져서 우유나 치즈와 섞는다.
크림치즈 디핑소스	크림치즈에 약간의 레몬즙과 마요네즈를 섞는다.

- 살사(Salsa): 생과일이나 채소로 만들며 감귤류의 주스, 식초, 포도주 등의 산을 넣어 향미를 첨가하기도 한다.

토마토 살사	다진 토마토, 양파 등의 채소에 올리브유, 적포도주, 식초 등을 넣어 만든다.
콩포트	여러 과일을 섞어 물, 설탕, 향신료를 넣고 약하게 끓인다.
처트니	과일이나 채소에 향신료를 넣어 만든 인도식 소스이다.
렐리시	달고 시게 초절이한 열매채소(피클, 토마토, 오이, 고추, 양파 등)를 다져서 만든다.

- 쿨리스(Coulis): 소스와 같은 농도에 날것이나 요리된 과일, 채소를 갈아 넣어 달콤한 맛이 나게 만든 것이다.
- 퓌레(Puree): 과일이나 채소를 블렌더 등으로 갈아 다시 걸러진 부드러운 질감의 액체 형태 음식을 말한다.

> **바로 확인문제**
>
> 퓌레(Puree)에 대한 설명으로 옳은 것은?
> ① 소스와 같은 농도에 날것이나 요리된 과일, 채소를 갈아 넣어 달콤한 맛이 나게 만든 것이다.
> ② 과일이나 채소를 블렌더 등으로 갈아 다시 걸러진 부드러운 질감의 액체 형태 음식이다.
> ③ 익히지 않은 과일 혹은 야채로 만든 것이다.
> ④ 기름, 식초, 소금, 후추를 넣고 빠르게 섞어 주면 일시적으로 섞이면서 유화되는 드레싱이다.
>
> |해설|
> ①은 쿨리스, ③은 살사, ④는 비네그레트에 대한 설명이다. |정답| ②

(4) 식재료별 조리 방법

소고기	그릴링과 브로일링	지방이나 기름 없이 건조한 150~250℃의 열로 조리하는 방법(숯불, 가스, 전기를 이용해 직화로 굽는 방법)
	로스팅	큰 덩어리의 고기에 머스타드나 오일, 지방을 발라서 넓고 납작한 팬에 담고 140~200℃ 열로 조리하는 방법
	소테잉	유지를 사용하여 고온에서 단시간에 조리하는 방법으로, 작은 사이즈의 고기를 살짝 익힐 때 사용
	브레이징	복합 조리 중 하나로 부피가 큰 고기를 요리할 때 사용
	스튜잉	일종의 브레이징인 복합 조리 방법
돼지고기	딥-프라잉	고온의 기름에 재료를 넣어 익히는 방법
	스터-프라잉	소테잉과 비슷한 방법으로, 250℃ 이상의 웍에서 계속 움직이면서 조리하는 방법

해산물	보일링	끓는 물이나 육수에 재료를 익히는 방법
	포칭	재료를 부드럽게 익히는 방법으로, 찬물에서 재료를 넣고 끓이기도 함
	스티밍	조리용액이 직접 닿지 않는 밀폐된 용기에서 스팀으로 조리하는 방법
	팬-프라잉	소테잉보다 낮은 온도인 170℃ 정도에서 프라잉을 시작하여 중간 이상의 온도에서 뚜껑을 덮지 않고 조리하는 방법
채소	블랜칭	다량의 끓는 물에 재빨리 삶는 방법(영양소의 파괴 방지)
곡물	시머링	낮은 불에서 대류 현상을 유지하지만 조리하는 재료가 흐트러지지 않도록 조심스럽게 끓이는 방법

03 전채·샐러드 요리 완성

1. 전채 요리 완성

(1) 접시의 종류 및 핑거볼

① 접시의 종류

원형	• 기본적인 접시이다. • 테두리나 무늬의 색상에 따라 다양한 연출이 가능하다.
삼각형	• 날카롭고 빠른 이미지이다. • 역동적인 분위기의 요리에 사용 가능하다.
사각형	• 안정되고 세련된 느낌을 준다. • 모던하고 개성이 강하며 독특한 이미지를 표현할 때 사용한다.
타원형	여성적인 기품과 우아함이 느껴지며 원만한 느낌을 준다.
마름모형	• 정돈되고 안정된 느낌을 준다. • 움직임과 속도감을 준다.

② 핑거볼(Finger Bowl)
- 핑거 푸드(Finger Food)나 과일 등을 손으로 먹을 때나 식후에 손을 씻을 수 있도록 물을 담아 놓는 작은 그릇을 말한다.
- 음료수로 착각하지 않도록 작은 그릇에 꽃잎이나 레몬조각을 띄워 식탁 왼쪽에 놓는다.

(2) **전채 요리를 담을 때 유의 사항**
① 고객의 편리성이 우선적으로 고려되어야 한다.
② 재료별 특성을 이해하고 적당한 공간을 두고 담는다.
③ 접시의 특성에 따라 다르지만, 내원을 빗어나지 않게 한다.
④ 일정한 간격과 질서를 두고 담는다.
⑤ 소스(Sauce)는 적당 양을 뿌린다.
⑥ 가니쉬(Garnish)는 요리 재료와 중복되지 않도록 담는다.
⑦ 주요리보다 크기가 크거나 양이 많지 않도록 주의한다.
⑧ 색깔과 맛, 풍미, 온도에 유의하여 담는다.

> **바로 확인문제**
>
> 전채 요리를 접시에 담을 때 고려 사항이 아닌 것은?
> ① 재료별 특성을 이해하고 적당한 공간을 두고 담는다.
> ② 소스(Sauce)는 적당 양을 뿌린다.
> ③ 가니쉬(Garnish)는 요리 재료와 중복되지 않도록 담는다.
> ④ 주요리보다 많이 담아 식욕을 촉진시킨다.
>
> |해설|
> 전채 요리는 식욕을 돋우는 요리이므로 주요리보다 크기가 크거나 양이 많지 않도록 주의한다.
>
> |정답| ④

2. 샐러드 요리 완성

(1) 플레이팅 구성 요소

통일성	접시에 담긴 음식은 중심 부분에 균형 있게 담아야 한다.
초점	접시에 담긴 메인과 가니쉬는 정확한 초점이 있는 상하대칭이나 좌우대칭으로 한다.
흐름	접시에 담긴 음식은 균형과 통일성, 초점들이 잘 나타나 마치 움직임이 있는 것과 같은 흐름이 연상되어야 한다.
균형	• 재료 혹은 음식 선택에 복잡함과 단순함의 균형이 있어야 한다. • 강렬하지 않은 3~5가지 색의 균형이 있어야 한다. • 다양한 조리법의 균형이 있어야 한다. • 동일한 형태의 음식을 사용한다. • 비슷한 질감의 음식을 사용한다.
색	신선함, 품질, 조리된 상태를 반영하여 자연스러운 색을 연출해야 한다.
가니쉬	가니쉬는 본래의 요리가 가지고 있는 맛, 향과 조화를 이루어야 하며 보기에도 좋아야 한다.

(2) 샐러드 담을 때 유의 사항

① 반드시 채소의 물기를 제거하고 담는다.
② 주재료와 부재료의 크기를 생각하여 부재료가 주재료를 가리지 않게 담는다.
③ 주재료와 부재료의 모양과 색상, 식감은 항상 다르게 준비한다.
④ 드레싱의 양이 샐러드의 양보다 많지 않게 담는다.
⑤ 드레싱의 농도가 너무 묽지 않게 한다.
⑥ 드레싱은 미리 뿌리지 말고 제공할 때 뿌린다.
⑦ 샐러드를 미리 만들면 반드시 덮개를 씌워 채소가 마르지 않도록 한다.
⑧ 가니쉬는 주재료와 중복되지 않도록 사용한다.

PART 04 샌드위치 조리

01 샌드위치 재료 준비

1. 샌드위치의 종류

(1) 온도에 따른 분류

핫 샌드위치(Hot Sandwich)	뜨거운 속재료를 주재료로 만든 샌드위치
콜드 샌드위치(Cold Sandwich)	차가운 속재료를 주재료로 만든 샌드위치

(2) 형태에 따른 분류

오픈 샌드위치 (Open Sandwich)	• 얇게 썬 빵에 속재료를 넣고 위에 덮는 빵을 올리지 않는 오픈 형태 • 종류: 브루스케타(Bruschetta), 카나페(Canape) 등
클로즈드 샌드위치 (Closed Sandwich)	얇게 썬 빵에 속재료를 넣고 위·아래를 빵으로 덮는 형태
핑거 샌드위치 (Finger Sandwich)	일반 식빵을 클로즈드 샌드위치로 만들고, 손가락 모양으로 길게 3~6등분으로 썰어 제공하는 형태
롤 샌드위치 (Roll Sandwich)	• 빵을 넓고 길게 잘라 재료(크림치즈, 게살, 훈제 연어, 참치)를 넣고 둥글게 만 후 썰어 제공하는 형태 • 종류: 토르티야(Tortilla), 딸기 롤 샌드위치, 단호박 롤 샌드위치, 게살 롤 샌드위치 등

바로 확인문제

오픈 샌드위치의 일종인 브루스케타에 대한 설명으로 옳은 것은?

① 얇게 썬 빵이나 바게트 위에 각종 재료를 넣고 위에 덮는 빵을 올리지 않는 형태이다.
② 일반 식빵을 클로즈드 샌드위치로 만들고 손가락 모양으로 길게 썰어 제공하는 형태이다.
③ 빵을 넓고 길게 잘라 재료(크림치즈, 게살, 훈제 연어, 참치)를 넣고 둥글게 만 후 썰어 제공하는 형태이다.
④ 얇게 썬 빵에 속재료를 넣고 위와 아래를 빵으로 덮는 형태이다.

|해설|
②는 핑거 샌드위치, ③은 롤 샌드위치, ④는 클로즈드 샌드위치에 대한 설명이다.

|정답| ①

2. 샌드위치의 구성

빵	• 단맛이 덜하고, 부드러운 것이 좋으며 보기 좋게 썰 수 있는 정도의 조직을 갖고 있어야 한다. • 빵의 두께는 식빵은 1.2~1.3cm, 바게트빵(오픈 샌드위치인 경우)은 1.5cm 정도가 적당하다.
스프레드	• 코팅제와 접착제 역할을 한다. • 빵과 속재료, 가니쉬를 조화롭게 한다. • 스프레드에 따라 샌드위치 맛이 달라진다.
주재료	주재료에 따라 핫 샌드위치와 콜드 샌드위치로 구분된다.
부재료(가니쉬)	야채류, 새싹류, 과일 등을 사용하며 샌드위치를 상품성 있게 만드는 필수 요소이다.
양념	음식에 짠맛, 단맛, 신맛, 쓴맛, 매운맛을 제공해서 재료의 맛을 개성 있게 표현한다.

02 샌드위치 조리

빵 종류 선택 → 스프레드 선택 → 주재료 선택 → 가니쉬 선택 → 맛과 모양에 어울리는 곁들임 세팅 순으로 조리한다.

1. 빵 종류 선택

샌드위치에 적합한 빵

식빵 (White Pan Bread)	• 속이 촘촘하고 껍질이 얇다. • 잘라서 구워 먹거나 샌드위치, 카나페 등을 만들어 먹는다.
포카치아 (Focaccia)	• 밀가루 반죽에 올리브유, 소금, 허브 등을 넣어 구운 납작한 빵이다. • 반죽에 치즈나 꿀, 건포도 등을 첨가하기도 한다.
바게트 (Baguette)	• 프랑스 빵의 일종으로 긴 몽둥이 모양이다. • 겉이 바삭하고 딱딱하다.
햄버거 빵 (Hamburger Bun)	폭신하고 둥근 빵으로 가운데를 갈라 패티와 양상추 등을 넣어 먹는다.
피타 (Pitta)	이스트로 밀가루를 발효시켜 만든 원형의 넓적한 빵이다.
치아바타 (Ciabatta)	• 통밀가루, 맥아, 물, 소금 등의 천연 재료만 사용하여 만든 빵이다. • 겉은 바삭하고 속은 부드럽다.
난 (Nan)	• 밀가루 반죽을 화덕에 구워서 만든 인도의 전통 빵이다. • 맛을 내기 위해 반죽에 다진 양파, 버터 등을 넣기도 한다.
크루아상 (Croissant)	버터를 듬뿍 넣은 밀가루 반죽을 켜켜이 층을 내 초승달 모양으로 만든 빵이다.
베이글 (Bagel)	• 밀가루 반죽을 링 모양으로 만들어 발효시키고 끓는 물에 익힌 후 오븐에 구워 낸 빵으로 맛이 담백하다. • 반죽에 양파, 시나몬 가루, 블루베리 등을 넣기도 한다.

2. 스프레드 선택

(1) 스프레드의 역할

① 코팅제: 속재료의 수분이 빵을 눅눅하게 하는 것을 방지하는 코팅제 역할을 한다.
② 접착제: 빵과 속재료, 가니쉬의 접착성을 높여 준다.
③ 맛: 과일잼은 단맛을 보충할 수 있고, 마요네즈와 버터는 깊고 고소한 맛을 향상시킨다.
④ 감촉: 촉촉한 감촉을 위해 사용한다.

> **바로 확인문제**
>
> 샌드위치를 만들 때 스프레드의 역할로 옳지 않은 것은?
>
> ① 빵과 속재료, 가니쉬의 접착성을 높여 준다.
> ② 맛을 향상시킨다.
> ③ 빵이 눅눅해지는 것을 방지한다.
> ④ 외관을 좋게 한다.
>
> |해설|
> 스프레드는 빵과 속재료, 가니쉬 사이에 바르는 소스로 샌드위치의 외관과는 무관하다.
>
> |정답| ④

(2) **스프레드의 종류**

① 단순 스프레드: 마요네즈, 잼, 버터, 머스터드, 크림치즈, 리코타 치즈, 발사믹 크림, 땅콩버터 등

② 복합 스프레드

버터 또는 마요네즈	머스터드 스프레드	머스터드+버터 또는 마요네즈
	앤초비 스프레드	앤초비+버터 또는 마요네즈
	견과류 버터 스프레드	견과류 찹+버터 또는 마요네즈
	사워크림 스프레드	사워크림+딜 찹+마요네즈
	그린페퍼 스프레드	그린페퍼 찹+파슬리 찹+마요네즈
	레몬 버터 스프레드	버터+레몬즙
유제품	허니 크림치즈 스프레드	허브 찹+크림치즈
	사워크림 스프레드	딜 찹+사워크림
올리브 오일	바질 페이스트 스프레드	바질 퓌레+올리브 오일
	타페나드	올리브+앤초비+케이퍼+올리브 오일
기타		참치, 오렌지 망고 퓌레 스프레드, 아보카도 퓌레 스프레드

3. 주재료 선택

구분	핫 속재료	콜드 속재료
육류	육류 패티+그릴한 야채+샐러맨더한 치즈	파스트라미, 살라미, 프로슈토, 하몽, 본레스햄, 소시지 등
생선	생선 패티+그릴한 야채+샐러맨더한 치즈	훈제 연어, 훈제 송어, 훈제 참치, 참치 통조림, 게살 등
야채	그릴한 야채	훈제 치즈, 에멘탈 치즈, 아메리칸 치즈, 브리 치즈, 모차렐라 등
기타	루벤 샌드위치, 햄버거 샌드위치	마요네즈에 버무린 재료, 유제품(사워크림 등)에 버무린 견과류, 야채, 과일 등

> **합격보장 꿀팁**
> - **루벤 샌드위치** | 호밀빵에 얇게 썰어 그릴한 콘드비프(소고기를 염지한 뒤 쪄서 통조림으로 만든 것)+그릴한 토마토+뜨거운 사워크라우트+스위스 치즈+러시안 드레싱
> - **파스트라미(Pastrami)** | 양지머리를 덩어리째 소금물에 담가 염지한 후 건조, 훈연한 것이다.
> - **프로슈토(Prosciutto)** | 생고기를 소금에 절여 발효시킨 이탈리아 전통 햄이다.

4. 가니쉬 선택

(1) **부재료로서의 가니쉬**

야채류	양상추, 로메인, 치커리, 라디치오, 양배추, 루꼴라, 토마토, 오이, 당근 등
싹류	적채 싹, 알파파, 브로콜리 싹, 메밀 싹 등
과일류	파인애플, 사과, 바나나, 아보카도, 오렌지, 망고, 메론 등

(2) 시즈닝

습한 양념	• 올리브류: 그린올리브, 칼라마타 올리브, 블랙올리브 • 피클류: 오이피클, 양파피클, 할라피뇨 • 렐리시류: 과일 렐리시, 허브 렐리시, 야채 렐리시
건조한 양념	소금, 후추, 스파이스 믹스, 카옌 페퍼, 케이준 스파이스, 허브 솔트, 갈릭 파우더, 올스파이스

03 샌드위치 완성

1. 샌드위치 썰기

삼각 2쪽 썰기	삼각 3쪽 썰기	삼각 4쪽 썰기
사각모양 2쪽 썰기	사각모양 3쪽 썰기	사각모양 4쪽 썰기
사선썰기	사선 3쪽 썰기	사선 4쪽 썰기
사다리꼴 3쪽 썰기		

2. 샌드위치 담기

(1) 샌드위치 플레이팅
① 재료 자체가 가지고 있는 고유의 색감과 질감을 잘 표현한다.
② 전체적으로 심플하고 깔끔하게 담아야 한다.
③ 알맞은 양을 균형감 있게 담는다.
④ 고객이 먹기 편하도록 담는다.
⑤ 요리에 맞게 음식과 접시 온도를 조절한다.
⑥ 식재료의 조합으로 다양한 맛과 향이 공존하도록 한다.

(2) 접시 선택
① 접시 모양: 원형, 정사각형, 직사각형, 타원형, 삼각형, 오각형 등
② 접시 형태: 테두리가 있는 것과 없는 것, 파인 것과 파이지 않은 것 등

(3) 양념류 담기
요리에 잘 어울리도록 접시에 가니쉬를 담고, 음식을 돋보이게 하기 위해서 시각적·미각적으로 조화롭게 선택한다.

바로 확인문제

샌드위치를 완성하여 썰고 담을 때 주의 사항이 아닌 것은?
① 재료 자체가 가지고 있는 고유의 색감과 질감을 잘 표현할 것
② 식재료의 조합으로 다양한 맛과 향이 공존하도록 플레이팅을 할 것
③ 음식과 접시 온도는 항상 뜨겁게 사용할 것
④ 알맞은 양을 균형감 있게 담을 것

|해설|
요리에 맞게 음식과 접시 온도를 조절해야 한다.

|정답| ③

PART 05 조식 조리

01 달걀 요리 조리

1. 조식의 종류

조식(Breakfast)이란 서양에서 아침 식사를 말하며, 식재료로 달걀(Egg), 시리얼(Cereal)류 또는 빵(Bread)류를 사용한다.

유럽식 아침 식사 (Continental Breakfast)	각종 주스류와 조식용 빵, 커피나 홍차로 구성된 간단한 아침 식사이다.
미국식 아침 식사 (American Breakfast)	달걀 요리가 제공되며, 감자 요리와 햄, 베이컨, 소시지가 고객의 취향에 따라 제공된다.
영국식 아침 식사 (English Breakfast)	빵과 주스, 달걀과 감자 요리에 육류 요리나 생선 요리가 제공되며, 조식 요리 중 가장 무겁게 느껴진다.

2. 달걀의 조리법 빈출

(1) 습식열 달걀 요리

포치드 에그 (Poached Egg, 수란)	90℃ 정도의 비등점 아래 뜨거운 물에 식초를 넣고 껍데기를 제거한 달걀을 넣어 익히는 방법이다.
보일드 에그 (Boiled Egg, 삶은 달걀)	100℃ 이상의 끓는 물에 달걀을 넣고 고객이 원하는 정도로 익히는 것을 말한다. • 커들드 에그(Coddled Egg): 100℃ 끓는 물에 30초 정도 살짝 삶아진 상태이다. • 반숙 달걀(Soft Boiled Egg): 100℃ 끓는 물에 3~4분 정도 삶아 노른자가 1/3 정도 익은 상태이다. • 중반숙 달걀(Medium Boiled Egg): 100℃ 끓는 물에 5~7분 정도 삶아 노른자가 반 정도 익은 상태이다. • 완숙 달걀(Hard Boiled Egg): 100℃ 끓는 물에 10~14분 정도 삶아 노른자가 완전히 익은 상태이다.

(2) 건식열 달걀 요리

달걀 프라이 (Fried Egg)	프라이팬을 이용하여 조리한 달걀 요리이다. • 서니 사이드 업(Sunny Side Up): 프라이팬에 버터나 식용유를 두른 후 달걀의 한쪽 면만 익힌 것으로, 달걀 노른자 위가 마치 떠오르는 태양과 같다고 해서 붙여진 이름이다. • 오버 이지 에그(Over Easy Egg): 프라이팬에 버터나 식용유를 두르고 흰자가 반쯤 익었을 때 노른자가 터지지 않도록 뒤집어 익혀 달걀의 양쪽 면을 살짝 익힌 것으로, 달걀의 흰자는 익고 노른자는 익지 않아야 한다. • 오버 미디엄 에그(Over Medium Egg): 오버 이지에그와 같은 방법으로 조리하며, 노른자가 반 정도 익은 상태이다. • 오버 하드 에그(Over Hard Egg): 프라이팬에 버터나 식용유를 두르고 달걀을 넣어 양쪽으로 완전히 익힌 상태이다.
스크램블 에그 (Scrambled Egg)	버터나 식용유를 두른 팬에 달걀을 깨서 빠르게 휘저어 만든다.
오믈렛(Omelet)	스크램블 에그를 만들다가 프라이팬을 이용하여 럭비공 모양으로 만든 달걀 요리이다.
에그 베네딕트 (Egg Benedict)	구운 잉글리시 머핀에 햄, 포치드 에그(Poached Egg)를 얹고 홀랜다이즈 소스(Hollandaise Sauce)를 올린 음식으로 미국에서 아침 식사용으로 먹는다.

3. 조리도구

프라이팬(Frypan)	달걀 요리는 팬에 많이 눌어 붙기 때문에 코팅이 잘 된 것이 좋다.
거품기(Whisk Wire Whip)	재료를 혼합할 때 많이 사용하며, 달걀을 풀어 스크램블 에그나 오믈렛을 준비할 때 사용한다.
믹싱 볼(Mixing Bowl)	둥근 볼처럼 생겨 재료를 준비하거나 섞을 때 사용한다.
국자(Ladle)	액체로 된 재료를 떠서 담을 때 사용한다.
고운체(Fine Sieve)	올이 가늘고 구멍이 잔 체로, 소스나 육수를 거를 때 사용한다.
소스 냄비(Saucepan)	소스를 끓일 때 사용하며, 달걀 요리에서는 달걀을 삶을 때 사용하는 조리도구로 긴 손잡이가 한 개 있는 것을 주로 사용한다.
나무젓가락(Wooden Chopsticks)	대나무로 된 30cm 이상의 요리용 젓가락으로 스크램블 에그나 오믈렛을 만들 때 사용한다.

02 조찬용 빵류 조리

1. 조찬용 빵의 종류

토스트 브레드(Toast Bread)	식빵을 0.7~1cm 두께로 얇게 썰어 구운 빵으로 버터나 각종 잼을 발라 먹는다.
데니쉬 페이스트리(Danish Pastry)	다량의 유지를 중간에 층층이 끼워 만든 페이스트리 반죽에 잼, 과일, 커스터드 등의 속재료를 채워 구운 덴마크의 대표적인 빵이다.
크루아상(Croissant)	프랑스어로 초승달을 의미하며, 버터를 켜켜이 넣어 만든 페이스트리 반죽을 초승달 모양으로 만든 프랑스의 대표적인 페이스트리이다.
베이글(Bagel)	밀가루, 이스트, 물, 소금으로 반죽해서 가운데 구멍이 뚫린 링 모양으로 만들어 발효시킨 후 끓는 물에 익혀 오븐에 한 번 구워 낸다.
잉글리시 머핀(English Muffin)	영국에서 아침 식사에 먹는 달지 않은 납작한 빵으로 크럼펫(Crumpet)과 함께 영국의 대표적인 빵이며 샌드위치용으로도 많이 사용한다.
바게트(Baguette)	• 밀가루, 이스트, 물, 소금만으로 만든 프랑스의 대표적인 빵이다. • 가늘고 길쭉한 몽둥이 모양으로 바삭바삭한 식감이 특징이다.
호밀빵(Rye Bread)	호밀을 주원료로 한 독일의 전통 빵으로 속이 꽉 차 있고, 향이 강하며 섬유소가 많은 건강 빵이다.
브리오슈(Brioche)	밀가루, 버터, 이스트, 설탕 등으로 달콤하게 만드는 프랑스의 전통 빵으로 주로 아침 식사용으로 먹는다.
스위트 롤(Sweet Roll)	• 영국에서 처음 만들었으며, 건포도, 향신료, 시럽 등의 재료를 겉에 입히지 않는 모든 롤빵을 말한다. • 일반적으로 롤 사이에는 계핏가루를 넣는다.
하드 롤(Hard Roll)	• 껍질은 바삭하고 속은 부드러운 빵을 말한다. • 주로 강력분으로 반죽을 만들며, 속을 파내고 채소나 파스타를 넣어 요리하기도 한다.
소프트 롤(Soft Roll)	• 둥글게 만든 빵으로 하드 롤보다 설탕, 유지가 많이 들어가고 달걀을 첨가하여 속이 매우 부드럽다. • 모닝 롤이라고도 부른다.

2. 조찬용 빵을 사용한 조리 방법

(1) 프렌치토스트(French Toast)

① 아침 식사용으로 많이 먹는다.
② 건조해진 빵을 활용하기 위해 만들어진 조리법으로, 프랑스에서는 팽 페르뒤(Pain Perdu)라고 한다.
③ 계핏가루, 설탕, 우유를 첨가한 달걀물에 빵을 담가 버터를 두른 팬에 구워 잼과 시럽을 곁들여 먹는다.

(2) 팬케이크(Pancake)
① 팬케이크는 뜨거울 때 먹어야 맛있으므로 핫케이크라고도 한다.
② 밀가루, 달걀, 물 등으로 반죽을 한 뒤 프라이팬에 구워 버터와 메이플 시럽을 뿌려 먹는다.

> **바로 확인문제**
>
> 팬케이크(Pancake)에 대한 설명으로 옳은 것은?
> ① 베이킹파우더를 넣어 반죽하고 설탕을 많이 넣어서 달게 먹는 것이 특징이다.
> ② 계핏가루, 설탕, 우유에 빵을 담가 버터를 두르고 팬에 구워 잼과 시럽을 곁들여 먹는다.
> ③ 이스트를 넣어 발효시킨 반죽에 달걀 흰자를 거품 내어 반죽해서 구운 것이다.
> ④ 밀가루, 달걀, 물 등으로 만들어 프라이팬에 구워 버터와 메이플 시럽을 뿌려 먹는다.
>
> |해설|
> ①은 미국식 와플, ②는 프렌치토스트, ③은 벨기에식 와플에 대한 설명이다. |정답| ④

(3) 와플(Waffle)
① 서양 과자의 한 종류로 표면이 벌집 모양이고 식감이 바삭하며 아침 식사와 브런치, 디저트로 활용된다.
② 과일이나 휘핑을 얹어 먹기도 한다.

| 와플의 종류

미국식 와플	베이킹파우더를 넣어 반죽하고 설탕을 많이 넣어서 달게 먹는 것이 특징이다.
벨기에식 와플	이스트를 넣어 발효시킨 반죽에 거품 낸 달걀 흰자를 넣고 반죽해서 구운 것이다.

3. 조찬용 빵의 곁들임

딸기 잼(Strawberry Jam)	딸기에 70~80%의 설탕을 넣고 불에 졸여 젤리화 또는 시럽화한 것이다.
블루베리 잼(Blueberry Jam)	블루베리에 다량의 설탕과 식초 또는 레몬주스를 넣고 졸여 젤리화한 것이다.
오렌지 마멀레이드 (Orange Marmalade)	오렌지 과육과 얇게 썬 껍질, 설탕, 물 등을 넣고 끓여 달콤하게 만든 보존 식품이다.
버터(Butter)	우유의 유지방을 분리하여 크림을 만들고, 크림을 응고시켜 만든 유제품이다. 평균 지방 81%, 수분 16%, 무기질 2%, 소금 1.5~1.8%로 구성된다.
메이플 시럽(Maple Syrup)	뉴잉글랜드, 미국 북부, 캐나다 동부 지방의 설탕단풍나무에서 생산된 수액으로 만든 시럽이고 팬케이크나 와플에 주로 발라 먹는다.
꿀(Honey)	벌이 꽃의 꿀샘에서 채집하여 먹이로 저장해 놓은 천연 감미료로, 과당 36~38%, 포도당 34~36%, 설탕과 덱스트린이 2~3%이며, 그 밖에 단백질, 무기질로 구성되어 있다.

03 시리얼류 조리

1. 시리얼
아침 식사 대용으로 먹는 가공식품을 말하며, 곡물을 물이나 우유, 음료에 적셔 죽처럼 부드럽게 먹는다.

(1) 차가운 시리얼
가열하지 않고 개봉해서 바로 먹을 수 있는 시리얼이다.

차가운 시리얼의 종류

콘플레이크 (Cornflakes)	옥수수를 구워서 얇게 으깨어 만든 것이다.
올 브랜 (All Bran)	• 밀기울을 으깨어 가공한 것이다. • 천연 밀기울은 섬유질을 함유하고 있어 소화를 돕는다.
라이스 크리스피 (Rice Krispy)	쌀을 바삭바삭하게 튀긴 것이다.
레이진 브랜 (Raisin Bran)	• 구운 밀기울 조각에 달콤한 건포도를 넣은 것이다. • 섬유소와 필수 비타민, 미네랄을 함유하고 있다.
쉬레디드 휘트 (Shredded Wheat)	• 밀을 조각내고 으깨어 사각형 모양으로 만든 것이다. • 비스킷 형태로 아침 식사로 섭취한다.
버처뮤슬리 (Birchermuesli)	• 오트밀(귀리)을 기본으로 해서 견과류 등을 넣은 것이다. • 생과일과 채소, 오트밀과 견과류, 과일 등을 우유나 플레인 요구르트에 넣고 냉장고에서 하루 정도 보관한 후 섭취한다.

(2) **더운 시리얼 - 오트밀(Oatmeal)**
 ① 식이섬유소가 풍부해서 아침 식사로 많이 먹는다.
 ② 귀리를 볶은 다음 거칠게 부수거나 납작하게 누른 식품으로 육수나 우유를 넣고 죽처럼 조리해서 먹는다.

바로 확인문제

조식으로 시리얼을 준비할 경우 차가운 시리얼에 속하지 않는 것은?
① 콘플레이크 ② 라이스 크리스피 ③ 버처뮤슬리 ④ 오트밀

|해설|
오트밀은 더운 시리얼로 육수나 우유를 넣고 죽처럼 조리한다. |정답| ④

2. 시리얼의 부재료

생과일	바나나, 사과, 딸기 등
건조 과일	블루베리, 건포도, 건살구 등
견과류	호두, 마카다미아 너트, 아몬드 등

3. 조리도구

믹싱 볼 (Mixing Bowl)	손잡이가 없는 둥근 그릇으로 재료를 준비하고 혼합할 때 사용한다.
스토브(Stove)	가스를 열원으로 사용하며, 소스 냄비나 프라이팬을 가열하여 음식물을 조리하는 장비로 조리에 가장 기본이 되는 기구이다.
소스 냄비 (Saucepan)	소스를 끓일 때 사용하며, 오트밀을 만들 때 사용하는 조리도구로 긴 손잡이가 한 개 있는 것을 주로 사용한다.
나무 스패츌러 (Wooden Spatula)	뜨거운 음식을 뒤집거나 옮길 때 사용하는 조리도구이다.
국자 (Ladle)	액체 재료를 담을 때 사용하는 조리도구이다.

PART 06 수프 조리

01 수프 재료 준비

수프란 수육류, 조육류, 어패류, 채소류를 주재료로 끓인 스톡(Stock)을 기본으로 만든 음식으로 한식의 국과 비슷하다.

1. 수프 구성 요소

스톡 (Stock)		• 수프의 맛을 좌우하는 가장 기본이 되는 요소이다. • 생선(Fish), 소고기(Beef), 닭고기(Chicken), 채소(Vegetable)와 같은 식재료의 맛을 낸 국물이다. • 수프가 본래의 맛을 낼 수 있도록 해야 한다.
농후제		• 수프의 농도를 조절하는 농후제는 리에종(Liaison)이라고도 한다. • 수프에 사용하는 것은 루(Roux)로, 밀가루를 색이 나지 않게 볶은 화이트 루(White Roux)를 주로 사용한다.
가니쉬 (Garnish)		• 육류나 가금류, 생선류, 채소나 향신료를 사용하고, 적절한 모양과 크기로 제공한다. • 종류: 토마토 콩카세(Tomato Concasser), 크루통(Crouton), 파슬리, 달걀 요리, 덤플링(Dumpling), 휘핑 크림(Whipping Cream) 등
허브와 향신료		• 잎, 줄기, 꽃, 뿌리 등이 이용된다. • 식품의 풍미, 식욕 촉진, 방부 작용, 산화방지로 식품의 보존성 증가, 소화기능을 촉진시키는 역할을 한다.

바로 확인문제

수프의 농도를 조절하는 농후제는?
① 가니쉬(Garnish) ② 비프 스톡(Beef Stock) ③ 리에종(Liaison) ④ 향신료

| 해설 |
리에종(Liaison)은 수프의 농도를 조절하는 농후제이다. | 정답 | ③

 합격보장 꿀팁

- **리에종(Liaison)** | 소스나 수프를 진하게 하는 것으로, 루(Roux), 달걀 노른자, 밀가루, 전분 등을 사용한다.
- **향신료(Spice)** | 방향성과 자극성을 지닌 식물의 종자와 열매, 뿌리, 줄기, 나무껍질 등에서 얻을 수 있는 재료이다.
- **허브(Herb)** | 신선한 형태로 사용하거나 말려서 향을 내거나 장식용으로 사용한다.

2. 수프에 사용되는 채소 썰기

막대 모양 썰기	쥘리엔느(Julienne)	막대 모양으로 써는 방법(0.3×0.3×2.5~5cm)
	알루메트(Allumette)	성냥개비 모양으로 써는 방법(0.32×0.32×2.5~5cm)
	바토네(Batonnet)	작은 막대 모양으로 써는 방법(0.64×0.64×5~6.4cm)
	퐁뇌프(Pont-neuf)	길쭉한 막대 모양으로 써는 방법(1.27×1.27×7.6cm)
	쉬포나드(Chiffonade)	실처럼 가늘게 채 써는 방법(허브나 야채의 얇은 잎을 둥글게 말아서 써는 방법)

주사위 모양 썰기	브뤼누아즈(Brunoise)	0.3×0.3×0.3cm
	큐브(Cube)	1.5×1.5×1.5cm
	스몰 다이스(Small Dice)	0.6×0.6×0.6cm
	미디엄 다이스(Medium Dice)	1.2×1.2×1.2cm
	콩카세(Concasser)	0.5×0.5×0.5cm
얇게 썰기	론델(Rondelle)	원통형이나 둥근 모양의 재료를 둥글고 얇게 써는 방법
	디아고날(Diagonal)	원통형 채소나 과일을 오팔 모양으로 어슷하게 써는 방법
기타 모양으로 썰기	샤토(Chateau)	가운데가 굵고 양끝이 가는 타원형의 5cm 길이로 써는 방법
	에멩세(Emincer)	얇게 저며 써는 방법(양파, 버섯 등)
	아셰(Hacher)	각이 지게 잘게 다지는 방법(양파, 당근, 고기)
	민스(Mince)	야채나 고기를 잘게 다지는 방법
	올리베트(Olivette)	올리브 모양으로 깎는 방법
	파리지엔(Parisienne)	둥글게 모양을 내어 파내는 방법

02 수프 조리

1. 농도에 의한 수프의 분류 빈출

맑은 수프	콩소메(Consomme)	• 고기와 채소를 푹 고아 진하게 우려낸 후 맑게 걸러 낸 수프이다. • 주로 소고기(Beef), 닭(Chicken), 생선(Fish)을 기본 재료로 사용한다.
	맑은 채소 수프 (Clear Vegetable Soup)	• 여러 가지 야채와 페이스트를 넣어서 만든 수프이다. • 미네스트로네(Minestrone)가 대표적이다.
진한 수프	베샤멜(Bechamel)	화이트 루(White Roux)에 우유를 넣고 만든 약간 묽은 수프이다.
	벨루테(Veloute)	브론드 루(Blond Roux)에 닭 육수를 넣고 만든 것을 기본으로 한다.
	포타주(Potage)	리에종(Liaison)을 사용하지 않고 재료 자체의 녹말 성분을 이용하여 걸쭉하고 불투명하게 만든 수프이다.
	퓌레(Puree)	• 야채를 잘게 분쇄한 것을 말하며, 부용(Bouillon)과 결합하여 수프를 만든다. • 크림을 사용하지 않고, 식재료가 가진 성분 그대로 이용해 농도를 조절한다.
	차우더(Chowder)	조개, 생선, 게살, 감자, 우유를 이용한 크림 수프이다.
	비스크(Bisque)	갑각류(가재, 새우, 게 등)를 이용한 부드러운 수프로, 크림으로 맛과 농도를 조절한다.

2. 온도에 따른 수프의 분류 및 조리 방법

(1) 가스파초(Gazpacho)

① 토마토, 오이, 양파, 피망 등 다양한 채소를 갈아서 만든 스페인의 대표적인 차가운 수프이다.

② 채소 간 것을 체에 걸러 빵가루, 마늘, 올리브유, 식초 또는 레몬주스로 간을 하여 걸쭉하게 만든다.

(2) 비시스와즈(Vichyssoise)

① 삶은 감자를 체에 내려 퓌레로 만든 후, 잘게 썬 대파의 흰 부분과 함께 볶아 물이나 육수(Stock)를 넣고 끓인 차가운 수프이다.

② 크림, 소금, 후추로 간을 하고 처빌잎 등을 곁들이기도 한다.

3. 지역별 대표 수프

부야베스(Bouillabaisse)	생선 스톡에 여러 가지 생선, 채소, 갑각류, 올리브유를 넣고 끓인 지중해식 생선 수프이다.
굴라시(Goulash)	파프리카 고추로 진하게 양념하여 매콤한 맛이 특징인 헝가리식 소고기와 야채 스튜(Stew)이다.
미네스트로네(Minestrone)	이탈리아의 대표적인 야채 수프로 각종 야채, 베이컨, 파스타를 넣고 끓인 수프이다.
옥스테일(Ox-tail) 수프	영국의 수프로, 소꼬리(Ox-tail), 베이컨, 토마토 퓌레 등을 넣고 끓인 수프이다.
보르쉬(Borsch)	신선한 비트를 이용하여 만든 러시아와 폴란드식 수프이다. 차게 하거나 뜨겁게 먹을 수 있으며 반드시 생크림으로 장식한다.

> **바로 확인문제**
>
> 이탈리아의 대표적인 야채 수프로 야채, 베이컨, 파스타를 넣고 끓인 수프는?
> ① 부야베스 　　② 미네스트로네 　　③ 보르쉬 　　④ 굴라시
>
> |해설|
> 미네스트로네는 각종 야채, 베이컨, 파스타를 넣고 끓인 수프로 이탈리아의 대표적인 야채 수프이다.　　　|정답| ②

03 수프 요리 완성

1. 수프 요리 담기
① 수프 재료 고유의 색상과 질감을 잘 표현한다.
② 전체적으로 보기 좋고 깔끔하게 담아야 한다.
③ 요리에 알맞은 양을 균형 있게 담는다.
④ 고객이 먹기 편하게 담는다.
⑤ 요리에 맞게 음식과 접시의 온도를 조절한다.
⑥ 식재료의 조합으로 인한 다양한 맛과 향이 공존하도록 담는다.

2. 가니쉬의 종류

(1) 수프에 첨가되는 형태(Garnish)
① 맑은 수프: 채소, 달걀 지단, 버섯, 라비올리 등을 다양하게 넣어 준다.
② 진한 수프: 수프의 내용물이 가니쉬로 보여지는 형태의 것을 의미한다.

(2) 수프에 올려지는 형태(Topping)
크림 수프에 올려지는 장식은 거품을 올린 크림, 크루통, 잘게 썬 차이브 등이 있으며, 수프의 형태에 따라 다르게 올려 준다.

(3) 수프에 따로 제공되는 형태(Accompanish)
수프의 형태에 따라 첨가되지 않고 따로 제공될 수 있다. 예를 들어 빵이나 달걀, 토마토 콩카세 등은 손님의 취향에 의해 분리해서 제공되기도 한다.

PART 07 육류 조리

01 육류 재료 준비

1. 육류의 종류

소고기	• 선홍색을 띠며 광택이 나는 것이 좋다. • 근섬유는 결이 잘고 탄력이 크며 마블링이 좋다. • 살을 찌운 소는 지방이 연하고 황색을 띠며, 늙은 소나 황소는 암적색(지방은 황색)을 띠며 마블링이 적다.
송아지 고기	• 담적색이고 지방이 섞여 있지 않다. • 연하여 숙성할 필요가 없으나 변패되기 쉽고 보존성이 짧다.
돼지고기	• 7개월~1년의 어린 돼지고기를 식육으로 사용한다. • 돼지고기의 색깔은 부위별로 다르며 일반적으로 담홍색, 회적색, 암적색을 띤다. • 지방 함량이 많아 육질이 연하고 근섬유는 가늘며, 지방은 순백색으로 고기 사이에 적절하게 분포되어 있어 두꺼운 지방층을 형성한다.
양고기	생후 12개월 이하의 어린 양고기는 램(Lamb), 그 이상을 머튼(Mutton)이라고 한다.
닭고기	• 소고기에 비해 미오글로빈(육색소)의 함량이 적어 색이 연하다. • 지방 함량이 적어서 맛이 담백하다.(닭가슴살을 기준으로 지질 0.4%, 단백질 23.3%로 구성됨)
오리고기	• 불포화지방산을 많이 함유하고 있다. • 칼슘, 철, 칼륨, 비타민 B_1(티아민), 비타민 B_2(리보플라빈)를 다량 함유하고 있다.
거위고기	• 야생 기러기를 길들여 식육용으로 개량한 가금류이다. • 서양 요리에서 거위 간(푸아그라)은 세계 3대 진미에 속한다.
칠면조고기	• 미국, 멕시코에서 주로 많이 사육한다. • 육질이 부드럽고 독특한 향이 있다. • 소화율이 높아 통째로 굽는 요리로 많이 사용한다.

2. 육류의 부재료와 마리네이드

(1) 부재료(곁들임)
① 곡류, 서류, 콩류, 채소류, 버섯류, 과일 등이 있다.
② 육류 요리에는 소스가 사용된다.

(2) 마리네이드(Marinade, 밑간)
① 마리네이드는 고기를 조리하기 전에 간을 배이게 하거나, 육류의 누린내를 제거하고 맛을 내게 한다.
② 육질이 질긴 고기를 부드럽게 하기 위해서 향미를 낸 액체나 고체를 이용하여 재워 두는 것이다. 육류에 마리네이드를 하면 향미와 수분을 주어 맛이 좋아진다.
③ 마리네이드는 액체 또는 마른 재료(식용유, 올리브유, 레몬주스, 식초, 와인, 과일 간 것, 향신료) 등을 섞어서 만든다. 이 중 식초나 레몬주스는 질긴 고기를 연하게 만드는 작용을 하므로 주로 질긴 고기에 많이 사용한다.

> **바로 확인문제**
>
> 육류에 마리네이드를 하는 이유로 틀린 것은?
>
> ① 조리 전에 간을 배이게 한다.
> ② 육류의 누린내를 제거한다.
> ③ 향미와 수분을 주어 맛을 좋게 한다.
> ④ 육질을 단단하게 한다.
>
> |해설|
> 질긴 고기를 연하게 하기 위해 사용한다.
>
> |정답| ④

3. 향신료

(1) 사용 용도별 분류

향초계(Herb)	• 생잎을 그대로 사용한다. • 육류의 잡내를 제거한다. • 외관을 신선하게 보이게 하고 장식의 역할을 한다. • 종류: 로즈메리, 바질, 세이지, 파슬리, 타임 등
종자계(Seed)	• 과실이나 씨앗을 건조시켜 사용한다. • 육류에 많이 사용하며, 특히 브레이징이나 스튜에 첨가한다. • 제과류에 사용한다. • 종류: 캐러웨이씨, 셀러리씨, 커민씨 등
향신계(Spice)	• 특유의 강한 맛과 매운맛을 이용한다. • 종류: 후추, 넛맥(육두구), 마늘, 겨자, 양겨자, 산초 등
착색계(Coloring)	• 음식에 색을 내는 향신료이다. • 특유의 향이 있지만 맛과 향이 강하지 않은 편이다. • 종류: 파프리카, 사프란, 터메릭(울금) 등

> **바로 확인문제**
>
> 생잎을 그대로 사용하여 육류의 잡내 제거에 유용한 허브를 묶은 것은?
>
> ① 로즈메리, 바질, 세이지, 파슬리, 타임
> ② 후추, 육두구, 마늘, 겨자, 양겨자, 산초
> ③ 레몬그라스, 차이브, 계피
> ④ 터메릭, 겨자, 생강, 마늘, 호스래디시
>
> |해설|
> ②는 스파이스로 강한 맛과 매운맛을 이용한 향신료이다. ③은 줄기 또는 껍질을 신선한 상태이거나 말린 상태로 사용하며, ④는 뿌리를 사용한다.
>
> |정답| ①

(2) 사용 부위별 분류

잎(Leaves)	• 향신료의 잎을 사용한다. • 종류: 바질, 세이지, 처빌, 타임, 코리안더, 민트, 오레가노, 마조람, 파슬리, 스테비아, 타라곤, 레몬밤, 로즈메리, 라벤더, 월계수잎, 딜 등
씨앗(Seed)	• 씨앗을 건조시켜서 사용한다. • 종류: 넛맥, 캐러웨이씨, 큐민씨, 코리앤더씨, 머스터드씨, 딜씨, 휀넬씨, 아니스씨, 양귀비씨, 메이스 등
열매(Fruit)	• 과실을 말려서 사용한다. • 종류: 검은 후추, 파프리카, 카다몬, 주니퍼 베리, 카옌페퍼, 올스파이스, 스타아니스(팔각), 바닐라 등
꽃(Flower)	• 꽃을 사용한다. • 종류: 사프란, 클로브(정향), 케이퍼 등

줄기와 껍질 (Stalk and Skin)	• 줄기 또는 껍질을 신선한 상태이거나 말린 상태로 사용한다. • 종류: 레몬그라스, 차이브, 시나몬(계피) 등
뿌리(Root)	• 뿌리를 사용한다. • 종류: 터메릭(울금), 와사비(고추냉이), 생강, 마늘, 호스래디시 등

> 🔖 **합격보장 꿀팁**
>
> • **클로브(정향)** | 고기의 누린내를 감소시키고 소화를 촉진하며, 식욕 증진에 도움을 주는 향신료이다. 양고기, 피클, 청어절임, 마리네이드절임 등에 사용된다.

02 육류 조리

1. 육류 익힘의 정도(익힘의 5단계)

레어(Rare) → 미디엄 레어(Medium Rare) → 미디엄(Medium) → 미디엄 웰던(Medium Well-done) → 웰던(Well-done)

2. 육류 요리의 가니쉬

곡류	• 열량이 우수한 공급원으로 소화·흡수가 잘 된다. • 쌀, 보리, 밀, 옥수수 등을 사용한다.
서류	감자, 고구마 등을 보일링, 베이킹, 소테, 그릴링 등의 방법으로 조리해서 사용한다.
콩류	• 단백질과 지질의 공급원이다. • 대두, 팥, 강낭콩 등을 사용한다.
채소 및 과일류	비타민, 무기질 등의 공급원으로 조리하지 않은 상태, 또는 그릴링하여 사용한다.
버섯류	표고버섯, 양송이버섯, 송이버섯 등 다양한 버섯을 사용하며 주로 소테나 그릴링으로 조리한다.

03 육류 요리 완성

1. 육류 요리 플레이팅의 5가지 구성 요소

단백질 파트	육류, 가금류 등
탄수화물 파트	감자, 쌀, 파스타
비타민 파트	브로콜리, 콜리플라워, 아스파라거스
소스 파트	모체 소스, 응용 소스(육류와 조화롭게 구성)
가니쉬 파트	신선한 잎(향신료)이나 기타 튀김을 이용

> 🔖 **합격보장 꿀팁**
>
> • **일반적인 플레이팅 순서** | 단백질 → 탄수화물 → 채소 → 소스 → 과일

PART 08 파스타 조리

01 파스타 재료 준비

1. 파스타의 개요
파스타(Pasta)란 밀가루에 물과 달걀을 넣어 반죽한 이탈리아식 국수이다. 이탈리아어로 '반죽'이라는 뜻으로, 여러 곡식들을 재료로 만든 반죽 또는 면을 말한다.

2. 파스타와 밀

(1) 밀의 특성에 따른 구분
   ① 일반 밀(연질 소맥): 빵, 케이크, 과자류, 페이스트리 등 오븐 요리에 사용한다.
   ② 듀럼 밀(경질 소맥): 파스타 제조에 사용한다.

> **바로 확인문제**
>
> 연질 소맥(일반 밀)을 사용하는 요리가 아닌 것은?
> ① 빵, 케이크   ② 페이스트리
> ③ 과자류   ④ 파스타
>
> |해설|
> 파스타는 경질 소맥(듀럼 밀)으로 만든다. |정답| ④

(2) 파스타의 종류
   ① 건조 파스타: 듀럼 밀을 거칠게 제분한 세몰리나(Semolina)를 주로 이용하고, 면의 형태를 만든 후 건조시켜 사용한다. 짧은 파스타와 긴 파스타가 있다.
   ② 생면 파스타: 세몰리나에 밀가루를 섞어 사용하거나 밀가루만 사용하고, 강력분과 달걀을 이용하여 만든다.

다양한 생면 파스타의 종류 빈출

오레키에테(Orecchiette)	중앙부가 깊고 오목하게 파인 타원형의 파스타이다.
탈리아텔레(Tagliatelle)	길고 얇은 리본 파스타로 면의 모양이 칼국수처럼 길고 납작하다.
탈리올리니(Tagliolini)	탈리아텔레보다 너비가 좁다.
파르팔레(Farfalle)	나비 모양의 파스타로 크기가 다양하다.
토르텔리니(Tortellini)	속을 채운 뒤 반달 모양으로 접어 양끝을 이어 붙인 만두형 파스타이다.
라비올리(Ravioli)	속을 채운 후 납작하게 빚어 내는 만두형 파스타이다.

> **합격보장 꿀팁**
>
> • **소를 채운 파스타** | 형태와 쓰이는 재료가 다양하다. 대표적으로 우리가 흔히 볼 수 있는 만두 형태의 라비올리와 라자냐(Lasagna)처럼 면과 소를 층층이 쌓아 올린 형태가 있으며 라자냐는 소스에 버무리기 어려우므로 주로 오븐을 사용한다.

바로 확인문제

소를 채운 파스타에 대한 설명으로 틀린 것은?

① 이탈리아는 지역적인 특성이 강하여 지역마다 다양한 재료를 사용한다.
② 소를 채운 파스타의 대표적인 것으로 라비올리와 라자냐가 있다.
③ 라비올리는 파스타 반죽을 납작하게 밀어 만두 모양으로 빚어 만든 파스타이다.
④ 라자냐와 같은 형태의 파스타는 소스에 버무리기 어려워 주로 가스레인지를 사용한다.

|해설|
라자냐와 같은 형태의 파스타는 소스에 버무리기 어려워 주로 오븐을 사용한다.

|정답| ④

02 파스타 조리 및 완성

파스타는 이탈리아의 대표적인 요리로, 파스타를 삶는 정도와 소스의 선택이 파스타의 수준과 품질을 결정한다. 또한 소스에 어울리는 부재료를 선택해야 한다.

1. 파스타 삶기

① 파스타는 적당하게 삶아 원하는 식감을 얻는 것이 중요하다.
② 씹히는 정도가 느껴질 정도로 삶는 것이 보통이다.
③ 알덴테(Al Dente)는 파스타를 삶는 정도를 의미하며, 파스타 속에 심이 있는 상태이다.(덜 익은 상태)
④ 파스타를 삶는 냄비는 깊이가 있어야 하며 파스타 양의 10배 정도의 크기가 적당하다.
⑤ 1L 내외의 물에 파스타의 양은 100g 정도가 적당하다.
⑥ 파스타를 삶을 때 적당량의 소금을 첨가하면 파스타의 풍미를 살려 주고 밀 단백질에 영향을 주어 파스타 면에 탄력을 준다.
⑦ 파스타 면을 삶은 면수를 첨가하면 소스의 농도를 잡아 주고 올리브유가 분리되지 않고 유화될 수 있도록 해 준다.
⑧ 파스타를 삶을 때 서로 달라붙지 않도록 분산되게 넣어야 하며 잘 저어 주어야 한다.
⑨ 파스타의 종류에 따라 삶는 정도가 다르며 삶는 시간은 파스타가 소스에 버무려지는 시간까지 계산해야 한다.
⑩ 삶아진 파스타 겉면에 수증기가 증발하면서 남아 있는 전분 성분이 소스와 어우러져 파스타의 품질을 좋게 하므로 파스타는 삶은 후 바로 사용한다.

바로 확인문제

파스타를 삶을 때 1L 물에 파스타의 양은 어느 정도가 알맞은가?

① 200g ② 50g ③ 100g ④ 25g

|해설|
1L 내외의 물에 파스타의 양은 100g 정도가 적당하다.

|정답| ③

2. 파스타 소스 선택

① 파스타 각각의 특징에 따라 어울리는 소스를 선택하는 것이 중요하다.
② 소스는 파스타가 가지고 있는 여러 가지 풍미를 살려 주고 파스타의 질을 높이는 데 도움을 준다.
③ 파스타 요리에 부재료로 쓰이는 올리브유, 소금, 토마토, 치즈 등은 소스의 특징을 살리는 데 중요한 역할을 한다.
④ 파스타 소스는 전통을 추구하기도 하고 현대적인 감각으로 재해석되기도 한다.
⑤ 파스타의 길이와 모양은 특정한 소스를 사용하여 개성을 추구할 수 있다.

파스타 형태와 소스

길고 가는 파스타	• 가벼운 토마토 소스나 올리브유를 이용한 소스가 잘 어울린다. • 올리브유는 적당한 수분에 유화되면서 독특한 풍미를 준다.
길고 넓적한 파스타	• 파르미지아노 레지아노 치즈, 프로슈토, 버터 등과 잘 어울린다. • 파스타 면의 표면적이 넓어서 파스타 면에 잘 달라붙는 진한 소스가 어울린다.
짧은 파스타	• 가벼운 소스, 진한 소스가 모두 어울린다. • 짧은 파스타의 경우 우리나라보다 이탈리아에서 더 선호하는 편이다.
짧고 작은 파스타	수프의 고명이나 샐러드의 재료로 많이 사용한다.
소를 채운 파스타	• 소스와의 어울림이 강조된다. • 소에 이미 일정한 수분과 맛이 결정되어 있으므로 가벼운 소스를 사용한다. • 라자냐와 같은 형태는 소스에 버무리기 어려워 주로 오븐을 이용한다.

3. 파스타의 기본 부재료

(1) 올리브 오일

① 열전도가 느리기 때문에 저온에서 장시간 동안 하는 요리에 적합하다.
② 퓨어, 라이트 올리브 오일은 고온에서도 매우 안정성을 유지하는 지방산 구조 때문에 튀김이나 스튜, 소스 등의 뜨거운 요리에 적합하다.
③ 엑스트라버진은 빵을 찍어 먹거나 드레싱과 소스를 만드는 데도 사용한다.
④ 파스타에는 담백한 향미와 농도감을 위해 엑스트라버진 올리브 오일을 사용한다.
⑤ 올리브 오일에 허브와 스파이스를 첨가하여 사용하기도 한다.

(2) 토마토

① 소금과 바질을 넣은 토마토 소스는 이탈리아 남부 지방에서부터 사용되기 시작하였다.
② 파스타와 토마토가 만나면서 이탈리아 요리가 다양해졌으며, 식생활에도 커다란 변화를 가져 왔다.
③ 항산화, 항암 등 각종 질병과 성인병을 예방할 수 있는 식품으로, 지중해 식단의 중요 식품에 해당한다.
④ 토마토 씨는 신맛이 나기 때문에 소스를 만들 때 씨가 들어가지 않도록 한다.

(3) 치즈

① 소, 양, 염소, 들소의 젖과 각 지방 고유의 기후와 생태환경에 따라 치즈의 성질을 구분한다.
② 고르곤졸라, 파르미지아노 레지아노와 같은 상표는 원산지 통제 명칭 등을 사용하여 고유한 지역에서 만든 치즈에만 명칭을 사용할 수 있다.

파르미지아노 레지아노	• 파르미지아노 치즈, 파마산 치즈라고 한다. • 1년 이상 숙성되어야 하며, 고급 제품은 4년 정도 숙성시킨다. • 제한된 지역에서 엄격하게 통제된 가운데 만들어지고 있다. • 조각을 내어 식후에 먹기도 한다. • 소를 채운 파스타에 갈아 넣거나, 볼로네제 소스 위에 뿌려 먹는 등 파스타의 풍미를 살리는 데 사용된다.
그라나 파다노	• 소젖으로 만들어지는 압축 가공 치즈로, 파르미지아노 레지아노 치즈와 비슷한 유형의 치즈이다. • 부서지기 쉬운 낱알 구조로 되어 있다. • 파르미지아노 레지아노 치즈보다 역사는 짧지만 제조 방법이 독특하고 고품질의 맛을 가지고 있다. • 이탈리아의 북부 지역에서 많이 사용된다.

③ 수분 함량에 따라 치즈를 구분한다.

경질 치즈	수분 함량 50% 미만 예 에멘탈, 체다치즈
반경질 치즈	수분 함량 40~45% 예 고르곤졸라, 폰티나
연질 치즈	수분 함량 50~70% 예 파니르, 모차렐라

(4) 후추
① 후추는 파스타뿐만 아니라 이탈리아 요리에서 제외될 수 없는 중요한 재료이다.
② 음식의 변질을 막는 항균 작용을 하고, 매운맛을 내는 피페린 성분이 음식의 대사 작용을 촉진한다.
③ 통후추는 직접 후추를 가는 도구를 이용해 신선한 맛을 유지한다.
④ 적절하게 사용하면 소금을 줄일 수 있다.
⑤ 검은색 후추, 흰색 후추, 푸른 후추, 핑크색 후추 등 색에 따라 쓰임이 다양하다.

(5) 소금
① 가장 기본적인 양념으로 음식을 염장하여 보존하거나 맛을 향상시키기 위해 사용한다.
② 천일염인 굵은 소금은 염장 또는 파스타 삶는 물의 염도를 내는 데, 고운 소금은 간을 하는 데 사용한다.

(6) 허브
① 식물의 잎과 줄기를 사용한다.
② 대표 허브: 바질, 오레가노, 파슬리, 세이지, 처빌, 타임, 차이브, 로즈메리, 딜, 루꼴라

(7) 스파이스
① 식물의 씨, 껍질, 열매, 뿌리를 사용한다.
② 대표 스파이스: 넛맥, 사프란, 페페론치노, 후추, 겨자, 커민, 마늘, 고추, 생강

(8) 그 외
① 베이컨을 사용한 볼로네제 소스의 경우 육수를 충분히 넣어 오랜 시간 동안 뭉근히 졸여 사용한다.
② 바질 페스토는 변색을 방지하기 위하여 데쳐서 사용하거나 너무 뜨거운 곳에 오래 방치하지 않는다.
③ 콩이나 견과류를 사용하면 씹히는 식감과 고소한 맛을 낼 수 있다.

바로 확인문제

파스타를 만들 때 사용하는 부재료에 대한 설명으로 옳지 않은 것은?
① 통후추는 직접 후추를 가는 도구를 이용해 신선한 맛을 유지한다.
② 굵은 소금은 염장 또는 파스타 삶는 물의 염도를 내는 데 사용한다.
③ 허브와 스파이스는 파스타 고유의 맛과 풍미를 내는데 필수적인 재료이다.
④ 토마토는 소스를 만들 때 과육과 씨를 모두 사용한다.

|해설|
토마토 씨는 신맛이 나기 때문에 소스를 만들 때 씨가 들어가지 않도록 한다.

|정답| ④

4. 파스타의 완성
① 특유의 풍미와 질감을 살리기 위해 소스와 어우러져 바로 제공되어야 한다.
② 대형 연회나 뷔페 등 대규모의 행사인 경우 시간을 절약하고 빠르고 효과적인 서비스를 제공하기 위해 미리 삶아서 식혔다가 제공하기 직전에 데워서 사용하기도 한다.

PART 09 소스 조리

01 소스 재료 준비

1. 재료

(1) 부케가르니

월계수잎, 타임, 파슬리 등의 허브를 묶어 스튜나 육수의 맛과 향을 내는 향신료 다발이다.

(2) 미르포아

양파, 당근, 셀러리를 썰어 혼합한 것으로 육수나 스튜의 향을 내는 데 사용한다.

> **바로 확인문제**
>
> 미르포아에 대한 설명으로 틀린 것은?
> ① 육수와 스튜의 향을 낼 때 사용한다.
> ② 채소와 허브류, 향신료의 혼합물이다.
> ③ 양파, 당근, 셀러리를 썰어 혼합한 것이다.
> ④ 마리네이드 용액에 식품을 담그거나 적시는 것이다.
>
> |해설|
> ④는 마리네이드에 대한 설명이다.
>
> |정답| ④

(3) 향신료

① 허브(Herb): 식물의 잎, 줄기, 꽃봉오리와 같이 신선한 형태로 말린 것이다.
② 스파이스(Spice): 식물의 씨, 나무껍질, 뿌리 또는 이것을 가루로 만든 것을 말한다.

(4) 농후제 `빈출`

소스나 수프의 농도를 내며 풍미를 더해 주는 것이다.

농후제의 종류		
루	화이트 루	• 색이 나기 직전까지만 볶아 낸 것이다. • 베샤멜 소스와 같은 흰색 소스에 사용한다.
	브론드 루	• 약간의 갈색이 돌 때까지 볶은 것이다. • 크림 수프 등을 끓이기 위한 벨루테를 만들 때 사용한다.
	브라운 루	• 색이 짙은 소스를 만들 때 사용한다. • 루의 색깔이 갈색을 띤다.
뵈르 마니에		• 버터와 밀가루를 동량으로 섞어 만든 농후제이다. • 향이 강한 소스의 농도를 맞출 때 사용한다.

(5) 전분

① 종류: 감자 전분, 옥수수 전분, 고구마 전분
② 사용법: 찬물이나 차가운 육수를 따로 준비하여 섞어 두었다가 육수가 끓기 시작하면 불을 줄이고 국자를 이용하여 자연스럽게 섞어 준다.

(6) **달걀**
① 농도: 노른자를 이용한다.
② 대표 소스: 앙글레이즈(디저트 소스), 홀랜다이즈, 마요네즈

(7) **버터**
① 버터는 높은 온도로 가열하면 물과 기름이 분리되어 농후제 역할을 할 수 없으므로 60℃ 정도가 적당하다.
② 수프를 끓인 다음 버터의 풍미를 더하기 위해 불에서 내린 후 포마드 상태(반고체 상태)의 버터를 넣고 잘 저어 주면 약간의 농도를 더할 수 있다.
③ 버터 소스: 뵈르블랑(Beurre Blanc)

02 소스 조리 및 완성

1. 육수 소스

송아지 육수, 닭 육수, 생선 육수	갈색 육수	뼈를 오븐에 넣어 색을 내고 야채를 볶아 브라운 색을 내어 향신료와 함께 끓인다.
	화이트 육수	화이트 루를 넣어 끓인다.
토마토 소스	토마토 퓌레	토마토를 파쇄한 그대로 조미하지 않고 농축시킨 것이다.
	토마토 쿨리스	토마토 퓌레에 어느 정도 향신료를 가미한 것이다.
	토마토 페이스트(반죽)	토마토 퓌레를 더 강하게 농축하여 수분을 날린 것이다.
	토마토 홀	토마토 껍질만 벗겨 통조림으로 만든 것이다.
우유 소스	베샤멜 소스	버터를 두른 팬에 밀가루를 볶다가 색이 나기 직전에 향을 낸 차가운 우유를 넣고 만든 소스이다.
	크림 소스	생선 육수 첨가, 화이트 와인 사용 시에 생크림을 넣고 졸여 뵈르마니에로 농도 조절을 한 것이다.
유지 소스	마요네즈	달걀 노른자에 식초, 겨자, 소금을 넣고 섞어 준 후 기름을 첨가하여 응고시킨 반고체의 소스이다.
	비네그레트(식초 소스)	기름과 식초의 비율이 3:1, 4:1, 2:1이다.
	버터 소스	홀랜다이즈(더운 마요네즈 → 버터로 정제), 뵈르블랑(하얀 버터라는 뜻)을 사용한다.

바로 확인문제

버터를 두른 팬에 밀가루를 볶다가 색이 나기 직전에 향을 낸 차가운 우유를 넣고 만든 소스는?
① 크림 소스 ② 마요네즈 ③ 베샤멜 소스 ④ 버터 소스

|해설|
베샤멜 소스는 버터를 두른 팬에 밀가루를 볶다가 색이 나기 직전에 향을 낸 차가운 우유를 넣고 만든 소스이다. |정답| ③

2. 디저트 소스

(1) **디저트의 종류**
① 파이류(Pie)
② 과일류(Fruit)
③ 케이크류(Cake)
④ 젤라틴류(Gelatine)
⑤ 푸딩류(Pudding)

⑥ 아이스크림류(Ice Cream)
⑦ 셔벗(Sherbet)
⑧ 치즈류(Cheese)

(2) 디저트 제공 온도에 따른 분류
① 냉제: 푸딩(Pudding), 바바루아(Bavarois), 무스, 과일, 젤리, 초콜릿류
② 온제: 수플레(Souffle), 그라탱(Gratin), 크레페(Crepe), 베이네(Beignet)
③ 빙과제: 아이스크림(Ice Cream), 셔벗(Sherbet)

> **바로 확인문제**
>
> 양식 디저트 중 냉제(차갑게)로 제공하는 것이 아닌 것은?
> ① 푸딩, 젤리 　　　② 바바루아, 초콜릿 　　　③ 무스, 과일 　　　④ 수플레
>
> |해설|
> 수플레는 온제로 제공한다. 　　　　　　　　　　　　　　　　　　　　　　　　　　　　　　　　|정답| ④

(3) 후식 소스

크림 소스	앙글레이즈가 대표적이다.
리큐어 소스	과일즙에 약간의 리큐어나 럼을 넣어 만든 것이다.
초콜릿 소스	녹인 버터에 코코아 가루와 설탕 시럽을 섞어 만든 것으로, 바닐라향 등의 향료를 첨가한다.

> **합격보장 꿀팁**
>
> • **리큐어(Liqueur)** | 알코올이 들어간 달콤한 음료수로 과일, 향신료, 씨앗, 꽃 등을 위스키, 브랜디, 럼 등에 섞어 만든다.

3. 소스 제공 시 유의 사항
① 사용하는 재료의 맛을 끌어올리기 위해 개성이 부족한 주재료에는 개성이 강한 소스를, 개성이 충분한 주재료에는 그 맛을 상승시킬 소스를 사용한다.
② 연회장에서는 많은 양의 소스를 사용하므로 약간 되직한 게 좋다.
③ 곁들여 주는 소스는 색이 변질되면 안 된다.

SUBJECT 07 | 양식

필기합격 적중문제

01 난이도
토마토 퓌레를 농축하고 마늘, 소금, 설탕을 넣어 만든 것은?
① 토마토 케첩
② 토마토 소스
③ 토마토 페이스트
④ 토마토 잼

02 난이도
미르포아에 대한 설명으로 옳은 것은?
① 스톡의 향을 강화하기 위한 양파, 당근과 셀러리의 혼합물을 말한다.
② 생선, 해산물을 포칭하기 위해 만드는 액체이다.
③ 야채, 고기, 생선물로 끓여 만든 육수이다.
④ 고기, 생선의 국물을 맑게 끓인 것이다.

03 난이도 [산업기사 출제 가능]
서양 요리 조리 방법 중 습열 조리에 해당되지 않는 것은?
① 브로일링(Broiling)
② 스티밍(Steaming)
③ 보일링(Boiling)
④ 시머링(Simmering)

04 난이도
샌드위치를 만들고 남은 식빵을 냉장고에 보관할 때 식빵이 딱딱해지는 원인 물질과 그 현상은?
① 지방 – 산화
② 단백질 – 젤화
③ 전분 – 노화
④ 전분 – 호화

05 난이도
해산물 샐러드를 만들 때 미르포아(Mirepoix), 향신료를 넣고 해산물을 데치는 육수는?
① 비네그레트(Vinaigrette)
② 쿠르 부용(Court Bouillon)
③ 루(Roux)
④ 리에종(Liaison)

06 난이도
핑거볼에 대한 설명으로 틀린 것은?
① 식후에 손가락을 씻는 그릇이다.
② 작은 그릇에 꽃잎이나 레몬조각을 띄운다.
③ 식수이므로 마셔도 된다.
④ 식탁 왼쪽에 놓는다.

07
양식에서 조찬용 빵으로 적합하지 않은 것은?

① 난 ② 베이글
③ 소프트 롤 ④ 호밀빵

08
난황에 들어 있으며, 마요네즈 제조 시 유화제 역할을 하는 성분은?

① 레시틴 ② 오브알부민
③ 글로불린 ④ 갈락토오스

09
수프의 종류와 설명이 옳지 않은 것은?

① 콩소메 – 고기와 채소를 푹 고아 진하게 우려낸 후 맑게 걸러 낸 수프이다.
② 차우더 – 조개, 생선, 게살, 감자, 우유를 이용한 크림 수프이다.
③ 벨루테 – 화이트 루에 우유를 넣고 만든 약간 묽은 수프이다.
④ 비스크 – 갑각류를 이용한 부드러운 수프로 크림으로 농도를 조절한다.

10
양식에서 요리가 제공되는 순서대로 나열한 것은?

| ㉠ 생선 요리 | ㉡ 디저트 | ㉢ 육류 요리 |
| ㉣ 애피타이저 | ㉤ 수프 | |

① ㉠ → ㉡ → ㉢ → ㉣ → ㉤
② ㉣ → ㉡ → ㉠ → ㉢ → ㉤
③ ㉢ → ㉠ → ㉤ → ㉣ → ㉡
④ ㉣ → ㉤ → ㉠ → ㉢ → ㉡

11
포칭(Poaching)에 대한 설명으로 옳은 것은?

① 물이나 스톡, 쿠르 부용에 넣고 냄비 뚜껑을 덮지 않은 채 삶는다.
② 오븐 안에서 건조열로 굽는 방법으로 육류나 채소 조리에 사용한다.
③ 끓는 물에 천천히 또는 단시간 내에 끓이고 찬물에 헹구는 조리법이다.
④ 식품을 찬물이나 끓는 물에 넣고 비등점 가까이에서 끓이는 조리법이다.

12
육류를 익힐 때 중간 정도의 익힘을 나타내는 것은?

① 레어(Rare)
② 미디엄(Medium)
③ 미디엄 웰던(Medium Well-done)
④ 웰던(Well-done)

13
전채 요리로 쉬림프 카나페를 만들려고 한다. 새우를 삶을 때 필요한 재료가 아닌 것은?

① 셀러리 ② 당근
③ 양파 ④ 마늘

14 서양식 식사 방법 중 격식을 차린 점심 식사를 나타내는 용어는?

① 런치(Lunch)   ② 런천(Luncheon)
③ 서퍼(Supper) ④ 디너(Dinner)

15 육류 요리를 플레이팅 할 때 구성 요소가 아닌 것은?

① 단백질 파트   ② 탄수화물 파트
③ 지방 파트   ④ 가니쉬 파트

16 생면 파스타에 대한 설명이 옳지 않은 것은?

① 오레키에테(Orecchiette) - 중앙부가 깊고 오목하게 파인 타원형의 파스타이다.
② 탈리아텔레(Tagliatelle) - 길고 얇은 리본 파스타로 면의 모양이 칼국수처럼 길고 납작하다.
③ 토르텔리니(Tortellini) - 나비 모양의 파스타로 크기가 다양하다.
④ 라비올리(Ravioli) - 속을 채운 후 납작하게 빚어 내는 파스타이다.

17 양식에서는 채소를 써는 모양과 크기에 따라 명칭이 다르다. 정육면체의 주사위 모양으로 써는 방법 중 한 면의 크기가 가장 작은 것은?

① 브뤼누아즈(Brunoise)
② 큐브(Cube)
③ 콩카세(Concasser)
④ 미디엄 다이스(Medium Dice)

18 [산업기사 출제 가능] 스톡(Stock)에 대한 설명으로 틀린 것은?

① 스톡은 화이트 스톡과 브라운 스톡으로 구분된다.
② 육류, 생선, 가금류, 뼈, 향신 채소(미르포아)를 이용하여 만든다.
③ 스톡을 끓여 간을 하지 않는다.
④ 물은 소량 붓고 찌듯이 조린다.

19 파스타(Pasta)에 대한 설명으로 맞는 것은?

① 이탈리아식 국수로 물, 밀가루와 달걀을 넣어 반죽한 것이다.
② 파스타 면을 삶을 때 약간의 설탕을 넣어 준다.
③ 생면 파스타는 강력분과 물을 이용하여 만든다.
④ 파스타면을 알덴테(Al Dente)로 삶는 것은 오래 삶아 푹 익힌 것이다.

20 양식에서 사용하는 향신료 중 주로 사용하는 부위가 다른 것은?

① 레몬밤   ② 사프란
③ 파슬리   ④ 바질

정답 및 해설
P.12

에듀윌이
너를
지지할게
ENERGY

견디는 것이 아니라
견디면서 나아가는 것이 중요하다.

– 서상영, 〈소를 기르다〉

종목편

SUBJECT 08

중식

PART 01 식생활 문화
중국 요리의 지역별 특징을 이해하고, 중식 도구의 사용법과 중식에서 사용하는 썰기 방법을 반드시 암기한다.

PART 02 절임 · 무침 조리   [NCS 능력단위: LM1301010302_21v4]
중식 절임의 종류와 방법, 절임과 무침에 사용하는 식재료의 종류에 대해 학습한다. 절임은 저장을 목적으로 하는 조리 방법이므로 저장법의 종류와 특징을 암기하는 것이 좋다.

PART 03 육수 · 소스 조리   [NCS 능력단위: LM1301010303_21v4]
소스의 정의를 이해하고 육수 재료의 종류와 손질법에 대해 학습한다.

PART 04 튀김 조리   [NCS 능력단위: LM1301010308_21v4]
식용 유지의 종류와 특징은 출제 빈도가 높을 것으로 예상되므로 꼼꼼하게 학습한다. 중식 튀김 조리법의 용어와 설명도 같이 학습한다.

PART 05 조림 조리   [NCS 능력단위: LM1301010310_21v4]
조림의 정의에 대해 살펴보고 식재료에 따른 조림 요리의 종류를 숙지한다.

PART 06 밥 조리   [NCS 능력단위: LM1301010313_21v4]
밥 짓기 방법, 중식 밥 요리의 종류와 만드는 방법을 숙지한다.

PART 07 면 조리   [NCS 능력단위: LM1301010312_21v4]
중식 면 요리의 종류 및 조리법을 숙지한다. 면을 삶는 방법은 모든 조리 과정에서 중요하므로 알아 둔다.

PART 08 냉채 조리   [NCS 능력단위: LM1301010304_21v4]
중식 냉채의 종류 및 특징, 냉채 조리 방법에 대해 살펴보고 종류별 담기의 형태에 대해 알아 둔다.

PART 09 볶음 조리   [NCS 능력단위: LM1301010307_21v4]
중식 볶음 조리의 특징을 알고 볶음 조리 방법별 특징과 대표 요리를 비교하며 암기한다.

PART 10 후식 조리   [NCS 능력단위: LM1301010314_21v4]
중국 후식의 분류와 더운 후식류, 찬 후식류의 종류와 조리 방법을 학습한다.

PART 01 식생활 문화

01 중국 음식의 문화와 배경

1. 중국의 식사 예절 및 특징
① 의식주를 식의주라고 할 만큼 식사와 식사 예절을 중시한다.
② 요리나 쌀밥, 면류를 먹을 때는 젓가락을 사용하는 것이 관습화되어 있고 숟가락은 탕을 먹을 때만 사용한다.
③ 밥, 면, 탕류를 먹을 때 고개를 숙여 식사하는 것은 금기이며, 고개를 숙이지 않고 그릇을 받쳐 들고 먹는다.

> **합격보장 꿀팁**
> • **만한전석** | 황실과 민간의 합작, 만주족과 한족의 결합을 도모하기 위해 준비된 중국 요리의 진수라고 불리는 대표적인 연회식이다.

2. 정식 요리 코스
① 먼저 전채 요리로 냉채가 나오는데, 이는 식사를 하기 전에 술과 함께 곁들이면 좋다. 전채 요리로 냉채 요리가 주로 나오지만 더운 요리를 주요 음식보다 작게 내는 열채 또는 탕채, 두채가 나오기도 한다.
② 주요리로 해물 요리, 고기 요리, 두부 요리, 채소 요리가 순서대로 나온다.
③ 볶음 요리는 주로 주요리에 속하며 주요리가 거의 끝나면 탕차이와 식사가 나오고 맛이 단 요리와 과일로 마무리한다.

3. 테이블 세팅
① 중국식 테이블은 보통 열 명 정도 둘러앉을 수 있는 원탁이며, 가운데 돌릴 수 있는 회전 원판이 있다. 이 원판 위 큰 접시에 요리를 올려놓고 원판을 돌려 가며 각자 덜어서 먹는다.
② 개인 세팅은 가운데 접시, 왼쪽에 국물용 그릇, 오른쪽에 젓가락과 숟가락을 놓는다.
③ 요리에 다양한 소스를 곁들인다. 간장이나 고추기름 등 요리마다 곁들이는 소스가 다르므로 개인마다 작은 종지 두세 개를 놓는다.

02 중국 요리의 분류 빈출

1. 북경 요리(베이징 요리)
① 북경을 중심으로 동쪽으로는 산둥성, 동남쪽으로는 타이완 섬까지 고루 퍼져 있는 음식을 말하며, 기후는 한랭한 기후이다.
② 북경(베이징)은 중국의 수도로서 정치·문화·사회의 중심지이므로 고급 요리가 많이 발달했다.
③ 화북 평야의 광대한 농경지에서 풍부하게 생산되는 소맥, 과일 등의 각종 농산물이 주재료이며, 각 지역의 희귀한 재료들이 집합되어 있다.
④ 짧은 시간에 조리하는 튀김이나 볶음 요리가 발달되었다.
⑤ 산동 요리 계통은 재료의 선택이 광범위하고 신선한 해산물을 사용하며 맛은 약간 짜고 향기로우며 겉은 바삭거리고 속은 부드러운 것이 특징이다.
⑥ 대표적인 요리로는 베이징 덕(오리구이)이 있다.

2. 남경 요리(상하이 요리)

① 남경(난징) 요리는 중국의 중심 지대로서 장강을 끼고 있는 비옥한 농토에서 나는 식재료를 사용한다.
② 남경 요리는 서구풍으로 발전하여 동서양 사람들의 입맛에 맞도록 변화·발전되어 왔다.
③ 상하이는 바다를 끼고 있어서 해산물 요리가 발달되어 있으며, 간장과 설탕을 많이 써서 달고 농후한 맛을 띤다.
④ 요리의 색상이 진하고 선명하다.
⑤ 특산물인 장유(醬油)를 사용하여 요리를 하며 기름기가 많다.
⑥ 대표적인 요리로 돼지고기에 장유를 사용한 홍샤로우(紅燒肉)가 유명하다.

3. 사천 요리(쓰촨 요리)

① 사천 요리는 야생의 특산물을 취하며 특유의 조미 방식을 많이 사용한다.
② 맛이 매우 다양하며 진하면서 무겁고, 신선하다.
③ 중국의 서쪽 양쯔강 상류의 산악 지대로, 오지이며 습기가 많은 산지이기 때문에 저장을 고려한 절임류가 발달했다.
④ 산악 지대에서 생산된 암염이 사용된다.
⑤ 대표적인 요리로는 마파두부와 누룽지탕, 두반장에 볶은 요리, 회교도들의 양고기 요리인 양로우꿔즈(羊肉鍋子), 새우고추장 볶음인 깐샤오밍샤(乾燒明蝦)가 있다.

> **바로 확인문제**
>
> 사천 요리의 특징으로 옳지 않은 것은?
> ① 토마토 케첩을 많이 사용한다.
> ② 절임류가 발달했다.
> ③ 암염이 사용된다.
> ④ 두반장에 볶은 요리가 많다.
>
> |해설|
> 토마토 케첩을 많이 사용하는 것은 광동 요리의 특징이다.
>
> |정답| ①

4. 광동 요리(광둥 요리)

① 광동 요리는 중국 남부의 광주를 중심으로 한 요리를 총칭하며, 채소류와 해산물, 생선, 소고기, 토마토 케첩, 서양 채소 등을 많이 사용하는 편이다.
② 자연이 지니고 있는 맛을 살리기 위해 살짝 익히며 싱겁고 기름이 적게 들어간다.
③ 뱀과 개(犬) 요리가 유명하다.
④ 서양 요리 기술을 흡수·융합하여 선명한 지방 특색과 풍미를 형성하였다.
⑤ 광동 요리는 재료 사용의 범위가 넓고 기이하며, 조리 기술도 다양하다.
⑥ 상어 지느러미, 제비집, 녹용, 원숭이 등 특수 재료를 이용한다.
⑦ 대표적인 요리로 광동식 탕수육, 상어 지느러미찜 등이 있다.

5. 기타 요리

궁정 요리	• 궁중에서 황제를 위해 만든 요리로, 청대에 이르러 절정에 달했다. • 베이징이 본고장으로, 베이징 요리에 포함되기도 한다. • 각지의 진귀하고 좋은 재료를 사용한다. • 가장 맛깔스러운 모양을 꾸미는 것이 으뜸이며, 영양적으로도 다른 어떤 요리보다 뛰어나다.
정진 요리 (채식 요리)	• 살생을 할 수 없는 수도승들이 채소만을 이용하여 만든 요리이다. • 버섯이나 채소를 이용하여 고기 맛이 나도록 한 것이 특색이다. • 맛은 대체로 담백하다.

약선 요리	• 각 개인의 체질 및 음양오행에 맞추어 음식의 재료를 선택하거나, 각종 한방약의 재료로 쓰이는 것들을 요리에 사용한 건강식이다. • 중국에서 기원전부터 전통적으로 내려오는 요리로, 의약과 음식은 근원이 같다는 의식동원(醫食同源) 사상에서 유래한다.

03 중국 음식의 특징 및 용어

1. 중국 요리의 특징

중국 요리는 크게 북방 지역의 영향을 받아 형성된 '북방 요리'와 장강 유역, 황하 유역 등의 요리를 일컫는 '남방 요리'로 나누어지며, 일반적으로 4대 요리로 북경 요리, 남경 요리, 사천 요리, 광동 요리로 구분된다.

중국은 국토가 넓어 각 지방의 기후, 풍토, 산물 등에 각기 특색이 있다. 중국 요리는 원료의 생산, 조리 기술, 풍미, 특색의 차이에 따라 역사적으로 많은 지방 요리를 형성하였다. 중국 요리는 미각의 만족에 그 초점이 맞추어져 있어 백미향이라고 하며, 농후한 요리나 담백한 요리가 각각 복잡 미묘한 맛을 지니고 있다. 기름을 이용한 요리가 많고 다양한 식재료를 사용한다. 높은 열에서 단시간에 조리를 하는 메뉴가 많으므로 영양의 손실이 적어 맛과 영양을 모두 충족시킨다.

> **바로 확인문제**
>
> 중국 4대 요리에 속하지 않는 곳은?
> ① 북경　　　② 남경　　　③ 궁정　　　④ 광동
>
> |해설|
> 일반적으로 중국 4대 요리는 북경 요리, 남경 요리, 광동 요리, 사천 요리로 나눈다.　　　|정답| ③

2. 중식 조리도구

중식 팬 – 웍(Wok)	• 바닥 부분이 둥근 무쇠 냄비로, 중국 요리를 할 때 기본으로 사용하는 팬이다. • 열이 팬 전체에 골고루 퍼져 재료를 빠르게 익힐 수 있고 튀김뿐만 아니라 다양한 중식 조리를 할 수 있다. • 큰 팬은 큰 연회 시 대량의 재료를 튀기거나 삶을 때 사용하고, 작은 팬은 주방에서 가장 상용하는 도구이다. • 중식 팬은 지름이 40~50cm 정도이고 팬 안이 깊고 두꺼운 것이 좋다. • 2~3일 간격으로 불에 태워 깨끗이 한 후 소량의 기름과 파 줄기로 닦아서 보관하면 솥의 내부에 윤기가 돌고 사용하기 쉽다.
중식 국자	• 식재료를 볶거나 국물이나 요리를 떠서 담을 때 사용되는 긴 국자이다. • 각종 식재료와 양념의 양을 재는 계량컵, 스푼의 역할을 한다. • 기름, 육수 등을 첨가할 때뿐만 아니라 녹말로 농도를 걸쭉하게 하거나 완성된 음식을 담을 때에도 사용한다.
폿(Pot)	• 대량으로 소스를 만들 때 사용하는 커다란 용기이다. • 닭뼈, 생선뼈 등 여러 가지의 육수를 끓일 때에도 사용한다.
튀김 건지기(뜰채)	• 재료를 튀기거나 삶은 후 건질 때 사용한다. • 소스나 기름 등을 거를 때에도 사용한다.
볶음 튀김 국자	• 모양은 둥근 모양이며, 작은 구멍이 나 있다. • 재료를 튀겨 건지거나 식재료를 데치거나 삶아 건질 때 사용한다.
중식칼	• 모양은 직사각형이며 칼끝이 직선으로 된 것과 활 모양으로 굽은 것이 있다. • 칼은 무거우며 칼날이 예리하다.
도마	• 도마는 나무 도마와 플라스틱 도마가 있으며 원형 모양이다. • 나무 도마는 주로 은행나무를 사용하며 깨끗이 닦은 후 세워서 통풍이 잘 되는 곳에 보관하여 곰팡이가 생기지 않도록 한다.

중식 찜기	• 수증기를 이용하여 재료를 익히는 데 사용하며, 찜 요리에 전문적으로 쓰이는 기구이다. • 중식 팬보다 작은 것으로 선택하고 여러 겹으로 된 것이 한 번에 많은 양의 찜 요리를 할 수 있어 편리하다. • 금속 찜기는 불 위에 직접 올려놓아 찜을 할 수 있고, 대나무로 만든 찜기는 증기의 통과가 빠르다.
볶음 또는 튀김 기름통	• 볶음이나 튀김을 할 때에 사용되는 크고 높은 통 모양의 그릇이다. • 거름망을 위에 놓아 전처리한 재료나 튀김 음식을 기름과 함께 부어 익힘 정도를 조절하며 신속한 조리를 할 때 사용된다.
대나무솔	• 대나무솔은 뜨겁고 무거운 웍을 씻을 때 주로 사용한다. • 물과 함께 밑에 눌어 붙어 있는 음식의 찌꺼기를 대나무솔을 이용하여 저으면서 여러 번 닦아 낸 후 다시 한 번 물로 헹구어 깨끗한 것을 확인하고 솥을 사용한다.

바로 확인문제

다양한 중식 조리를 할 수 있는 팬으로, 바닥 부분이 둥근 냄비로 긴 나무 손잡이가 있으며, 열의 전도가 팬 전체에 골고루 퍼져 재료를 빠르게 익힐 수 있는 조리기구는?

① 폿   ② 웍   ③ 프라이팬   ④ 볼

|해설|
웍(Wok)은 바닥 부분이 둥근 냄비로 중화 팬의 재질은 주철이나 철이다. 열의 전도가 전체에 골고루 퍼져 빠르게 재료를 익힐 수 있어 다양한 중식 조리를 할 수 있다.

|정답| ②

합격보장 꿀팁

• **중식 화구 관리**
  - 중국 음식의 맛을 좌우하는 것은 불의 세기와 조절이다.
  - 중식 화구는 화덕이라고 부르며, 화덕의 앞에서 뒤쪽으로 항상 물이 흐르도록 되어 있어 조리 시에 청결을 유지하고 강한 온도에서 화덕 주위를 보호한다.
  - 화덕 앞 양쪽에는 물이 나오도록 되어 있어 물통을 놓아 요리가 끝난 팬을 바로 세척하거나 조리 시 사용할 물을 바로 공급할 수 있다.
  - 화덕 오른쪽에는 기름통과 거름망을 두고 튀김을 하여 바로 건질 수 있도록 한다.
  - 기름통 앞에는 육수통을 놓아 요리 시 사용이 편리하게 하고, 육수통 앞쪽에는 양념을 준비하여 빠르게 요리를 만들 수 있도록 한다.

3. 중식 재료 썰기 빈출

중국 요리에는 채소와 과일을 이용한 여러 형태의 조각(장식 썰기) 기술이 있다. 중국 요리의 썰기에는 편(片), 사(絲), 괴(塊), 조(條), 정(丁), 미(米), 말(末) 등이 있다.

편(片, 피엔)	• 재료를 포 뜨듯이 한쪽으로 어슷하고 얇게 뜨는 것을 말한다. • 주로 육류, 어류, 버섯류, 채소류를 써는 데 적합한 조리 조각 기술이다. • 편의 형태는 두께가 0.3cm 이하인 얇은 편, 0.5cm 이상인 두꺼운 편, 길이가 3.5cm 이하인 작은 편, 6cm 이상인 큰 편으로 구분된다.
사(絲, 쓸)	• 한식의 채 썰기와 같은 형태이다. • 일반적으로 길이 5~6cm, 두께 0.3cm 정도로 가늘게 썬다. • 채소나 과일, 육류 등의 섬유질을 끊지 않고 살려서 썰기 때문에 아무리 가늘게 썰어도 중간에 부서지거나 절단되지 않는다.
괴(塊, 콰이)	• 재료를 덩어리 형태로 하여 수직으로 써는 것(직도법)을 말한다. • 괴의 기본 크기는 폭과 두께에 관계없이 2.5cm 정도로 자른다. • 많이 이용하는 형태는 마름모꼴 썰기(능형괴), 재료를 돌리면서 도톰하게 썰기(곤도괴), 기와 모양으로 썰기(와괴), 직사각형으로 썰기(골패괴), 도끼 모양으로 썰기(부두괴), 주사위 형태로 썰기(방형괴) 등이 있다.
조(條, 티아오)	• 막대 모양으로 써는 것으로, 일반적으로 길이 5~6cm, 두께 0.6~1cm의 길쭉한 형태로 써는 것이 적당하다. • 육류나 생선처럼 탄력성이 있는 재료는 밀어 썰기나 당겨 썰기를 하는 것이 좋고, 식감이 아삭한 채소는 직도법(수직으로 써는 법)으로 썰어야 한다. • 재료의 결 방향을 따라 썰거나 가로 썰기, 어슷 썰기 등으로 썬다.

정(丁, 딩)	• 재료를 사각형 모양으로 써는 형태이다. • 자르는 방법은 먼저 조 형태로 썬 다음 색자(주사위) 모양으로 자르면 된다. • 정은 모양과 크기에 따라 대방정(1.2cm 크기의 주사위 모양), 소방정(0.8cm 크기의 주사위 모양), 감람정(올리브 열매 모양) 등으로 구분한다.
미(米)	• 쌀알 크기로 자르는 방법이다. • 도공법은 사 형태로 썬 것을 다시 미 형태로 잘게 써는 것을 말한다.
말(末, 모)	• 참깨 크기로 잘게 다지는 도공법이다. • 육류나 향신료 등을 다룰 때 많이 활용한다. • 용니(茸泥)는 재료의 껍질, 뼈, 힘줄을 제거한 후 칼로 아주 곱게 다지는 것을 말한다.

바로 확인문제

중식 썰기 방법 중 재료를 포 뜨듯이 한쪽으로 어슷하고 얇게 뜨는 썰기 방법은?

① 편(片)　　② 사(絲)　　③ 괴(塊)　　④ 조(條)

|해설|
재료를 포 뜨듯이 한쪽으로 어슷하고 얇게 뜨는 방법은 편(片)이다.　　　　|정답| ①

바로 확인문제

유니 자장면에서 말(末)이 의미하는 도공법은?

① 길이 5~6cm 정도로 가늘게 채 써는 방법
② 길이 4~7cm 정도로 용도에 맞게 포 뜨듯이 어슷하게 써는 방법
③ 재료를 사각형 모양으로 써는 방법
④ 참깨 크기로 잘게 다지는 방법

|해설|
①은 사(絲), ②는 편(片), ③은 정(丁)에 대한 설명이다.　　　　|정답| ④

4. 중식에서 사용되는 향신료·조미료

(1) 중식에서의 향신료

중국 요리에서 사용되는 향신료의 종류에는 쟝(姜, 생강), 충(蔥, 파), 쏸(蒜, 마늘), 화쟈오(花椒, 산초씨), 딩샹(丁香, 정향), 파쟈오(八角, 팔각), 후이샹(茴香, 회향), 계피(桂皮), 진피(陈皮梅, 귤껍질) 등이 있다.

고수	• 중국, 동남아, 태국, 인도, 유럽 등에서 음식의 잡내를 제거하고 음식에 향을 첨가할 때 쓰인다 • 중국 요리 및 쌀국수 요리에 많이 사용된다. • 고수는 입맛을 돋우고 소화를 촉진시키며 위를 보호하는 데 도움을 준다.
구기자	• 맛이 달고 자극적이지 않으며 간과 신장의 기능을 활발하게 하여 눈을 맑게 한다. • 허리 아플 때, 머리가 어지럽고 눈이 침침할 때 섭취하면 좋다.
계피	• 계피는 계수나무의 얇은 나무껍질이다. • 상쾌한 청량감과 단맛, 매운맛이 있어 과자류에 향을 내거나 피클을 만들 때 사용한다.
팔각	• 회향나무의 열매이며 열매가 익기 전에 수확하여 건조 후 사용한다. • 주요 산지는 광둥성, 윈난성이다. • 고기를 삶거나 조림을 할 때 사용하며, 향을 내고 잡내를 제거하는 역할을 한다. • 동파육, 장계, 소계 등 장기간 끓이는 요리에 사용한다.
산초(화초)	• 중국 요리에 많이 사용된다. • 마라 등 얼얼한 매운맛을 내는 데 사용한다.
대추	• 혈을 보호하고 오장의 기운을 더하여 얼굴빛을 좋게 한다. • 노화를 억제시키는 작용을 한다.

인삼	• 눈이 맑아지고 면역성을 높이며 동맥경화를 예방한다. • 혈당을 낮추고 항암 효과가 있다.
진피	• 귤껍질을 말린 것으로, 맛이 씁쓸하다. • 비타민이 풍부하고 향이 좋아 향을 내거나 비릿하고 느끼한 맛을 없앨 때 사용한다. • 구토 및 비만 예방에 좋다.
후추	• 후추는 검은 것과 흰 것이 있고, 향과 맛은 맵고 뜨거운 성질을 갖고 있다. • 비린내를 없애 주고 살균 효과가 있어 좋으나, 지나치게 많이 섭취하면 위 점막에 자극을 준다.
파	• 용도에 따라 푸른 부분과 흰 부분으로 나누어 사용한다. • 파를 이용하여 만든 기름은 요리에 풍미를 더해 주는 역할을 한다. • 칼슘, 비타민 등이 많이 함유되어 있다.
은행	• 단백질, 탄수화물, 지방, 비타민 C, 칼륨 등을 많이 함유하고 있다. • 폐 기능을 좋게 하여 기침이나 가래를 없애며 천식에도 효능이 있다.
생강	• 고대부터 중국 요리에 사용한 향신료이다. • 쓴맛이 나며, 육류 등의 잡내를 감소시켜 주는 역할을 한다.
오미자	• 눈을 맑게 한다. • 정신 기능 및 치매 예방에 효능이 있다.
참깨	• 성질이 달고 간과 신장을 보호하며 눈과 귀를 밝게 한다. • 기력을 유지시켜 주며 노화를 억제시킨다.
정향	• 꽃망울을 말려 사용하며 향이 강하고 살균력과 방부력이 좋아 약재로도 사용된다. • 고기나 생선의 조림 요리, 간식 등에 사용된다.
월계수잎	• 월계수 생잎을 그대로 건조하여 향신료로 사용한다. • 생잎은 약간 쓴맛이 나지만 건조시키면 단맛과 향긋한 향이 난다. • 고대 시대에는 영광, 축전, 승리를 상징하는 의미도 있었다.
건고추	• 고추를 말린 것이다. • 매운맛을 내는 요리에 사용한다.
고춧가루	• 고추기름을 만들 때 사용한다. • 매운 요리를 만드는 데 사용한다.
황기	• 기를 보하고 땀나는 것을 억제시키며 소변을 원활하게 한다. • 고름을 없애며 새살이 잘 돋아나게 하는 데 뛰어난 효과가 있다. • 강장 작용, 면역 기능 조절 작용, 이뇨 작용을 하며 혈압을 낮추는 데 효과가 탁월하다.
감초	• 약의 독성을 중화하고, 위를 보호하며 식중독, 약물 중독, 항암제 독을 풀어 준다. • 간장의 기능을 강화시킨다. • 기침, 가래를 완화시킨다.
오향분	팔각, 회향, 정향, 산초, 계피 등을 가루로 만들어 섞은 것으로 향이 매우 뛰어나다.

바로 확인문제

다음에서 설명하는 향신료는 무엇인가?

> • 회향나무의 열매이며 열매가 익기 전에 수확하여 건조 후 사용한다.
> • 주요 산지는 광둥성, 원낭성이다.
> • 고기를 삶거나 조림을 할 때 사용하며, 향을 내고 잡내를 제거하는 역할을 한다.
> • 동파육, 장계, 소계 등 장기간 끓이는 요리에 사용한다.

① 산초   ② 계피   ③ 팔각   ④ 진피

|해설|
① 산초는 마라 등 얼얼한 매운맛을 내는 데 사용한다. ② 계피는 계수나무의 얇은 나무껍질이다. ④ 진피는 귤껍질을 말린 것이다. |정답| ③

(2) 중식에서의 조미료

조미료는 단맛, 신맛, 쓴맛, 짠맛, 매운맛, 감칠맛을 식품에 더하여 맛을 상승시키거나 새로운 맛을 내게 하여 식품의 가치를 높여 주는 역할을 한다. 중국산 조미료는 다양한 맛을 가지는 조미료가 많으며, 이것의 배합에 의해 독특한 맛을 내기도 한다.

① 소금: 중국인은 여름에 체력이 소모되는 것을 방지하기 위해 냉수에 소금을 타서 마신다.

② 식초
- 식초는 3~5%의 초산과 유기산, 아미노산, 당, 알코올, 에스테르 등이 함유된 산성 식품이다.
- 곡류·알코올성 음료·과실류 등을 원료로 하는 양조식초와 빙초산·초산을 주원료로 하는 합성식초로 나누어진다.
- 종류: 미초, 훈초, 당초, 주초, 백초 등이 있으며, 산지 품종에 따라 맛이 다르다.

미초	• 쌀을 발효시켜 만든 중국 전통 식초이다. • 알코올 성분이 많이 들어 있어 주로 소독하는 데 사용한다. • 우리나라의 사과식초보다 농도가 강하고 은은한 막걸리와 같은 맛이 나기도 한다. • 요리에 뿌려 먹거나 무침에 많이 사용한다.
흑초	• 광동 요리에 많이 사용한다. • 검은콩으로 발효시켜 만든 식초이며, 독특한 향기와 맛을 지니고 있다. • 요리를 흰색으로 만들고 싶을 때에는 보통 식초와 혼합하여 사용한다.

③ 간장
- 음식의 간을 맞추는 기본 양념으로, 짠맛, 단맛, 감칠맛 등이 복합된 독특한 맛과 함께 특유의 향을 지니고 있다.
- 서기 400년경 북위 시대 두장청(豆醬淸)을 시작으로 그 후 청장(淸醬), 생추(生抽), 노추(老抽) 또는 시유(柿油), 용패(龍牌), 차륜패(車輪牌) 간장 등이 있다.

④ 굴소스
- 신선한 생굴을 으깬 다음 소금을 넣어 발효시켜 만든 조미료로, 볶음 요리, 튀김 요리, 찜 요리 등에 다양하게 사용한다.
- 특히 해산물 요리에 간장과 함께 사용하면 시원한 국물 맛을 낼 수 있다.
- 중국의 광동 지역에서는 굴을 소금에 절여 말린 것을 조미료로 사용하였는데, 제조 과정에서 나오는 국물에 감칠맛이 많이 나는 것을 알게 되어 이를 이용하여 굴소스의 원형을 만들게 되었다.

⑤ 두반장
- 발효시킨 메주콩에 고추를 갈아 넣고 양념을 첨가하여 만든 소스이다.
- 맵고 칼칼한 맛을 내는 요리에 사용한다.
- 잠두콩을 발효시켜 만든 된장에 고춧가루와 말린 새우로 신선한 맛을 더 내기도 한다.
- 제맛을 내기 위해서는 중불에 어느 정도 볶아 사용하는 것이 좋으며, 맛이 강하므로 사용 시 양 조절에 주의해야 한다.
- 중국의 사천 지역에서 발달된 조미료이며, 마파두부, 돼지고기 요리, 냉채 요리 등의 조미료로 사용한다.

⑥ 고추기름
- 고추기름은 건고추나 고춧가루를 식용유와 함께 향신료, 채소 등을 넣고 가열하여 매운맛 성분을 추출해 낸 조미료이다.
- 무침을 만들 때 매운맛을 내기 위해 사용한다.

⑦ 막장
- 검고 윤기나는 것이 우수한 제품이며, 볶음 요리나 찜 요리, 무침 요리, 절임 요리에 사용하며 생선에 얹어서 먹기도 한다.

- 생채소에 찍어서 먹거나, 냄비 요리에 조미 국물로 넣는다.
- 검은콩, 밀, 누에콩, 고추를 발효시켜 만든 것이다.

⑧ 해선장
- 대두에 물, 설탕, 식초, 소금, 쌀, 밀가루, 고추, 마늘을 넣어 발효시킨 소스이다.
- 짠맛과 단맛이 나고 고소한 향이 있다.
- 이름과 달리 해산물은 들어가지 않는다.
- 북경 요리에 소스로 많이 사용하며, 다른 조미료와 섞어서 사용하기도 한다.

바로 확인문제

대두를 발효시켜 만든 소스로 짠맛과 단맛이 나고 고소한 향이 있으며, 북경 요리에 소스로 사용하거나 다른 조미료와 섞어서 사용하는 중식 조미료는?

① 첨면장 ② 해선장 ③ 노두유 ④ XO소스

|해설|
해선장은 짠맛과 단맛이 나고 고소한 향이 있는 소스이다.

|정답| ②

⑨ 새우간장
- 새우젓과 같이 독특한 냄새가 있다.
- 요리의 강한 맛을 내기 위해 볶음 요리, 수프, 탕, 조미 국물이나 소스용으로 사용한다.
- 새우 이외에 멸치와 같은 생선으로 만든 것도 있다.

⑩ 겨자장
- 겨잣가루를 열로 발효시켜 매운 겨자소스를 만든다.
- 겨자를 물로 반죽하여 실온에 방치하면 점차 쓴맛이 생긴다.
- 냉장고에 저장하거나 식초를 넣어 약간 산성이 되도록 하면 쓴맛이 잘 나지 않는다.
- 겨자의 매운맛은 고추냉이보다 입 속에 오래 남기 때문에 비린내가 오래 남는 생선의 양념으로 적절하다.
- 채소에 겨자를 섞는 겨자 절임을 만들기도 한다.
- 겨자소스는 해파리, 해산물, 육류의 무침에 많이 사용하고, 요리 소스에도 많이 곁들인다.

⑪ 노두유
- 광동 지역에서 쓰이는 색깔이 진한 간장이다.
- 노도추 또는 노추라고 하며, 색은 진하지만 짠맛이 강하지 않아 색을 낼 때 주로 사용한다.

⑫ 춘장
- 대두, 소금을 이용하여 발효시킨 중국식 된장으로 북경 요리에 주로 사용하는 중국의 대표적인 조미료이다.
- 짙은 갈색이며, 6개월 정도 발효시키면 색이 검은색으로 변하고 맛이 깊어진다.
- 가열하면 단맛이 증가한다.
- 황하 이북 지역에서 비교적 많이 만드는 춘장은 향기로우며 갈색을 띠고 있다.

⑬ XO소스
- 고추기름을 기본으로 하여 잘게 자른 건관자, 건새우, 건고추, 게, 전복 등을 함께 볶아 사용한다.
- 고급 브랜드의 등급 표시인 XO에서 따와 고급스러운 소스라는 뜻으로 지어진 이름이다.

⑭ 치킨파우더, 치킨스톡
- 닭 육수를 파우더나 액상 형태로 만든 육수용 조미료이다.
- 물과 함께 끓여 국물을 내거나 볶음 요리에 첨가하면 감칠맛이 난다.

⑮ 첨면장
- 밀가루와 콩, 소금을 함께 넣어 만든 장류이며 발효식품이다.
- 북경 오리구이와 함께 제공되며, 얇게 썬 오리구이를 첨면장에 찍어 밀쌈에 싸 먹는다.

⑯ 칠리오일
- 매운맛의 이색적인 칠리소스이다.
- 딤섬, 만두류의 디핑소스를 만들 때 이용하며 깐쇼새우를 만들 때 사용할 수 있다.

⑰ 시즈닝 맛간장
- 진간장에 비해서 짠맛이 덜하며 단맛이 나는 간장으로, 간장 자체의 맛이 좋아 따로 조미할 필요 없이 그대로 맛간장으로 사용할 수 있다.
- 광둥식 생선찜을 할 때 사용한다.

⑱ 고추마늘소스
- 맵고 강한 마늘 향을 가진 조미료로 칼칼한 맛을 낸다.
- 볶음, 조림, 소스 등에 사용할 수 있다.

⑲ 바비큐소스
- 육류를 재울 때나 양념장으로 발라서 구울 때 사용하기 좋다.
- 달콤하고 훈제향이 나는 독특한 향의 소스이다.

⑳ 매실소스
- 새콤하고 농후한 단맛이 있다.
- 단음식에 넣으면 향기로우며 소스, 드레싱 등 음식에 잘 흡착되는 성질이 있어 많이 사용된다.

㉑ 기타 조미료: 붉은 설탕, 얼음 설탕, 버터, 생강, 새우기름, 고추장, 풋고추, 파기름, 참기름, 소기름, 돼지기름, 고추 등이 있다.

04 중국 식기의 분류

챠야오판즈 (椭圓形盘子, 타원형 접시)	• 장축이 17~66cm 정도로, 음식 형태가 길면서 둥근 모양이거나 장방형 음식을 담는 데 적합하다. • 생선, 오리, 동물의 머리와 꼬리 부분을 담을 경우에 사용한다.
위엔판 (圓形盘子, 둥근 접시)	• 지름이 13~66cm 정도로, 중식에서 가장 많이 사용하는 그릇이다. • 수분이 없거나 전분으로 농도를 잡은 음식을 담는 데 사용한다.
완 (碗, 사발)	• 지름이 3.3~53cm 정도로 다양하다. • 크기에 따라 탕(湯)이나 갱(羹), 소스를 담을 때 사용한다.

PART 02 절임·무침 조리

01 절임·무침 조리의 개요

1. 절임 조리의 개요

(1) 절임의 정의
① 절임 식품이란 채소류, 과일류, 향신료, 수산물 등을 식염, 식초, 당류 또는 장류 등에 절인 후 그대로 또는 다른 식품을 가하여 가공한 초절임류, 염절임류, 당절임류 등을 말한다.
② 절임은 원재료를 담은 용기에 식초, 설탕, 간장 등을 부어 주는 것이 일반적이다.

(2) 절임의 종류
① 식초 절임
- 강한 산성으로 방부 효과가 있어 식품의 저장성을 높여 준다.
- 조리할 때 식초를 넣으면 단백질을 단단하게 해 주고 살균 작용을 하며 생선의 비린내를 잡아주는 역할을 하기도 한다.
- 조미식초는 기본적으로 물 : 식초 : 설탕 = 2 : 1 : 1의 비율이 되도록 한다.
- 주로 양조식초를 많이 사용하며, 부드러운 맛을 내려면 쌀, 현미 등으로 만든 곡물 식초를, 새콤하고 강한 맛을 내려면 과일 식초를 사용한다.
- 조미식초는 뜨거운 상태로 재료에 부어야 원재료의 아삭함이 오래 유지된다.
- 오래 저장한 채소는 식감이 떨어지기 때문에 일정 기간 내에 소비하는 것이 좋다.

② 소금 절임: 소금의 삼투 작용에 의해 세균이 생육하는 데 필요한 수분이 감소되어 미생물의 생육이 억제되는 원리를 이용한 저장법이다.

소금 절임법의 종류

건염법(Dry Salting)	고기나 생선에 굵은 소금을 뿌려 재운다.
염수법(Brine Salting)	고기를 진한 농도의 소금물에 담근다.

③ 당 절임
- 당은 음식의 단맛을 내는 데 사용되며, 대표적으로 설탕, 꿀, 조청 등이 있다.
- 당 절임은 당에 의해 삼투압이 증가, 탈수되고 수분활성이 낮아지면서 미생물의 생육이 지연 또는 정지되어 식품의 보존성이 증가하고 단맛이 상승한다.

2. 무침 조리의 개요

(1) 무침의 정의
① 채소나 말린 생선, 해초 따위에 갖은 양념을 하여 국물 없이 무치거나 볶아서 식초, 설탕 등의 양념을 넣고 버무려서 제공한다.
② 신선한 나물류나 말린 해산물을 많이 사용한다. 양념이 주재료보다 향이 강하면 주재료 특유의 맛을 느낄 수 없으므로 주의한다.
③ 양념으로는 고추기름, 파기름, 고춧가루, 향신료, 소금, 후추, 식초, 마늘, 설탕을 많이 사용한다.

(2) **무침의 종류 및 방법**
① 채소로는 오이, 당근, 무, 콜리플라워, 양배추 등을 다양하게 사용할 수 있다.
② 채소는 소금으로 숨을 죽여서 사용한다.
③ 자차이는 오이, 양파, 대파를 함께 사용하며 식초로 신맛을 낸다.
④ 다양한 봄 야채, 해산물, 육류 등을 무침의 재료로 사용할 수 있다.

02 절임·무침 준비

1. 절임·무침에 많이 사용하는 채소의 종류

향차이	• 남유럽, 지중해 연안이 원산지로 파슬리과에 속하는 일년초이다. • 줄기와 어린잎에서 특유의 독특한 냄새가 나는데, 사람에 따라 이를 악취로 느낄 수도 있다. 성숙하면 향이 변한다. • 중국, 인도, 태국, 베트남 등 동남아시아의 여러 나라에서 스파이스로 중요하게 사용되며, 종자는 과자, 쿠키, 빵 등의 향신료로 이용된다. • 오이 피클이나 육류 제품, 수프의 향신료로 이용된다.
청경채	• 성장 기간이 짧은 십자화과 채소이다. • 몸 전체가 녹색일 경우 청경채, 잎과 줄기가 백색일 경우 백경채라고 한다. • 파종 후 40~60일이면 수확이 가능하여 1년 내내 식용이 가능하다. • 고기 요리에 많이 곁들이며, 말려서 시래기로 먹거나 절여 먹기도 한다. • 중국 채소이지만 현재는 전 세계적으로 많이 사용되고 있으며, 서양 요리에서는 샐러드, 한국 요리에서는 무침류에도 사용되고 있다. • 주로 데쳐서 사용하지만, 소금에 절여서 사용하는 경우도 있다. • 생으로 식초, 간장, 젓갈, 고춧가루 등을 넣고 무침을 하는 경우도 있다.
무	• 십자화과의 뿌리 채소로, 세계 곳곳에서 재배된다. • 무에 함유되어 있는 디아스타제(전분 분해 효소)는 소화를 촉진한다. • 껍질 부분에는 비타민 C가 많이 함유되어 있어 껍질을 도려내지 말고 깨끗이 씻어 먹는 것이 좋다.
당근	• 당근은 붉은색이 진하고 껍질이 매끄러우며, 단단하고 무거운 것이 좋다. • 재배할 때 햇빛을 많이 받은 것은 당근의 머리 부분에 검은빛이 많고 단맛이 적으며 중앙에 심이 굵게 들어 있으므로 조리에 사용하지 않는 것이 좋다. • 당근에는 카로틴이 많이 함유되어 있는데 그 중 β-카로틴이 7,000mg(익힌 것은 8,300mg) 이상으로 풍부하게 함유되어 있다. • 당근의 카로틴 성분은 주로 껍질에 함유되어 있으므로 먹을 때 껍질을 깎지 말고 그대로 물에 씻어 먹는 것이 좋다. • 생으로 먹으면 카로틴의 흡수율이 10% 이하이지만 기름에 조리하여 섭취하면 60% 이상으로 높아지므로 조리하여 먹는 것이 좋다.
양파	• 양파는 고추, 마늘 등과 더불어 여러 가지 요리에 향신료와 소미료로 이용된다. • 양파에는 항균 효과를 비롯하여 중금속의 해독 작용, 콜레스테롤의 감소 및 혈당 저하 효과, 심혈관계 질환의 예방 효과, 항암 효과 등이 있다. • 식이섬유가 다량 함유되어 있다. • 양파는 다지거나 썰어서 양념 형태로 조리에 이용하거나 생식으로도 이용한다.
마늘	• 항균, 항암, 항바이러스, 항산화, 면역 증강, 혈액 응고 억제, 체질 개선, 성인병 예방, 간 기능 회복, 피부 미용, 혈당치 감소, 고지혈증 및 동맥경화증 개선, 뇌기능 향상 등의 생리 활성 효과가 있다. • 마늘에 들어 있는 알린(Alliin)이 알리나아제(Alliinase)에 의해 분해되어 생성되는 알리신(Allicin) 때문에 항균 작용을 한다. • 중식에서 마늘은 다지거나 저며 각종 요리의 양념으로 이용한다.
고추	• 고추의 매운맛 성분인 캡사이신은 고추씨에 가장 많고 껍질에도 함유되어 있다. • 엔돌핀 생성을 촉진시키고 혈관을 확장시켜 혈액순환을 원활하게 하며 위산 분비를 촉진하고 단백질 소화를 돕는다. • 장내에서 세균의 번식을 막는 젖산균의 발육을 돕는 기능을 한다. • 지나치게 많이 섭취할 경우 간, 신장에 부담을 줄 수 있다.

배추	• 한자어로는 숭채(菘菜) 또는 백채(白菜)라고 하며, 원산지는 중국이다. • 배추는 비타민과 무기질이 풍부하며, 중식에서는 배추를 절여서 백김치를 만들어 사용한다.
양배추	• 양배추는 유럽이 원산지이다. • 칼로리는 낮지만 비타민 C가 풍부하며, 식이요법을 할 때 무기염류를 공급해 주어 포만감을 느끼게 해 준다. • 양배추에는 비타민 C와 칼슘이 비교적 많으며, 특히 칼슘은 흡수율이 높다. • 중국 요리에서는 주로 소금에 절여서 피클로 사용한다.
땅콩	• 땅콩은 콩과에 속하는 일년생의 초본 식물로, 지방질과 단백질을 많이 함유하고 있는 고열량 식품이다. • 직접 식용으로 이용하거나, 식용유, 버터, 마가린 등 다양한 분야에 이용하고 있다. • 단백질, 지질, 탄수화물, 무기질, 비타민을 고루 함유하고 있으며, 콜레스테롤 수치를 낮춰 주는 리놀렌산과 올레인산인 불포화지방산이 풍부하다. • 중국 요리에서는 땅콩을 물에 불려서 소금을 넣고 삶아서 반찬으로 곁들여 먹거나 소금을 넣고 볶아서 먹는다.

03 절임류 만들기

1. 자차이(榨菜)
① 일종의 장아찌로, 무처럼 생긴 뿌리를 소금과 양념에 절여서 만든다.
② 절임 김치라고 할 수 있으며, 중국 쓰촨성의 대표적인 음식이다.
③ 가늘게 썬 후 물에 헹궈 짠맛을 뺀 다음 잘게 썬 양파나 파, 오이를 곁들이고 설탕과 식초, 고추기름, 참기름으로 버무린다.
④ 식감이 좋으며 약간 짭짤하다.

2. 장아찌
① 장지(醬漬) 또는 장과(醬瓜)라고 한다.
② 무, 오이, 고추, 가지, 깻잎 등의 채소류와 굴비, 전복 등의 어패류, 김과 파래 등의 해조류를 간장, 된장, 고추장, 젓갈, 식초 등에 담가 만드는 저장·발효식품이다.
③ 침장액의 삼투와 효소의 작용으로 독특한 풍미를 내게 한다.
④ 중식 장아찌류 중에 작채(榨菜, 자차이)는 절임 장아찌이다.

04 절임 보관 및 무침 완성

1. 식품의 저장 원리
양적 가치, 기호적 가치, 위생적 가치 등을 포함한 식품의 품질을 변하지 않게 보전하는 것이다.

2. 식품 변질을 방지하는 원리

수분활성(Aw) 조절	탈수, 건조, 농축, 염장, 당장
온도 조절	냉장·냉동 보존
pH 조절	산 저장
가열 살균	통조림, 병조림, 레토르트식품
광선 조사	자외선 조사, 방사선 조사
산소 제거	가스 치환(CA 저장), 진공포장, 탈산소제 사용

> **바로 확인문제**
>
> 식품의 변질을 방지하는 저장 방법으로 그 원리가 다른 것은?
> ① 탈수　　② 농축　　③ 염장　　④ 산 저장
>
> |해설|
> 탈수, 농축, 염장은 수분활성(Aw) 조절 방법이고, 산 저장은 pH 조절 방법이다.　　|정답| ④

3. 그 외 저장 방법

(1) 건조법
① 자연 건조법: 태양열과 자연통풍을 이용한 건조법으로 곡류와 생선류를 말릴 때 사용한다.
② 인공 건조법: 터널 건조법, 분무 건조법, 진공 건조법 등이 있으며, 분말 달걀이나 분유 등을 만들 때 사용한다.

(2) 발효
① 미생물이 지니고 있는 효소 작용으로 저장 중 유기물이 분해되어 유기산류, 알코올, 탄산가스 등이 유용하게 발생되는 현상이다.
② 굴소스, 두반장, 춘장 등을 만들 때 사용한다.

(3) 훈연법
① 훈연은 육제품의 풍미 유지, 외관 향상을 목적으로 한다.
② 어류·육류를 소금에 절인 후 참나무, 자작나무, 오리나무 및 호두나무 등의 목재를 태워서 생기는 연기를 식품 표면에 부착 및 침투시켜 건조시키는 방법이다.
③ 연기는 방부제 역할을 하고, 훈연 중의 건조 작용에 의해 저장성이 향상된다.
④ 훈연법은 낮은 온도에서 훈연하는 냉훈법과 가열하면서 훈연하는 온훈법이 있다.
⑤ 훈연가공식품으로 소시지, 햄 및 베이컨 등의 육제품과 연어·송어·청어·굴 및 조개와 같은 훈제 어패류가 있다.

> **바로 확인문제**
>
> 훈연에 대한 설명으로 틀린 것은?
> ① 훈연 제품에는 햄, 베이컨, 소시지가 있다.
> ② 훈연의 목적은 육제품의 풍미 유지와 외관 향상이다.
> ③ 훈연 재료는 침엽수인 소나무가 좋다.
> ④ 훈연하면 보존성이 좋아진다.
>
> |해설|
> 훈연 시 수지가 적은 참나무, 자작나무, 오리나무, 호두나무 등을 사용한다.　　|정답| ③

(4) 움저장법
① 농산물을 땅 속에 통으로 또는 가공하여 저장하는 방법이다.
② 창고시설이나 냉장시설이 발달하기 전에 농산물을 오래 저장하기 위해 겨울철에 많이 이용하던 방법이다.
③ 감자, 고구마, 무 등을 저장하는 방법이다.

PART 03 육수 · 소스 조리

01 육수 · 소스 조리 개요

1. 육수
① 육수는 사전적으로 '고기를 삶아 낸 물'을 의미한다.
② 육류 또는 가금류, 뼈, 채소류, 건어물, 향신채 등을 넣고 물에 충분히 끓여 우려낸 국물이다.
③ 부재료와 주재료를 혼합할 때, 소스를 만들 때 음식의 맛과 소스의 맛을 결정하는 중요한 요인이다.

2. 소스

(1) 정의
① 맛이나 빛깔을 더 좋게 하기 위해 식품에 넣거나 위에 끼얹는 액체 또는 반유동 상태의 조미료를 의미한다.
② 주로 육수에 향신료를 넣고 풍미를 낸 뒤 농후제(전분가루)로 농도를 조절해 음식에 뿌리는 것을 말한다.

(2) 어원
소스(Sauce)의 어원은 고대 라틴어 Salsus에서 유래되었는데, 이는 '소금을 첨가한다'는 Salted의 옛말로, 이것이 발전되면서 소스라는 말로 유래된 것으로 추측된다.

(3) 구성 요소
① 육수
- 육수는 소스의 맛을 결정하는 가장 기본이 되는 요리이다.
- 소고기, 닭고기, 돼지고기, 갑각류, 야채류, 향신료와 같은 재료의 본맛을 낸 국물로서, 요리 본래의 깊은 맛을 낼 수 있어야 한다.

② 농후제
- 소스에 사용되는 농후제는 전분을 물과 함께 가열하면 호화되어 점성이 생기는 성질을 이용한 것이다.
- 농후된 소스는 입안에 머무르는 시간이 늘어나서 맛을 느낄 수 있는 시간이 길어지고, 음식의 감촉을 좋게 하여 맛의 느낌을 후각이나 촉각 등으로 확대시킬 수 있다.
- 주로 옥수수, 감자, 고구마 전분 등이 쓰인다.

02 육수 · 소스 준비

1. 육수 재료

(1) 뼈
① 소뼈
- 소와 송아지뼈에는 근육과 뼈를 연결하는 힘살과 연골이 많이 포함되어 있다.
- 조리 과정에서 콜라겐이 용출되어 젤라틴으로 변하게 되며 육수에는 풍부한 단백질과 무기질이 포함되어 있다.

② 닭뼈
- 닭뼈는 가격이 저렴하고 중국 조리에서 가장 많이 사용되는 육수 재료이다.
- 살을 제거한 닭뼈 전체를 모두 사용하거나 부분적으로 사용한다. 예 게살 수프, 팔보채, 팔진탕면

③ 돼지뼈: 돼지뼈는 냄새를 제거할 수 있는 향신 채소나 향신료를 적절하게 사용하는 것이 좋다.
    예) 훠궈(중국식 샤브샤브), 탄탄면(사천식 매운탕면)

(2) 갑각류

꽃게, 랍스터 등의 갑각류를 이용하고 부재료를 첨가하여 육수를 낸다.
    예) 생선 완자탕, 삼선탕, 짬뽕

(3) 그 외 육수 – 상탕

노계 돼지 방심, 중국 햄, 돼지 정강이뼈, 대파, 생강 등을 넣어 끓인 육수이다.
    예) 샥스핀 수프, 불도장, 제비집 요리

2. 소스별 재료 및 비율

마늘소스	마늘 20g, 식초 50ml, 백설탕 30g, 소금 10g, 물(육수) 50ml
겨자소스	겨자 20g, 식초 30g, 설탕 30g, 소금 10g, 물(육수) 20ml, 참기름 약간
탕수소스	설탕 50g, 식초 30g, 소금 5g, 물 200ml, 레몬 80g, 파 20g, 생강 10g, 양파 20g, 전분 50g
깐풍소스	설탕 50g, 식초 70g, 간장 50g, 물 50ml, 레몬 80g, 파 15g, 생강 5g, 건홍고추 5g, 후추 약간
칠리소스	고추기름 30g, 마늘 15g, 생강 5g, 파 20g, 두반장 10g, 토마토 케첩 30g, 물(육수) 100ml, 식초 20g, 설탕 50g, 청주 20g, 소금 5g
자장소스	볶은 춘장 50g, 돼지고기 100g, 양파 100g, 호박 50g, 생강 5g, 간장 5g, 청주 5g, 설탕 10g, 녹말 30g, 치킨 파우더 약간
XO소스	태패주 100g, 마른 새우 30g, 마른 고추 10g, 고춧가루 20g, 굴소스 20g, 중국 햄 30g, 마늘 30g, 대파 30g, 양파 30g
유린기소스	대파 20g, 마늘 30g, 물(육수) 100ml, 간장 30g, 식초 20g, 레몬즙 10g, 설탕 20g, 후추 3g, 참기름 약간
전복소스	전복 500g, 노계 2kg, 돼지족 1kg, 돼지 껍질 500g, 생강 100g, 실파 100g, 통마늘 50g, 홍고추 20g, 상탕 2L, 닭 육수 3L, 통후추 50g, 소홍주 30g, 캐러멜 10g, 메기소스 10g
어향소스	어향물 100g, 고추기름 5g, 생강 2g, 마늘 10g, 대파 10g, 간장 5g, 굴소스 15g, 두반장 5g, 설탕 5g, 식초 30g, 전분 적당량, 후추 약간

03 육수·소스 만들기

1. 육수 조리 과정

(1) 찬물에서 시작

① 재료가 충분히 잠길 정도로 찬물을 붓는다. 찬물은 뼈 속에 남아 있는 핏기와 불순물을 용해시킨다.
② 뜨거운 물로 끓이기 시작하면 불순물이 빨리 굳어지고 뼈 속에 있는 맛들이 우러나지 않고 육수가 혼탁해진다.
③ 뼈는 물속에 잠긴 상태에서 맛이 우러나므로 물을 충분히 부어 주어야 한다.

(2) 센 불에서 약불로 끓이기

① 육수가 끓기 시작하면 불의 세기를 조절하여 육수의 온도를 약 90℃로 유지하며 은근하게 끓여 준다.
② 은근히 끓는 동안 뼈 속에 포함되어 있는 맛과 향이 물속으로 용해될 수 있도록 충분히 조리해야 한다.
③ 센 불에서 계속 끓이면 불순물과 기름기가 물과 함께 엉기면서 혼탁해진다.

(3) 거품 및 불순물 제거

① 육수 조리 시 표면 위로 떠오르는 불순물을 제거하지 않으면 육수가 혼탁해진다.
② 일정한 시간을 두고 지속적으로 불순물을 제거한다.

(4) 육수 걸러 내기
① 완성된 육수는 내용물과 국물을 분리한다.
② 육수 표면 위에 기름기나 불순물이 많이 남아 있는 경우는 국물을 분리하기 전에 제거한다.
③ 걸러 낸 육수 위로 기름기가 떠 있는 경우는 국자로 걷어 내거나 흡수지를 이용하여 걷어 낸다.
④ 쿨링탱크에 육수를 넣어 빠른 시간에 기름기를 응고시킨 후 건져 기름기를 제거할 수도 있다.

(5) 냉각
① 육수를 조리할 때에는 냉각 상태가 양호해야 육수의 변화를 늦출 수 있고, 육수를 안전하게 보관할 수 있다.
② 육수를 거른 후 재빨리 식히면 박테리아 증식을 줄일 수 있다.
③ 냉각 시 열 전달이 빠른 금속 기물을 사용하고, 냉각 중에는 육수를 한 번씩 저어서 보다 빨리 냉각되도록 한다.

> **바로 확인문제**
>
> 육수의 변화를 늦출 수 있고, 육수를 안전하게 보관할 수 있게 하는 단계는?
> ① 걸러 내기 ② 불순물 제거 ③ 냉각 ④ 저장
>
> |해설|
> 육수를 조리할 때에는 냉각 상태가 양호해야 육수의 변화를 늦출 수 있고, 육수를 안전하게 보관할 수 있다.
>
> |정답| ③

(6) 저장
① 냉각된 육수는 뚜껑이 있는 용기로 옮겨 담아 냉장고에 보관한다.
② 냉각이 된 육수 표면의 기름기는 제거하고 육수 용기 뚜껑에는 조리 날짜와 시간을 기록하여 보관한다.
③ 냉장 보관된 육수는 3~4일, 냉동 보관된 육수는 5~6개월 정도 보관이 가능하다.

2. 소스 조리 시 주의점
① 소스의 농도, 광택, 색채 등 모든 요소가 조화를 이루어야 한다.
② 인공적이지 않고 주재료의 순한맛을 느낄 수 있어야 한다.
③ 주재료와 담는 그릇, 소스의 색이 조화를 이룰 수 있도록 해야 한다.
④ 시각적으로 혐오감을 주는 색은 피해야 한다.

> **합격보장 꿀팁**
>
> • 중식에서 전분의 역할
> - 수분과 기름을 융화시킨다.
> - 튀김 요리의 경우 바삭한 식감을 준다.
> - 요리의 수분과 온도를 유지시켜 준다.
> - 국물을 걸쭉하게 한다.

PART 04 튀김 조리

01 튀김 개요

1. 식용 유지

(1) 식용 유지의 정의

식용 유지는 유지를 함유한 식물(파쇄분 포함) 또는 동물로부터 얻은 원유를 원료로 하여 제조·가공한 기름을 말한다.

(2) 식용 유지의 종류

콩기름(대두유)	콩으로부터 채취한 원유를 식용에 적합하도록 처리한 것으로 발연점이 높아 튀김용으로 적당하다.
옥수수 기름(옥배유)	옥수수의 배아로부터 채취한 원유를 식용에 적합하도록 처리한 것이다.
채종유(유채유, 카놀라유)	유채로부터 채취한 원유를 식용에 적합하도록 처리한 것이다.
미강유(현미유)	미강으로부터 채취한 원유를 식용에 적합하도록 처리한 것이다.
참기름	참깨를 압착하여 얻은 압착 참기름, 이산화탄소로 추출한 초임계 추출 참기름, 참깨로부터 추출한 원유를 정제한 추출 참깨유가 있다.
들기름	들깨를 압착하여 얻은 압착 들기름, 이산화탄소로 추출한 초임계 추출 들기름, 들깨로부터 추출한 원유를 정제한 추출 들깨유가 있다.
홍화유	홍화씨로부터 채취한 원유를 식용에 적합하도록 처리한 것으로, 홍화유, 고올레산 홍화유가 있다.
해바라기유	해바라기의 씨로부터 채취한 원유를 식용에 적합하도록 처리한 것으로, 해바라기유(압착 해바라기유 포함), 고올레산 해바라기유가 있다.
목화씨기름(면실유)	목화씨로부터 채취한 원유를 식용에 적합하도록 처리한 것으로, 목화씨기름, 목화씨 샐러드유, 목화씨 스테아린유가 있다.
땅콩기름(낙화생유)	땅콩으로부터 채취한 원유를 식용에 적합하도록 처리한 것으로, 땅콩기름, 정제 땅콩기름이 있다.
올리브유	올리브 과육을 물리적 또는 기계적인 방법에 의해 압착 및 여과한 압착 올리브유, 올리브 원유를 정제한 정제 올리브유, 압착 올리브유와 정제 올리브유를 혼합한 혼합 올리브유가 있다.
팜유류	팜의 과육으로부터 채취한 팜유, 팜유를 분별한 팜올레인유 또는 팜스테아린유, 팜의 핵으로부터 채취한 팜핵유가 있다.
야자유	야자 과육으로부터 채취한 원유를 식용에 적합하도록 처리한 것이다.
혼합 식용유	2종 이상의 식용 유지(압착한 참기름, 압착한 들기름, 향미유 제외)를 단순히 혼합한 것을 말한다.

바로 확인문제

튀김용으로 가장 적합한 식용 유지는?

① 참기름   ② 대두유   ③ 들기름   ④ 피마자유

|해설|
대두유는 발연점이 높아 튀김용으로 적당하다.

|정답| ②

2. 가공 유지

(1) 가공 유지의 정의

식용 유지류에 수소 첨가, 분별 또는 에스테르 교환에 의해 유지의 물리·화학적 성질을 변화시켜 식용에 적합하도록 정제한 것을 말한다.

(2) 가공 유지의 종류

쇼트닝	식용 유지에 식품첨가물을 가하여 가소성, 유화성 등의 가공성을 부여한 반고체 상태인 것을 말한다.
마가린류	식용 유지(유지방 포함)에 물, 식품, 식품첨가물 등을 혼합하고 유화시켜 만든 반고체 상태의 마가린과 저지방 마가린(지방 스프레드)이 있다.
고추씨기름	고추씨로부터 채취한 원유를 식용에 적합하도록 처리한 것이다.
향미유	• 식용 유지에 향신료, 향료, 천연추출물, 조미료 등을 혼합한 것(식용 유지 50% 이상)이다. • 조리 또는 가공 시 식품에 풍미를 부여하기 위해 사용한다.

02 튀김 준비

1. 중식 튀김옷 재료

전분	• 튀김을 할 때 사용하는 전분의 종류에는 감자 전분, 옥수수 전분, 고구마 전분이 있다. • 튀김에는 한 종류의 전분을 사용하기도 하고, 두 종류의 전분(감자 전분 + 옥수수 전분, 옥수수 전분 + 고구마 전분)을 혼합하여 사용하기도 한다. • 소스의 농도를 맞출 때에는 감자 전분을 많이 활용한다.
밀가루	튀김에는 글루텐이 적고 탈수가 잘 되는 박력분을 많이 활용한다.
물	찬물을 이용하면 단백질의 수화를 늦추고 글루텐의 형성을 방해할 수 있다.
달걀	달걀은 튀김옷의 경도를 높여 맛을 좋게 한다.
식소다	• 튀김옷을 반죽할 때 소량의 식소다를 첨가하면 가열 중 탄산가스를 방출하고 수분을 증발시켜 튀김옷이 바삭해진다. • 쓴맛이 발생할 수 있다는 단점이 있다.
설탕	• 튀김옷을 반죽할 때 소량의 설탕을 첨가하면 글루텐의 형성을 방해하여 튀김옷이 부드럽고 바삭해진다. • 튀김옷의 색이 빨리 날 수 있으니 유의한다.

바로 확인문제

튀김 시 식소다의 기능으로 옳은 것은?

① 튀김옷의 색을 빨리 나게 한다.
② 튀김옷의 경도를 높여 맛을 좋게 한다.
③ 글루텐의 형성을 방해한다.
④ 수분을 증발시켜 튀김옷이 바삭해진다.

|해설|
튀김옷을 반죽할 때 소량의 식소다를 첨가하면 가열 중 탄산가스를 방출하고 수분을 증발시켜 튀김옷이 바삭해진다.

|정답| ④

03 튀김 조리

1. 중식 튀김 조리

(1) 조리 방법

① 중국 음식은 고열로 조리하기 때문에 재료 고유의 맛이 살아있고 영양소 손실을 최소화할 수 있다.
② 특히 딱딱하거나 잘 익지 않는 재료는 전처리를 완벽하게 하여 불에서 직접 요리하는 시간을 줄인다.
③ 채소를 튀기기 전에 끓는 물에 데쳐서 사용하면 특유의 맛이 살아나면서 잡내를 잡을 수 있고, 조리 시간도 단축된다.
④ 소스를 만들 때 향신료(대파, 마늘, 생강)를 먼저 볶으면 재료의 향이 배어 들어 고기의 누린내를 잡아 주고, 채소의 쓴맛, 무거운 맛을 줄일 수 있다.

(2) 튀김 조리 시 주의 사항

① 물기를 반드시 제거한다.
② 생선의 눈알은 터뜨려서 조리한다.
③ 기름 온도를 반드시 체크한다.
④ 바삭함을 원할 때에는 같은 온도에 두 번 정도 튀긴다.
⑤ 튀긴 후에는 반드시 기름기를 제거한다.
⑥ 튀긴 후에 너무 오랜 시간 방치하지 않고 바로 먹을 수 있도록 한다.
⑦ 깨끗한 기름을 사용하도록 한다.

2. 중식 튀김 조리법의 종류 빈출

초(炒, 볶기)	알맞은 크기와 모양으로 자른 재료를 적은 양의 기름에 넣고 센 불이나 중간 불에서 단시간에 뒤섞으며 익히는 조리법이다.
폭(爆, 튀기기, 데치기, 익히기)	재료를 1.5cm 정육면체로 썰거나 칼집을 낸 다음 뜨거운 물이나 육수, 기름 등으로 먼저 열처리한 뒤 센 불에서 재빨리 익히는 조리법이다.
전(煎, 지지기, 부치기)	뜨겁게 달군 팬에 기름을 조금 두르고 밑손질을 한 재료를 펼쳐 놓아 중간 불이나 약한 불에서 한 면 또는 양면을 지져서 익히는 조리법이다.
작(炸, 튀기기)	넉넉한 양의 기름에 밑손질한 재료를 넣어 튀기는 조리법이다.
류(熘, 볶기)	재료를 녹말이나 밀가루 튀김옷을 입혀 기름에 튀긴 후 여러 가지 조미료로 만든 소스를 재료 위에 끼얹거나 튀김과 버무려 내는 조리법이다.
팽(烹, 삶기, 끓이기)	적당한 모양으로 썬 주재료를 밑간하여 튀기거나 지지거나 볶아 낸 뒤 다시 부재료와 조미료를 센 불에서 뒤섞으며 소스를 재료에 흡수시키는 조리법이다.
첩(貼)	특수한 조리법의 하나로 보통 세 가지 재료를 쓴다. 한 가지 재료를 곱게 다져서 큰 편을 낸 다른 재료 위에 얹고 나머지 재료로 덮는다. 편을 낸 재료를 아래로 향하게 하여 바삭하게 지져 낸 다음 물을 적당량 부어 수증기로 익힌다.

바로 확인문제

조리법 중 넉넉한 양의 기름에 재료를 넣어 튀기는 조리 방법으로 맞는 것은?

① 팽(烹)   ② 작(炸)   ③ 초(炒)   ④ 류(熘)

|해설|
작(炸)은 넉넉한 양의 기름에 밑손질한 재료를 넣어 튀기는 조리 방법이다.

|정답| ②

04 튀김 완성

튀김을 담을 때에는 어울리는 식품 조각을 사용하여 음식을 돋보이게 한다.

식품 조각의 도법

착도법(戳刀法)	재료를 찔러서 활용하는 도법으로, 주로 새 날개, 생선 비늘, 옷 주름, 꽃 조각에 활용한다.
절도법(切刀法)	큰 형태를 만들 때 사용하는 도법으로, 위에서 아래로 썰기를 할 때 또는 돌려 깎을 때 사용한다.
각도법(刻刀法)	가장 많이 사용하는 도법으로, 주도를 사용하여 재료를 깎을 때 사용한다.
선도법(旋刀法)	칼로 타원을 그리며 재료를 깎을 때 사용한다.
필도법(筆刀法)	칼로 그림을 그리듯 재료 표면에 외형을 그릴 때 사용한다.

PART 05 조림 조리

01 조림 개요

1. 조림의 정의와 특징

(1) 조림의 정의
① 손질한 식재료(육류, 생선류, 채소, 가금류, 두부)를 팬에 담아 불에 올려 양념을 하면서 불 조절을 하여 즙이 거의 없을 때까지 자박하게 끓여 내는 것을 조림이라고 한다.
② 홍소(紅燒)-홍샤오(Hong Shao): 생선류, 육류, 가금류, 갑각류, 해삼류를 뜨거운 기름이나 끓는 물에 데친 후 부재료와 함께 볶아 간장 소스에 조린다.
③ 민(燜)-먼(Men): 사전적 의미는 '뜸을 들이다, 띄우다'로 뚜껑을 닫고 약한 불에 굽거나 익히는 것을 말한다.

(2) 조림의 특징
조림은 정선된 재료를 양념하여 강한 불에서 약한 불로 불 조절을 하며 물 전분을 넣고 자박하게 끓여 낸다.

2. 조림의 종류

주재료	요리명	주재료	요리명
육류	난자완스, 오향장육	두부	홍소두부
어류	홍소도미	야채	오향땅콩조림

> **바로 확인문제**
>
> 중식 조림 중 육류를 주재료로 하는 것은?
> ① 오향장육 ② 홍소도미 ③ 홍소두부 ④ 금사오룡
>
> |해설|
> 육류를 이용한 조림에는 난자완스와 오향장육이 있다.
> |정답| ①

02 조림 조리 및 완성

1. 조림 순서
① 식재료를 손질한다.
② 재료의 크기나 익는 정도에 따라 물 또는 기름의 온도를 조절하여 익힌다.
③ 조림에 따라 양념과 향신료를 사용한다.
④ 전분으로 농도를 조절한다.

2. 생선 조림 조리 시 유의 사항

① 생선이 90~94% 정도 익었을 때 불을 끄고 남은 열로 익혀, 내부에 맛이 잘 배면서 생선 자체의 맛 성분이 빠져나가지 않도록 한다.
② 생선의 비린내를 감소시키기 위해 뚜껑을 열고 조리하는 것이 좋다.
③ 생강이나 마늘은 거의 익은 상태에서 첨가한다.

3. 조림 담기

① 장식이 너무 크지 않게 한다.
② 접시에 담을 때 완성물이 부서지지 않도록 도구를 사용하여 담는다.

PART 06 밥 조리

01 밥 준비 및 밥 짓기

1. 밥 준비
중식 밥 조리에서는 용도에 따라 쌀의 종류와 물의 양을 다르게 준비한다.

2. 밥 짓기
① 용도에 맞게 쌀과 물의 양을 조절한다.
② 중식 밥 제품별로 준비된 원재료와 부재료를 혼합한다.

02 요리별 조리하여 완성하기

1. 유산슬덮밥
① 팬에 기름을 두른 후 파, 마늘, 생강을 볶아서 향을 낸다.
② 청주, 간장, 굴소스를 넣고 익힌 고기와 팽이버섯을 제외한 나머지 재료(해산물과 채소)를 넣고 볶은 후 육수를 넣고 간을 맞춘다.
③ 전분물로 농도를 맞춘 후 마지막에 팽이버섯과 익힌 고기를 넣는다.
④ 파기름, 참기름을 약간 첨가한 후 접시에 밥을 담고 옆에 담아 낸다.

2. 잡탕밥
① 팬에 기름을 두른 후 파, 마늘, 생강을 볶아서 향을 낸다.
② 청주, 간장, 굴소스를 넣고 한 번 더 살짝 볶아 준 뒤 데쳐 놓은 재료(해산물과 채소)를 넣어 볶는다.
③ 육수를 넣고 간을 맞춘 후 전분물로 농도를 맞춘다.
④ 참기름과 파기름을 약간 첨가한 후 접시에 밥을 담고 옆에 담아 낸다.

3. 송이덮밥
① 팬에 기름을 두른 후 파, 마늘, 생강을 볶아서 향을 낸다.
② 청주, 간장, 굴소스를 넣고 한 번 더 살짝 볶아 준 뒤 데쳐 놓은 재료(송이버섯과 채소)를 넣어 볶는다.
③ 육수를 넣고 간을 맞춘 후 전분물로 농도를 맞춘다.
④ 참기름과 파기름을 약간 첨가한 후 접시에 밥을 담고 옆에 담아 낸다.

4. 마파두부덮밥
① 팬에 고추기름을 두른 후, 고기를 먼저 볶아서 익힌다.
② 파, 마늘, 생강을 볶아서 향을 낸 후 청주, 간장, 굴소스, 두반장을 넣고 한 번 더 살짝 볶는다.
③ 육수를 넣고 간을 맞춘 후 육수가 끓으면 데쳐서 준비해 놓은 두부를 넣는다.
④ 중불로 한 번 조려 준 후 전분물로 농도를 맞춘다.
⑤ 마지막에 참기름과 고추기름을 약간 첨가한 후 접시에 밥을 담고 옆에 담아 낸다.

> **바로 확인문제**
>
> 두부를 주재료로 하여 고추기름을 사용하여 매운맛을 내어 만드는 사천 지방의 음식은?
> ① 잡채밥　　　　　② 잡탕밥　　　　　③ 유산슬　　　　　④ 마파두부
>
> |해설|
> 마파두부는 두부와 고추기름을 주재료로 하는 음식이다.
>
> |정답| ④

5. 잡채밥
① 팬에 기름을 두른 후 파, 마늘, 생강을 볶아서 향을 낸다.
② 청주, 간장, 굴소스를 넣고 기름에 익힌 고기를 제외한 나머지 재료(채소)를 넣고 볶은 후 육수를 넣고 간을 맞춘다.
③ 데쳐 놓은 당면을 넣고 한 번 조린다.
④ 기름에 익힌 고기를 넣고 파기름, 참기름을 약간 첨가한 후 접시에 밥을 담고 옆에 담아 낸다.

6. 새우볶음밥
① 팬에 적당량의 기름을 두르고 달걀을 먼저 살짝 볶은 후에 준비된 밥과 함께 볶는다.
② 달걀과 밥을 균일하게 볶은 후 소금으로 간을 하고, 다시 데쳐 놓은 재료(채소)와 새우를 넣고 센 불에 빠르게 볶는다.
③ 준비된 파를 넣고 한 번 더 볶은 후 접시에 담아 낸다.

7. XO볶음밥
① 팬에 적당량의 기름을 두르고 달걀을 먼저 살짝 볶은 후 준비된 밥과 함께 볶는다.
② 달걀과 밥을 균일하게 볶은 후 약간의 소금으로 간을 한다.
③ 준비된 XO소스를 넣고 센 불에 빠르게 볶은 후 파를 넣고 한 번 더 볶아 접시에 담아 낸다.

8. 게살볶음밥
① 팬에 적당량의 기름을 두르고 달걀을 먼저 살짝 볶은 후 준비된 밥과 함께 볶는다.
② 달걀과 게살, 밥을 균일하게 볶은 후 소금으로 간을 한다.
③ 다시 데쳐 놓은 재료(게살과 채소)를 넣고 센 불에 빠르게 볶은 후 파를 넣고 한 번 더 볶아 접시에 담아 낸다.

9. 카레볶음밥
① 팬에 기름을 두르고 달걀을 먼저 살짝 볶은 후 준비된 밥과 함께 볶는다.
② 달걀과 밥을 균일하게 볶은 후 카레가루를 넣고 볶는다.
③ 준비해 놓은 채소를 넣고 센 불에 빠르게 볶은 후 파를 넣고 한 번 더 볶아 접시에 담아 낸다.

10. 삼선볶음밥
① 팬에 기름을 두르고 달걀을 먼저 살짝 볶은 뒤, 준비된 밥과 함께 볶는다.
② 달걀과 밥을 균일하게 볶은 후 소금으로 간을 한다.
③ 다시 데쳐 놓은 재료(해산물, 채소)를 넣고 센 불에 빠르게 볶은 후, 준비된 파를 넣고 한 번 더 볶아서 접시에 담는다.

PART 07 면 조리

01 면 조리 개요

1. 면의 정의 및 종류

(1) 면의 정의
① 면류란 곡분 또는 전분류를 주원료로 하여 성형한 후 열처리, 건조 등을 한 것이다.
② 일반적으로 국수류는 원료에 물과 기타 원료를 넣은 반죽으로 면대를 형성한 다음 자르거나 압출하여 만든 제품이다.
③ 국수류의 원료로는 주로 밀가루가 쓰이나 전분, 메밀가루, 녹두가루(또는 녹두 전분), 쌀가루 등이 쓰이기도 한다.

(2) 면의 종류
면은 주로 사용되는 원료, 제조 방법에 따라 분류할 수 있으며, 국수, 냉면, 당면, 유탕면류, 파스타류 및 기타 면류로 분류할 수 있다.

│ 면류 분류표

구분	압출면			중국식 국수	한국식 국수, 일본식 국수
	파스타	냉면	당면 (전분 국수)		
원료	세몰리나, 물	밀가루, 메밀가루, 알칼리제	전분(옥수수 또는 옥수수와 고구마 혼합), 알루미늄 명반	밀가루, 알칼리 용액	밀가루, 소금, 물
색상	호박색	–	–	노란색	흰색
공정	압출, 익힘	압출, 익힘 (또는 끓는 물에 익힘)	압출, 익힘	면대 형성, 자름	면대 형성, 자름

① 밀가루 국수
  • 밀가루 등의 곡분을 주원료로 하여 제조한 것을 말하며, 수분 함량과 익힘 공정에 따라 분류할 수 있다.
  • 냉면은 밀가루에 메밀가루가 5% 이상 첨가된 것으로 편의상 밀가루 국수에 포함시키기도 한다.
  • 우리나라의 대략적인 함량 기준은 단백질 9.5%, 회분 0.5% 정도이고, 중국식 국수는 익힌 국수의 경우 단백질 10.5%, 생국수의 경우 12% 또는 그 이상이 좋은 것으로 알려져 있다.
  • 최근에는 소비기한을 연장하기 위해 생면을 반건조하여 수분 함량을 20% 정도로 조절한 반건조 생면도 제조·판매되고 있다.
  • 유탕면의 지방질 함량은 20% 정도로 조절한다.

② 전분 국수
  • 대표적인 전분 국수는 당면이다.
  • 전분(80% 이상)을 주원료로 하여 제조한 것으로, 우리나라에서는 고구마 전분과 옥수수 전분이 주로 이용된다.
  • 일본에서는 감자, 고구마, 녹두 전분이 이용되며, 중국에서도 녹두 전분이 이용된다.

③ 파스타(Pasta)
- 스파게티, 마카로니와 같은 제품들을 총칭하여 일컫는 말이다.
- 듀럼 밀 세몰리나(Durum Semolina), 듀럼(Durum)가루, 파리나(Farina) 또는 밀가루를 주원료로 하여 파스타 성형기로 제조한 것이다.

④ 냉면: 메밀가루, 곡분 또는 전분을 주원료로 하여 압출, 압연 또는 이와 유사한 방법으로 성형한 것을 말한다.
⑤ 유탕면류: 면발을 익힌 후 유탕 처리를 한 것을 말한다.
⑥ 기타 면류: 수제비나 만두피 등이 있다.

2. 중국식 면 요리의 종류

중국식 면 요리에는 자장면, 우동면, 유니 자장, 짬뽕, 기스면, 울면, 굴탕면, 해물볶음면, 사천탕면, 중식냉면, 냉짬뽕 등이 있다.

02 면 준비 및 반죽하여 면 뽑기

1. 면의 이해

(1) 면대와 면발

① 면대와 면발의 차이: 면대란 반죽을 얇게 편 것을 말하고, 면발이란 면대를 썰어서 만든 면 가닥을 말한다.
② 면대와 면발을 만드는 방법: 반죽을 얇고 넓적하게 펴서 면대를 만들며, 절출기 또는 칼날을 이용하여 면발을 만든다.
③ 면발의 특성
- 면 수분 함량: 다가수 면발, 일반 면발, 반건조 면발, 건조 면발 등으로 구분한다.
- 면발의 굵기: 세면, 소면, 중면, 중화면, 칼국수면, 우동면 등으로 구분한다.

| 면발의 굵기에 따른 면의 구분

세면	• 면발의 굵기가 가장 가는 면이다. • 우리나라에서는 잘 사용하지 않고, 중국이나 일본 등에서 요리 재료로 많이 사용한다.
소면	• 세면보다 조금 굵은 면발이다. • 잔치국수나 비빔면 등에 많이 사용한다. • 메밀면의 면발은 소면의 면발과 유사하거나 조금 굵은 면발을 사용한다.
중화면	• 소면보다 조금 굵은 면발이다. • 일본식 라면, 자장면, 짬뽕 등에 많이 사용한다. • 일본식 라면에는 상대적으로 더 가는 면발을 사용하고, 자장면, 짬뽕 등에는 상대적으로 더 굵은 면발을 사용한다. • 중화면 중 수타로 뽑은 면은 굵기가 일정하지 않을 수도 있다.
칼국수면	• 중화면보다 조금 굵은 면발이다. • 닭 국물이나 고기 국물을 사용하는 칼국수에는 폭이 넓으면서 두께가 얇은 면발을 사용하고, 해물 칼국수나 팥 칼국수 등에는 폭이 좁고 두께가 두꺼운 면발을 사용한다.
우동면	• 칼국수면보다 조금 굵은 면발이다. • 우동 등에 많이 사용한다. • 우동 면발도 덜 굵은 면발이 있고 상대적으로 더 굵은 면발이 있다. • 일식 전문점에서 사용하는 우동 면발의 기준은 일반적으로 사누끼 지방에서 가장 많이 사용하는 두께를 표준으로 한다.

2. 면발의 규격

(1) 면발 폭의 규격 – 폭과 두께
① 면발의 폭은 일반적으로 번호로 정하는 것이 관례이다.
② 번호의 의미는 30mm의 길이를 해당 번호로 나눈 값이 그 번호의 면발의 폭이라는 의미이다. 예를 들어 10번 면이라 함은 30mm÷10으로 계산해서 나온 값인 3mm가 10번 면의 폭이다.
③ 면발의 폭을 정하는 번호 매기기의 표현 방식은 #10, #15, #20과 같이 # 뒤에 숫자를 표기한다. 예를 들어 #10이란 10번 면이란 의미이고, 면발의 폭이 3mm라는 의미이다.

(2) 면발 두께의 규격
① 면발 두께의 규격은 주로 면발의 폭을 기준으로 하며, 이에 따라 두께의 규격에 번호를 매기는 방식이나 기준이 따로 정해진 것은 없다.
② 면발의 두께는 각종 면의 특성과 소비자의 기호도에 따라 결정한다.
③ 우동면의 경우에는 면발의 폭과 면발 두께의 비율이 4 : 3 정도인 것이 소비자 선호도가 가장 높다고 알려져 있다.

3. 면 삶기
기계면, 도삭면(칼 또는 가위), 수타면 등을 삶을 때에는 각각 면류의 성질에 따라 삶는 방법에 차이를 두어야 한다.

(1) 소금
① 국수의 특징에 따라 사용되는 소금의 종류는 다르다.
② 대부분의 면에서는 밀가루 기준 2~6%의 함량으로 사용된다.
③ 글루텐에 대한 점탄성을 증가시키고, 맛과 풍미를 향상시킨다.
④ 삶는 시간을 단축시키고, 보존성을 향상시킨다.
⑤ 건면의 경우에는 이상 건조, 낙면을 방지한다.

> **바로 확인문제**
>
> 제면이나 면 삶기에서 소금의 역할에 대한 설명으로 옳지 않은 것은?
> ① 글루텐에 대한 점탄성을 증가시킨다.
> ② 맛과 풍미를 향상시킨다.
> ③ 삶는 시간을 단축시킨다.
> ④ 반죽을 연화시킨다.
>
> |해설|
> 면을 삶을 때 소금을 넣으면 글루텐에 대한 점탄성을 증가시켜 맛과 풍미를 향상시키고, 삶는 시간을 단축시킨다. |정답| ④

(2) 물
① 제면을 할 때 사용되는 물은 모든 부분에서 중요하다.(반죽할 때의 배합수, 삶을 때의 삶는 물, 수세, 세척 용수)
② 제면 공정에서 원료분 100에 대해 물 35 이상을 혼합 반죽하는 데 사용한다. 또한 면을 삶을 때에는 충분한 양의 끓는 물에서 삶는다.

(3) 기타 부원료
① 생면 제조에 사용되는 기본 원료는 밀가루이고, 이외 밀가루의 점도 및 성형을 위해 전분이 중요한 부원료로 사용되고 있다.
② 많이 사용하는 전분에는 타피오카 전분, 감자 전분, 고구마 전분, 옥수수 전분 등이 있다.

PART 08 냉채 조리

01 냉채 조리의 개요

1. 냉채의 의의
① 중국 음식은 순서에 맞추어서 요리를 한 가지씩 제공한다.
② 냉채는 맨 처음 제공되는 요리로 소화가 잘 되게 구성해야 하고 뒤에 나오는 요리를 기대하게 해야 한다.
③ 연회의 성격이 상징적으로 표현될 수 있어야 한다.
④ 중국에서 냉채를 지칭하는 말은 지역에 따라 조금씩 다르며 냉반(冷盤)이라고도 부른다.
⑤ 더운 요리는 재료를 먼저 썰어서 조리하여 담아 내지만 냉채는 대부분 조리를 먼저 하고 썰어서 담아 낸다.
⑥ 더운 요리는 요리가 나올 때부터 향이 나서 맛에 대해 상상할 수 있고, 먹어 보고 그 맛을 느끼게 되지만 냉채는 입에 넣고 오래 씹을수록 더 맛있게 느껴진다.
⑦ 냉채 요리의 온도는 4℃ 정도일 때가 좋으며 반드시 신선하고 향이 있어야 하며 부드럽고 국물이 없어야 한다.
⑧ 만들어진 요리에 이미 맛이 들어있고 느끼하지 않아야 한다.

2. 냉채 요리 선정 시 유의 사항
① 주요리의 가격에 유의한다.
② 주요리의 종류와 조리 형태를 고려한다.
③ 재료와 부재료에 균형을 이루어야 한다.
④ 조리 방법이 겹치지 않아야 한다.

> **바로 확인문제**
>
> 냉채 요리 선정 시 유의 사항이 아닌 것은?
> ① 주요리의 가격에 유의하여 선정한다.
> ② 주요리의 종류와 조리 형태를 고려하여 선정한다.
> ③ 재료와 부재료에 균형을 이루어야 한다.
> ④ 냉채에는 채소류만 사용 가능하다.
>
> |해설|
> 냉채 조리에 사용 가능한 재료에는 육류, 해물류, 채소류, 향신료류, 양념류가 있다.
>
> |정답| ④

3. 냉채 종류

무치는 냉채	• 해파리 무침 • 피단냉채 • 미역냉채 무침 • 닭가슴분피 무침 • 자차이 무침
데치는 냉채	• 오징어무침 • 파생강갑오징어 • 새우와 닭고기무침 • 양장피

삶는 냉채	• 마늘소스삼겹살 • 오향장육 • 오향땅콩
양념에 담그는 냉채	• 사천포채 • 매운맛 오이 • 술 취한 새우 • 진피무
수정모양냉채(젤라틴의 겔화)	수정 돼지고기
훈제냉채	훈제 숭어

02 냉채 조리 준비

1. 냉채 조리 방법
① 냉채 조리 방법은 삶아서 익힌 후 무치기, 장국 물에 끓이기, 소금, 간장, 설탕, 식초 등의 양념에 담그기, 젤라틴의 겔화를 이용한 만들기, 훈제 등의 방법이 있다.
② 대부분의 냉채에는 소스가 곁들여지는데 소스를 선택할 때는 주재료나 계절, 기호에 따라서 다르게 만들어 사용한다.

2. 냉채 조리에 사용 가능한 재료

육류	소고기, 돼지고기, 닭고기 등의 고기와 각 부위(특히 내장)
해물류	해삼, 새우, 전복, 패주, 조개 등의 바다에서 나는 모든 재료
채소류	무, 배추, 당근 등의 모든 채소류
향신료류	산초, 후추, 팔각, 계피, 감초, 진피, 초과, 월계수잎, 파, 마늘, 생강
양념류	간장, 소금, 설탕, 식초, 레몬즙, 겨잣가루, 고추기름, 참기름, 볶은 참깨, 토마토 케첩 등

3. 냉채 재료 손질법

새우	• 용도에 맞는 크기를 선택하여 수염을 자르고 가위로 머리와 꼬리의 뾰족한 부분을 잘라 낸다. • 칼로 등을 갈라 내장을 꺼낸다. • 칼로 등과 안쪽에 칼집을 낸다.
해파리와 해파리 머리	소금에 오랫동안 절여 놓은 것이므로 물에 담가 소금기를 완전히 제거하고 사용한다. 물에 데칠 때는 물의 온도가 너무 뜨거우면 오그라들기 때문에 주의한다.
오징어	배를 갈라 내장을 제거하고 껍질을 벗겨서 사용한다.
갑오징어	몸통 속의 단단한 뼈 부분을 꺼내고 껍질을 벗겨서 다리를 떼어 내어 몸통만 사용한다.
숭어	비늘과 내장을 제거하고 사용한다.
피단(송화단)	찌거나 삶은 후 껍질을 제거하여 사용한다. 어둡고 차가운 곳에 보관해야 하며 실온에 오래 방치할 경우 속이 마르기 때문에 사용하기가 어렵다.
분피	상온의 창고에 보관한다. 사용할 때 손으로 부스러뜨린 다음 끓는 물에 담가 부드러워지면 사용한다.
오이	소금으로 문질러 씻어서 사용한다.
셀러리	줄기의 껍질을 벗겨서 사용한다.
땅콩	햇땅콩을 사용하되 사용 전날부터 물에 불려 맑은 물이 나올 때까지 씻어서 사용한다.

> **바로 확인문제**
>
> 냉채 요리에 사용할 새우의 손질법으로 옳지 않은 것은?
>
> ① 칼로 등을 갈라 내장을 꺼낸다.
> ② 머리와 꼬리는 모양을 살려 그대로 사용한다.
> ③ 수염은 잘라 낸다.
> ④ 등과 안쪽에 칼집을 낸다.
>
> |해설|
> 냉채 요리에 사용할 새우는 용도에 맞는 크기를 선택하여 수염을 자르고 가위로 머리와 꼬리의 뾰족한 부분을 잘라 낸다.
>
> |정답| ②

03 냉채 조리

1. 냉채 조리 방법

(1) 무치기

① 재료에 따라서 생으로 썰어서 무쳐도 되고 익혀서 무칠 수도 있으며 생것과 익은 것을 섞어서 무쳐도 된다.
② 상큼하고 깔끔한 맛이 나게 하는 것이 좋다.
③ 생으로 무치는 방법은 반드시 신선한 재료를 선택한다.
④ 소고기나 해물을 무칠 때는 냉장고에 보관했던 것은 피해야 하고, 채소는 반드시 싱싱한 것으로 흐르는 물에 여러 번 씻어서 사용한다.
⑤ 무칠 때 사용하는 양념은 소금, 간장, 설탕, 식초, 다진 마늘, 파기름, 생강즙, 산초기름, 고추기름, 겨잣가루, 후춧가루, 참기름 등이다.

> **바로 확인문제**
>
> 냉채 무치기에 대한 설명으로 틀린 것은?
>
> ① 생으로 무치는 방법은 반드시 신선한 재료를 선택한다.
> ② 상큼하고 깔끔한 맛이 나게 하는 것이 좋다.
> ③ 생것과 익은 것은 함께 무치지 않는다.
> ④ 소고기나 해물을 무칠 때는 냉장고에 보관했던 것은 피해야 한다.
>
> |해설|
> 냉채 무치기는 재료에 따라서 생으로 썰어서 무쳐도 되고 익혀서 무칠 수도 있으며 생것과 익은 것을 섞어서 무쳐도 된다.
>
> |정답| ③

(2) 장국물에 끓이기

① 장국물에 끓이는 방법은 냉채에 사용할 재료를 양념과 향료 등을 넣어서 만든 국물에 넣고 약한 불로 끓이는 조리법이다.
② 장국물에 끓여서 만든 냉채는 깊은 맛이 나고 부드러운 것이 특징이다. 장국물에 끓이는 방법에 사용할 수 있는 재료는 소고기, 양고기, 닭고기, 오리고기, 거위고기 등과 그의 내장, 달걀류, 해물류, 채소류, 버섯, 콩 제품 등이다.
③ 장국물은 소금, 간장, 설탕, 술, 파, 생강, 마늘 등의 기본 양념에 산초, 팔각, 계피, 감초, 진피, 초과, 정향, 월계수잎 등을 넣어서 만든다.
④ 중국의 북방에서 장국물을 만들 때는 간장을 주양념으로 사용한다.
⑤ 장국물에 재료를 넣고 익혀서 요리가 완성되면 남은 장국물을 약한 불로 졸여서 완성된 냉채에 소스로 발라 준다. 그러면 냉채 요리의 색이 붉은빛이 나며 맛은 농하고 윤기가 난다.

(3) 양념에 담그기

냉채 중 양념에 담그는 조리법은 소금, 간장, 술, 설탕과 식초 등에 재료를 담가서 만드는 방법이다. 이 조리 방법은 오래 두어도 맛이 쉽게 변하지 않기 때문에 장시간 보관해야 할 때 사용한다.

소금물	• 소금물에 담그면 수분은 빠지면서 단단한 질감을 주는 것이 특징이다. 배추, 무, 셀러리 등은 소금물에 절인 후 물기를 제거하여 바로 냉채로 낼 수 있다. • 소금물을 넣어 만든 단지에 싱싱한 채소를 깨끗이 씻어 썰어서 넣는 방법은 여름은 3~5일, 겨울은 5일이 지나야 숙성된다.
간장	• 배추 밑동, 오이 등과 같은 신선한 채소를 간장에 절여서 사용할 수 있다. • 재료를 간장에 담글 때는 재료를 담근 후 10일이 지나야 숙성된다.
술	• 소흥주(찹쌀로 빚은 술)에 소금을 넣어 절이는 방법으로 게, 새우 등을 이용하며 간장을 사용할 수 있다. • 술에 담그는 재료는 술에 담근 후로부터 하루가 지나면 숙성이 된다.
설탕과 식초	• 설탕과 식초에 담그기 전에 소금에 절이는 과정을 통하여 채소의 수분을 뺀 다음 단맛이 배게 한다. • 오이를 설탕과 식초에 담그고 최소 8시간이 지나면 숙성된다. 양배추, 당근, 무 등을 넣으면 최소 4~5일이 지나야 먹을 수 있다.

(4) 수정 모양 냉채(젤라틴의 겔화)

① 돼지껍질 등 젤라틴 성분이 많은 것을 끓여서 차갑게 만들어 두면 응고되는 원리를 이용하여 냉채를 만든다.
② 돼지다리, 생선살, 새우살, 닭고기, 게살 등으로 냉채를 만들 때 사용한다.
③ 단맛이 나게 만들 때는 귤, 수박, 파인애플 등을 넣어서 만들기도 한다.

(5) 훈제하기

① 가공하거나 재웠던 재료를 삶거나 찌는 방법, 장국물에 삶거나 튀기는 방법을 이용하여 익힌 후 설탕, 찻잎, 쌀 등을 솥에 넣고 밀봉하여 냉채로 이용할 재료에서 훈제한 향이 느껴지도록 하는 방법이다.
② 붉은빛을 띠며 훈연한 향기가 있어 독특한 맛이 난다.
③ 훈제에 이용할 수 있는 재료는 돼지고기, 닭, 오리, 돼지의 내장 각 부위, 메추리, 달걀, 생선, 오징어, 소라 등이 있고, 두부나 미역 등의 재료도 가공한 후 훈제할 수 있다.
④ 훈제할 재료는 통으로 사용할 수 있고 덩어리로 잘라서 사용할 수도 있다.
⑤ 훈제하기 전 재료는 일반적으로 끓는 물에 끓인 후 맛을 더하는 과정을 거치거나 재운 다음 다시 찌거나 튀겨서 익힌다.

2. 냉채소스

겨자소스	겨잣가루 2큰술에 뜨거운 물 1큰술을 넣어 갠 다음 찜통에 넣어 끓는 물에 10분간 찐다.
케첩소스	토마토 케첩, 간장, 술, 소금, 설탕, 물 등을 혼합하여 하루가 지난 다음에 사용한다.
춘장소스	두반장, 춘장, 간장, 설탕, 술을 혼합하여 하루가 지난 다음에 사용한다.
레몬소스	레몬, 설탕, 물, 소금, 녹말가루, 참기름을 혼합하여 하루가 지난 다음에 사용한다.
콩장소스	콩장, 술, 소금, 설탕, 간장을 혼합하여 하루가 지난 다음에 사용한다.

04 냉채 완성

1. 냉채 담기

(1) 봉긋하게 쌓기
① 미리 썰어 놓은 재료를 데쳐서 만든 냉채를 담는 방법이다.
② 서로 다른 재료를 혼합하여 만들어 모양이 일정하지 않으므로 산봉우리처럼 봉긋하게 올라오게 담는다.
  예) 해파리냉채

(2) 평편하게 펴놓기
① 정형화된 냉채를 썬 다음 접시에 평편하게 담는다.
② 밑에 오이 등의 재료를 깔기도 하고, 잘라서 원래 재료의 모양대로 만들기도 한다.
  예) 닭냉채

(3) 쌓기
냉채를 한 조각씩 잘라서 계단 형태로 담는다.

(4) 두르기
① 재료를 썰 때 가지런하게 썰어야 한다.
② 동그랗게 두른 다음 어울리는 재료를 함께 담기도 하고, 꽃 모양으로 만들고 중간에 꽃으로 장식하기도 한다.

(5) 형상화
① 서로 다른 색깔과 형태의 냉채 요리를 색상을 배합하여 꽃이나 새, 동물 등으로 표현하는 방법이다.
② 예술적 감각을 발휘하여 기획을 하고 만드는 과정을 여러 번 반복해서 숙련된 단계에 이르러야 가능하다.
③ 시간이 많이 걸려 재료가 상온에 오래 노출되기 때문에 위생에 유의해야 한다.

2. 냉채에 어울리는 기초 장식
중식 냉채 조리에서 기초 장식은 식욕을 증진시킬 수 있다.

(1) 해물에 어울리는 기초 장식
갑오징어, 해파리 무침 등 색이 희거나 미색인 경우 무, 오이, 당근, 고추 등 어떤 색의 장식이든 구분 없이 사용할 수 있다. 술 취한 새우, 훈제 숭어 등 색깔이 있는 냉채는 흰색이나 붉은 계통을 사용한다.

(2) 육류에 어울리는 기초 장식
① 마늘소스삼겹살 냉채: 돼지고기가 익어서 색이 희게 변하였으므로 무, 오이, 양파 등 흰색과 갈색이 나는 장식을 사용한다.
② 오향장육: 색이 짙으므로 흰색 장식을 사용한다.

바로 확인문제

중식 냉채 조리에서 기초 장식의 역할로 옳지 않은 것은?
① 음식을 아름답게 보이기 위해서 이용한다.
② 연회의 품격을 높일 수 있다.
③ 영양가 손실을 최소화한다.
④ 식욕을 증진시킬 수 있다.

|해설|
중식 냉채 조리에서 기초 장식은 요리가 나갈 때 음식을 아름답게 보이기 위한 장식이다. 냉채에 곁들여진 기초 장식은 연회의 품격을 높일 수 있으며, 식욕을 증진시킬 수 있다.

|정답| ③

PART 09 복음 조리

01 복음 조리 개요

1. 중식 복음 음식의 특징

(1) **사전 준비를 중요시한다.**
   ① 재료를 단시간 내에 빠르게 익혀서 완성시키기 위해 사전 준비를 철저히 한다.
   ② 조리기구를 미리 철저하게 정비하고 준비한다.
   ③ 복음에 사용할 각종 조미료와 부재료가 항상 일정한 자리에 있어서 즉시 사용할 수 있게 한다.

(2) **불의 요리이다.**
   ① 중식은 고온에서 짧은 시간 안에 음식을 만드는 '불의 요리'이다.
   ② 높은 화력을 바탕으로 재료의 고유한 맛을 그대로 유지하며 영양소의 손실을 최소화할 수 있다.

(3) **향신료와 조미료의 사용이 많다.**
   ① 마늘, 파, 고추 등 향채소나 간장, 청주 등 조미료를 뜨거운 기름에 먼저 볶아서 향을 낸다.
   ② 완성 후에는 참기름, 후추 등을 첨가해서 풍미를 높인다.

(4) **식재료가 풍부하다.**
   다양한 식재료를 이용하여 요리의 맛을 더욱 향상시킨다.

(5) **재료 고유의 맛, 색, 향을 살리고 모양이 풍요롭고 화려하다.**
   ① 식재료 자체의 모양을 살리며 맛과 색을 살리는 중국 요리는 오색을 기본으로 한다.
   ② 오색을 기반으로 재빨리 볶아 내어 각 재료의 색이 살아있어서 화려하고 풍요로운 음식이 만들어진다.
   ③ 중국 요리에서는 채소, 해산물, 육류 등을 조화시켜 만든 음식을 한 그릇에 모두 담고 화려한 장식을 한다.

(6) **오방색을 사용한다.**

노란색	• 부와 재산의 상징이다. • 노란색 재료에는 당근, 고구마, 생강, 바나나, 콩, 오렌지, 옥수수, 죽순 등이 있다.
붉은색	• 경사와 기쁨의 상징이다. • 붉은색 재료에는 홍고추, 홍피망, 팥, 석류, 토마토 등이 있다. • 많이 사용하는 것은 고추로, 중국 음식에서는 붉은 고추가 고춧가루와 마찬가지로 많이 사용되며 깐풍기, 라조기, 마파두부 등에 사용한다.
흰색	• 흰색 재료에는 양배추, 양파, 양송이, 새송이, 무, 마늘, 인삼 등이 있다. • 양파는 중식 조리에서 채소 볶음이나 짬뽕, 탕수육, 고추잡채, 난자완스, 짜춘권, 양장피, 잡채 등 많은 요리에 사용한다. • 마늘은 깐풍기, 고추잡채, 라조기 등 중국 요리에서 많이 쓰이는 기본 향신료이다.
청색	• 청색 재료에는 청경채, 오이, 파, 완두콩, 풋고추, 피망, 부추, 셀러리, 얼갈이 등이 있다. • 청경채는 소스의 맛과 아삭한 식감을 살리기 위해서 사용한다. • 파는 향신 채소로 거의 모든 중국 요리에 사용한다. • 완두콩은 탕수육, 새우 케첩 볶음 등에 사용한다. • 풋고추는 붉은 고추와 함께 깐풍기, 라조기, 마파두부 등에 사용한다. • 피망은 매운맛이 적어 전가복, 피망잡채 등에 사용한다. • 부추는 부추잡채, 짜춘권 등에 사용한다.

검은색	• 검은색 재료에는 검정콩, 다시마, 우엉, 가지, 표고버섯 등이 있다. • 표고버섯은 향과 질감이 좋아 죽순과 함께 중국의 거의 모든 음식에 사용한다.

> **바로 확인문제**
>
> 중국 요리에서 경사와 기쁨을 상징하는 색으로 많이 쓰이는 식재료는?
> ① 고구마 ② 무 ③ 팥 ④ 양송이
>
> |해설|
> 중국 요리에서 경사와 기쁨을 상징하는 색은 붉은색으로 주로 토마토, 석류, 팥, 홍고추 등이 있다. |정답| ③

2. 기름의 역할

(1) 열 매개체
① 중식 볶음에서 기름은 주된 열 매개체이다.
② 다른 나라 음식과 달리 중식 조리에서는 기름이나 물을 이용하여 주재료와 부재료를 전처리한 후 볶음에 사용한다.

(2) 영양 공급원
음식에 영양과 맛을 더하고 지용성 비타민의 흡수를 도와준다.

(3) 풍미 향상
고소한 맛과 함께 음식 자체의 향뿐만 아니라 볶음 작용으로 향이 배가 되므로 중식에 주로 이용한다.

3. 볶음 조리도구
도마, 칼, 뒤집개, 나무젓가락, 웍, 국자와 구멍 국자류, 볶음 또는 튀김용 기름통과 체 등이 필요하다.

4. 볶음의 종류

초채 (炒菜)	• 조리 시 전분을 사용하지 않는 볶음류 • 부추잡채, 고추잡채, 당면잡채, 토마토 달걀 볶음 등
류채 (熘菜)	• 전분을 사용하는 볶음류 • 라조육, 마파두부, 새우 케첩 볶음, 채소 볶음, 유산슬, 전가복, 란화우육(브로콜리 소고기 볶음), 새우완자, 마라우육, 꽃게 콩 소스 볶음, 부용게살 등

5. 볶음 조리 방법 빈출

(1) 초(炒, 차오)
① 초는 '볶는다'는 뜻으로 중식 조리에 가장 많이 사용되는 방법이다.
② 솥에 기름을 조금 넣고 재료를 센 불이나 중간 불에서 짧은 시간에 뒤섞으며 조미하여 익히는 방법이다.
③ 가열 시간이 짧아 열이나 산화에 의해 쉽게 파괴되는 비타민 등 영양소의 손실이 적고, 재료와 조미료의 복합적인 맛을 낼 수 있다.
④ 대표적인 요리에는 볶음밥, 부추 볶음, 당면잡채가 있다.

(2) 폭(爆, 바오)
① 폭은 1.5cm 정육면체나 가는 채, 꽃 모양으로 만들어 칼집을 낸 재료를 뜨거운 물이나 탕, 기름 등으로 빠르게 가열한 뒤 데치거나 튀기거나 익혀 내는 방법이다.
② 재료 원래의 맛이 그대로 살아있어 부드럽고 아삭아삭한 식감을 살리는 데 적당하다.
③ 가장 빨리 만드는 조리법으로 대표적인 중식 요리는 궁보계정이 있다.

(3) 류(熘, 리우)
① 여러 가지 조미료를 혼합하여 만든 걸쭉한 소스를 재료 위에 끼얹거나 조리한 재료를 소스에 버무려 묻혀 내는 방법이다.
② 주재료의 맛이 깨끗하며 부드럽고 연한 맛을 유지할 수 있다.
③ 소스는 센 불이나 중간 불에서 만들어 재료의 향과 맛, 식감을 살린다.
④ 대표적인 중식 요리로 유산슬, 라조기 등이 있다.

(4) 작(炸, 짜)
① 기름을 넉넉히 붓고 센 불에 튀기는 방법이다.
② 바삭한 질감과 기름의 풍미가 어우러진다.
③ 대표적인 음식으로 짜춘권이 있다.

(5) 전(煎, 젠)
① 기름을 두르고 지지는 조리법이다.
② 약간의 기름에 지져 내는 방법으로 한식의 전보다 좀 더 많은 기름을 필요로 한다.
③ 대표적인 음식으로 난자완스가 있다.

바로 확인문제

볶음 조리 방법 중 류(熘)에 대한 설명으로 옳은 것은?
① 재료 원래의 맛이 그대로 살아있어 부드럽고 아삭아삭한 식감을 살리는 데 적당하다.
② 대표적인 요리에는 볶음밥, 부추 볶음, 당면잡채가 있다.
③ 여러 가지 조미료와 혼합하여 걸쭉한 소스를 만들어 재료 위에 끼얹거나 조리한 재료를 소스에 버무려 묻혀 내는 방법이다.
④ 바삭한 질감과 기름의 풍미가 어우러진다.

|해설|
①은 폭(爆), ②는 초(炒), ④는 작(炸)에 대한 설명이다.

|정답| ③

02 볶음 준비

1. 볶음 재료

(1) 주재료

육류	• 돼지고기, 소고기, 닭고기, 오리고기를 많이 사용된다. • 닭은 통째로 쓰거나 가슴살, 다리, 날개 등 부위별로 세분하여 사용한다.
해물류	• 여러 가지 생선과 새우, 해삼 등이 이용되는데 해삼 요리는 볶음이 많다. • 재료 본래의 맛을 살리는 것이 중식 해물 요리의 특징이다.
채소류	• 다양한 색의 채소를 사용하며 특히 푸른 잎 채소를 많이 사용한다. • 채소 요리는 제철 채소를 위주로 단시간에 데치거나 볶아 내어 질감과 맛이 좋고 영양분의 손실도 적다.
두부	• 중식에서 두부는 고기 요리나 채소 요리에 함께 다양하게 사용된다. • 사천 요리의 마파두부, 산동 요리의 삼미두부, 광동 요리의 호유두부 등이 대표적이다.

(2) 부재료
① 주재료의 맛을 풍부하게 하고 입맛을 돋울 수 있는 것을 선택한다.
② 파, 마늘, 생강 등의 향신료와 채소류, 각종 조미료를 사용한다.

03 볶음 조리

1. 전처리
① 생선이나 육류: 비늘과 내장을 제거하고, 껍질을 벗기거나 뼈를 분리한다.
② 채소류: 껍질을 벗기고 뿌리를 제거하여 깨끗이 씻어 준다.
③ 건조 재료(동물의 심줄이나 상어 지느러미, 해삼 등)
- 먼저 엷은 소금물에 담가 두고, 끓이거나 튀겨서 찜통에 찌는 등의 전처리를 한 후 다시 맑은 물에 담가 둔다.
- 여러 번 반복하여 건재료를 원래 상태와 가장 비슷하게 만들어야만 질 좋은 요리를 만들 수 있다.

2. 데치기
① 중국 요리는 뜨거운 물이나 기름에 데치는 등 먼저 애벌 조리를 한다.
② 중식 조리에서는 쪄서 튀겨 내고 다시 볶는 식의 복합적인 조리법이 발달하였다.
③ 밑손질을 해서 볶으면 물기가 적고 간이 잘 스며들며 조리 시간이 단축되므로 영양소의 파괴가 적고 맛과 질감, 색깔이 좋아진다.

3. 본조리

(1) 육류 요리
① 소고기나 돼지고기 볶음은 센 불로 단시간 완성시키는 것이다.
② 고기는 물론 다른 재료도 고루 익도록 일정한 크기로 썬다.
③ 잘 익지 않는 재료들은 끓는 물이나 저온의 기름으로 미리 데쳐 놓는다.
④ 육류는 맛이 잘 스며들지 않으므로 청주나 간장, 소금, 생강즙으로 미리 밑간을 하면 맛이 향상되고 육류 특유의 누린내가 제거된다.

(2) 어패류 요리
① 어패류는 중국에서 볶음에 자주 쓰이는 재료로 너무 익히면 굳어지므로 살짝 볶는다.
② 볶기 전에 데치거나 튀기는 전처리를 한 후 다른 재료와 섞어서 한 번 휘젓는 정도로 조리한다.
③ 오징어는 열을 가하면 오그라드는데 칼집을 잘게 비스듬히 넣으면 모양도 좋고 빨리 익으며 맛이 잘 배어든다.
④ 껍질이 있는 새우는 등을 잘라 내장을 제거한 후 사용하거나 껍질째 통으로 사용할 경우에는 둘째 마디에서 이쑤시개 끝으로 내장을 빼내어 사용한다.

(3) 채소 요리
① 채소를 볶을 때는 센 불에서 한 번에 볶는 것이 좋다.
② 약한 불로 오래 볶으면 채소에서 수분이 나와 맛이 떨어진다.

(4) 육수 만들기
① 볶음 조리를 할 때 기름을 사용하여 빠르게 볶아 내지만 약간의 육수를 넣어 맛과 농도를 조절하기도 한다.
② 대부분 닭을 손질한 후 남은 뼈와 그에 붙은 살 부분을 사용한다.
③ 닭뼈를 끓는 물에 데쳐 불순물을 제거하고 깨끗이 씻어 낸 후 물에 넣어서 끓여 준다.
④ 물이 끓으면 파의 푸른 부분과 편으로 썬 생강 5~6쪽, 정종을 넣어 약불로 두 시간 이상 끓여 준다.

04 볶음 요리 완성

중식 요리는 마지막 단계에서 녹말물을 첨가하여 맛과 촉감을 좋게 하고 뜨거운 온도를 유지시킨다. 볶음 요리는 완성하자마자 그릇에 담아 낸다.

PART 10 후식 조리

01 후식 조리의 개요

1. 후식의 정의
① 후식(後食) 또는 디저트(Dessert)란 음식을 먹고 난 뒤 입가심으로 먹는 것을 말한다.
② 더운 것과 찬 것을 모두 낼 때는 더운 것을 먼저 내고 찬 것을 나중에 낸다.

2. 중국 후식의 분류

(1) 더운 후식류 - 빠스류
① 중국어로 빠스(拔絲)는 '실을 뽑다'라는 의미로 설탕을 녹여 시럽을 만든 후 여러 식재료에 입히는 음식을 말한다.
② 여러 식재료를 이용하여 달콤하고 깔끔한 맛을 내야 한다.
③ 식후에 먹는 음식이므로 양을 많지 않게 하며 모양과 향에도 신경을 써야 한다.
④ 고구마빠스, 바나나빠스, 사과빠스, 은행빠스, 귤빠스, 딸기빠스 등 종류가 다양하다.

> **바로 확인문제**
>
> 중국 요리에서 뜨겁게 제공되는 후식인 것은?
> ① 멜론시미로　② 고구마빠스　③ 행인두부　④ 용과
>
> |해설|
> 빠스(拔絲)는 '실을 뽑다'라는 의미이며, 설탕을 녹여 시럽을 만든 후 여러 식재료에 입히는 음식이다. 고구마빠스, 바나나빠스 등 종류가 다양하다.　|정답| ②

(2) 찬 후식류
① 시미로
  - 시미로는 전분의 한 종류인 타피오카를 주재료로 사용한 후식류로 여러 식재료와 혼합하여 냉장고에 차게 보관한 후 후식으로 사용한다.
  - 모든 과일에 사용하며, 중국 음식이 느끼함을 정리해 준다.
  - 멜론시미로, 망고시미로, 연시시미로 등이 있다.
② 과일: 모든 종류의 과일을 사용할 수 있다.
③ 무스류
  - 무스(Mousse)는 프랑스어로 '거품'이라는 뜻으로, 거품처럼 부드럽고 차가운 크림 상태의 과자를 뜻한다.
  - 계란과 휘핑크림을 주재료로 사용하며, 냉각시킬 때 몰드에 넣어 모양을 낸다.
  - 초콜릿, 커피, 과일, 바닐라 등을 첨가하여 다양한 맛과 향을 낼 수 있고 아이스크림과 젤리의 중간 형태이다.
  - 딸기무스케이크, 단호박무스케이크 등이 있다.

(3) 파이류
파이는 다양한 식재료를 재료로 만들 수 있으나 주로 과일이나 견과류를 디저트로 많이 이용하며 호두파이, 사과파이 등이 있다.

필기합격 적중문제

SUBJECT 08 | 중식

01 난이도
중식 조리에서 전분의 기능으로 옳지 않은 것은?
① 온도를 유지시킨다.
② 튀김 요리 시 튀김옷에 바삭한 식감을 준다.
③ 농도를 조절한다.
④ 소화를 촉진시킨다.

02 난이도
냉채 요리 중 조리 형태가 다른 것은?
① 피단냉채
② 매운맛 오이
③ 술 취한 새우
④ 진피무

03 난이도
중국 볶음 요리의 일반적인 특징으로 옳지 않은 것은?
① 재료의 선택이 자유롭고 광범위하다.
② 재료를 단시간 내에 빠르게 익혀서 완성시키기 위해 사전 준비를 철저히 한다.
③ 향신료와 조미료를 거의 사용하지 않는다.
④ 기름을 많이 사용하지만 강한 불을 이용하여 영양소 파괴를 줄인다.

04 난이도
우리나라의 무김치와 비교하여 중국의 절임 김치라고 할 수 있으며, 중국 사천성의 대표적인 식재료는 무엇인가?
① 물밥
② 백채
③ 고수
④ 자차이

05 난이도
중국 요리의 오향분에 해당하지 않는 것은?
① 산초
② 감초
③ 팔각
④ 정향

06 난이도
중국의 지역과 대표 음식의 연결이 옳지 않은 것은?
① 베이징 요리 – 딤섬
② 사천 요리 – 마파두부
③ 광동 요리 – 상어 지느러미 찜
④ 상하이 요리 – 홍샤로우

07 난이도
중국의 북경 요리에 대한 설명으로 옳은 것은?
① 산동 요리와 양저우 요리가 궁중 요리와 조화되면서 발달하였다.
② 자연의 맛을 살리기 위해서 살짝 익히고, 싱거우며 기름도 적게 들어가는 편이다.
③ 해산물 요리가 발달되어 있으며 간장과 설탕을 많이 사용한다.
④ 대표적인 요리로는 홍샤로우가 있다.

08 난이도

중국의 식사 형태와 예절로 옳지 않은 것은?

① 밥, 면, 탕류를 먹을 때 고개를 숙여 식사하는 것은 금기이며, 고개를 숙이지 않고 그릇을 받쳐 들고 먹는다.
② 의식주를 식의주라고 할 만큼 식사와 식사 예절을 중시한다.
③ 요리나 쌀밥, 면류를 먹을 때는 젓가락을 사용하는 것이 관습화되어 있다.
④ 숟가락은 사용하지 않는다.

09 난이도

황실과 민간의 합작, 만주족과 한족을 결합시키기 위한 요리로, 중국 요리의 진수라 불리는 대표적인 연회식을 나타내는 말은?

① 시우전석
② 시율전석
③ 만한전석
④ 황민전석

10 난이도

㉠, ㉡이 가리키는 중식의 조리법에 따른 용어가 바르게 연결된 것은?

> ㉠ 조미료에 잰 재료를 녹말이나 밀가루 튀김옷을 입혀 기름에 튀기거나 볶은 후 소스를 끼얹거나 조린 재료를 소스에 버무려 묻혀 내는 방법
> ㉡ 소스에 전분을 넣어 걸쭉하게 한 후에 빠른 속도로 조리하는 방법

	㉠	㉡
①	싸	작채
②	문	민채
③	류	류채
④	쯔	정채

11 난이도

열매를 껍질째 건조시켜 요리에 사용하며, 매운맛과 향이 짙어 고기 냄새를 없애 주며 절임 요리나 간식 등의 향기를 내는 데 사용하는 향신료는?

① 생강
② 정향
③ 팔각
④ 산초

12 난이도

정선법 중 재료를 직각으로 썰거나 눕혀 저미는 형태로 식재료를 정선하는 방법은?

① 미(米)
② 사(絲)
③ 편(片)
④ 정(丁)

13 난이도

중식에서 가장 많이 사용하는 그릇으로, 지름이 13~66cm 정도로 수분이 없거나 전분으로 농도를 잡은 음식을 담는 데 사용하는 그릇은?

① 챵야오판
② 위엔판
③ 완
④ 훠궈

14 난이도

중식 볶음 조리에서 본조리에 대한 설명으로 옳지 않은 것은?

① 육류 조리는 센 불로 단시간에 완성한다.
② 육류 조리 시 주재료는 크게 썰고 다른 재료들은 작게 썬다.
③ 채소를 볶을 때는 약한 불에서 볶으면 수분이 나와 맛이 떨어진다.
④ 잘 익지 않는 재료들은 끓는 물이나 저온의 기름으로 미리 데쳐 놓는다.

15
팬에 기름을 두르고 약한 불이나 중간 불로 가열하여 재료를 익히는 조리법은?

① 전(煎) ② 작(炸)
③ 류(熘) ④ 초(炒)

16
중식인 탄탄면과 훠궈의 육수로 주로 사용되는 식재료는?

① 소뼈 ② 닭뼈
③ 돼지뼈 ④ 새우

17
다음에서 설명하는 중식 조미료는 무엇인가?

- 대두에 물, 설탕, 식초, 소금, 쌀, 밀가루, 고추, 마늘을 넣어 발효시킨 소스이다.
- 짠맛과 단맛이 나고 고소한 향이 있다.
- 이름과 달리 해산물은 들어가지 않는다.
- 북경 요리에 소스로 많이 사용되며, 다른 조미료와 섞어서 사용하기도 한다.

① 노두유 ② 해선장
③ 첨면장 ④ XO소스

18
냉채 중 양념에 담그는 조리법에 대한 설명으로 옳은 것은?

① 배추, 무, 셀러리 등은 소금물에 절여 물기를 제거하고 다시 숙성시켜 사용한다.
② 재료를 간장에 담글 때는 재료를 담근 후 1~2일이 지나면 숙성된다.
③ 설탕과 식초에 담그기 전에 소금에 절이는 과정을 통하여 채소의 수분을 뺀 다음 단맛이 배도록 한다.
④ 게, 새우 등을 설탕과 절이는 방법이다.

19
중식 면 만들기의 설명으로 올바르지 않은 것은?

① 면대란 반죽을 얇게 편 것을 말한다.
② 면발은 면대를 썰어 만든 면 가닥을 말한다.
③ 면대는 다단롤러를 이용하여 반죽을 얇고 넓적하게 펴서 만들고 면발은 절출기 또는 칼날을 이용하여 면가닥을 만든다.
④ 중화면은 세면보다 조금 굵은 면발을 말한다.

20
중식 볶음 조리의 특징으로 옳지 않은 것은?

① 고온에서 짧은 시간 안에 요리를 한다.
② 다양한 식재료를 이용한다.
③ 모든 조미료와 부재료는 조리하면서 손질한다.
④ 재료 고유의 맛, 색, 향을 살린다.

**에듀윌이
너를
지**지할게

ENERGY

기회는 노크하지 않는다.
그것은 당신이 문을 밀어
넘어뜨릴 때 모습을 드러낸다.

– 카일 챈들러

종목편

SUBJECT 09

일식

PART 01 식생활 문화

일본 요리의 특징, 일본 조리의 조미료와 향신료(된장, 간장, 맛술, 참깨, 고추냉이, 산초 등)가 중요하고, 일식 칼의 용도에 대해 비교하여 학습한다.

PART 02 무침 조리 [NCS 능력단위: LM1301010403_21v4]

일식 무침 조리의 특징과 무침에 많이 사용되는 재료별 특징과 고르는 법, 무침을 담을 때 주의 사항을 학습한다.

PART 03 국물 조리 [NCS 능력단위: LM1301010404_21v4]

다시마와 가다랑어의 특징과 국물 내는 법이 중요하므로 꼼꼼하게 학습한다.

PART 04 조림 조리 [NCS 능력단위: LM1301010406_21v4]

조림 조리의 특징과 종류, 조리 방법을 학습한다. 육수를 내는 방법도 중요하므로 순서를 알아 둔다.

PART 05 면류 조리 [NCS 능력단위: LM1301010411_21v4]

면의 종류별 특징과 메밀국수, 라면, 우동 각각의 특징을 학습한다. 면에 대한 용어와 면을 삶는 법이 중요하다.

PART 06 밥류 조리 [NCS 능력단위: LM1301010412_21v4]

차밥 명칭과 특징을 학습하고 밥 짓는 법을 알아 둔다. 재료별 덮밥의 종류를 비교해서 학습하는 것이 좋다.

PART 07 초회 조리 [NCS 능력단위: LM1301010402_21v4]

초회 조리의 특징과 초회 만들 때 유의 사항을 이해하고, 야쿠미와 모미지 오로시를 만드는 방법을 학습한다.

PART 08 찜 조리 [NCS 능력단위: LM1301010407_21v4]

찜 조리에서는 도미를 손질하는 법이 중요하고, 찜 양념에 따른 분류를 중점적으로 학습한다.

PART 09 롤 초밥 조리 [NCS 능력단위: LM1301010439_21v4]

초밥의 종류 및 초밥 짓기 방법, 초밥 재료의 전처리 방법을 학습한다.

PART 10 구이 조리 [NCS 능력단위: LM1301010410_21v4]

조미 양념에 따른 구이 조리의 분류와 곁들임 음식(아시라이)이 중요하다.

PART 01 식생활 문화

01 일본 요리의 특징

1. 일본 요리의 기본 조리법
오미(五味), 오법(五法), 오색(五色)의 조화와 계절 감각을 매우 중요시한다.

(1) 오미(五味)
  단맛, 짠맛, 신맛, 쓴맛, 매운맛

(2) 오법(五法)
  날것, 구이, 찜, 조림, 튀김

> **바로 확인문제**
>
> 일본 요리의 기본 조리법 중 오법(五法)에 속하지 않는 것은?
> ① 날것 ② 찌개 ③ 찜 ④ 조림
>
> |해설|
> 일본 요리의 기본 조리법 중 오법에는 날것, 구이, 찜, 조림, 튀김이 있다. |정답| ②

(3) 오색(五色)
  흰색, 검은색, 노란색, 빨간색, 파란색

2. 일식 요리 담는 방법
① 색상의 조화를 고려한다.
② 계절감을 살리는 기물을 선택한다.
③ 자연 그대로의 맛과 멋을 살린다.
④ 그릇 바깥쪽부터 자기 앞쪽으로 담는다.
⑤ 오른쪽에서 왼쪽으로 담는다.
⑥ 차가운 요리는 찬 그릇을, 뜨거운 요리는 뜨거운 그릇을 사용한다.
⑦ 생선의 경우 머리가 왼쪽, 배가 자신의 앞으로 오도록 담는다.
⑧ 공간의 미를 살린다.
⑨ 먹는 사람이 먹기 쉽도록 담는다.

> **바로 확인문제**
>
> 일본 요리를 담는 방법으로 옳지 않은 것은?
> ① 오른쪽에서 왼쪽으로 담는다. ② 일하는 사람이 쉽도록 담는다.
> ③ 색상의 조화를 고려한다. ④ 자연 그대로의 맛과 멋을 살린다.
>
> |해설|
> 일본 요리는 먹는 사람이 먹기 쉽도록 담는다. |정답| ②

02 일식 조리의 조미료

1. 조미료의 일식 표현 빈출

사(さ)	설탕(사토우), 청주(오사케)
시(し)	소금(시오)
스(す)	식초(스)
세(せ)	간장(쇼유)
소(そ)	된장(미소)

> **합격보장 꿀팁**
>
> - **일식 정통 조미 순서** | 사(설탕) → 시(소금) → 스(식초) → 세(간장) → 소(된장) 순으로 넣는다.
>   - 야채: 설탕 → 소금 → 간장 → 식초 → 된장 순으로 조미한다.
>   - 생선: 청주 → 설탕 → 소금 → 식초 → 간장 순으로 조미한다.

2. 된장(味噌, 미소)

일본의 된장은 콩을 주재료로 하고 소금과 누룩을 첨가하여 발효시킨 것으로, 소금의 양, 숙성 기간, 원료의 배합 비율 등에 따라 색과 염도가 다른 것이 특징이다. 색이 붉을수록 단맛이 적고 짠맛이 많으며, 색이 흴수록 단맛이 많고 짠맛이 적다.

(1) 된장 조리의 특징

① 맛 더하기: 발효에 의해 된장 고유의 구수한 맛을 더하고, 염도를 조절한다. 원재료 자체 맛으로 부족하다고 느낄 때 사용한다.
② 냄새 제거 효과: 비린내, 떫은맛, 강한 냄새가 나는 재료에 사용한다.
③ 향 내기: 가열하면 향기가 많이 사라지지만 된장구이처럼 구워서 향을 내기 위해서도 사용한다.
④ 보존 효과: 염분은 효소 작용을 억제하므로 보존 및 산화를 방지한다.

(2) 누룩의 종류에 따른 된장의 분류

① 쌀 된장(코메미소)
- 일본 가정에서 만드는 된장으로, 콩, 멥쌀, 누룩, 소금이 원료이다.
- 배합은 가정이나 지역마다 다르다.
- 일반적인 누룩과 콩의 비율은 1 : 1 또는 2 : 1이다.

쌀 된장의 분류

시로미소(백된장)	• 된장 중에서 색상이 가장 밝다. • 단맛이 강하고 염도가 낮다. • 소스나 요리에 많이 사용한다. • 된장국 요리 시 적된장과 섞어서 사용한다.
아카미소(적된장)	• 붉은빛을 띤다. • 단맛은 별로 없고 염도가 높다. • 깊은 맛을 내는 요리에 사용한다. • 고기 요리와 잘 어울린다. • 국 요리에 이용한다.
아와세미소(혼합 된장)	• 백된장과 적된장이 섞여 있는 된장이다. • 가다랑어와 다시마 맛을 첨가한다.

> **바로 확인문제**
>
> 쌀 된장의 종류로 옳지 않은 것은?
> ① 백된장　　　② 적된장　　　③ 혼합 된장　　　④ 청된장
>
> |해설|
> 쌀 된장에는 백된장, 적된장, 혼합 된장이 있다.　　　　　　　　　　　　　　　　　　　　　　　|정답| ④

　　② 보리 된장(무기미소): 보리 누룩, 삶은 콩, 소금이 원료이다.
　　③ 콩 된장(마메미소)
　　　• 콩으로만 만든 된장으로 삶은 콩, 누룩, 소금이 원료이다.
　　　• 2~3년을 발효하며, 진한 색이 특징이다.

(3) 색 종류에 따른 된장의 분류

백된장 (白味噌, 시로미소)	• 대두를 삶아 소금과 쌀을 섞은 후 단기간 숙성시킨 것이다. • 뒤집는 과정을 적게 한다. • 단맛과 순한맛이 특징이다. • 사이쿄미소, 후츄미소 등이 있다.
적된장 (赤味噌, 아카미소)	• 콩과 쌀의 비율에 따라 된장색이 다르다. • 소금과 재료를 섞은 후 장기간 발효시킨 것이다. • 담백한 맛이 특징이다. • 센다이미소, 에도미소, 핫쵸미소 등이 있다.

3. 청주
① 요리에 첨가 시 감칠맛과 풍미를 증가시켜 준다.
② 생선 요리에 많이 사용하고, 비린내와 잡내를 제거한다.

4. 소금(鹽, 시오)

(1) 소금의 역할
　① 짠맛을 낸다.
　② 탈수 작용을 한다.
　③ 단백질을 응고시킨다.
　④ 부패 방지 작용을 한다.
　⑤ 살균 효과가 있다.
　⑥ 색의 안정 작용을 한다.
　⑦ 다른 조미료와 함께 사용하여 단맛은 올리고, 신맛은 억제하는 효과가 있다.

(2) 소금의 종류

굵은 소금 (並鹽, 나미시오)	• 염화마그네슘을 함유하고 있어 두부를 응고시키는 간수 역할을 한다. • 수분을 함유하고 있고, 방부 작용과 탈수 작용 등을 한다.
식염 (食鹽, 쇼쿠엔)	• 일반적으로 사용하는 소금으로 염화마그네슘의 불순물을 제거한 것이다. • 방부 작용을 한다. • 생선의 밑간에 사용한다.
정제염 (精製鹽, 세이세이엔)	• 간수 성분을 제거하여 수분이 없다. • 생선살을 수축 시키는 역할을 하지 못하고, 일반적인 조미료로 사용한다.

식탁염 (食卓鹽, 쇼쿠타쿠엔)	탄산마그네슘과 탄산칼슘이 붙어서 형성하는 막으로 인해 공기 중에 덩어리가 생기지 않는다.
가공염	식탁염에 마늘분말을 혼합한 갈릭 솔트(Garlic Salt), 채소염인 셀러리 솔트(Celery Salt), 어니언 솔트(Onion Salt), 참깨를 섞은 깨소금, 와인을 넣은 와인 솔트, MSG 또는 이노신산나트륨과 MSG를 식탁염에 가공한 맛소금 등이 있다.

5. 설탕(砂糖, 사토우)

(1) 설탕의 특징
① 단맛을 내는 조미료로 순도가 높을수록 단맛이 강하다.
② 많이 사용하면 본연의 맛을 상실하기 때문에 적당량을 넣어 조리해야 한다.
③ 미생물의 성장 및 번식을 억제하여 보존 기간을 연장시킨다.
④ 감미료로서의 역할뿐만 아니라 여러 가지 특징을 이용해 가공 요리나 가공식품에 이용한다.

(2) 설탕의 기능
① 단맛을 부여한다.
② 착색, 착향 작용을 한다.
③ 방부 작용을 한다.
④ 전분의 노화방지 효과가 있다.
⑤ 유지의 산화를 방지한다.

(3) 설탕의 종류

백조당 (白粗糖, 하쿠소도)	• 당도 100% 설탕의 결정은 소프트 설탕과 하드 설탕으로 나뉜다. • 결정이 굵은 설탕 중 가장 좋은 것으로 과자, 과실주에 사용한다.
상백당 (上白糖, 죠하쿠도)	• 가정에서 많이 사용한다. • 다소 촉촉하며, 어떤 요리에도 잘 맞는 흰설탕이다.
중조당 (中粗糖, 쥬소도)	• 연한 황갈색을 띠고, 결정의 크기는 백조당과 비슷하다. • 순도가 99.7%로 높고 풍미 있는 조림 등에 사용한다.
화삼분 (和三盆, 와산본)	• 사탕수수로 만든 원료당에 소량의 물을 넣어 압착하는 수작업으로 만든다. • 결정이 매우 곱고, 풍미와 맛이 좋다.

6. 간장

(1) 간장의 특징
① 일본 간장은 주원료로 콩과 밀을 이용하여 제조한다.
② 간장의 밀 발효 과정에서 단맛이 나는 것이 특징이다.

(2) 간장의 종류

진한 간장 (こいくちしょうゆ, 고이구치쇼유)	• 염도 15~18%의 일반적인 간장이다. • 색이 진하다. • 향기가 강해 육류나 생선 요리를 하는 데 적합하다. • 비린내 제거 효과가 있다. • 생선회나 구이 등을 먹을 때 곁들이는 간장으로 많이 사용한다.
연한 간장 (うすくちしょうゆ, 우스구치쇼유)	• 진한 간장보다 염분을 많이 함유하고 있다. • 염분은 진한 간장보다 약 2% 정도 높다. • 색이 옅고 맛과 향이 담백하다. • 재료가 가지고 있는 고유의 색과 맛, 향을 살리는 데 적합하다.

백간장 (しろしょうゆ, 시로쇼유)	• 연한 간장보다 색이 더 연하여 거의 투명에 가깝다. • 원료는 소맥이 대부분이다. • 맛을 내는 성분보다 당분과 염분이 많고 담백하며 향이 좋다. • 황금에 가까운 색을 띠며 색을 살리는 데 좋으나 색이 변하기 쉬우므로 단기 보관해야 한다.
다마리 간장 (たまりしょうゆ, 다마리쇼유)	• 독특한 향기와 맛을 지닌다. • 짙은 흑색으로 부드럽고 농후한 맛과 단맛을 낸다. • 조림 요리에 주로 사용한다. • 진한 맛과 윤기를 더해 준다.
나마쇼유 (生醬油)	• 열을 가하지 않은 간장이다. • 향기와 풍미가 매우 좋다. • 오랜 시간 끓여도 향이 날아가지 않는 것이 특징이다. • 냉장 보관해야 한다.
간로쇼유 (甘露醬油)	• 열을 가하지 않은 진간장을 다시 양조한 것이다. • 단맛, 향기와 함께 우수한 농후의 재료로 사용한다. • 일본 관서 지방에서는 사시미(刺身) 또는 신선한 재료를 찍어 먹는 간장 또는 곁들임 간장으로 사용한다. • 일본 야마구찌껭(山口県)의 야나기돈(柳井)의 특산물이다.

바로 확인문제

일본 간장 중 독특한 향기와 맛을 지니고 있고, 조림 요리에 주로 사용하는 간장은?

① 연한 간장　　② 다마리 간장　　③ 백간장　　④ 진한 간장

|해설|
다마리 간장은 독특한 향과 맛을 지니고 주로 조림 요리에 사용하며 진한 맛과 윤기를 더해 준다.　　|정답| ②

7. 맛술

(1) 맛술의 제조 방법

맛술은 찐 찹쌀, 쌀 누룩, 소주 또는 알코올을 원료로 40~60일 동안 당화 숙성·분해되며 각종 당류, 유기산, 아미노산, 향기 성분이 생성되어 맛술 특유의 풍미가 된다.

(2) 맛술의 주요 성분

① 누룩 곰팡이의 효소 작용으로 전분과 단백질을 분해하여 생긴 생성물과 알코올이다.
② 약 14%의 알코올과 45% 전후의 당분, 각종 유기산, 아미노산 등이 함유되어 있다.

(3) 맛술의 특징

① 포도당과 올리고당이 다량 함유되어 있어 식재료가 부드러워진다.
② 복수의 당류가 포함되어 있어 재료 표면에 윤기가 생긴다.
③ 당분과 알코올로 인해 조릴 때 재료가 부서지는 것을 방지한다.
④ 찹쌀에서 나온 아미노산과 펩타이드 등의 감칠맛 성분과 당류가 깊은 향과 맛을 낸다.
⑤ 단맛 성분인 아미노산과 유기산 등이 빠르게 재료에 침투한다.
⑥ 조리 시 알코올과 함께 비린내, 잡맛을 제거하므로 맛이 좋다.

바로 확인문제

맛술의 특징으로 옳지 않은 것은?
① 식재료가 단단해진다.
② 재료 표면에 윤기가 생긴다.
③ 당분과 알코올로 인해 조릴 때 재료의 부서짐을 방지한다.
④ 감칠맛 성분과 당류가 깊은 향과 맛을 낸다.

|해설|
맛술은 포도당과 올리고당이 다량 함유되어 있어 식재료가 부드러워진다.

|정답| ①

8. 식초(酢, 스)

(1) 식초의 특징
① 신맛이 나는 조미료로 식욕을 돋우고 입안을 상쾌하게 해 주는 역할을 한다.
② 방부 및 살균 효과가 있다.
③ 생선살을 단단하게 하고 비린내를 제거하는 역할을 한다.
④ 비타민 C 파괴를 억제한다.
⑤ 발색, 갈변 방지 작용을 한다.

(2) 식초의 종류

양조식초	• 곡류, 알코올, 과실 등을 원료로 초산을 발효시켜 만든다. • 향이 좋고 맛이 순하며 뒷맛이 산뜻하다. • 가열해도 풍미가 쉽게 날아가지 않는다.
합성식초	• 양조식초에 인위적으로 합성한 초산(아세트산) 또는 빙초산에 물을 섞어 만든다. • 강하고 자극적인 냄새와 맛이 난다. • 떫은맛이 입안에 남는다. • 가열하면 향미는 날아가고 신맛만 남는다.

03 양념장

1. 폰즈
감귤류(유자, 영귤)의 즙에 간장, 청주, 다시마, 가다랑어포(국물)를 첨가하여 1주일 정도 숙성시켜 만든 간장이다.

2. 다데즈
① 여뀌잎을 갈고 알코올을 날린 청주와 식초, 소금 약간, 쌀죽을 넣어서 만든 양념장이다.
② 은어 구이에 사용하는 양념장이다.

바로 확인문제

양념장 중 다데즈에 대한 설명으로 옳지 않은 것은?
① 쌀죽을 넣어 만든 양념장이다.
② 여뀌잎을 갈아서 사용한다.
③ 여뀌잎, 설탕, 식초, 소금으로 만든다.
④ 은어 구이에 사용한다.

|해설|
다데즈는 여뀌잎을 갈고 알코올을 날린 청주와 식초, 소금 약간, 쌀죽을 넣어서 만든다.

|정답| ③

3. 야쿠미(곁들임 양념)

① 시치미: '일곱 가지 맛'이라는 뜻으로 고춧가루에 파래, 산초가루, 양귀비씨, 깨, 후추, 겨자, 진피 등을 섞어서 만든 매운맛을 내는 양념이다.
② 유즈코쇼: 유자와 고추를 간 양념이다.
③ 산미를 내는 레몬, 유자, 영귤 등이 있고, 풍미를 위해 간 생강, 다진 실파, 간 무 등이 있다.

4. 양념 소금

① 신선한 재료로 튀김을 할 경우 조미된 양념보다 향이 가미된 소금이 재료 고유의 맛을 더해 준다.
② 주로 향료를 소금에 갈아 넣는데 산초, 말차, 카레, 파래 등이 많이 쓰인다.

04 향신료

1. 종실 향신료

(1) 후추(Pepper)
① 매운맛을 내는 차비신(Chavicine)은 육류와 어류의 살균 작용을 하며, 육류의 누린 냄새와 생선의 비린내를 없애는 데 많이 활용된다.
② 후추의 매운 자극 성분은 피페린(Piperine)이다.
③ 매운맛과 특유의 상큼한 향으로 식욕을 증진시킨다.
④ 구분

검은 후추	성숙하기 전의 열매를 건조시킨 것
흰 후추	완숙 열매 껍질을 벗겨 건조시킨 것(순한 매운맛)

(2) 겨자(Mustard)
① 갓의 종자를 건조한 것이다.
② 백겨자와 흑겨자가 있고, 보통 백겨자를 이용한다.
③ 백겨자의 매운 성분은 시날빈(Sinalbin)이고, 흑겨자는 시니그린(Sinigrin)이라는 이종의 배당체로 그대로는 매운맛이 없고 신미 성분의 모체가 된다.
④ 겨자의 매운맛은 미로시나아제(Myrosinase)라는 효소가 작용한 것으로 겨자 기름이 분리되면서 발효된 것이다. 이 효소 작용은 30℃에서 가장 강하다.
⑤ 생선 요리, 육류 요리, 해물 냉채 등을 먹기 직전에 양념장이나 소스로 이용한다.

2. 근경 향신료

(1) 생강
① 특유의 매운맛과 향이 있다.
② 매운맛의 주성분은 진저론(Zingerone), 쇼가올(Shogaol), 진저롤(Gingerol)이다.
③ 여름에서 가을에 걸쳐 생산되는 것을 신생강이라 하고, 이외에는 묵은 생강이라 하여 연중 사용한다.
④ 스이구치 맑은국에 띄워 향을 내기도 한다.
⑤ 생선 비린내를 제거하고 살균 작용이 있어 생선 요리에 많이 사용하며 생강차, 화채, 각종 음료에도 이용한다.
⑥ 생강은 식품이 익은 후에 넣는 것이 냄새를 제거하는 데 도움이 된다.

- **초생강**
  - 생강 성분인 진저롤이나 쇼가올이 세균 번식을 막아 해독 기능을 하며 입안을 개운하게 한다.
  - 날것으로 먹는 생선 껍질 초회나 회 음식의 세균 중독을 막기 위해 초생강을 곁들여 먹는다.

(2) **마늘**
① 매운 성분은 알리신(Allicin)으로, 강한 살균력을 갖고 있으며, 체내에서 비타민 B_1의 흡수를 도와준다.
② 육수를 낼 때 사용한다.
③ 고기의 맛을 상승시키고 비린내와 누린내를 제거하며 소화 작용을 한다.

(3) **참깨**
① 특유의 향과 고소한 맛을 낸다.
② 갈아 놓으면 향이 사라지고, 산패가 되므로 밀봉 상태로 보관하다가 요리 시 바로 갈아서 사용하는 것이 좋다.
③ 흰깨, 검은깨, 갈색깨 세 가지로 구분된다.
④ 용도에 따른 깨 분류

이리 고마	향기 좋게 볶은 것
기리 고마	볶은 참깨를 조리용 칼로 자른 것
미가끼 고마	흰 참깨의 껍질을 벗긴 것

(4) **고추냉이**
① 생 고추냉이는 먹기 전에 강판에 갈아 사용한다.
② 건조하여 가루로 사용하기도 한다.
③ 고추냉이의 신미 성분은 자극성이 강하고 매운맛을 낸다.
④ 매운맛은 지속성이 없으므로 먹기 직전에 준비하여 사용한다.
⑤ 생선회와 찬, 면류, 일본식 차밥의 곁들임 등에 이용하고, 최근에는 고기에도 많이 곁들인다.

바로 확인문제

고추냉이(와사비)에 대한 설명으로 틀린 것은?
① 생 고추냉이는 먹기 전에 강판에 갈아 사용한다.
② 매운맛은 지속성이 있으므로 한꺼번에 만들어 랩을 씌워 사용한다.
③ 건조하여 가루로 사용하기도 한다.
④ 생선회와 찬, 면류, 일본식 차밥의 곁들임 등에 이용한다.

|해설|
매운맛은 지속성이 없으므로 먹기 직전에 준비하여 사용한다.

|정답| ②

3. **엽경 향신료 – 산초**
① 잎과 열매, 꽃 모두 특유의 매운 향을 가지는 향신료이다. 향미는 잎과 과피에 많고, 신미 성분은 과피에 있다.
② 잘 익은 열매를 건조시켜 갈아서 사용하고 '고나산쇼'라고 한다.
③ 시산초, 산초가루, 건조산초가 있다. 매운맛 성분은 산쇼올(Sanshool)이다.
④ 일본 요리에 많이 이용하고, 스이구치(국 따위나 마실 것에 띄워서 향미를 더해 주는 것)나 산초나무의 순은 무침에, 가루산초는 장어양념구이와 된장국 등에 사용한다.
⑤ 푸를 때 채취하여 데친 다음 소금 절임해서 사용하고, 성숙한 것은 건조시켜 분말로 사용한다.

4. 과피 향신료 – 진피

① 감귤류의 껍질을 그늘에서 완전히 말린 후 가루로 빻아 다른 향신료와 혼합해서 사용한다.
② 닭, 소고기, 양고기, 내장 요리 등에 이용한다.

05 일식 조리용 칼의 종류

1. 전문가용 칼

혼야끼보초 (本燒包丁)	• 강철을 두드려서 만드는 칼이다. • 장점: 녹이 잘 슬지 않고, 합금강으로 만들기 때문에 칼 내구성이 뛰어나다. • 단점: 가격이 비싸고, 재질이 단단하여 칼을 가는 데 시간이 오래 걸린다.
가스미보초 (霞燒包丁)	• 칼날에 다른 금속을 붙여 만드는 칼이다. • 장점: 쇠를 붙여 만들었기 때문에 날이 쉽게 부서지지 않고, 가격이 저렴하다. • 단점: 고온의 열이나 주변 환경에 따라 모양이 달라질 수 있다.

바로 확인문제

전문가용으로 사용되는 일본 조리용 칼로 강철을 두드려서 만드는 칼의 명칭은?

① 혼야끼보초 ② 가스미보초 ③ 사시미보초 ④ 데바보초

|해설|
혼야끼보초는 강철을 두드려서 만드는 칼로, 내구성이 뛰어나지만 가격이 비싸다.

|정답| ①

2. 일반 칼

사시미보초 (刺身包丁)	• 가늘고 긴 형태이다. • 버들잎 모양이라 야나기보초(柳刃包丁)라고도 한다. • 표면이 매끄럽게 절단되어 있다. • 대, 중, 소로 나뉜다. • 중자 칼: 관동 지방에서는 사시미 칼로 이용하고, 관서 지방에서는 소형 조개류를 까는 데 사용한다.
데바보초 (出刃包丁)	• 주로 뼈를 바르거나 절단할 때 사용하며, 어패류나 육류를 자르거나 포를 뜰 때도 사용한다. • 대, 중, 소로 나뉘며 재료의 크기에 맞춰 사용한다. • 칼을 갈 경우 중앙에서 칼 끝까지만 손질한다. • 손잡이 부분의 날은 생선 뼈 등을 자를 때 사용한다.
우스바보초 (薄刃包丁)	• 주로 채소를 써는 데 적합하다. • 폭이 넓어 절삭하기 쉽다. • 칼이 얇아 재료를 가늘고 얇게 썰기 쉽다. • 껍질을 깎기가 좋다.

바로 확인문제

주로 뼈를 바르거나 절단할 때 사용하고, 손잡이 부분의 날은 생선 뼈 등을 자를 때 사용하는 일식의 대표적인 칼의 명칭은?

① 데바보초 ② 가스미보초 ③ 사시미보초 ④ 혼야끼보초

|해설|
데바보초는 주로 뼈를 바르거나 절단할 때 사용하며 대, 중, 소로 구분하여 재료의 크기에 맞춰 사용한다.

|정답| ①

PART 02 무침 조리

01 무침 조리 개요

1. 일식 무침 조리의 특징
① 재료와 향신료를 섞어 조화로운 맛이 나게 한다.
② 무침 조리는 미리 양념을 하면 음식에서 물이 나오므로 상에 올리기 직전에 무쳐 낸다.
③ 어패류, 채소, 건어물 등을 삶거나 데쳐서 무치는 경우가 많으나, 날것으로 이용하는 경우도 있다.
④ 재료는 신선한 것을 준비한다.
⑤ 재료에 따라 가열하거나 밑간을 먼저 한 후 무치는 경우가 있으나 가열해서 무칠 경우 재료를 식혀 사용해야 식감이 좋다.

> **바로 확인문제**
>
> 일식 무침의 특징으로 적절하지 않은 것은?
> ① 삶거나 데쳐서 무치는 경우가 많으나, 날것으로 이용하는 경우도 있다.
> ② 재료는 신선한 것을 준비한다.
> ③ 가열해서 무칠 경우 재빨리 무쳐야 맛있다.
> ④ 재료에 따라 가열하거나 밑간을 먼저 한 후 무치는 경우가 있다.
>
> |해설|
> 일식 무침 조리는 가열해서 무칠 경우 식감이 좋지 않으므로 식혀서 사용한다.
>
> |정답| ③

02 무침 재료 준비

1. 문어
(1) 특징
① 문어과에 속하는 연체류로, 다리가 8개이다.
② 겨울이 제철이다.
③ 단백질이 다량 함유되어 있고, 지질과 당질은 적다.
④ 타우린이 34% 정도 함유되어 있고, 동맥경화 및 심장마비 예방, 빈혈, 당뇨병에 효과적이다.
⑤ 문어를 삶을 때 무, 파를 같이 넣으면 연해진다.

(2) 고르는 법
① 다리 흡반이 크고 뚜렷한 것이어야 한다.
② 몸이 적자색인 것이어야 한다.
③ 살아있는 것이어야 한다.

2. 해삼

(1) 특징
① 해삼은 극피동물에 속하며, 길이 10~30cm, 굵기 6~8cm로, 몸체 표면에 돌기가 있고, 갈색과 흑색의 연한 반점이 있다.
② 잠수하여 채취한다.
③ 단백질과 칼슘, 철 등 무기질이 풍부하여 치아와 골격 형성에 좋으며 소화가 잘 되고 비만 예방에 효과적이다.

(2) 해삼 요리
① 해삼은 주로 회나 초회로 많이 사용하고 볶음, 찜, 탕으로 이용한다.
② 건해삼을 불려 사용한다. 불린 건해삼을 내려친 후 손질하면 해삼이 단단해져서 썰기 좋다.

> **합격보장 꿀팁**
> • **고노와타** | 해삼 내장을 소금에 절인 것이다.

(3) 고르는 법
① 살에 석회질 뼛조각이 있어 딱딱한 감촉이 있는 것이 신선한 것이다.
② 냄새가 나지 않는 것이어야 한다.
③ 살아있는 것이어야 한다.

> **바로 확인문제**
>
> 신선한 해삼을 고르는 법으로 옳지 않은 것은?
> ① 살에 석회질 뼛조각이 있어야 한다.
> ② 썰었을 때 딱딱한 감촉이 있어야 한다.
> ③ 해산물 특유의 강한 냄새가 나야 한다.
> ④ 살아있어야 한다.
>
> |해설|
> 해삼은 냄새가 나지 않는 것으로 고른다.
>
> |정답| ③

3. 새조개

(1) 특징
① 새조갯과에 속하는 쌍패류로, 새부리 모양과 비슷하여 붙여진 이름이다.
② 내면은 홍색이고, 부드러우며 살색은 남색이다.
③ 진흙 섞인 모래펄에 서식하고, 5~10월에 산란한다.
④ 한국, 일본, 대만 연안에 분포한다.
⑤ 콜레스테롤의 함량은 쌍패류 중 가장 적고, 비타민 D가 다량 함유되어 있다.
⑥ 지방 함량이 적고 칼로리가 낮아 다이어트에 효과적이다.
⑦ 쫀득한 식감으로 삶거나 구이, 초회나 회로 사용한다.

(2) 고르는 법
① 껍질에 윤기가 나는 것이 좋다.
② 크기는 큰 것이어야 한다.

4. 새우

(1) 특징
① 갑각류에 속한다.
② 9~12월이 제철이다.
③ 참새우, 대하, 보리새우 등 종류가 다양하다.
④ 단백질과 칼슘, 무기질, 비타민이 많아 강장 식품으로 이용한다.
⑤ 붉은색이며 단맛이 난다.
⑥ 회, 초회, 찜, 구이, 초밥, 튀김, 간장 새우장, 샤브샤브 등으로 사용한다.

(2) 고르는 법
① 껍질이 단단한 것이어야 한다.
② 몸이 투명하고 윤기가 나는 것이어야 한다.

5. 도미

(1) 특징
① 농어목 도미과이다.
② 봄이 제철이다.
③ 담홍색이며 생선살은 백색이고 맛이 담백하며, 일본인이 가장 선호하는 생선이다.
④ 참돔, 감성돔, 흑돔, 붉돔, 황돔 등으로 종류가 다양하다.
⑤ 참돔이 단백질이 많고 지방이 적어 맛이 뛰어나다.

(2) 고르는 법
① 생선 몸통은 황색, 홍색, 회색으로 살이 단단한 것이 좋다.
② 봄철의 분홍빛을 띤 참돔이 맛이 좋다.

03 무침 담기

1. 그릇 선택
① 일본 요리는 계절감에 어울리는 그릇을 선택해야 한다.
② 그릇이 너무 화려하면 음식이 맛있어 보이지 않는다.
③ 큰 접시에 담으면 모양이 좋지 않으므로 작고 깊이가 있는 것이 좋다.
④ 과일이나 대나무 그릇, 조개 껍데기 등도 잘 어울리며, 작은 그릇을 사용하기도 한다.

> **바로 확인문제**
>
> 일식 무침 그릇으로 적합하지 않은 것은?
> ① 큰 접시 ② 보시기 ③ 작은 접시 ④ 조개 껍데기
>
> |해설|
> 무침은 다른 일본 요리에 비해 그릇에 담았을 때 보기 좋지 않으므로 그릇 선택이 중요하다. 큰 접시에 담으면 모양이 좋지 않으므로 작고 깊이가 있는 것이 좋다. |정답| ①

2. 무침 담기의 주의 사항
① 제공 직전에 무쳐 낸다.
② 색상에 맞게 담아 낸다.

PART 03 국물 조리

01 국물 조리 개요

1. 일본 냄비 요리
냄비 요리는 냄비에 담긴 그대로 제공하는 요리를 말한다. 큰 냄비에 재료를 넣고 끓여 개인의 접시에 덜어 먹기도 하고, 1인용 냄비에 각자 끓여 먹기도 한다.

(1) 양념을 넣지 않고 끓이는 냄비 요리
① 미즈다키: 닭고기와 채소를 넣고 끓여 먹는 냄비 요리이다.
② 샤브샤브: 다시마 국물에 어패류, 소고기, 채소류를 살짝 끓여 양념장에 찍어 먹는 냄비 요리이다.
③ 도미 냄비: 도미와 채소를 이용한 냄비 요리이다.

(2) 엷은 맛을 내는 양념을 넣어 끓이는 냄비 요리
① 엷은 맛을 낼 수 있도록 간장 등의 양념을 약하게 가미하여 끓여 먹는 냄비 요리이다.
② 오뎅(어묵)을 이용한 꼬치 냄비와 우동 냄비가 대표적이다.

(3) 진한 맛을 내는 양념을 넣어 끓이는 냄비 요리
① 진한 간장 양념이나 된장 등을 넣어서 끓여 먹는 냄비 요리이다.
② 재료와 함께 끓이는 것으로 스키야키(일본 전골)가 대표적이다.

2. 국물 요리의 종류

(1) 맑은 국물(すましじる, 스마시지루)
① 뚜껑을 열었을 때 계절감과 향을 내는 것이 중요하다.
② 주재료와 부재료인 야채가 어우러진 맛과 색, 모양이 중요하다.
③ 기본이 되는 다시 국물의 향과 맛을 살려야 한다.
④ 맑은 국물 요리는 일본 코스 요리인 회석 요리에 주로 사용한다.
　예) 조개 맑은국, 도미 맑은국 등

> **합격보장 꿀팁**
> - 스이모노 | 맑은 국물 요리
> - 요시노시루 | 전분가루를 이용하여 국물을 만든 요리
> - 우시오시루 | 자체의 맛을 이용하여 국물을 만든 요리

(2) 탁한 국물(濁り汁, 니고리시루)
① 탁한 국물 요리는 식사와 함께 내는 요리이다.
② 대표적인 것으로 일본 된장(미소)을 이용한 된장국, 술지게미를 이용한 국물 등이 있다.

(3) 된장국(みそしる, 미소시루)
적된장국(아카미소시루)과 백된장국(시로미소시루)으로 구분된다.

> **바로 확인문제**
>
> 일본 국물 요리의 종류로 옳지 않은 것은?
> ① 맑은 국물　　　② 탁한 국물　　　③ 매운 국물　　　④ 된장 국물
>
> |해설|
> 일본 국물 요리의 종류로 매운 국물은 적절하지 않다.　　　　　　　　　　　　　　　　　　　　　　　　　　|정답| ③

3. 국물 요리의 구성
주재료(완다네), 부재료(쯔마), 향미료(스이구치)로 이루어진다.

4. 냄비 요리에 사용되는 냄비의 종류
① 전골용 냄비처럼 깊이가 얕고 입구가 넓은 것을 사용한다.
② 크기에 따라 1인용이나 4~5인용 냄비를 사용한다.
③ 냄비의 재질은 토기, 철, 동, 돌, 알루미늄 등을 사용하고, 변형 재료로 다시마, 조개 껍데기 등이 냄비 대용으로 사용되기도 한다.
④ 열 보존이 잘 되는 것이 냄비 요리에 적합하다.

02 국물 재료 준비

1. 주재료
주재료는 주로 어패류를 많이 사용하고, 육류, 가공품 등을 사용한다.

(1) 어패류
① 도미는 봄이 제철로 지방 함유량이 적어 소화가 잘 되며 맛이 좋다.
② 봄철에 대합과 같은 조개를 먹을 때에는 패류 독소에 유의한다.
③ 조개류에는 타우린 등 감칠맛 성분이 많아 국물 요리에 많이 활용한다.
④ 도미(鯛, 타이), 옥돔(甘鯛, 아마다이), 농어(鱸, 스즈키), 광어(平目, 히라메), 뱀장어(鰻, 우나기), 붕장어(穴子, 아나고), 오징어(烏賊, 이카), 새우(海老, 에비), 대합(蛤, 하마구리) 등이 있다.

(2) 육류, 계란류
닭고기(鷄, 도리), 자라(すっぽん, 슷뽕), 오리(鴨, 가모), 계란(玉子, 다마고) 등이 있다.

(3) 가공품
콩(豆, 마메), 어묵(かまぼこ, 가마보코), 두부(豆腐, 도후), 생밀기울떡(麩, 후), 실국수(素麵, 소멘), 두유(ゆば, 유바) 등 계절에 맞춰 사용한다.

2. 부재료(쯔마)
주재료가 결정되면 계절, 색의 조화, 기호도, 음식의 궁합, 질감 등을 생각하여 부재료를 결정한다. 맑은 국물에는 죽순, 두릅, 된장국에는 미역 등을 많이 이용한다.

(1) 야채류
참나물(みつば, 미쓰바), 미나리(せり, 세리), 쑥갓(菊菜, 기쿠나), 무순(カイワレ, 가이와레), 토란(里芋, 사토이모), 산마(山芋, 야마이모), 우엉(牛蒡, 고보), 당근(人参, 닌징), 은행(銀杏, 긴낭), 오이(胡瓜, 규리), 고사리(蕨, 와라비), 순채(蓴菜, 쥰사이), 대파(ながねぎ, 나가네기), 땅두릅(獨活, 우도) 등이 있다.

(2) 해초류

다시마류(昆布, 곤부), 파란 김(靑海苔, 아오노리), 생미역(ワカメ, 와카메) 등이 있다.

(3) 버섯류

송이버섯(松茸, 마스다케), 나메코(なめこ), 느타리버섯(しめじ, 시메지), 표고버섯(椎茸, 시이다케) 등이 있다.

3. 향미료(すいぐち, 스이구치)

(1) 향미료의 특징

① 국물 요리에서 주재료의 맛을 살리는 역할을 한다.
② 계절에 맞는 것을 사용하는 것이 중요하다.
- 봄, 여름: 산초, 새순
- 여름: 파란 유자
- 가을: 노란 유자 껍질

③ 맑은국에는 유자 껍질이나 레몬 껍질을 사용하고, 된장국에는 산초가루를 사용한다.

바로 확인문제

향미료의 특징으로 옳지 않은 것은?
① 주재료 외에는 계절감은 중요하지 않다.
② 국물 요리에서 주재료의 맛을 살리는 역할을 한다.
③ 맑은국에는 유자 껍질이나 레몬 껍질을 사용한다.
④ 된장국에는 산초가루를 사용한다.

|해설|
향미료는 계절에 맞는 것을 사용하는 것이 중요하다.

|정답| ①

(2) 향미료의 종류

유자 껍질(柚子皮, 유즈가와), 산초 열매(山椒の實, 산쇼노미), 산초잎(木の芽, 기노메), 고추냉이(山葵, 와사비), 레몬, 초귤(すだち, 스다치), 후추(こしょう, 고쇼), 시소(しそ, 차조기), 겨자, 생강, 깨, 고춧가루 등이 있다.

4. 맛국물 재료의 종류

(1) 다시마(昆布, 곤부)

① 특징
- 대부분 추운 곳에서 생산되며 홋카이도(북해도)가 주요 산지이다.
- 가공품으로는 영양가가 높은 도로로 곤부, 히로이 곤부 등이 있다.
- 다시마는 감칠맛 성분인 글루타민산이 많아 국물 재료로 사용한다.

② 종류

마 곤부 (眞昆布, 참다시마)	• 길이 3m, 폭 50cm 정도로 길다. • 다시마 중 최고의 품질로 끈적거림이 거의 생기지 않는다.
미쓰이시 곤부(三石昆布), 하다카 곤부(日高昆布)	• 부드럽고 라우스 곤부와 비슷하다. • 색이 많이 나오고 맛이 강하게 우러난다.
리시리 곤부(利尻昆布)	• 폭이 좁고 얇은 편이다. • 참다시마와 거의 비슷한 정도로 향이 있고, 요리 시 색도 거의 들지 않기 때문에 많이 사용한다.
라우스 곤부(羅臼昆布)	• 리시리 곤부와 비슷하며 조금 더 얇고 부드러운 느낌이다. • 색이 나고 약간 노랗게 물든다. • 다시마의 맛과 향이 비교적 강하다.

바로 확인문제

다시마의 대표적인 종류가 아닌 것은?

① 라우스 곤부　　② 마 곤부　　③ 하다카 곤부　　④ 노리 곤부

| 해설 |
노리는 김이다.

| 정답 | ④

③ 고르는 법: 잘 건조되고 검은색 또는 짙은 녹갈색으로 두껍고 하얀 염분과 같은 것이 묻어 있는 것이 좋다.

바로 확인문제

다시마 고르는 법으로 틀린 것은?

① 국물용은 두꺼운 것이 좋다.
② 하얀 염분이 없이 깨끗한 것을 고른다.
③ 검은색 또는 짙은 녹갈색이 좋다.
④ 추운 곳에서 생산되는 것을 고른다.

| 해설 |
다시마는 하얀 염분과 같은 것이 묻어 있는 것이 좋다.

| 정답 | ②

④ 이용 방법
- 끓이지 않는 방법: 깨끗한 젖은 행주로 다시마에 붙어 있는 먼지를 털어 내고, 찬물에 담가 몇 시간 동안 우린 후 사용한다.
- 끓이는 방법: 깨끗한 젖은 행주로 다시마에 붙어 있는 먼지를 털어 내고, 찬물에 넣어 약한 불로 천천히 끓이다가 끓어 오르기 직전 90℃에서 다시마를 건져 내고 사용한다.

⑤ 보관 방법

생 다시마	냉동 보관 후 사용한다.
건 다시마(육수용)	• 물에 씻으면 국물이 끈적이므로 씻지 않고, 깨끗한 젖은 행주로 표면을 닦아 준다. • 가위로 잘라 그늘에 말린다. • 마르면 밀봉하여 햇볕이 들지 않는 서늘한 곳에 보관한다.

합격보장 꿀팁

- 글루타민산
  - 다시마의 감칠맛은 맛있다고 느끼는 염분 농도가 낮아 소금 양을 줄이는 것이 가능하다.
  - 위 신경에 작용하여 위 기능을 좋게 하며 과식을 방지하는 작용을 한다.

(2) 가다랑어포(鰹節, 가쓰오부시)

① 특징
- 가다랑어(참치)를 손질하여 훈연하고, 건조시켜 대패로 얇게 포를 뜬 것을 가쓰오부시라고 한다.
- 일본의 대표적인 국물과 요리에 다시마와 가다랑어포를 이용한다.
- 그 외에도 정어리, 전갱이 등 여러 생선을 비슷한 방식으로 포를 만들기도 하지만 나머지 것들은 잡포(削り節, 케즈리부시)라고 한다.
- 단백질이 분해되면서 이노신산이 생성되고 있는 독특한 감칠맛을 낸다.
- 중앙에 복숭아색을 띠는 부분이 최고의 제품이고, 마치 꽃과 같다하여 '하나 가쓰오(花鰹)'라고 부르기도 한다.
- 일본에서 가쓰오부시란 말은 법적으로 훈연, 건조 등 제조 방법에 따른 명칭으로 상품에 사용한다.

② 종류
- 형태에 따른 종류

꽃 가다랑어포	• 꽃 모양으로 넓게 깎은 가다랑어포이다. • 향이 좋아 감칠맛이 나는 국물 요리에 다양하게 활용한다. • 조림, 된장국, 찌개 국물 등에 주로 사용한다.
실 모양 가다랑어포	• 실 모양의 가다랑어포이다. • 샐러드나 무침, 조림 등 주로 고명으로 사용한다.
가루 가다랑어포	• 가다랑어를 깎을 때 나오는 가루를 말한다. • 짧은 시간에 향기로운 국물을 낼 때 분말 그대로 사용한다. • 조림, 샐러드 소스 등에 가루로 넣어 맛을 낼 때 사용한다.
곰팡이가 없는 가다랑어포	• 곰팡이를 넣지 않고 만든 가다랑어를 깎아 만든다. • 향이 강하다. • 곰팡이가 붙은 가다랑어포에 비해 가격이 저렴하다. • 가다랑어포의 80%가 이에 해당한다. • 수분 함유율이 약 19~22%이다.
두꺼운 가다랑어포	• 국물 요리에 적합하다. • 외형은 다른 가다랑어포보다 두껍다. • 깊이 있는 맛이 특징이다. • 면 국물과 조림 맛국물을 만드는 데 사용한다.
얇게 썬 가다랑어포	• 일반 가다랑어포보다 두께가 얇으나 색이 선명하고 투명하다. • 향과 맛이 뛰어나다. • 폭넓게 쓰인다. • 조림, 볶음, 냄비 요리의 국물을 내는 데 주로 사용한다.

- 제조 방법에 따른 종류

큰 가다랑어포 (本節, 혼부시)	• 3kg 이상의 가다랑어를 세 장 뜨기하여 등과 배로 나누어 등쪽 부위를 포로 뜨면 오부시(雄節)라 하고, 배쪽 부위를 메부시(雌節)라고 한다. • 각각 2개씩 가쓰오부시를 만든다.
작은 가다랑어포 (龜節, 카메부시)	• 3kg 미만의 크기가 작은 가다랑어를 사용하기 때문에 등과 배로 나누지 않고 사용한다. • 크기가 작기 때문에 국물 요리에 많이 이용한다. • 풍미는 떨어지지만 경제적이다.
아라부시	가다랑어를 훈연 건조한 것이다.
혼카레부시	아라부시에 곰팡이를 5~6번 피워 햇볕에 말린 것이다.
가쓰오케즈리부시	아라부시를 깎아서 판매하는 것이다.
가쓰오부시케즈리부시	혼카레부시를 깎아서 판매하는 것이다.

바로 확인문제

제조 방법에 따른 가다랑어포(가쓰오부시)의 종류가 아닌 것은?
① 큰 가다랑어포(혼부시) ② 작은 가다랑어포(카메부시)
③ 아라부시 ④ 하다카 곤부

|해설|
하다카 곤부는 다시마이다.

|정답| ④

③ 고르는 법
- 통가다랑어는 말린 상태가 좋고, 무게가 있고 두드렸을 때 맑은 소리가 나는 것이 좋다.

- 깎아 놓은 가다랑어포는 투명한 것이 좋고, 빛깔은 밝은 것이 좋다.
- 가다랑어포는 분홍색이 좋고, 검은색은 피가 많이 섞여 있는 것으로 좋지 않다.

> **바로 확인문제**
>
> 가다랑어포를 고르는 법으로 옳지 않은 것은?
> ① 통가다랑어는 말린 상태가 좋고 무게가 있는 것이 좋다.
> ② 깎아 놓은 가다랑어포는 투명한 것이 좋다.
> ③ 가다랑어포는 갈색이 좋다.
> ④ 통가다랑어는 두드렸을 때 맑은 소리가 나는 것이 좋다.
>
> |해설|
> 가다랑어포는 분홍색이 좋다.
>
> |정답| ③

④ 가다랑어포 만드는 법
- 가다랑어를 쪄 연기에 그을려 훈연하고, 건조시킨 후 상자에 넣고 표면에 곰팡이가 생기도록 한다.
- 곰팡이가 생기면 햇빛에 건조시켜 다시 푸른곰팡이가 생기도록 3개월 동안 7~8회 반복 작업한다. 이 과정에서 가다랑어 특유의 독특한 맛과 향이 생성된다.

⑤ 가다랑어포 보관 방법
- 가다랑어포(가쓰오부시)의 맛 성분은 휘발성이 많아 향 성분이 날아가므로 대패로 얇게 포를 떠 바로 사용한다.
- 훈연 가다랑어를 통째로 구입 시 냉장 보관하였다가 사용할 때 바로 포를 떠서 사용한다.
- 구입 후 바로 사용하는 것이 좋다.
- 대패로 밀어 놓은 상품은 일반적으로 냉동 보관한다.
- 가다랑어포를 깎은 채로 냉장고에 넣어 두면 건조해지고 가루가 되어 버린다.
- 보관 용기는 습기가 없는 것을 사용한다.

03 국물 우려내기

1. 1번 다시

(1) 특징
① 짧은 시간 안에 맛을 우려내 최고의 맛과 향을 낸 국물이다.
② 고급 국물 요리에 사용되는 국물이다.

(2) 재료
물 1.8L, 다시마 20g, 가쓰오부시 80g

(3) 만드는 법
① 깨끗한 행주로 다시마 표면을 닦는다.
② 냄비에 물과 다시마를 넣고 2시간 불린다.
③ ②를 강한 불에 끓인 후 거품을 걷어 내고, 다시마는 끓기 직전에 약 90℃에서 건져 내고 불을 끈다. 가쓰오부시를 넣고 팔팔 끓이지 않는 이유는 가쓰오부시의 감칠맛은 끓는점 이하(약 80℃ 전후)에서 잘 우러나고 온도가 높아지면 잡냄새가 나기 때문이다.
④ ③에 가쓰오부시를 넣고 3초 후 불을 끈 후 뚜껑을 덮어 놓는다.
⑤ 15분 후 맛과 향을 확인하고 면포에 거른다.

2. 2번 다시

요리가 어떤 것이냐에 따라 가쓰오부시를 재활용한 2번 다시 육수를 사용한다.

(1) 특징

① 1번 다시를 만들고 난 후의 다시마, 가다랑어포를 재활용하여 만든 국물이다.
② 1번 다시를 만들고 난 후의 재료를 약한 불로 다시 끓이는 국물이다.
③ 새로운 가다랑어포를 약간 첨가하여 끓이는 국물이다.
④ 맛과 향이 약하므로 조림이나 된장국 등에 사용한다.

(2) 재료

물 1.8L, 가쓰오부시 30g, 1번 다시를 만들고 남은 가쓰오부시 15g

(3) 만드는 법

① 1번 다시를 만들고 남은 가쓰오부시와 다시마를 넣고 불을 켠다.
② 끓으면 거품을 제거하고 다시마를 건진다.
③ 준비된 가쓰오부시를 넣고 3초 후 불을 끈다.
④ 15분 후 맛과 향을 확인하고 고운체에 거른다.

> **바로 확인문제**
>
> 다시마와 가쓰오부시 국물을 이용한 요리가 많은 일본 요리에서 사용하는 '2번 다시'에 대한 설명으로 옳지 않은 것은?
> ① 새로운 가다랑어포를 약간 첨가하여 끓이는 국물이다.
> ② 1번 다시를 만들고 난 후의 다시마, 가다랑어포를 재활용하여 만든 국물이다.
> ③ 약한 불로 오래 끓여 맛과 향이 진하다.
> ④ 1번 다시를 만들고 난 후의 재료를 약불로 다시 끓이는 국물이다.
>
> |해설|
> 2번 다시는 맛과 향이 약하므로 조림이나 된장국 등에 사용한다.　　　　　　　　|정답| ③

3. 곤부 다시

(1) 재료

물 1.8L, 다시마 20g

(2) 만드는 법

① 깨끗한 행주로 다시마 표면을 닦는다.
② 냄비에 다시마와 물을 넣고 2시간 동안 찬물에 다시물을 우려낸다.
③ ②를 강한 불에 올리고 다시물이 끓으면 바로 불을 끈다.

> **바로 확인문제**
>
> 곤부 다시를 만드는 법으로 옳지 않은 것은?
> ① 다시마는 물로 깨끗이 씻는다.　　　　② 찬물에 우려낸다.
> ③ 찬물에 우려낸 다시물을 강한 불에서 끓인다.　　④ 다시물이 끓으면 바로 불을 끈다.
>
> |해설|
> 다시마는 깨끗한 행주로 다시마 표면을 닦아 사용한다.　　　　　　　　　　　　|정답| ①

4. 니보시(멸치) 다시

쪄서 말린 멸치, 새우 등 해산물을 이용하여 만든 국물이다.
① 다시 멸치 머리는 그대로 두고 쓴맛을 방지하기 위해 내장을 제거한다.
② 처음부터 끓이면 국물이 탁해지므로 냄비에 물, 다시 멸치, 다시마를 넣고 10시간 정도 상온에서 우려낸다.
③ ②를 센 불에서 끓이다가 끓기 직전에 다시마를 건져 낸다.
④ 국물이 끓기 시작하면 3분 후 불을 끄고, 10분 후 면포에 거른다.

바로 확인문제

니보시 다시를 만드는 법으로 옳지 않은 것은?
① 다시 멸치 머리는 그대로 두고 내장을 제거한 후 사용한다.
② 냄비에 물, 다시 멸치, 다시마를 넣고 강한 불에서 끓인다.
③ 국물이 끓기 시작하면 3분 후 불을 끄고, 10분 후 면포에 거른다.
④ 냄비에 물, 다시 멸치, 다시마를 넣고 10시간 상온에서 우려낸 후 끓인다.

|해설|
니보시 다시는 냄비에 물, 다시 멸치, 다시마를 넣고 처음부터 끓이면 국물이 탁해지기 때문에 상온에서 우려낸 후 끓인다. |정답| ②

04 국물 요리 조리

1. 야쿠미

냄비 요리에서 양념의 역할을 한다. 요리의 맛을 살리고, 식욕을 증진시키며, 재료의 잡냄새 등을 없애는 역할을 한다.

(1) 간 무(무 오로시)
① 무를 강판에 갈아 사용한다.
② 무의 매운맛이 냄비 요리 맛에 산뜻함을 더해 주고 소화를 촉진시키는 역할을 한다.
③ 고춧가루 물을 들여 빨갛게 많이 사용한다.

(2) 생강
① 생강은 무처럼 갈아서 사용한다.
② 육류나 비린내가 심한 등푸른 생선 냄비 요리에 곁들이면 좋다.

(3) 유자 또는 레몬
① 껍질을 벗겨서 사용하기도 하고, 즙을 내서 뿌려 먹는 용도로도 사용한다.
② 상큼한 맛과 향이 식욕을 돋운다.

(4) 시치미
① 시치미는 '일곱 가지 맛'이라는 뜻으로, 고춧가루에 파래, 산초가루, 양귀비씨, 깨, 후추, 겨자, 진피 등을 섞어 만든 양념이다.
② 덮밥, 수프, 우동, 알밥, 메밀국수 등의 향을 내기 위해 사용한다.

(5) 기타 재료
맛술, 청주, 간장, 설탕, 식초, 다시마 다시, 가다랑어포 등을 양념장에 섞어 만들기도 한다.

PART 04 조림 조리

01 조림(にもの, 니모노) 조리 개요

1. 조림 조리의 특징
① 조림은 재료와 국물을 함께 끓여 맛이 속으로 스며들게 하는 조리이다.
② 밥 반찬이 되고, 식단(こんだて, 곤다테)을 마무리 짓는 역할을 한다.
③ 야채 니모노는 야채를 기본 다시만 넣어 살짝 조리는 담백한 요리이다.

> **바로 확인문제**
>
> 조림에 대한 설명으로 옳지 않은 것은?
> ① 야채 니모노는 야채를 기본 다시만 넣어 살짝 조리는 담백한 요리이다.
> ② 조림은 재료와 국물을 함께 끓여 맛이 속으로 스며들게 하는 조리이다.
> ③ 밥 반찬이 된다.
> ④ 식사 처음에 식욕을 돋우기 위해 사용한다.
>
> |해설|
> 조림은 식단(こんだて, 곤다테)을 마무리 짓는 역할을 한다. |정답| ④

2. 조림의 종류

니스게(煮つけ)	어패류에 설탕과 정종을 먼저 넣어 끓이면서 알코올을 제거한 후 진간장과 물을 넣어 졸이는 것
시라니(白煮)	하얀 야채 조림
미소니(味噌煮)	된장으로 조림
스니(酢煮)	식초로 조림
아메니(飴煮)	엿, 조청을 넣어 달고 윤기나게 조림
간로니(甘露煮)	민물고기 조림
우마니(旨煮)	야채를 섞어 조림

> **바로 확인문제**
>
> 조림(にもの, 니모노)의 종류가 아닌 것은?
> ① 시라니(白煮) – 하얀 야채 조림
> ② 스니(酢煮) – 식초로 조림
> ③ 간로니(甘露煮) – 민물고기 조림
> ④ 시로쇼유(白醬油) – 야채를 섞어 조림
>
> |해설|
> 야채를 섞어 조린 것은 우마니(旨煮)이다. 시로쇼유는 백간장이다. |정답| ④

02 조림 재료 준비

1. 조림 양념의 종류

단 조림	맛술, 청주, 설탕을 넣어 조림
짠 조림	주로 간장으로 조림
보통 조림	장국, 설탕, 간장으로 맛의 배합을 생각하며 조림
소금 조림	소금으로 조림
된장 조림	된장으로 조림
초 조림	식품을 조림한 다음 식초를 넣어 조림
흰 조림(푸른 조림)	색상을 살려 소금을 사용하여 단시간에 조림, 간장은 쓰지 않음

2. 조림 곁들임 채소

① 주재료의 맛을 부각시키기 위한 역할을 하는 재료로, 보통 제철 채소를 많이 사용한다.
② 주로 표고버섯, 우엉, 당근, 꽈리고추, 죽순, 두릅 등을 사용한다.

03 조림하기

1. 기본 육수 내기

(1) 다시마 국물(곤부 다시)
① 다시마를 행주로 닦는다. 국물용 다시마는 두껍고 표면이 하얗게 된 것이 좋다.
② 물, 다시마를 불에 올려 은근히 끓인다.
③ 끓으면 다시마를 건지고, 불순물은 걷어 내고, 불을 끈다.
④ 15분 후 면포에 걸러 사용한다.

(2) 가다랑어포 국물(가쓰오부시 다시)
① 물이 끓으면 가다랑어포를 넣고 바로 불을 끈다.
② 15분이 지난 다음 가다랑어포가 가라앉으면 면포에 걸러 사용한다.

(3) 1번 다시 국물(이치반 다시)
① 다시마를 행주로 닦는다.
② 냄비에 물, 다시마를 넣고 중간 불로 끓인다.
③ 끓기 직전에 약 90℃ 정도가 되면 다시마는 건져 낸다.
④ 가다랑어포를 넣고 불을 끈다.
⑤ 위에 뜬 불순물을 걷어 낸다.
⑥ 15분 후 가다랑어포가 가라앉으면 면포에 거른다.

2. 조림 조리 시 조미료 넣는 방법

① 다시물과 설탕, 소금, 간장, 된장, 미림, 정종, 식초 등 조미료의 특성 및 성질을 파악하여 사용한다.
② 소금은 설탕보다 입자가 작아 스며들기 쉬우므로 처음에 넣으면 재료 표면을 단단하게 하여 다른 조미료가 스며들기 어렵다. 따라서 처음에는 술, 설탕 등을 넣고 식초, 간장, 된장은 그 자체의 풍미가 있어 너무 빨리 넣으면 풍미가 달아난다.
③ 식초는 냄새 제거 및 근채류를 희게 하는 성분이 있으므로 빨리 넣는 것이 좋다.

PART 05 면류 조리

01 면류 조리의 개요

1. 면류 조리의 종류

(1) 메밀국수(蕎麦, そば, 소바)

관동 지방의 대표 음식으로 메밀가루로 만든 국수가 주재료이며, 다시마, 가다랑어포로 우려낸 국물과 간장으로 간을 맞춘 쯔유에 찍어 먹는 요리이다. 쯔유에는 무즙, 실파, 고추냉이를 곁들여 먹는다.

① 메밀국수의 유래
- 면 만들기는 16세기 말에서 17세기 초에 시작되었으며, 메밀가루를 이용하였다.
- 소바라고 부르는 경우 일반적으로 메밀국수를 말한다.
- 오랜 역사가 있고 초밥, 튀김과 함께 일본의 대표 요리이다.

② 메밀국수의 양념
- 메밀국수 국물은 쯔유라 하여 지역에 따라 맛, 색, 농도 등에 차이가 있고, 성분도 지역별로 다르다.
- 메밀국수 국물을 제공하는 경우 술병(메밀국수용 술병)과 작은 사기잔(메밀국수용 잔)이 이용되는 경우가 많다.
- 국물을 넣은 그릇(사발)에 메밀국수를 넣어 제공하는 것도 있다.

③ 메밀국수의 특징
- 메밀국수의 기물은 대나무 발이 깔린 메밀국수 전용 그릇과 체(메밀국수용), 메밀 찜통 등의 기물을 사용한다.
- 메밀국수는 메밀국수 전문점뿐만 아니라, 외식 시 다른 메뉴와 함께 있으며, 면은 건면 또는 삶은 국수의 상태로 판매되고, 컵라면으로도 판매되고 있다.
- 업장에서는 생면을 뽑아 사용한다.

> **바로 확인문제**
>
> 메밀국수에 대한 설명으로 옳지 않은 것은?
> ① 관서 지방의 대표 음식이다.
> ② 메밀국수 국물은 쯔유라 하여, 지역에 따라 맛, 색, 농도에 차이가 있다.
> ③ 소바라고 부르는 경우 일반적으로 메밀국수를 말한다.
> ④ 면은 건면 또는 삶은 국수의 상태로 판매되고, 컵라면으로도 판매되고 있다.
>
> |해설|
> 메밀국수는 관동 지방의 대표 음식이다.
>
> |정답| ①

(2) 우동(饂飩, うどん)

우동은 대표적인 일본 요리 중 하나로, 밀가루를 넓게 펴 만든 굵은 국수이다.

> **합격보장 꿀팁**
>
> - 일본의 5대 우동
>   - 가가와현의 사누키우동
>   - 군마현의 미즈사와우동
>   - 아이치현의 키시멘
>   - 나가사키의 고토우동
>   - 아키타현의 이나니와우동

> **바로 확인문제**
>
> 일본의 5대 대표 우동이 아닌 것은?
> ① 가가와현의 사누키우동　　　　　② 군마현의 이나니와우동
> ③ 나가사키의 고토우동　　　　　　④ 아이치현의 키시멘
>
> |해설|
> 이나니와우동은 아키타현의 우동이다.
> |정답| ②

(3) 라멘(拉麵, ラーメン)

① 라멘의 유래: 안도모모후쿠(安藤百福, 1958년)가 개발한 인스턴트 '닛신(日淸) 치킨 라멘'이 일본에서 인기를 끌면서 '라멘'이라는 이름이 대중적으로 정착되었다.

② 라멘의 특징
- 라멘은 면과 국물로 이루어진 일본의 대중 음식이다.
- 중국의 납면을 기원으로 한 요리로 면과 국물, 그 위에 파, 돼지고기(챠슈), 삶은 달걀 등의 여러 가지 재료를 얹는다.
- 지역이나 매장에 따라 다양한 종류가 있다.
- 일본 국민 음식이라고 할 만큼 인기가 있고, 전 세계적으로 지명도가 높은 일본 요리이다.

③ 라멘의 종류

돈코츠 라멘	돼지뼈를 우린 것으로 맛을 낸다.
미소 라멘	된장으로 맛을 낸다.
시오 라멘	소금으로 맛을 낸다.
쇼유 라멘	간장으로 맛을 낸다.

> **바로 확인문제**
>
> 일본 라멘 종류의 연결이 바르지 않은 것은?
> ① 쇼유 라멘 – 간장으로 맛을 냄
> ② 돈코츠 라멘 – 돼지뼈 우린 것으로 맛을 냄
> ③ 시오 라멘 – 카레로 맛을 냄
> ④ 미소 라멘 – 된장으로 맛을 냄
>
> |해설|
> 시오 라멘은 소금으로 맛을 낸다.
> |정답| ③

(4) 소면(素麵, 소멘)

밀가루 반죽을 길게 늘여 막대기에 면을 감아 당긴 후 가늘게 만드는 국수이다.

> **합격보장 꿀팁**
>
> - 국수 반죽의 종류
>   - 납면(拉麵): 양쪽에서 당기고 늘려 만든다.
>   - 압면(押麵): 구멍이 뚫린 틀에 넣고 밀어서 끓는 물에 넣어 만든다.
>   - 절면(切麵): 얇게 만든 반죽을 칼로 썰어 만든다.

02 면 재료 준비

1. 면발

(1) 면발의 정의
반죽을 얇게 편 면대를 썰어서 만든 면 가닥을 면발이라고 한다.

(2) 면발의 분류
① 면 수분 함량에 따른 분류: 다가수 면발, 일반 면발, 반건조 면발, 건조 면발
② 면 굵기에 따른 분류: 세면, 소면, 중면, 중화면, 우동면, 칼국수면

세면	• 굵기가 가장 가는 면이다. • 국내에서는 많이 사용하지 않고, 중국이나 일본 등에서 많이 사용한다.
소면	• 세면보다 조금 굵은 면발이다. • 메밀면의 면발은 소면과 유사하거나 조금 굵은 면발을 사용한다.
중화면	• 소면보다 조금 굵은 면발이다. • 일본식 라멘, 짬뽕, 자장면 등의 재료로 많이 사용한다. • 일본식 라멘에는 상대적으로 더 가는 면발을 사용한다. • 중화면 중 수타로 뽑은 면은 수타 특성상 굵기가 일정하지 않다.
칼국수면	• 중화면보다 조금 굵은 면발이다. • 넓적하고 얇은 형태의 면발도 있고, 좁고 굵은 면발도 있다. • 닭 국물이나 고기 국물을 사용하는 칼국수는 면발이 넓으면서 두께가 얇은 것을 사용한다.
우동면	• 칼국수면보다 조금 굵은 면발이다. • 우동 등의 요리에 많이 사용한다. • 우동 면발에도 굵은 면발과 더 굵은 면발이 있다. • 분식집에서는 덜 굵은 면발을 사용하고, 일식 전문점에서는 더 굵은 면발을 사용한다. • 우동 면발의 기준은 일본 사누끼 지방의 면발을 표준으로 한다.

바로 확인문제

면발 굵기에 따른 분류로 옳지 않은 것은?

① 소면 – 세면보다 조금 굵은 면발
② 중화면 – 소면보다 조금 가는 면발
③ 세면 – 굵기가 가장 가는 면
④ 우동면 – 칼국수면보다 조금 굵은 면발

|해설|
중화면은 소면보다 조금 굵고, 칼국수면보다 가는 면발이다.

|정답| ②

2. 맛국물의 종류

(1) 찬 면류 맛국물

① 메밀국수
- 다시 : 진간장(고이구치쇼유) : 맛술 = 7 : 1 : 1의 비율로 끓이고 식혀서 사용한다.
- 취향에 따라 설탕의 양을 조절한다.

② 우동
- 다시 : 진간장(고이구치쇼유) : 맛술 = 5~6 : 1 : 1의 비율로 끓이고 식혀서 사용한다.
- 곁들임 재료는 다양하게 제공되나 일반적으로 간 생강과 텐카스(아게다마), 김, 실파 등을 사용한다.

(2) 따뜻한 면류 맛국물

① 다시 : 진간장(고이구치쇼유) : 맛술 = 14 : 1 : 1로 끓여서 사용한다.
② 가다랑어포, 멸치, 도우가라시(고춧가루) 등의 재료를 추가하여 진한 맛을 내기도 한다.

(3) 볶음류 맛국물
① 볶음 메밀국수와 우동이 대표적인 요리이다.
② 볶음 요리는 간장을 기본으로 한 양념이 주로 사용된다.
③ 볶음류 양념 비율은 간장 : 청주 : 맛술 = 1 : 1 : 1이고, 여기에 후추를 첨가한다. 마지막에 간장을 넣어 전체적인 색과 향을 첨가한다.

> **바로 확인문제**
>
> 따뜻한 면류의 맛국물 비율로 적당한 것은?
> ① 다시 : 진간장(고이구치쇼유) : 맛술 = 10 : 1 : 1
> ② 다시 : 진간장(고이구치쇼유) : 맛술 = 12 : 1 : 1
> ③ 다시 : 진간장(고이구치쇼유) : 맛술 = 14 : 1 : 1
> ④ 다시 : 진간장(고이구치쇼유) : 맛술 = 20 : 1 : 1
>
> |해설|
> 따뜻한 면류의 맛국물은 다시 : 진간장 : 맛술 = 14 : 1 : 1로 끓여서 사용한다.
> |정답| ③

03 면 조리

1. 면 삶기

(1) 우동면
① 우동은 주로 냉동 면을 사용하고, 냉동 면은 끓는 물에 넣어 데쳐 사용한다.
② 건우동의 경우 익히는 데 시간이 오래 걸리므로 미리 익혀서 사용한다.
③ 면이 잘 풀어지고 골고루 익도록 저어 주고, 면을 위로 올려 고르게 익게 한다.
④ 면이 익으면 2~3회 씻어 끈끈한 전분 성분과 잡냄새를 제거한다.
⑤ 보관할 때에는 찬물에 담가 놓아 면의 탄력을 유지한다.

(2) 메밀국수
① 메밀국수 면은 끓는 물에 소금을 조금 넣어 삶는다.
② 끓는 물에 면을 넣을 때는 면이 달라 붙지 않게 고르게 펼쳐 넣고 저어 준다.
③ 끓어오르면 면이 탄력 있게 속까지 골고루 익을 수 있도록 얼음 또는 찬물을 준비하여 온도를 낮추고 3~4회 반복하여 삶아 낸다.
④ 삶아진 면은 찬물에 신속하게 2~3회 헹구어 면의 호화를 막고, 찬물에 비벼 면의 탄력을 최대한 유지시킨다.

(3) 소면
① 소면은 끓는 물에 소금을 넣어 삶는다.
② 물이 끓으면 면을 고르게 펼쳐 넣고 저어 준다.
③ 끓어오르면 준비된 얼음 또는 찬물을 부어 면을 골고루 익힘과 동시에 탄력을 유지시킨다.
④ 면이 익으면 찬물에 2~3회 헹구고 비벼서 겉면의 가루를 씻어 내고 얼음물에 담가 탄력을 유지시킨다.

> **합격보장 꿀팁**
>
> • 면 삶기
> – 소금을 넣는 이유: 글루텐이 형성되어 밀가루의 점도와 끈기가 좋아지고, 삼투압을 이용해 면이 쫄깃해진다.
> – 얼음을 넣는 이유: 면의 바깥쪽 부분이 많이 익는 것을 방지하고 속까지 익히기 위해서이다.
> – 삶는 물의 양이 충분하지 않으면 면의 탄력과 맛을 유지할 수 없다.

2. 튀김 부스러기(아게다마) 만들기

① 아게다마 반죽의 농도는 박력분 : 물 = 1 : 1.5이다.
② 튀긴 후 기름을 제거하여 사용한다.
③ 면류의 완성 시간에 맞춰 제공한다.

> **바로 확인문제**
>
> 우동 고명인 튀김 부스러기(아게다마)를 만드는 방법으로 틀린 것은?
> ① 아게다마 조리 시에 반죽의 농도 비율은 박력분 : 물 = 1 : 1.5로 한다.
> ② 튀긴 후 기름기를 제거한다.
> ③ 면류의 완성 시간에 맞춰 제공한다.
> ④ 아게다마는 미리 만들어 냉동 보관 후 사용한다.
>
> |해설|
> 아게다마는 면류의 완성 시간에 맞춰 제공한다.
> |정답| ④

04 면 담기

1. 면 조리도구 종류 및 용도

(1) **소쿠리**

① 소쿠리는 재료를 넣거나 여분의 수분 제거를 위해 사용한다.
② 재질은 스테인리스, 플라스틱, 나무(주재)가 주이며, 스테인리스 제품이 보관과 관리가 쉽다.
③ 크기는 대, 중, 소로 구분한다.
④ 나무 소쿠리는 사용 후 잘 건조해야 한다.

(2) **냄비**

냄비의 종류는 알루미늄 냄비, 스테인리스 냄비, 철 냄비, 붉은 구리 냄비, 토기 냄비, 내열 유리 냄비, 편수 냄비, 양수 냄비, 법랑 냄비, 요철 냄비 등 다양하다.

① 알루미늄 냄비
  - 가볍고 취급하기 쉽고, 열전도가 빠르다.
  - 불꽃이 닿는 부분만 고온이 되어 균일하게 열이 전해지지 않는다.
  - 고온에 장시간 사용 시 구멍이 나기 쉽다.

② 붉은 구리 냄비
  - 일반적으로 붉은 냄비 또는 구리 냄비라고 한다.
  - 열전도율이 균일하다.
  - 공기 중의 탄산가스가 습기와 결합하여 녹청이 발생하여 사용 후 관리가 필요하다.
  - 무겁고 가격이 비싸며, 취급이 불편하여 수요가 적다.

③ 요철 냄비
  - 붉은 구리와 알루미늄 합금을 쇠망치로 두드려 성형한 냄비로 안쪽과 바깥쪽 요철이 있다.
  - 일식 전문 레스토랑에서 많이 쓰인다.
  - 손잡이는 없고 냄비의 바닥 표면이 평평하게 되어 있어 얏또꼬(やっとこ, 뜨거운 냄비를 집는 집게)라는 집게를 이용해서 얏또고나베(やっとこ鍋)라고 불리기도 한다.
  - 일반 냄비보다 열 흡수율이 높고, 재료가 눌어 붙는 것을 방지한다.
  - 손잡이가 없어 수납 시 포개어 놓을 수 있어 공간 활용이 좋고, 씻을 때도 편리하다.

(3) **국자, 주걱**

국물이 있는 요리를 뜨기 위한 도구로, 크기와 모양이 다양하다. 주로 스테인리스 재질이며, 요리에 금속성을 피해야 할 경우에는 나무 제품을 사용한다.

① **나무주걱**: 본래 밥을 푸기 위한 도구였지만, 재료를 혼합하거나 뒤섞기 등에 사용하는 등 이용 범위가 넓다.
② **구슬 국자**: 둥근 공 모양의 국자로, 재질은 알루미늄, 스테인리스, 법랑 등이 있으며, 이용 범위가 넓다.
③ **구멍 국자**: 일본어로는 아나자쿠시(穴杓子)라고 하며, 재료의 수분을 제거하거나 국물을 없애고 재료를 건져 낼 경우 사용한다.

(4) **강판**

① 생강, 무, 마, 오이, 고추냉이 등을 갈 때 사용하는 조리도구이다.
② 재질은 알루미늄, 스테인리스, 대나무, 도자기 등 다양하다.
③ 구리 재질의 쇠 제품(赤銅, 아까도우)이 내구성이 가장 좋다.
④ 무는 강판의 돌기 부분이 거친 쪽을 사용하고, 고추냉이나 생강은 강판의 돌기 부분이 부드러운 쪽을 사용한다.
⑤ 사용한 후에는 돌기 부분에 붙어 있는 재료의 이물질을 대나무 꼬챙이를 이용하여 제거한다.
⑥ 세척 시 수세미나 솔 등은 피하는 것이 좋다.

PART 06 밥류 조리

01 차밥(おちゃずけ, 오차즈케)

1. 명칭
① **차밥(おちゃずけ, 오차즈케)**: 따뜻한 밥 위에 뜨거운 차를 부어 먹는 요리 명칭이다.
② **히야시차즈케(冷やし茶漬け)**: 뜨거운 밥 위에 차가운 차를 부어 먹는 요리 명칭이다.
③ 차밥(おちゃずけ, 오차즈케)에 추가로 사용되는 재료에 따라 '○○차즈케'라 부른다.
④ 매실장아찌를 넣은 우메차즈케, 연어 구이를 올린 사케차즈케 등이 있다.

> **바로 확인문제**
>
> 차밥(おちゃずけ, 오차즈케)의 명칭에 대한 설명으로 틀린 것은?
> ① 차밥은 따뜻한 밥 위에 뜨거운 차를 부어 먹는 요리를 말한다.
> ② 히야시차즈케는 뜨거운 밥 위에 차가운 차를 부어 먹는 요리를 말한다.
> ③ 차밥에 추가로 사용되는 재료에 따라 '○○차즈케'라 부른다.
> ④ 사케차즈케는 매실장아찌를 넣은 차밥이다.
>
> |해설|
> 매실장아찌를 넣은 차밥은 우메차즈케이고, 사케차즈케는 연어 구이를 올린 차밥이다. |정답| ④

2. 특징
① 현대에는 녹차뿐만 아니라 뜨거운 물, 다시물, 수프 등을 넣을 경우에도 차밥(おちゃずけ, 오차즈케)이라는 명칭을 사용한다.
② 차밥은 여러 종류의 밥 사용이 가능하고, 주먹밥을 만들어 구워서 누룽지로 사용하기도 한다.
③ 차밥의 향미를 위해 와사비, 참깨, 김 등을 넣어 준다.
④ 낮은 온도인 5~10℃에서 우린 녹차는 구수한 맛은 적으나 오랫동안 보관해도 떫은맛이 없다.
⑤ 녹차를 우릴 물은 80~90℃로 하고, 제공 직전에 우린다.
⑥ 녹차를 우릴 때 10분이 경과하면 떫은맛이 강해지므로 좋지 않다.

> **바로 확인문제**
>
> 차밥(おちゃずけ, 오차즈케)에 대한 설명으로 틀린 것은?
> ① 녹차를 우릴 물은 80~90℃로 한다.
> ② 실온에서 우린 녹차는 구수한 맛은 적으나 오랫동안 보관해도 떫은맛이 없다.
> ③ 현대에는 녹차뿐만 아니라 뜨거운 물, 다시 물, 수프 등을 넣을 경우에도 차밥(おちゃずけ, 오차즈케)이라는 명칭을 사용한다.
> ④ 차밥은 여러 종류의 밥 사용이 가능하고, 주먹밥을 만들어 구워서 누룽지로 사용하기도 한다.
>
> |해설|
> 낮은 온도인 5~10℃에서 우린 녹차는 구수한 맛은 적으나 오랫동안 보관해도 떫은맛이 없다. |정답| ②

02 밥 짓기

1. 밥 짓기

(1) 쌀 씻기 조리법
① 유해물질이 잔류되지 않도록 3~5회 헹군다.
② 수용성 비타민, 수용성 단백질, 향미물질의 손실을 최소화하기 위해 큰 체로 씻는다.
③ 영양 손실을 막고 맛을 유지하기 위해 흐르는 물에 단시간 작업한다.

(2) 쌀 침지
① 쌀 침지 시 수분 흡수 속도는 쌀의 품종, 쌀의 생산 연도, 물의 온도, 시간 등에 따라 다르다.
② 일반적인 침지 시간은 실온에서 30분~1시간이다.
③ 쌀 침지 목적은 가열 전 쌀 내부에 수분을 침투시켜 호화 시간을 단축시키기 위함이다.
④ 침지 불충분 시 미립 표층부에 호층이 생겨 쌀 내부 열전도를 막아 밥 내부는 딱딱하고 외부는 물컹해진다.

(3) 밥 짓기
① 수분 함량 65% 전후, 물의 양은 쌀 중량의 1.0~1.5배가 된다. 완성된 밥의 경우 쌀 중량의 2.3~2.4배가 된다.
② 60~65℃에서 호화가 시작되고, 100℃에서 20~30분 정도 두면 호화가 완료된다.

(4) 밥 조리 시 가수량
① 침지나 가수량 변수 요인: 품종, 재배 조건, 저장 기간에 따라 좌우된다.
② 쌀이 흡수하는 일반적인 물의 양: 쌀 중량의 1.2~1.4배이다.
③ 물 양의 변수 요인: 가열 시 증발량, 기호, 용도 등이 있다.

(5) 뜸들이기
① 쌀의 경도가 5분 정도일 때 가장 높고, 15분일 때 가장 낮게 나타난다.
② 15분간 뜸 들였을 때 향미가 좋은 맛을 낸다.

03 녹차 밥 조리

1. 녹차

(1) 특징
① 고급으로 평가받는 차는 세작 중 우전이며, 향과 색이 좋고 생산량이 적다.
② 말차는 가루로 만들어서 먹는 차이다.
③ 대작은 구수한 맛이 적고 떫은맛이 강해서 볶은 현미와 같이 사용하기도 한다.

(2) 분류
① 녹차의 채취 시기에 따른 분류 빈출

우전	이른 봄에 채취한 것
곡우	우전을 채취하고 난 후에 입하 전까지 채취한 것
입하차	입하 이후부터 초여름 사이에 채취한 것
하차	한여름에 채취한 것
추차	가을에 채취한 것

② 녹차 잎의 크기에 따른 분류: 세작(우전, 곡우) < 중작(곡우, 입하차) < 대작(하차, 추차)

2. 녹차 밥 짓기

(1) 녹차 밥
녹차 우린 물(가쓰오부시 국물을 첨가하기도 함)에 소금, 간장, 맛술로 간을 하여 뜨거운 밥 위에 부은 것이다.

(2) 고명
매실장아찌, 연어 구이, 김, 참깨, 실파, 와사비 등

04 덮밥류 조리

1. 덮밥(丼物, どんぶりもの, 돈부리모노)의 특징
① 일본에서는 덮밥을 돈부리모노라고 하는데, 이를 줄여 '돈부리'라고 한다.
② 사발 형태의 깊이가 있는 식기를 돈부리라 하는데, 여기에 밥과 반찬을 함께 담아 제공하는 요리이다.
③ 반찬으로 올리는 요리 이름에 따라 명칭을 사용한다.

덮밥의 종류

규동(牛丼)	소고기 조림을 얹는다.
가츠동(カツ丼)	돈가스를 썰어 얹는다.
덴동(天丼)	각종 튀김류를 얹는다.
오야코동(親子丼)	조리한 닭고기, 달걀 조림을 얹는다.
우나동(鰻丼)	찌거나 구운 장어를 얹는다.
부타동(豚丼)	돼지고기 구이를 얹는다.
텟카동(鉄火丼)	참치회를 얹는다.
가이센동(海鮮丼)	여러 가지 회를 얹는다.

> **바로 확인문제**
>
> 돈부리모노(丼物, どんぶりもの, 덮밥)의 종류에 대한 설명으로 옳지 않은 것은?
> ① 규동(牛丼) - 소고기 조림을 얹음
> ② 가츠동(カツ丼) - 여러 가지 회를 얹음
> ③ 부타동(豚丼) - 돼지고기 구이를 얹음
> ④ 덴동(天丼) - 각종 튀김류를 얹음
>
> |해설|
> 가츠동(カツ丼)은 돈가스를 썰어 얹은 것이고, 여러 가지 회를 얹은 것은 가이센동(海鮮丼)이다.
>
> |정답| ②

2. 덮밥에 쓰이는 냄비(丼鍋, どんぶりなべ, 돈부리나베)
① 덮밥용 냄비는 작은 프라이팬 모양으로 손잡이가 직각으로 되어 있고, 맛국물이 너무 졸여지지 않게 뚜껑이 있다.
② 덮밥을 만들 때 힘을 적게 주기 위해 턱이 낮고 가벼운 것이 특징이다.

3. 덮밥에 쓰이는 고명

(1) 특징
① 덮밥에 사용되는 고명은 식재료의 맛이나 향, 색을 보완하는 것이 특징이다.
② 고명은 재료와의 조합과 조리 방법과의 조합 등을 고려하여 맛과 향, 미를 주는 역할을 한다.

(2) 종류

김, 고추냉이, 실파, 대파, 초피, 양파, 무순, 쑥갓 등이 있다.

생선회를 올린 덮밥	비린내 제거 및 매콤한 맛을 위해 고추냉이, 양파, 무순, 실파를 올리고, 감칠맛을 위해 김을 사용한다.
재료를 구워서 올린 덮밥	향과 매운맛을 위해 초피, 대파, 실파 등을 사용한다.
재료를 튀겨서 올린 덮밥	색감을 주는 고명을 사용한다.
맛국물을 사용하여 익힌 재료를 올린 덮밥	향을 주기 위해 쑥갓과 실파, 김 등을 사용한다.

> **바로 확인문제**
>
> 덮밥에 쓰이는 고명의 종류와 특성에 대한 설명으로 틀린 것은?
> ① 맛국물을 사용하여 익힌 재료를 올린 덮밥의 경우 향을 주기 위해 쑥갓과 실파, 김 등을 사용한다.
> ② 고명은 재료와의 조합과 조리 방법과의 조합 등을 고려하여 맛과 향, 미를 주는 역할을 한다.
> ③ 덮밥의 대표적인 고명으로는 김, 고추냉이, 실파, 대파, 초피, 양파, 무순, 쑥갓 등이 있다.
> ④ 재료를 구워서 올린 덮밥의 경우 비린내 제거 및 매콤한 맛을 위해 고추냉이, 양파, 무순, 실파를 올리고, 감칠맛을 위해 김을 사용한다.
>
> |해설|
> 생선회를 올린 덮밥은 비린내 제거 및 매콤한 맛을 위해 고추냉이, 양파, 무순, 실파를 올리고, 감칠맛을 위해 김을 사용한다. 재료를 구워서 올린 덮밥은 향과 매운맛을 위해 초피, 대파, 실파 등을 사용한다.
> |정답| ④

05 죽류 조리

1. 오카유(粥, おかゆ)

(1) 특징

① 쌀을 씻어 10배의 물이나 다시 국물을 부어 끓인다.
② 오래 끓여 부드럽게 먹는다.
③ 팥이나 쌀 등 곡류에 물을 충분히 넣고 부드럽게 끓인다.

(2) 종류

시라가유(白粥)	흰쌀
료쿠도우가유(綠豆粥)	녹두
아즈키가유(小豆粥)	팥
이모가유(芋粥)	감자나 고구마
챠가유(茶粥)	차

2. 조우스이(雜炊, ぞうすい)

① 밥 중량의 2배의 물(또는 다시 국물)을 넣고 끓인 죽이다.
② 복어 냄비, 샤브샤브, 게 냄비, 닭고기 냄비 등 냄비 요리나 전골을 먹고 난 후 생긴 맛국물에 밥을 넣고 끓여 부드럽게 만든 죽을 말한다.
③ 짧은 시간에 끓여 먹는 죽이다.
④ 냄비나 전골이 없는 경우에는 맛국물에 여러 가지 재료와 밥을 넣어 끓이기도 한다.

PART 07 초회 조리

01 초회 재료 준비

1. 일본 초회 조리 특징
① 초회는 맛이 담백하고 산미가 있어 식욕을 증진시키고 입안을 개운하게 한다.
② 식재료 본연의 특징과 맛을 살려 내는 것이 중요하다.
③ 신선한 재료를 선택한다.
④ 피로 회복에 도움을 주며 여름철의 음식으로 좋다.

2. 초회 재료 준비
① 조리할 재료를 깨끗이 세척한 후 사용한다.
② 어패류는 수분과 비린내를 없애기 위해 소금을 사용한다.
③ 채소류는 소금에 주무르거나 소금물에 절여서 사용한다.
④ 삶거나 데쳐서 사용한다.
⑤ 건조된 재료는 물에 불려서 사용한다.

바로 확인문제
초회 조리 시 유의 사항으로 틀린 것은?
① 건조된 재료는 초회에 사용하지 않는다.
② 어패류는 수분과 비린내를 없애기 위해 소금을 사용한다.
③ 채소류는 소금에 주무르거나 소금물에 절여서 사용한다.
④ 삶거나 데쳐서 사용한다.

|해설|
건조된 재료는 물에 불려서 사용한다.

|정답| ①

02 초회 조리

1. 야쿠미(やくみ)
① 요리에 첨가하는 향신료나 양념을 말한다.
② 요리를 그냥 먹을 때보다 야쿠미를 첨가하면 더 좋은 맛을 낸다.
③ 향기를 발하여 식욕을 증진시키는 역할을 한다.
④ 색을 더해 식욕을 증진시킨다.
⑤ 재료의 냄새를 없애 주는 역할을 한다.
　　예 맑은국 위에 띄워 향을 더해 주는 유자, 산초잎, 머위 꽃줄기 등
⑥ 생선회에는 해초나 야채를 곁들인다.
⑦ 냄비 요리에는 실파, 무 간 것, 생강, 고춧가루, 겨자, 김 등을 넣는다.

> **바로 확인문제**
>
> 초회 요리에 사용되는 곁들임 재료인 야쿠미에 대한 설명으로 옳지 않은 것은?
> ① 요리에 첨가하는 향신료나 양념을 말한다.
> ② 아카오로시라고도 한다.
> ③ 향기를 발하여 식욕을 증진시키는 역할을 한다.
> ④ 생선회에 해초나 야채를 곁들인다.
>
> |해설|
> 아카오로시는 모미지 오로시라고도 하고, 무에 고추를 끼워 강판에 간 것을 말한다.
>
> |정답| ②

2. 모미지 오로시(もみじおろし) 빈출

① 무에 고추를 끼워 강판에 간 것을 말한다. 일반적으로 무를 강판에 갈아 고춧가루를 넣어서 빨갛게 사용한다.
② 아카오로시라고도 한다.
③ 붉은 단풍을 물들인 것과 같은 적색을 띠었다 하여 모미지(단풍)라고 한다.
④ 폰즈나 초회에 곁들여 사용한다.

PART 08 찜 조리

01 찜 재료 준비

1. 도미

(1) 도미 고르는 법
① 생선 몸통은 황색, 홍색, 회색으로 살이 단단한 것이 좋다.
② 봄철에 분홍빛을 띤 참돔이 맛이 좋다.

(2) 도미 손질하기
도미 머리에 칼집 넣기 → 데바 칼끝으로 꼬리를 자르고 들어서 피 빼기 → 비늘 제거하기 → 아가미의 연결 부위를 자르고 배쪽에 칼집 넣기 → 아가미와 내장 제거하기 → 머리 자르기 → 꼬리 자르기 → 중간 뼈 위로 칼을 넣어 위에서 아래로 당기기 → 살과 뼈 분리하기(3장 뜨기) → 배쪽 갈비뼈 분리하기 → 용도에 맞게 쓰기

① 도미 머리 손질하기: 도미 입 앞니 가운데로 데바 칼을 넣어서 머리 가운데 자르기 → 머리 뒤쪽에 칼 넣기 → 머리를 잘라 2등분하기 → 양쪽 지느러미 자르기 → 가마 살 분리하기(머리가 클 경우 입과 눈 부분으로 분리) → 분리된 머리에 소금 뿌리기 → 끓는 물에 데쳐 찬물에 식히기 → 비늘과 불순물 제거하기

② 도미 꼬리 손질하기: 꼬리지느러미를 V자로 손질하기 → X자로 칼집 넣기 → 소금 뿌려 놓기 → 데쳐서 손질하기

02 찜 조리 및 담기

1. 찜 양념에 따른 분류

술 찜(사카무시)	도미, 전복, 닭고기, 대합 등에 소금을 뿌린 뒤 술을 부어 찐 것
된장 찜(미소무시)	된장을 사용해서 냄새를 제거하고 향기를 더해 풍미를 살린 것
무청 찜(가부라무시)	흰살 생선 위에 순무를 갈아 계란 흰자 거품 낸 것을 섞어 얹어서 찐 것
신주 찜(신주무시)	흰살 생선을 이용한 것으로 메밀국수를 삶아 재료 속에 넣거나 감싸서 찐 것
찹쌀 찜(도묘지무시)	물에 불린 도명사 전분(찹쌀을 건조시켜 잘게 부숴 놓은 상태)으로 재료를 감싸거나 위에 올려 놓고 찐 것
산마 찜(조요무시)	강판에 간 산마를 곁들여 주재료에 감싸서 찐 것

> **바로 확인문제**
>
> 일식에서 술을 부어 재료를 찌는 조리 방법은?
> ① 미소무시 ② 도묘지무시 ③ 가부라무시 ④ 사카무시
>
> |해설|
> 술 찜(사카무시)은 도미, 전복, 닭고기, 대합 등에 소금을 뿌린 뒤 술을 부어 찐 것이다. |정답| ④

2. 찜 담기
① 찜의 특성에 따라 기물을 선택하여 재료 형태를 유지하여 담는다.
② 곁들임 재료는 주재료를 조화롭게 할 수 있게 담는다.

PART 09 롤 초밥 조리

01 롤 초밥 조리 개요

1. 초밥의 유래
초밥은 스시(寿司)라고 하며, 생선을 장기간 보존할 방법을 찾던 중, 곡물로 밥을 지어 함께 두었더니 자연 발효된 것으로 시작되었다.

2. 초밥 종류 빈출

후토마키	굵게 만 김초밥
마키스시	김초밥
호소마키	가늘게 만 김초밥
데카마키	참치 김초밥
갓파마키	오이 김초밥
하코 초밥	도시락이나 상자에 재료를 넣어 만든 초밥

> **바로 확인문제**
>
> 굵게 만 김초밥의 명칭은?
> ① 지라시 초밥 ② 후토마키 ③ 하코 초밥 ④ 호소마키
>
> |해설|
> 후토마키는 굵게 만 김초밥이다.　　　　　　　　　　　　　　　　　　　　　　　　　　　　|정답| ②

3. 롤 초밥의 종류

(1) 굵게 만 김초밥(太卷, 후토마키)
① 김 한 장을 이용해서 만든 초밥(노리마끼)을 말한다.
② 1인분의 양은 1줄로, 양 끝을 살짝 잘라 내고 8조각으로 자른다.

(2) 가늘게 만 김초밥(細卷, 호소마키)
① 김 1/2장을 이용해서 만든다.
② 1인분의 양은 2줄로, 가늘기 때문에 자를 때는 반으로 자른 후 3등분하여 12쪽을 제공한다.
③ 참치를 넣어 만든 데카마키, 오이를 넣어 만든 갓파마키가 대표적이다.

> **합격보장 꿀팁**
>
> • 초밥 용어
> - 스시즈: 배합초
> - 고항: 밥
> - 노리: 김
> - 간뾰: 박고지
> - 마구로: 참치
> - 오보로: 생선가루
> - 와사비: 고추냉이
> - 쇼가: 생강

> **바로 확인문제**
>
> 초밥 용어로 틀린 것은?
> ① 김 – 노리 ② 참치 – 마구로 ③ 생강 – 쇼가 ④ 고추냉이 – 겨자
>
> |해설|
> 고추냉이는 와사비이다. |정답| ④

02 롤 초밥 재료 준비

1. 밥 하기

(1) 초밥용으로 좋은 쌀
① 밥을 지었을 때 맛과 향이 좋고 탄력과 끈기가 적당한 것이 좋다.
② 투명하고 윤기가 있는 쌀이 좋다.

(2) 초밥용으로 적합한 쌀 품종
① 고시히카리 계통, 사사니시키 계통이 좋다.
② 햅쌀은 전분이 굳어지지 않고 남아 있어 배합초를 뿌렸을 때 흡수율이 낮아서 겉의 수분으로 인해 질퍽한 밥이 되므로 묵은쌀이 좋다.
③ 가능하면 현미 상태로 약 12℃ 정도의 서늘한 온도에서 보관하고, 사용 직전에 정미(도정)하여 사용하는 것이 좋다.

> **바로 확인문제**
>
> 초밥용으로 적합한 쌀 품종에 대한 설명으로 옳지 않은 것은?
> ① 사용 직전에 정미(도정)하여 사용하는 것이 좋다.
> ② 묵은쌀이 좋다.
> ③ 가능하면 백미 상태로 냉동 보관된 것이 좋다.
> ④ 고시히카리 계통, 사사니시키 계통이 좋다.
>
> |해설|
> 가능하면 현미 상태로 약 12℃ 정도의 서늘한 온도에서 보관하고, 사용 직전에 도정하여 사용하는 것이 좋다. |정답| ③

> **합격보장 꿀팁**
>
> • **고시히카리 품종** | 전분의 구조가 단단하고 끈기와 풍미가 있고, 수분의 흡수성이 좋기 때문에 초밥용으로 많이 사용한다.

(3) 쌀 씻는 방법
① 밥 짓는 쌀은 씻어서 30분 동안 불린다.
② 쌀을 씻을 때는 많은 물에 쌀을 넣어 재빨리 뒤섞어 떠오르는 찌꺼기를 제거한다.
③ 힘을 주어 씻으면 쌀알이 쪼개지므로 살살 비벼 씻는다.

(4) 물 조절 방법
① 햅쌀인지 묵은쌀인지, 쌀의 건조 상태, 불림 정도에 따라 물의 양을 조절해야 한다.
② 햅쌀은 묵은쌀보다 물의 양을 적게 한다.
③ 불릴 시간이 없이 급히 밥을 할 경우 물의 양을 조금 많이 한다.
④ 소량의 쌀로 밥을 할 경우 수분 증발이 많으므로 물의 양을 조금 많이 한다.

(5) 밥 짓기
　① 강한 불에서 시작하여 호화 온도에 도달하면 약불에서 15분 정도 뜸을 들인다.
　② 내리기 전 3초 정도 강한 불로 가열하여 풍미를 주어 밥을 완성한다.
　③ 밥 지을 때 약간 되게 지어야 배합초를 넣었을 때 좋다.

2. 박고지

① 박고지는 식용 박이 여물기 전에 껍질을 벗겨 얇고 길게 썰어, 즉 가쓰라무키기리(桂剝切り, かつらむきぎり) 후 말려서 보관한다.
② 박고지는 항노화 물질이 있고, 섬유질이 풍부하여 장내에 유익하고, 소화 작용을 증진시킨다.
③ 일식에서는 불린 박고지를 다시마 물, 간장, 설탕, 맛술, 청주에 조려 많이 사용한다.

바로 확인문제

일식에서 사용하는 박고지에 대한 설명으로 틀린 것은?
① 다시마 물, 간장, 설탕, 맛술, 청주에 조려 많이 사용한다.
② 섬유질이 풍부하여 장내에 유익하다.
③ 박고지는 잘 여문 박을 이용해 요리에 사용한다.
④ 소화 작용을 증진시킨다.

|해설|
박고지는 식용 박이 여물기 전에 껍질을 벗겨 요리에 사용한다.

|정답| ③

3. 달걀

① 달걀은 영양이 풍부하여 많이 사용된다.
② 신선한 달걀을 고를 때에는 손으로 만져 보아서 까슬까슬한 것을 고른다.
③ 눈으로 보았을 때 껍데기가 깨지거나 금이 가지 않은 것이 좋다.
④ 이물질이 없는 것이어야 한다.
⑤ 깨뜨렸을 때 도톰하게 노른자가 올라와 있는 것이 좋다.
⑥ 노른자의 색이 선명하고 흰자가 퍼지지 않는 것이 좋다.

4. 오보로

① 생선 오보로는 흰살 생선의 살을 삶은 후에 면포(거즈)에 넣어 여러 차례 씻어서 좀 더 하얗고 보푸라기가 잘 일도록 한다.
② 수분을 제거한 생선살에 핑크 식용 색소, 설탕, 소금으로 간을 하여 증기로 말려 사용한다.
③ 붉은살 생선은 기름지고 비린내가 많이 나서 생선 오보로에 사용하기 적합하지 않다.

바로 확인문제

생선 오보로 만드는 법으로 옳지 않은 것은?
① 붉은살 생선이 적합하다.
② 흰살 생선을 이용한다.
③ 생선살을 삶아서 건져 내고 면포에 걸러 여러 차례 씻어서 보푸라기를 만든다.
④ 수분을 제거한 생선살에 핑크 식용 색소, 설탕, 소금으로 간을 하여 증기로 말려 사용한다.

|해설|
붉은살 생선은 기름지고 비린내가 많이 나서 생선 오보로에 사용하기 적합하지 않다.

|정답| ①

5. 오이

① 오이는 우수한 비타민 공급체로 대개 생식으로 사용하지만 절임이나 피클 등으로도 많이 사용한다.
② 오이는 95%가 수분으로, 비타민 A, C, B_1, B_2 등이 풍부하다.
③ 오이를 조리 시 비타민 C가 파괴되지 않도록 식염이나 식초로 조리하는 것이 좋다.
④ 일식에서는 초회 요리, 김초밥, 샐러드, 절임(오싱코) 등에 많이 사용한다.

6. 참치

① 참치의 종류에는 참다랑어, 눈다랑어, 황다랑어, 황새치류 등이 있다.
② 참치 부위는 머리 부위, 지느러미 부위, 속살(붉은 살, 아카미) 부위, 목살 부위, 뱃살 부위(주토로, 오토로), 꼬리 부위, 껍질 부위 등으로 나눌 수 있다.
③ 가격은 뱃살 부위가 가장 비싸다.

7. 고추냉이(와사비)

(1) 특징
① 고추냉이는 녹색을 띠고 매운맛을 내는 향신료로, 특유의 향이 있다.
② 일본이 원산지인 십자화과 식물에 속하고 일년 내내 수확이 가능하다.
③ 생선 초밥과 생선 요리의 비린내를 제거하고, 풍미를 주는 역할을 한다.
④ 고추냉이는 곱게 갈수록 향이 강하다. 맵지 않을 때에는 설탕을 약간 넣고 칼등으로 다지면 매워진다.

(2) 역할
① 고추냉이의 매운맛 성분은 시니그린(Sinigrin)이다.
② 살균 작용과 생선의 비린내를 제거하고, 식욕 촉진 역할을 한다.

(3) 종류
① 생고추냉이(스리와사비): 강판에 갈아 사용한다.
② 가루 고추냉이(네리와사비): 물에 개어 사용한다.

(4) 사용 방법
① 생고추냉이
- 고추냉이의 매운맛은 휘발성이므로 손질 후 바로 갈아서 사용한다.
- 고추냉이의 매운맛은 윗부분에 많아 위부터 사용하는 것이 좋다.
- 강판에 갈아서 사용한다.

② 가루 고추냉이
- 가루 고추냉이의 매운맛은 휘발성이므로 필요할 때 물에 개어 사용하고 랩을 씌워 놓는다.
- 차가운 물과 1 : 1 비율로 섞어 사용한다.

바로 확인문제

생고추냉이를 손질하는 방법으로 옳은 것은?
① 한꺼번에 갈아 놓고 사용한다.
② 고추냉이의 매운맛은 윗부분에 많아 위부터 사용하는 것이 좋다.
③ 따뜻한 물에 섞어 놓으면 매운맛이 강해진다.
④ 깨끗이 씻어 믹서기에 갈아 사용한다.

|해설|
고추냉이는 녹색을 띠고 매운맛을 내는 향신료로 특유의 향이 있으며 매운맛이 많은 윗부분부터 사용한다.

|정답| ②

8. 생강

① 매운맛을 내는 진저롤(Gingerol)은 육류와 생선의 냄새를 없애고 식욕을 증진시키며 연육 작용을 한다.
② 생강은 식품이 익은 후에 넣는 것이 냄새를 제거하는 데 도움이 된다.
③ 살균 효과가 생선회를 먹을 때 곁들인다.
④ 얇게 썰어 데친 후 삼바이스에 절여 초생강으로 이용한다.
⑤ 생강즙, 설탕 조림으로 한 초생강, 간 생강, 건조 분말을 이용한 과자, 편강 등에 사용한다.

9. 시소(차조기)

① 시소는 자소, 열매는 자소자라고 한다.
② 붉은 것과 푸른 것이 있고, 모양은 깻잎과 유사하고, 향은 박하향과 깻잎향을 섞어 놓은 듯하다.
③ 강한 향균 작용이 있어 식중독 예방에 도움이 된다.
④ 일본에서는 도시락과 초밥, 생선회와 조림 밑에 놓거나 국물 요리의 덴모리(담은 요리 위에 첨가하여 얹은 것)에 사용하며 면류의 양념, 튀김 요리의 곁들임에 사용한다.

10. 냉동 참치

냉동 참치는 식염수에 해동하여 사용한다.

여름철	18~25℃, 3~5%의 식염수에 해동한다.
겨울철	30~33℃, 3~4%의 식염수에 해동한다.
봄, 가을	27~30℃, 3%의 식염수에 해동한다.

> **바로 확인문제**
>
> 냉동 참치의 식염수 해동법으로 적합하지 않은 것은?
>
> ① 여름철 – 18~25℃, 3~5%의 식염수에 해동
> ② 겨울철 – 30~33℃, 3~4%의 식염수에 해동
> ③ 봄 – 27~30℃, 3%의 식염수에 해동
> ④ 가을 – 30~35℃, 2%의 식염수에 해동
>
> |해설|
> 가을에 냉동 참치는 27~30℃, 3%의 식염수에 해동한다.
>
> |정답| ④

11. 좋은 김 선택 방법

① 잘 마른 것이 좋다.
② 검은 광택이 나고 냄새가 좋은 것이 좋다.
③ 일정한 두께로 약간 두께가 있는 것이 좋다.
④ 매끄럽고 감촉이 좋은 것이 좋다.

03 롤 양념초 조리

1. 밥과 배합초의 비율

① 밥과 배합초의 비율은 밥 : 배합초 = 15 : 1의 비율로 한다.
② 김초밥은 배합초의 비율을 더 적게 하고, 생선초밥은 배합초의 비율을 조금 더 강하게 한다.

2. 배합초 주재료와 부재료

주재료	식초, 설탕, 소금
부재료	레몬, 다시마

04 롤 초밥 조리 및 담기

1. 초밥용 조리기구

(1) 초밥 비빔 통(한기리)
① 한기리는 밥을 해서 배합초를 넣어 식히는 나무통으로, 작게 쪼갠 나무를 여러 개 이어 만든 조리기구이다.
② 한기리는 사용 전에 씻어서 마른 행주로 물기를 제거하고 사용한다.
③ 마른 통을 바로 사용할 경우 밥이 나무통에 붙어 배합초를 섞기가 불편하다.

> **바로 확인문제**
>
> 밥을 해서 배합초를 넣어 식히는 나무 통으로, 작게 쪼갠 나무를 여러 개 이어 만든 조리기구인 초밥을 만들 때 쓰는 도구는?
> ① 주발 ② 소쿠리 ③ 한기리 ④ 치
>
> |해설|
> 한기리는 초밥 비빔 통을 말한다. |정답| ③

(2) 발
① 롤 초밥을 만들 때 꼭 필요한 기구로, 대나무를 얇게 깎아 튼튼한 끈으로 묶어 놓은 것이 좋다.
② 후토마키용 25×24cm와 호소마키용 18×27cm가 있는데 대부분 후토마키용으로 함께 사용한다.
③ 김밥용 발은 청결하고 위생적으로 잘 관리하고, 사용 후에는 물기가 없도록 말려 사용하며, 보관 시에는 먼지가 묻지 않도록 한다.
④ 김밥용 발은 발의 껍질 부분이 위로 오게 하여 사용한다.
⑤ 김밥용 발은 세척이 어려우나 세척이 미흡하면 김발에서 미생물이나 곰팡이가 자라기 때문에 세척에 주의해야 한다.

2. 초밥을 고루 섞는 방법
① 한기리에 뜨거운 밥과 배합초를 뿌리고 나무주걱으로 가르듯 살살 고루 섞어 준다.
② 밥을 식히려고 부채질을 하는데 배합초를 넣고 바로 부채질을 하면 배합초가 잘 스며들지 않기 때문에 저어준 후 부채질하는 것이 좋다.

3. 김의 사용 방법
① 조리를 하기 전에 약한 불에 살짝 구워서 사용한다.
② 2장을 겹쳐 구우면 향이 달아나지 않는다.
③ 바삭하게 굽는 것이 좋다.

4. 롤 초밥 담는 방법
그릇의 왼쪽 뒤에서 오른쪽으로 담은 뒤, 다시 앞쪽 왼쪽에서 오른쪽으로 담는다. 곁들임 재료는 앞줄 오른쪽에 담는 것이 일반적이다.

PART 10 구이 조리

01 구이(やきもの, 야키모노) 조리 개요

1. 구이 조리의 특징
① 구이는 가열 조리 방법 중 가장 오래된 조리법으로 오븐과 같은 대류열을 이용한다.
② 불이 직접 닿는 직화구이와 재료를 싸서 직접적인 열을 차단하여 굽는 간접구이가 있다.
③ 구이는 표면이 굳어 재료가 가지고 있는 감칠맛이 날아가지 않아서 맛이 좋다.

> **바로 확인문제**
>
> 구이(야키모노)의 특징으로 옳지 않은 것은?
> ① 구이는 가열 조리 방법 중 가장 오래된 조리법이다.
> ② 불이 직접 닿는 직화구이가 있다.
> ③ 오븐과 같은 대류열을 이용한다.
> ④ 재료를 싸서 직접적인 열을 차단하는 것은 구이에 해당하지 않는다.
>
> |해설|
> 재료를 싸서 직접적인 열을 차단하여 굽는 것은 간접구이이다.
>
> |정답| ④

2. 일식 구이의 분류

(1) 조미 양념에 따른 분류

시오야키(소금구이)	소금으로 밑간을 하여 굽는 구이
데리야키(양념 간장구이)	구이 재료를 데리(양념 간장)로 발라가며 굽는 구이
미소야키(된장구이)	미소(된장)에 구이 재료를 재웠다가 굽는 구이

(2) 조리기구에 따른 분류

스미야키(숯불구이)	숯불에 굽는 구이
데판야키(철판구이)	철판 위에서 굽는 구이
쿠시야키(꼬치구이)	꼬치에 꽂아 굽는 구이

02 구이 재료 준비

1. 구이 양념

소금구이-소금	소금은 감미의 역할도 있지만 열전도가 좋아 재료를 고루 익힌다.
양념 간장구이(데리야끼)-데리	간장 : 청주 : 미림(맛술) = 1 : 1 : 1의 비율로 기호에 따라 설탕을 가미한다.
된장 절임구이(미소쯔게야끼)-미소쯔게	미소(된장) 500g에 미림 1/4컵, 청주 1/4컵을 섞어서 구이 재료를 재워 둔다.
유안야끼-유안지	유안은 데리소스에 유자를 넣어 사용한다.

2. 식재료의 손질

(1) 어류(해산물)
① 어류(해산물)는 비늘과 내장을 제거한 후 손질하여 준비한다.
② 생선은 1인분 크기로 잘라 두꺼운 부분은 칼집을 내고, 작은 생선은 형태 그대로 살려서 준비한다.

(2) 육류
육류는 기름과 힘줄을 제거하여 양념에 재워서 사용한다.

(3) 야채
① 야채는 주로 단단한 재료를 많이 사용한다.
② 수분이 많아 굽는 도중에 간이 약해지기 쉽기 때문에 간을 강하게 한다.

03 구이 조리

1. 구이 조리기구의 종류

(1) 샐러맨더
열원이 위에 있어 연기나 불이 나지 않기 때문에 생선과 육류의 작업에 용이하다.

(2) 오븐
열원에 의한 공기 가열로, 재료에 균일하게 가열되어 뒤집지 않아도 되는 조리기구이다.

(3) 철판
철판을 데워 그 위에 놓인 재료를 익히는 방법으로, 다양한 식재료를 조리할 수 있는 기구이다.

(4) 숯불 화덕
직화로 굽는 조리 방법으로, 숯의 향과 풍미가 더해져 맛이 좋다.

(5) 꼬치구이(쿠시야키)
모양을 내어 꼬치로 고정시킨 재료를 직화로 구워 내는 조리 방법이다.

꼬치를 꽂는 방법에 따른 명칭

노보리 쿠시	• 작은 생선을 통으로 구울 때 쇠꼬챙이를 꽂는 방법이다. • 생선이 헤엄쳐서 물살을 가로질러 올라가는 모양으로 꽂는다.
오우기 쿠시	• 자른 생선살을 꽂을 때 사용하는 방법이다. • 부채 모양 같다고 붙여진 이름으로 앞쪽은 폭이 좁고 꼬치 끝은 넓게 하여 꽂는다.
가타즈마 오레, 료우즈마 오레 쿠시	• 가타즈마 오레: 생선 껍질 쪽을 도마 위에 놓고 한쪽만 말아 꽂는 방법이다. • 료우즈마 오레: 양쪽을 말아 꽂는 방법이다.
누이 쿠시	• 주로 오징어와 같이 구울 때 많이 휘는 생선에 사용한다. • 살 사이에 바느질하듯 꼬치를 꽂고, 꼬치와 살 사이에 다시 꼬치를 꽂아 휘는 것을 방지하는 방법이다.

바로 확인문제

작은 생선을 통으로 구울 때 쇠꼬챙이를 꽂는 방법으로, 생선이 헤엄쳐서 물살을 가로질러 올라가는 모양으로 꽂는 꼬치구이 명칭은?
① 누이 쿠시　　　　　　　　　② 가타즈마 오레
③ 노보리 쿠시　　　　　　　　④ 오우기 쿠시

|해설|
노보리 쿠시는 작은 생선을 통으로 구울 때 쇠꼬챙이를 꽂는 방법이다.

|정답| ③

2. 곁들임 음식(아시라이)

(1) 특징

① 아시라이는 구이 제공 시 반드시 나오는 곁들임 음식이다.
② 아시라이는 구이를 먹고 난 후 입안을 헹구어 주는 역할을 한다.
③ 입안에 비린내를 제거하는 데 효과적이다.
④ 다양한 아시라이는 계절감을 잘 표현한다.

> **바로 확인문제**
>
> 곁들임 음식(아시라이)의 특징으로 옳지 않은 것은?
> ① 아시라이는 구이 제공시 반드시 나오는 곁들임 음식이다.
> ② 아시라이는 구이를 먹고 난 후 입안을 헹구어 주는 역할을 한다.
> ③ 입안에 비린내를 제거하는 데 효과적이다.
> ④ 아시라이는 반드시 나오는 곁들임 음식으로 계절과는 무관하다.
>
> |해설|
> 다양한 아시라이는 계절감을 잘 표현한다.
>
> |정답| ④

(2) 종류

초절임	• 재료: 무, 연근, 생강 대(하지카미) 등 • 단촛물에 재워서 사용한다. 연근, 생강 대는 데친 후 소금에 살짝 절인 후 단촛물에 재운다. • 단촛물 비율: 설탕 20g, 식초 50cc, 물 50cc
단조림	• 재료: 밤, 고구마, 금귤 등 • 단조림의 비율: 설탕 100g, 물 100cc와 재료를 넣어 조린다.
간장 양념 조림 (오시 다시)	• 재료: 데친 머위, 우엉, 꽈리고추 등 • 오시 다시 비율: 연간장 20cc, 다랑어포 육수 300cc, 청주 10cc를 끓여 식혀서 사용한다.(진하지 않은 양념)
감귤류	• 감귤류는 구이를 먹고 난 후 입을 헹굴 때 사용한다. • 구이에 뿌려 사용한다. • 레몬, 영귤(스다치) 등

04 구이 담기

구이는 재료의 형태와 곁들임 요리(아시라이), 본요리와 곁들임 요리에 따라 양념장이 놓이는 위치와 구도가 정해져 있다.

1. 통생선

① 통생선을 담을 때 머리는 왼쪽, 배는 앞쪽으로 담는다.
② 아시라이는 생선의 오른쪽 앞쪽에 놓고, 양념장은 구이 접시 오른쪽에 둔다.

2. 조각 생선

① 토막 내어 구운 생선은 껍질이 위를 보이게 담는다.
② 넓은 부위가 왼쪽, 아시라이는 생선의 오른쪽 앞쪽에 놓고, 양념장은 구이 접시의 오른쪽에 둔다.

3. 육류와 가금류

육류와 가금류는 껍질이 위를 향하게 하여 쌓듯이 담는다.

필기합격 적중문제

SUBJECT 09 | 일식

01 난이도
일본 요리의 기본 조리법에는 오법(五法), 오미(五味), 오색(五色)의 조화와 계절 감각을 매우 중요시하는 특징이 있다. 오색에 해당하지 않는 것은?

① 초록색 ② 흰색
③ 빨간색 ④ 검은색

02 난이도 | 산업기사 출제 가능
일식 요리에서 정통 양념을 넣는 순서로 옳은 것은?

① 소금 → 설탕 → 소금 → 간장 → 식초
② 청주 → 설탕 → 소금 → 식초 → 간장
③ 설탕 → 소금 → 식초 → 간장 → 된장
④ 설탕 → 소금 → 간장 → 된장 → 식초

03 난이도
다시마 종류 중 최상품으로 인정받는 것은?

① 라우스 곤부 ② 리시리 곤부
③ 마 곤부   ④ 미쓰이시 곤부

04 난이도
가쓰오부시 보관 방법으로 틀린 것은?

① 대패로 밀어 놓은 것은 냉동 보관한다.
② 통째로 훈연 가다랑어 구입 시 냉장 보관한다.
③ 훈연 제품이므로 실온 보관한다.
④ 보관 용기는 습기가 없는 것을 사용한다.

05 난이도
일반적인 간장으로 향기가 강해 육류나 생선 요리를 하는데 적합하고, 생선회나 구이 등을 먹을 때 곁들이는 간장으로 많이 사용하는 간장은?

① 백간장(시로쇼유)
② 연한 간장(우스구치쇼유)
③ 다마리 간장(다마리쇼유)
④ 진한 간장(고이구치쇼유)

06 난이도
일본 된장 중 발효 기간이 길고, 담백한 맛이 나며 센다이 미소가 유명한 된장은?

① 백된장   ② 혼합 된장
③ 보리 된장 ④ 적된장

07
시치미의 재료로 옳지 않은 것은?

① 고춧가루
② 가다랑어포
③ 깨
④ 진피

08
열을 가하지 않은 간장으로, 오랜 시간 끓여도 향이 날아가지 않는 것이 특징이고, 냉장 보관해야 하는 간장은?

① 나마쇼유
② 다마리 간장
③ 시로쇼유
④ 간로쇼유

09
다시마는 깨끗한 젖은 행주로 먼지를 털어 내고 찬물에 넣어 끓인다. 좋은 국물을 얻기 위해 다시마를 건져야 할 시기는?

① 찬물에 우려낸 후
② 팔팔 끓인 후
③ 끓어 오르기 직전
④ 팔팔 끓이고 15분 후

10 산업기사 출제 가능
양념을 넣지 않고 끓이는 냄비 요리로 옳지 않은 것은?

① 닭고기와 채소를 넣고 끓여 먹는 '미즈다키'
② 도미와 채소를 이용한 '도미 냄비'
③ 재료와 함께 끓이는 '스키야키(일본 전골)'
④ 다시마 국물에 어패류, 소고기, 채소류를 살짝 끓여 양념장에 찍어 먹는 '샤브샤브'

11
초회에서 많이 사용하는 양념인 식초에 대한 설명으로 틀린 것은?

① 방부 및 살균 효과가 있다.
② 비타민 C의 파괴를 억제하는 효과가 있다.
③ 비린내를 제거하는 역할을 한다.
④ 식욕 저하 효과가 있다.

12
밥 짓기 방법에서 물 조절 방법으로 옳지 않은 것은?

① 햅쌀은 묵은쌀보다 물의 양을 적게 한다.
② 소량의 쌀로 밥을 할 경우에는 물의 양을 조금만 한다.
③ 불릴 시간이 없이 급히 밥을 할 경우 물의 양을 조금 많이 한다.
④ 쌀의 건조 상태, 불림 정도에 따라 물의 양을 조절한다.

13
일식에서 육수를 낼 때 자주 사용하는 식재료에 대한 설명이다. ( ) 안에 들어갈 말로 알맞은 것은?

( )(이)란 가다랑어(참치)를 손질하여 훈연하고, 건조하여 대패로 얇게 포를 뜬 것을 말한다. 오래 두면 향 성분이 날아가므로 구입 후 바로 사용하는 것이 좋다.

① 다시마
② 가쓰오부시
③ 멸치
④ 마늘

14

일식에서 사용하는 용어와 의미가 잘못된 것은?

① 오보로 – 생선가루
② 쇼가 – 생강
③ 마구로 – 참치
④ 노리 – 밥

15

일본 요리를 담는 방법으로 옳은 것은?

① 자연 그대로의 맛과 멋을 살린다.
② 왼쪽부터 오른쪽으로 담는다.
③ 생선의 경우 머리는 오른쪽, 배는 자신의 앞으로 오도록 한다.
④ 그릇 안쪽부터 바깥쪽으로 담는다.

16

일본의 된장은 콩을 주재료로 하여 소금과 누룩을 첨가하여 발효시킨다. ㉠~㉢은 일본에서 사용하는 쌀 된장의 종류이다. 색상이 밝은 순으로 나열한 것은?

| ㉠ 시로미소 | ㉡ 아카미소 | ㉢ 아와세미소 |

① ㉠ → ㉡ → ㉢
② ㉠ → ㉢ → ㉡
③ ㉡ → ㉢ → ㉠
④ ㉢ → ㉠ → ㉡

17

일본식 무침 요리를 하기 위해 해산물을 구입하려고 한다. 좋은 재료를 고르는 방법으로 옳지 않은 것은?

① 문어는 몸이 적자색이고 다리 흡반이 크고 뚜렷한 것이 좋다.
② 새조개는 크기가 크고, 껍질에 윤기가 나는 것이 좋다.
③ 해삼은 냄새가 나지 않으면서 만져지는 조각 없이 부드러운 것이 좋다.
④ 새우는 몸이 투명하고 윤기가 나는 것이 좋다.

18

가다랑어를 보관하는 방법으로 옳지 않은 것은?

① 가다랑어는 구입 즉시 사용하는 것이 좋다.
② 가다랑어포는 냉장 보관한다.
③ 훈연 가다랑어는 냉장 보관한다.
④ 가다랑어를 보관하는 용기는 습기가 없어야 한다.

19

초밥을 만들 때 쌀을 고르는 방법으로 옳지 않은 것은?

① 고시히카리 계통과 사사니시키 계통이 좋다.
② 투명하고 윤기나는 것이 좋다.
③ 현미 상태로 보관하다가 사용 직전에 도정하는 것이 좋다.
④ 햅쌀을 이용했을 때 배합초가 잘 흡수된다.

20

일식 구이는 재료의 형태와 곁들임 요리, 양념장을 제공하고 각각의 구도가 정해져 있다. 일식 구이 담는 법에 대한 설명으로 옳지 않은 것은?

① 통생선을 담을 때 머리는 왼쪽, 배는 앞쪽으로 담는다.
② 토막 낸 생선구이는 껍질이 아래쪽을 향하게 담는다.
③ 가금류를 담을 때는 껍질이 위를 향하게 담는다.
④ 생선구이에서 아시라이(곁들임 요리)는 생선의 오른쪽 앞에 놓는다.

정답 및 해설
P.15

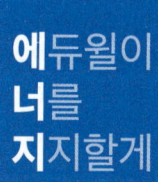

승리할 수 있으려면
우선 스스로 승리할 만한 자격이 있다고 믿어야만 한다.

- 마이크 딧카(Mike Ditka)

종목편

SUBJECT
10

복어

PART 01 식생활 문화
복어 음식의 문화와 배경, 특징에 대해 학습한다.

PART 02 복어와 부재료 손질 [NCS 능력단위: LM1301010501_21v3]
복어의 맹독 성분인 테트로도톡신과 식용 가능한 복어의 종류는 꼭 암기한다. 복어의 부위별 독의 양과 중독 증상도 출제될 수 있으니 숙지한다.

PART 03 복어 양념장 준비 [NCS 능력단위: LM1301010502_21v3]
크게 초간장 만드는 방법을 학습하는 파트로, 초간장의 구성 재료와 조리 방법을 학습한다.

PART 04 복어껍질초회 조리 [NCS 능력단위: LM1301010504_21v3]
복어껍질초회는 복어껍질을 손질하는 방법과 순서가 중요하다.

PART 05 복어죽 조리 [NCS 능력단위: LM1301010508_21v3]
복어죽을 끓이는 순서와 방법을 학습한다. 오카유와 조우스이에 대한 내용이 중요하므로 관련 이론을 암기한다.

PART 06 복어튀김 조리 [NCS 능력단위: LM1301010506_21v3]
복어튀김은 관련 용어가 출제될 수 있다. 다소 낯설어 헷갈릴 수 있는 용어를 확실하게 학습한다.

PART 07 복어회 국화 모양 조리 [NCS 능력단위: LM1301010513_21v3]
복어회는 포를 뜨는 방법과 모양 내기, 담는 방법을 비교하며 학습한다. 곁들여 내는 폰즈 만드는 법도 알아 둔다.

PART 08 복어 선별 · 손질관리 [NCS 능력단위: LM1301010511_21v3]
복어의 가식 부위와 비가식 부위를 정확히 구분한다.

PART 01 식생활 문화

📘 01 복어 음식의 문화와 배경

1. 복어

복어의 생태지역	열대, 온대지역의 따뜻한 해역
복어를 식용으로 즐기는 나라	한국, 중국, 일본
복어의 종류	전 세계 120여종, 한국, 일본근해에 분포(약 38종류)
복어의 어획시기	9월~다음 해 3월
복어의 독성이 강한 시기	산란기(4~6월)

2. 복어 음식의 배경
① 중국에서는 황복을 하돈(河豚)이라 하였고 송(宋)나라 시인인 소동파(蘇東坡)는 '한번 죽는 것과 맞먹는 맛'이라고 극찬하였다.
② 일본도예가 기타오지 로산진(北大路魯山人)은 "복탕을 서너 번 먹으면 그 맛의 노예가 된다."라고 하면서 독이 겁나 복어를 먹지 못하는 사람을 불쌍해했다.
③ 복어는 성질이 따뜻하고 서늘하며 맛이 달며 독이 있다.(동의보감)

📘 02 복어 음식의 분류

복매운탕, 복지리, 복샤브샤브, 복사시미, 복껍질무침, 복튀김, 복찜, 복어지느러미술 등이 있다.

📘 03 복어 음식의 특징 및 용어

1. 복어의 영양 성분과 효능
(1) **영양 성분적 특징** 빈출
① 저칼로리
② 고단백, 저지방
③ 각종 무기질 및 비타민 함유

(2) **복어의 효능**
① 수술 전후 환자 회복
② 당뇨병, 신장 질환의 식이요법
③ 갱년기 장애
④ 혈전과 노화방지
⑤ 폐경 연장, 각종 종양 예방 및 치료
⑥ 신경통, 두통, 해열, 혈압 강하, 치질 예방

2. 복어독

(1) 복어의 독

① 복어의 맹독 성분: 테트로도톡신(Tetrodotoxin)은 무색, 무미, 무취의 결정으로 말초신경과 중추신경에 강한 마비를 일으키는 독이다.

> **바로 확인문제**
>
> 다음 중 복어에 있는 맹독 성분은?
> ① 무스카린   ② 솔라닌   ③ 아미그달린   ④ 테트로도톡신
>
> |해설|
> ①은 독버섯, ②는 감자싹, ③은 청매(미숙한 과육과 종자), 살구씨, 복숭아씨의 독 성분이다. |정답| ④

② 부위별 독의 양: 난소 > 간 > 피부 > 장 > 근육, 산란 직전(4~6월)에 복어독의 양은 최대이다.
③ 잠복기: 식후 30분~5시간
④ 치사율: 60%
⑤ 치사량: 2mg

> **바로 확인문제**
>
> 복어의 독성분인 테트로도톡신의 치사율과 치사량이 올바르게 연결된 것은?
> ① 20%, 1mg   ② 60%, 2mg   ③ 80%, 10mg   ④ 40%, 25mg
>
> |해설|
> 복어독의 치사율은 60%, 치사량은 2mg이다. |정답| ②

(2) 중독 증상

제1도 (초기 증상)	• 입술 및 혀끝의 떨림 • 혀끝의 지각마비 • 무게 감각 둔화 • 부자연스러운 보행 • 구토 증상
제2도 (불완전 운동마비)	• 손발의 운동장애 • 발성장애, 언어장애, 호흡곤란 • 촉각과 미각이 둔해짐 • 혈압저하
제3도 (완전 운동마비)	• 운동 불가능 • 의사전달 불가능 • 산소 결핍으로 입술, 뺨, 귀가 파랗게 나타남(치아노제 현상)
제4도 (의식소실)	• 완전히 의식불능 • 호흡곤란 • 심장정지 • 사망

(3) 중독 시 처치 및 치료

물, 중조수, 식염수 등을 다량으로 섭취한 후 위 세척을 하고 병원으로 옮겨 응급처치한다.

PART 02 복어와 부재료 손질

01 복어 종류

1. 식용 가능 종류

식용 가능 (21종)	복섬, 흰점복, 졸복, 매리복, 검복, 황복, 눈불개복, 자주복, 참복, 까치복, 민밀복, 은밀복, 흑밀복, 불룩복, 황점복, 강담복, 가시복, 라투로가시복, 잔점박이가시복, 거북복, 까칠복
식용 불가능	국매리, 배복, 선인복, 벌레복, 별복

2. 식용 가능 부위 [빈출]

식용 가능	입, 혀, 껍질, 지느러미, 살, 머리뼈 부분, 갈비뼈 부분, 정소(이리)
식용 불가능	안구, 간장, 난소, 알, 위장, 아가미, 쓸개, 비장, 신장, 심장, 내장(정소 제외)

바로 확인문제

복어의 식용 가능한 부위는?
① 내장　　　　② 간　　　　③ 껍질　　　　④ 아가미

|해설|
복어의 내장, 간, 아가미 등은 식용이 불가능하다.　　　　　　　　　　　　　　　　|정답| ③

02 채소 손질

1. 부재료의 종류

배추	• 바깥 잎은 녹색이 선명하고, 누렇게 변한 부분이나 반점이 없는 것이 좋다. • 잎사귀가 확실하게 말려 있고, 묵직한 것을 선택한다. • 흰 줄기 부분에 윤기가 나는 것이 신선하다.
당근	• 녹황색 채소 중에서 카로틴의 함유량이 가장 많다. • 당근은 색상이 균일하고 탄력이 있으며 단단한 것이 좋다.
미나리	• 녹색이 선명하고 줄기가 너무 굵지 않은 것을 선택한다. • 잎 길이가 가지런한 것이 좋다.
파	• 잎이 진한 녹색이고 흰 부분과의 차이가 확실한 것이 좋다. • 흰 부분이 길고 단단하며 윤이 나고 무거운 것을 고른다.
무	• 머리 부분이 밝은 녹색이고 탄력 있는 것이 좋다. • 손으로 들었을 때 묵직한 것을 고른다.
표고버섯	• 주름살이 노란색이고 주름에 상처나 검은 얼룩이 없어야 신선하다. • 갓이 너무 피지 않고 육질이 두꺼운 것을 고른다. • 대가 굵고 짧은 것이 좋다.

2. 채소 자르기
① 가늘게 채 썰기
② 어슷 썰기
③ 둥글게 썰기
④ 반달 썰기
⑤ 은행잎 썰기
⑥ 벚꽃 모양 썰기

3. 채소 보관 방법
① 신문지에 싸서 보관하기
② 밀폐용기에 담아 두기
③ 얼음에 채워 두기

03 복떡 굽기

1. 구이 조리법

(1) 구이 요리의 특징
식재료 고유의 맛이 밖으로 빠져나가지 않고 적당히 수분이 감소하여 고유의 맛이 함축된다.

(2) 구이 조리 방법

직접 구이	직접 열원을 이용하여 석쇠나 쇠꼬챙이에 굽는 방법
간접 구이	재료와 열원 사이에 금속이나 돌 등을 이용하거나 타지 않는 요리용 종이, 알루미늄에 싸서 굽는 방법

(3) 쇠꼬챙이 종류

가느다란 꼬챙이(호소쿠시)	은어, 빙어
평행 꼬챙이(나라비쿠시)	보통 크기의 생선
납작한 꼬챙이(히라쿠시)	조개, 새우

바로 확인문제

구이 조리에 이용하는 쇠꼬챙이 종류의 연결이 틀린 것은?
① 가느다란 꼬챙이(호소쿠시) – 은어, 빙어
② 납작한 꼬챙이(히라쿠시) – 조개, 새우
③ 평행 꼬챙이(나라비쿠시) – 보통 크기의 생선
④ 짧은 꼬챙이 – 전복

|해설|
구이 조리 시 이용할 수 있는 쇠꼬챙이의 종류에는 가느다란 꼬챙이, 평행 꼬챙이, 납작한 꼬챙이가 있다.

|정답| ④

2. 복떡 굽기

① 물을 침전시킨 쌀가루를 찌고 절구를 사용하여 만든 떡을 가열해서 사용한다.
② 떡을 굽지 않고 그대로 사용하면 형태에 변형이 생기므로 구워서 사용한다.

복떡 굽기 방법

조리 방법	점검사항	조리 내용
계량하기	저울 및 용기 등의 상태	사용 비율에 맞게 원·부재료를 계량한다.
복떡 손질하기	이물 혼입 및 모양 유지하기	복떡을 3cm 정도로 잘라 준비한다.
쇠꼬챙이에 꽂기	이물 혼입 및 안전사고	잘린 복떡을 쇠꼬챙이에 꽂는다.
복떡 구워 내기	타지 않게 조리하기	쇠꼬챙이에 꽂은 복떡을 직접 열을 이용하여 구워 낸다.
복떡 식히기	모양 유지하기	구워 낸 떡을 재빨리 빼내어 얼음물에 식힌다.
복떡 완성하기	지리에 넣기	구워진 복떡을 물기를 제거하여 지리에 넣어 완성한다.

PART 03 복어 양념장 준비

01 초간장 만들기

1. 초간장(폰즈)의 정의
① 감귤류의 과즙을 이용한 일식 조미료이다.
② 냄비 요리(지리, 백숙, 샤브샤브 등)와 산성이 적당히 융합되는 요리(생선회, 냉샤브샤브, 두부 요리, 생선구이, 찜, 초무침 등)에 사용된다.

> **바로 확인문제**
>
> 초간장(폰즈)의 활용 요리로 구성된 것은?
> ① 지리, 샤브샤브, 생선회, 생선구이
> ② 두부 요리, 국수 요리
> ③ 찌개, 찜
> ④ 초무침, 볶음
>
> |해설|
> 초간장은 지리, 백숙, 샤브샤브 등과 같은 냄비 요리와 생선회, 냉샤브샤브, 두부 요리, 생선구이, 찜, 초무침 등과 같이 산성이 적당히 융합되는 요리에 사용된다.
>
> |정답| ①

2. 초간장의 구성 재료

(1) 포

① 가다랑어포(가쓰오부시)

혼부시	대형 가다랑어를 3장 뜨기를 한 후 한쪽 살을 세로로 자른 것이다.
가메부시	작은 가다랑어의 한쪽 살로 만든 것이다.
오부시	혼부시의 등 부분으로 지방이 적어 좋은 다시를 낼 수 있기 때문에 일반적으로 많이 사용한다.
메부시	• 혼부시의 배 부분으로 감칠맛이 나는 다시를 뽑을 수 있다. • 생선 등쪽의 검푸른 부분(지아이)을 제거하면 더욱 질 좋고 고급스러운 맛의 다시를 뽑을 수 있다.

② 그 외 포(자츠부시)
- 사바부시: 고등어포
- 이와시부시: 정어리포
- 소우다부시: 참치포

(2) 다시마 **빈출**

① 잘 건조되고 두툼하며 표면에 흰 가루가 전체적으로 고르게 있는 것이 좋다.
② 다시마 등 해조류에는 감칠맛을 내는 글루타민산이 많이 함유되어 있다. 글루타민산을 가공한 것을 글루타민산나트륨(MSG)이라고 한다.

> **바로 확인문제**
>
> 다시마에 대한 설명으로 옳지 않은 것은?
> ① 좋은 다시마는 잘 건조된 것이어야 한다.
> ② 다시마의 감칠맛을 내는 아미노산은 글루타민산이다.
> ③ 다시마 표면에 흰 가루가 분포된 것이 좋다.
> ④ 좋은 다시마는 얇고 불순물이 있어도 좋다.
>
> |해설|
> 다시마는 두껍고 불순물이 없어야 한다.
>
> |정답| ④

(3) 간장(쇼유)

진한 간장 (고이구치)	• 일반적으로 간장이라고 하면 진간장을 말한다. • 염분은 18% 정도로 색이 진하고 향이 좋다.
연한 간장 (우스구치)	• 염분은 진간장보다 2% 정도 높다. • 색이 옅고 맛, 향기 모두 담백하여 재료 본연의 색과 맛을 살리는 요리에 적합하다.
다마리 간장	• 콩을 주원료로 한다. • 다른 간장과 달리 밀은 사용하지 않는다. • 숙성한 진한 액체의 추출액은 끓이지 않고 그대로 제품화한다. • 맛과 색이 진하고 약간의 단맛이 있다.
그 외의 간장	• 시로쇼유: 백간장 • 오우쇼유: 생선 간장 • 간로쇼유: 감로 간장

(4) 식초

① 주성분: 초산
② 용도: 신맛, 살균 효과, 방부 효과

> **합격보장 꿀팁**
>
> • **생선에 식초를 뿌리는 이유** | 단백질을 응고시키는 성질을 이용하여 단백질로 되어 있는 세균을 없애고 비린내를 제거하기 위해서 뿌린다.

(5) 유자

① 성분: 비타민 C, 크립토잔틴, 시트르산
② 효과: 위장의 점막 강화, 감기 예방

(6) 레몬

① 성분: 비타민 C(감귤류 중 비타민 C 함량이 가장 높음)
② 용도: 향과 신맛을 내거나 요리를 장식할 때 사용한다.

(7) 카보스

① 유자의 일종으로 일본 오오이타현의 특산품이다.
② 성분: 칼륨, 비타민 C
③ 용도
  • 과즙: 국물 요리, 복어 요리에 이용한다.
  • 껍질: 말려서 향신료로 사용한다.

(8) 영귤(스다치)
① 성분: 비타민 C
② 용도: 생선회, 생선구이, 국물 요리에 즙으로 사용한다.
③ 효능: 감기 예방, 피부 미용

3. 초간장 만들기

조리 방법	점검사항	조리 내용
계량하기	저울 및 용기 등의 상태	사용 비율에 맞게 원·부재료를 계량한다.
다시 국물 만들기	이물 혼입	다시마 손질 후 물과 가쓰오부시를 넣고 다시 국물을 만든다.
혼합하기	이물 혼입	다시와 식초, 간장, 레몬을 혼합한다.
숙성하기	초간장 숙성	혼합한 초간장에 가쓰오부시를 넣고 숙성한다.
초간장 걸러 내기	가쓰오부시 걸러 내기	하루 정도 숙성한 뒤 면포를 이용하여 맑게 걸러 낸다.
초간장 완성하기	양념 담기	그릇에 초간장과 양념을 담아 낸다.

02 양념 만들기

1. 양념에 필요한 재료

(1) 무

뿌리	소화 효소(아밀레이스) 함유, 비타민 C와 칼륨 풍부
껍질	루틴(비타민 P)
잎	β-카로틴과 칼슘

(2) 실파
① 파의 품종으로서 실처럼 가늘고 부드러우며 선명한 녹색이 특징이다.
② 요리의 주재료보다 보조 재료로 쓰인다.

(3) 고춧가루
고추를 말려 빻은 가루로, 음식에 매운맛과 붉은 색깔을 내는 향신료이다.

2. 양념 만들기

조리 방법	점검사항	조리 내용
계량하기	저울 및 용기 등의 상태	사용 비율에 맞게 원·부재료를 계량한다.
강판에 무 갈기	이물 혼입 및 안전사고	씻은 무를 강판에 곱게 갈아 낸다.
무 매운맛 제거하기	위생 상태	물을 이용하여 무의 향과 매운맛을 제거한다.
고춧가루 버무리기	고춧가루 입자	무 오로시와 고춧가루를 섞어 준다.
실파 썰기	실파 전처리	실파의 파란 부분을 송송 썰기한다.
양념 완성하기	양념 담기	그릇에 초간장과 양념을 담아 낸다.

03 조리별 양념장 만들기

1. 참깨소스의 재료
① 참깨: 항산화 효과가 우수하고, 참깨, 검은깨, 노란깨 등이 있다.
② 간장: 콩과 밀을 원료로 해 누룩을 만든 후 식염수를 넣어 만든 진한 액체이다.
③ 미림: 일본 특유의 술 조미료로, 고급스러운 단맛이 있고 음식에 윤기를 낸다.

2. 참깨소스 조리도구 - 아타리바치
절구 모양으로 재료를 곱게 갈아 으깨거나 끈기를 낼 때 사용한다.

3. 참깨소스 만들기

조리 방법	점검사항	조리 내용
계량하기	저울 및 용기 등의 상태	사용 비율에 맞게 원·부재료를 계량한다.
깨 볶아 내기	이물 혼입	화력 조절을 하여 깨를 볶아 낸다.
깨 갈기		아타리바치를 이용하여 갈아 낸다.
간장 넣기		간장 향과 간을 더해 준다.
미림 넣기		윤기와 단맛을 더해 준다.
참깨소스 완성하기	참깨소스 담기	그릇에 참깨소스를 담아 낸다.

▮ 양념의 종류별 특징

아와세스	니바이스(이배초)	청주, 간장, 미림
	삼바이스(삼배초)	술, 국간장, 설탕
	도사스	삼바이스에 가쓰오부시, 미림을 넣고 끓여서 식힘
	아마스	청주, 설탕, 미림
폰즈(모듬초 응용)		등자나무즙, 니다시지루, 간장 혼합 사용
모듬 간장	깨간장	곱게 간 흰깨, 설탕, 간장
	고추간장	물에 갠 겨자, 간장, 미림, 다진 고추
	땅콩간장	곱게 다진 땅콩, 설탕, 간장

바로 확인문제

복어 양념 삼배초의 재료로 맞는 것은?
① 술, 국간장, 설탕
② 청주, 간장, 미림
③ 가쓰오부시, 미림
④ 곱게 간 흰깨, 설탕, 간장

|해설|
②는 이배초(니바이스), ③은 도사스, ④는 깨간장의 재료이다.

|정답| ①

PART 04 복어껍질초회 조리

01 복어껍질 준비

1. 복어껍질 손질 및 건조 방법

(1) 복어껍질 벗기는 방법

복어껍질은 검은 껍질(구로가와), 흰 껍질(시로가와)로 구분되며 손질된 복어껍질은 사시미, 아에모노, 굳힘 요리(니코고리)에 사용된다.

관동 지방 방식	두 장으로 잘라 펼치는 방법
관서 지방 방식	한 장으로 통째로 벗기는 방법

(2) 복어껍질 손질 순서 [빈출]

① 복어 표면의 이물질을 솔로 닦아낸다. 복어의 껍질은 점액질이 많고 냄새가 많이 나기 때문에 굵은 소금으로 잘 문지르고 많은 물에 충분히 헹군다.
② 한 장 또는 두 장으로 껍질을 제거한다.
③ 겉껍질과 속껍질을 데바 칼로 분리한다.
④ 도마에 복어껍질의 안쪽을 바닥에 밀착시키고 사시미 칼로 복어 표면의 단단한 가시를 제거한다.
⑤ 가시 제거 후 끓는 물에 소금을 넣고 무르도록 삶아서 얼음물에 식힌다.
⑥ 물기 제거 후 구시에 끼워 냉장고에서 꼬들꼬들하게 건조시킨다.

> **바로 확인문제**
>
> 복어껍질 손질법으로 적절하지 못한 것은?
> ① 굵은 소금으로 잘 씻는다.
> ② 겉껍질과 속껍질을 데바 칼로 긁어 낸다.
> ③ 끓는 물에 겉껍질과 속껍질을 넣고 삶아 수분을 제거하여 냉장 보관한다.
> ④ 복어 표면의 가시는 제거하지 않는다.
>
> |해설|
> 복어 표면의 단단한 가시는 제거해야 한다.
>
> |정답| ④

(3) 복어껍질 사용 방법

① 사용하기 전에 꺼내어 무침 등의 용도에 맞게 얇게 썰어 사용한다.
② 겉껍질과 속껍질의 사용 비율은 9:1 정도가 좋다.

2. 조리용 칼의 종류와 용도

(1) 야채 칼

① 주로 채소를 취급하는 칼로서, 칼날이 거의 도마의 표면에 닿도록 되어 있다.
② 가쓰라무키(돌려 깎기)에 적합하며, 관동형은 칼끝이 각이 졌고, 관서형은 봉의 선단이 둥글게 되어 있다.

(2) 데바 칼
① 주로 어류나 수조육류를 오로시(손질)하는 데 사용하며, 사바쿠(뼈에 살을 발라냄)하거나 뼈를 자르는 데 사용한다.
② 칼의 크기와 날의 두께는 재료에 따라 적당한 것을 선택한다.

(3) 생선회 칼
① 생선회를 썰거나 요리를 가르는 데 사용한다.
② 관동형과 관서형이 있으며, 관서형을 더 많이 사용한다.

| 관동형(다코히키) | 칼날의 끝이 각이 진 것이다. |
| 관서형(야나기) | 칼날의 끝이 날카로운 것이 마치 버드나무같이 생겼다. |

02 복어껍질초회 양념 만들기

1. 양념 재료

(1) 무
① 수분이 약 95%이고, 영양은 적지만 약효가 뛰어나고, 위병이 없는 중요한 야채이다.
② 용도: 후로부키, 니모노, 기리보시, 회, 무즙, 생선회의 곁들임 등

(2) 고춧가루

| 덜 익은 것 | 푸른 고추(아오토우가라시) |
| 익은 것 | 붉은 고추(아카토우가라시) |

(3) 실파
생선회나 음식에 곁들이는 향신료 또는 양념으로 많이 사용한다.

2. 초간장 재료

(1) 간장

진간장	• 관동 지방의 대표적인 간장이다. • 색이 진하고 맛이 좋은 것이 특징이다.
연간장, 국간장	• 관서 지방을 중심으로 주로 사용한다. • 담백한 맛과 향이 특징이다.
백간장	• 소맥을 주원료로, 삶은 대두와 함께 누룩을 만들어서 염수를 가하여 만든 것이다. • 스이모노, 니모노에 사용한다.
색을 내는 간장	• 맛은 진하고 약간의 단맛이 나지만 향이 좋지 않다. • 사시미 간장, 다레, 니모노(조림)의 색을 내는 데 사용한다. • 밀봉하여 냉장고에 보관한다.

바로 확인문제

복어껍질초회에 곁들일 초간장 재료로 적당한 것은?
① 간장, 식초   ② 깨소금, 참기름   ③ 연간장, 고춧가루   ④ 식초, 우메보시

|해설|
초간장 만들기에 필요한 재료는 다시 국물(다시마 물, 가쓰오부시), 식초, 간장, 설탕, 레몬이다. |정답| ①

(2) 식초

양조식초	곡물, 과실류 등을 초산균을 이용하여 발효시킨 식초이다.
합성식초	빙초산을 물로 희석하여 여러 가지 식품첨가물을 넣어 만든 식초이다.
천연식초	다이다이, 가보스, 스다치, 레몬 등의 과즙은 향기가 좋아 식초의 일종으로서 초회 등의 요리에 사용한다.

(3) 설탕
① 용도에 따른 분류: 흑설탕, 황설탕, 백설탕
② 가공 방법에 따른 분류: 각설탕, 분설탕, 빙설탕

(4) 맛국물 만들기
① 냄비에 물을 올리고 끓어오르면, 가쓰오부시를 넣고 불을 끈다.
② 다시마를 넣고 가열하다가 끓으면 불을 끄고 다시마를 건져낸다.
③ 다시마 맛국물에 바로 가쓰오부시를 넣고 맛국물이 우러나면, 체나 면포를 이용하여 걸러 낸다.

바로 확인문제

가쓰오부시(가다랑어포)와 다시마를 이용하여 맛국물을 만드는 방법에 대한 설명으로 틀린 것은?

① 끓는 물에 가쓰오부시를 넣고 불을 끈다.
② 물과 다시마를 넣고 끓기 시작하면 다시마를 건져 낸다.
③ 가쓰오부시를 넣고 강한 불에서 오랫동안 팔팔 끓인다.
④ 가쓰오부시를 건질 때는 체나 면포를 이용한다.

|해설|
가쓰오부시를 넣고 오랜 시간 끓이면 알긴산이 제거되면서 고유의 맛과 영양분이 손실되고 물이 탁해진다.

|정답| ③

3. 초회 양념
무와 고춧가루로 아카오로시(빨간 무즙)를 만들고, 실파를 썰어 양념한다.

바로 확인문제

초회 양념에 들어가는 재료가 아닌 것은?
① 무　　② 고춧가루　　③ 실파　　④ 가쓰오부시

|해설|
초회 양념에는 무, 고춧가루, 실파가 들어간다.

|정답| ④

03 복어껍질 무치기

1. 복어껍질초회
복어껍질초회는 복어껍질의 쫄깃쫄깃한 맛과 미나리의 신선한 향이 새콤달콤한 소스와 어우러져 입맛을 돋운다.

2. 복어껍질 무치기
복어껍질은 먹기 전에 무치는 것이 중요하다. 먼저 무쳐 놓으면 수분이 나오는 경우가 있어 색과 맛이 떨어진다. 복어껍질과 미나리에 양념(야쿠미)과 초간장을 넣고 버무려 그릇에 담아 낸다.

PART 05 복어죽 조리

01 복어 맛국물 준비

1. 다시마의 종류
다시마는 길이가 2~4m, 폭이 20~30cm 내외인 2~3년생의 갈조류가 좋다.

종류	특징	분포도
참다시마	• 잎이 얇고 넓음 • 토종: 길이 1m • 일본 유입종: 길이 2m	동해안 사근진 연안
애기다시마	• 잎은 밑부분이 좀 넓은 긴 띠 모양 • 길이 0.6~2m, 너비 5~9cm • 황갈색 또는 밤색	동해, 중국, 일본 연해
개다시마	길이 1~2m, 너비 20~30cm	한국, 일본, 사할린섬, 쿠릴열도

2. 다시마의 성분
단백질 7%, 지방 0.5%, 무기질 28%, 요오드, 칼슘, 철이 풍부하고 비타민 C, 글루타민산(감칠맛)을 함유한다.

02 복어죽 재료 준비

1. 죽의 재료 - 쌀

(1) **쌀의 종류**

멥쌀	현미	탈곡해서 겉겨를 제거한 것
	백미	현미를 정미해서 속겨를 제거한 것
찹쌀		떡, 지에밥 등을 지을 때 사용

(2) **쌀 씻기**
  3회 정도 물을 바꿔 씻고, 여름에는 30분, 겨울에는 1시간 전에 씻어 둔다.

(3) **밥 짓기**
  불린 쌀과 물의 비율이 1:8이다.

2. 죽의 종류

(1) **오카유**
  물을 넣어 만드는 흰죽으로, 경우에 따라 달걀 등을 넣을 때 건더기는 아주 조금 넣는다.
  ① 불린 쌀 이용: 쌀을 반만 갈아서 맛국물을 넉넉히 넣고 끓인다.
  ② 밥 이용: 밥에 물을 넣고 밥알을 국자로 으깨면서 끓인다.

> **바로 확인문제**
>
> 오카유에 대한 설명으로 옳은 것은?
> ① 불린 쌀이나 밥을 넣어 맛국물이나 물을 넣고 끓이는 죽이다.
> ② 밥을 해물이나 야채를 넣고 다시 끓여 먹는 죽이다.
> ③ 복 냄비 요리를 먹고 남은 국물에 떡을 넣은 것이다.
> ④ 불린 쌀이나 밥에 복어의 정소(이리)를 넣고 끓인 것이다.
>
> |해설|
> 오카유는 불린 쌀을 이용하거나 밥을 이용하는 죽이다. ②는 조우스이, ③은 조우니, ④는 복어 정소(이리)죽이다.
>
> |정답| ①

(2) 조우스이

밥을 기본으로 잘게 썬 고기, 채소, 어패류 등을 넣어 끓인 맑거나 걸쭉한 죽을 말한다.

 야채죽, 전복죽, 굴죽, 버섯죽, 알죽

> **합격보장 꿀팁**
>
> • **조우니** | 복 냄비 요리를 먹고 난 뒤 남은 국물에 떡을 넣은 것

> **바로 확인문제**
>
> 죽을 만들 때 밥을 씻어 해물이나 야채를 넣고 다시 끓인 것은?
> ① 오카유　　② 현미죽　　③ 조우스이　　④ 장국죽
>
> |해설|
> 조우스이는 밥을 기본으로 잘게 썬 고기, 채소, 어패류 등을 넣어 끓인 죽으로 야채죽, 전복죽, 굴죽, 버섯죽, 알죽이 있다.
>
> |정답| ③

3. 복어죽 끓이기

(1) 쌀 준비

밥을 물에 씻거나 쌀을 씻고 불려서 복어죽 용도로 만든다.

(2) 부재료 준비

① 맛국물 만들기
② 김 손질하기
③ 실파, 미나리 손질하기
④ 달걀 풀기
⑤ 참기름과 깨 준비하기

03 복어죽 끓여서 완성

1. 복어 오카유 만들기

(1) 복어살, 참나물 손질하기

복어살은 얇게 포를 뜬 다음 가늘게 썰고, 참나물 줄기를 끓는 물에 데쳐서 흐르는 물에 씻어 1cm 길이로 썬다.

(2) 김, 실파 손질하기

김은 불에 살짝 구워 손으로 부수거나 가위로 잘게 자르고, 실파는 곱게 썰어서 흐르는 물에 2~3회 씻은 후 체에 건져 수분을 제거한다.

(3) 죽 끓이기
    냄비에 다시마 맛국물과 불린 쌀이나 밥을 넣고 중간 불로 끓이다가 표면에 떠오르는 거품을 걷어 내고 어느 정도 죽이 되면 손질해 둔 복어살을 넣고 약불에서 끓인다.

(4) 담기
    소금과 국간장으로 간을 하고, 계란(노른자만 사용할 경우 색이 곱게 됨)을 풀어 넣어 걸쭉하게 되면 기호에 따라 참나물 줄기, 참기름, 깨 등을 첨가하고, 그릇에 복어죽을 담아 실파와 김을 올린다.

2. 복어 조우스이 만들기

(1) 다시마 맛국물 만들기
    냄비에 물 2L와 사방 5cm로 자른 건다시마를 넣고 끓으면 불을 끄고 맛국물이 우러나면 다시마를 건진다.

(2) 복어뼈 맛국물 만들기
    ① 냄비에 물, 다시마를 넣고 중간 불에 끓인다.
    ② 끓기 시작하면 다시마를 건져 내고 맛국물에 복어의 중간뼈, 머리뼈, 아가미뼈를 순서대로 넣고 충분히 맛국물을 우려내서 뼈만 체로 건져 낸다.
    ③ 뼈의 살이 부족하면 복어살을 썰어 넣는다.

(3) 맛국물에 밥 넣고 간하기
    소금과 국간장으로 밑간하고 밥(물에 씻어 물기를 제거한 것)을 넣고 끓인다.

(4) 계란 풀기
    끓기 시작하면 불을 끄고 그릇에 풀어 둔 계란을 넣고 썬 실파를 넣어 3~4분 뜸을 들인다.

(5) 담기
    그릇에 담고 취향에 따라 폰즈를 넣어 먹는다.

3. 복어 정소(이리)죽 만들기

(1) 정소의 핏물 제거
    복어의 정소는 실핏줄을 제거하고 흐르는 물에 담가 핏물을 제거한다.

(2) 정소 준비하기
    핏물이 제거된 복어의 정소는 적당히 잘라 넣고, 체에 걸러 준비해 둔다.

(3) 정소죽 끓이기
    복어 조우스이, 복어 오카유 만들기와 동일한 방법으로 불린 쌀이나 밥에 복어살 대신 적당히 자른 정소나 체에 걸러 둔 복어의 정소를 넣고 중간 불로 끓인다.

(4) 담기
    소금과 국간장으로 밑간을 하고, 계란을 풀어 넣고 그릇에 담아 실파와 김을 올린다.

PART 06 복어튀김 조리

01 복어튀김 재료 준비

1. 재료
복어, 유자, 전분, 간장, 정종

2. 복어튀김 양념 재우기 순서
① 복어는 깨끗이 손질하여 수분을 제거한다.
② 복어살에는 칼집을 넣는다.
③ 실파는 얇게 썬다.
④ 국간장 1T, 미림 1T, 정종 1T, 참기름을 약간 넣고 소스를 만든다.
⑤ 복어살을 소스에 1분 정도 재운다.
⑥ 복어살을 건져서 체에 밭쳐 준다.
⑦ 유자 껍질을 다져서 복어살에 묻힌다.

> **바로 확인문제**
>
> 복어튀김을 만들 때 복어를 양념에 재우는 내용 중 틀린 것은?
> ① 복어는 깨끗이 손질하고 수분을 제거한다.
> ② 복어살에 칼집을 넣는다.
> ③ 국간장, 미림, 정종, 참기름으로 소스를 만들어 복어살을 재운다.
> ④ 전분으로 복어를 재워 둔다.
>
> |해설|
> 전분, 박력분 또는 밀가루와 전분을 혼합한 것은 복어튀김옷으로 사용한다.
>
> |정답| ④

3. 튀김옷의 종류
① 박력분 이용
② 전분 이용
③ 밀가루와 전분 혼합(전분가루와 튀김가루의 양이 너무 과하지 않게 조절할 것)

02 복어튀김 조리 완성

1. 튀김의 종류
① 스아게: 식재료 그 자체를 아무것도 묻히지 않은 상태에서 튀겨 내는 튀김이다.
② 고로모아게: 박력분이나 전분에 물을 넣어서 튀김옷(고로모)을 만들고 재료에 묻혀 튀겨 내는 튀김이다.
③ 가라아게: 양념한 재료를 그대로 튀기거나 박력분이나 전분만을 묻혀 튀긴 튀김이다.

> **바로 확인문제**
>
> 복어튀김의 조리 방법에 대한 설명으로 틀린 것은?
> ① 식재료 그 자체에 아무것도 묻히지 않은 상태로 튀긴다.
> ② 양념한 재료를 그대로 튀기거나 박력분이나 전분만을 이용한다.
> ③ 튀긴 재료에 조미한 조림 국물을 얹어내고 뜨거울 때 먹는다.
> ④ 박력분이나 전분에 물을 넣어서 튀김옷(고로모)을 만들고 재료에 묻혀 튀긴다.
>
> |해설|
> 복어튀김의 조리 방법 중 ①은 스아게, ②는 가라아게, ④는 고로모아게에 대한 설명이다. ③은 아게다시에 대한 설명이다.
>
> |정답| ③

2. 복어튀김 관련 용어

아게다시	튀긴 재료 위에 조미한 조림 국물을 부어 먹는 요리이다.(다시 : 연간장 : 미림 = 7 : 1 : 1)
덴다시	튀김을 찍어 먹는 간장 소스이다.(다시 : 진간장 : 미림 = 4 : 1 : 1)
야쿠미	요리의 풍미를 증가시키거나 식욕을 자극하기 위해 첨가하는 야채나 향신료이다. ㉠ 파, 와사비, 생강, 간 무, 고춧가루 등
텐카스	튀김옷(고로모)을 방울지게 튀긴 것, 튀길 때 재료에서 떨어져 나온 여분의 튀김을 말한다.

3. 복어튀김(복어가라아게)의 튀기는 방법

① 양념장에 담가 둔다.
② 전분에 묻혀서 하나씩 튀겨 낸다.
③ 완성 접시에 가지런히 담는다.

> **합격보장 꿀팁**
>
> • 튀김 온도
>   - 일반 튀김 온도: 180 ℃
>   - 가라아게 튀김 온도: 160 ℃

4. 복어튀김(복어가라아게) 접시에 담기

① 접시를 선정한다.
② 튀겨 낸 복어는 유분을 제거한다.
③ 접시에 기름종이를 깔고 복어를 담는다.

PART 07 복어회 국화 모양 조리

01 복어살 전처리 방법

1. 생선포 뜨기의 종류

두 장 뜨기 (니마이오로시)	생선의 머리를 자르고 난 후 씻어서 살을 오로시(필렛, 생선살만 분리)하고, 중앙 뼈가 붙어 있지 않게 살이 두 장이 되게 하는 방법이다.
세 장 뜨기 (산마이오로시)	• 기본적인 생선포 뜨기의 방법으로, 생선을 위쪽 살, 아래쪽 살, 중앙뼈로 세 장이 되게 하는 방법이다. • 생선의 중앙뼈에 붙어 있는 살의 뼈를 아래에 두고, 이 뼈를 따라 칼을 넣고 살을 분리한다.
다섯 장 뜨기 (고마이오로시)	• 생선의 중앙뼈를 따라 칼집을 넣어 일차적으로 뱃살을 떼어 내고, 등 쪽의 살도 떼어 낸다. • 광어와 가자미의 손질법이다.
다이묘포 뜨기 (다이묘오로시)	• 세 장 뜨기의 한 가지로, 생선의 머리쪽에서 중앙뼈에 칼을 넣고 꼬리쪽으로 단번에 오로시하는 방법이다. • 중앙뼈에 살이 남아 있기 쉽기 때문에 붙여졌다. • 보리멸, 학꽁치 등에 적당하다.

2. 생선 비린내 제거 방법

① 물로 씻기: 트리메틸아민(생선 비린내의 주성분)은 수용성으로 생선을 물로 씻으면 비린내를 많이 제거할 수 있다.

② 산 첨가: 식초, 레몬즙, 유자즙과 같이 산을 함유하고 있는 즙을 사용하면 트리메틸아민과 결합하여 비린내를 줄일 수 있다.

③ 간장 첨가
  • 간장은 생선의 맛에 풍미를 주고, 생선살에 침투하여 단백질의 응고를 촉진하고 살을 단단하게 한다.
  • 간장에 담가 두면 단백질 중 글로불린을 용출시키고 동시에 비린내를 용출시킨다.

④ 된장 첨가
  • 된장은 독특한 향미를 가지고 있는 콜로이드상의 조미료이다.
  • 콜로이드상의 물질은 흡착성이 강하며, 비린내 성분을 흡착하여 비린내를 못 느끼게 한다.

02 복어회 뜨기

1. 복어 횟감의 전처리

① 복어회의 국화 모양을 나타내기 위해 횟감용 살을 두 개로 나눈다.
② 한쪽은 바깥쪽 국화 모양, 다른 한쪽은 안쪽 국화 모양을 위해 준비한다.
③ 3:2의 비율로 약간 칼을 기울여 횟감용 살을 두 개로 나눈다.
④ 복어 살의 폭이 넓은 부분은 접시 바깥쪽의 국화 모양을 만든다.
⑤ 작은 부분은 접시 안쪽의 국화 모양으로 사용한다.

2. 복어회 모양 내기

복어회를 뜨기 전에 마른 행주로 감싸서 물기를 제거하며 숙성시켜 놓는다.

생선살 써는 방법

평 썰기	• 참치회 썰기에 이용한다. • 두께는 생선의 성질에 맞게 자르고, 칼 손잡이 부분에서 자르기 시작하여 그대로 잡아당기듯이 자른다. • 생선 자른 면이 광택이 나고 각이 있도록 자르기가 끝나면 자른 살을 오른쪽으로 밀어 가지런히 겹쳐 담는다.
잡아당겨 썰기	• 살이 부드러운 생선의 뱃살 부분을 썰 때 유효한 방법이다. • 칼을 비스듬히 눕혀서 써는 방식이 평 썰기와 같은 방법으로, 칼 손잡이 부분에서 시작하여 칼끝까지 당기면서 썰어 오른쪽으로 보내지 않고 칼을 빼낸다.
깎아 썰기	• 사시미 아라이(얼음물에 씻는 회)할 생선이나 모양이 좋지 않은 회를 자를 때 써는 방법이다. • 포 뜬 생선살의 얇은 쪽을 자기 앞쪽으로 하고 칼을 오른쪽으로 45° 각도로 눕혀서 깎아 내듯이 써는 방법이다.
얇게 썰기	• 복어처럼 살에 탄력이 있는 흰살 생선을 최대한 얇게 써는 방법이다. • 얇게 썰어야 하기 때문에 선도가 좋지 않은 생선은 사용하면 안 되며, 살아있는 생선으로 얇게 썰어야 한다. • 잘라서 학 모양, 장미 모양, 나비 모양 등을 만들기도 한다.
가늘게 썰기	• 칼끝을 도마에 대고 손잡이가 있는 부분을 띄워 위에서 아래로 긁어 내려가면서 써는 방법이다. • 광어, 도미, 한치가 해당된다.
각 썰기	• 참치나 방어 등의 붉은살 생선을 직사각형 또는 사각으로 자르는 방법이다. • 산마를 갈아서 그 위에 생선살을 얹어 주는 야마카케(山掛)가 대표적이다. • 썬 생선을 김에 말기도 하고 겹쳐서 담기도 한다.
실 굵기 썰기	• 실처럼 가늘게 써는 방법이다. • 광어, 도미, 오징어가 해당된다. • 서로 다른 종류를 어우러지도록 무칠 때 사용한다. • 작은 용기에 담을 때 쓰는 방법이다.
뼈째 썰기	• 작은 생선을 손질 후 뼈째 썰어서 얼음물에 씻어 수분을 잘 제거하고 회로 먹는 방법이다. • 전어, 전갱이, 병어, 은어가 해당된다.

바로 확인문제

생선회 자르는 방법으로 잘못된 것은?
① 실 굵기 썰기 – 실처럼 가늘게 써는 방법
② 뼈째 썰기 – 전어, 전갱이를 손질 후 뼈째 써는 방법
③ 잡아당겨 썰기 – 살이 부드러운 생선의 뱃살 부분을 써는 방법
④ 얇게 썰기 – 탄력 있는 생선살을 최대한 위에서 아래로 긁어 내려가면서 써는 방법

| 해설 |
얇게 썰기는 복어처럼 살에 탄력이 있는 흰살 생선을 최대한 얇게 써는 방법이다.

| 정답 | ④

03 복어회 국화 모양으로 담기

1. 복어회 뜨기
복어회를 얇고, 길게 잘라 국화 모양으로 둥근 접시에 담는 기술을 기쿠모리라고 한다.

2. 복어회 담기
복어회를 잘라 큰 둥근 접시에 원반 모양에 맞춰 평평하게 국화 모양, 모란꽃 모양 등으로 표현하는 방법도 있고, 학 모양, 공작 모양 등의 형상에 맞춰 접시를 선택하여 표현하는 방법도 있다.

3. 접시 사용

기본적으로 원형 접시를 사용하고, 무늬와 색이 있는 접시를 선택한다. 가능한 한 사각 접시와 투명 유리 접시는 피한다.

> **바로 확인문제**
>
> 복어회를 모양을 내어 담는 담음새의 형태로 주로 쓰는 방법이 아닌 것은?
> ① 둥근 접시에 국화 모양으로 담는다.
> ② 둥근 접시에 모란꽃 모양으로 담는다.
> ③ 둥근 접시에 학이나 공작 모양으로 담는다.
> ④ 투명 유리 접시에 많은 양을 평평하게 담는다.
>
> |해설|
> 복어회를 담을 때 가능한 한 투명 유리 접시와 사각 접시는 피한다.
>
> |정답| ④

  합격보장 꿀팁

- **복어회 담는 법**
  - 복어회는 시계 반대 방향(오른쪽에서 왼쪽)으로 담는 것이 기본이고, 그릇의 바깥쪽에서 앞쪽으로 담는다.
  - 복어 지느러미를 완성 접시에 국화 모양으로 만든다.

4. 곁들임 재료 담기

폰즈(지리스)는 감귤류를 짜낸 즙에 진간장, 미림, 청주 등을 잘 혼합하여 숙성시킨 소스로, 광어, 복어, 도미 등 흰 살 생선에 잘 어울리는 소스이다.

> **바로 확인문제**
>
> 폰즈를 만들 때 적당하지 않은 것은?
> ① 진간장　　② 미림　　③ 청주　　④ 통후추
>
> |해설|
> 폰즈는 감귤류를 짜낸 즙에 진간장, 미림, 청주 등을 잘 혼합하여 숙성시킨 소스이다.
>
> |정답| ④

PART 08 복어 선별 · 손질관리

01 복어 기초 손질하기

순서	방법
위생적으로 세척	흐르는 물에 이물질과 잡티를 제거 → 뼈 부분에 고인 피를 제거 → 혈관 제거 → 충분히 헹궈 피를 완전히 제거
점액질 제거	입, 지느러미, 껍질의 점액질을 소금으로 문지르고, 끓는 물에 데쳐 점액질을 제거 → 껍질은 칼로 점액질을 긁어낸 후 물에 담가두었다가 필요시 손질 후 삶아 사용
부위별 분리	입, 지느러미, 껍질을 분리 → 안구 제거
부위분리 및 손질	아가미와 아가미를 덮고 있는 뼈 사이에 칼집 넣기 → 머리, 몸통, 아가미살, 내장 부위를 분리, 손질
용기 확인	모든 불가식 부위를 확인(눈과 복어의 개수 확인)

02 복어 식용부위 손질하기

1. 복어 식용부위

가식 부위	불가식 부위
입, 지느러미, 뼈, 머리, 몸살, 겉껍질, 속껍질	피, 점액질, 뇌, 아가미, 안구, 쓸개, 심장, 간, 장, 식도, 위, 신장, 난소(알), 피가 배어 있는 조직과 점막(쓸개에 오염된 조직이 기본적인 불가식 부위)

2. 예외

황복	껍질(불가식), 정소(가식)
매리복, 검복, 황복, 눈불개복, 까칠복, 거북복	껍질(지느러미 포함 불가식)
복섬, 흰점복, 졸복, 삼채복	껍질(지느러미 포함), 정소(불가식)

> **합격보장 꿀팁**
>
> • **정소 섭취 가능 복어:** 자주복, 검자주복, 까치복, 금밀복, 흰밀복, 검은밀복, 물밀복, 강담복, 가시복, 브리커가시복, 쥐복

3. 가식 부위의 조리별 손질

회용	몸통을 사용, 표면의 점막, 혈관을 모두 제거 후 물기를 제거하여 준비
탕용	• 몸통: 점막, 혈관 제거 후 토막내어 뼈 안에 피도 제거 • 머리: 뇌와 피, 점막, 아가미를 제거 • 아가미살: 피, 점막, 혈관을 깨끗이 제거 후 흐르는 물에 담가 충분히 핏물 제거 • 입: 윗니 사이에 칼을 넣고 손으로 쳐주어 잘라주고 소금으로 씻은 후 끓는 물에 데쳐 여분의 점막을 제거
술용	지느러미 사용, 점막 제거를 위해 소금을 듬뿍 뿌린 후 소쿠리를 사용하여 원을 그리며 움직여주면서 표면의 점막 제거

03 복어 제독처리

1. 복어의 독이 인체에 미치는 영향
① 복어의 독은 테트로도톡신으로 아주 적은 양으로도 사람을 사망에 이르게 할 수 있다.
② 복어 자체에서 합성하여 생산되는 것이 아니라, 복어에 기생하는 세균에 의해 합성된다. 이러한 세균은 주로 복어가 섭취하는 조개나 벌레 등의 먹이에 의해 옮겨지는데, 드물게는 해수를 통해 옮겨지기도 한다.
③ 양식하는 복어에도 독이 존재할 수 있으므로 제독 처리에 주의한다.

2. 독성이 있는 부위에 따른 복어 분류(국내에서 식용 가능한 복어의 종류는 총 21종)

식용 가능 복어	가시복, 강담복, 검은밀복, 검자주복, 금밀복, 까치복, 불룩복, 브리커가시복, 자주복, 쥐복, 흰밀복
독성 부위	가식 부위를 제외한 모든 부분: 피, 점액질, 뇌, 아가미, 안구, 쓸개, 심장, 간, 장, 식도, 위, 신장, 난소(알)
껍질과 지느러미에 독이 있는 복어	거북복, 검복, 까칠복, 눈불개복, 매리복, 황복, 흰점복
살과 뼈만 섭취 가능한 복어	복섬, 삼채복, 졸복

3. 복어 제독 방법
① 불가식 부위는 폐기한다.
② 가식 부위는 여분의 불가식 부위에 대해 제독을 실시한다.
③ 가식 부위를 용기에 담고 흐르는 물을 틀어 놓는다.(가식 부위에 남아 있는 혈관이나 피 찌꺼기 등을 확실하게 제거)
④ 머리 부분의 아가미 쪽과 몸통의 척추뼈 부분, 아가미 살 쪽에 남아 있는 혈관과 피 찌꺼기 제거에 주의한다.
⑤ 척추뼈와 몸살 사이에 들어 있는 피도 제거한다.
⑥ 수작업으로 피를 제거해도 실핏줄에 배어 있는 피까지는 제거가 어려우므로 계속해서 담가 놓은 물에 핏기가 모두 없어질 때까지 물을 계속 갈아 주어 완벽하게 제독한다.

04 복어껍질 작업

복어의 겉껍질과 속껍질을 분리한다. → 복어 껍질의 점액질과 핏줄을 제거한다. → 복어 껍질의 가시를 제거한다. → 복어 껍질을 삶고 용도에 맞게 건조한다.

05 복어의 독성 부위 폐기

1. 복어 전용 분리수거 용기

독극물이라는 표시가 있을 것	누가 봐도 위험한 물건임을 쉽게 인식하도록 해야 한다. 그러므로 독극물임을 쉽게 인지할 수 있는 표시와 문구를 삽입해야 한다.
복어 내장이라는 표시가 있을 것	독극물의 종류가 무엇인지 알리기 위해 복어 내장이라는 표시를 한다.
터지지 않도록 여러 겹으로 준비할 것	폐기하고 이를 운반하는 과정에서 터지지 않아야 하고, 폐기물 중에는 뼈도 포함될 수 있기 때문에 여러 겹으로 포장한다.

2. 복어의 독성 부위 폐기

(1) 폐기 방법
① 복어의 내장은 독성이 있는 음식물로 분류되어 음식물 쓰레기가 아닌 종량제 봉투에 넣어 폐기하여야 한다.
② 운반 과정에서 복어 내장이며 독이 있다는 표시와 더불어 이를 취급하는 직원의 교육도 필요하다.

(2) 폐기 시 주의 사항
① 복어 독성 부위의 별도 폐기를 위한 폐기물 수거 직원을 대상으로 교육을 통해 복어 독성 부위 폐기물이 잘 관리되도록 한다. 만약 폐기물 수거 직원이 바뀌면 다시 교육해야 한다.
② 복어 폐기물이 썩거나 냄새가 나는 것을 방지하기 위해 폐기물 수거 시간이 길어지면 냉장 보관하였다가 수거 시간에 맞추어 내어 놓는다.
③ 폐기물 협력 업체로부터 복어 독성 부위를 어떻게 처리하는지에 대한 의견을 듣고 적합한 방법인지 판단 후 의견을 제시한다.
④ 독성 부위의 안전한 폐기가 중요한 이유는 이를 생선 내장으로 착각하여 섭취하는 것을 방지하기 위함이고, 사료나 친환경 비료를 만드는 곳에 보내져서 피해를 보는 것을 사전에 방지하기 위함이다.

SUBJECT 10 | 복어

필기합격 적중문제

01 난이도
다음 〈보기〉 중 복어의 식용 가능한 부위는 몇 개인가?

• 껍질	• 알	• 입
• 혀	• 살	• 위장
• 정소	• 이리	• 머리뼈 부분
• 갈비뼈 부분		

① 4개 ② 6개
③ 8개 ④ 10개

02 난이도
복어의 식용 불가능한 부위로 짝지어진 것은?

① 안구, 간, 난소, 알, 위장
② 입, 혀
③ 살, 머리뼈 부분
④ 갈비뼈 부분, 정소(이리)

03 난이도
복어독에 대한 설명으로 틀린 것은?

① 복어독은 무색, 무미, 무취이다.
② 독성분이 많이 함유된 순서는 난소, 간, 피부, 장, 근육 순이다.
③ 내장, 아가미, 피, 난소의 독을 제거해야 한다.
④ 복어의 맹독 성분은 파세오루나틴이다.

04 난이도
양념(야쿠미)을 만들 때 빨간 무즙(아카오로시)을 만드는 과정으로 틀린 것은?

① 무를 강판에 곱게 간다.
② 갈아놓은 무는 매운맛과 무의 향을 물로 헹구고 수분을 제거한다.
③ 무를 갈고 간장에 절인다.
④ ①, ② 과정을 거치고 고운 고춧가루를 섞어 적절한 모양을 만든다.

05 난이도 산업기사 출제 가능
복어의 섭취가 원인이 아닌 것은?

① 수술 전후 환자의 회복력 향상
② 당뇨병, 신장질환의 식이요법으로 활용
③ 혈전 예방과 노화방지
④ 비만의 원인

06 난이도
가쓰오부시 육수를 만들 때 사용하는 재료가 아닌 것은?

① 가다랑어포 ② 다시마
③ 물 ④ 멸치

07
복어의 독성분이 많은 부위의 순서로 맞는 것은?

① 난소＞장＞간＞피부
② 난소＞간＞피부＞장
③ 간＞난소＞피부＞장
④ 간＞장＞피부＞난소

08
복어독 중독 시 처치 방법으로 틀린 것은?

① 물을 다량 섭취 후 위세척을 하고 병원으로 옮겨 응급처치를 한다.
② 중조수를 섭취시키고, 위세척을 하게 한 후 응급처치를 한다.
③ 식염수를 섭취시키고, 위세척을 하게 한 후 응급처치를 한다.
④ 전신 마사지를 해주고 충분한 수면을 유도한다.

09 산업기사 출제 가능
복어의 영양 성분에 대한 설명으로 맞는 것은?

① 저칼로리, 고단백, 저지방, 각종 무기질, 비타민이 많이 함유되어 있다.
② 고칼로리, 저단백, 저지방으로 구성되어 있다.
③ 저칼로리, 저단백, 저지방으로 구성되어 있다.
④ 고칼로리, 고단백, 고지방으로 구성되어 있다.

10 산업기사 출제 가능
복어독의 독성이 최대인 시기는 언제인가?

① 산란 직전(4~6월)
② 산란 직전(1~8월)
③ 산란 후(7~12월)
④ 산란 후(9~12월)

11 산업기사 출제 가능
복어독의 중독 증상 중 초기 증상으로 맞는 것은?

① 운동 불가능, 의사전달이 안 됨, 산소 결핍으로 입술, 뺨, 귀가 파랗게 됨
② 입술, 혀끝의 떨림, 구토, 보행의 부자연스러움
③ 손발의 운동장애, 발성장애, 호흡곤란, 혈압저하
④ 완전히 의식불능, 호흡곤란, 심장정지, 사망

12
조리용 칼 중에서 데바 칼의 용도에 대한 설명으로 옳은 것은?

① 어류나 수조육류를 손질할 때 사용하며 뼈를 자를 때 사용한다.
② 채소를 손질할 때 사용한다.
③ 생선회를 썰거나 요리를 가를 때 사용한다.
④ 과일의 껍질 제거에 사용한다.

13
복어회와 복어 맑은탕을 만들 때 요구사항으로 틀린 것은?

① 복어의 겉껍질과 속껍질을 분리하여 손질하고, 가시를 제거한다.
② 뼈는 5cm 정도 크기로 토막 내어 사용하고 가식 부위라도 내장은 사용하지 않는다.
③ 완성품은 폰즈와 야쿠미와 함께 제출한다.
④ 회는 얇게 포를 떠 시계 방향으로 돌려 담는다.

14
복어회와 복어 맑은탕을 만들 때 필요한 부재료로 맞는 것은?

① 새우, 느타리버섯
② 당근, 무, 미나리, 건다시마, 실파
③ 홍고추, 부추
④ 박력분, 전분

15
복어 요리의 종류로 적절하지 않은 것은?

① 복어지리, 복어죽
② 복어초회, 복어양념튀김
③ 복어껍질초회, 복어회
④ 복어볶음, 복어 장조림, 복어내장탕

16
복어튀김을 만들 때 튀김옷으로 적당하지 않은 것은?

① 박력분 밀가루　　② 전분
③ 밀가루와 전분 혼합　　④ 콩가루와 시치미

17
덴다시에 대한 설명으로 옳은 것은?

① 튀김을 찍어 먹는 소스로 다시, 진간장, 미림으로 만든다.
② 박력분이나 전분으로 튀김을 튀기기 위한 반죽 옷이다.
③ 요리의 풍미를 증가시키거나 식욕을 자극하기 위해 첨가하는 야채나 향신료를 말한다.
④ 튀긴 재료 위에 조미한 조림 국물을 부어 먹는 것을 말한다.

18
복어나 생선의 비린내를 제거하는 방법으로 적절하지 않은 것은?

① 간장, 된장을 첨가한다.
② 식초, 레몬즙, 유자즙을 첨가한다.
③ 물로 씻는다.
④ 수분 보호를 하고 건조시킨다.

19
복어 조리기능사 품목으로 복어 맑은탕을 만들 때 채소의 모양으로 맞는 것은?

	무	당근
①	채 썰기	채 썰기
②	은행잎	매화꽃
③	깍둑 썰기	장미
④	국화꽃	장미

20
야쿠미를 만들 때 필요한 재료로 묶은 것은?

① 대파채, 레몬, 무즙
② 부추, 대파, 다진 마늘
③ 레몬, 실파, 고춧가루를 물들인 무즙
④ 편 썬 마늘, 실파, 레몬

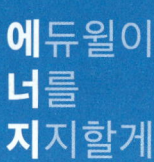

에듀윌이
너를
지지할게

ENERGY

인생은 자전거를 타는 것과 같다.
균형을 잡으려면 계속해서 움직여야 한다.

– 알버트 아인슈타인(Albert Einstein)

회차별
실전동형
모의고사

01회 실전동형 모의고사

01

식품을 냉동 저장할 때, 영양 성분의 변화로 옳지 않은 것은?

① 냉동에 의한 지질의 변화는 적으며, 온도가 높을수록 지방의 산화가 억제된다.
② 당질의 변화는 거의 없다.
③ 비타민 A와 비타민 B는 냉동 저장 중 안전하게 유지된다.
④ 냉동 저장 후 해동 시 드립(Drip) 양이 많아지면 수용성 단백질이 유실된다.

02

효소 반응에 영향을 미치는 인자를 모두 고른 것은?

㉠ 온도	㉡ 수소이온농도(pH)
㉢ 효소 농도	㉣ 기질 농도

① ㉠, ㉡
② ㉠, ㉢, ㉣
③ ㉡, ㉢, ㉣
④ ㉠, ㉡, ㉢, ㉣

03

식품의 부패 정도를 측정하는 지표로 가장 거리가 먼 것은?

① 휘발성 염기질소(VBN)
② 트리메틸아민(TMA)
③ 수소이온농도(pH)
④ 총질소(TN)

04

색소를 함유하고 있지는 않지만 식품 중의 성분과 결합하여 색을 안정화시키면서 선명하게 하는 식품첨가물은?

① 착색료
② 보존료
③ 발색제
④ 산화방지제

05

당류 중에 가장 단맛이 강한 것은?

① 포도당
② 과당
③ 설탕
④ 맥아당

06

분변 소독에 가장 적합한 것은?

① 과산화수소
② 에탄올
③ 생석회
④ 승홍수

07

인분을 사용한 밭에서 특히 경피적 감염을 주의해야 하는 기생충은?

① 십이지장충
② 요충
③ 회충
④ 말레이사상충

08

제3급 감염병이 아닌 것은?

① 말라리아
② 브루셀라증
③ 디프테리아
④ 비브리오패혈증

09
불의의 사고를 예방하기 위한 안전수칙 교육을 실시할 때, 선임관리자의 역할이 아닌 것은?

① 종업원의 행동을 검토하고, 규정을 제정한다.
② 부하 직원에 대해 역할 모델이 된다.
③ 종업원의 필요 사항에 관심을 갖고 문제점을 공감한다.
④ 모니터링 시스템을 통해 안전 관련 정보를 수집한다.

10
중독될 경우 소변에서 코프로포르피린이 검출될 수 있는 중금속은?

① 철(Fe)
② 크로뮴(Cr)
③ 납(Pb)
④ 시안화합물(CN)

11
유화성은 유화의 물리적 성질 중 하나로, 수중유적형(O/W)과 유중수적형(W/O)으로 구분된다. 유중수적형에 해당하는 것은?

① 우유
② 마가린
③ 마요네즈
④ 아이스크림

12
조리장비 및 도구의 점검 방법으로 옳지 않은 것은?

① 육절기는 조립한 채로 중성세제와 미온수로 세척한다.
② 음식 절단기는 작업 전 칼날의 상태와 이물질 등이 없는지 확인한다.
③ 식기세척기의 배수로나 필터는 주기적으로 세척한다.
④ 튀김기는 세척 후 마른 행주로 물기를 완전히 제거한다.

13
식품을 저장하는 곳에서 꼭 필요한 집기류는?

① 칼과 도마
② 대형 그릇
③ 온도계
④ 계량컵과 계량스푼

14
습열 조리법이 아닌 것은?

① 설렁탕
② 갈비찜
③ 불고기
④ 버섯전골

15
식품 구입 시의 감별 방법으로 틀린 것은?

① 달걀은 표면이 매끄럽고 흔들었을 때 소리가 나지 않는 것이 좋다.
② 오이는 위·아래의 굵기가 고르고 곧게 자란 것이 좋다.
③ 우유는 소비기한이나 제조일자를 확인하고 상단 부분이 밀폐되어 있어야 한다.
④ 베이컨은 끈적이지 않아야 한다.

16
단백질 함량이 14% 정도인 밀가루로 만드는 것이 가장 좋은 식품은?

① 버터 케이크
② 튀김
③ 마카로니
④ 과자류

17
HACCP의 7원칙에 해당하지 않는 것은?
① 위해 요소 분석
② 중요관리점(CCP) 결정
③ 개선 조치 방법 수립
④ 회수명령의 기준 설정

18
칼 갈기에 대한 내용으로 옳지 않은 것은?
① 무딘 칼을 사용할 경우 힘이 많이 들어 사고가 발생할 수 있다.
② 칼을 가는 방법에는 사선 갈기, 직각 갈기가 있다.
③ 칼날은 처음부터 끝까지 고르게 갈아야 한다.
④ 칼날을 갈 때 사용하는 숫돌은 입자 크기에 따라 구분하며, 기호 #으로 나타낸다.

19
식품에서 자연적으로 발생하는 유독물질을 통해 식중독을 일으킬 수 있는 식품과 가장 거리가 먼 것은?
① 피마자
② 표고버섯
③ 미숙한 매실
④ 모시조개

20
다음 자료에 의해서 총원가를 산출하면 얼마인가?

• 직접재료비	170,000원
• 간접재료비	55,000원
• 직접노무비	80,000원
• 간접노무비	50,000원
• 직접경비	5,000원
• 간접경비	65,000원
• 판매경비	5,500원
• 일반관리비	10,000원

① 425,000원
② 430,500원
③ 435,000원
④ 440,500원

21
식재료를 구입할 때 비가식부와 폐기율을 고려하여 구입량을 정해야 한다. 다음 중 폐기율이 가장 높은 것은?
① 바지락
② 사과
③ 송이버섯
④ 오이

22
「식품위생법」상 식중독 환자를 진단한 의사는 누구에게 이 사실을 제일 먼저 보고하여야 하는가?
① 보건복지부장관
② 경찰서장
③ 보건소장
④ 관할 시장·군수·구청장

23
생식 기능 유지와 노화방지의 효과가 있고 화학명이 토코페롤(Tocopherol)인 비타민은?
① 비타민 A
② 비타민 C
③ 비타민 D
④ 비타민 E

24
어묵의 탄력과 가장 관계 깊은 것은?
① 수용성 단백질 – 미오겐
② 염용성 단백질 – 미오신
③ 결합 단백질 – 콜라겐
④ 색소 단백질 – 미오글로빈

25
대기오염을 일으키는 요인으로 가장 영향력이 큰 것은?
① 고기압일 때   ② 저기압일 때
③ 바람이 불 때   ④ 기온역전일 때

26
녹색채소를 데칠 때 색을 선명하게 하기 위한 조리 방법으로 부적합한 것은?
① 휘발성 유기산을 휘발시키기 위해 뚜껑을 열고 끓는 물에 데친다.
② 산을 희석시키기 위해 조리수를 다량 사용하여 데친다.
③ 섬유소가 알맞게 연해지면 가열을 중지하고 냉수에 헹군다.
④ 조리수의 양을 최소로 하여 영양분의 유출을 막는다.

27
박력분에 대한 설명 중 옳은 것은?
① 마카로니 제조에 쓰인다.
② 우동 제조에 쓰인다.
③ 단백질 함량이 10% 이하이다.
④ 글루텐의 탄력성과 점성이 강하다.

28
장염비브리오 식중독균의 특징으로 틀린 것은?
① 해수에 존재하는 세균이다.
② 3~4%의 식염 농도에서 잘 발육한다.
③ 특정 조건에서 사람의 혈구를 용혈시킨다.
④ 그람양성균이며 아포를 생성하는 구균이다.

29
달걀을 이용한 조리식품과 관계가 없는 것은?
① 오믈렛   ② 수란
③ 치즈   ④ 커스터드

30
영양소와 급원식품의 연결이 옳은 것은?
① 동물성 단백질 – 두부, 소고기
② 비타민 A – 당근, 미역
③ 필수지방산 – 대두유, 버터
④ 칼슘 – 우유, 치즈

31
공중보건에 대한 설명으로 틀린 것은?
① 목적은 질병 예방, 수명 연장, 정신적·신체적 건강 증진이다.
② 공중보건의 최소 단위는 지역사회이다.
③ 공중보건학에는 환경위생 개선, 감염병 관리 등이 포함된다.
④ 주요 사업대상은 개인의 질병 치료이다.

32
생선 조리 방법에 대한 설명으로 틀린 것은?
① 생강과 술은 비린내를 없애는 용도로 사용한다.
② 처음에 가열할 때 수분간은 뚜껑을 약간 열어 비린내를 휘발시킨다.
③ 생선 조림 시 모양을 유지하고 맛 성분이 유출되는 것을 방지하기 위해 간장이 끓을 때 생선을 넣기도 한다.
④ 신선도가 약간 저하된 생선은 조미를 비교적 약하게 하고 뚜껑을 덮어 짧은 시간 내에 끓인다.

33
다음 식품 중 직접 가열하는 급속해동법이 많이 이용되는 것은?
① 생선
② 소고기
③ 냉동피자
④ 닭고기

34
주방 내에서 발생할 수 있는 안전사고의 원인과 위험 요인의 연결이 옳지 않은 것은?
① 미끄러짐 – 바닥에 물이나 호스
② 화상과 데임 – 뜨거운 액체나 물건, 화염
③ 절단 및 베임 – 미숙한 칼 사용
④ 끼임 – 조리도구 관리 소홀

35
생균(Live Vaccine)을 사용하는 예방접종으로 면역이 되는 질병은?
① 파상풍
② 콜레라
③ 폴리오
④ 백일해

36
하루 필요열량이 2,500kcal일 경우 이 중의 18%에 해당하는 열량을 단백질에서 얻으려 한다면 필요한 단백질의 양은 얼마인가?
① 50.0g
② 112.5g
③ 121.5g
④ 171.3g

37
「식품위생법」상 조리사를 두어야 할 영업이 아닌 것은?
① 지방자치단체가 운영하는 집단급식소
② 식품첨가물 제조업소
③ 복어 조리 판매업소
④ 병원이 운영하는 집단급식소

38
식품의 감별 방법 중 틀린 것은?
① 쌀알은 투명하고 앞니로 씹었을 때 강도가 센 것이 좋다.
② 생선은 안구가 돌출되어 있고 비늘이 단단하게 붙어 있는 것이 좋다.
③ 김은 건조가 잘 되어 있고 광택이 없는 것이 좋다.
④ 소고기는 선홍색이며 윤택이 나는 것이 좋다.

39
원가 계산의 목적으로 틀린 것은?
① 가격 결정
② 원가 관리
③ 예산 편성
④ 기말재고량 측정

40
세계보건기구(WHO)의 주요 기능이 아닌 것은?
① 국제적인 보건사업의 지휘 및 조정
② 회원국에 대한 기술 지원 및 자료 공급
③ 세계식량계획 설립
④ 유행성 질병 및 전염병 대책 후원

41
다음 중 냉동식품의 특징을 모두 고르면 몇 개인가?

| • 안정성 | • 절약성 | • 복합성 |
| • 보존성 | • 위생성 | • 용해성 |

① 3개 ② 4개
③ 5개 ④ 6개

42
인수공통감염병 중 병원체가 세균인 것은?

① 일본뇌염 ② 후천성면역결핍증
③ 돈단독증 ④ 광견병

43
식품에 존재하는 물의 형태 중 결합수에 대한 설명으로 옳은 것은?

① 표면 장력이 크다.
② 0℃ 이하에서도 얼지 않는다.
③ 100℃에서 증발하여 수증기가 된다.
④ 수용성 물질을 녹여 용매로 작용한다.

44
소고기 부위 중 탕, 스튜, 찜 조리에 가장 적합한 부위는?

① 안심 ② 설도
③ 양지 ④ 사태

45
다음 ( )에 들어갈 용어가 순서대로 나열된 것은?

당면은 감자, 고구마, 녹두가루에 첨가물을 혼합, 성형하여 (　　) 한 후 건조, 냉각하여 (　　)시킨 것으로 반드시 열을 가해 (　　) 하여 먹는다.

① α화 – β화 – α화 ② α화 – α화 – β화
③ β화 – β화 – α화 ④ β화 – α화 – β화

46
사과나 딸기 등이 잼에 이용되는 가장 중요한 이유는?

① 과숙이 잘 되어 좋은 질감을 형성하므로
② 펙틴과 유기산이 함유되어 잼 제조에 적합하므로
③ 색이 아름다워 잼의 상품가치를 높이므로
④ 새콤한 맛 성분이 잼 맛에 적합하므로

47
육류의 사후강직과 숙성에 대한 설명으로 옳은 것은?

① 사후강직은 동물을 도살한 후 산소 공급이 중단되어 나타나는 현상이다.
② 도살 후 글리코젠이 혐기적 상태에서 젖산을 분해한다.
③ 근육 내의 단백질 분해 효소에 의해 근육 단백질이 분해되는 것을 말한다.
④ 소고기와 돼지고기의 최대 경직 시간은 같다.

48
찹쌀떡이 멥쌀떡보다 더 늦게 굳는 이유는?

① pH가 낮기 때문에
② 수분 함량이 적기 때문에
③ 아밀로오스의 함량이 많기 때문에
④ 아밀로펙틴의 함량이 많기 때문에

49
수질의 오염 정도를 파악하기 위한 BOD(생화학적 산소 요구량)의 측정 시 일반적인 온도와 측정기간은?

① 10℃에서 10일간 ② 20℃에서 10일간
③ 10℃에서 5일간   ④ 20℃에서 5일간

50
기름을 오랫동안 저장하여 산소, 빛, 열에 노출되었을 때 색깔, 맛, 냄새 등이 변하게 되는 현상은?

① 발효   ② 부패
③ 산패   ④ 후란

51
비타민 C의 파괴율이 가장 적은 조리 방법을 사용한 것은?

① 시금칫국   ② 무생채
③ 고사리무침 ④ 오이지

52
조리용 칼을 사용할 때 위험 요소로부터 예방하는 방법으로 옳지 않은 것은?

① 칼을 떨어뜨렸을 경우 잡으려 하지 말고 한 걸음 물러서서 피한다.
② 칼을 보관할 때에는 안전함에 넣어 둔다.
③ 칼을 가지고 이동할 때에는 칼날이 몸의 안쪽을 향하게 한다.
④ 칼은 본래 목적 이외에는 사용하지 않는다.

53
생채류에 속하는 무생채, 도라지생채, 더덕생채에 거의 사용하지 않는 재료는 무엇인가?

① 참기름, 후추 ② 소금
③ 깨   ④ 고춧가루

54
고명으로 사용하는 재료와 색의 연결이 바르지 않은 것은?

① 흰색 – 달걀 흰자
② 검은색 – 석이버섯, 표고버섯
③ 붉은색 – 홍고추, 당근, 대추, 실고추
④ 노란색 – 노란 단무지

55
밥 짓는 방법에 대한 설명으로 옳지 않은 것은?

① 호화의 시작 온도는 60~65℃이다.
② 쌀의 수분 함량은 65% 전후, 물의 양은 쌀 중량의 1.0~1.5배로 한다.
③ 호화가 완료되는 시점은 100℃에서 20~30분 정도이다.
④ 뜸들이는 시간은 30분 정도로 충분히 익힌다.

56
찌개에 대한 설명으로 옳지 않은 것은?

① 건더기는 국물의 2/3 정도가 좋다.
② 국보다 건더기가 많은 국물 음식이다.
③ 센 불에 끓이다가 국물이 끓으면 약한 불로 끓인다.
④ 고기나 생선과 양념을 넣고 물을 많이 부어 오래 끓인다.

57
오자죽에 대한 설명으로 옳지 않은 것은?
① 다섯 가지 재료를 넣어 만든 죽이다.
② 잣, 호두, 아몬드, 땅콩, 복숭아 씨앗, 살구 씨앗 등에 쌀을 넣어 만든 죽이다.
③ 서민들이 즐겨 먹는 음식이다.
④ 환자들에게 좋은 보양식이다.

58
한식에서 양념으로 많이 사용되는 간장 중 콩으로 메주를 만들어 발효시킨 후 메주에 소금물을 넣어 만든 것은?
① 청장
② 양조간장
③ 국간장
④ 진간장

59
한국의 상차림에 대한 설명으로 옳지 않은 것은?
① 밥, 탕, 김치를 기본으로 하는 밥상을 반상이라 한다.
② 쌀과 잡곡으로 지은 밥과 반찬으로 구성된다.
③ 손님에게 술을 대접하기 위한 상차림은 교자상이라고 한다.
④ 음식의 종류와 첩수(3첩, 5첩, 7첩, 9첩, 12첩)로 상차림이 구분된다.

60
조리 시 식품 내부까지 맛이 잘 스며들게 하기 위한 조미료의 첨가 순서로 가장 적절한 것은?
① 설탕 → 소금 → 식초 → 간장
② 소금 → 설탕 → 식초 → 간장
③ 간장 → 식초 → 설탕 → 소금
④ 식초 → 설탕 → 소금 → 간장

61
스톡을 만들 때 필요한 재료에 대한 설명이다. 옳지 않은 것은?
① 부케가르니는 통후추, 월계수잎, 타임, 파슬리 줄기, 마늘, 셀러리로 향을 낼 때 사용한다.
② 스톡 조리에 사용하는 뼈의 종류로 소뼈, 닭뼈, 생선뼈 등이 있다.
③ 고기, 생선의 국물을 맑게 끓인 것이다.
④ 스톡의 향을 강화하기 위해 양파, 당근, 셀러리를 사용한다.

62
다음 중 전채 요리에 속하는 것은?
① 쉬림프 카나페
② B.L.T 샌드위치
③ 치킨커틀렛
④ 월도프샐러드

63
샌드위치를 담는 방법으로 옳지 않은 것은?
① 전체적으로 심플하고 깔끔하게 담는다.
② 차가운 접시에 담는다.
③ 먹기 편리하도록 담는다.
④ 재료 자체가 가지고 있는 고유의 색감과 질감을 잘 표현한다.

64
생면 파스타의 종류가 아닌 것은?
① 알덴테(Al Dente)
② 탈리올리니(Tagliolini)
③ 파르팔레(Farfalle)
④ 라비올리(Ravioli)

65
조식(Breakfast) 메뉴로 적당한 것은?
① 스파게티 카르보나라 ② 치즈오믈렛
③ 치킨커틀렛 ④ 서로인 스테이크

66
올리브 오일에 대한 설명으로 옳지 않은 것은?
① 드레싱이나 소스를 만들 때 사용한다.
② 올리브 오일에 허브와 스파이스를 사용하기도 한다.
③ 올리브 오일은 발연점이 높다.
④ 파스타에는 담백한 향미와 농도감을 위해 엑스트라버진 오일을 사용한다.

67
전채 요리에 대한 설명으로 옳지 않은 것은?
① 전채 요리의 분류에 드레스드는 요리사의 아이디어와 기술로 가공되어 맛이 유지된 것이다.
② 드레스드의 종류로 육류나 게살 카나페, 스터프트 에그, 구운 굴, 소시지 말이 등이 있다.
③ 식욕을 돋우기 위해 식사 전에 먼저 나오는 요리라는 뜻이다.
④ 아침 식사를 말하며 주로 달걀 요리로 오믈렛이나 스크램블 에그를 한다.

68
포칭(Poaching)에 대한 설명으로 옳은 것은?
① 식품을 물, 스톡, 쿠르 부용에 잠기도록 하여 뚜껑을 열고 70~80℃에 삶는 방법이다.
② 식품을 찬물이나 끓는 물에 넣고 비등점 가까이에서 끓이는 방법이다.
③ 오븐 안에서 건조열로 굽는 방법으로 육류나 채소 조리에 많이 사용한다.
④ 영양 손실이 가장 적은 조리법으로 식용기름으로 튀기는 방법이다.

69
중국 요리를 지역별로 구분한 4대 요리로 바르게 묶은 것은?
① 북경 요리, 남경 요리, 사천 요리, 광동 요리
② 궁정 요리, 정진 요리, 약선 요리, 북경 요리
③ 광주 요리, 산동 요리, 남경 요리, 궁정 요리
④ 북경 요리, 정진 요리, 약선 요리, 산동 요리

70
각종 요리에 사용하는 면에 대한 설명으로 틀린 것은?
① 면대란 반죽을 얇게 편 것을 말한다.
② 면발은 면대를 썰어서 만든 면가닥을 말한다.
③ 면발의 굵기에 따라 세면, 소면, 중화면, 중면, 칼국수면, 우동면 등으로 구분한다.
④ 면을 만들 때 맛과 풍미를 향상시키기 위해 설탕을 넣기도 한다.

71
중식의 후식에 속하는 것으로 바르게 묶은 것은?
① 빠스고구마, 빠스옥수수
② 오징어냉채, 해파리냉채
③ 유니 자장면, 울면
④ 새우볶음밥, 마파두부덮밥

72
중식 조리 시 많이 사용하는 식재료인 청경채에 대한 설명으로 옳지 않은 것은?
① 몸 전체가 녹색이면 청경채, 잎줄기가 백색이면 백경채라고 부른다.
② 고기 요리에 많이 곁들인다.
③ 성장 기간이 짧은 십자화과 채소로, 여름에만 식용 가능하다.
④ 중국 채소지만 현재는 전 세계적으로 많이 사용되고 있다.

73
육류를 주재료로 하는 중식 조림은?

① 홍소두부 ② 난자완스
③ 홍소도미 ④ 오향땅콩조림

74
중식에서 썰기 방법 중 편(片)에 대한 설명으로 옳은 것은?

① 재료를 포 뜨듯이 한쪽으로 어슷하고 얇게 뜨는 것으로 주로 육류나 어류, 버섯류, 채소류를 썰 때 적합하다.
② 한식의 채 썰기와 같은 형태의 방법이다.
③ 재료를 사각형으로 써는 형태이다.
④ 참깨 크기로 잘게 다지는 도공법이며 육류나 향신료 등을 다질 때 많이 활용한다.

75
식용 유지에 대한 설명으로 옳지 않은 것은?

① 고추씨기름 – 고추씨로부터 채취한 원유를 식용에 적합하도록 처리한 것
② 콩기름(대두유) – 콩으로부터 채취한 원유를 식용에 적합하도록 처리한 것
③ 미강유(현미유) – 미강으로부터 채취한 원유를 식용에 적합하도록 처리한 것
④ 옥수수기름 – 유채로부터 채취한 원유를 식용에 적합하도록 처리한 것

76
중식 조리에 사용되는 농후제로 적합하지 않은 것은?

① 옥수수 전분 ② 감자 전분
③ 고구마 전분 ④ 박력분

77
일식 국물 조리에 사용할 다시를 만드는 방법으로 적절하지 않은 것은?

① 다시마는 깨끗한 행주로 표면을 닦는다.
② 다시마가 끓기 직전에 다시마를 건져 내고 불을 끈다.
③ 가쓰오부시를 넣고 15분 후 면포에 거른다.
④ 가쓰오부시를 넣고 팔팔 끓여서 깊은 맛을 우려낸다.

78
된장국(미소시루)을 만들 때 사용하는 재료가 아닌 것은?

① 두부 ② 표고버섯
③ 가쓰오부시 ④ 다시마

79
조림(니모노)에 대한 설명으로 옳은 것은?

① 재료와 국물을 함께 끓여 맛이 속으로 스며들게 한다.
② 재료와 향신료를 섞어 무친 것이다.
③ 냄비째 제공하는 형태이다.
④ 맛이 담백하고 산미가 있어 입안을 개운하게 하는 조리 방법이다.

80
고추냉이를 사용하는 방법으로 옳지 않은 것은?
① 고추냉이의 매운맛이 많은 윗부분부터 사용한다.
② 생고추냉이는 강판에 갈아서 사용한다.
③ 가루 고추냉이는 차가운 물과 1 : 1 비율로 섞어 사용한다.
④ 고추냉이의 매운맛은 비휘발성이다.

81
일식 꼬치 구이는 꼬치를 꽂는 방법에 따라 명칭이 다르다. 다음 중 이 명칭에 대한 설명으로 옳지 않은 것은?
① 오우기 쿠시란 자른 생선살을 꽂는 것을 말한다.
② 누이 쿠시는 살 사이에 바느질하듯이 꼬치를 꽂는 방법으로, 주로 오징어와 같이 구울 때 휘는 것에 사용한다.
③ 노보리 쿠시는 작은 생선을 통으로 구울 때 쇠꼬챙이를 꽂는 방법이다.
④ 료우즈마 오레는 생선 껍질 쪽을 도마 위에 놓고 한쪽만 말아서 꽂는 방법이다.

82
일식 조리에 사용되는 소금(시오)의 종류가 아닌 것은?
① 식염   ② 식탁염
③ 가공염   ④ 죽염

83
도미를 손질할 때 살과 뼈를 분리하는 방법은?
① 5장 뜨기   ② 3장 뜨기
③ 2장 뜨기   ④ 1장 뜨기

84
초밥 종류의 명칭과 설명이 적절하지 않은 것은?
① 마키스시 – 김초밥
② 하코 초밥 – 도시락이나 상자에 재료를 넣어 만든 초밥
③ 데카마키 – 참치 김초밥
④ 호소마키 – 굵게 만 김초밥

85
복어의 맹독 성분으로 말초신경과 중추신경에 강한 마비를 일으키는 독은?
① 솔라닌   ② 테트로도톡신
③ 아미그달린   ④ 무스카린

86
복어의 식용 가능한 부위에 해당되는 것은?
① 정소(이리)   ② 안구
③ 아가미   ④ 신장

87
복어의 부위별 독소의 양이 많은 순서대로 나열한 것은?

| ㉠ 난소 | ㉡ 간 | ㉢ 피부 | ㉣ 근육 |

① ㉠ > ㉡ > ㉢ > ㉣
② ㉠ > ㉢ > ㉡ > ㉣
③ ㉡ > ㉢ > ㉠ > ㉣
④ ㉡ > ㉣ > ㉢ > ㉠

88
복어껍질을 손질하는 방법으로 옳지 않은 것은?

① 복어의 겉껍질과 속껍질을 분리할 때는 데바 칼을 사용한다.
② 도마 바닥에 복어껍질의 안쪽을 밀착시키고 사시미 칼로 복어 표면의 단단한 가시를 제거한다.
③ 복어의 껍질은 흐르는 물에 한 번만 헹군다.
④ 손질이 끝난 복어껍질은 쿠시에 끼워 냉장고에서 꼬들꼬들하게 건조시킨다.

89
복어의 효능이 아닌 것은?

① 혈압 강하
② 수술 전후 환자 회복
③ 당뇨병, 신장 질환의 식이요법
④ 체중 증량

90
가다랑어포(가쓰오부시)의 종류에 대한 설명으로 옳지 않은 것은?

① 가메부시 – 작은 가다랑어의 한쪽 살로 만든 것
② 혼부시 – 대형 가다랑어를 3장 뜨기한 후 한쪽 살을 세로로 자른 것
③ 오부시 – 가메부시의 배 부분
④ 메부시 – 혼부시의 배 부분

91
복어껍질 조리에서 겉껍질과 속껍질의 비율로 적합한 것은?

① 9 : 1
② 5 : 1
③ 2 : 1
④ 3 : 1

92
복어회 담는 방법에 대한 설명으로 옳지 않은 것은?

① 복어회는 오른쪽에서 왼쪽으로 담는다.
② 주로 원형 접시를 사용한다.
③ 복어회는 그릇의 앞쪽에서 바깥쪽으로 담는다.
④ 복어 지느러미를 완성 접시에 국화 모양으로 만든다.

02회 실전동형 모의고사

01
섭조개에서 문제를 일으킬 수 있는 독소 성분은?
① 테트로도톡신(Tetrodotoxin)
② 셉신(Sepsine)
③ 베네루핀(Venerupin)
④ 삭시톡신(Saxitoxin)

02
작업장의 조명 불량을 원인으로 발생될 수 있는 질환이 아닌 것은?
① 결막염　　② 안정피로
③ 안구진탕증　④ 근시

03
단팥죽에 설탕 외에 약간의 소금을 넣으면 단맛이 더 크게 느껴진다. 이에 대한 맛의 현상은?
① 대비 현상　② 상쇄 현상
③ 상승 현상　④ 변조 현상

04
조리기구와 그 용도의 연결이 틀린 것은?
① 필러(Peeler) – 채소의 껍질을 벗길 때
② 믹서(Mixer) – 재료를 혼합할 때
③ 슬라이서(Slicer) – 채소를 다질 때
④ 육류 파운더(Meat Pounder) – 육류를 연화시킬 때

05
수질의 분변오염지표균은?
① 장염비브리오균　② 대장균
③ 살모넬라균　　　④ 웰치균

06
2,500~2,800Å(자외선)의 파장으로 살균하며 기구, 음료수 등과 식품의 표면을 살균할 때 사용하는 방법은?
① 자외선살균법　② 적외선살균법
③ 일광소독법　　④ 방사선살균법

07
냉장 보관했던 딸기의 색깔을 선명하게 보존할 수 있는 조리법은?
① 서서히 가열한다.
② 짧은 시간에 가열한다.
③ 높은 온도로 가열한다.
④ 전자레인지에서 가열한다.

08
우유의 살균 방법으로 130~140℃에서 1~2초간 가열하는 것은?
① 저온살균법　　　② 고압증기멸균법
③ 고온단시간살균법　④ 초고온순간살균법

09
함유된 주요 영양소가 잘못 짝지어진 것은?
① 북어포 – 당질, 지방
② 우유 – 칼슘, 단백질
③ 두유 – 지방, 단백질
④ 밀가루 – 당질, 단백질

10
다수인이 밀집한 장소에서 발생하며 화학적 조성이나 물리적 조성의 큰 변화를 일으켜 불쾌감, 두통, 권태, 현기증, 구토 등의 생리적 이상을 일으키는 현상은?
① 빈혈
② 일산화탄소 중독
③ 분압현상
④ 군집독

11
유지나 지질을 많이 함유한 식품이 빛, 열, 산소 등과 접촉하여 산패를 일으키는 것을 막기 위해 사용하는 첨가물은?
① 피막제
② 착색제
③ 산미료
④ 산화방지제

12
공중보건사업을 하기 위한 최소 단위는?
① 가정
② 개인
③ 시·군·구
④ 국가

13
육류로부터 감염되는 기생충으로 짝지어진 것은?
① 편충, 유구조충
② 무구조충, 톡소플라즈마
③ 구충, 선모충
④ 회충, 폐흡충

14
주방 내 안전사고 요인 중 인적 요인에 대한 내용이다. 다음 중 '행동적 요인'에 해당하는 것을 모두 고른 것은?

> ㉠ 과격한 기질 및 신경질
> ㉡ 불완전한 동작과 자세
> ㉢ 결함이 있는 기계 및 기구의 사용
> ㉣ 중독증 등 각종 질환
> ㉤ 피로로 인한 심적 태도의 교란

① ㉠, ㉡
② ㉡, ㉢
③ ㉠, ㉡, ㉢
④ ㉠, ㉢, ㉣

15
단맛을 내는 대표적인 식품과 가장 거리가 먼 것은?
① 사탕무
② 감초
③ 벌꿀
④ 곤약

16
식품첨가물과 주요 용도의 연결이 옳은 것은?
① 글리세린 – 발색제
② 규소수지 – 표백제
③ 명반 – 피막제
④ 초산비닐수지 – 피막제

17
바이러스(Virus)에 의하여 발병되지 않는 것은?

① 돈단독 ② 유행성간염
③ 급성회백수염 ④ 일본뇌염

18
소화 흡수가 잘 되는 방법으로 가장 적절한 것은?

① 짜게 먹는다.
② 동물성 식품과 식물성 식품을 따로따로 먹는다.
③ 식품을 작고 연하게 조리하여 먹는다.
④ 한꺼번에 많은 양을 먹는다.

19
소시지 100g당 단백질 13g, 지방 21g, 당질 5.5g이 함유되어 있을 경우, 소시지 150g의 열량은?

① 158kcal ② 263kcal
③ 322kcal ④ 395kcal

20
식품검수 방법과 설명이 잘못 연결된 것은?

① 화학적 방법 – 영양소의 분석, 첨가물, 유해 성분 등을 검출하는 방법
② 검경적 방법 – 식품의 중량, 부피, 크기 등을 측정하는 방법
③ 물리학적 방법 – 식품의 비중, 경도, 점도, 빙점 등을 측정하는 방법
④ 생화학적 방법 – 효소 반응, 효소 활성도, 수소이온농도 등을 측정하는 방법

21
아래에서 설명하는 조미료는?

- 수란을 뜰 때 끓는 물에 이것을 넣고 달걀을 넣으면 난백의 응고를 돕는다.
- 작은 생선을 사용할 때 이것을 소량 가하면 뼈가 부드러워진다.
- 기름기 많은 재료에 이것을 사용하면 맛이 부드럽고 산뜻해진다.

① 설탕 ② 후추
③ 식초 ④ 소금

22
산업재해지수와 관련이 적은 것은?

① 건수율 ② 이환율
③ 도수율 ④ 강도율

23
냉동 육류를 해동시키는 방법 중 영양소 파괴를 최소화할 수 있는 방법은?

① 실온에서 해동한다.
② 40℃의 미지근한 물에 담근다.
③ 냉장고에서 해동한다.
④ 비닐봉지에 싸서 물속에 담근다.

24
사시, 동공 확대, 언어장애 등의 특유의 신경마비 증상을 나타내며 비교적 높은 치사율을 보이는 식중독의 원인균은?

① 클로스트리디움 보툴리눔균
② 포도상구균
③ 병원성 대장균
④ 셀레우스균

25
다음 중 잠복기가 가장 짧은 식중독은?
① 황색포도상구균 식중독
② 살모넬라균 식중독
③ 장염비브리오 식중독
④ 병원성 대장균 식중독

26
신맛 성분과 주요 소재 식품의 연결이 틀린 것은?
① 초산(Acetic Acid) – 식초
② 젖산(Lactic Acid) – 요구르트
③ 구연산(Citric Acid) – 시금치
④ 주석산(Tartaric Acid) – 포도

27
식품의 수분활성도(Aw)란?
① 식품의 수증기압과 그 온도에서의 물의 수증기압의 비
② 자유수와 결합수의 비
③ 식품의 단위시간당 수분증발량
④ 식품의 상대습도와 주위의 온도와의 비

28
「식품위생법」상 식품접객업영업을 하려는 자는 몇 시간의 식품위생교육을 미리 받아야 하는가?
① 2시간
② 4시간
③ 6시간
④ 8시간

29
다음 원가의 구성에 해당하는 것은?

| 직접원가 + 제조간접비 |

① 판매가격
② 간접원가
③ 제조원가
④ 총원가

30
당근 등의 녹황색 채소를 조리할 경우 기름을 첨가하는 조리 방법을 선택하는 주된 이유는?
① 색깔을 좋게 하기 위하여
② 부드러운 맛을 위하여
③ 비타민 C의 파괴를 방지하기 위하여
④ 지용성 비타민의 흡수를 촉진하기 위하여

31
체내에서 흡수되면 신장의 재흡수장애를 일으켜 칼슘 배설을 증가시키는 중금속은?
① 납
② 수은
③ 비소
④ 카드뮴

32
알칼리성 식품에 대한 설명으로 옳은 것은?
① Na, K, Ca, Mg이 많이 함유되어 있는 식품
② S, P, Cl가 많이 함유되어 있는 식품
③ 당질, 지질, 단백질 등이 많이 함유되어 있는 식품
④ 곡류, 육류, 치즈 등의 식품

33
유지를 가열할 때 유지 표면에서 엷은 푸른 연기가 나기 시작할 때의 온도는?

① 팽창점
② 연화점
③ 용해점
④ 발연점

34
섬유소와 한천에 대한 설명 중 틀린 것은?

① 산을 첨가하여 가열하면 분해되지 않는다.
② 체내에서 소화되지 않는다.
③ 변비를 예방한다.
④ 모두 다당류이다.

35
달걀에 관한 설명으로 틀린 것은?

① 달걀 흰자의 단백질은 대부분이 오보뮤신(Ovomucin)으로 기포성에 영향을 준다.
② 난황은 인지질인 레시틴(Lecithin), 세팔린(Cephalin)을 많이 함유한다.
③ 신선도가 떨어지면 달걀 흰자의 점성이 감소한다.
④ 신선도가 떨어지면 달걀 흰자는 알칼리성이 된다.

36
식품을 구입할 때 식품감별이 잘못된 것은?

① 과일이나 채소는 색깔이 고운 것이 좋다.
② 육류는 고유의 선명한 색을 가지며 탄력성이 있는 것이 좋다.
③ 어육 연제품은 표면에 점액질의 액즙이 없는 것이 좋다.
④ 토란은 겉이 마르지 않고 잘랐을 때 점액질이 없는 것이 좋다.

37
소독의 지표가 되는 소독제는?

① 석탄산
② 크레졸
③ 과산화수소
④ 포르말린

38
무구조충(민촌충) 감염의 올바른 예방 대책은?

① 게나 가재의 가열 섭취
② 음료수의 소독
③ 채소류의 가열 섭취
④ 소고기의 가열 섭취

39
「식품위생법」상 영업신고를 하여야 하는 업종은?

① 유흥주점영업
② 즉석판매제조·가공업
③ 식품조사처리업
④ 단란주점영업

40
다음 식품 성분 중 지방질에 해당하는 것은?

① 프롤라민
② 글리코젠
③ 카라기난
④ 레시틴

41
다음 식품 중 시니그린 성분에 의해 매운맛을 내는 것은?
① 양파   ② 겨자
③ 마늘   ④ 후추

42
지역사회나 국가사회의 보건 수준을 나타낼 수 있는 가장 대표적인 지표는?
① 모성사망비   ② 평균수명
③ 질병이환율   ④ 영아사망률

43
달걀 저장 중에 일어나는 변화로 옳은 것은?
① pH 저하   ② 중량 감소
③ 난황계수 증가   ④ 수양난백 감소

44
사람이 평생 동안 매일 화학물질을 섭취하여도 아무런 장애가 일어나지 않는 최대량으로, 1일 체중 kg당 mg 수로 표시하는 것은?
① 최대 무작용량(NOEL)
② 1일 섭취 허용량(ADI)
③ 50% 치사량(LD50)
④ 50% 유효량(ED50)

45
화학적 식중독의 원인이 아닌 것은?
① 설사성 패류 중독
② 환경오염에 기인하는 식품 유독 성분에 의한 중독
③ 중금속에 의한 중독
④ 유해성 식품첨가물에 의한 중독

46
질병을 매개하는 위생해충과 그 질병의 연결이 틀린 것은?
① 모기 – 사상충증, 말라리아
② 파리 – 장티푸스, 발진티푸스
③ 진드기 – 유행성출혈열, 쯔쯔가무시증
④ 벼룩 – 페스트, 발진열

47
해산어류를 통해 많이 발생하는 식중독은?
① 살모넬라균 식중독
② 클로스트리디움 보툴리눔균 식중독
③ 황색포도상구균 식중독
④ 장염비브리오균 식중독

48
감각온도의 3요소가 아닌 것은?
① 기온   ② 기습
③ 기류   ④ 기압

49
세균성 이질을 앓고 난 아이가 얻는 면역에 대한 설명으로 옳은 것은?
① 인공면역을 획득한다.
② 수동면역을 획득한다.
③ 영구면역을 획득한다.
④ 면역이 거의 획득되지 않는다.

50
인구정지형으로 출생률과 사망률이 모두 낮은 인구형은?
① 피라미드형　　② 별형
③ 항아리형　　④ 종형

51
햇볕에 말린 생선이나 버섯에 특히 많은 비타민은?
① 비타민 C　　② 비타민 K
③ 비타민 D　　④ 비타민 E

52
식품을 계량하는 방법으로 틀린 것은?
① 밀가루 계량은 부피보다 무게가 더 정확하다.
② 흑설탕은 계량 전에 체로 친 다음 계량한다.
③ 고체지방은 계량 후에 고무주걱으로 잘 긁어 옮긴다.
④ 꿀같이 점성이 있는 것은 계량컵을 이용한다.

53
한식에서 간장, 초장, 초고추장을 담는 그릇은?
① 주발　　② 종지
③ 옴파리　　④ 조반기

54
죽 조리 시 유의 사항으로 옳지 않은 것은?
① 주재료인 곡물은 충분히 수분을 흡수시킨 후 사용한다.
② 죽을 끓일 때 눋지 않고 끓어넘치지 않도록 두꺼운 재질의 냄비를 사용한다.
③ 센 불에서 빠르게 끓인다.
④ 간을 미리하면 죽이 삭으므로 마지막에 하거나 죽 상차림에 곁들여 낸다.

55
직접 불에 굽는 직화구이로 적합하지 않은 것은?
① 너비아니구이　　② 두부구이
③ 제육구이　　④ 더덕구이

56
한식 생채 조리의 특징으로 옳지 않은 것은?
① 다른 조리법보다 간이 세기 때문에 저장성이 좋다.
② 가열하지 않아 영양 손실이 없다.
③ 주로 초장, 겨자, 식초 등을 이용하여 새콤달콤한 맛을 낸다.
④ 식재료 본연의 맛을 살린다.

57
한식의 반상차림은 밥, 국(탕), 김치, 장 외의 반찬 수에 따라 3첩, 5첩, 7첩, 9첩, 12첩 반상으로 나눈다. 이 중 임금님의 수라상은 몇 첩 반상인가?

① 5첩
② 7첩
③ 9첩
④ 12첩

58
김치를 만들기 위한 배추, 채소를 절일 때 사용하기 적당한 소금은?

① 꽃소금
② 호렴
③ 자염
④ 맛소금

59
한식 조리 방법에 대한 설명으로 옳지 않은 것은?

① 생채는 계절에 나오는 싱싱한 재료를 익히지 않고 바로 무친 나물이다.
② 숙채는 육류, 생선류, 어패류, 채소류를 끓는 물에 삶거나 데쳐서 익힌 음식이다.
③ 조림은 재료를 크게 썰고 간장 등으로 간을 하고 약한 불에서 국물이 없도록 조린 음식이다.
④ 숙채는 채소를 물에 삶거나, 찌거나, 볶아서 갖은 양념을 한 것이다.

60
한식 조리에서 양념은 맛을 향상시키고 보존성을 높이기 위해 사용된다. 양념에 대한 설명으로 옳지 않은 것은?

① 소금은 짠맛을 대표하는 조미료이며, 신맛을 줄여 주고 단맛을 높여 준다.
② 설탕은 단맛을 내는 감미료이며, 짠맛을 줄여 준다.
③ 곡물이나 과실을 원료로 하여 초산을 발효시켜 만든 식초를 합성식초라고 한다.
④ 된장은 메주로 장을 만들어 간장을 추출하고 남은 건더기에 소금 간을 한 것이다.

61
루(Roux)에 대한 설명으로 옳지 않은 것은?

① 수프의 농도를 조절하는 농후제이다.
② 밀가루와 버터를 볶은 것이다.
③ 루의 형태에 따라 화이트 루, 브론드 루, 브라운 루로 구분한다.
④ 버터와 밀가루를 볶은 것으로 화이트 루를 기본으로 사용한다.

62
습열식 조리 방법이 아닌 것은?

① 포칭(Poaching)
② 시머링(Simmering)
③ 시어링(Searing)
④ 스티밍(Steaming)

63
스톡 조리 시 유의 사항으로 옳지 않은 것은?

① 물이 끓기 시작하면 재료를 넣는다.
② 거품 및 불순물을 걷어 내며 끓인다.
③ 간을 하지 않는다.
④ 약한 불에서 서서히 끓인다.

64
샐러드용 유화 드레싱을 만들 때, 유분리 현상의 발생을 예방하는 방법은?

① 기름을 많이 사용한다.
② 소스의 농도를 진하게 한다.
③ 그릇은 최대한 차가운 온도를 유지한다.
④ 달걀이 기름을 흡수할 수 있도록 천천히 넣어 준다.

65
영국에서 아침 식사용으로 많이 먹으며, 달지 않은 납작한 빵은?
① 베이글
② 크루아상
③ 잉글리시 머핀
④ 브리오슈

66
부케가르니의 구성 재료로 옳지 않은 것은?
① 정향, 마늘
② 월계수잎, 셀러리
③ 양파, 파슬리 줄기
④ 토마토, 화이트 와인

67
건열 조리법으로 강한 열을 가해 짧은 시간 안에 육류나 가금류의 겉만 익히는 방법은?
① 소테잉(Sauteing)
② 시어링(Searing)
③ 포칭(Poaching)
④ 스티밍(Steaming)

68
조식 메뉴로 제공될 건식열 달걀 요리로 적합하지 않은 것은?
① 포치드 에그
② 스크램블 에그
③ 오믈렛
④ 달걀 프라이

69
닭고기가 주재료인 것으로만 묶인 것은?
① 고추잡채, 부추잡채
② 깐풍기, 라조기
③ 마파두부, 홍소두부
④ 탕수육, 난자완스

70
중식 조리 시 사용하는 조리도구와 용도가 바르게 연결된 것은?
① 웍(Wok) - 닭뼈, 생선뼈 등 여러 가지의 육수를 끓일 때 사용한다.
② 폿(Pot) - 열의 전도가 전체에 골고루 퍼져 재료를 빠르게 익힐 때 사용한다.
③ 튀김 건짐망 - 튀김 재료를 튀겨 건지거나 재료를 삶아 건질 때 사용하며 소스나 기름을 건질 때 사용한다.
④ 볶음 튀김 국자 - 식재료를 볶거나 국물이나 요리를 떠내어 담을 때 사용하는 자루가 긴 국자이다.

71
중식 튀김 조리 시 튀김옷을 바삭하게 하는 방법으로 옳지 않은 것은?
① 강력분을 많이 사용한다.
② 찬물을 이용한다.
③ 수량의 설탕을 첨가한다.
④ 소량의 식소다를 첨가한다.

72
다음 중 사(絲)가 의미하는 도공법은?
① 길이 4~7cm 정도로 편 써는 방법
② 길이 5~6cm 정도로 가늘게 채 써는 방법
③ 참깨 크기로 잘게 다지는 방법
④ 사각형 모양으로 써는 방법

73
중식에서 식재료를 저장하는 방법과 그 예의 연결이 옳지 않은 것은?
① 건조법 – 베이컨
② 발효 – 굴소스
③ 움저장법 – 농산물 저장
④ 훈연가공 – 훈제 연어

74
중국 요리에 대한 설명으로 옳지 않은 것은?
① 중국 요리는 북경 요리, 남경 요리, 광동 요리, 사천 요리의 4대 요리로 나뉜다.
② 궁정 요리는 궁중에서 황제를 위하여 만든 요리로 베이징 요리(북경 요리)도 포함한다.
③ 정진 요리는 수도승을 위한 요리로 채소나 버섯을 이용하며, 맛은 대체로 담백하다.
④ 기름을 이용한 요리가 적고 낮은 열에서 장시간 조리하는 메뉴가 많다.

75
중국 요리에서 사용하는 향신료에 대한 설명으로 올바르지 않은 것은?
① 팔각은 회향나무의 열매이며, 고기를 삶거나 조림을 할 때 향을 내고 잡내를 제거한다.
② 진피는 귤껍질을 말린 것으로 씁쓸하고 비릿한 맛이 난다.
③ 구기자는 꽃망울을 말려서 사용하며 향이 강하고 살균력과 방부력이 좋아 약재로도 사용된다.
④ 고수는 중국 요리, 쌀국수 요리에 많이 사용하며 입맛을 돋우고 소화를 촉진하고 위를 보호하는 데 도움을 준다.

76
중식에서 육수를 만들 때 사용하는 재료로 적절하지 않은 것은?
① 닭뼈
② 소뼈
③ 꽃게
④ 다시마

77
일본 된장(미소)에 대한 설명으로 옳지 않은 것은?
① 콩을 소금과 누룩으로 발효시킨 것이다.
② 된장색에 따라 백된장(시로미소)과 적된장(아카미소)으로 구분한다.
③ 된장색이 붉을수록 달다.
④ 누룩의 종류에 따라 쌀 된장, 보리 된장, 콩 된장으로 분류한다.

78
일본 요리는 오법, 오미, 오색의 조화를 중요시한다. 이 중 오법에 해당하는 것을 모두 고른 것은?

| ㉠ 날것 | ㉡ 구이 | ㉢ 볶음 | ㉣ 튀김 | ㉤ 찌개 |

① ㉠, ㉡
② ㉠, ㉡, ㉤
③ ㉠, ㉡, ㉣
④ ㉡, ㉢, ㉣

79

일식 덮밥(돈부리모노)은 밥 위에 얹는 반찬에 따라 명칭이 달라진다. 다음 중 반찬과 명칭의 연결이 옳은 것은?

① 우나동 – 찌거나 구운 장어
② 오야코동 – 소고기 조림
③ 규동 – 조리한 닭고기, 달걀 조림
④ 덴동 – 돈가스

80

차밥(오차즈케)의 특징으로 옳지 않은 것은?

① 따뜻한 밥 위에 뜨거운 차를 부어 먹는 요리를 말한다.
② 현대에는 녹차뿐 아니라 뜨거운 물, 다시물 등을 넣은 것도 차밥이라는 명칭을 사용한다.
③ 차밥의 향미를 위해 와사비, 참깨 등을 넣어 준다.
④ 찻물은 요리를 제공하기 30분 전에 우려낸다.

81

다음은 도미 꼬리를 손질하는 방법에 대한 내용이다. 순서대로 나열한 것은?

```
㉠ 지느러미를 V자로 손질하기
㉡ 소금 뿌려 놓기
㉢ X자로 칼집 넣기
㉣ 데치기
```

① ㉠ → ㉡ → ㉢ → ㉣
② ㉡ → ㉢ → ㉠ → ㉣
③ ㉠ → ㉢ → ㉡ → ㉣
④ ㉡ → ㉣ → ㉠ → ㉢

82

일식 조리에 사용되는 설탕(사토우) 중 가정에서 많이 사용하는 흰설탕은?

① 중조당
② 상백당
③ 화삼분
④ 백조당

83

가다랑어를 손질하여 훈연하고 건조하여 대패로 얇게 포를 뜬 것은?

① 가쓰오부시
② 진피
③ 시치미
④ 곤부 다시

84

롤 초밥을 만들 때 좋은 김을 고르는 방법으로 적절하지 않은 것은?

① 잘 건조된 것
② 검은 광택이 나고 냄새가 좋은 것
③ 매끄럽고 감촉이 좋은 것
④ 두께가 얇은 것

85

복어에 대한 설명으로 틀린 것은?

① 난소의 중량이 최대가 되는 산란 직전인 4~6월이 복어 독의 독성이 최대인 시기이다.
② 복어의 독성분인 테트로도톡신의 치사량은 2mg, 치사율은 60%이다.
③ 복어는 각종 무기질과 비타민이 풍부하며 저칼로리 식품이다.
④ 복어는 저단백, 고지방 식품이다.

86
복어튀김을 만들 때 튀김옷으로 적당한 재료는?
① 박력분과 전분
② 달걀 노른자, 후추, 설탕
③ 달걀 흰자, 설탕
④ 전분과 달걀 노른자

87
복어의 독성분(테트로도톡신)이 가장 많은 부위는?
① 간　　② 피부
③ 장　　④ 난소

88
다음 중 식용 불가능한 복어는?
① 까치복　　② 은밀복
③ 별복　　　④ 참복

89
다음은 복어독의 중독 증상이다. 옳지 않은 것은?
① 잠복기 – 식후 30분~5시간
② 증상 – 전신의 근육마비, 호흡곤란, 혈압저하 등
③ 치사율 – 60%
④ 치사량 – 1mg

90
복어가라아게(복어튀김)를 할 때 유의 사항이 아닌 것은?
① 양념장에 담가 둔다.
② 전분에 묻혀서 하나씩 튀겨 낸다.
③ 식재료에 아무것도 묻히지 않은 상태로 튀겨 낸다.
④ 튀겨 낸 복어는 유분을 제거한 후 완성 접시에 가지런히 담는다.

91
폰즈는 감귤류를 짜낸 즙에 진간장, 미림, 청주를 혼합하여 숙성한 소스이다. 폰즈와 어울리지 않는 생선은?
① 복어　　② 광어
③ 도미　　④ 참치

92
복어 중독의 제3도(완전 운동마비) 증상에 해당되지 않는 것은?
① 입술 및 혀끝의 떨림
② 운동 불가능
③ 의사전달이 안 됨
④ 입술, 뺨, 귀가 파랗게 됨

03회 실전동형 모의고사

01
「식품위생법」상 식품 등의 위생적 취급에 관한 기준으로 틀린 것은?
① 식품 등의 보관·운반·진열 시에는 식품 등의 기준 및 규격이 정하고 있는 보존 및 유통 기준에 적합하도록 관리하여야 한다.
② 식품 등의 제조·가공·조리에 직접 사용되는 기계·기구 및 음식기는 세척·살균하는 등 항상 청결하게 유지·관리하여야 하며, 어류·육류·채소류를 취급하는 칼, 도마는 공통으로 사용한다.
③ 식품 등의 제조·가공·조리 또는 포장에 직접 종사하는 자는 위생모를 착용하는 등 개인위생관리를 철저히 하여야 한다.
④ 제조·가공(수입품 포함)하여 최소판매 단위로 포장된 식품 또는 식품첨가물을 영업허가 또는 신고하지 아니하고 판매의 목적으로 포장을 뜯어 분할하여 판매하여서는 안 된다.

02
식품을 오염시킬 수 있는 항목으로 가장 적절하지 않은 것은?
① 반지 ② 팔찌
③ 모자 ④ 시계

03
다음 중 미생물의 번식을 돕는 조건이 아닌 것은?
① 수분 ② 단백질
③ 시간 ④ 높은 산성도

04
일반적인 식품 알레르기 항원이 아닌 것은?
① 달걀 ② 어패류
③ 콩나물 ④ 유제품

05
잠재적 위해식품의 공통적인 특징이 아닌 것은?
① 수분이 있다.
② 건조한 상태이다.
③ pH가 중성 또는 약산성이다.
④ 단백질을 함유한다.

06
다음 행동 중 교차오염을 예방하는 데 도움이 되는 조건이 아닌 것은?
① 바로 먹을 수 있는 식품과 고기를 분리하여 준비한다.
② 특정 식품에는 특정 용기를 사용한다.
③ 날것으로 먹을 수 있는 식품만 준비한다.
④ 도마를 씻고, 헹군 후 살균한다.

07
우유의 살균 방법으로, 61~65°C에서 약 30분간 가열하는 것은?
① 저온살균법 ② 고압증기멸균법
③ 고온단시간살균법 ④ 초고온순간살균법

08
다음 중 황색포도상구균 식중독의 특성에 해당하는 것은?
① 설사변이 혈변의 형태이다.
② 급성위장염 증세가 나타난다.
③ 잠복기가 길다.
④ 치사율이 높은 편이다.

09
다음 중 식품의 부패 정도를 판단하는 방법이 아닌 것은?

① 상강도 검사 ② 관능검사
③ 산도 검사   ④ 생균수 검사

10
다음 괄호에 들어갈 숫자는?

> 「식품위생법」상 집단급식소란 영리를 목적으로 하지 않으면서 특정 다수인에게 계속하여 음식물을 공급하는 기숙사, 학교, 병원 등의 급식시설로, 상시 1회 (　　)인 이상에게 식사를 제공하는 급식소를 말한다.

① 20   ② 30
③ 40   ④ 50

11
삼투압에 대한 설명으로 옳은 것은?

① 배추나 오이에 소금을 뿌리면 물이 생기는 것은 삼투압 때문이다.
② 채소는 반투막으로 되어 있어 분자 크기가 큰 것도 통과하기 쉽다.
③ 농도의 차이가 클수록 삼투 작용에 의한 탈수현상이 적게 일어난다.
④ 조미료를 첨가할 때 분자량이 작은 것부터 넣어야 간이 고루 밴다.

12
하수처리 방법 중 혐기성 처리 방법에 해당되는 것은?

① 활성 오니법 ② 여과법
③ 관개법   ④ 임호프탱크법

13
가스 저장법을 이용하여 주로 저장하는 식품은?

① 통조림류   ② 육류
③ 어패류   ④ 과일류, 채소류

14
다음 중 식품을 가열하여 섭취하는 것으로 식중독 예방이 가장 어려운 내열성균은?

① 장염비브리오균 ② 병원성 대장균
③ 포도상구균   ④ 살모넬라균

15
식품첨가물의 사용 목적으로 옳지 않은 것은?

① 식품의 부패 방지 ② 기호성 증진
③ 질병 예방   ④ 품질유지

16
유동파라핀의 용도에 해당되는 것은?

① 껌 기초제 ② 소포제
③ 이형제   ④ 팽창제

17
항문 주위나 회음부에 소양증이 생기며 집단감염이 잘 되는 기생충은?
① 십이지장충　　② 편충
③ 요충　　　　　④ 간흡충

18
밀가루의 가공 특성에 영향을 미치는 성분은?
① 글루텐　　　　② 리신
③ 글로불린　　　④ 제인

19
녹색채소의 색소를 고정하는 데 영향을 미치는 무기질은?
① 코발트(Co)　　② 망가니즈(Mn)
③ 구리(Cu)　　　④ 인(P)

20
한천을 주로 겔화제로 사용하는 제품은?
① 양갱　　　　　② 아이스크림
③ 마시멜로　　　④ 족편

21
화재의 사전 예방을 위한 방법으로 옳지 않은 것은?
① 화재 위험성이 있는 화기나 설비 주변은 정기적으로 점검한다.
② 지속적으로 화재 예방 교육을 실시한다.
③ 화재 발생 위험 요소가 있는 기계 근처에는 가지 않는다.
④ 전기 사용 지역에서는 접선이나 물의 접촉을 금지한다.

22
위험도 경감의 원칙에서 핵심 요소를 위해 고려해야 할 사항이 아닌 것은?
① 위험요인 제거　　② 위험 발생 경감
③ 사고 피해 경감　　④ 사고 피해 치료

23
전기안전에 관한 내용으로 옳지 않은 것은?
① 콘센트 1개에 여러 개의 선을 연결하지 않는다.
② 손에 물이 묻은 채로 전기기구를 만지지 않는다.
③ 전열기 내부는 물을 뿌려 깨끗이 청소한다.
④ 콘센트에서 뺄 때는 줄을 잡아당기지 말고 플러그를 잡고 뺀다.

24
조리장비 및 도구의 안전과 유지를 위한 기본계획에 대한 설명으로 옳지 않은 것은?
① 주방의 작업환경　　② 일상유지보수
③ 긴급유지보수　　　④ 유지관리 계획 수립

25
주방작업장의 적정 상대습도는?
① 20~40% ② 30~50%
③ 40~60% ④ 60~80%

26
다음 중 단순 단백질이 아닌 것은?
① 알부민 ② 글로불린
③ 카세인 ④ 글루테닌

27
콩 단백질인 글로불린(Globulin)에 가장 많이 함유되어 있는 단백질은?
① 글리시닌(Glycinin) ② 알부민(Albumin)
③ 글루텐(Gluten) ④ 제인(Zein)

28
골격, 치아를 구성하고, 비타민 D의 흡수를 촉진하고, 결핍 시 골다공증을 유발하는 무기질은?
① 인(P) ② 칼슘(Ca)
③ 나트륨(Na) ④ 마그네슘(Mg)

29
식품의 수분활성도(Aw)에 대한 설명으로 옳지 않은 것은?
① 식품이 나타내는 수증기압과 순수한 물의 수증기압의 비를 말한다.
② 일반적인 식품의 Aw 값은 1보다 크다.
③ Aw의 값이 작을수록 미생물의 생육이 쉽지 않다.
④ 어패류의 Aw는 0.90~0.98 정도이다.

30
유지의 발연점에 영향을 주는 요인으로 거리가 먼 것은?
① 노출된 유지의 표면적 ② 유리지방산의 함량
③ 아이오딘가 ④ 불순물의 함량

31
새우나 게 등의 갑각류에 함유되어 있으며, 가열 시 적색을 띠는 색소는?
① 안토시아닌 ② 아스타잔틴
③ 클로로필 ④ 멜라닌

32
건조식품, 곡류 등에 가장 잘 번식하는 미생물은?
① 세균 ② 효모
③ 곰팡이 ④ 바이러스

33
다음 중 시장조사의 목적으로 옳지 않은 것은?
① 합리적 구매계획의 수립
② 신제품의 설계
③ 판매 증진
④ 구매 예정 가격의 결정

34
식품별 구매 방법으로 옳지 않은 것은?
① 어류 – 필요에 따라 수시로 구입한다.
② 육류 – 대량으로 저렴하게 구입하여 소분하여 냉동 저장한다.
③ 곡류, 건어물류 – 변질이 적어 1개월분을 한 번에 구입한다.
④ 과일류 – 산지별, 품종, 수량을 확인하고 필요에 따라 수시로 구입한다.

35
전기 이월량과 당기 구입량의 합계에서 기말 재고량을 차감함으로써 당기 소비량을 산출하는 방법은?
① 재고조사법
② 역계산법
③ 선입선출법
④ 계속기록법

36
식품 재고관리의 목적으로 옳지 않은 것은?
① 도난, 부주의, 부패로 인한 손실을 최소화한다.
② 재고량 파악으로 물품의 여유분을 확보한다.
③ 정확한 재고량 파악으로 필요한 양만큼만 구매한다.
④ 필요한 재고량 파악으로 보관비용을 절감한다.

37
구입 단가의 평균을 재료의 소비 가격으로 계산하는 방법은?
① 가중평균법
② 후입선출법
③ 이동평균법
④ 단순평균법

38
쌀의 품질을 검사할 때 확인할 것으로 거리가 먼 것은?
① 탄력 상태
② 낟알의 상태
③ 이물질 혼합 여부
④ 원산지

39
식품 구매관리의 목적으로 옳지 않은 것은?
① 재고 제로
② 표준화 및 전문화
③ 필요한 물품의 지속적 공급
④ 최적의 가격 유지

40
식품의 감별법 중 옳지 않은 것은?
① 난류는 껍데기가 매끈하고 광택이 있어야 한다.
② 소고기는 선홍색을 띠며 윤기가 나야 하고 결이 곱고 미세하며 탄력이 있어야 한다.
③ 밀가루는 흰색이며 냄새가 없어야 하며 가루가 작고 감촉이 좋아야 한다.
④ 쌀은 빛깔이 맑고 윤기가 있어야 하며 가공한지 오래되지 않고 낟알이 고르게 있어야 한다.

41
원가의 3요소가 아닌 것은?
① 노무비　② 운송비
③ 재료비　④ 경비

42
원가관리의 목적으로 옳지 않은 것은?
① 예산 편성　② 재무제표 작성
③ 가격 결정　④ 재고관리

43
식품의 변화에 관한 설명 중 옳은 것은?
① 전분이 수분과 열에 의해 용해도가 증가하는 것은 호정화이다.
② 단백질은 가열에 의한 변화가 거의 없다.
③ 식혜는 전분을 가열하여 호화한 후 냉각시키면 굳어지는 현상을 이용하여 만든다.
④ 마이야르 반응, 캐러멜화 반응은 비효소적 갈변이다.

44
어취의 성분인 트리메틸아민(TMA: Trimethylamine)에 대한 설명으로 옳은 것은?
① 어취는 트리메틸아민의 함량과 반비례한다.
② 지용성이므로 물에 씻어도 없어지지 않는다.
③ 해수어의 비린내 성분이다.
④ 트리메틸아민 옥사이드(Trimethylamine Oxide)가 산화되어 생성된다.

45
김치류의 신맛 성분이 아닌 것은?
① 초산(Acetic Acid)　② 호박산(Succinic Acid)
③ 젖산(Lactic Acid)　④ 수산(Oxalic Acid)

46
간장이나 된장의 갈변에 영향을 미치는 것은?
① 아미노카르보닐 반응
② 캐러멜화 반응
③ 아스코르브산 산화 반응
④ 티로시나아제 첨가

47
원가율이 35%이고, 굴비에 원가의 10%를 사용하여 만든 굴비정식을 50,000원에 팔고자 할 때, 굴비의 구입가격은 얼마가 적합한가?
① 1,750원　② 5,000원
③ 15,000원　④ 17,500원

48
햇볕에 말린 생선이나 버섯에 특히 많은 비타민은?
① 비타민 A　② 비타민 B
③ 비타민 D　④ 비타민 E

49
밀가루로 빵을 만들 때 첨가하는 다음 물질 중 글루텐(Gluten) 형성을 강화하는 부재료는?
① 설탕
② 버터
③ 베이킹소다
④ 달걀

50
카로티노이드(Carotenoid) 색소와 함유 식품의 연결이 옳지 않은 것은?
① 베타카로틴 - 당근, 녹황색 채소
② 라이코펜 - 토마토, 수박
③ 아스타잔틴 - 새우, 게
④ 헤모시아닌 - 다시마, 미역

51
전분의 노화에 영향을 미치는 요인으로 옳지 않은 것은?
① 노화의 적정 온도는 0~5℃이다.
② 수분 함량이 10% 이하인 경우 노화가 지연된다.
③ 다량의 수소이온은 노화를 지연시킨다.
④ 아밀로오스 함량이 많은 전분일수록 노화가 빨리 일어난다.

52
다음 중 간장의 감칠맛 성분은?
① 포도당
② 전분
③ 글루타민산
④ 아스코르브산

53
우리나라에는 계절에 따른 시식 음식과 다달이 먹는 절기에 따른 절식이 있다. 다음 중 절식과 관계없는 것은?
① 단오
② 한가위
③ 정월대보름
④ 제상

54
국수장국을 주식으로 하며 손님 접대 시 많이 사용하는 상차림은?
① 반상
② 장국상
③ 큰상
④ 입맷상

55
갈비구이 양념장을 만드는 데 사용되는 재료 중 육질의 연화 작용을 용이하게 하는 재료는?
① 참기름, 후춧가루
② 배, 설탕
③ 양파, 청주
④ 간장, 마늘

56
다과상에 올리는 음식으로 적합하지 않은 것은?
① 차
② 산적
③ 떡
④ 화채

57
떡의 노화 지연 방법으로 옳지 않은 것은?
① 찹쌀가루의 함량을 높인다.
② 설탕의 첨가량을 늘린다.
③ 급속 냉동시켜 보관한다.
④ 수분 함량을 30~60%로 유지한다.

58
굵은 소금이라고도 하며, 오이지를 담글 때나 김장 배추를 절이는 용도로 사용하는 소금은?
① 천일염　　② 재제염
③ 정제염　　④ 꽃소금

59
밥 담기 요령으로 옳은 것은?
① 그릇에 예쁘게 꼭꼭 눌러 담는다.
② 그릇의 60%만 담는다.
③ 주걱으로 누르지 않고 살살 담는다.
④ 밥이 식으므로 젓지 않고 바로 담는다.

60
양동구리에 대한 설명으로 옳지 않은 것은?
① 소의 내장을 이용한 음식이다.
② 양의 모양을 살려 조리한다.
③ 손질할 때 끓는 물을 사용한다.
④ 전으로 초장을 곁들여 낸다.

양식

61
채소 수프를 만들 때, 밀가루와 우유를 잘 섞어 익힌 후 채소를 넣는 이유는?
① 카세인 성분의 응고 방지를 위해서
② 조리 시간을 단축하기 위해서
③ 칼로리를 낮추기 위해서
④ 저장성을 높이기 위해서

62
다음 중 프랑스 요리에 대한 설명으로 옳지 않은 것은?
① 낙농업이 발달하여 치즈, 생크림과 버터를 많이 사용한다.
② 거위 간을 이용한 요리인 푸아그라는 세계 3대 진미에 속한다.
③ 조리법이 섬세하다.
④ 밀이 재배되지 않아 제빵은 발달하지 않았다.

63
삶은 감자를 체에 내려 퓌레로 만든 후 잘게 썬 대파의 흰 부분과 함께 볶아 물이나 육수(Stock)를 넣고 끓인 차가운 수프는?
① 가스파초(Gazpacho)　② 베샤멜(Bechamel)
③ 비시스와즈(Vichyssoise)　④ 퓌레(Puree)

64
밀가루 반죽에 올리브유, 소금, 허브 등을 넣어 구운 납작한 빵은?
① 치아바타(Ciabatta)　② 바게트(Baguette)
③ 베이글(Bagel)　④ 포카치아(Focaccia)

65
못처럼 생긴 꽃봉오리에 향이 있어서 정향이라고도 하며, 양고기, 피클, 청어절임, 마리네이드절임 등에 이용되는 향신료는?

① 클로브
② 코리앤더
③ 캐러웨이
④ 아니스

66
생면 파스타의 종류에 따른 설명이 옳지 않은 것은?

① 오레키에테(Orecchiette) – 중앙부가 깊고 오목하게 파인 타원형의 파스타이다.
② 파르팔레(Farfalle) – 나비 모양의 파스타로 크기가 다양하다.
③ 토르텔리니(Tortellini) – 길고 얇은 리본 파스타로 면의 모양이 칼국수처럼 길고 납작하다.
④ 라비올리(Ravioli) – 속을 채운 후 납작하게 빚어 내는 파스타이다.

67
양식에서 사용하는 식품 도구별 용도에 대한 설명으로 옳지 않은 것은?

① 슬라이서(Slicer)는 햄, 육류 등을 일정하게 써는 기구이다.
② 베지터블 커터(Vegetable Cutter)는 식품을 갈아 주는 기구이다.
③ 푸드 차퍼(Food Chopper)는 식품을 다지는 기구이다.
④ 민서(Mincer)는 식재료를 곱게 으깨는 기구이다.

68
파스타 삶는 방법에 대한 설명으로 틀린 것은?

① 파스타를 삶는 냄비는 깊고, 파스타 양의 10배 정도의 크기가 적당하다.
② 1L 내외의 물에 파스타의 양은 200g 정도가 적당하다.
③ 파스타를 삶을 때 서로 달라붙지 않도록 분산되게 넣고 잘 저어 주어야 한다.
④ 알덴테(Al Dente)는 파스타를 삶는 정도가 파스타 속에 심이 있는 상태이다(덜 익은 상태).

69
중국의 재료 써는 법에 대한 설명으로 옳지 않은 것은?

① 말 – 다져 썰기
② 정 – 사각형 모양으로 썰기
③ 조 – 막대 모양으로 썰기
④ 쓸 – 깍둑 썰기

70
중식에서 다음의 역할을 하는 식재료는?

- 국물을 걸쭉하게 한다.
- 수분과 기름을 융화시키는 역할을 한다.
- 튀김 요리의 경우 바삭한 식감을 준다.
- 요리의 수분과 온도를 유지시켜 준다.

① 전분
② 설탕
③ 식소다
④ 밀가루

71
중식의 광동 요리에 대한 설명으로 옳은 것은?

① 짧은 시간에 조리하는 튀김이나 볶음 요리가 발달되었다.
② 바다를 끼고 있어 해산물 요리가 발달되었다.
③ 서양 요리 기술을 흡수·융합하여 신명한 지빙 특색과 풍미를 형성하였다.
④ 대표적인 요리로는 마파두부와 누룽지탕이 있다.

72
중식 조림 요리명과 주재료의 연결이 옳지 않은 것은?

① 난자완스 – 육류
② 홍소두부 – 두부
③ 홍소도미 – 어류
④ 오향장육 – 야채

73
중식에서 사용하는 화구에 대한 설명으로 옳지 않은 것은?
① 화구 주변에 육수통과 양념통을 놓는다.
② 오른쪽에는 그물망을 두어 튀김을 바로 건질 수 있다.
③ 물이 튀는 것을 방지하고자 화덕 주위에는 물이 없도록 한다.
④ 화덕 옆에 기름통을 두어 긴 국자를 사용하여 기름을 넣는다.

74
생선류, 육류, 가금류, 갑각류, 해삼류를 뜨거운 기름이나 끓는 물에 데친 후 부재료와 함께 볶아 간장소스에 조리는 조리법은?
① 홍샤오　② 먼
③ 젠　④ 차오

75
다음에서 설명하는 중식 소스는?

- 대두에 물, 설탕, 밀가루, 고추, 마늘 등을 넣어 발효시킨 소스이다.
- 짠맛과 단맛이 나고 고소한 향이 있다.

① 두반장　② 해선장
③ 고추기름　④ 굴소스

76
중식 재료 썰기 중 일반적으로 길이 5~6cm, 두께 0.3cm 정도로 가늘게 써는 방법을 일컫는 용어는?
① 사(絲)　② 편(片)
③ 말(末)　④ 정(丁)

77
일본 라멘의 한 종류로 돼지뼈를 우려 맛을 내는 것은?
① 미소 라멘　② 돈코츠 라멘
③ 소유 라멘　④ 시오 라멘

78
국수 반죽의 종류로 틀린 것은?
① 납면(拉麵)은 양쪽에서 당기고 늘려 만든 면이다.
② 압면(押麵)은 구멍이 뚫린 틀에 넣고 밀어서 끓는 물에 넣어 만든 면이다.
③ 소멘(素麵)은 밀가루 반죽을 길게 늘여 막대기에 면을 감아 당긴 후 가늘게 만드는 국수이다.
④ 절면(切麵)은 반죽을 칼로 저며 만든 면이다.

79
열을 가하지 않은 진간장을 다시 양조한 것으로, 일본 관서(關西) 지방에서 사시미(刺身) 또는 신선한 재료를 찍어 먹는 간장 또는 곁들임 간장으로 사용하는 것은?
① 나마쇼유　② 간로쇼유
③ 시로쇼유　④ 다마리쇼유

80
돈부리(덮밥)의 종류 중 각종 튀김류를 얹어 내는 돈부리에 해당되는 것은?

① 규동(牛丼) ② 가츠동(カツ丼)
③ 덴동(天丼) ④ 부타동(豚丼)

81
니보시란 쪄서 말린 멸치, 새우 등 해산물을 이용하여 만든 국물을 말한다. 이에 대한 설명으로 틀린 것은?

① 다시 멸치의 머리는 그대로 두고 내장만 제거한다.
② 냄비에 물, 다시 멸치, 다시마를 넣고 10시간 정도 상온에서 우려낸 후 센 불에서 끓이다가 다시마는 끓기 직전에 건져낸다.
③ 뚜껑을 닫고 푹 끓인다.
④ 국물이 끓기 시작하면 3분 후 불을 끄고, 10분 후 면포에 걸러 사용한다.

82
일식에서 김을 사용하는 방법으로 옳지 않은 것은?

① 조리를 하기 전에 약한 불에 살짝 구워서 사용한다.
② 2장을 겹쳐 구우면 향이 달아나지 않는다.
③ 바삭하게 굽는 것이 좋다.
④ 실온에 보관해야 향이 달아나지 않는다.

83
다시마와 가쓰오부시 국물을 이용한 요리가 많은 일본 요리에서 사용하는 '1번 다시 만드는 법'의 의미와 설명으로 옳지 않은 것은?

① 기존의 육수에 새로운 가다랑어포를 약간 첨가하여 끓이는 국물이다.
② 고급 국물 요리에 사용되는 국물이다.
③ 짧은 시간에 우려낸 최고의 맛과 향을 낸 국물이다.
④ 다시마가 끓기 직전(약 90℃)에 다시마를 건져 내고 불을 끈 후 가쓰오부시를 넣고, 3초 후 불을 끈 뒤 뚜껑을 덮어 놓았다 체에 걸러 사용한다.

84
도미 머리를 손질하는 방법으로 적절하지 않은 것은?

① 도미 입의 앞니 가운데로 데바 칼을 넣어 머리 가운데를 자른다.
② 머리를 잘라 2등분해 놓는다.
③ 분리된 머리에 소금을 뿌려 놓는다.
④ 끓는 물에 데쳐 그 물에 담가 놓는다.

85
복어 요리에 곁들일 초간장 만드는 순서로 옳은 것은?

| ㉠ 다시국물 만들기 | ㉡ 숙성하기 |
| ㉢ 혼합하기 | ㉣ 초간장 걸러 내기 |

① ㉠ → ㉡ → ㉢ → ㉣
② ㉠ → ㉢ → ㉡ → ㉣
③ ㉠ → ㉣ → ㉡ → ㉢
④ ㉡ → ㉠ → ㉣ → ㉢

86
다음 중 복어에서 식용 불가능한 부위는?

① 입 ② 지느러미
③ 아가미 ④ 정소(이리)

87
다음 중 복어껍질을 손질하는 방법에 대한 설명으로 옳지 않은 것은?

① 복어껍질은 색에 따라 구로가와, 시로가와로 구분한다.
② 복어껍질의 겉껍질과 속껍질을 분리할 때는 사시미 칼을 사용한다.
③ 복어껍질에는 점액질이 많고 냄새가 나기 때문에 굵은 소금으로 잘 문질러 닦는다.
④ 복어껍질을 벗길 때 관동 지방에서는 두 장으로 잘라 펼치고, 관서 지방에서는 한 장으로 통째로 벗긴다.

88
복어튀김 조리에서 사용하는 용어와 설명이 잘못된 것은?

① 덴다시 – 튀김을 찍어 먹는 간장 소스이다.
② 스아게 – 식재료 그 자체를 아무것도 묻히지 않은 상태에서 튀겨 내는 방법이다.
③ 텐카스 – 튀김옷(고로모)을 방울지게 튀긴 것으로, 튀길 때 재료에서 떨어져 나온 여분의 튀김을 말한다.
④ 아게다시 – 튀김을 양념에 조려 먹는 방법이다.

89
복어회 모양 내는 방법에 대한 설명으로 옳은 것은?

① 둥근 접시에 국화 모양으로 담는다.
② 복어살의 폭이 넓은 부분을 안쪽에 담는다.
③ 횟감을 모두 뜬 후 접시에 옮겨 담는다.
④ 복어살을 뼈와 분리한 후 바로 회 뜨는 것이 좋다.

90
다시마 종류 중 최상품으로 인정받는 것은?

① 마 곤부
② 라우스 곤부
③ 리시리 곤부
④ 미쓰이시 곤부

91
복어의 영양학적 특징으로 옳은 것은?

① 고칼로리, 저단백, 저지방
② 고칼로리, 고단백, 저지방
③ 저칼로리, 고단백, 저지방
④ 저칼로리, 저단백, 고지방

92
다음 중 복어독 중독의 제1도 초기 증상에 해당하는 것은?

① 구토 증상, 입술 및 혀끝 떨림
② 촉각과 미각이 둔해짐
③ 혈압저하
④ 의사전달 불가능

04회 실전동형 모의고사

 SELF CHECK　・제한시간 | 90분 00초　・소요시간 | 　분　　초　・전체 문항 수 | 92문항　・맞힌 문항 수 | 　문항

01
「식품위생법」상 식품위생의 대상에 해당하지 않는 것은?
① 식품
② 기구
③ 식품첨가물
④ 조리사의 개인위생

02
「식품위생법」상 식품의 정의로 옳은 것은?
① 의약품으로 섭취하는 것을 제외한 모든 음식물
② 모든 음식물
③ 모든 음식물과 첨가물
④ 모든 음식물과 화학적 합성품

03
산저장법(Pickling)을 이용하여 저장하는 식품에 해당되는 것은?
① 잼, 젤리
② 피클, 장아찌
③ 해산물, 채소류
④ 육류, 소금절임

04
다음 중 파리에 의해 전파되는 감염병이 아닌 것은?
① 세균성 이질
② 장티푸스
③ 일본뇌염
④ 파라티푸스

05
다음 중 호흡기계로 침입하는 감염병이 아닌 것은?
① 천연두
② 홍역
③ 신종인플루엔자
④ 콜레라

06
소독약의 살균력을 나타내는 지표로 옳은 것은?
① 석탄산
② 크레졸
③ 과산화수소
④ 역성비누

07
식품 제조 시 거품 생성을 방지 또는 감소시키기 위해 사용하는 식품첨가물은?
① 소포제
② 팽창제
③ 추출제
④ 방충제

08
유해 표백제로 옳은 것은?
① 롱갈트(Rongalite)
② 포름알데히드(Formaldehyde)
③ 아우라민(Auramine)
④ 사이클라메이트(Cyclamate)

09
감염형 세균성 식중독에 속하는 원인균으로 옳은 것은?
① 보툴리누스균　② 비브리오균
③ 황색포도상구균　④ 히스타민

10
장독소(Enterotoxin)에 의해 감염되는 식중독은?
① 황색포도상구균 식중독
② 살모넬라 식중독
③ 병원성 대장균 식중독
④ 클로스트리디움 퍼프린젠스 식중독

11
조리사가 면허를 타인에게 대여하여 사용한 경우 3차 위반 시 행정처분 기준으로 옳은 것은?
① 업무정지 2개월　② 업무정지 3개월
③ 시정명령　④ 면허취소

12
다음 중 공공부조에 해당되는 것은?
① 산재보험　② 국민연금
③ 고용보험　④ 의료급여

13
수질오염의 지표가 되는 것으로 옳은 것은?
① 일반세균수　② 대장균수
③ 탁도　④ 색도

14
소음으로 인한 장애요소로 옳지 않은 것은?
① 수면방해　② 두통
③ 작업방해　④ 위장장애

15
바퀴벌레의 습성이 아닌 것은?
① 집단 서식　② 잡식성
③ 독립적 서식　④ 야간활동성

16
위생적인 식품 보관과 선택 방법 중 틀린 것은?
① 한 번 녹인 냉동식품은 다시 얼리지 않는다.
② 개봉한 냉장식품은 당일 소비하는 것이 좋다.
③ 통조림류는 개봉 즉시 사용한다.
④ 건어물류는 실온에서 보관한다.

17
주방의 세척 방법으로 틀린 것은?
① 닥트와 환기팬은 월 2회 가성소다를 이용하여 기름때를 청소한다.
② 가스레인지 위는 항상 청결하게 유지한다.
③ 조리대와 작업대는 주 2회 물청소를 실시한다.
④ 바닥 청소는 물을 뿌려 세제로 1일 2회 청소하고 항상 건조 상태를 유지한다.

18
다음 중 아미노산계 조미료에 해당하지 않는 것은?
① 글루타민산나트륨   ② 알라닌
③ 글리신   ④ 이노신산나트륨

19
다음 중 면역이 형성되는 질병은?
① 매독   ② 이질
③ 말라리아   ④ 홍역

20
「식품위생법」상 식품접객업소의 위생 등급 지정에 대한 내용 중 옳지 않은 것은?
① 위생 등급을 지정받은 식품접객영업자 등은 그 위생 등급을 표시하여야 하며 광고할 수 있다.
② 위생 등급의 유효기간은 위생 등급을 지정한 날로부터 3년으로 한다. 다만, 총리령으로 정하는 바에 따라 그 기간을 연장할 수 있다.
③ 위생 등급의 유효기간은 위생 등급을 지정한 날부터 1년으로 한다.
④ 식품의약품안전처장, 시·도지사 또는 시장·군수·구청장은 위생 등급 지정을 받았거나 받으려는 식품접객영업자 등에게 필요한 기술적 지원을 할 수 있다.

21
안전교육에서 안전관리자의 역할이 아닌 것은?
① 안전 방침을 개발한다.
② 정보 수집 방법을 제시하고 조사 방법을 개선한다.
③ 규정을 제정하고 상벌을 위한 리더의 권한을 행사한다.
④ 위험 관리, 사고 조사, 안전성과 안전 감독을 관리, 측정한다.

22
주방 내 안전사고 요인 중 행동적 요인에 해당하지 않는 것은?
① 독단적 행동
② 미숙한 작업 방법
③ 안전장치 등의 소홀한 점검
④ 신체 동작의 통제 불능

23
안전보호장비의 설명으로 옳지 않은 것은?
① 머리 보호구 – 안전모
② 귀 보호구 – 귀마개, 귀덮개
③ 발 보호구 – 안전대, 안전블록
④ 손 보호구 – 방열장갑

24
조리장비, 도구의 안전점검 사항으로 옳지 않은 것은?
① 일상점검 – 주방관리자가 매일 육안으로 점검한다.
② 정기점검 – 안전관리책임자가 매월 1회 이상 정기적으로 점검한다.
③ 특별점검 – 결함이 의심되거나 사용 제한 중인 시설물의 사용 여부를 확인하고자 할 때 시행한다.
④ 손상점검 – 재해나 사고로 인한 구조적 손상 등에 의하여 긴급히 시행한다.

25
다음 중 지질의 기능이 아닌 것은?
① 외부 충격으로부터 내장기관 보호
② 체온 손실 방지
③ 에너지 공급원
④ 체내의 pH 조절

26
체내 수분이 몇 % 이상 손실될 때 생명이 위험해지는가?
① 5%   ② 10%
③ 15%   ④ 20%

27
창의 밝기(채광)를 생각할 때 고려해야 할 사항에 대한 설명으로 옳은 것은?
① 창의 면적은 벽 면적의 70% 이상이 되도록 한다.
② 창의 방향은 북향으로 한다.
③ 세로보다 가로창의 채광 효과가 좋다.
④ 천장에 창이 있는 경우 일반 창에 비해 어두워진다.

28
가열 조리로 예방이 어려운 식중독은?
① 황색포도상구균 식중독
② 장염비브리오 식중독
③ 클로스트리디움 보툴리눔 식중독
④ 살모넬라 식중독

29
다음 중 헤닝(Henning)의 4원미에 해당하지 않는 것은?
① 쓴맛   ② 단맛
③ 짠맛   ④ 감칠맛

30
오징어를 먹은 후 식초나 밀감을 먹으면 쓰게 느껴진다. 이에 대한 맛의 현상은?
① 변조 현상   ② 대비 현상
③ 상승 현상   ④ 상쇄 현상

31
탄소(C), 수소(H), 산소(O), 질소(N)로 이루어져 있고, 아미노산들이 펩티드 결합하는 영양소는?
① 단백질   ② 탄수화물
③ 수분   ④ 비타민

32
식물과 천연 유독 성분의 연결이 옳지 않은 것은?
① 독버섯 – 무스카린
② 감자 – 솔라닌
③ 옥수수, 쌀 – 아플라톡신
④ 독미나리 – 리신

33
과일의 숙성 중 나타나는 변화에 관한 설명으로 옳은 것은?
① 전분이나 설탕이 당화 또는 전화하여 단맛이 감소한다.
② 탄닌이 수용성의 염류를 형성하여 떫은맛이 감소한다.
③ 계속적인 호흡으로 산이 증가되어 신맛이 증가한다.
④ 불용성 펙틴이 가용성 펙틴으로 변하여 조직이 연해진다.

34
스테이크용 소고기를 냉동 보관할 때, 가능한 보관기간은?
① 1개월
② 3개월
③ 6개월
④ 9개월

35
탄수화물의 급원식품을 공급하려면 어떤 식품으로 구성되어야 하는가?
① 유지와 당류
② 곡류 및 전분류
③ 우유 및 유제품
④ 채소와 과일류

36
식품의 구입계획을 위한 기초지식 항목에 해당되지 않는 것은?
① 식품의 출회표와 가격 상황
② 폐기율과 가식부
③ 사용 계획
④ 소비자의 소비능력

37
구매명세서에 반드시 포함되어야 하는 내용이 아닌 것은?
① 물품명과 상표명(브랜드)
② 품질 및 등급, 크기, 형태
③ 공급계약서, 품질관리증명서
④ 전처리 및 가공 정도

38
재고자산 평가 방법 중 먼저 구입한 재료부터 먼저 소비하는 방법은?
① 선입선출법(FIFO)
② 개별법
③ 후입선출법(LIFO)
④ 단순평균법

39
달걀의 신선도를 판단할 때, 감별 항목이 아닌 것은?
① 색과 광택
② 난백의 상태
③ 달걀의 가격
④ 투시

40
손익분기점에 대한 설명으로 옳은 것은?
① 이익도 손실도 발생하지 않으며, 한 기간의 매출액과 총비용이 일치하는 기점을 말한다.
② 시간이 지나면서 감소하는 자산의 가치를 내용연수에 따라 일정한 비율로 할당하여 비용화하는 것이다.
③ 감가상각 총액을 내용연수로 균등하게 할당하는 방법이다.
④ 원가 절감 및 통제를 위하여 가능한 한 원가를 합리적으로 절감하려는 경영기법이다.

41
다음 중 폐기율이 가장 적은 식품은?
① 곡류　　② 생선류
③ 패류　　④ 버섯류

42
다음 중 건열 조리법에 해당하지 않는 것은?
① 굽기　　② 튀기기
③ 볶기　　④ 찌기

43
조리 방법에 대한 설명으로 옳지 않은 것은?
① 국 – 건더기는 국물의 1/3 정도가 적당하다.
② 찌개 – 건더기는 국물의 2/3 정도가 적당하다.
③ 조림 – 재료에 맛을 들게 하기보다 국물 맛을 내는 조리법이다.
④ 튀김 – 식물성 유지를 사용하는 것이 좋다.

44
조리기구의 용도에 대한 설명으로 옳지 않은 것은?
① 필러(Peeler) – 과일, 채소 등의 껍질을 벗기는 기구이다.
② 브로일러(Broiler) – 가스 또는 전기를 사용하는 아랫불 직화방식 기구이다.
③ 블렌더(Blender) – 식품의 혼합, 교반 등에 사용한다.
④ 휘퍼(Whipper) – 반죽하거나 달걀 거품을 낼 때 사용하는 기구이다.

45
조리장 작업대의 작업동선에 따른 기기배치의 순서로 옳은 것은?
① 준비대 → 개수대 → 조리대 → 가열대 → 배선대
② 개수대 → 조리대 → 준비대 → 가열대 → 배선대
③ 조리대 → 준비대 → 개수대 → 가열대 → 배선대
④ 개수대 → 가열대 → 조리대 → 준비대 → 배선대

46
중력분 밀가루의 글루텐 함량으로 옳은 것은?
① 13% 이상　　② 10% 초과 13% 미만
③ 5% 초과 10% 미만　　④ 5% 미만

47
다음 중 토란의 아린맛을 내는 원인 성분은?
① 호모겐티신산(Homogentisic Acid)
② 셉신(Sepsine)
③ 솔라닌(Solanine)
④ 뮤신(Mucin)

48
비중법으로 달걀의 신선도를 측정할 때 신선한 것은?
① 수면 위로 뜬 것
② 물 중간에 위치한 것
③ 가라앉는 것
④ 수면 위로 떴다가 가라앉는 것

49
어취(생선 비린내) 제거 방법으로 옳지 않은 것은?
① 된장, 간장을 첨가한다.
② 가열 전에 우유에 담가 둔다.
③ 가열 전에 물에 담가 둔다.
④ 마늘, 파, 양파 등의 향신료를 사용한다.

50
유지의 유화성 중 수중유적형(O/W) 형태에 해당하지 않는 것은?
① 우유
② 마요네즈
③ 생크림
④ 버터

51
해조류는 바다의 깊이와 색에 따라 녹조류, 갈조류, 홍조류로 분류된다. 다음 중 분류가 다른 것은?
① 우뭇가사리
② 톳
③ 미역
④ 다시마

52
식품에 함유된 단백질 분해 효소의 연결이 잘못된 것은?
① 파파야 – 파파인(Papain)
② 배 – 피신(Ficin)
③ 파인애플 – 브로멜린(Bromelin)
④ 키위 – 액티니딘(Actinidin)

53
명절이나 축하연, 회식 등 많은 사람이 함께 식사할 때 차리는 상차림은?
① 교자상
② 반상
③ 주안상
④ 다과상

54
주발과 같은 모양으로 탕기보다 작은 크기의 그릇의 명칭은?
① 보시기
② 종지
③ 조치보
④ 조반기

55
멸치 액젓을 만들 때 적당한 염도로 올바른 것은?
① 5~10%
② 10~15%
③ 15~20%
④ 20~25%

56
밥 조리를 위해 곡류를 세척할 때 유의 사항이 아닌 것은?
① 쌀알이 깨지지 않도록 살살 씻는다.
② 오랜 시간 작업하면 수용성 비타민, 향미 물질 등이 손실된다.
③ 큰 체를 사용하여 흐르는 물에 작업한다.
④ 영양 성분의 손실을 최소화하기 위해 1회만 헹군다.

57
쌀을 갈거나 쌀가루를 사용하여 만드는 죽을 일컫는 용어는?
① 무리죽
② 옹근죽
③ 원미죽
④ 장국죽

58
절기와 대표 음식의 연결이 옳지 않은 것은?
① 동지 – 팥죽, 동치미
② 한가위 – 떡국, 약식
③ 단오 – 증편, 앵두편
④ 유두 – 편수, 보리수단

59
숙채 조리 시 주재료로 적합하지 않은 것은?
① 겉절이용 알배추
② 콩나물
③ 고사리
④ 시금치

60
다음과 같은 특징을 갖는 지역의 향토 음식은?

- 쌀 생산량이 적어 콩, 보리 등 잡곡을 많이 섭취한다.
- 각 재료 본연의 맛을 살린다.
- 소, 말, 돼지고기 등을 이용한 음식이 발달되었다.

① 전복죽
② 낙지호롱
③ 인삼약과
④ 메밀막국수

61
격식을 차린 점심 식사를 일컫는 명칭은?
① 런천(Luncheon)
② 디너(Dinner)
③ 브렉퍼스트(Breakfast)
④ 런치(Lunch)

62
세계 3대 진미에 속하지 않는 것은?
① 푸아그라
② 캐비아
③ 트러플
④ 올리브

63
프랑스빵의 일종으로 겉이 바삭하고 딱딱하며 긴 몽둥이 모양으로 생긴 것은?
① 치아바타
② 바게트
③ 피타
④ 베이글

64
다음에서 설명하는 양식 소스는?

소스와 같은 농도에 날것이나 요리된 과일, 채소 등을 갈아 만든 것으로, 달콤한 맛이 난다.

① 쿨리스
② 퓌레
③ 살사
④ 콩포트

65
조식(Breakfast)의 식재료로 어울리지 않는 것은?
① 칠면조고기
② 달걀
③ 시리얼
④ 빵

66
채소를 갈아 체에 거른 후 빵가루, 마늘, 올리브유, 식초, 레몬주스로 간을 하여 걸쭉하게 만드는 수프는?
① 비시스와즈(Vichyssoise)
② 보르쉬(Borsch)
③ 가스파초(Gazpacho)
④ 굴라시(Goulash)

67
양식에서 사용하는 허브와 스파이스에 대한 설명으로 옳지 않은 것은?
① 허브는 잎 그대로 샐러드 조리에 사용한다.
② 스파이스는 식물의 잎, 꽃봉오리 등을 말린 상태를 말한다.
③ 식품의 풍미를 향상시키고 식욕을 촉진시킨다.
④ 양식에서 주로 사용하는 스파이스에는 넛맥, 사프란 등이 있다.

68
양식 디저트 중에서 따뜻하게 제공하는 요리가 아닌 것은?
① 수플레(Souffle)
② 그라탱(Gratin)
③ 크레페(Crepe)
④ 푸딩(Pudding)

69
중국 4대 지역별 요리와 대표 음식의 연결이 옳지 않은 것은?
① 북경 요리 – 베이징 덕(오리구이)
② 광동 요리 – 제비집 요리
③ 남경 요리 – 홍샤로우
④ 사천 요리 – 딤섬

70
중식의 대표적인 후식류로 다음에서 설명하는 요리는?

- 전분의 한 종류인 타피오카를 주재료로 한다.
- 여러 식재료와 혼합하여 냉장고에 차게 보관한다.

① 무스
② 아이스크림
③ 빠스
④ 시미로

71
발효시킨 잠두콩에 고추를 갈아 넣고 양념을 첨가하여 맵고 칼칼한 맛을 내는 요리에 사용하는 중식 조미료는?
① 고추기름
② 굴소스
③ 해선장
④ 두반장

72
삼선탕, 짬뽕, 생선완자탕의 육수를 만들 때 사용하는 재료로 적합한 것은?
① 닭뼈
② 소뼈
③ 꽃게, 랍스터
④ 뼈와 채소

73
중식에서 튀김옷의 재료로 옳지 않은 것은?
① 전분 ② 밀가루
③ 달걀 ④ 흑초

74
면 조리 및 국수에 관한 설명으로 옳지 않은 것은?
① 대표적인 전분 국수는 당면이다.
② 유탕면은 면발을 익히지 않은 면을 말한다.
③ 파스타는 스파게티, 마카로니와 같은 제품들을 총칭하는 용어이다.
④ 냉면은 메밀가루, 곡분 또는 전분을 주원료로 하여 압출, 압연 또는 이와 유사한 방법으로 성형한 것이다.

75
냉채 요리 중 데치는 냉채가 아닌 것은?
① 오징어무침 ② 새우와 닭고기무침
③ 양장피 ④ 오향장육

76
볶음 조리 방법과 대표 요리의 연결이 옳지 않은 것은?
① 초(炒, 차오) – 당면잡채
② 폭(爆, 바오) – 궁보계정
③ 전(煎, 젠) – 짜춘권
④ 류(火留, 리우) – 유산슬

77
다음에서 설명하는 일식 조미료는?

- 콩을 주재료로 하여 소금과 누룩을 첨가하여 발효시킨 것이다.
- 소금의 양, 숙성 기간, 원료의 배합 비율 등에 따라 색과 염도가 다르다.

① 된장(미소) ② 청주(오사케)
③ 식초(스) ④ 간장(쇼유)

78
감귤류의 즙에 간장, 청주, 다시마, 가다랑어포 국물을 첨가하여 1주일 정도 숙성시켜 만든 간장은?
① 다데즈 ② 시치미
③ 폰즈 ④ 유즈코쇼

79
일식에서 사용하는 식재료인 가다랑어에 대한 설명으로 옳지 않은 것은?
① 3kg 이상의 가다랑어를 손질하는 방법을 카메부시라고 한다.
② 단백질이 분해되면서 이노신산이라는 감칠맛을 낸다.
③ 냉장, 냉동 보관하는 것이 좋다.
④ 육수를 낼 때 많이 사용한다.

80
메밀국수의 맛국물을 낼 때 다시 : 진간장(고이구치쇼유) : 맛술의 비율은?

① 7:1:1
② 5:2:2
③ 10:3:2
④ 12:1:2

81
덮밥(돈부리모노)에 고명으로 쓰기 적합하지 않은 것은?

① 김
② 고추냉이
③ 쑥갓
④ 실고추

82
초밥의 명칭으로 옳지 않은 것은?

① 마키스시 – 김초밥
② 데카마키 – 참치 김초밥
③ 갓파마키 – 가늘게 만 김초밥
④ 후토마키 – 굵게 만 김초밥

83
일본에서 구이 조리는 조미 양념 및 조리기구에 따라 분류한다. 다음 중 숯불에 굽는 구이는?

① 시오야키
② 데리야키
③ 쿠시야키
④ 스미야키

84
초밥의 적정 온도는?

① 10~20℃
② 20~30℃
③ 30~40℃
④ 40~50℃

85
복어독의 양이 최대가 되는 시기로 옳은 것은?

① 4~6월
② 1~3월
③ 7~8월
④ 10~12월

86
복어독 중독의 잠복기간으로 옳은 것은?

① 식후 6시간
② 식후 30분~5시간
③ 식후 30분~1시간
④ 식후 3~10시간

87
다음 중 식용 가능한 복어에 해당하는 것은 몇 가지인가?

| • 복섬 | • 흰점복 | • 벌레복 | • 졸복 |
| • 황복 | • 참복 | • 선인복 | • 거북복 |

① 2가지
② 4가지
③ 6가지
④ 8가지

88
가쓰오부시 육수를 만들 때 사용하는 재료가 아닌 것은?

① 가다랑어포
② 다시마
③ 물
④ 레몬

89
복어의 영양 성분에 대한 설명으로 옳지 않은 것은?

① 저칼로리 식품이다.
② 각종 무기질과 비타민이 풍부하다.
③ 고단백 식품이다.
④ 고지방 식품이다.

90
복어 맑은탕을 만들 때 무, 당근의 모양으로 옳은 것은?

	무	당근
①	사각형	채
②	은행잎	매화꽃
③	채	편
④	은행잎	왕관

91
야쿠미에 대한 설명으로 옳은 것은?

① 다시, 진간장, 미림으로 만드는 것으로 튀김을 찍어 먹는 소스이다.
② 튀긴 재료 위에 조미한 조림 국물을 부어 먹는 것을 말한다.
③ 요리의 풍미를 증가시키거나 식욕을 자극하기 위해 첨가하는 야채나 레몬, 실파, 고춧가루를 물들인 무즙을 이용한다.
④ 박력분이나 전분으로 만든 튀김옷이다.

92
박력분이나 전분으로 튀김옷(고로모)에 물을 넣어 만들고 재료에 묻혀 튀겨 내는 튀김의 명칭은?

① 고로모아게
② 스아게
③ 가라아게
④ 텐카스

05회 실전동형 모의고사

01

위생관리의 필요성으로 적합하지 않은 것은?

① 식중독 예방　② 고객 만족
③ 점포 이미지 개선　④ 질병 치료

02

개인위생관리에 대한 설명으로 틀린 것은?

① 조리 시 안전화를 착용한다.
② 진한 화장이나 향수는 사용하지 않는다.
③ 청결한 유니폼을 착용한다.
④ 손톱은 깨지지 않도록 인조 손톱을 부착한다.

03

변질의 종류를 설명한 것이다. 다음 중 옳지 않은 것은?

① 혐기성 미생물에 의해 단백질이 변질되는 현상은 부패이다.
② 단백질 이외의 식품이 변질되는 현상은 발효이다.
③ 호기성 미생물에 의해 단백질이 변질되는 현상은 후란이다.
④ 유지가 변질되는 현상은 산패이다.

04

냉동건조법에 의한 식품이 아닌 것은?

① 한천　② 건어물
③ 건조두부　④ 당면

05

유지의 화학적 성질을 검사하는 방법에 대한 설명으로 옳지 않은 것은?

① 아이오딘가는 유지 1g이 흡수한 아이오딘의 mg 수이다.
② 산가는 유지에 함유된 유리지방산을 중화하는 데 필요한 수산화칼륨의 mg 수이다.
③ 비누화가는 유지 1g을 검화하는 데 필요한 KOH의 mg 수이다.
④ 과산화물가는 유지의 초기 산패도를 알 수 있다.

06

초산, 젖산, 구연산을 사용하여 식품을 저장하는 방법으로 피클, 장아찌에 사용하는 살균법은?

① 산저장법　② 염장법
③ 가스 저장법　④ 당장법

07

어패류를 통해 감염되는 기생충으로 제1중간숙주가 쇠우렁이고, 제2중간숙주가 담수어(붕어, 잉어)인 것은?

① 폐디스토마　② 광절열두조충
③ 아니사키스충　④ 간디스토마

08

공중위생 활동에서 건강 수준을 측정하는 가장 대표적인 보건 수준의 평가지표는?

① 영아사망률　② 모성사망비
③ 비례사망지수　④ 평균수명

09
소독약의 살균력 지표이며, 변소, 하수도 등 오물 소독에 사용하는 화학적 소독방법은?

① 석탄산
② 역성비누
③ 크레졸
④ 차아염소산나트륨

10
다음 유해 첨가물의 공통적인 사용 용도는?

| 붕산, 포름알데히드, 승홍수, 불소화합물 |

① 착색제
② 보존료
③ 감미료
④ 표백제

11
감염병의 예방 대책으로 적절하지 않은 것은?

① 신선하고 위생적으로 처리한 식재료를 사용한다.
② 예방접종으로 모든 감염병을 예방할 수 있다.
③ 식품과 접촉하는 기구·용기의 청결을 유지한다.
④ 조리 전후의 식품은 반드시 따로 취급한다.

12
중금속과 중독 증상의 연결이 옳지 않은 것은?

① 카드뮴(Cd) - 이타이이타이병
② 주석(Sn) - 급성위장염
③ 불소(F) - 반상치
④ 수은(Hg) - 말초신경염

13
HACCP 준비단계 중 가장 먼저 해야 하는 것은?

① 중요관리점 결정
② HACCP 팀 구성
③ 중요관리 한계기준 설정
④ 검증 절차 및 방법 수립

14
자연독 식중독의 원인 식품과 독소명의 연결이 옳지 않은 것은?

① 섭조개 - 삭시톡신
② 독버섯 - 무스카린
③ 면실유 - 리신
④ 독미나리 - 시큐톡신

15
식품 썰기의 주목적으로 옳은 것은?

① 식품의 부패를 방지한다.
② 식품 고유의 맛과 향을 향상시킨다.
③ 영양소의 손실을 최소화하기 위해서이다.
④ 표면적을 크게 하여 열전도율을 상승시키기 위해서이다.

16
중국에서 절임 배추를 수입하여 김치를 국내에서 만들었다. 표기법으로 옳은 것은?

① 배추김치(배추 중국산)
② 배추김치(중국산)
③ 배추김치(국내산)
④ 배추김치(국내산 중국산 혼합 식품)

17

식품접객업소의 조리 · 판매 등에 대한 기준 및 규격에 의한 조리용 칼 · 도마 · 식기류의 미생물 규격에 적합한 것은? (단, 사용 중인 것은 제외)

① 살모넬라 음성, 대장균 양성
② 살모넬라 음성, 대장균 음성
③ 황색포도상구균 양성, 대장균 음성
④ 황색포도상구균 음성, 대장균 양성

18

다음 중 소분 판매가 가능한 식품은?

① 레토르트
② 통조림
③ 어육제품
④ 벌꿀

19

하수의 오염 측정 방법으로 옳지 않은 것은?

① 생화학적 산소요구량(BOD)의 측정
② 일산화탄소 요구량(CO)의 측정
③ 용존산소량(DO)의 측정
④ 화학적 산소요구량(COD)의 측정

20

다음 중 바이러스에 의해 감염되는 것은?

① 광견병
② 큐열
③ 페스트
④ 천연두

21

다음 중 호흡기계 감염병이 아닌 것은?

① 디프테리아
② 유행성이하선염
③ 콜레라
④ 백일해

22

알레르기성 식중독의 원인 독소로, 단백질의 부패 과정에서 생성되는 것은?

① 히스타민
② 암모니아
③ 황화수소
④ 페놀

23

육류의 사후경직 시 글리코젠과 젖산의 변화로 옳은 것은?

	글리코젠	젖산
①	증가	증가
②	감소	감소
③	증가	감소
④	감소	증가

24

청과물의 저장 시 변화에 대하여 옳은 설명은?

① 청과물은 저장 중이거나 유통과정 중에도 탄산가스와 열이 발생한다.
② 신선한 과일의 보존기간을 연장시키는 데 저장 방법이 큰 역할을 하지 못한다.
③ 과일이나 채소는 수확하면 더 이상 숙성하지 않는다.
④ 감의 떫은맛은 저장에 의해서 감소되지 않는다.

25
다음 중 기름이 걸러지는 배수관으로 옳은 것은?

① S관
② P관
③ 그리스트랩
④ M관

26
도마의 사용 방법에 대한 설명 중 잘못된 것은?

① 합성세제를 사용하여 43~45℃의 물로 씻는다.
② 염소소독, 열탕살균, 자외선살균 등을 실시한다.
③ 식재료 종류별로 전용 도마를 사용한다.
④ 세척, 소독 후에는 건조시킬 필요가 없다.

27
안전장비 취급관리 요령 중 사용하기 전 취급하는 기구, 가스, 전기 등의 이상 여부와 보호구의 관리 실태를 점검하고 기록·유지하는 점검은?

① 일상점검
② 특별점검
③ 긴급점검
④ 정기점검

28
갈린 칼을 확인하는 방법으로 옳지 않은 것은?

① 도마에 문질러 확인한다.
② 종이가 잘 썰리는지 확인한다.
③ 칼날을 세워 엄지손톱에 대었을 때 밀리면 잘 갈린 것이다.
④ 화장지를 접어 문질렀을 때 화장지가 걸려야 한다.

29
화재 시 대처 요령으로 틀린 것은?

① 화재 시 화재경보를 울리거나 큰 소리로 알린다.
② 기름에 불이 붙었을 경우 물을 붓는다.
③ 신속히 원인을 제거한다.
④ 몸에 불이 붙었을 경우 제자리에서 바닥에 구르거나 옷을 재빨리 제거한다.

30
조리작업장의 안전수칙으로 옳지 않은 것은?

① 안전한 자세로 조리한다.
② 짐을 옮길 때 너무 무리하지 않으며 주변의 충돌을 감지한다.
③ 뜨거운 것을 만질 때는 장갑을 착용한다.
④ 편안하고 자유로운 복장을 착용한다.

31
탄수화물의 분류 중 단당류에 해당하지 않는 것은?

① 포도당
② 과당
③ 갈락토오스
④ 맥아당

32
다음 중 접촉감염 지수가 높은 순서로 나열한 것은?

| ㉠ 성홍열 ㉡ 천연두 ㉢ 디프테리아 ㉣ 폴리오 ㉤ 백일해 |

① ㉠ > ㉡ > ㉢ > ㉣ > ㉤
② ㉠ > ㉢ > ㉡ > ㉤ > ㉣
③ ㉡ > ㉢ > ㉤ > ㉠ > ㉣
④ ㉡ > ㉤ > ㉠ > ㉢ > ㉣

33
생선의 비린내 성분으로 옳은 것은?
① 알리신 ② 세사몰
③ 트리메틸아민 ④ 캡사이신

34
식품의 색소에 관한 설명으로 맞는 것은?
① 클로로필은 마그네슘을 중성원자로 하고 산에 의해 클로로필린이라는 갈색물질로 된다.
② 카로티노이드 색소는 카로틴과 크산토필 등이 있다.
③ 플라보노이드 색소는 알칼리성으로 변하면 색이 선명해진다.
④ 동물성 색소 중 근육색소는 헤모글로빈이다.

35
식품을 구성하는 성분 중 특수 성분에 해당하는 것은?
① 수분 ② 향
③ 섬유소 ④ 비타민

36
다음은 어떤 비타민에 대한 설명인가?

- 지용성 비타민이다.
- 인체 노화방지의 기능을 하여 결핍 시 노화가 촉진된다.
- 곡물의 배유, 식물성유가 급원식품이다.

① 비타민 A ② 비타민 D
③ 비타민 K ④ 비타민 E

37
음식에 따른 맛의 최적 온도는 다르지만 가장 예민한 혀의 최적 미각 온도로 적합한 것은?
① 10℃ 전후 ② 20℃ 전후
③ 30℃ 전후 ④ 40℃ 전후

38
다음 중 전분의 호화에 영향을 미치는 요인이 아닌 것은?
① 전분의 종류 ② 조섬유의 성질
③ 가열 온도 ④ 수소이온농도

39
적정재고 수준의 원칙으로 고려할 사항이 아닌 것은?
① 일정 기간 동안 사용된 평균 수요량을 산정한다.
② 재고량을 늘리기 위해 회전율을 높인다.
③ 저장시설의 용량을 유지한다.
④ 재고회전율과 재고의 균형을 유지한다.

40
전체 이용 고객의 수가 3,000명이고 식수 변동률이 1.1, 식기 파손율을 1.07로 했을 때 식기 필요량은?
① 3,531 ② 3,541
③ 3,551 ④ 3,561

41
다음 중 폐기율이 가장 높은 식품은?
① 갈치   ② 조개
③ 달걀   ④ 고구마

42
식품감별법으로 틀린 것은?
① 오이는 가시가 있고, 굵기가 일정한 것이 좋다.
② 쌀은 윤기가 나고 경도는 낮은 것이 좋고, 크기는 일정하지 않아도 상관없다.
③ 당근은 뿔이나 마디가 없고 무거운 것이 좋다.
④ 생선은 비늘이 단단하게 붙어 있고, 냄새가 없는 것이 좋다.

43
밥을 지을 때 영향을 주는 요인에 대한 설명으로 옳은 것은?
① 조리용수는 pH 5~6이 적당하다.
② 지나치게 건조된 쌀은 밥맛이 없다.
③ 밥을 지을 때 물의 양은 밥맛과는 상관이 없다.
④ 열원, 조리용기의 재질은 밥맛에 영향을 미치지 않는다.

44
다음 중 습열 조리가 아닌 것은?
① 튀김   ② 찌기
③ 끓이기 ④ 삶기

45
가루를 계량하는 방법으로 옳은 것은?
① 투명한 용기에 담아 눈금을 읽는다.
② 평평한 곳에 놓고 그릇을 탁탁 친 후 계량한다.
③ 무게로 계량한다.
④ 계량컵에 수북하게 담아 계량한다.

46
계량 단위가 잘못된 것은?
① 1C = 200 mL
② 1Ts = 15 cc = 3ts
③ 1온스 = 30 cc = 28.35 g
④ 1파운드 = 10온스

47
일반 식당에서 조리장의 면적 기준으로 적합한 것은?
① 식당 면적의 1/2
② 식당 면적의 1/3
③ 식당 면적의 1/4
④ 식당 주인의 성향에 따라

48
다음 중 주류를 판매할 수 없는 영업점은?
① 일반음식점   ② 유흥주점
③ 휴게음식점   ④ 단란주점

49
식품의 산성 및 알칼리성을 결정하는 기준 성분은?
① 필수지방산
② 필수아미노산
③ 탄수화물
④ 무기질

50
육류를 끓여 국물을 만드는 것에 대한 설명으로 옳은 것은?
① 육류를 오래 끓이면 근육 조직인 젤라틴이 콜라겐으로 용출되어 맛있는 국물을 만들 수 있다.
② 육류를 찬물에 넣어 끓이면 맛 성분의 용출이 잘 되어 맛있는 국물을 만들 수 있다.
③ 육류를 끓는 물에 넣고 설탕을 넣어 끓이면 맛 성분의 용출이 잘 되어 맛있는 국물을 만들 수 있다.
④ 결합 조직이 많은 부위는 장시간 끓이면 연해진다.

51
조리용 기기의 사용법이 틀린 것은?
① 필러(Peeler) – 채소 으깨기
② 슬라이서(Slicer) – 일정한 두께로 썰기
③ 푸드 차퍼(Food Chopper) – 식품 다지기
④ 블렌더(Blender) – 액체 교반하기

52
조리 시 식품 내에 함유된 효소의 작용을 조절하여 기능을 부여하는 방법으로 옳은 것은?
① 고기를 연하게 하기 위하여 식초를 뿌린다.
② 과일을 열처리(Blanching)하여 갈변을 방지한다.
③ 두부를 만들 때 가열 처리하면 비린내가 난다.
④ 달걀을 삶은 직후 미지근한 물에 넣어 변색을 방지한다.

53
숙채에 대한 설명으로 옳지 않은 것은?
① 보통 나물을 말한다.
② 물에 삶거나, 찌거나, 볶아서 갖은 양념을 한 것이다.
③ 겉절이를 말한다.
④ 채소를 익혀서 조리하는 것은 재료의 쓴맛이나 떫은맛을 없애 준다.

54
국, 탕 조리 시, 향신료를 첨가하는 이유로 적합하지 않은 것은?
① 부패균의 증식을 억제시킨다.
② 생선을 주재료로 사용할 경우 불쾌취를 완화시킨다.
③ 풍미를 더해 준다.
④ 한식에서 부족한 비타민을 보충할 수 있다.

55
다음 중 서울 음식의 특징으로 옳은 것은?
① 소박하고 구수하다.
② 인삼, 버섯 등으로 만든 음식이 유명하다.
③ 짜거나 맵지 않고, 음식 종류가 많다.
④ 된장, 마늘, 고추를 많이 사용한다.

56
국, 탕의 육수를 끓일 때 소금이나 간장, 된장을 넣는 적합한 시기로 옳은 것은?
① 간은 맨 처음부터 한다.
② 조금 끓였을 때 한다.
③ 국물이 우러났을 때 한다.
④ 아무 때나 넣어도 상관없다.

57
다음 중 멸치 육수를 이용하는 음식이 아닌 것은?
① 육개장
② 된장찌개
③ 칼국수
④ 김치찌개

58
고명에 관한 설명으로 옳지 않은 것은?
① 음식을 돋보이게 할 뿐만 아니라 맛과 영양을 보충하기 위하여 음식 위에 얹는 것이다.
② 알쌈은 소고기를 곱게 다져서 양념하여 콩알만큼씩 만들어 팬에 기름을 두르고 익혀 낸 다음, 흰자와 노른자로 분리하여 푼 달걀을 팬에 한 숟가락씩 떠놓고 반쯤 익으면 익힌 소고기를 놓고 반으로 접어 반달 모양으로 지져낸 고명이다.
③ 말린 표고버섯, 목이버섯, 석이버섯 및 느타리버섯 등을 불려서 손질하여 고명으로 쓰기도 한다.
④ 고명은 주재료와 비슷한 색으로 얹는다.

59
양념장이나 초간장, 초고추장을 담는 그릇은?
① 옴파리
② 대접
③ 종지
④ 바리

60
다음 중 장조림 조리에 가장 적합한 부위는?
① 우둔살
② 양지
③ 목심
④ 안심

61
샐러드 조리 시 주의할 점으로 옳지 않은 것은?
① 신선하고 청정한 재료를 사용한다.
② 재료와 드레싱이 어우러지도록 미리 버무려 둔다.
③ 재료를 세척한 후 물기를 충분히 제거한다.
④ 샐러드를 담을 때는 주재료가 부재료를 가리지 않아야 한다.

62
토마토 페이스트에 대한 설명으로 옳은 것은?
① 토마토를 파쇄하여 그대로 조미하지 않고 농축시킨 것이다.
② 토마토 퓌레에 어느 정도 향신료를 가미한 것이다.
③ 토마토 퓌레를 더 강하게 농축하고 수분을 날린 것이다.
④ 토마토 껍질만 벗겨 통조림으로 만든 것이다.

63
다음은 양식 요리가 제공되는 순서이다. ㉠, ㉡에 들어갈 말로 알맞은 것은?

애피타이저 → (㉠) → 생선 요리 → 육류 요리 → (㉡)

① ㉠ 샐러드, ㉡ 수프
② ㉠ 디저트, ㉡ 샐러드
③ ㉠ 음료, ㉡ 앙트레
④ ㉠ 수프, ㉡ 디저트

64
양식에서 수프의 농도를 조절하는 농후제는?
① 가니쉬(Garnish)
② 비프 스톡(Beef Stock)
③ 리에종(Liaison)
④ 루(Roux)

65
다음 중 타르타르소스(Tartar Sauce)를 만들 때 사용하지 않는 재료는?

① 마요네즈 ② 달걀
③ 식초 ④ 케첩

66
음식의 외형을 돋보이게 하기 위해 음식에 곁들이는 것을 의미하는 조리 용어는?

① 가니쉬(Garnish) ② 스튜(Stew)
③ 브로일링(Broiling) ④ 스팀(Steam)

67
다음 중 쿠르 부용에 대한 설명으로 옳은 것은?

① 스톡의 향을 강화하기 위한 양파, 당근과 셀러리의 혼합물을 말한다.
② 생선, 해산물을 포칭하기 위해 만드는 액체이다.
③ 야채, 고기, 생선으로 끓여 만든 육수이다.
④ 고기, 생선의 국물을 맑게 끓인 것이다.

68
식이섬유소가 풍부해서 아침 식사로 많이 먹으며, 귀리를 볶은 다음 거칠게 부수거나 납작하게 누른 식품으로 육수나 우유를 넣고 죽처럼 조리해서 먹는 시리얼은?

① 오트밀(Oatmeal)
② 라이스 크리스피(Rice Krispy)
③ 콘플레이크(Cornflakes)
④ 쉬레디드 휘트(Shredded Wheat)

69
다음 중 중식 냉채를 조리 방법에 따라 분류할 때 분류가 다른 하나는?

① 양장피 ② 자차이 무침
③ 미역냉채 무침 ④ 피단냉채

70
다음에서 설명하는 중식의 조미료는?

- 귤껍질을 말린 것이다.
- 비타민이 풍부하고 비만 예방에 좋다.
- 씁쓸한 맛을 내며, 향이 좋다.

① 산초 ② 진피
③ 팔각 ④ 생강

71
중식 볶음 음식의 특징으로 옳지 않은 것은?

① 삼색을 사용한다.
② 향신료와 조미료를 많이 사용한다.
③ 재료 고유의 맛과 색, 향을 살린다.
④ 사전 준비를 중요시한다.

72
베이징과 홍콩에서 주로 먹는 후식인 행인두부의 주재료는?

① 고구마 ② 꿀
③ 호두 ④ 살구씨

73
중식에서 튀김 조리 방법에 대한 설명으로 옳지 않은 것은?
① 고열에서 조리하여 영양소의 손실을 최소화한다.
② 딱딱한 재료는 전처리를 하여 조리 시간을 줄인다.
③ 튀김 소스를 만들 때 향신료를 가장 마지막에 넣어 향을 살린다.
④ 채소는 튀기기 전에 끓는 물에 데쳐서 사용한다.

74
다음 중 냉채 소스로 적합하지 않은 것은?
① 겨자소스
② 레몬소스
③ 춘장소스
④ 칠리소스

75
중식에서 절임 조리 시 많이 사용하는 채소와 그 특징에 대한 설명으로 옳지 않은 것은?
① 청경채는 조직이 질겨 푹 삶아 사용한다.
② 자차이는 일종의 장아찌로, 무처럼 생긴 뿌리를 소금과 양념에 절여서 만든다.
③ 중국 요리에서 땅콩을 물에 불려서 소금을 넣고 삶아 반찬으로 먹는다.
④ 향차이는 줄기와 어린잎에서 특유의 독특한 냄새가 나며, 성숙하면 향이 변한다.

76
중식에서 볶음 요리 시 오방색을 사용한다. 다음 중 오방색에 해당하지 않는 것은?
① 검은색
② 붉은색
③ 노란색
④ 보라색

77
두반장의 주재료는?
① 굴
② 닭
③ 콩
④ 고추

78
가루 가다랑어에 대한 설명으로 틀린 것은?
① 가다랑어를 곱게 갈아 사용한다.
② 짧은 시간에 향기로운 국물을 낼 때 분말 그대로 사용한다.
③ 조림, 샐러드 소스 등에 가루를 넣어 맛을 낼 때 사용한다.
④ 가격이 저렴하다.

79
쌀을 씻어 10배의 물이나 다시물을 부어 오래 끓여 부드럽게 먹는 죽으로 오카유의 종류와 설명의 연결이 옳지 않은 것은?
① 시라가유 – 쌀로만 만든 것
② 료쿠도우가유 – 녹두로 만든 것
③ 챠가유 – 팥으로 만든 것
④ 이모가유 – 감자나 고구마를 넣어 만든 것

80
요리에 첨가하는 향신료나 양념으로 실파, 무 간 것, 생강, 고춧가루, 겨자, 김 등을 일컫는 용어는?

① 폰즈 ② 모미지 오로시
③ 야쿠미 ④ 다데즈

81
국물용 통 가다랑어를 고르는 방법으로 틀린 것은?

① 고르게 잘 건조된 상태가 좋다.
② 피를 잘 머금고 있는 진한 색깔이 좋다.
③ 두드렸을 때 맑은 소리가 나는 것이 좋다.
④ 맑은 색이 좋다.

82
일식에서 조림 조리의 명칭과 주재료의 연결이 옳은 것은?

① 시라니 - 된장 ② 스니 - 민물고기
③ 간로니 - 식초 ④ 니스게 - 어패류

83
일식 라멘에 대한 설명으로 옳지 않은 것은?

① 면과 국물로 이루어진 일본의 대중 음식이다.
② 파, 돼지고기 등의 여러 가지 재료를 얹는다.
③ 간장으로 맛을 내면 시오 라멘, 된장으로 맛을 내면 미소 라멘이라고 한다.
④ 지역이나 매장에 따라 종류가 다양하다.

84
덮밥에 대한 설명으로 옳지 않은 것은?

① 돈부리에 밥과 반찬을 함께 담아 제공한다.
② 올리는 반찬에 따라 명칭을 사용한다.
③ 덮밥을 만들 때 사용하는 냄비는 무게감 있는 것이 좋다.
④ 덮밥에 사용하는 고명으로는 김, 고추냉이, 파, 무순 등이 있다.

85
다음 중 복어독에 대한 설명으로 옳지 않은 것은?

① 난소에 가장 많다.
② 복어독이 완전히 제거되지 않은 경우 시간이 지나면 색이 변한다.
③ 복어의 독성분은 테트로도톡신이다.
④ 아가미와 피부의 독을 제거해야 한다.

86
다음 중 복어 요리에서 무의 용도가 아닌 것은?

① 후로부키 ② 무즙
③ 곁들임 ④ 육수 우려내기

87
다음 중 복어에서 섭취 가능한 부위는?

① 안구 ② 혀
③ 위장 ④ 신장

88
복떡 굽는 순서로 옳은 것은?

㉠ 복떡 손질하기	㉡ 복떡 굽기
㉢ 복떡 식히기	㉣ 쇠꼬챙이에 복떡 꽂기

① ㉠ → ㉡ → ㉢ → ㉣
② ㉠ → ㉣ → ㉢ → ㉡
③ ㉠ → ㉣ → ㉡ → ㉢
④ ㉡ → ㉠ → ㉣ → ㉢

89
복어 요리의 종류로 적합하지 않은 것은?

① 복어내장탕 ② 복어껍질초회
③ 복어지리   ④ 복어회

90
복어 중독에 대한 내용으로 옳지 않은 것은?

① 복어독의 주성분은 테트로도톡신이다.
② 복어 중독 시 입술, 혀끝의 떨림으로 시작하여 심장정지 및 사망까지 이를 수 있다.
③ 복어독의 잠복기는 1~2일이다.
④ 복어 중독의 치사율은 60%로 높은 편이다.

91
다음 중 가다랑어포에 대한 설명으로 틀린 것은?

① 혼부시는 대형 가다랑어를 3장 뜨기한 후 한쪽 살을 세로로 자른 것이다.
② 메부시는 혼부시의 배 부분을 말한다.
③ 혼부시의 등 부분인 오부시는 지방 함량이 많다.
④ 가메부시는 작은 가다랑어의 한쪽 살로 만든 것이다.

92
복어껍질초회의 조리 방법에 대한 설명으로 옳지 않은 것은?

① 복어 가시를 제거한 후 끓는 물에 소금을 넣고 삶아 얼음물에 식힌다.
② 복어껍질은 손질 후 미리 양념장에 무쳐 놓는다.
③ 실파와 무즙을 곁들여 낸다.
④ 접시에 소복하게 담아 낸다.

eduwill

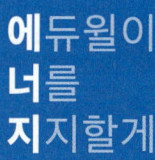

내가 꿈을 이루면
나는 누군가의 꿈이 된다.

– 이도준

여러분의 작은 소리
에듀윌은 크게 듣겠습니다.

본 교재에 대한 여러분의 목소리를 들려주세요.
공부하시면서 어려웠던 점, 궁금한 점,
칭찬하고 싶은 점, 개선할 점, 어떤 것이라도 좋습니다.

에듀윌은 여러분께서 나누어 주신 의견을
통해 끊임없이 발전하고 있습니다.

에듀윌 도서몰 book.eduwill.net
- 부가학습자료 및 정오표: 에듀윌 도서몰 → 도서자료실
- 교재 문의: 에듀윌 도서몰 → 문의하기 → 교재(내용, 출간) / 주문 및 배송

2026 에듀윌 조리기능사 필기 한권끝장(5종목 통합)

발 행 일	2025년 9월 30일 초판
편 저 자	김자경, 송은주, 김선희
펴 낸 이	양형남
개 발	정상욱, 최하영
펴 낸 곳	(주)에듀윌
등록번호	제25100-2002-000052호
주 소	08378 서울특별시 구로구 디지털로34길 55 코오롱싸이언스밸리 2차 3층
I S B N	979-11-360-3937-8(13590)

* 이 책의 무단 인용·전재·복제를 금합니다.

www.eduwill.net
대표전화 1600-6700

164개월 베스트셀러 1위
에듀윌 식품 교재 시리즈

조리기능사 필기
한권끝장

제과·제빵기능사
필기 한권끝장

떡제조기능사
필기+실기 한권끝장

조리기능사 필기
1주끝장

한식/양식 조리기능사
필기 총정리 문제집(8절)

한식/양식/중식/일식·복어
조리기능사 실기

제과·제빵기능사
실기 한권끝장

* 에듀윌 조리기능사, 제과·제빵기능사 YES24 월별 베스트셀러 1위 합산 기준(2017년 1월~2025년 9월)

2026 최신판

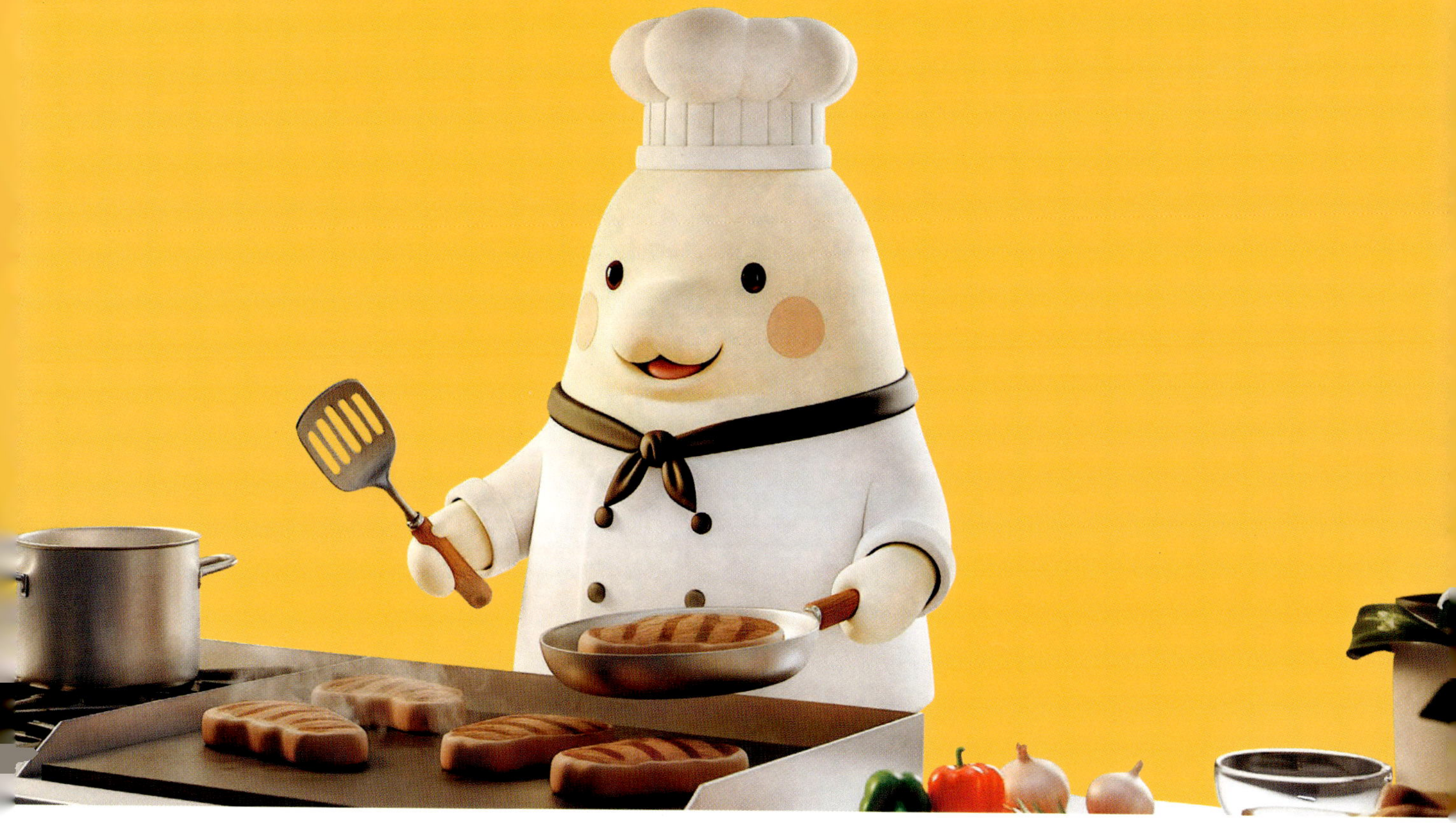

© eduwill · edugong

eduwill

에듀윌 조리기능사
필기 한권끝장(5종목 통합)

모의고사 15회분+무료특강

정답과 해설

필기합격 적중문제 · 실전동형 모의고사

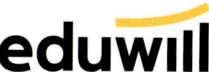

정답과 해설

필기합격 적중문제 + 실전동형 모의고사

필기합격 적중문제

SUBJECT 01 | 위생관리

01	②	02	④	03	①	04	④	05	③
06	②	07	③	08	③	09	②	10	④
11	①	12	④	13	②	14	④	15	③
16	④	17	③	18	②	19	①	20	④
21	④	22	③	23	④	24	②	25	④
26	③	27	③	28	③	29	④	30	②

01 ②
| 오답풀이 |
① 물간법은 식품을 적당한 농도의 소금 용액에 담가 두는 방법이다.
③ 압착염장법은 물간법에 돌같이 무거운 것을 얹어 가압하면서 염장하는 방법이다.
④ 염수주사법은 신속한 염장을 위해 어육에 염수를 주사한 후 일반 염장법으로 저장하는 방법이다.(햄, 베이컨 등)

02 ④
부패는 단백질 식품이 혐기성 미생물에 의해 변질되는 것이고, 산패는 지방질 식품(유지)이 산화되어 변질되는 것이다.

03 ①
소독력의 크기는 멸균 > 살균 > 소독 > 방부 순으로 크다.

04 ④
미숙한 매실, 살구씨에 존재하는 독성분은 아미그달린이다.
| 오답풀이 |
① 아트로핀은 미치광이풀, ② 시큐톡신은 독미나리, ③ 고시폴은 목화씨에 존재하는 독성분이다.

05 ③
독미나리의 독성분은 시큐톡신(Cicutoxin)이고, 베네루핀(Venerupin)은 모시조개의 독성분이다.

06 ②
세균성 식중독에서 독소형으로 분류되는 황색포도상구균 식중독은 식품취급자의 화농성 질환에 의해 감염된다.

07 ③
| 오답풀이 |
① 결핵은 제2급 감염병, ② 파상풍은 제3급 감염병, ④ 수족구병은 제4급 감염병에 해당한다.

08 ③
아플라톡신은 열에 강하므로 200~300℃로 가열해야 분해된다.

09 ②
감수성 지수(접촉감염 지수)는 천연두·홍역(95%) > 백일해(60~80%) > 성홍열(40%) > 디프테리아(10%) > 폴리오(소아마비, 0.1%) 순으로 높다.

10 ④
| 오답풀이 |
① 경구감염병은 소량의 균으로, 세균성 식중독은 다량의 균으로 발병한다.
② 세균성 식중독은 2차 감염이 거의 없고, 경구감염병은 2차 감염이 있다.
③ 경구감염병은 면역성이 있고, 세균성 식중독은 면역성이 없다.

11 ①
채소로부터 감염되는 기생충에는 회충, 요충, 구충(십이지장충), 편충, 동양모양선충이 있다.
| 오답풀이 |
② 폐흡충은 어패류에서, ③ 선모충과 ④ 무구조충은 육류에서 감염되는 기생충이다.

12 ④
콜레라는 세균이 소화기계에 침입해 걸리는 감염병으로, 쌀뜨물과 같은 심한 설사, 구토를 유발한다.

13 ②
부패는 단백질 식품이 혐기성 미생물에 의해 분해, 변질되는 것으로 트리메틸아민, 암모니아, 황화수소, 인돌, 알데히드 등의 유해물질이 생성되어 악취가 난다. 포르말린은 포름알데히드의 수용액으로 공업용 방부제로 쓰인다.

14 ④
납 중독은 통조림 납땜, 도자기류·법랑류의 유약 성분, 안료, 농약, 낡은 수도관에서 유출된 납 성분으로 인해 발생하며, 잇몸에 청회백색으로 착색을 일으키는 연연(鉛緣), 잇몸 통증, 설사, 사지마비, 중추신경 장애 등의 증상이 나타난다.

| 오답풀이 |
① 카드뮴 중독은 신장에 카드뮴이 축적되는 이타이이타이병을 일으키고, 신장기능 장애, 단백뇨, 골연화증 등의 증상이 나타난다.
② 크로뮴 중독은 코에 흡입된 크롬 분자가 코 안의 격막을 짓무르게 하여 천공을 발생시킨다.
③ 수은 중독은 미나마타병을 유발하고, 신경과 관련한 증상들이 나타난다.

15 ③
조리장이 지하에 위치하면 통풍, 채광 및 배수 등의 문제가 발생한다.

16 ④
광절열두조충(긴촌충)의 제1중간숙주는 물벼룩, 제2중간숙주는 민물고기(송어, 연어, 숭어, 농어)이다.

17 ③
집단급식소는 1회 50명 이상에게 식사를 제공하는 급식소를 말한다.

18 ②
인공능동면역은 인위적으로 항원을 체내에 투입하여 항체가 생산되도록 하는 방법으로 ① 생균백신 접종, ③ 사균백신 접종, ④ 순화독소 접종이 해당된다.

19 ①
- 간흡충(간디스토마): 제1중간숙주 – 왜우렁이, 제2중간숙주 – 붕어, 잉어 등의 민물고기
- 폐흡충(폐디스토마): 제1중간숙주 – 다슬기류, 제2중간숙주 – 가재, 민물게

20 ④
곰팡이는 생존에 필요한 수분량이 가장 적어 건조식품, 곡류 등에 잘 번식한다.

21 ④
위장염 증상, 부상으로 인한 화농성 질환, 피부병, 베인 부위가 발견된 경우 상급자에게 보고 후 작업을 중단해야 한다.

22 ③
식품 1g당 생균수가 $10^7 \sim 10^8$일 때 초기 부패로 판정한다.

23 ③
선모충은 돼지고기를 덜 익히고 섭취했을 때 감염되는 기생충이다.

| 오답풀이 |
① 아니사키스충은 오징어, 고등어, 대구 등, ② 무구조충은 소고기, ④ 광절열두조충은 민물고기를 먹고 감염되는 기생충이다.

24 ②
어패류 매개 기생충 질환의 가장 확실한 예방법은 생식 금지이다.

25 ④
HACCP 12절차의 첫 번째 단계는 'HACCP 팀 구성'이다.

26 ③
황색포도상구균 식중독과 클로스트리디움 보툴리눔 식중독은 독소형 세균성 식중독이다.

27 ③
작업장은 폐기물, 폐수 처리시설과 격리된 장소에 설치하여야 한다.

28 ③
영아사망률 = 연간 영아 사망 수 ÷ 연간 출생아 수 × 1,000

29 ④
공기의 자정 작용에는 비, 눈 등에 의한 세정 작용, 기류에 의한 공기 자체의 희석 작용, 일광(자외선)에 의한 살균 작용, 식물의 탄소동화 작용(O_2와 CO_2의 교환 작용), 산소(O_2), 오존(O_3), 과산화수소(H_2O_2) 등에 의한 산화 작용이 있다.

30 ②
감수성 지수는 ㉠ 홍역(95%) > ㉡ 백일해(60~80%) > ㉣ 성홍열(40%) > ㉢ 디프테리아(10%) > ㉡ 폴리오(소아마비, 0.1%) 순으로 높다.

SUBJECT 02 | 안전관리　P.121~P.123

01	②	02	③	03	①	04	④	05	④
06	①	07	②	08	④	09	④	10	②
11	②	12	④	13	③	14	①	15	④
16	②	17	②	18	③	19	③	20	①

01 ②
칼날 부분은 손으로 만지지 않도록 한다.

02 ③
정서적 요인에는 과격한 기질 및 신경질, 시력 또는 청력의 결함, 근골박약, 지식 및 기능의 부족, 중독증 등 각종 질환이 해당된다.

03 ①
공인된 기구가 인정하는 안전성과 효과성을 확보한 장비를 선택해서 사용해야 한다.

04 ④
응급상황 시에는 응급조치 후 원인을 파악하고 후속조치한다.

05 ④
분쇄기는 안쪽에 날카로운 칼날이 있으므로 세척에 유의한다.

06 ①
| 오답풀이 |
② 질식소화법은 불연성 기체, 소화 분말 등으로 연소물을 덮어 산소를 차단하는 소화 방법이다.
③ 제거소화법은 가연물을 제거하는 소화 방법이다.
④ 냉각소화법은 화점의 온도를 낮추는 소화 방법이다.

07 ②
육절기는 재료를 혼합하여 갈아 내는 기계로 베임 등의 재해와 관련이 있는 조리도구이다.

08 ④
조리도구를 선택 및 사용할 때에는 필요성, 성능, 요구에 따른 만족도, 안전성과 위생을 고려해야 한다.

09 ④
신체 동작의 통제 불능은 인적 요인 중 생리적 요인에 해당한다.

10 ②
| 오답풀이 |
① 슬라이스 머신은 부피가 큰 냉동 상태의 육류 덩어리, 조리된 육류 덩어리, 햄, 소시지 또는 부피가 크고 딱딱한 야채 등을 얇게 자르는 데 주로 사용되는 기기이다.
③ 연육기는 고기를 부드럽게 가공하기 위하여 납작하게 썬 뒤 집어 넣으면 회전 칼날을 통과하여 세로 방향으로 칼집을 넣어 주는 기기이다.
④ 분쇄기는 마늘, 생강, 고추 등 여러 가지 야채류 및 양념을 분쇄하는 데 사용되는 기기이다.

11 ②
뜨거운 용기를 옮길 때에는 마른 면이나 장갑을 사용한다.

12 ④
안전교육은 작업 전에 실시한다.

13 ③
칼을 사용할 때에는 이동 시 칼끝이 지면을 향하게 하고 칼날을 뒤로 가게 한다.

14 ①
| 오답풀이 |
② 분쇄기는 마늘, 생강, 고추 등 여러 가지 야채류 및 양념을 분쇄하는 데 사용한다.
③ 그리들은 철판으로 만들어져 눌어 붙지 않아 대량으로 음식을 구울 때 사용한다.
④ 슬라이스 머신은 부피가 크고 냉동 상태인 육류 덩어리, 조리된 육류 덩어리, 햄, 소시지 또는 부피가 크고 딱딱한 야채 등을 얇게 자르는 데 주로 사용한다.

15 ④
작업환경 측정의 목적은 작업 시 발생하는 소음, 분진, 유해 화학물질 등의 유해 인자에 근로자가 얼마나 노출되는지를 측정, 평가한 후 시설과 설비 등의 적절한 개선을 통하여 깨끗한 작업환경을 조성함으로써 근로자의 건강을 보호하고 생산성을 향상하는 데 있다.

16 ②
제빙기는 더운 물로 내부를 녹인 후 중성세제로 세척한다.

17 ②
안전사고 예방 과정은 '위험요인 제거 → 위험요인 차단(안전방벽 설치) → 안전사고를 초래할 수 있는 오류(인적·기술적·조직적)의 예방 및 교정 → 심각도 제한 → 재발 방지를 위한 대응 및 개선'이다.

18 ③
캔의 윗부분은 날카롭기 때문에 베임 사고가 발생할 수 있으므로 유의해야 한다.

19 ③
최초로 응급환자를 발견하고 응급조치를 시행하기 전까지 환자의 생사유무를 판정하지 않는다.

20 ①
도구 및 장비의 이상 여부는 상시 점검해야 한다.

SUBJECT 03 | 재료관리 P.167~P.170

01	③	02	③	03	③	04	③	05	③
06	④	07	④	08	②	09	②	10	④
11	①	12	②	13	①	14	③	15	①
16	①	17	②	18	①	19	④	20	②
21	①	22	①	23	①	24	②	25	④
26	②	27	①	28	③	29	②	30	②

01 ③
양배추는 무거운 것이 좋다.

02 ③
견과류는 습기가 적고 그늘진 곳에 보관한다.

03 ③
급속 냉동 시 얼음 결정이 작게 형성되어 식품의 조직 파괴가 적다.

04 ③
저온 저장 시 미생물 증식 억제 효과는 있으나, 직접적인 살균 효과는 없다.

05 ③
비타민 C는 가열, 산화에 의해 파괴되기 쉽다. 비타민 C가 충분히 보존될 수 있다면 다른 영양소의 변화는 거의 없다.

06 ④
변성이 일어난 단백질은 점도가 증가하고 용해도가 감소한다.

07 ④
식품을 저온 저장하면 부패균의 증식 및 작물 내의 대사 반응과 효소 작용을 억제하여 저장 수명을 연장한다.

08 ②
선입선출법은 먼저 구입한 재료부터 먼저 소비하는 것이다. 선입선출법에 의한 식용유의 재고가 10병일 때 남은 식용유는 마지막에 구입한 날짜로부터 남은 10병이다. 따라서 식용유의 재고자산은 5병(30일)×3,500원 + 5병(20일)×3,200원 = 17,500원 + 16,000원 = 33,500원이다.

09 ②

최종 판매일자는 소비자에게 판매를 위해 제공할 수 있는 최종일자로, 가정에서 통상적인 저장 기간이 남아 있는 날짜이다. 이는 소비기한과 가장 유사한 개념이다.

| 오답풀이 |
① 품질유지기한은 최상의 품질로 유지 가능한 기한이다.
③ 소비기한은 정해진 조건하에서 보관했을 때 위생상의 안전성이 보장되는 최종 기한이다.
④ 최종 권장 사용일자는 표시된 저장 조건에서 그 일자 이후에는 소비자가 기대하고 있는 품질 특성을 가지지 못할 수 있는 추정 기간의 최종일을 보증하는 날짜이다.

10 ④

바코드는 제품의 가격, 제품의 종류와 제조회사를 알 수 있고, 제조업체나 유통회사에서는 판매량과 재고량까지도 확인할 수 있다. 13자리의 수로, 맨 앞에 880은 우리나라 고유의 국가코드, 다음의 4자리는 제조회사코드, 다음의 5자리는 제품의 가격과 종류를 나타내는 상품코드, 마지막 한 자리의 수는 바코드의 이상 유무를 확인하는 검증코드이다.

11 ①

사후경직은 동물이 도살된 후 산소 공급이 중지되어 당질의 호기적 분해가 일어나지 않아 근육 중 젖산의 증가로 인해 근육 수축이 일어나 경직되는 현상을 말한다.

| 오답풀이 |
자기소화는 젖산 증가로 pH가 일정 수준으로 감소하면 카텝신(단백질 분해 효소)이 활성화되어 단백질이 분해되는 현상이다.

12 ②

지방의 경화(Hydrogenation)란 액체 상태인 불포화지방산에 수소(H_2)를 첨가하여 이중결합을 단일결합으로 바꾸는 반응이다. 이때 얻어지는 고체 상태의 지방을 경화유라고 하며, 마가린과 쇼트닝이 이에 해당한다.

13 ①

알리신(Allicin)은 마늘에 함유된 휘발성의 황화합물질로 특유의 매운 성분을 가지고 있다.

14 ③

| 오답풀이 |
① 맛의 상쇄는 서로 다른 두 물질을 혼합했을 때 고유의 맛이 약해지거나 없어지는 현상이다.
② 맛의 변조는 한 가지 맛을 본 직후 다른 맛 성분을 먹었을 때 원래 식품의 맛이 다르게 느껴지는 현상이다.
④ 맛의 발현은 숨어 있는 맛이 용출되어 나타나는 현상이다.

15 ①

침(타액)에 들어 있는 소화 효소는 아밀레이스로, 전분을 맥아당으로 변화시킨다.

16 ①

결합수는 식품의 구성 성분인 단백질, 탄수화물 등과 수소결합을 하고 있는 물로서, 수용성 물질을 녹일 수 없어 용매로 작용하는 것이 불가능하다.

17 ②

마가린은 버터의 대용품으로 식물성 유지를 수소로 경화시켜 탈지우유, 레시틴, 소금, 물, 식품첨가물 등을 혼합하여 만들며, 80% 이상의 지방을 함유한 지방성 식품이다.

18 ①

비타민 A는 지용성으로, 지방 음식과 함께 섭취하면 흡수율이 높아진다.

19 ④

디아세틸(Diacetyl)은 버터의 향기 성분이다.

| 오답풀이 |
① 트리메틸아민(Trimethylamine)은 신선도가 저하된 어류의 특유한 비린 냄새의 본체이다.
② 암모니아(Ammonia)는 신선도가 저하된 어류에서 발생하는 자극적인 냄새 성분이다.
③ 피페리딘(Piperidine)은 민물고기의 냄새 성분이다.

20 ②

자유수란 식품 중에 유리 상태로 존재하는 보통의 물이며, 0℃ 이하에서 얼음으로 동결된다.

21 ①

| 오답풀이 |
② 인은 세포의 분열과 재생·대사 과정에 작용하고 세포내액에서 완충 작용을 한다.
③ 황은 조직의 호흡 작용, 생리적 산화 과정에 관여한다.
④ 마그네슘은 뼈의 구성 성분으로, 단백질 대사 및 신경·근육의 수축에 관여한다.

22 ①

비타민 A는 피부의 상피 세포를 보호하고, 눈의 기능을 좋게 한다.

23 ①
| 오답풀이 |
② 프로테이스는 단백질 분해 효소, ③ 말테이스는 맥아당(말토오스) 분해 효소, ④ 트립신은 단백질 분해 효소이다.

24 ②
무기질에는 나트륨, 칼슘, 칼륨, 인, 철, 요오드 등이 있다.

25 ④
감자의 솔라닌은 발아 중인 싹에 존재하는 독성분으로, 서늘한 곳에서 보관하면 솔라닌 성분의 생성을 예방할 수 있다.

26 ②
혈액의 성분인 헤모글로빈을 생성하는 것은 철의 기능이다.

27 ①
아이오딘(I, 요오드)은 갑상선 호르몬의 주성분으로 체내대사를 조절한다.

28 ③
냉동한 닭고기 조리 시 닭뼈가 짙은 갈색으로 변색된 것은 냉동과 해동의 과정에서 닭뼈 골수의 적혈구가 파괴되어 변색된 것으로, 변질된 것이 아니다.

29 ②
조리 시 가장 많이 손실되는 영양소는 비타민 C이다.

30 ②
불소는 골격 및 치아의 강도를 증가시키는 기능을 하는 무기질로 결핍 시 우치, 과잉 시 반상치, 골경화증, 체중 감소, 빈혈 증상이 나타난다.

SUBJECT 04 | 구매관리   P.192~P.194

01	④	02	②	03	④	04	①	05	③
06	②	07	①	08	②	09	③	10	①
11	③	12	②	13	③	14	①	15	②
16	②	17	④	18	④	19	②	20	④

01 ④
식품 구매관리를 통해 고객 맞춤화가 아닌 표준화, 전문화, 단순화를 실현한다.

02 ②
| 오답풀이 |
① 기초 시장조사: 관련 업계의 동향, 가격 현황, 거래처의 대금 결제 방법, 관련 업체의 수급 동향 등을 조사한다.
③ 구매 거래처별 시장조사: 지속적인 거래를 위해 주거래 업체의 상황, 재무 상태, 경영 관리, 성장성, 생산 및 판매 상황, 품질관리, 제조원가 등을 조사한다.
④ 유통 체계별 시장조사: 생산에서 소비에 이르는 유통 과정의 건전성을 알아보기 위해 유통 단계별 제품, 가격 촉진, 유통 경로 등을 조사한다.

03 ④
구매명세서에 포함될 내용에는 물품명, 상표명(브랜드), 원산지, 보관 온도, 폐기율, 숙성 정도, 용도, 품질 및 등급, 크기, 형태, 전처리 및 가공 정도가 있다.

04 ①
가공식품은 상대적으로 소비기한이 긴 편이지만 구입 시 항상 제조일과 소비기한을 확인하고 구입해야 한다.

05 ③
| 오답풀이 |
① 고등어, ② 느타리버섯, ④ 소고기 등 어육류와 채소류는 신선도를 위해 필요시 수시로 구입한다.

06 ②
풋고추의 총발주량: 정미중량 30g×100÷(100 − 폐기율 6%)×인원수 400명≒13kg

07 ①
후입선출법은 최근에 구입한 재료부터 소비하는 것으로, 가격 변동이 있는 상품의 경우 가장 오래된 재료의 가격을 기준으로 재고자산을 평가한다.

08 ②
선입선출법은 먼저 구입한 재료부터 먼저 소비하는 방법이다.
- 27일: 3병×3,500원 = 10,500원
- 20일: 7병×3,000원 = 21,000원

즉, 간장의 재고자산은 '10,500원 + 21,000원 = 31,500원'이다.

09 ③
돼지고기의 대체 식품량: 원래 식품의 양 50g × 원래 식품의 함량 15g ÷ 대체 식품의 함량 18g = 41.67g이다.

10 ①
소시지의 색은 담홍색이며 탄력성이 있어야 좋다.

11 ③
채소류의 감별 항목은 신선도, 폐기율, 색과 광택, 잔류농약이다. 성숙도, 중량은 과일류의 감별 항목이다.

12 ②
식재료 검수는 '냉장식품 → 냉동식품 → 신선식품(과일, 채소) → 공산품' 순으로 한다.

13 ③
물 컵에 우유를 떨어뜨렸을 때 구름처럼 퍼져야 신선한 우유이다.

14 ①
식품검수 시 식품을 맨손으로 만지거나 직접 맛보지 않는다.

15 ②
납품된 물품(식자재) 중에서 일부만 뽑아 검사하고 그 결과를 판정 기준과 대조하여 적합 여부를 결정하는 방법은 발췌 검수법(샘플링법)이다.

16 ②
검경적 방법이란 현미경을 이용하여 식품의 세포나 조직의 모양, 불순물, 병원균, 기생충의 존재를 검사하는 방법이다.

17 ④
원가 계산의 원칙에는 진실성의 원칙, 확실성의 원칙, 발생기준의 원칙, 정상성의 원칙, 비교성의 원칙 등이 있다.

18 ④
판매가격은 총원가(= 제조원가 + 판매관리비) + 이익이다.
- 제조원가: 직접원가(60,000원 + 150,000원 + 20,000원) + 제조간접비(19,000원 + 25,000원 + 15,000원) = 289,000원
- 총원가: 제조원가(289,000원) + 판매관리비(289,000원×20%) = 346,800원
- ∴ 판매가격: 총원가(346,800원) + 이익(346,800원×20%) = 416,160원

19 ②
총원가는 판매관리비와 제조원가의 합이다.

20 ④
1kg 기준으로 원가는 등심 18,000원 + 양념비 3,500원 = 21,500원이다. 1인분에 200g이므로 1인분당 원가는 21,500원÷5 = 4,300원이다. 식재료 비율이 40%이므로 1인분의 판매가격은 4,300원÷40% = 10,750원이다.

SUBJECT 05 | 기초조리실무

P.243-P.246

01	①	02	②	03	④	04	④	05	②
06	④	07	③	08	④	09	③	10	③
11	④	12	②	13	④	14	①	15	④
16	②	17	①	18	③	19	③	20	③
21	①	22	①	23	③	24	②	25	③
26	①	27	①	28	④	29	①	30	①

01 ①

식품 썰기의 목적
- 모양과 크기를 정리하여 조리하기 쉽게 한다.
- 먹지 못하는 부분을 없앤다.
- 씹기 편하게 하여 소화가 잘 되게 한다.
- 열의 전달이 쉽고, 조미료(양념류)의 침투를 좋게 한다.

02 ②

| 오답풀이 |
① 강력분은 글루텐의 함량이 13% 이상이며, 식빵, 마카로니, 파스타 등의 제조에 알맞다.
③ 보리의 고유 단백질은 호르데인(Hordein)이다. 오리제닌(Oryzenin)은 쌀의 단백질이다.
④ 압맥·할맥은 섬유소를 제거하여 조리가 간편하고 소화율이 높다.

03 ④

생선구이 시 생선을 소금에 절이면 살이 굳어져 구울 때 부스러지지 않지만, 석쇠 금속에 부착되는 것을 방지하기 위해서는 석쇠를 먼저 가열한 후 생선을 놓아야 한다.

04 ④

솔방울 썰기는 갑오징어나 오징어를 볶거나 데쳐서 회로 낼 때 큼직하게 모양을 내어 써는 방법으로, 오징어 안쪽에 사선으로 칼집을 넣고 다시 엇갈려 비슷듬히 칼집을 넣는다.

| 오답풀이 |
① 저며 썰기는 재료의 끝을 한 손으로 누른 후 칼몸을 뉘여서 재료를 안쪽으로 당기듯이 한 번에 써는 방법이다.
② 밀어 썰기는 모든 칼질의 기본이 되는 칼질법으로 무, 오이 등을 채 썰 때 주로 사용한다.
③ 돌려 깎기는 채를 썰기 전에 얇팍하고 긴 띠 모양으로 써는 방법이다.

05 ②

고기의 열에 대한 변성은 대개 80℃ 이상에서 이루어지는데, 그 이상의 온도로 가열하면 콜라겐이 젤라틴으로 용해되면서 근섬유를 한 가닥씩 풀어 주므로 고기가 연해진다.

06 ④

생강은 특유의 향과 매운맛이 나는데 매운맛은 가열해도 분해되지 않으며, 돼지고기 조리 시 누린내를 제거하기 위해서 주로 사용한다.

07 ③

후추의 매운맛 성분인 차비신은 껍질에 많기 때문에 일반적으로 색이 짙은 검은 후추가 흰 후추에 비해 매운맛이 강하다.

08 ④

두부는 콩 단백질(글리시닌)에 무기염류(응고제)를 첨가하여 응고시키는 원리를 이용한다. 두부응고제에는 황산칼슘($CaSO_4$), 염화마그네슘($MgCl_2$), 염화칼슘($CaCl_2$) 등이 있다.

09 ③

화채류 중 꽃 부분을 식용 부위로 사용하는 채소는 콜리플라워, 브로콜리 등이 있다.

10 ③

구분	글루텐 함량	특징	용도
강력분	13% 이상	글루텐의 함량이 높아 탄력성과 점성이 강하다.	식빵, 파스타, 마카로니
중력분	10% 초과 13% 미만	글루텐의 탄력성과 점성이 중간 정도이다.	국수, 우동, 만두피
박력분	10% 이하	글루텐의 탄력성과 점성이 약하다.	케이크, 과자, 튀김옷

11 ④

튀김 요리는 다른 조리법과 달리 튀김 온도가 떨어지면 튀김이 눅눅해지므로 온도를 유지하는 것이 중요하다.

12 ②

흰살 생선(가자미, 도미, 민어, 광어 등)은 지방 함량이 5% 미만이며 붉은살 생선(꽁치, 고등어, 청어 등)은 지방 함량이 5~20%이다.

13 ④
계량스푼은 양념 등의 부피를 측정하는 데 사용되며, 큰술(Ts: Table spoon), 작은술(ts: tea spoon)로 구분한다.

14 ①
현미는 왕겨만 벗겨낸 곡류이다.

15 ④
유지를 가열하여 오래 사용하면 산패되어 발연점이 낮아진다.

16 ②
흑설탕은 모양이 유지될 정도로 계량컵에 꾹꾹 눌러 담아 컵의 위를 평면으로 깎은 후 한 컵으로 하여 계량해야 한다.

17 ①
점질감자는 전분의 함량이 낮고, 과육이 노란색이다. 샐러드, 조림, 볶는 요리에 적합하다.

18 ③
무게를 측정하기 전에 전원을 켜고 저울에 용기를 올려놓고 영점을 맞춘 후 무게를 측정해야 한다.

19 ④
생식 조리는 가열하지 않고 생으로 먹는 방법으로, 조직이 부드러워야 하고 불미 성분이 없어야 한다.

20 ③
한천은 우뭇가사리를 끓여서 얻은 점액을 굳힌 해조류 가공품이다.

21 ①
소금은 글루텐 구조를 단단하게 해준다.

| 오답풀이 |
② 달걀의 난백은 빵 제조 시 팽창제로 사용되며 이외에도 ③ 이스트, ④ 베이킹파우더, 베이킹소다 등이 팽창제로 사용된다.

22 ①

| 오답풀이 |
② 슬라이서(Slicer)는 햄, 육류 등을 일정하게 써는 기구, ③ 베지터블 커터(Vegetable Cutter)는 채소를 여러 가지 형태로 썰어 주는 기구, ④ 필러(Peeler)는 감자, 당근, 무, 토란 등의 껍질을 벗기는 기구이다.

23 ③
마시멜로는 젤라틴, 설탕, 달걀 흰자 등을 넣고 만든 사탕류의 과자이다.

24 ②
설도는 고기의 질이 우둔과 비슷하고 풍미가 좋아 스테이크, 편육, 불고기, 육회, 구이, 전골 등에 사용한다.

25 ③
감자의 갈변은 효소적 갈변에 해당하며 감자에 존재하는 티로신이 티로시나아제의 작용을 받아 멜라닌을 형성하기 때문에 발생한다.

| 오답풀이 |
① 티로시나아제는 수용성이다.
② 감자의 효소적 갈변에는 산소가 필요하다.
④ 감자를 썰어두면 산소 접촉으로 인해 효소적 갈변이 일어난다.

26 ①
냉동제품은 0℃에 가까운 온도에서 천천히 완만 해동하는 것이 좋다. 녹은 물에 세포와 조직에 재흡수되는 시간적 여유가 주어져 드립이 적어지기 때문이다.

27 ①
브로일링(Broiling)은 굽기로 건열 조리 방법이다.

| 오답풀이 |
② 스티밍(Steaming)은 찌기, ③ 보일링(Boiling)은 끓이기, ④ 시머링(Simmering)은 은근히 끓이기를 의미하며 모두 습열 조리 방법에 해당한다.

28 ④
달걀은 난각, 난백, 난황으로 구성되어 있다.

29 ①
홍조류에는 김 외에도 우뭇가사리 등이 있지만, 우뭇가사리는 김에 비해 단백질 함량이 적다. 갈조류에는 미역, 다시마, 톳 등이 있고, 녹조류에는 파래, 매생이, 청각 등이 있다.

30 ①
음식의 적정 온도는 전골 95~98℃, 국이나 커피 70~75℃, 밥 40~45℃이다.

SUBJECT 06 | 한식 P.302~P.304

01	④	02	②	03	②	04	②	05	③
06	④	07	②	08	②	09	②	10	①
11	②	12	③	13	③	14	②	15	④
16	④	17	③	18	②	19	③	20	④

01 ④
밥, 국(탕), 김치, 장 이외의 반찬 수에 따라 첩수를 계산한다.

02 ②
5첩 이상의 반상을 품상이라고 하며, 이는 접대용의 요리상이다.

03 ②
| 오답풀이 |
① 혼성식초는 합성식초와 양조식초를 혼합한 것이다.
③ 사과식초는 양조식초의 한 종류이다.
④ 양조식초는 곡물이나 과실을 원료로 하여 발효시켜 초산을 생성하는 식초이다.

04 ②
| 오답풀이 |
① 잣죽은 신경통 및 자양 강장, 수명 연장에 효능이 있다.
③ 호박죽은 부종에 좋고 임신 중 요통, 복통, 하혈이 있을 때 좋다.
④ 당귀홍화죽은 중풍 예방에 효과가 있다.

05 ③
떡국, 밥, 국수 등을 담는 유기 재질의 그릇은 밥소라이다.
| 오답풀이 |
① 반병두리는 양푼과 비슷한 모양으로 위는 넓고 아래는 평평하며 떡국, 약식 등을 담는다.
② 조반기는 대접처럼 운두가 낮고 뚜껑이 있는 그릇으로 죽, 미음을 담을 때 사용한다.
④ 조치보는 찌개를 담는 그릇이다.

06 ④
대파는 양념으로 사용 시 흰 부분을, 찌개나 육수로 사용 시 푸른 부분을 사용한다.

07 ②
향신료는 맛을 보완하여 좀 더 좋은 맛을 내기 위해 사용한다.

08 ②
배추를 절인 후 수분을 많이 제거한 경우 식감의 문제가 된다.

09 ②
양념장을 넣고 거품이 올라왔을 때 바로 걷어 내면 양념이 배지 않고, 그냥 내버려 두면 국물이 깔끔하지 않다. 따라서 한소끔 끓인 후 거품을 걷어 내는 것이 바람직하다.

10 ①
| 오답풀이 |
② 지짐이는 국보다 국물을 조금 넣어 짜게 끓인 국물 음식이다.
③ 국은 찌개보다는 국물이 많은 국물 음식으로, 건더기는 국물의 1/3 정도가 좋다.
④ 전골은 찌개와 국물 양은 같으나 재료를 가지런히 놓고 직접 화로 등을 준비하여 즉석에서 끓여 먹는 음식이다.

11 ②
재료를 양념하여 익히지 않고 꼬치에 끼워 석쇠나 팬에 익힌 것은 산적이다.

12 ③
전은 양면을 골고루 익힌다.

13 ③
장포육은 소고기를 도톰하게 저며 부드럽게 연육한 후 양념하여 굽기를 반복해서 만든 음식이다.

14 ②
장조림 조리 시 셀러리나 미나리 같이 향이 너무 강하고 무른 채소는 피한다.

15 ④
구이는 육류, 어패류, 가금류, 채소류 등의 재료를 직접 불에 구운 음식이다.

16 ④
주재료는 채소류이고 소고기, 해산물 등 다른 재료들과 함께 사용한다.

17 ③
숙채에서 '숙'은 '익혔다'는 의미이므로 소금에 절인 경우 찌지 않고 볶아서 사용한다.

18 ②
천일염을 사용하여 절여야 한다.

19 ③
화력을 강하게 하여 재빨리 조리하면 영양소 파괴가 적다.

20 ④
소독, 비린내 제거 등을 위해 기름을 두르지 않은 팬에 멸치를 볶고, 양념을 할 때 기름을 두르고 볶는다.

SUBJECT 07 | 양식 P.344~P.346

01	02	03	04	05
③	①	①	③	②
06	07	08	09	10
③	①	①	③	④
11	12	13	14	15
①	②	④	②	③
16	17	18	19	20
③	①	④	①	②

01 ③
토마토 퓌레를 농축하여 만든 것은 토마토 페이스트이다.

02 ①
| 오답풀이 |
②는 쿠르 부용(Court Bouillon), ③은 브로스(Broth), ④는 콩소메(Consomme)에 대한 설명이다.

03 ①
브로일링(Broiling)은 석쇠에 굽는 방법으로 건열식 조리 방법이다.

| 오답풀이 |
② 스티밍(Steaming)은 증기로 찌는 방법이다.
③ 보일링(Boiling)은 물에 넣고 끓이는 방법이다.
④ 시머링(Simmering)은 은근한 불에 끓여 졸이는 방법이다.

04 ③
호화된 전분은 그냥 두면 굳어지고 단단해지며 딱딱해진다. 이러한 현상을 전분의 노화라고 한다.

05 ②
| 오답풀이 |
① 비네그레트(Vinaigrette)는 기름과 식초로 만든 소스를 말한다.
③ 루(Roux)는 밀가루와 버터를 볶은 것으로 요리별로 다양한 형태(화이트 루, 브론즈 루, 브라운 루)가 있다.
④ 리에종(Liaison)은 소스나 수프의 농도를 조절할 때 사용하는 농후제이다.

06 ③
핑거볼에 있는 물은 식수가 아니다.

07 ①
난은 밀가루 반죽을 화덕에 구워서 만든 인도의 전통 빵이다. 서양에서는 주로 샌드위치용으로 사용한다.

08 ①
레시틴은 달걀의 노른자인 난황에 함유된 인지질로, 마요네즈 제조 시 천연 유화제로 이용된다.

09 ③
화이트 루에 우유를 넣고 만든 약간 묽은 수프는 베샤멜이다. 벨루테는 브론드 루에 닭 육수를 넣고 만든 것을 기본으로 하는 수프이다.

10 ④
양식에서 요리가 제공되는 순서는 '애피타이저(전채 요리) → 수프 → 생선 요리 → 육류 요리 → 디저트'이다.

11 ①
포칭(Poaching)은 식품을 물, 스톡, 쿠르 부용에 잠기도록 하여 뚜껑을 덮지 않고 70~80℃에 삶는 방법이다.

| 오답풀이 |
②는 굽기(Baking), ③은 데치기(Blanching), ④는 삶기(Boiling)에 대한 설명이다.

12 ②
육류 익힘의 정도는 '레어(Rare) – 미디엄 레어(Medium Rare) – 미디엄(Medium) – 미디엄 웰던(Medium Well-done) – 웰던(Well-done)' 순이다.

13 ④
새우 등 해산물을 삶을 때 비린내를 잡기 위해서 미르포아(Mirepoix)를 넣는다. 미르포아는 셀러리, 양파, 당근의 혼합물을 말한다.

14 ②
| 오답풀이 |
① 런치(Lunch)는 정오부터 2시 사이의 점심 식사를 말한다.
③ 서퍼(Supper)는 과거에는 격식 높은 정식 만찬만을 의미하였으나, 최근에는 늦은 저녁 식사 또는 밤참을 의미하기도 한다.
④ 디너(Dinner)는 하루 중 가장 비중을 두는 식사로, 정찬이라고 한다.

15 ③
육류 요리를 플레이팅 할 때 5가지 요소는 단백질 파트, 탄수화물 파트, 비타민 파트, 소스 파트, 가니쉬 파트이다.

16 ③
토르텔리니(Tortellini)는 속을 채운 뒤 반달 모양으로 접어 양끝을 이어 붙인 만두형 파스타이다.

17 ①
브뤼누아즈(Brunoise)는 0.3×0.3×0.3cm의 정육면체를 말한다.

| 오답풀이 |
② 큐브(Cube): 1.5×1.5×1.5cm
③ 콩카세(Concasser): 0.5×0.5×0.5cm
④ 미디엄 다이스(Medium Dice): 1.2×1.2×1.2cm

18 ④
스톡을 끓일 때 물의 양은 재료가 충분히 잠길 정도로 한다.

19 ①
| 오답풀이 |
② 파스타 면을 삶을 때 약간의 소금과 올리브 오일을 넣어 준다.
③ 생면 파스타는 강력분과 달걀을 이용하여 만든다.
④ 알덴테는 면 가운데 심이 남아 있는 상태로 오래 삶으면 안 된다.

20 ②
사프란은 주로 꽃을 사용하는 향신료이다.

| 오답풀이 |
① 레몬밤, ③ 파슬리, ④ 바질은 주로 잎을 사용한다.

SUBJECT 08 | 중식

P.387~P.389

01	④	02	①	03	③	04	④	05	②
06	①	07	①	08	④	09	③	10	③
11	④	12	③	13	②	14	②	15	①
16	③	17	②	18	③	19	④	20	③

01 ④
중식에서 전분은 수분과 기름을 융화시키고 튀김 요리의 경우 바삭한 식감을 준다. 또한 요리의 수분과 온도를 유지시켜 주며 농도를 조절하여 국물을 걸쭉하게 만들어 준다.

02 ①
피단냉채는 무치는 냉채이다.

| 오답풀이 |
② 매운맛 오이, ③ 술 취한 새우, ④ 진피무는 양념에 담그는 냉채이다.

03 ③
중식 볶음 조리에는 마늘, 파, 고추 등 향채소나 간장, 청주 등 조미료를 뜨거운 기름에 먼저 볶아 향을 낸다.

04 ④
자차이는 가늘게 썬 후 물에 헹군 다음 잘게 썬 양파나 파, 오이를 곁들여 설탕과 식초를 섞어서 고추기름과 참기름을 더해 버무린 음식이다.

05 ②
오향분이란 회향, 팔각, 계피, 정향, 산초 등을 가루로 만들어 섞은 것으로, 향이 매우 뛰어나다.

06 ①
베이징의 대표 음식은 베이징 덕(오리구이)이다. 딤섬은 광동의 대표음식이다.

07 ①
| 오답풀이 |
②는 광동 요리, ③, ④는 남경 요리에 대한 설명이다.

08 ④
중국은 식사 시 주로 젓가락과 숟가락을 사용한다.

09 ③
만한전석이란 중국 역사상 가장 유명하고 화려한 청나라 황실 음식이다.

10 ③
- 류는 조미료에 잰 재료를 녹말이나 밀가루 튀김옷을 입혀 기름에 튀기거나 볶은 후 소스를 끼얹거나 조리한 재료를 소스에 버무려 묻혀 내는 방법이다.
- 류채는 소스에 전분을 넣어 걸쭉하게 한 후 빠른 속도로 조리하는 방법이다.

11 ④
| 오답풀이 |
① 생강은 쓴맛이 나며 육류 등의 잡내를 감소시켜 주는 역할을 한다.
② 정향은 향이 강하고 살균력과 방부력이 좋아 약재로 사용한다.
③ 팔각은 고기를 삶거나 조림을 할 때 사용하며, 향을 내고 잡냄새를 제거하는 역할을 한다.

12 ③
| 오답풀이 |
① 미(米)는 식재료를 쌀알 크기로 자른다.
② 사(絲, 쓸)은 한식의 채 썰기와 같은 형태로, 보통 길이 5~6cm, 두께 0.3cm 정도로 가늘게 썬다.
④ 정(丁)은 식재료를 사각형 모양으로 써는 형태로, 먼저 조 형태로 썬 다음 주사위 모양으로 자른다.

13 ②
| 오답풀이 |
① 챵야오판즈(椭圆形盘子)은 장축이 17~66cm 정도로 음식 형태가 길면서 둥근 모양이거나 장방형 음식을 담는 데 적합하다. 샌선, 오리, 동물의 머리와 꼬리 부분을 담을 경우에 사용한다.
③ 완(碗, 사발)은 지름이 3.3~53cm 정도로 다양하며, 크기에 따라 탕(湯)이나 갱(羹), 식사류나 소스를 담을 때 사용한다.
④ 훠궈(火鍋)는 중국식 신선로로 훠궈용으로 사용한다.

14 ②
육류 조리 시 고기는 물론 다른 재료들도 고루 익도록 일정한 크기로 썬다.

15 ①

| 오답풀이 |

② 작(炸)은 넉넉한 기름에 밑손질한 재료를 넣어 튀기는 조리법이다.
③ 류(熘)는 재료를 녹말이나 밀가루 튀김옷을 입혀 기름에 튀기거나 삶거나 찐 뒤 소스를 위에 끼얹거나 조리한 재료를 소스에 버무려 묻혀 내는 조리법이다.
④ 초(炒)는 알맞은 크기와 모양으로 만든 재료에 기름을 조금 넣고 센 불이나 중간 불에서 짧은 시간에 뒤섞으며 익히는 조리법이다.

16 ③

탄탄면과 훠궈의 육수로 주로 돼지뼈를 사용한다. 돼지뼈는 냄새를 제거할 수 있는 향신 채소나 향신료를 적절히 사용하는 것이 좋다.

17 ②

| 오답풀이 |

① 노두유는 색은 진하지만 짠맛은 강하지 않아 색을 낼 때 주로 사용한다.
③ 첨면장은 밀가루와 콩, 소금을 함께 넣어 만든 장류이며 발효식품이다.
④ XO소스는 고추기름을 기본으로 하여 잘게 자른 건관자, 건새우, 건고추, 게, 전복 등을 함께 볶아 사용한다.

18 ③

| 오답풀이 |

① 배추, 무, 셀러리 등은 소금물에 절여 물기를 제거하고 바로 냉채로 낼 수 있다.
② 재료를 간장에 담글 때는 재료를 담근 후 10일이 지나면 숙성된다.
④ 게, 새우 등을 소흥주에 소금을 넣어 절이는 방법이 있다.

19 ④

중화면은 소면보다 조금 굵은 면발을 말한다. 세면보다 조금 굵은 면발은 소면이다.

20 ③

중식 볶음은 단시간 내에 빠르게 익혀서 완성하므로 사전 준비를 중요시한다.

SUBJECT 09 | 일식   P.438~P.440

01	①	02	③	03	③	04	③	05	④
06	④	07	②	08	①	09	③	10	③
11	④	12	②	13	②	14	④	15	①
16	②	17	③	18	②	19	④	20	②

01 ①

오색에는 흰색, 검은색, 노란색, 빨간색, 파란색이 있다.

02 ③

일본 요리의 정통 조미 순서는 '설탕 → 소금 → 식초 → 간장 → 된장'이다.

03 ③

마 곤부(眞昆布, 참다시마)는 길이 3m, 폭 50cm 정도로 길고, 끈적거림이 거의 생기지 않아 다시마 중 최고의 품질이다.

| 오답풀이 |

① 라우스 곤부는 다시마의 맛과 향이 비교적 강하며 색이 나고 노랗게 물든다.
② 리시리 곤부는 폭이 좁고 얇은 편이며 요리 시 색도 거의 들지 않기 때문에 많이 사용한다.
④ 미쓰이시 곤부는 부드럽고 색이 많이 나오며 맛이 강하게 우러난다.

04 ③

가쓰오부시는 구입 후 바로 사용하는 것이 좋으며, 통가다랑어는 냉장, 대패로 밀어 놓은 것은 냉동 보관한다.

05 ④

| 오답풀이 |

① 백간장은 색이 거의 투명에 가까우며 맛을 내는 성분보다 당분과 염분이 많고 담백하다.
② 연한 간장은 색이 옅고 맛과 향이 담백하여 재료의 고유한 색과 맛, 향을 살리는 데 적합하다.
③ 다마리 간장은 독특한 향기와 맛을 지니며, 조림 요리에 주로 사용한다.

06 ④

적된장은 붉은빛이 도는 된장으로 담백한 맛이 특징이다. 센다이미소, 에도미소, 핫쵸미소 등이 있다.

| 오답풀이 |
① 백된장은 된장 중 색상이 가장 밝으며, 단맛이 강해 소스나 요리에 많이 사용한다.
② 혼합 된장은 백된장과 적된장이 섞여 있는 것이다.
③ 보리 된장은 보리 누룩, 삶은 콩, 소금이 원료이다.

07 ②
시치미는 고춧가루에 파래, 산초가루, 양귀비씨, 깨, 후추, 겨자, 진피 등을 섞어 만든 매운맛을 내는 양념이다.

08 ①
나마쇼유는 열을 가하지 않은 간장으로, 향과 풍미가 매우 좋다.

| 오답풀이 |
② 다마리 간장은 다른 간장과 달리 밀을 사용하지 않는다. 맛과 색이 강하며 약간의 단맛이 난다.
③ 시로쇼유는 밀가루를 주원료로 하여 만드는 간장이다.
④ 간로쇼유는 초밥 조리 시 들어가는 간장으로 맛은 진하지만 향은 거의 없고 다른 종류보다 수분이나 염분이 적으며 당질이 많다.

09 ③
다시마는 끓어 오르기 직전 90℃에서 건져 내고 사용한다.

10 ③
'스키야키(일본 전골)'는 진한 맛을 내는 양념을 넣어서 끓이는 냄비 요리이다.

11 ④
식초는 식욕을 돋우고 입안을 상쾌하게 해주는 역할을 한다.

12 ②
소량의 쌀로 밥을 할 경우, 수분 증발이 많으므로 물의 양을 조금 많이 한다.

13 ②
가다랑어포(가쓰오부시)에 대한 설명이다.

14 ④
노리는 김을 의미하며, 밥은 고항이라고 한다.

15 ①
| 오답풀이 |
② 오른쪽부터 왼쪽으로 담는다.
③ 생선의 경우 머리는 왼쪽, 배는 자신의 앞으로 오도록 한다.
④ 그릇 바깥쪽부터 안쪽으로 담는다.

16 ②
㉠ 시로미소는 백된장으로 된장 중에서 색상이 가장 밝다. ㉡ 아카미소는 붉은빛이 도는 된장이다. ㉢ 아와세미소는 시로미소와 아카미소를 혼합한 것이므로, 밝은 순서로 나열하면 ㉠ → ㉢ → ㉡이다.

17 ③
해삼은 냄새가 나지 않으면서 뼛 조각이 있어 딱딱한 감촉이 있는 것이 신선한 것이다.

18 ②
가다랑어포를 깎은 채로 냉장 보관하면 건조해지고 가루가 되어 버린다. 대패로 밀어 놓은 가다랑어포는 냉동 보관하는 것이 좋다.

19 ④
햅쌀은 전분이 굳지 않고 남아 있어 배합초를 뿌렸을 때 흡수율이 낮아 겉의 수분으로 인해 질퍽한 밥이 된다. 따라서 초밥용 밥은 묵은쌀과 섞어 이용하는 것이 좋다.

20 ②
토막 낸 생선구이는 껍질이 위쪽을 향하게 담는다.

SUBJECT 10 | 복어　　　　　P.467~P.469

01	③	02	①	03	④	04	③	05	④
06	④	07	②	08	④	09	①	10	①
11	②	12	①	13	④	14	②	15	④
16	④	17	①	18	④	19	②	20	③

01 ③
〈보기〉 중 복어의 식용 가능한 부위는 껍질, 입, 혀, 살, 정소, 이리, 머리뼈 부분, 갈비뼈 부분이다.

02 ①
복어의 식용 불가능한 부위에는 안구, 간장, 난소, 알, 위장, 아가미, 쓸개 등이 있다.

03 ④
복어의 맹독 성분은 테트로도톡신이며, 파세오루나틴은 오색콩의 독성분이다.

04 ③
양념(야쿠미)을 만들 때 간 무는 고춧가루에 절인다.

05 ④
복어는 저칼로리 식품이다.

06 ④
가쓰오부시 육수를 만들 때 가다랑어포, 다시마, 물 등의 재료를 사용한다.

07 ②
복어의 독성분은 난소＞간＞피부＞장＞근육 순으로 많다.

08 ④
복어독 중독 시 물, 중조수, 식염수를 다량으로 섭취한 후 위세척을 하고 병원으로 이송하여 응급처치를 실시한다.

09 ①
복어는 저칼로리, 고단백, 저지방이며 각종 무기질과 비타민이 많이 함유되어 있다.

10 ①
복어독의 독성이 최대가 되는 시기는 난소의 중량이 최대가 되는 산란 직전(4~6월)이다.

11 ②
| 오답풀이 |
①은 제3도(완전 운동마비), ③은 제2도(불완전 운동마비), ④는 제4도(의식소실)의 단계이다.

12 ①
| 오답풀이 |
②는 야채 칼, ③은 생선회 칼, ④는 과일용 칼에 대한 설명이다.

13 ④
회는 시계 반대 방향으로 돌려 담는다.

14 ②
| 오답풀이 |
①, ③은 복어 조리 시 사용하지 않는 재료이고, ④는 튀김옷으로 사용하는 재료이다.

15 ④
복어는 주로 회, 초회, 죽, 지리, 탕, 튀김 등의 방법으로 조리한다. 복어 내장에는 독성분이 있으므로 섭취하면 안 된다.

16 ④
콩가루와 시치미는 복어튀김 조리 시 사용하지 않는다.

17 ①
| 오답풀이 |
②는 고로모, ③은 야쿠미, ④는 아게다시에 대한 설명이다.

18 ④
①, ②, ③은 비린내를 제거하는 방법이다.

19 ②
복어 조리기능사 실기시험 요구사항에 의하면 무는 은행잎, 당근은 매화꽃 모양이 전형적이다.

20 ③
야쿠미를 만드는 재료에는 레몬, 실파, 고춧가루를 물들인 무즙이 있다.

에듀윌이
너를
지지할게

ENERGY

항상 맑으면 사막이 된다.
비가 내리고 바람이 불어야만
비옥한 땅이 된다.

– 스페인 속담

실전동형 모의고사

01회 P.474~P.485

01	①	02	④	03	④	04	③	05	②
06	③	07	①	08	③	09	④	10	③
11	②	12	①	13	③	14	③	15	①
16	③	17	④	18	③	19	②	20	④
21	①	22	④	23	④	24	②	25	④
26	④	27	③	28	④	29	③	30	④
31	④	32	④	33	③	34	④	35	④
36	④	37	②	38	③	39	④	40	③
41	②	42	③	43	②	44	④	45	①
46	②	47	①	48	④	49	④	50	③
51	②	52	③	53	①	54	④	55	④
56	④	57	③	58	③	59	③	60	①
61	③	62	①	63	②	64	①	65	②
66	③	67	④	68	①	69	①	70	④
71	①	72	③	73	②	74	①	75	④
76	④	77	④	78	③	79	①	80	④
81	④	82	④	83	②	84	④	85	②
86	①	87	①	88	③	89	④	90	③
91	①	92	③						

01 ①
냉동 저장 시 지질의 변화는 적지만, 저장 중 공기와의 직접 접촉에 의해 건조 및 지방의 산화가 발생한다. 지방의 산화는 저장 온도가 낮을수록 억제된다.

02 ④
효소 반응에 영향을 미치는 인자는 온도, 수소이온농도(pH), 효소 농도, 기질 농도, 저해제이다.

03 ④
총질소(TN)는 하천오염을 측정하는 지표이다.

| 오답풀이 |
① 휘발성 염기질소(VBN)는 식육의 신선도를 측정하는 지표로, 식품 100g당 30~40mg%이면 초기 부패로 판정한다.
② 트리메틸아민(TMA)은 어류의 신선도를 측정하는 지표로, 식품 100g당 3~4mg%이면 초기 부패로 판정한다.
③ 수소이온농도(pH)가 6~6.2일 때 초기 부패로 판정한다.

04 ③
발색제 자체에는 색이 없으나 식품 중의 색소 단백질과 반응하여 색을 안정시키고 선명하게 한다.

| 오답풀이 |
① 착색료는 식품의 본래 색을 유지하거나 향상시켜 외관을 보기 좋게 한다.
② 보존료는 식품의 보존은 물론 미생물의 증식을 억제하고 식품의 부패와 변패를 막아 신선도를 보존한다.
④ 산화방지제는 식품 속 지방의 산화로 인한 품질 저하를 방지한다.

05 ②
당질의 감미도는 과당(120~180) > 전화당(85~130) > 설탕(100) > 포도당(70~74) > 맥아당(60) > 갈락토오스(33) > 젖당(16) 순으로 단맛이 가장 강한 것은 과당이다.

06 ③
생석회는 수분을 흡수하고 용해가 잘 되어 습기가 있는 변소(분변), 하수도, 집개 등의 오물 소독과 우물 소독 등에 사용한다.

| 오답풀이 |
① 과산화수소(3%)는 자극성이 적어 피부와 상처의 소독에 사용한다.
② 에탄올(70%)은 금속기구, 초자기구, 손 소독에 사용한다.
④ 승홍수(0.1%)는 주로 손, 피부 소독에 사용하며 비금속기구에도 사용한다.

07 ①
십이지장충은 소장에서 기생하는 기생충으로, 경피감염과 경구감염이 가능하다. 식품을 통해서 경구감염되거나 손과 발을 통해 체내에 침입하므로 분뇨 처리한 오염된 흙과 접촉하지 않아야 하며, 인분을 사용한 곳에서는 맨손, 맨발 작업을 피해야 한다.

08 ③
디프테리아는 제1급 감염병이다.

09 ④
선임관리자의 역할은 크게 종업원 보호, 코칭, 통제로 나눌 수 있다. ④는 중간관리자 및 현장관리감독자의 역할이다.

10 ③
납 중독은 호흡이나 경구침입에 의해 발생하며, 중독 시 소변에서 코프로포르피린이 검출될 수 있다.

| 오답풀이 |
① 철은 구토, 설사, 심장·간 손상, ② 크로뮴은 비중격천공, ④ 시안화합물은 질식 등의 중독증이 나타난다.

11 ②
마가린, 버터 등은 유화의 형태 중 유중수적형에 해당한다.

| 오답풀이 |
① 우유, ③ 마요네즈, ④ 아이스크림은 유화의 형태 중 수중유적형에 해당한다.

12 ①
육절기는 재료를 혼합하여 갈아 내는 기계로, 전원을 끄고 칼날과 회전봉을 분해한 후 세척해야 한다.

13 ③
식품을 저장하는 곳에는 저장 온도를 관리하기 위해 온도계가 필요하다.

14 ③
불고기는 건열 조리를 해야 하며, 습열에 의한 조리 방법에는 데치기, 삶기, 찌기, 끓이기, 은근히 끓이기가 있다.

15 ①
달걀은 표면이 까칠까칠하고, 무게감이 있으면서 흔들었을 때 소리가 나지 않는 것이 신선하다.

16 ③
단백질 함량이 14% 정도인 밀가루는 강력분에 해당하며, 강력분은 마카로니, 식빵, 파스타 등을 만드는 데 사용한다.

| 오답풀이 |
① 버터 케이크, ② 튀김, ④ 과자류는 단백질 함량이 10% 이하인 박력분을 사용한다.

17 ④
회수명령의 기준 설정은 HACCP의 7원칙에 해당하지 않는다. HACCP의 7원칙에는 위해 요소 분석, 중요관리점(CCP) 결정, 중요관리점에 대한 한계 기준 설정, 중요관리점 모니터링 체계 확립, 개선 조치 방법 수립, 검증 절차 및 방법 수립, 문서화, 기록 유지 방법 설정이 해당한다.

18 ③
칼날은 갈린 부분, 갈아야 할 부분, 중점적으로 갈아야 할 부분을 확인하고 갈아야 한다.

19 ②
| 오답풀이 |
① 피마자의 종자에는 리신(Ricin)이라는 독성 단백질이 함유되어 있다.
③ 미숙한 매실의 종자에는 아미그달린(Amygdalin)이라는 청산배당체가 함유되어 있다.
④ 모시조개에 존재하는 독성분은 베네루핀(Venerupin)이다.

20 ④
총원가는 제조원가(= 직접원가 + 제조간접비) + 판매관리비이다.
- 직접원가: 직접재료비 170,000원 + 직접노무비 80,000원 + 직접경비 5,000원 = 255,000원
- 제조간접비: 간접재료비 55,000원 + 간접노무비 50,000원 + 간접경비 65,000원 = 170,000원
- ∴ 총원가: 255,000원 + 170,000원 + 5,500원 + 10,000원
  = 440,500원

21 ①
폐기율은 식품 전체 중량에 대한 폐기량을 퍼센트(%)로 표시한 것으로 패류(바지락)는 75~83%, 과일류(사과)는 22~25%, 채소류(오이)는 13~18%, 버섯류(송이버섯)는 10% 정도이다. 따라서 폐기율이 가장 높은 것은 바지락이다.

22 ④
「식품위생법」 제86조에 의거하여 식중독 환자나 식중독이 의심되는 자를 진단한 의사나 한의사는 지체 없이 관할 특별자치시장·시장·군수·구청장에게 보고하여야 한다.

23 ④
비타민 E(토코페롤)는 인체 내에서 생식 기능 유지와 노화방지의 효과가 있다. 결핍 시 사람에게는 노화 촉진, 동물에게는 불임증이 올 수 있다.

| 오답풀이 |
① 비타민 A(레티놀)는 피부의 상피 세포를 보호하고, 눈의 기능을 좋게 한다.
② 비타민 C(아스코르브산)는 조리 시 가장 많이 손실되는 영양소로, 철분의 흡수를 촉진시키고, 피로 회복의 효과가 있다.
③ 비타민 D(칼시페롤)는 반드시 식품으로 섭취하지 않아도 자외선에 의해 피하에서 생성된다.

24 ②
생선에 2~3% 정도의 중염도를 가하면 단백질 중 염용성 단백질 미오신과 액틴이 용출되는 양이 증가하고 액토미오신을 형성하여 점성이 있는 용액을 만드는데, 어묵은 이 원리를 이용하여 만든 식품이다.

25 ④
기온역전이 일어날 때 대기오염 물질이 수직 확산되지 못하여 대기오염이 심화된다.

26 ④
녹색채소를 데칠 때 색을 선명하게 하기 위해서는 다량의 조리수를 사용하여 소금을 넣고 뚜껑을 연 채로 단시간 데친 뒤 냉수에 헹궈야 한다.

27 ③
| 오답풀이 |
① 마카로니 제조에 쓰이는 것은 강력분이다.
② 우동 제조에 쓰이는 것은 중력분이다.
④ 박력분은 글루텐의 탄력성과 점성이 약하다.

28 ④
장염비브리오 식중독균은 그람음성균으로 아포를 형성하지 않는다.

29 ③
치즈는 우유에 산이나 레닌을 가하여 카세인과 지방을 응고시켜 유청을 제거시킨 응고물이거나, 이를 미생물에 의해 발효시킨 제품이다.

30 ④
칼슘의 급원식품으로는 멸치, 두부, 해조류, 우유, 치즈 외에도 요구르트, 아이스크림 등이 있다.
| 오답풀이 |
① 두부는 식물성 단백질, ② 미역은 칼슘 및 아이오딘, 철분, ③ 버터는 저급 포화지방산의 급원식품이다.

31 ④
공중보건의 주요 사업대상은 개인이 아닌 지역사회의 인간집단이다.

32 ④
신선도가 떨어진 생선을 조리할 때는 조미를 비교적 강하게 하고 뚜껑을 열고 끓인다.

33 ③
반조리식품 또는 냉동피자 등 조리된 상태의 냉동식품은 가열하거나 전자레인지를 이용한다.
| 오답풀이 |
① 생선이나 ② 소고기, ④ 닭고기 등의 육류는 높은 온도에서 해동하면 조직이 상해서 드립(Drip)이 많이 나오므로 냉장고나 흐르는 냉수에 밀폐한 채 해동하는 것이 좋다.

34 ④
주방 내에서 발생할 수 있는 안전사고 중 끼임은 물건을 옮기던 도중 손이나 팔이 끼이는 것을 말한다.

35 ③
폴리오(소아마비), 홍역, 결핵, 황열, 탄저병은 생균백신으로 면역이 되는 질병이다.
| 오답풀이 |
① 파상풍은 순화독소, ② 콜레라와 ④ 백일해는 사균백신으로 면역이 되는 질병이다.

36 ②
하루 필요열량 2,500kcal 중 18%는 2,500×0.18 = 450kcal이다. 단백질은 1g당 4kcal를 내므로 450÷4 = 112.5g의 단백질이 필요하다.

37 ②
| 오답풀이 |
집단급식소(국가 및 지방자치단체, 학교, 병원 및 사회복지시설 등) 운영자와 복어를 조리·판매하는 식품접객업자는 조리사를 두어야 한다.

38 ③
김은 건조가 잘 되어 있고 광택이 있으며 표면이 고른 것이 좋다.

39 ④
원가 계산의 목적은 가격 결정, 원가 관리, 예산 편성, 재무제표 작성이다.

40 ③
세계식량계획 설립은 유엔세계식량계획(WFP)의 기능이다.

41 ②
냉동식품의 특징은 보존성, 계획성, 안정성, 절약성, 위생성이다.

42 ③
인수공통감염병은 동물과 사람 간에 서로 전파되는 병원체에 의하여 발생되는 감염병이다. 병원체가 세균인 것에는 탄저, 브루셀라증, 결핵, 돈단독증이 있다.

| 오답풀이 |
① 일본뇌염, ② 후천성면역결핍증, ④ 광견병은 바이러스에 의한 감염병이다.

43 ②
결합수란 식품 중의 탄수화물이나 단백질 분자의 일부분을 형성하는 물로 0℃ 이하에서 얼음으로 동결되지 않는다.

| 오답풀이 |
①, ③, ④는 자유수(유리수)에 대한 설명이다.

44 ④
탕, 스튜, 찜 조리에는 사태를 사용하는 것이 가장 적합하다.

| 오답풀이 |
① 안심은 구이, 스테이크, ② 설도는 스테이크, 육회, 육포, ③ 양지는 전골, 조림, 편육, 탕 등의 조리에 적합하다.

45 ①
알파화(α화)란 날전분에 물을 넣고 가열하면 호화(α화)되어 점성이 생기는 현상으로, 호화된 전분이 다시 굳어지면서 β화된다. 여기에 다시 열을 가하면 α화되어 소화가 잘 되는 상태가 된다.

46 ②
잼을 만들기에 적당한 과일의 조건으로 충분한 양의 펙틴과 산(과일에 함유된 유기산)이 있어야 한다. 사과, 딸기, 자두 등은 펙틴과 산이 많아 잼 제조에 적합하다.

47 ①
사후강직은 동물을 도살한 후 산소 공급이 중단되어 당질의 호기적 분해가 일어나지 않아 근육 중 젖산의 증가로 인해 근육 수축이 일어나 경직되는 것을 말한다.

| 오답풀이 |
② 글리코젠이 혐기적 상태에서 젖산으로 분해된다.
③ 근육 내의 단백질 분해 효소에 의해 근육 단백질이 분해되는 것은 자기소화에 대한 설명이다.
④ 소고기의 최대 경직 시간이 돼지고기의 최대 경직 시간보다 길다.

48 ④
멥쌀은 아밀로오스와 아밀로펙틴의 함량 비율이 20:80인 반면, 찹쌀은 대부분 아밀로펙틴으로 구성되어 있다. 전분의 노화는 아밀로펙틴의 함량이 높을수록 늦게 일어나므로 찹쌀떡이 멥쌀떡보다 더 늦게 굳는다.

49 ④
생화학적 산소요구량(BOD)은 유기물질을 20℃에서 5일간 안정화시키는 데 소비한 산소량을 ppm 또는 mg/L로 표기한 것이다.

50 ③
산패란 유지식품이 빛, 산소, 열 등으로 인해 산화되고 변질되는 것이다.

| 오답풀이 |
① 발효란 유기물이 미생물의 분해 작용으로 알코올, 각종 유기산, 이산화탄소 등을 생성하는 현상이다.
② 부패는 단백질 식품이 혐기성 미생물의 작용에 의해 분해되어 악취가 나고 인체에 유해한 물질이 생성되는 현상이다.
④ 후란은 단백질 식품이 호기성세균에 의해 변질되는 현상이다.

51 ②
비타민 C는 물에 잘 녹는 수용성 비타민이며 열, 알칼리에 불안정하므로 열을 가하지 않는 조리법이 파괴율이 가장 적다.

52 ③
칼을 가지고 이동할 때에는 칼끝은 지면을, 칼날은 뒤로 향하게 한다.

53 ①
생채류는 익히지 않고 바로 무친 나물을 뜻하며, 후추와 참기름은 거의 사용하지 않는다.

54 ④
노란색은 달걀 노른자를 사용한다.

55 ④
뜸들이는 시간은 15분이 적당하다.

56 ④
고기나 생선 같은 재료에 양념을 넣고 물을 많이 부어서 오래 끓이는 것은 탕(국)이다.

57 ③
오자죽은 왕실에서 즐겨 먹는 보양식이다.

58 ③
| 오답풀이 |
① 청장은 담근 지 1년이 된 맑은 간장이다.
② 양조간장은 6개월 정도 발효시킨 간장이다.
④ 진간장은 콩을 분해해 아미노산을 액화시켜 만든 화학간장이다.

59 ③
손님에게 술을 대접하기 위한 상차림은 주안상이다. 교자상은 명절이나 축하연, 회식 등 많은 사람이 함께 식사할 때 차리는 상차림이다.

60 ①
소금은 설탕에 비해 분자량이 작아 침투 속도가 빠르고 수분이 빠져나와 조직이 수축된다. 따라서 분자량이 큰 설탕을 소금보다 먼저 넣어 단맛과 짠맛이 조화를 이룰 수 있게 해야 한다. 식초와 간장은 가열 시 휘발되기 때문에 조리 과정의 마지막에 넣는다.

61 ③
③은 콩소메(Consomme)에 대한 설명이다.

62 ①
전채 요리란 식욕을 돋우기 위해 식사 전에 나오는 요리로, 애피타이저(Appetizer)라고도 한다.

63 ②
콜드 샌드위치인지 핫 샌드위치인지에 따라 접시 온도를 조절한다.

64 ①
알덴테(Al Dente)는 입 안에서 심지가 느껴지는 정도로, 파스타 면이 삶아진 정도를 의미한다.

65 ②
조식은 아침 식사를 말하며 식재료로 달걀, 시리얼, 빵류를 사용한다.

66 ③
올리브 오일은 발연점이 낮아 저온 요리에 적합하다.

67 ④
전채 요리는 애피타이저라고도 한다. 아침 식사를 말하며, 주로 달걀 요리로 오믈렛이나 스크램블 에그를 하는 것은 브렉퍼스트(Breakfast)이다.

68 ①
| 오답풀이 |
②는 끓이기(Boiling), ③은 굽기(Baking), ④는 튀기기(Deep-frying)에 대한 설명이다.

69 ①
중국의 4대 요리는 북경 요리, 남경 요리, 사천 요리, 광동 요리이며 북방, 동방, 서방, 남방으로 구분하기도 한다.

70 ④
면을 만들 때 소금을 넣으면 글루텐에 대한 점탄성을 증가시키고, 맛과 풍미를 향상시킨다.

71 ①
| 오답풀이 |
②는 냉채류, ③은 면류, ④는 밥류에 해당한다.

72 ③
청경채는 파종 후 40~60일이면 수확이 가능하여 1년 내내 식용 가능한 채소이다.

73 ②
| 오답풀이 |
① 홍소두부는 두부, ③ 홍소도미는 어류, ④ 오향땅콩조림은 야채를 주재료로 하는 조림이다.

74 ①
| 오답풀이 |
②는 사(絲, 쓸), ③은 정(丁, 딩), ④는 말(末, 모)에 대한 설명이다.

75 ④
유채로부터 채취한 원유를 식용에 적합하도록 처리한 것은 채종유(유채유 또는 카놀라유)에 대한 설명이다.

76 ④
박력분은 글루텐이 적고 탈수가 잘 되어 튀김 재료로 사용한다.

77 ④
가쓰오부시의 감칠맛은 끓는점(100℃) 이하에서 잘 우러나오고 온도가 높으면 잡내가 난다.

78 ②
미소시루는 다시마와 가쓰오부시로 가쓰오다시를 만들고 된장을 푼 후 두부와 미역을 넣어 끓인다.

79 ①
| 오답풀이 |
②는 무침, ③은 냄비 요리, ④는 초회 조리에 대한 설명이다.

80 ④
고추냉이의 매운맛은 휘발성이다.

81 ④
료우즈마 오레는 양쪽을 말아서 꽂는 방법이다. 생선 껍질 쪽을 도마 위에 놓고 한쪽만 말아서 꽂는 방법은 가타즈마 오레에 대한 설명이다.

82 ④
일식에서는 소금을 시오라고 한다. 시오에는 굵은 소금, 식염, 정제염, 식탁염, 가공염이 있다.

83 ②
도미를 손질할 때 3장 뜨기를 하여 뼈를 중심으로 살 두 쪽을 분리한다.

84 ④
호소마키는 가늘게 만 초밥을 말하며, 굵게 만 김초밥은 후토마키이다.

85 ②
| 오답풀이 |
① 솔라닌은 감자싹, ③ 아미그달린은 청매(미숙한 과육과 종자, 살구씨, 복숭아씨), ④ 무스카린은 독버섯의 독성분이다.

86 ①
복어의 식용 가능한 부위는 입, 혀, 껍질, 지느러미, 살, 머리뼈 부분, 갈비뼈 부분, 정소(이리)이다.

87 ①
복어의 부위별 독소의 양이 많은 순서대로 나열하면 난소 > 간 > 피부 > 근육 순이다.

88 ③
복어의 껍질에는 점액질이 많고, 냄새가 많이 나기 때문에 굵은 소금으로 잘 문지르고 물에 충분히 헹궈야 한다.

89 ④
복어는 고단백, 저지방 식품으로 체중 감량에 효과적이다.

90 ③
오부시는 혼부시의 등 부분으로 지방이 적어 좋은 다시를 낼 수 있다.

91 ①
겉껍질과 속껍질의 비율은 9:1 정도가 좋다.

92 ③
복어회는 그릇의 바깥쪽에서 앞쪽으로 담는다.

02회

01	④	02	①	03	①	04	③	05	②
06	①	07	①	08	④	09	①	10	④
11	④	12	③	13	②	14	②	15	④
16	④	17	①	18	③	19	④	20	②
21	③	22	②	23	③	24	①	25	①
26	③	27	③	28	③	29	③	30	④
31	④	32	①	33	④	34	①	35	①
36	④	37	①	38	④	39	②	40	④
41	②	42	④	43	②	44	②	45	①
46	②	47	④	48	④	49	④	50	④
51	③	52	②	53	②	54	③	55	②
56	①	57	④	58	②	59	②	60	④
61	①	62	③	63	①	64	④	65	①
66	④	67	③	68	①	69	②	70	①
71	①	72	③	73	①	74	①	75	①
76	④	77	③	78	④	79	①	80	④
81	③	82	②	83	①	84	④	85	④
86	①	87	④	88	③	89	④	90	③
91	④	92	①						

01 ④

삭시톡신은 섭조개(홍합)나 대합에서 발견되는 마비성 패독으로, 열을 가해도 쉽게 파괴되지 않는다.

| 오답풀이 |
① 테트로도톡신은 복어의 독성분으로, 신경을 마비시키는 신경독이며 우리나라에서 발생하는 대표적인 동물성 식중독의 원인 물질이다.
② 셉신은 부패한 감자에서 생성되는 독성 물질이다.
③ 베네루핀은 모시조개, 바지락, 굴 등 조개류의 독소이며, 치사율은 40~50%이다.

02 ①

결막염은 대기상 먼지에 의해 발생하는 질병이다.

| 오답풀이 |
조명 불량에 의한 질병에는 ② 안정피로, ③ 안구진탕증, ④ 근시가 있다.

03 ①

맛의 대비 현상(강화)은 주된 맛 성분에 소량의 다른 맛 성분을 넣어주면 주된 맛이 강해지는 현상을 말한다. 단팥죽에 약간의 소금을 첨가하여 단맛을 좋게 하는 것이 그 예에 해당한다.

| 오답풀이 |
② 상쇄 현상은 서로 다른 맛 혼합 시 각각 고유의 맛을 내지 못하고 맛이 약해지는 현상이다.
③ 상승 현상은 같은 맛 성분을 혼합하면 맛이 더 강해지는 현상이다.
④ 변조 현상은 한 가지 맛 성분을 먹고 바로 다른 맛 성분을 먹으면 처음 맛이 다르게 느껴지는 현상이다.

04 ③

슬라이서는 햄, 육류 등을 일정하게 써는 기구이다. 채소를 다질 때 사용하는 기구는 푸드 차퍼이다.

05 ②

대장균은 식품이나 수질의 분변오염지표균이다.

06 ①

자외선살균법은 2,500~2,800Å(자외선)의 파장으로 살균하는 방법이며 기구나 음료수, 식품의 표면을 살균할 때 사용한다.

07 ①

딸기의 안토시아닌 색소는 서서히 가열하면 색을 선명히 보존할 수 있다.

08 ④

| 오답풀이 |
① 저온살균법은 61~65°C에서 30분간 가열하는 방법으로, 고온처리가 부적합한 유제품 등의 소독에 사용한다.
② 고압증기멸균법은 고압증기멸균기를 이용해 121°C에서 15~20분간 살균하는 방법으로, 아포형성균까지 사멸이 가능하다.
③ 고온단시간살균법은 70~75°C에서 15~30초간 살균하는 방법이다.

09 ①

북어에 함유된 주요 영양소는 단백질, 지방이다.

10 ④

군집독이란 다수인이 밀집한 곳의 실내공기가 화학적 조성이나 물리적 조성의 큰 변화를 일으켜 불쾌감, 두통, 권태, 현기증, 구토 등의 생리적 이상을 일으키는 것을 말한다. 원인은 산소 부족, 이산화탄소 증가, 고온·다습 상태에서의 유해가스 및 구취 등이며, 환기로 예방할 수 있다.

11 ④

식품 속의 지방 성분은 산소와 결합하면 산화하고 변패하는데, 이로 인한 품질 저하를 방지하기 위해 사용하는 첨가물이 산화방지제이다.

| 오답풀이 |
① 피막제는 과실류, 채소류의 표면에 피막을 형성하여 외관을 유지하는 데 사용한다.
② 착색제는 식품의 가공공정에서 상실되는 색을 복원하는 데 사용한다.
③ 산미료는 식품에 신맛을 부여하여 식욕을 증진시키기 위해 사용한다.

12 ③

우리나라는 1956년 「보건소법」 제정 이후 보건소 조직망을 통해 예방 사업을 진행하고 시·군·구, 각 도마다 식품위생 행정기구를 두고 있다.

13 ②

육류로부터 감염되는 기생충에는 무구조충(민촌충), 유구조충(갈고리촌충), 선모충, 톡소플라즈마, 만손열두조충이 있다.

| 오답풀이 |
편충, 구충, 회충은 채소류에서, 폐흡충은 어패류에서 감염되는 기생충이다.

14 ②

| 오답풀이 |
㉠, ㉣은 정서적 요인, ㉤은 생리적 요인에 해당한다.

15 ④

곤약은 토란과 식물인 곤약의 뿌리를 건조시켜서 분쇄한 가루에 물을 넣고 젤화시켜 제조한 식품으로, 약 95%의 수분, 3%의 당질로 구성된 저칼로리 식품이다.

16 ④

초산비닐수지는 피막제로 과실류, 채소류의 표면에 피막을 형성하여 외관 유지, 호흡 작용 제한, 신선도 유지, 광택 부여 등을 하기 위한 목적으로 사용한다. 껌 기초제이기도 하다.

| 오답풀이 |
① 글리세린은 용제로, 천연물의 성분이나 식품첨가물 등이 식품에 균일하게 혼합되기 위해 적절한 용매에 용해시켜 첨가한다.
② 규소수지는 소포제로, 식품 제조 시 거품 생성을 방지하거나 감소시키기 위해 사용한다.
③ 명반은 팽창제로, 빵, 과자 등을 부풀려 모양을 갖추게 할 목적으로 사용한다.

17 ①

돈단독(Swine Erysipelas)은 세균성 인수공통감염병으로, 대표적으로 돼지를 통해 감염되어 피부염, 패혈증 등을 일으키는 감염병이다.

| 오답풀이 |
② 유행성간염, ③ 급성회백수염(폴리오, 소아마비)은 바이러스가 소화기계를 통해 침입하는 감염병이고, ④ 일본뇌염은 바이러스가 피부점막을 통해 침입하는 감염병이다.

18 ③

| 오답풀이 |
① 소화 흡수가 잘 되도록 하기 위해서는 싱겁게 먹는 것이 좋다.
② 동물성 식품과 식물성 식품을 균형 있고 조화롭게 먹는 것이 좋다.
④ 적당량을 여러 번에 나누어서 먹는 것이 좋다.

19 ④

1g당 단백질은 4kcal, 지방은 9kcal, 당질은 4kcal의 열량을 내므로, 소시지 100g의 칼로리는 다음과 같다.
$(13g \times 4kcal) + (21g \times 9kcal) + (5.5g \times 4kcal) = 263kcal$
따라서 소시지 150g의 열량은 $100 : 263 = 150 : x$
$x = 39,450 \div 100 = 394.5 ≒ 395$
즉, 소시지 150g의 열량은 395kcal이다.

20 ②

검경적 방법이란 현미경을 이용하여 식품의 세포나 조직의 모양, 불순물, 병원균, 기생충의 존재를 검사하는 방법이다.

21 ③

수란 조리 시 물에 식초를 첨가하면 난백의 응고를 돕고, 작은 생선에 식초를 소량 가하면 뼈의 칼슘까지도 가용성 물질로 만들어 뼈가 부드러워지며, 기름기 많은 재료에 식초를 사용하면 산뜻한 맛을 줄 수 있다.

22 ②

산업재해지수의 산출법에는 도수율, 강도율, 건수율이 있다.

| 오답풀이 |
① 건수율 $= \dfrac{\text{재해 건수}}{\text{연 평균 실근로자 수}} \times 1,000,000$

③ 도수율 $= \dfrac{\text{재해 건수}}{\text{연 근로 시간 수}} \times 1,000,000$

④ 강도율 $= \dfrac{\text{근로 손실 일수}}{\text{연 근로 시간 수}} \times 1,000$

23 ③
냉동 육류를 높은 온도에서 해동하면 조직이 상해 드립(Drip)이 많이 나오므로 냉장고나 흐르는 냉수에 밀폐한 채 해동하는 것이 영양소 파괴가 가장 적다.

24 ①
클로스트리디움 보툴리눔균은 살균이 불충분한 통조림이나 병조림, 부패된 햄이나 소시지에 의해 감염된다. 신경마비 증상이 나타나며 세균성 식중독 중 치사율이 40%로 가장 높다.

| 오답풀이 |
② 포도상구균은 화농성 질환으로, 구토, 설사, 발열을 일으키는 식중독균이다.
③ 병원성 대장균은 장관 내에서 설사 및 그 밖의 소화기 증상을 일으키는 세균이다.
④ 셀레우스균은 설사형 복통 등을 일으키는 세균성 식중독균이다.

25 ①
잠복기란 병원성 미생물이 사람 또는 동물의 체내에 침입하여 발병할 때까지의 기간을 말하며, 황색포도상구균 식중독의 잠복기는 평균 3시간으로 잠복기가 가장 짧다.

| 오답풀이 |
② 살모넬라균 식중독의 잠복기는 평균 18시간, ③ 장염비브리오 식중독의 잠복기는 평균 12시간, ④ 병원성 대장균 식중독의 잠복기는 평균 13시간이다.

26 ③
구연산의 소재 식품은 감귤류, 딸기, 살구 등이다.

27 ①
수분활성도(Aw) = 식품이 나타내는 수증기압(P) ÷ 순수한 물의 최대 수증기압(P_0)

28 ③
식품접객업(휴게음식점영업, 일반음식점영업, 단란주점영업, 유흥주점영업, 위탁급식영업)을 하려는 자는 6시간의 교육을 받아야 한다.

29 ③
| 오답풀이 |
① 판매가격 = 총원가 + 이익
② 간접원가는 여러 제품에 공통 또는 간접적으로 소비되는 비용을 말한다.
④ 총원가 = 제조원가 + 판매관리비

30 ④
당근, 단호박 등에는 비타민 A의 전구물질인 카로틴이 함유되어 있는데, 이는 지용성 비타민이기 때문에 기름을 활용한 요리법을 사용하면 영양분이 더 잘 흡수된다.

31 ④
체내에서 흡수되면 신장의 재흡수장애를 일으켜 칼슘 배설을 증가시키는 중금속은 카드뮴이다. 공장폐수의 오염으로 인해 중독된 어패류 및 농작물의 섭취로 카드뮴 중독이 발생할 수 있다.

| 오답풀이 |
① 납 중독 시 연연, 구토, 빈혈 등의 증상이 나타난다.
② 수은은 미나마타병(지각이상, 언어장애)의 원인 물질이다.
③ 비소 중독 시 흑피증, 신경계통마비, 전신경련 등의 증상이 나타난다.

32 ①
알칼리성 식품은 식품을 태운 후 생긴 무기물 중에 나트륨(Na)·칼륨(K)·칼슘(Ca)·마그네슘(Mg)과 같은 알칼리성 원소를 많이 함유하고 있는 식품으로, 채소, 과일, 우유가 이에 해당된다.

| 오답풀이 |
산성 식품은 황(S)·인(P)·염소(Cl)와 같은 산을 만드는 원소를 함유하고 있으며, 육류, 난류, 곡류 등이 이에 해당한다.

33 ④
기름을 가열하면 일정한 온도에서 열분해가 일어나 지방산과 글리세롤로 분리되고 연기가 나기 시작하는데 이때의 온도를 발연점이라 한다.

34 ①
섬유소와 한천은 구조가 복잡한 다당류로, 체내에서는 소화되지 않아 변비를 예방하는 효과가 있다. 또한 섬유소는 알칼리를 첨가하면 연해지고 산을 첨가하면 질기게 되는 반면, 한천은 산을 첨가하면 그 구조가 소분자 물질로 분해된다.

35 ①
달걀 흰자의 단백질은 대부분 오브알부민이다. 오보글로불린은 기포성, 오보뮤신은 기포 안정성에 기여한다.

36 ④
토란은 수분이 많고 잘랐을 때 점액질(갈락틴)이 많은 것이 좋다.

37 ①
석탄산은 살균력이 안정되어 있고 다른 유기물이 존재할 때에도 소독력이 약화되지 않기 때문에 석탄산 계수는 소독약의 살균력을 나타내는 기준이 된다.

38 ④
무구조충은 중간숙주인 소를 통해 사람에게 감염된다. 무구조충을 예방하기 위해서는 소고기를 충분히 익혀서 먹고 소가 먹는 사료의 분뇨오염을 방지해야 한다.

39 ②
즉석판매제조·가공업은 영업신고를 하여야 하는 업종이다.

40 ④
레시틴은 인지질이다.

| 오답풀이 |
① 프롤라민은 단순 단백질, ② 글리코젠과 ③ 카라기난은 탄수화물이다.

41 ②

| 오답풀이 |
① 양파는 유황화합물, ③ 마늘은 알리신, ④ 후추는 피페린이나 차비신에 의해 매운맛을 낸다.

42 ④
영아사망률이란 출생 후 1년 이내 사망한 영아의 사망률(연간 영아사망 수÷연간 출생아 수×1,000)로, 모성의 건강 상태와 주변환경의 영향을 많이 받으므로 국가사회의 보건 수준을 나타내는 가장 대표적인 지표로 사용된다.

43 ②
달걀 저장 중 시간이 경과됨에 따라 수분 함량이 감소하여 중량이 감소한다.

| 오답풀이 |
① 난각의 구멍을 통하여 CO_2가 증발하여 pH가 상승한다.
③ 오래된 달걀일수록 난황계수와 난백계수가 작아진다.
④ 신선한 달걀은 농후난백이 많지만, 시간이 지날수록 점도를 잃어 수양난백이 많아진다.

44 ②
1일 섭취 허용량(ADI)은 사람이 한평생 매일 섭취하더라도 장애가 나타나지 않는다고 생각되는 화학물질의 1일 섭취량을 의미한다.

| 오답풀이 |
① 최대 무작용량(NOEL)은 식품첨가물의 사용기준을 정하기 위한 각종 독성시험에서 유해작용이 전혀 확인되지 않은 양을 의미한다.
③ 50% 치사량(LD50)은 독성의 정도를 나타내는 지표로, 널리 사용되며 일정한 조건하에서 실험동물의 50%를 사망시키는 물질의 양을 의미한다.
④ 50% 유효량(ED50)은 약물의 효과에 대해 어떤 특정 반응이 동물에 나타나는가의 여부를 기준으로 판정하는 경우, 실험동물 50%에 양성반응을 일으키게 할 수 있는 물질의 양을 의미한다.

45 ①
설사성 패류 중독은 유독성 플랑크톤을 섭취한 패류의 섭취로 발생하며 설사, 복통 등 소화기계 이상 증상을 일으키는 자연독 식중독이다.

46 ②
파리에 의해 매개되는 질병은 장티푸스, 파라티푸스, 세균성 이질, 소아마비, 결핵, 콜레라 등의 세균성 소화기감염증이다. 발진티푸스는 리케차균을 가지고 있는 이에 물렸을 때 발병하는 급성 열성 질환이다.

47 ④
장염비브리오균 식중독은 어패류가 주된 발생 원인인 식중독이다.

| 오답풀이 |
① 살모넬라균 식중독의 발생 원인은 육류 및 그 가공품 등이다.
② 클로스트리디움 보툴리눔균 식중독의 발생 원인은 살균이 불충분한 통조림, 병조림의 부패 등이다.
③ 황색포도상구균 식중독의 발생 원인은 균에 오염된 유가공품 등의 음식이나 조리사의 상처에 있는 균이다.

48 ④
감각온도의 3요소는 기온, 기습, 기류이다.

49 ④
이질, 매독, 말라리아 등은 면역이 형성되지 않는 질병이다.

50 ④
종형(이상적 인구형)은 인구정지형이다.

| 오답풀이 |
① 피라미드형(후진국형)은 인구증가형, ② 별형(도시형)은 인구유입형, ③ 항아리형(선진국형)은 인구감소형이다.

51 ③
비타민 D의 공급원은 건조식품(말린 생선류, 버섯류), 생선의 간유, 효모, 맥각 등이다.

52 ②
흑설탕이나 황설탕은 모양이 유지될 정도로 계량컵에 꾹꾹 눌러 담아 컵의 위를 평면으로 깎은 후 한 컵으로 계량해야 한다.

53 ②
| 오답풀이 |
① 주발은 뚜껑이 있는 남성용 밥그릇이다.
③ 옴파리는 사기로 만든 입이 작고 오목한 바리(여성용 밥그릇)이다.
④ 조반기는 죽, 미음 그릇으로 주로 사용하며, 대접처럼 운두가 낮고 뚜껑이 있는 그릇이다.

54 ③
죽은 눋지 않도록 끓기 시작하면 약한 불에서 끓인다.

55 ②
두부는 기름을 살짝 두른 팬에 굽는 것이 좋다.

56 ①
생채는 다른 조리법보다 간이 약하다. 간이 세기 때문에 저장성이 좋은 것은 조림에 대한 설명이다.

57 ④
임금님의 수라상은 12첩에 해당하며 사대부집에서는 9첩 반상까지만 차리도록 제한되었다.

58 ②
호렴은 알이 굵고 거친 천일염을 말하며 마그네슘(Mg), 칼슘(Ca)의 형태로 펙틴질과 결합하여 채소의 조직을 단단하게 만드는 작용을 한다.
| 오답풀이 |
① 꽃소금은 음식에 직접 간을 맞추거나 적은 양의 채소나 생선 절임에 사용한다.
③ 자염은 천일염을 끓여 추출한 소금이다.
④ 맛소금은 정제염에 MSG를 첨가한 것이다.

59 ②
육류, 생선류, 어패류, 채소류를 끓는 물에 삶거나 데쳐서 익힌 음식은 숙회이다.

60 ③
곡물이나 과실을 원료로 하여 초산을 발효시켜 만든 식초는 양조식초이다. 합성식초는 화학적으로 합성된 빙초산 또는 초산을 초산 함량이 3~4%가 되도록 희석한 식초이다.

61 ①
수프의 농도를 조절하는 농후제는 리에종이다.

62 ③
시어링은 건열식 조리 방법으로 강한 열을 가하여 짧은 시간에 육류나 가금류의 겉만 익히는 방법이다.

63 ①
스톡 조리 시 재료가 충분히 잠길 정도로 찬물을 부은 상태에서 끓이기 시작한다.

64 ④
| 오답풀이 |
① 기름을 적게 사용해야 한다.
② 소스의 농도가 너무 진하면 유분리 현상이 발생한다.
③ 소스를 만들 때 너무 차거나 따뜻하지 않도록 일정 온도를 유지한다.

65 ③
| 오답풀이 |
① 베이글은 가운데 구멍이 뚫린 링 모양으로, 물에 익힌 후 오븐에 구운 빵이다.
② 크루아상은 버터를 켜켜이 넣어 만든 페이스트리 반죽을 초승달 모양으로 만든 프랑스의 대표적인 빵이다.
④ 브리오슈는 프랑스의 전통 빵으로 밀가루, 버터, 이스트, 설탕 등으로 만든 달콤한 빵이다.

66 ④
부케가르니는 스톡이나 소스를 만들 때 월계수잎, 타임, 파슬리 줄기, 마늘, 셀러리 등으로 잡내를 제거하거나 향을 가미할 때 사용하는 향채이다.

67 ②
| 오답풀이 |
① 소테잉(Sauteing)은 건열 조리법으로 유지를 사용하여 고온에서 단시간에 조리하는 방법이다.
③ 포칭(Poaching)은 습열 조리법으로 찬물에서부터 재료를 넣고 끓이기도 한다.
④ 스티밍(Steaming)은 습열 조리법으로 물을 끓여 수증기의 대류 작용을 이용하는 방법이다.

68 ①
포치드 에그는 습식열 달걀 요리로 90℃ 정도의 비등점 아래 뜨거운 물에 식초를 넣고 껍데기를 제거한 달걀을 넣어 익히는 방법이다.

69 ②

| 오답풀이 |
① 고추잡채의 주재료는 청피망과 돼지고기, 부추잡채의 주재료는 부추와 돼지고기이다.
③ 마파두부와 홍소두부는 두부가 주재료이다.
④ 탕수육과 난자완스는 돼지고기가 주재료이다.

70 ③

| 오답풀이 |
① 웍은 열의 전도가 전체에 골고루 퍼져 재료를 빠르게 익힐 때 사용한다.
② 풋은 닭뼈, 생선뼈 등 여러 가지의 육수를 끓일 때 사용한다.
④ 볶음 튀김 국자는 둥근 모양에 작은 구멍이 나 있어 재료를 튀겨 건지거나 식재료를 데칠 때, 삶아 건질 때 사용한다.

71 ①

튀김 조리 시에는 글루텐이 적고 탈수가 잘 되는 박력분을 많이 사용한다.

72 ②

| 오답풀이 |
①은 편(片), ③은 말(末), ④는 정(丁)에 대한 설명이다.

73 ①

건조법에는 태양열과 자연통풍을 이용한 자연 건조와 인공 건조법이 있으며, 곡류나 생선을 말리거나 분말 달걀, 분유 등을 만들 때 사용한다.

74 ④

중국 요리는 기름을 이용한 요리가 많고 식재료도 다양하며 높은 열에서 단시간 조리하는 메뉴가 많아 영양 손실이 적은 것이 특징이다.

75 ③

③은 정향에 대한 설명이다. 구기자는 맛이 달고 자극적이지 않으며 간과 신장의 기능을 활발하게 하여 눈을 맑게 한다.

76 ④

다시마는 주로 한식이나 일식에서 육수를 만들 때 사용하는 재료이다. 중식에서는 육수 재료로 뼈(소뼈, 닭뼈, 돼지뼈)나 갑각류를 주로 사용한다.

77 ③

된장은 붉을수록 단맛이 적고 짠맛이 많다.

78 ③

일본의 오법은 날것, 구이, 찜, 조림, 튀김이다.

79 ①

| 오답풀이 |
② 오야코동 – 조리한 닭고기, 달걀 조림
③ 규동 – 소고기 조림
④ 덴동 – 각종 튀김류

80 ④

찻물은 80~90℃가 좋으며, 온도를 유지하기 위해 제공 직전에 우린다.

81 ③

도미 꼬리를 손질하는 방법은 '㉠ 지느러미를 V자로 손질하기 → ㉢ X자로 칼집 넣기 → ㉡ 소금 뿌려 놓기 → ㉣ 데치기' 순이다.

82 ②

| 오답풀이 |
① 중조당은 연한 황갈색을 띠고 결정의 크기가 백조당과 비슷하며, 조림 등에 사용한다.
③ 화삼분은 사탕수수로 만든 원료당에 소량의 물을 넣어 압착하는 수작업으로 만든 설탕이다.
④ 백조당은 결정이 굵은 설탕에서 가장 좋은 것으로 과자, 과실주에 사용한다.

83 ①

| 오답풀이 |
② 진피는 감귤류의 껍질이다.
③ 시치미는 일곱 가지 맛이라는 뜻으로 고춧가루, 파래, 산초가루, 양귀비씨, 깨, 후추, 진피 등을 섞어 만든 양념이다.
④ 곤부 다시는 다시마와 물을 넣고 만든 다시물이다.

84 ④

롤 초밥용 김은 일정한 두께로 약간 두꺼운 것이 좋다.

85 ④

복어는 저칼로리, 고단백, 저지방 식품이며 각종 무기질과 비타민을 함유한다.

86 ①

복어튀김 조리 시 튀김옷으로 박력분과 전분을 혼합해서 사용한다.

87 ④
복어의 독성분은 난소 > 간 > 피부 > 장 순으로 많다.

88 ③
식용 가능한 복어에는 까치복, 은밀복, 참복, 복섬, 황복, 자주복 등이 있다.

89 ④
복어독의 치사량은 2mg이다.

90 ③
가라아게는 양념한 재료를 그대로 튀기거나 박력분이나 전분만을 묻혀 튀긴 것이다. 아무것도 묻히지 않은 상태에서 튀겨 내는 것은 스아게이다.

91 ④
폰즈는 흰살 생선에 어울린다.

92 ①
입술 및 혀끝의 떨림은 제1도(초기 증상) 증상이다.

03회 P.498~P.509

01	②	02	③	03	④	04	③	05	②
06	③	07	①	08	②	09	①	10	④
11	①	12	④	13	④	14	③	15	③
16	③	17	③	18	①	19	③	20	①
21	③	22	④	23	③	24	①	25	③
26	③	27	①	28	②	29	②	30	③
31	②	32	③	33	③	34	②	35	①
36	②	37	④	38	①	39	①	40	①
41	②	42	④	43	④	44	③	45	④
46	①	47	①	48	③	49	④	50	①
51	③	52	③	53	④	54	②	55	②
56	②	57	④	58	①	59	③	60	②
61	①	62	④	63	③	64	④	65	①
66	③	67	②	68	②	69	④	70	①
71	③	72	④	73	③	74	①	75	②
76	①	77	②	78	④	79	②	80	③
81	③	82	④	83	①	84	④	85	②
86	③	87	②	88	④	89	①	90	①
91	③	92	①						

01 ②
칼, 도마 등 조리기구나 용기, 앞치마, 고무장갑 등은 교차오염을 방지하기 위해 식재료 특성이나 구역별로 구분하여 사용해야 한다.

02 ③
식품 조리 시 조리모나 두건을 착용하여 오염을 방지한다.

03 ④
미생물 번식의 3요소는 수분, 단백질, 시간이다.

04 ③
식품 알레르기 항원은 주로 단백질 식품이나 유제품이다.

05 ②
건조한 상태는 식품의 미생물 번식을 억제하여 저장성을 향상시킨다.

06 ③
교차오염이란 오염된 물질과의 접촉으로 비오염물질이 오염되는 것을 말하며 작업구역의 구분, 기구나 용기의 용도별 사용, 작업상의 위생관리 등으로 예방할 수 있다.

07 ①
| 오답풀이 |
② 고압증기멸균법은 고압증기멸균기를 이용하여 121℃에서 15~20분간 살균한다.
③ 고온단시간살균법은 70~75℃에서 15~30초 간 살균한다.
④ 초고온순간살균법은 130~140℃에서 1~2초 간 살균한다.

08 ②
황색포도상구균은 화농성 질환자의 조리 시 엔테로톡신에 의한 식중독으로 잠복기가 3시간 정도로 짧으며, 급성위장염을 유발한다.

09 ①
상강도 검사는 육류의 품질 검사 방법으로, 식품의 부패와 관련이 없다.

10 ④
「식품위생법」상 집단급식소란 영리를 목적으로 하지 않고 계속적으로 특정 다수인에게 음식물을 공급하는 기숙사, 학교, 병원, 사회복지시설, 산업체, 공공기관, 그 밖의 후생기관 등의 급식시설로서 1회 50명 이상에게 식사를 제공한다.

11 ①
삼투압이란 반투막을 사이에 두고 농도가 다른 두 액체를 놓았을 때 용질의 농도가 낮은 쪽에서 높은 쪽으로 용매가 옮겨가는 현상에 의해 나타나는 압력으로 배추에 소금 뿌려 절이기 등이 해당된다.
| 오답풀이 |
② 채소는 반투막으로 되어 있어 분자 크기가 작은 것만 통과한다.
③ 농도의 차이가 클수록 탈수현상이 많이 일어난다.
④ 조미료 첨가 시 분자량이 큰 것부터 넣어야 간이 고루 밴다.

12 ④
혐기성 처리 방법은 무산소 상태에서 균이 증식하여 유기물을 분해하는 것으로 임호프탱크법과 부패조법을 이용한다.
| 오답풀이 |
① 활성 오니법, ② 여과법, ③ 관개법은 호기성 분해 방법이다.

13 ④
가스 저장법은 대기 중의 가스 성분을 조작하여 이산화탄소를 2~5%, 산소를 2~3%, 온도를 0~4℃로 유지하여 과일류, 채소류의 저장성을 높이는 방법이다.

14 ③
포도상구균 식중독의 원인 독소인 장독소는 100℃에서 30분간의 가열로도 파괴되지 않는 내열성을 갖고 있어 일반 조리법으로는 식중독을 예방할 수 없다.

15 ③
식품첨가물은 식품의 품질을 개량하여 기호성과 보존성을 향상시키고 영양가 및 식품의 가치를 증진시키기 위해 사용한다.

16 ③
이형제는 제빵 시 반죽이 분할기로부터 잘 분리되도록 하기 위해 사용하는 천연첨가물로, 유동파라핀만 허용된다.
| 오답풀이 |
① 껌 기초제는 껌의 탄력성과 점성을 부여하는 식품첨가물로, 에스테르검, 초산비닐수지가 있다.
② 소포제는 식품 제조 시 거품 생성을 방지하거나 감소시키기 위해 사용하는 식품첨가물로, 규소수지가 있다.
④ 팽창제는 빵, 과자 제조 시 식품을 부풀게 하여 조직을 연하게 하고 기호성을 향상시키기 위해 사용하는 식품첨가물로, 효모(이스트), 명반, 탄산수소나트륨이 있다.

17 ③
요충은 대장에서 기생하며 감염된 사람의 항문 주위에서 발견되는 기생충으로 항문 주위의 가려움을 동반한다.

18 ①
밀가루 단백질인 글루텐은 함량에 따라 밀가루의 특성에 영향을 미친다.

19 ③
녹색채소의 색소 고정에 관련 있는 무기질은 구리(Cu)이다. 구리(Cu) 이온을 염과 함께 가열하면 녹색채소 중의 마그네슘(Mg)과 치환되어 선명한 청록색을 형성한다.

20 ①
| 오답풀이 |
② 아이스크림, ③ 마시멜로, ④ 족편의 겔화제로는 젤라틴이 사용된다.

21 ③
화재 발생 위험 요소가 있는 기계나 기기는 정기적인 수리 및 점검을 실시하여 관리한다.

22 ④
위험도 경감 전략의 핵심 요소로 위험요인 제거, 위험 발생 경감, 사고 피해 경감을 고려해야 한다.

23 ③
전열기에 물이 접촉되면 전기 감전이 발생할 수 있다.

24 ①
조리장비 및 도구의 안전과 유지를 위한 기본계획에는 유지관리 계획 수립, 일상유지보수, 긴급유지보수, 정기유지보수 등이 있다.

25 ③
주방작업장의 적정 상대습도는 40~60%이다.

26 ③
카세인은 인이 결합된 복합 단백질이다.

27 ①
글리시닌은 글로불린에 가장 많이 함유되어 있는 단백질이다.

28 ②
| 오답풀이 |
① 인(P)은 칼슘과 함께 세포의 분열과 재생·대사 과정에 작용을 한다.
③ 나트륨(Na)은 수분 균형 유지, 삼투압 조절, 근육 수축 등에 관여한다.
④ 마그네슘(Mg)은 뼈의 구성 성분으로, 단백질 대사 및 신경·근육의 수축에 관여한다.

29 ②
일반 식품의 수분활성도는 항상 1보다 작다.

30 ③
유지의 발연점은 유리지방산 함량이 높을수록, 그릇의 표면적(노출된 유지의 표면적)이 넓을수록, 기름 이외의 이물질이 많을수록, 사용 횟수가 많을수록 낮아진다.

31 ②
새우나 게를 가열 시 색이 붉은색으로 변하는 것은 아스타잔틴 때문이다.

32 ③
곰팡이는 건조 상태에서도 증식이 가능하여 건조식품과 곡류에 가장 잘 번식한다.

33 ③
시장조사의 목적에는 구매 예정 가격의 결정, 합리적 구매계획의 수립, 제품 개량, 신제품의 설계 등이 있다.

34 ②
육류는 필요한 중량과 부위를 파악하여 구입하며, 냉장시설이 갖추어져 있으면 일주일분을 구입하는 것이 좋다.

35 ①
| 오답풀이 |
② 역계산법은 일정 단위를 생산하는 데 소요되는 재료의 표준소비량과 제품의 수량을 곱하여 전체의 재료소비량을 산출하는 방법이다.
③ 선입선출법은 먼저 구입한 재료부터 먼저 소비하는 방법이다.
④ 계속기록법은 재료의 입고 및 출고 상황을 장부에 계속 기록하여 재료소비량을 파악하는 방법이다.

36 ②
재고관리의 목적은 재고량을 파악하여 적당한 재고를 유지하는 것이다.

37 ④
단순평균법은 구입 단가를 구입 횟수로 나눈 구입 단가의 평균을 재료의 소비 가격으로 계산한다.

38 ①
쌀의 품질 검수 시 낟알의 상태, 이물질의 혼합 여부, 수확시기, 원산지를 확인해야 한다.

39 ①
식품 구매관리의 목적
- 필요한 물품의 지속적 공급
- 최적의 가격, 서비스, 품질 유지
- 재고의 저장관리 시 손실 최소화
- 표준화, 전문화, 단순화 실현
- 구매 관련 정보 및 시장조사를 통한 경쟁력 확보

40 ①
난류는 껍데기가 거칠고 광택이 없어야 한다.

41 ②
원가의 3요소는 재료비, 노무비, 경비이다.

42 ④
원가관리를 통해 재무제표를 작성하며 예산 편성 및 가격 결정을 한다.

43 ④
비효소적 갈변에는 마이야르 반응, 캐러멜화 반응, 아스코르빈산 산화 반응이 있다.

| 오답풀이 |
① 호정화는 전분을 건열로 가열하여 용해성이 생기고 점성이 낮아지며 맛이 구수해지고 갈색이 나는 현상이다.
② 단백질은 가열에 의해 쉽게 변한다.
③ 전분을 가열하여 호화한 후 냉각시키면 굳어지는 현상은 전분의 겔화로, 이를 이용한 식품에는 도토리묵, 메밀묵 등이 있다. 식혜는 전분을 당화 효소나 산을 이용해서 가수분해하여 감미를 얻는 과정인 당화를 이용한다.

44 ③
트리메틸아민은 해수어의 비린내 성분으로 트리메틸아민 옥사이드가 세균에 의해 트리메틸아민이 되면서 생성된다.

| 오답풀이 |
① 어취는 트리메틸아민의 함량과 비례한다.
② 수용성 물질로, 물에 씻어 없앨 수 있다.
④ 트리메틸아민은 어체 내에 있는 트리메틸아민 옥사이드가 환원되면서 발생한다.

45 ④
김치류의 신맛 성분은 초산, 호박산, 젖산이다.

46 ①
아미노카르보닐 반응은 마이야르 반응이라고도 하며 간장, 된장의 갈변에 영향을 미치는 반응이다.

| 오답풀이 |
② 캐러멜화 반응은 당류를 고온으로 가열할 때 산화 및 분해 산물에 의한 중합, 축합에 의해 발생한다.
③ 아스코르빈산 산화 반응은 비가역적으로 산화된 아스코르빈산이 항산화제로의 기능을 상실하고 갈색 반응을 수반하며, 과채류의 가공식품에 항산화제 및 항갈변제로 이용된다.
④ 티로시나아제는 감자의 갈변에 영향을 미치는 효소이다.

47 ①
굴비정식의 원가는 '50,000원×35% = 17,500원'이다. 굴비에 원가의 10%를 사용한다고 했으므로, 굴비 구입가격은 '17,500원×10% = 1,750원'이다.

48 ③
생표고버섯이나 생선을 햇볕에 말리면, 말리는 과정 중에 비타민 D가 생성된다.

49 ④
달걀은 가열에 의해서 달걀 단백질이 응고되면서 글루텐 형성을 도와 빵의 모양을 유지하고 빵의 맛과 색을 좋게 한다.

50 ④
헤모시아닌은 문어, 오징어 등의 연체류에 포함되어 있는 파란색의 색소로, 익혔을 때 적자색으로 변한다.

51 ③
다량의 수소이온은 전분의 노화를 촉진시킨다.

52 ③
간장의 감칠맛 성분인 지미 성분은 글루타민산이다.

53 ④
제상은 의례음식이다.

54 ②
| 오답풀이 |
① 반상은 밥을 주식으로 하는 일상식 상차림이다.
③ 큰상은 국수를 주식으로 하며 잔치를 축하하기 위한 상차림으로 편, 유과 등을 색을 맞추어 높게 놓는다.
④ 입맷상은 잔치 때 큰상을 받기 전에 간단히 차려 대접하는 상차림이며, 주로 장국상으로 차린다.

55 ②
배, 설탕 등은 육질의 연화를 돕는다.

56 ②
다과상은 손님 접대 시 사용하는 상차림으로 주로 차와 과자류를 곁들인다.

57 ④
식품의 노화는 수분 함량이 30~60%일 때 가장 일어나기 쉽다.

58 ①
호렴은 염전에서 긁어모은 일차제품으로 흔히 천일염 또는 굵은 소금이라고 한다. 주로 장이나 오이지를 담글 때, 김장 배추를 절일 때 사용한다.

59 ③
밥을 주걱으로 골고루 살살 섞어 주고 그릇에 누르지 않고 담는다.

60 ②
양은 질기므로 전으로 부칠 때는 곱게 다진 후 녹말가루와 달걀을 섞어 지진다.

61 ①
채소 수프를 만들 때, 밀가루와 우유를 잘 섞어 익힌 후 채소를 넣으면 카세인 입자의 응고를 방지할 수 있다.

62 ④
프랑스는 바게트, 브리오슈, 마카롱 등 제빵으로도 유명하다.

63 ③
| 오답풀이 |
① 가스파초(Gazpacho)는 토마토, 오이, 양파, 피망 등 다양한 채소를 갈아서 만든 스페인의 대표적인 차가운 수프이다.
② 베샤멜(Bechamel)은 화이트 루(White Roux)에 우유를 넣고 만든 약간 묽은 수프이다.
④ 퓌레(Puree)는 과일이나 채소를 블렌더 등으로 갈아 다시 걸러진 부드러운 질감의 액체 형태의 음식이다.

64 ④
| 오답풀이 |
① 치아바타(Ciabatta)는 통밀가루, 맥아, 물, 소금 등의 천연 재료만 사용하여 만든 빵이다.
② 바게트(Baguette)는 프랑스 빵의 일종으로 겉이 바삭하고 딱딱한 긴 몽둥이 모양의 빵이다.
③ 베이글(Bagel)은 밀가루 반죽을 링 모양으로 만들어 발효시키고 끓는 물에 익힌 후 오븐에 구워 낸 빵이다.

65 ①
클로브(정향)는 고기의 누린내를 감소시키고 소화를 촉진하며, 식욕 증진에 도움을 주는 향신료이다.

66 ③
토르텔리니(Tortellini)는 속을 채운 뒤 반달 모양으로 접어 양끝을 이어붙인 만두형 파스타이다. 길고 얇은 리본 파스타로 면의 모양이 칼국수처럼 길고 납작한 면은 탈리아텔레(Tagliatelle)이다.

67 ②
베지터블 커터(Vegetable Cutter)는 채소를 여러 가지 형태로 썰어 주는 기구이다.

68 ②
1L 내외의 물에 파스타의 양은 100g 정도가 적당하다.

69 ④
쏠은 채 썰기이다.

70 ①
전분에 대한 설명이다.

71 ③
| 오답풀이 |
①은 북경 요리, ②는 남경 요리, ④는 사천 요리에 대한 설명이다.

72 ④
오향장육은 육류를 주재료로 한다.

73 ③
화덕의 앞, 뒤쪽으로 항상 물이 흐르도록 되어 있어 강한 온도에서 화덕 주위를 보호한다.

74 ①
| 오답풀이 |
② 먼은 재료를 삶거나 살짝 튀긴 후 다량의 육수를 부어 뚜껑을 닫고 약한 불에서 오랫동안 끓이는 방법이다.
③ 젠은 기름을 두르고 지지는 방법이다.
④ 차오는 센 불에서 적은 양의 기름을 넣고 단시간에 볶는 방법이다.

75 ②

| 오답풀이 |
① 두반장은 발효시킨 메주콩에 고추를 갈아 넣고 양념을 첨가한 것으로, 맵고 칼칼한 맛을 내는 요리에 사용한다.
③ 고추기름은 고춧가루에 식용유와 향신료, 채소 등을 넣고 가열하여 매운맛 성분을 추출한 조미료이다.
④ 굴소스는 신선한 생굴을 으깬 다음 소금을 넣어 발효시켜 만든 조미료이다.

76 ①

사(絲, 쓸)는 한식의 채 썰기와 같은 형태로, 채소나 과일, 육류 등의 섬유질을 끊지 않고 써는 방법이다.

| 오답풀이 |
② 편(片)은 재료를 포 뜨듯이 한쪽으로 어슷하고 얇게 뜨는 방법이다.
③ 말(末)은 참깨 크기로 잘게 다지는 방법이다.
④ 정(丁)은 사각형으로 써는 형태이다.

77 ②

| 오답풀이 |
① 미소 라멘은 된장, ③ 소유 라멘은 간장, ④ 시오 라멘은 소금으로 맛을 낸다.

78 ④

절면(切麵)은 얇게 만든 반죽을 칼로 썰어 만든 면이다.

79 ②

간로쇼유는 열을 가하지 않은 진간장을 다시 양조한 것으로, 단맛, 향이 뛰어나며 농후한 맛을 가진다. 일본 관서 지방에서는 사시미(刺身) 또는 신선한 재료를 찍어 먹는 간장 또는 곁들임 간장으로 사용한다.

80 ③

| 오답풀이 |
① 규동(牛井)은 소고기 조림을 얹은 것, ② 가츠동(カツ井)은 돈가스를 썰어 얹은 것, ④ 부타동(豚井)은 돼지고기 구이를 얹은 것이다.

81 ③

니보시를 만들 때 뚜껑을 열고 끓여야 비린내가 나지 않는다.

82 ④

김은 냉동 보관해야 맛과 향이 달아나지 않는다.

83 ①

기존 육수에 새로운 가다랑어포를 약간 첨가하여 끓이는 국물은 '2번 다시 만드는 법'이다.

84 ④

끓는 물에 데쳐 찬물에 식혀야 생선살이 단단하고, 비린내가 제거된다.

85 ②

초간장 만드는 순서는 '㉠ 다시국물 만들기 → ㉢ 혼합하기 → ㉡ 숙성하기 → ㉣ 초간장 걸러 내기'이다.

86 ③

복어에서 식용 가능한 부위는 입, 혀, 껍질, 지느러미, 살, 머리뼈 부분, 갈비뼈 부분, 정소(이리)이다.

87 ②

복어껍질의 겉껍질과 속껍질을 분리할 때는 데바 칼을 사용한다.

88 ④

아게다시는 튀긴 재료 위에 조미한 조림 국물을 부어 먹는 요리이다.

89 ①

| 오답풀이 |
② 복어살의 폭이 넓은 부분을 바깥쪽에 담는다.
③ 신선도를 위해 횟감을 뜨면서 접시에 모양 내 담는다.
④ 복어살을 뼈와 분리한 후 마른 행주로 감싸서 물기를 제거하며 숙성시켜 놓는다.

90 ①

참다시마(眞昆布, 마 곤부)는 길고, 끈적거림이 거의 생기지 않는 최상품의 다시마이다.

91 ③

복어는 저칼로리, 고단백, 저지방 식품이며, 각종 무기질과 비타민이 풍부하다.

92 ①

| 오답풀이 |
②, ③은 제2도, ④는 제3도 중독 증상이다.

04회

P.510~P.521

번호	답	번호	답	번호	답	번호	답	번호	답
01	④	02	①	03	②	04	③	05	④
06	①	07	①	08	①	09	②	10	①
11	④	12	④	13	②	14	④	15	③
16	④	17	③	18	④	19	④	20	③
21	③	22	④	23	③	24	②	25	④
26	④	27	①	28	①	29	④	30	①
31	①	32	③	33	④	34	③	35	②
36	④	37	③	38	①	39	③	40	①
41	①	42	④	43	③	44	②	45	①
46	②	47	①	48	③	49	③	50	④
51	①	52	②	53	①	54	③	55	③
56	④	57	③	58	②	59	①	60	①
61	②	62	④	63	②	64	①	65	③
66	③	67	③	68	③	69	④	70	④
71	④	72	③	73	④	74	②	75	④
76	④	77	③	78	③	79	①	80	①
81	④	82	③	83	④	84	③	85	①
86	②	87	③	88	④	89	④	90	②
91	③	92	①						

01 ④
「식품위생법」상 식품위생의 대상은 식품, 식품첨가물, 기구 또는 용기, 포장을 대상으로 하는 음식에 관한 위생을 말한다.

02 ①
「식품위생법」상 식품의 정의는 모든 음식물을 말한다. 다만, 의약품으로 섭취하는 것은 제외한다.

03 ②
산저장법은 초산, 젖산, 구연산을 이용하여 식품을 저장하는 방법으로 피클, 장아찌를 만들 때 사용한다.

04 ③
일본뇌염은 모기에 의해 전파되는 감염병이다.

05 ④
콜레라는 소화기계로 침입하는 감염병이다.

06 ①
석탄산 계수는 소독약의 살균력을 나타내는 지표이며 석탄산 계수가 높을수록 효과가 뛰어나다.

07 ①
| 오답풀이 |
② 팽창제는 빵, 과자 제조 시 식품을 부풀게 하여 조직을 연하게 하고 기호성을 향상시키기 위해 사용한다.
③ 추출제는 식용 유지를 제조할 때 유지 추출을 용이하게 하기 위해 사용한다.
④ 방충제는 곡류를 저장할 때 곤충의 서식을 방지하기 위해 사용한다.

08 ①
유해 표백제에는 롱갈트, 형광표백제, 삼염화질소가 있다.
| 오답풀이 |
② 포름알데히드는 유해 보존료, ③ 아우라민은 유해 착색제, ④ 사이클라메이트는 유해 감미료이다.

09 ②
| 오답풀이 |
① 보툴리누스균, ③ 황색포도상구균은 독소형 식중독, ④ 히스타민은 알레르기성 식중독이다.

10 ①
황색포도상구균 식중독은 화농성 질환자가 조리한 식품, 균에 오염된 유가공품 등을 원인 식품으로 하는 장독소(엔테로톡신)에 의해 감염된다.

11 ④
조리사가 면허를 타인에게 대여하여 사용한 경우 1차 위반 시 업무정지 2개월, 2차 위반 시 업무정지 3개월, 3차 위반 시 면허취소 처분을 받는다.

12 ④
공공부조란 지방자치단체의 책임하에 생활이 어려운 국민의 최저 생활을 보장하고 지원하는 제도로, 사회보장제도 중 의료급여와 기초생활보장이 해당된다.

13 ②
음료의 수질 기준으로 대장균수는 수질오염의 지표이며 100mL에서 검출되지 않아야 한다.

14 ④
위장장애는 진동에 의한 장애이다.

15 ③
바퀴벌레의 습성에는 집단 서식(군서성), 잡식성, 야간활동성이 있다.

16 ④
건어물류는 냉동 보관을 원칙으로 한다.

17 ③
조리대와 작업대는 매일 세제를 묻혀 세척한 후 건조한다.

18 ④
이노신산나트륨은 핵산계 조미료에 해당한다.

19 ④
영구면역이 형성되는 질병에는 홍역, 수두, 풍진, 백일해, 폴리오, 황열, 천연두 등이 있다.

| 오답풀이 |
① 매독, ② 이질, ③ 말라리아는 면역이 형성되지 않는 질병이다.

20 ③
위생 등급의 유효기간은 위생 등급을 지정한 날부터 3년으로 한다.

21 ③
규정을 제정하고 상벌을 위한 리더의 권한을 행사하는 것은 선임관리자의 역할이다.

22 ④
신체 동작의 통제 불능은 생리적 요인에 해당한다.

23 ③
발 보호구에는 안전화, 절연화, 정전화가 있다.

24 ②
정기점검은 안전관리책임자가 매년 1회 이상 정기적으로 점검한다.

25 ④
체내의 pH 조절은 단백질의 기능이다.

26 ④
체내에 수분이 20% 이상 부족할 경우에는 생명이 위험하다.

27 ①
| 오답풀이 |
② 창의 방향은 남향으로 한다.
③ 가로보다 세로창의 채광 효과가 좋다.
④ 천장에 창이 있는 경우 일반 창에 비해 3배 정도의 밝은 효과를 낼 수 있다.

28 ①
| 오답풀이 |
② 장염비브리오 식중독은 60℃에서 5분간 가열하여 예방한다.
③ 클로스트리디움 보툴리눔 식중독은 80℃에서 30분간 가열하여 예방한다.
④ 살모넬라 식중독은 60℃에서 20~30분간 가열하여 예방한다.

29 ④
헤닝(Henning)의 4원미는 단맛, 짠맛, 쓴맛, 신맛이다.

30 ①
변조 현상은 한 가지 맛 성분을 먹은 후 다른 맛 성분을 먹으면 원래 식품의 맛이 다르게 느껴지는 현상이다.

| 오답풀이 |
② 대비 현상은 주된 맛 성분에 소량의 다른 맛 성분을 넣어 주된 맛이 강해지는 현상이다.
③ 상승 현상은 같은 맛 성분을 혼합하여 원래의 맛보다 더 강한 맛이 나게 되는 현상이다.
④ 상쇄 현상은 서로 다른 맛 성분이 혼합되었을 때 각각의 고유한 맛을 내지 못하고 약해지거나 없어지는 현상이다.

31 ①
단백질은 탄소(C), 수소(H), 산소(O), 질소(N)를 포함하고 있는 고분자 유기 화합물로, 그 외에 황(S), 인(P) 등을 함유하고 있다.

32 ④
독미나리의 독성분은 시큐톡신이고, 리신은 피마자의 독성분이다.

33 ④
과일은 숙성되면서 크기의 증가, 과일 특유의 색으로 전환, 유기산의 함량 감소, 전분의 분해로 인한 당 함량의 증가, 수용성 탄닌의 감소, 불용성 펙틴에서 가용성 펙틴으로의 전환 등이 일어난다.

34 ③
스테이크용 소고기는 냉동 보관 시 6개월간 보관이 가능하다.

35 ②
탄수화물은 우리 몸과 뇌에 에너지를 공급하며 탄수화물 함유 식품에는 밥, 빵, 감자, 고구마, 과자, 국수, 떡 등이 있다.

36 ④
식품의 구입 계획을 위한 기초 지식
- 식품의 출회표와 가격 상황
- 폐기율과 가식부
- 사용 계획
- 물가 파악을 위한 자료 장비
- 식품의 소비기한과 가격 인지
- 재료의 종류와 품질 판정법

37 ③
구매명세서에 반드시 포함될 내용
- 물품명과 상표명(브랜드)
- 용도
- 품질 및 등급, 크기, 형태
- 숙성 정도
- 전처리 및 가공 정도
- 폐기율
- 원산지
- 보관 온도

38 ①
| 오답풀이 |
② 개별법은 구입 단가별로 재료에 가격표를 붙여서 보관하다가 출고할 때 그 가격표에 붙어 있는 구입 단가를 재료의 소비 가격으로 하는 방법이다.
③ 후입선출법(LIFO)은 나중에 구입한 재료부터 먼저 사용하는 방법이다.
④ 단순평균법은 일정 기간 동안 구입 단가를 구입 횟수로 나눈 구입 단가의 평균을 재료의 소비 단가로 하는 방법이다.

39 ③
날걀의 신선도를 판단할 때 가격은 고려 사항이 아니다.

40 ①
| 오답풀이 |
②는 감가상각, ③은 정액법, ④는 원가관리에 대한 설명이다.

41 ①
곡류의 폐기율이 0%로 가장 적다.
| 오답풀이 |
폐기율은 ② 생선류는 28~35%, ③ 패류는 75~83%, ④ 버섯류는 10%이다.

42 ④
건열 조리에는 굽기, 볶기, 튀기기, 지지기가 해당한다.

43 ③
조림은 국물 맛을 내기보다 재료에 맛을 들이는 조리법이다.

44 ②
브로일러(Broiler)는 윗불로 굽는 조리 기구이다.

45 ①
조리 작업동선에 따라 '준비대 → 개수대 → 조리대 → 가열대 → 배선대' 순서로 작업대를 배치한다.

46 ②
강력분은 글루텐이 13% 이상, 중력분은 글루텐이 10% 초과 13% 미만, 박력분은 글루텐이 10% 이하이다.

47 ①
| 오답풀이 |
② 셉신은 부패한 감자, ③ 솔라닌은 감자의 싹, ④ 뮤신은 마, 연근 등의 점질물질에 함유되어 있는 당 단백질이다.

48 ③
10%의 소금물에 달걀을 넣어 가라앉으면 신선한 것이다.

49 ③
어취를 제거하기 위해서는 흐르는 물에 씻어 내야 한다.

50 ④
수중유적형(O/W)은 물에 기름이 분산된 형태로 우유, 마요네즈, 생크림, 아이스크림, 크림 수프 등이 해당한다. 버터는 유중수적형(W/O)에 해당한다.

51 ①
우뭇가사리는 홍조류에 속한다.
| 오답풀이 |
② 톳, ③ 미역, ④ 다시마는 갈조류에 속한다.

52 ②
배에 함유된 단백질 분해 효소는 프로테이스(Protease)이며, 피신(Ficin)은 무화과에 함유되어 있다.

53 ①

| 오답풀이 |
② 반상은 밥을 주식으로 하는 일상식 상차림을 말한다.
③ 주안상은 손님에게 술을 대접하기 위한 상차림이다.
④ 다과상은 차와 과자류를 차려 놓은 상차림으로 주로 손님 접대 시 사용한다.

54 ③

| 오답풀이 |
① 보시기는 김치나 국물이 있는 반찬을 담을 때 사용한다.
② 종지는 간장, 초장, 초고추장, 꿀 등을 담을 때 사용한다.
④ 조반기는 죽, 미음을 담을 때 사용한다.

55 ③

멸치 액젓은 멸치에 염도 15~20%의 소금을 넣어 발효, 숙성시킨 것으로 6개월 정도 발효 후 추출물을 걸러 김장 등에 사용한다.

56 ④

곡류는 유해물질이 잔류하지 않도록 3~5회 세척한다.

57 ①

| 오답풀이 |
② 옹근죽은 쌀알을 그대로 사용한다.
③ 원미죽은 쌀을 반으로 으깨서 싸라기를 만들어 사용한다.
④ 장국죽은 원미죽의 한 종류이다.

58 ②

한가위를 대표하는 음식에는 토란탕, 햅쌀밥, 송편 등이 있다.

59 ①

숙채는 채소류를 물에 삶기, 찌기, 볶기 등으로 조리하여 재료를 익힌 후 갖은 양념을 한 것이다. 겉절이용 알배추는 재료를 익히지 않고 양념을 하는 생채 조리에 적합하다.

60 ①

보기에서 설명하는 지역은 제주도로, 향토 음식은 전복죽이다.

| 오답풀이 |
② 낙지호롱은 전라도의 향토 음식으로, 전라도 음식은 간이 맵고 짠 편이다.
③ 인삼약과는 충청도의 향토 음식으로, 충청도는 농업이 발달되어 떡 종류가 유명하다.
④ 메밀막국수는 강원도의 향토 음식으로, 강원도 음식은 소박하고 구수한 것이 특징이다.

61 ①

| 오답풀이 |
② 디너(Dinner)는 하루 중 가장 비중을 두는 식사로, 정찬이라고 한다.
③ 브렉퍼스트(Breakfast)는 아침 식사를 말한다.
④ 런치(Lunch)는 정오부터 오후 2시 사이의 점심 식사를 말한다.

62 ④

세계 3대 진미는 푸아그라, 캐비아, 트러플이다.

63 ②

| 오답풀이 |
① 치아바타는 통밀가루, 맥아 등 천연 재료만 사용하여 만든 빵으로 겉은 바삭하고 속은 부드럽다.
③ 피타는 이스트로 밀가루를 발효시켜 만든 원형의 넓적한 빵이다.
④ 베이글은 밀가루 반죽을 링 모양으로 만들어 발효시키고 끓는 물에 익힌 후 오븐에 구워 낸 빵이다.

64 ①

| 오답풀이 |
② 퓌레는 과일이나 채소를 블렌더 등으로 갈아 다시 걸러진 부드러운 질감의 액체 형태의 음식이다.
③ 살사는 익히지 않은 과일 또는 채소로 만들며 향미를 위해 주스, 식초, 포도주를 넣기도 한다.
④ 콩포트는 여러 과일을 섞어 물, 설탕, 향신료를 넣고 약하게 끓인다.

65 ①

조식(Breakfast)은 서양의 아침 식사를 말하며, 달걀, 시리얼류, 빵류를 주로 먹는다.

66 ③

| 오답풀이 |
① 비시스와즈(Vichyssoise)는 삶은 감자를 체에 내려 퓌레로 만든 후, 잘게 썬 대파의 흰 부분과 함께 볶아 물이나 육수를 넣고 끓인 수프이다.
② 보르쉬(Borsch)는 신선한 비트를 이용하여 만든 러시아와 폴란드식 수프이다.
④ 굴라시(Goulash)는 파프리카 고추로 진하게 양념하여 매콤한 맛이 특징인 헝가리식 소고기와 야채 스튜이다.

67 ②

스파이스는 식물의 씨, 줄기, 나무껍질, 뿌리 또는 이것을 가루로 만든 것을 말한다.

68 ④
푸딩(Pudding)은 차갑게 제공(냉제)하는 요리이다.

69 ④
사천의 대표 음식은 마파두부이고 딤섬은 광동 요리이다.

70 ④
시미로는 중국 요리의 느끼함을 정리해 주는 찬 후식류이다.

71 ④
두반장은 잠두콩을 발효시켜 만든 된장에 고춧가루와 말린 새우로 만든 중식 조미료로, 신선한 맛을 내며 마파두부, 돼지고기 요리, 냉채 요리 등에 사용한다.

72 ③
중식에서 삼선탕, 짬뽕, 생선완자탕의 육수는 갑각류(꽃게, 랍스터)를 사용한다.

73 ④
흑초는 검은콩으로 발효시켜 만든 식초로 광동 요리에 많이 사용한다.

74 ②
유탕면은 면발을 익힌 후 유탕 처리를 한 것이다.

75 ④
오향장육은 삶는 냉채에 속한다.

76 ③
저(煎, 젠)으로 조리하는 대표 요리는 난자완스이다. 짜춘권은 작(炸, 짜) 조리법을 사용한다.

77 ①
일본 요리에서 사용하는 된장(미소)에 대한 설명이다. 된장(미소)은 색이 붉을수록 단맛이 적고 짠맛이 많으며, 색이 흴수록 단맛이 많고 짠맛이 적다.

78 ③
| 오답풀이 |
① 다데즈는 여뀌잎을 갈고 쌀죽을 넣어 만든 양념장이다.
② 시치미는 고춧가루에 파래, 산초가루, 양귀비씨, 깨, 후추, 겨자, 진피 등을 섞어 만든 양념이다.
④ 유즈코쇼는 유자와 고추를 갈아 만든 양념이다.

79 ①
3kg 이상의 가다랑어를 손질하는 방법을 혼부시라고 하며, 카메부시는 3kg 미만의 크기가 작은 가다랑어를 사용한다.

80 ①
메밀국수의 맛국물에 다시 : 진간장(고이구치쇼유) : 맛술은 7:1:1의 비율로 만든다. 맛국물은 식혀서 사용하며, 취향에 따라 설탕을 첨가한다.

81 ④
덮밥에 사용하는 고명에는 김, 고추냉이, 쑥갓, 실파, 대파, 초피, 양파, 무순이 있다.

82 ③
갓파마키는 오이 김초밥을 말하며, 가늘게 만 김초밥은 호소마키이다.

83 ④
| 오답풀이 |
① 시오야키는 소금으로 밑간을 하여 굽는 구이이다.
② 데리야키는 양념 간장구이라고 하며, 구이 재료를 데리(양념 간장)로 발라가며 굽는 구이이다.
③ 쿠시야키는 꼬치에 꽂아 굽는 구이이다.

84 ③
초밥의 생선살은 활어의 온도가 좋으나 초밥의 온도는 사람의 피부와 비슷한 온도가 가장 좋다.

85 ①
복어의 독성은 산란 직전인 4~6월에 최대가 된다.

86 ②
복어독 중독의 잠복기는 식후 30분~5시간이다.

87 ③
보기 중 식용 가능한 복어는 복섬, 흰점복, 졸복, 황복, 참복, 거북복으로 모두 6가지이다.

88 ④
가쓰오부시 육수를 만들 때는 가다랑어포, 다시마, 물이 필요하다.

89 ④
복어는 저지방 식품이다.

90 ②
복어 맑은탕에 무는 은행잎, 당근은 매화꽃 모양으로 한다.

91 ③
| 오답풀이 |
①은 덴다시, ②는 아게다시, ④는 고로모에 대한 설명이다.

92 ①
| 오답풀이 |
② 스아게는 식재료 자체에 아무것도 묻히지 않고 튀겨 내는 튀김이다.
③ 가라아게는 양념한 재료를 그대로 튀기거나 박력분이나 전분만을 묻혀 튀긴 것이다.
④ 텐카스는 고로모(튀김옷)를 방울지게 튀긴 것으로, 튀길 때 재료에서 떨어져 나온 여분의 튀김이다.

05회   P.522~P.533

01	02	03	04	05
④	④	②	②	①
06 ①	07 ④	08 ①	09 ①	10 ②
11 ②	12 ④	13 ②	14 ③	15 ④
16 ①	17 ②	18 ④	19 ②	20 ①
21 ③	22 ①	23 ④	24 ①	25 ③
26 ④	27 ①	28 ④	29 ②	30 ④
31 ④	32 ④	33 ③	34 ②	35 ②
36 ④	37 ③	38 ②	39 ②	40 ①
41 ②	42 ②	43 ②	44 ①	45 ③
46 ④	47 ②	48 ③	49 ④	50 ②
51 ①	52 ②	53 ③	54 ④	55 ③
56 ③	57 ①	58 ④	59 ③	60 ①
61 ②	62 ①	63 ④	64 ③	65 ③
66 ①	67 ②	68 ①	69 ①	70 ③
71 ①	72 ④	73 ③	74 ④	75 ①
76 ④	77 ③	78 ①	79 ③	80 ③
81 ②	82 ④	83 ③	84 ③	85 ②
86 ④	87 ②	88 ③	89 ①	90 ③
91 ③	92 ②			

01 ④
위생관리의 필요성
- 식중독 위생사고 예방
- 「식품위생법」 및 행정처분 강화
- 안전한 먹거리로 식품의 가치 상승
- 점포의 이미지 개선(청결한 이미지)
- 고객 만족과 대외적 브랜드 이미지 관리
- 매출 증진

02 ④
손톱은 항상 짧고 청결하게 유지해야 하며, 매니큐어나 광택제를 칠하거나 인조 손톱을 부착해서는 안 된다.

03 ②
단백질 이외의 식품이 변질되는 현상은 변패이다. 발효는 유기물이 유기산, 알코올 등을 생성하는 현상을 말한다.

04 ②
건어물은 보통 일광건조한다.

05 ①
아이오딘가는 100g의 유지가 흡수하는 요오드의 g 수를 말한다.

06 ①
| 오답풀이 |
② 염장법은 부패하기 쉬운 식품을 소금에 절여 보존하는 방법이다.
③ 가스저장법(CA 저장법)은 대기의 가스 조성을 인공적으로 조정하여 식품의 호흡 작용, 산화 작용 등에 의한 성분 변화를 방지하는 방법이다.
④ 당장법은 설탕의 삼투압을 이용하여 세균의 증식을 억제하는 방법이다.

07 ④
| 오답풀이 |
① 폐디스토마(폐흡충)의 제1중간숙주는 다슬기류, 제2중간숙주는 가재, 민물게이다.
② 광절열두조충의 제1중간숙주는 물벼룩, 제2중간숙주는 민물고기(송어, 연어 등)이다.
③ 아니사키스충의 제1중간숙주는 바다갑각류(크릴새우), 제2중간숙주는 해산어류, 오징어, 문어이다.

08 ①
| 오답풀이 |
② 모성사망비는 임신·분만·산욕과 연관된 질병 또는 이로 인한 합병증 때문에 발생하는 사망률이다.
③ 비례사망지수는 연간 전체 사망자 수에 대한 50세 이상의 사망자 수의 구성비이다.
④ 평균수명은 인간의 생존 기대 기간을 의미한다.

09 ①
| 오답풀이 |
② 역성비누는 과일과 야채, 식기 소독에 사용한다.
③ 크레졸은 변소, 하수도 등의 오물 소독, 손 소독에 사용하며, 석탄산보다 소독력이 2배 강하다.
④ 차아염소산나트륨은 채소, 식기, 과일, 음료수 등의 소독에 사용한다.

10 ②
보존료는 미생물의 증식을 억제하여 식품의 영양가와 신선도를 보존하기 위한 목적으로 사용하는 식품첨가물이다.

11 ②
경구감염병(소화기계 감염병)의 경우 대부분 예방접종으로 예방이 불가능하다.

12 ④
수은(Hg) 중독 증상으로는 미나마타병이 있으며, 입술 떨림, 발음장애, 보행곤란 등의 증상이 있다. 말초신경염은 납(Pb)의 중독 증상이다.

13 ②
HACCP의 준비단계는 'HACCP 팀 구성 → 제품설명서 작성 → 제품의 용도 확인 → 공정 흐름도 작성 → 공정 흐름도 현장 확인' 순이다.

14 ③
면실유의 독소 성분은 고시폴이고, 리신은 피마자의 독소 성분이다.

15 ④
식품을 써는 주목적은 가식 부분의 이용 효율을 높이는 것이다. 또한 식품의 표면적을 넓게 함으로써 열의 전달이 쉽고, 조미료의 침투를 용이하게 한다. 씹기에 연하고 식감을 좋게 할 뿐만 아니라 외관을 아름답게 한다.

16 ①
식품의 원산지를 표기할 때는 해당되는 식재료를 정확히 표기해야 한다.

17 ②
식품접객업소에서 사용 중인 것을 제외한 조리용 칼·도마 및 식기류는 살모넬라와 대장균 모두 음성이어야 한다.

18 ④
통조림, 병조림 제품, 레토르트식품, 전분, 장류 및 식초, 어육제품, 특수용도식품(체중조절용 조제식품 제외)은 소분 판매가 불가능하다.

19 ②
하수의 오염 측정 방법에는 용존산소량(DO), 생화학적 산소요구량(BOD), 화학적 산소요구량(COD), 수소이온농도(pH), 부유물질(SS)이 있다.

20 ①
광견병은 바이러스가 피부점막을 침입하여 발생하는 감염병이다.

| 오답풀이 |
② 큐열은 공기 전파에 의해 감염되는 세균성 감염병이다.
③ 페스트는 벼룩에 의해 감염되는 세균성 감염병이다.
④ 천연두는 먼지를 통해 간접 전파되는 세균성 감염병이다.

21 ③
콜레라는 물, 식품 등의 섭취를 통해 감염되는 소화기계 감염병이다.

22 ①
히스타민은 알레르기성 식중독의 원인 독소로, 꽁치, 고등어와 같은 붉은살 어류 및 그 가공품에 의해 감염된다.

23 ④
도살 과정을 거친 후 혈액순환이 정지되어 산소 공급이 중단되면 근육 조직의 글리코겐이 혐기적 해당 과정을 거쳐 젖산을 생성하므로 글리코겐은 감소하고 젖산은 증가한다.

24 ①
| 오답풀이 |
② 적합한 저장 장소와 방법은 신선한 과일의 보존기간을 연장시킬 수 있다.
③ 과일이나 채소는 수확 후에도 숙성되므로 CA 저장을 통하여 조직 변화와 숙성을 지연시킨다.
④ 감은 성숙되는 과정에서 탄닌이 불용성으로 변화되기 때문에 떫은맛이 감소된다.

25 ③
그리스트랩은 기름(유지), 찌꺼기 등이 배수관에 유입되지 않아 하천, 강의 오염을 방지한다.

26 ④
도마는 세척이나 소독 후 반드시 건조시켜서 세균의 번식이 쉬운 온도 혹은 습도에 노출되지 않도록 해야 한다.

27 ①
| 오답풀이 |
② 특별점검은 결함이 의심되거나 사용 제한 중인 시설물의 사용 여부를 확인하고자 할 때 시행한다.
③ 긴급점검은 관리 주체가 필요하다고 판단될 때 실시한다.
④ 정기점검은 안전관리책임자가 매년 1회 이상 정기적으로 점검한다.

28 ④
화장지를 접어 문질렀을 때 화장지가 걸리면 이가 빠진 것으로 잘 갈리지 않은 상태이다.

29 ②
기름에 불이 붙었을 경우 물을 부으면 화재가 번지므로 뚜껑을 덮어 산소를 차단하거나 소화기를 사용한다.

30 ④
조리 시 규정된 조리 복장을 착용한다.

31 ④
맥아당은 전분이 아밀레이스에 의해 가수분해된 중간 생성물로, 포도당 두 분자가 결합된 이당류(탄수화물)이다.

32 ④
접촉감염 지수(감수성 지수)는 감염되지 않은 사람에게 병원체가 침입했을 때 발병하는 비율로 ⓒ 천연두·홍역(95%) > ⓑ 백일해(60~80%) > ⓐ 성홍열(40%) > ⓒ 디프테리아(10%) > ⓓ 폴리오(0.1%) 순으로 높다.

33 ③
| 오답풀이 |
① 알리신은 마늘, ② 세사몰은 참기름, ④ 캡사이신은 고추의 성분이다.

34 ②
| 오답풀이 |
① 클로로필은 마그네슘을 중성원자로 하고 산에 의해 페오피틴이라는 녹갈색물질이 된다.
③ 플라보노이드 색소는 알칼리성으로 변하면서 담황색으로 된다.
④ 동물성 색소 중 근육색소는 미오글로빈, 혈색소는 헤모글로빈이다.

35 ②
식품의 특수 성분은 식품의 색, 향, 맛, 효소, 유독 성분 등이다.

36 ④
| 오답풀이 |
① 비타민 A는 피부의 상피 세포를 보호하고, 눈의 기능을 좋게 한다.
② 비타민 D는 자외선에 의해 피하에서 생성될 수 있으며, 칼슘의 흡수, 골격과 치아의 발육을 촉진한다.
③ 비타민 K는 장내 세균에 의해 합성되며, 혈액 응고에 관여하여 지혈 작용을 한다.

37 ③
일반적으로 혀의 미각은 30℃ 전후에서 가장 예민하다. 단맛, 짠맛, 쓴맛은 온도가 낮을수록 맛이 증가하고, 매운맛은 온도가 높을수록 증가하며, 신맛은 온도에 영향을 받지 않는다.

38 ②
전분의 호화에 영향을 미치는 요인
- 전분의 종류
- 전분 입자의 크기
- 수침 시간
- 가열 온도
- 수소이온농도(pH)
- 젓기 정도
- 당
- 단백질, 지방

39 ②
회전율이 높을수록 재고가 고갈될 위험성이 높아진다.

40 ①
식기 필요량: 전체 이용 고객의 수 3,000명 × 식수 변동률 1.1 × 식기 파손율 1.07 = 3,531

41 ②
주요 식품군의 폐기율은 곡류(0%) < 서류(5%) < 난류(12%) < 채소류(13~18%) < 생선류(28~35%) < 패류(75~83%) 순이다.

42 ②
쌀은 윤기가 나고 경도가 높은 것이 좋고, 크기는 일정한 것을 선택해야 한다.

43 ②
| 오답풀이 |
① 물은 pH 7~8일 때 밥맛이 좋고 산성일수록 맛이 떨어진다.
③ 밥을 지을 때 물의 양은 쌀 중량의 1~1.5배가 적당하다.
④ 열전도가 느린 무쇠 솥은 끓인 후 열의 지속률이 높아 알루미늄 재질보다 밥맛이 좋다.

44 ①
튀김은 건열 조리에 해당한다.

45 ③
가루 계량은 부피보다 무게로 하는 것이 정확하다.

46 ④
1파운드 = 16온스 = 453.6g

47 ②
일반 식당의 면적은 취식자 1인당 $1m^2$를 기준으로 하며, 조리장 면적은 식당의 1/3이 기준이다.

48 ③
휴게음식영업점은 주로 다류, 아이스크림류 등을 조리, 판매하거나 패스트푸드점, 분식점 형태의 영업 등 음식류를 조리, 판매하는 영업으로서 음주 행위가 허용되지 않는 영업이다.

49 ④
조회분은 식품을 연소한 후 남은 물질로 대부분 무기질로 이루어져 있다. 조회분을 물에 녹여 측정된 pH가 7 이하이면 산성 식품, pH가 7 이상이면 알칼리성 식품이라 하므로, 식품의 산성 및 알칼리성을 결정하는 기준은 무기질이다.

50 ②
| 오답풀이 |
① 육류를 오래 끓이면 근육 조직인 콜라겐이 젤라틴으로 용출되어 맛있는 국물을 만들 수 있다.
③ 육류를 끓는 물에 넣어 삶으면 고기의 맛 성분이 많이 용출되지 않아 고기의 맛이 좋아진다.
④ 육류를 오래 끓이면 질긴 단백질 조직인 콜라겐이 젤라틴화되어 맛있는 국물을 만들 수 있다.

51 ①
필러는 채소의 껍질을 벗기는 데 사용한다.

52 ②
| 오답풀이 |
① 육류를 연하게 하기 위하여 파인애플의 브로멜린, 키위의 액티니딘을 사용한다.
③ 콩의 비린내는 리폭시게나아제에 의한 것으로 열처리하면 효소가 불활성화되어 비린내가 감소한다.
④ 달걀은 삶은 직후 찬물에 넣으면 녹변을 방지할 수 있다.

53 ③
겉절이는 생채를 말한다.

54 ④
향신료에는 대파, 마늘, 양파, 무, 표고버섯, 통후추 등이 있다. 비타민은 과일류에 많은 영양 성분으로 향신료를 통해 보충하기는 어렵다.

55 ③
| 오답풀이 |
①은 강원도, ②는 충청도, ④는 경상도에 대한 설명이다.

56 ③
국, 탕의 육수를 끓일 때 간을 하면 국물이 우러나지 않으므로 국물이 우러나면 간을 한다.

57 ①
육개장은 소고기의 양지머리나 사태와 대파, 마늘 등을 넣고 삶은 국물을 이용한다.

58 ④
고명은 음식의 겉모양을 좋게 하기 위하여 음식 위에 뿌리거나 얹는 것으로, 주재료와 다른 색을 사용한다.

59 ③
| 오답풀이 |
① 옴파리는 사기로 만든 작은 밥그릇이다.
② 대접은 국그릇이다.
④ 바리는 놋쇠로 만든 여성용 밥그릇이다.

60 ①
우둔살은 지방이 적고 살코기가 많으며, 고기 육질이 연해 장조림에 적합하다.

61 ②
샐러드는 색상과 식감을 위해 제공하기 직전에 드레싱에 버무리거나 뿌린다.

62 ③
| 오답풀이 |
①은 토마토 퓌레, ②는 토마토 쿨리스, ④는 토마토 홀에 대한 설명이다.

63 ④
양식 코스 요리의 순서는 애피타이저 → 수프 → 생선 요리 → 앙트레 → 육류 요리 → 샐러드 → 디저트 → 음료이다.

64 ③
리에종(Liaison)은 수프의 농도를 조절하는 농후제이다.

65 ④
타르타르소스를 만들 때는 마요네즈, 레몬, 식초, 소금, 오이피클, 양파, 달걀, 흰 후추, 파슬리를 사용한다.

66 ①
가니쉬(Garnish)는 음식의 외형을 돋보이게 하기 위해 음식에 곁들이는 것을 말한다.

67 ②
| 오답풀이 |
①은 미르포아(Mirepoix), ③은 브로스(Broth), ④는 콩소메(Consomme)에 대한 설명이다.

68 ①
| 오답풀이 |
② 라이스 크리스피(Rice Krispy)는 쌀을 바삭바삭하게 튀긴 것이다.
③ 콘플레이크(Cornflakes)는 옥수수를 구워서 얇게 으깨어 만든 것이다.
④ 쉬레디드 휘트(Shredded Wheat)는 밀을 조각내고 으깨어 사각형 모양으로 만든 것이다.

69 ①
양장피는 데치는 냉채이고 ② 자차이 무침, ③ 미역냉채 무침, ④ 피단냉채는 무치는 냉채이다.

70 ②
| 오답풀이 |
① 산초는 마라 등 얼얼한 매운맛을 내는 데 사용한다.
③ 팔각은 회향나무의 열매로, 고기를 삶거나 조림을 할 때 향을 내고 잡내를 제거하는 역할을 한다.
④ 생강은 쓴맛이 나며 육류 등의 잡내를 감소시켜 주는 역할을 한다.

71 ①
중식 볶음 음식에서는 노란색, 붉은색, 흰색, 청색, 검은색의 오방색을 사용한다.

72 ④
행인두부는 살구씨와 쌀, 우유, 설탕 등으로 만든 중식 디저트이다.

73 ③
중식에서 튀김 소스를 만들 때 향신료(대파, 마늘, 생강 등)를 먼저 볶아 재료의 향이 배도록 한다.

74 ④
냉채는 중식에서 맨 처음 제공되는 요리로, 간이 세지 않으면서 입맛을 돋우는 겨자, 케첩, 춘장, 레몬, 콩장소스를 사용한다.

75 ①
청경채는 주로 데쳐서 사용하지만 소금에 절여서 사용하기도 한다.

76 ④
중식의 오방색은 노란색, 붉은색, 흰색, 청색, 검은색이다.

77 ③
두반장은 메주콩에 고추를 갈아 넣고 양념을 첨가하여 만든다.

78 ①
가루 가다랑어는 가다랑어를 깎을 때 나오는 가루이다.

79 ③
차가유는 차를 넣은 것이고, 팥으로 만든 것은 아즈키가유이다.

80 ③
| 오답풀이 |
① 폰즈는 감귤류의 즙에 간장, 청주, 다시마, 가다랑어포를 첨가하여 1주일 정도 숙성시켜 만든 간장이다.
② 모미지 오로시는 무에 고추를 끼워 강판에 간 것을 말한다.
④ 다데즈는 여귀잎을 갈고 쌀죽을 넣어 만든 양념장이다.

81 ②
통 가다랑어는 피가 없고 밝은 색깔이 좋다.

82 ④
| 오답풀이 |
① 시라니는 하얀 야채 조림, ② 스니는 식초를 이용한 조림, ③ 간로니는 민물고기 조림을 말한다.

83 ③
간장으로 맛을 내면 쇼유 라멘이라고 한다. 시오 라멘은 소금으로 맛을 낸 라멘이다.

84 ③
덮밥을 만들 때는 힘을 적게 주기 위해 턱이 낮고 가벼운 냄비를 사용한다.

85 ②
복어독은 무색, 무미, 무취이다.

86 ④
복어 요리에서 육수는 주로 다시마나 가쓰오부시를 사용한다.

87 ②
복어에서 섭취 가능한 부위는 입, 혀, 껍질, 지느러미, 살, 머리뼈 부분, 갈비뼈 부분, 정소(이리)이다.

88 ③
복떡 굽는 순서는 '㉠ 복떡 손질하기 → ㉣ 쇠꼬챙이에 복떡 꽂기 → ㉡ 복떡 굽기 → ㉢ 복떡 식히기'이다.

89 ①
복어 내장에는 독이 있어 섭취하면 안 된다.

90 ③
복어독의 잠복기는 식후 30분~5시간이다.

91 ③
혼부시의 등 부분인 오부시는 지방 함량이 적어 좋은 다시를 낼 수 있다.

92 ②
복어껍질을 미리 양념장에 무쳐 놓으면 수분이 나와 색과 맛이 떨어진다.

고객의 꿈, 직원의 꿈, 지역사회의 꿈을 실현한다

펴낸곳 (주)에듀윌 **펴낸이** 양형남 **출판총괄** 김기철 **에듀윌 대표번호** 1600-6700
주소 서울시 구로구 디지털로 34길 55 코오롱싸이언스밸리 2차 3층
© 2025 eduwill. Created with AI assistance.
협의 없는 무단 복제는 법으로 금지되어 있습니다.

에듀윌 도서몰
book.eduwill.net
- 부가학습자료 및 정오표: 에듀윌 도서몰 > 도서자료실
- 교재 문의: 에듀윌 도서몰 > 문의하기 > 교재(내용, 출간) / 주문 및 배송

에듀윌 조리기능사

필기 한권끝장(5종목 통합)

모의고사 15회분+무료특강

D-1 암기 노트

SUBJECT 01 위생관리

본책 P.10

PART 01 개인위생관리

1. 위생관리의 의의

(1) **위생관리의 정의**: 음료수 처리, 쓰레기, 분뇨, 하수와 폐기물 처리, 공중위생, 접객업소와 공중이용시설 및 위생용품의 위생관리, 조리, 식품 및 식품첨가물과 이에 관련된 기구·용기 및 포장의 제조와 가공에 관한 위생 관련 업무

(2) **위생관리의 필요성**
① 식중독 위생사고 예방
② 「식품위생법」 및 행정처분 강화
③ 안전한 먹거리로 상품의 가치 상승
④ 점포의 이미지 개선(청결한 이미지)
⑤ 고객 만족과 대외적 브랜드 이미지 관리
⑥ 매출 증진

2. 개인위생관리

일을 하면 안 되는 경우	• 음식물을 통해 전염 가능한 병원균 보균자인 경우 • 설사, 구토, 황달, 기침, 콧물, 가래, 오한, 발열 등의 증상이 있는 경우 • 콜레라, 장티푸스, 세균성 이질, 장출혈성대장균감염증, A형간염에 걸린 경우
상급자에게 보고 후 작업을 중단해야 되는 경우	위장염 증상, 부상으로 인한 화농성 질환, 피부병, 베인 부위가 발견된 경우
식품영업에 종사하지 못하는 질병	• 결핵(비감염성인 경우는 제외) • 피부병 또는 그 밖의 화농성 질환 • 후천성면역결핍증(성매개감염병에 관한 건강진단을 받아야 하는 영업에 종사하는 사람만 해당)

3. 손 위생관리

손을 반드시 씻어야 하는 경우	• 음식 조리하기 전 • 식품취급 전, 취급하는 식재료가 바뀔 때마다, 육류/어류/난류 등 날것을 만진 후 • 화장실 이용 및 외출 후 • 신체의 일부를 만졌을 때나 코를 풀거나 재채기, 기침을 한 경우 • 반려동물이나 휴대전화, 쓰레기, 오물을 만졌을 때 • 담배를 피운 후 • 기구나 설비를 사용하기 전후, 쓰레기를 버린 후
식품취급자의 손 씻기 방법	• 손 씻기를 철저히 하기만 해도 질병의 60% 정도는 예방할 수 있음 • 충분한 양의 비누를 사용하고 식품취급자는 비누로 세척 후 역성비누를 사용하는 것이 좋음

PART 02 식품위생관리

1. 식품위생의 대상 및 목적

대상	식품, 식품첨가물, 기구 또는 용기·포장 등 음식에 관한 전반적인 것
목적	• 식품의 안전성 확보 • 식품영양의 질적 향상 도모 • 식품에 관한 올바른 정보 제공 • 국민보건의 증진에 이바지함

2. 미생물의 종류와 특성

(1) 미생물의 종류

곰팡이	포자법으로 증식, 건조한 상태에서도 증식 가능
효모	출아법으로 증식, 곰팡이와 세균의 중간 크기, 통성혐기성균
스피로헤타	매독균, 회귀열 존재
세균	2분법으로 증식
리케차	세균과 바이러스의 중간 크기, 2분법으로 증식, 살아있는 세포 속에서만 증식
바이러스	미생물 중 크기가 가장 작음, 살아있는 세포 속에서만 증식

> **필수 Keyword**
> • **미생물 크기의 순서** | 곰팡이 > 효모 > 스피로헤타 > 세균 > 리케차 > 바이러스

(2) 미생물 생육의 조건

영양소	질소원(아미노산, 무기질소), 탄소원(당질), 무기염류, 비타민 등이 필요
수분	미생물의 몸체를 구성하고 생리 기능을 조절하는 성분
온도	균의 종류에 따라 발육 온도가 다름
수소이온 농도(pH)	곰팡이·효모는 최적 pH 4~6의 약산성, 세균은 최적 pH 6.5~7.5의 중성 또는 약알칼리성에서 생육이 활발함
산소	산소의 필요도에 따라 호기성 미생물과 혐기성 미생물로 구분

(3) 미생물에 의한 식품 변질의 종류

후란	단백질 식품이 호기성 미생물에 의해 변질되는 현상
변패	단백질 이외의 식품(당질, 지질 등)이 미생물에 의해 분해되어 산미를 생성하는 현상
산패	유지 성분이 공기 중에 오래 방치되었을 때 산화가 되어 불쾌한 냄새를 형성하며 변질되는 현상
발효	탄수화물이 미생물의 분해 작용에 의해 알코올, 각종 유기산 등을 생성하는 현상
부패	단백질 식품이 혐기성 미생물의 작용에 의해 분해되어 악취가 나고 인체에 유해한 물질이 생성되는 현상

> **필수 Keyword**
> • **부패취** | 암모니아, 황화수소, 인돌, 메르캅탄, 아민 등으로 생성되어 발생하는 악취

(4) 위생지표 세균-대장균
① 식품이나 수질의 분변 오염지표
② 그람음성의 무포자 간균
③ 유당을 분해하여 산과 가스를 생산
④ 병원성 대장균의 경우 식중독을 일으킴

3. 식품과 기생충병

(1) 채소류에서 감염되는 기생충(중간숙주×)

기생충명	감염 형태	특징
회충	경구감염	우리나라에서 감염률이 가장 높음
요충	경구감염, 집단감염	항문 주위에 산란
구충(십이지장충)	경구감염, 경피감염	회충보다 건강 장애가 심하며 구제가 잘 되지 않음
편충, 동양모양선충	경구감염	자각 증상 없음

(2) 어패류에서 감염되는 기생충(중간숙주 2개)

기생충명	제1중간숙주	제2중간숙주	종말숙주(Host)
간흡충(간디스토마)	왜우렁이	민물고기(붕어, 잉어, 모래무지)	사람, 개, 고양이
폐흡충(폐디스토마)	다슬기류	가재, 민물게	사람, 개, 고양이
고래회충(아니사키스충)	해산갑각류(크릴새우)	해산어류, 오징어, 문어	해산포유류(고래, 돌고래, 바다표범)
요코가와흡충(횡천흡충)	다슬기류	민물고기(은어, 붕어, 잉어)	사람, 개, 고양이, 돼지
광절열두조충(긴촌충)	물벼룩	민물고기(송어, 연어, 숭어, 농어)	사람, 개, 고양이, 여우
유극악구충	물벼룩	가물치, 메기, 뱀장어, 양서류, 파충류, 조류, 갑각류, 포유동물	개, 고양이, 돼지, 야생동물

(3) 육류에서 감염되는 기생충(중간숙주 1개)

기생충명	중간숙주	기생충명	중간숙주
무구조충(민촌충)	소	유구조충(갈고리촌충)	돼지
선모충	돼지, 개	독소플라스마	돼지, 개, 고양이
만손열두조충	뱀, 개구리		

4. 살균·소독 등의 정의

살균	미생물(세균, 효모, 곰팡이)에 물리적·화학적 자극을 가하여 미생물의 세포를 사멸시키는 것
소독	병원성 미생물의 생활을 파괴하여 감염력을 약화시키는 것
방부	미생물의 증식을 억제하고 식품의 부패나 발효를 방지하는 것
멸균	비병원균, 병원균 등의 미생물을 아포까지 사멸시켜 무균 상태로 만드는 것

> **필수 Keyword**
> • 소독력의 크기 순서 | 멸균 > 살균 > 소독 > 방부

5. 살균·소독의 종류 및 방법

(1) 물리적 살균·소독법

구분	방법	특징
비열 처리법 (무가열 처리법)	자외선멸균법 (자외선조사)	• 일광소독(실외소독)이자 자외선소독(실내소독) 방법 • 도르노선(파장 2,800~3,200Å)에서 살균력이 높음
	방사선살균법 (방사선조사)	^{60}Co(코발트 60), ^{137}Cs(세슘 137) 등에서 발생하는 방사선을 방출하여 살균하는 방법
가열 처리법	자비소독법 (열탕소독법)	• 끓는 물(100℃)에서 15~30분간 처리하는 방법 • 식기류와 행주 등의 소독에 이용 • 포자는 완전사멸되지 않음
	저온살균법 (LTLT법)	• 61~65℃에서 30분간 가열하는 방법 • 영양소 손실이 적고 고온처리가 부적합한 유제품·건조과실 등의 소독에 사용
	고온단시간살균법 (HTST법)	• 70~75℃에서 15~30초간 살균하는 방법 • 우유 등의 소독에 이용
	초고온순간살균법 (UHT법)	• 130~140℃에서 1~2초간 살균하는 방법 • 영양 손실이 적고 거의 완전멸균이 가능한 방법 • 우유의 소독에 이용

(2) 화학적 소독법

석탄산(3%)	• 변소(분뇨), 하수도, 진개 등의 오물 소독에 사용 • 살균력이 안전하고 유기물에도 소독력이 약화되지 않음 • 독성이 강하고 냄새가 독함 • 금속 부식성이 있으며, 피부점막에 강한 자극을 줌 • 석탄산 계수: 소독약의 살균력을 나타내는 지표로, 석탄산 계수가 높을수록 효과가 뛰어남
염소, 차아염소산나트륨	채소, 과일, 음료수, 식기 등의 소독에 사용
표백분(클로로칼키)	우물, 수영장, 채소, 식기, 음료수, 소독에 사용
역성비누(양성비누)	• 과일, 야채, 식기 소독에 사용, 원액(10%)을 200~400배 희석(0.01~0.1%)하여 사용 • 보통비누와 동시 사용하거나 유기물 존재 시 살균 효과가 감소되므로 세제로 씻은 후 사용
크레졸비누액	• 변소, 하수도 등의 오물 소독, 손 소독에 사용 • 석탄산보다 피부에 자극은 약하지만 소독력은 2배 강함
생석회	습기가 있는 변소(분변), 하수도, 진개 등의 오물 소독과 우물의 소독에 사용

6. 식품첨가물의 종류

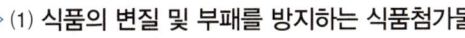

(1) 식품의 변질 및 부패를 방지하는 식품첨가물

보존료(방부제)	미생물 증식을 억제하여 식품의 영양가와 신선도를 보존하기 위한 목적으로 사용
살균제(소독제)	식품 내 부패 원인균을 단시간에 사멸시키기 위한 목적으로 사용
산화방지제(항산화제)	식품 속의 지방 성분은 산소와 결합하면 산화하고 변패하므로 이로 인한 품질 저하를 방지하기 위해 사용(변색, 이미, 이취, 퇴색의 방지와 지연의 목적으로 사용)

(2) 기호성 향상과 관능을 만족시키는 식품첨가물

조미료	식품 본래의 맛을 더욱 강화하거나 개인의 기호도에 맞게 조절하는 용도로, 식품첨가물 중 가장 많이 사용
산미료	식품에 신맛(산미)을 부여하기 위해 사용
감미료	식품에 단맛(감미)을 부여하기 위해 사용
발색제	발색제 자체에는 색이 없으나 식품 중의 색소 단백질과 반응하여 식품의 색을 안정시키고 선명하게 함
표백제	식품 제조 중 식품의 갈변, 착색의 변화를 억제하기 위해 사용
착향료	식품 본래의 냄새를 강화하거나 제거하여 기호도를 향상시키고, 식품에 향을 부여하기 위해 사용

7. 조리 및 가공에서 생기는 유해물질

메탄올(메틸알코올)	주류(포도주, 사과주) 발효 과정 중에 생성
엔-니트로사민	육가공품의 발색제 사용으로 인한 아질산과 아민과의 결합 반응으로 생성된 발암성 물질
다환방향족 탄화수소	유기물을 고온으로 가열할 때 생성되는 단백질이나 지방의 분해 생성물
아크릴아미드	전분 식품을 가열할 때 아미노산과 당의 열에 의한 결합 반응 생성물
헤테로고리아민	육류나 생선을 고온으로 조리할 때 육류나 생선에 존재하는 아미노산과 크레아틴이라는 물질이 반응하여 고리 형태로 생성되는 물질
아크롤레인	식용유 등 유지를 발연점 이상으로 가열할 때 발생하는 발암성 물질
에틸카바메이트	주류(와인, 위스키 등), 발효식품(빵, 치즈, 간장, 된장 등)에 함유

PART 03 주방위생관리

1. 방충·방서 및 소독

물리적 방역	• 해충의 서식지를 제거하거나 해충이 발생하지 않도록 물리적 환경을 조성함 • 배수구, 출입구, 화장실 등에 방서 설비를 함 • 온도와 습도를 조절함
화학적 방역	• 약제를 살포하여 해충을 구제하는 방법으로 단시간에 효과적이고 경제적임 • 독성이 강하기 때문에 관리에 주의해야 함
생물학적 방역	천적생물을 이용하는 방법으로 해충의 서식지를 제거함

2. HACCP의 7원칙 12절차

(1) **준비단계 5절차:** HACCP 팀 구성 → 제품설명서 작성 → 제품의 용도 확인 → 공정 흐름도 작성 → 공정 흐름도 현장 확인

(2) **기본단계 7원칙:** 위해 요소 분석 → 중요관리점(CCP) 결정 → 중요관리점에 대한 한계 기준 설정 → 중요관리점 모니터링 체계 확립 → 개선 조치 방법 수립 → 검증 절차 및 방법 수립 → 문서화, 기록 유지 방법 설정

PART 04 식중독관리

1. 감염형 세균성 식중독

(1) 살모넬라 식중독
① 잠복기: 12~24시간(평균 18시간)
② 원인 식품: 육류·조육·난류·어패류 및 그 가공품, 우유 및 유제품, 채소샐러드 등
③ 예방 대책: 쥐, 바퀴벌레, 파리, 가축, 조류에 의한 식품 오염 방지, 냉장·냉동 보관(10℃ 이하에서는 발육하지 않으므로 저온 보관), 가열 조리 후 섭취(60℃에서 20~30분간 처리 시 사멸) 등

(2) 장염비브리오 식중독
① 잠복기: 10~18시간(평균 12시간)
② 원인 식품: 어패류(주로 하절기), 해조류 및 그 가공품
③ 예방 대책: 생식 금지, 가열 조리 후 섭취(60℃에서 5분간 처리 시 사멸), 2차 오염 방지를 위한 조리도구의 소독 및 살균, 냉장 보관 등

(3) 병원성 대장균 식중독
① 잠복기: 10~30시간(평균 13시간)
② 원인 식품: 우유, 햄, 치즈, 소시지, 가정에서 제조한 마요네즈, 덜 익은 소고기
③ 예방 대책: 가열 조리 후 섭취, 분변의 오염 방지, 분변의 비료화 억제 등

(4) 클로스트리디움 퍼프리젠스 식중독
① 잠복기: 8~22시간(평균 12시간)
② 원인 식품: 단백질성 식품, 육류, 어패류 및 그 가공품, 튀김두부, 가열 조리 후 실온에 장시간(5시간 이상) 방치된 식품
③ 예방 대책: 분변의 오염 방지, 조리된 식품은 저온·냉동 보관, 재가열 섭취, 음식물을 소량씩 털어서 보관 등

> **필수 Keyword**
> • **웰치균** | 웰치균에는 A, B, C, D, E, F의 유형이 있으며, A, C는 감염형, B, D, E, F는 독소형으로 분류되므로 중간형이라 구분되기도 함

2. 독소형 세균성 식중독

(1) (황색)포도상구균 식중독
① 원인 독소: 엔테로톡신(장독소)
② 잠복기: 1~6시간(평균 3시간, 잠복기가 가장 짧음)
③ 원인 식품: 균에 오염된 유가공품(우유, 버터, 치즈, 크림, 과자), 김밥, 전분질 식품(도시락, 떡, 빵)
④ 예방 대책: 식기, 식품의 멸균과 오염 방지, 식품의 저온·냉장 보관, 화농소가 있는 사람의 식품취급 금지

> **필수 Keyword**
> • **엔테로톡신** | 100°C에서 30분간 처리해도 파괴되지 않으므로 균이 발생하는 것을 사전에 예방하는 것이 중요함

(2) 클로스트리디움 보툴리눔 식중독
① 원인 독소: 뉴로톡신
② 잠복기: 12~36시간(잠복기가 가장 긺)
③ 증상: 신경마비 증상(사시, 동공확대), 운동장애, 언어장애, 세균성 식중독 중 가장 높은 치사율(40%)
④ 원인 식품: 살균이 불충분한 통조림, 병조림, 부패된 햄, 소시지
⑤ 예방 대책: 가열 조리 후 섭취(80°C에서 30분간 처리 시 사멸), 통조림 및 소시지 등의 위생적 가공 및 저온 보관 등

3. 자연독 식중독

동물성 식중독	• 복어: 테트로도톡신 • 조개류: 베네루핀(모시조개, 바지락, 굴), 삭시톡신[섭조개(홍합), 대합]
식물성 식중독	• 독버섯: 무스카린, 뉴린, 콜린, 무스카리딘, 팔린, 아마니타톡신 • 감자: 솔라닌(녹색 및 발아 부위), 셉신(썩은 감자) • 청매(덜 익은 매실), 살구씨, 복숭아씨: 아미그달린 • 독미나리: 시큐톡신　　• 피마자: 리신, 리시닌　　• 독보리(독맥): 테무린 • 목화: 고시폴　　• 미치광이풀: 아트로핀　　• 대두: 사포닌 • 시금치: 옥살산

4. 중금속 유해물질

구분	중독 경로	중독 증상
납(Pb)	도료, 제련, 납땜(통조림), 도자기나 법랑용기의 유약, 낡은 수도관	빈혈, 안면창백, 구토, 구역질, 복통, 사지마비, 피로, 지각상실, 시력장애, 연연(鉛緣), 말초신경염
수은(Hg)	공장폐수에 오염된 어패류, 농약, 보존료 등으로 처리한 음식의 섭취	미나마타병(시각이상, 언어장애, 보행곤란)
카드뮴(Cd)	광산·공장폐수의 오염에 중독된 어패류 및 농작물의 섭취, 도자기나 법랑용기의 유약	이타이이타이병(골연화증, 단백뇨, 골다공증)
비소(As)	농약(비소제), 도자기나 법랑용기의 유약, 순도가 낮은 식품첨가물에 혼입된 불순물	위장장애, 설사, 구토, 피부이상(흑피증), 신경계통마비, 전신경련
주석(Sn)	통조림관의 도금재료	구토, 설사, 복통, 메스꺼움
구리(Cu)	부식된 구리로 만든 조리기구, 식기에 생긴 녹청, 구리 합금 등 산성에서 쉽게 용출, 착색제 및 농약에 함유	위통, 오심, 구토, 현기증, 호흡곤란, 잔열감
크롬(Cr)	작업장 등에서의 분진	궤양, 피부염, 알레르기성 습진, 비염

5. 알레르기성 식중독

원인균	모르가넬라 모르가니(프로테우스 모르가니)
원인 식품	꽁치, 고등어와 같은 붉은살 어류 및 그 가공품
예방 대책	부패되지 않은 식품에서도 생기므로 개인별 관리가 필요하며, 항히스타민을 투여함

6. 노로바이러스 식중독

(1) 노로바이러스의 특징
① 크기가 매우 작고 구형이며 단일가닥 RNA를 가짐
② 미량으로 발병하며 시간이 경과하면 자연 치유됨(집단급식에서 주로 발생)
③ 급성위장염, 복통, 구토, 설사를 일으킴

(2) 증상
① 24~48시간 내에 구토, 설사, 복통이 발생하고 발병 2~3일 후 없어짐
② 겨울에 발생 빈도가 더 높음

(3) 예방 대책
① 손을 깨끗하게 씻기
② 식품을 충분히 가열(85℃에서 1분 이상) 후 섭취

PART 05 식품위생법 및 관계법규

1. 「식품위생법」의 목적(법 제1조)
① 식품으로 인하여 생기는 위생상의 위해 방지
② 식품영양의 질적 향상을 도모
③ 식품에 관한 올바른 정보 제공
④ 국민 건강의 보호·증진에 이바지

2. 「식품위생법」상의 용어(법 제2조)

식품	모든 음식물(의약으로 섭취하는 것은 제외)
식품첨가물	식품을 제조·가공·조리 또는 보존하는 과정에서 감미, 착색, 표백 또는 산화방지 등을 목적으로 식품에 사용되는 물질(기구·용기·포장을 살균·소독하는 데 사용되어 간접적으로 식품으로 옮아갈 수 있는 물질을 포함)
공유주방	식품의 제조·가공·조리·저장·소분·운반에 필요한 시설 또는 기계·기구 등을 여러 영업자가 함께 사용하거나 동일한 영업자가 여러 종류의 영업에 사용할 수 있는 시설 또는 기계·기구 등이 갖춰진 장소

위해	식품, 식품첨가물, 기구 또는 용기·포장에 존재하는 위험 요소로서 인체의 건강을 해치거나 해칠 우려가 있는 것
식품위생	식품, 식품첨가물, 기구 또는 용기·포장을 대상으로 하는 음식에 관한 위생
집단급식소	영리를 목적으로 하지 아니하면서 특정 다수인에게 계속하여 음식물을 공급하는 기숙사, 학교, 유치원, 어린이집, 병원 등 중 어느 하나에 해당하는 곳의 급식시설로서 1회 50명 이상에게 식사를 제공하는 급식소
식중독	식품 섭취로 인하여 인체에 유해한 미생물 또는 유독물질에 의하여 발생하였거나 발생한 것으로 판단되는 감염성 질환 또는 독소형 질환

3. 식품위생교육 시간(시행규칙 제52조 제2항)

식품제조·가공업, 식품첨가물제조업, 공유주방 운영업	8시간
식품운반업, 식품소분·판매업, 식품보존업, 용기·포장류제조업	4시간
즉석판매제조·가공업, 식품접객업, 집단급식소를 설치·운영하려는 자	6시간

4. 조리사의 행정처분(법 제80조)

위반사항	1차 위반	2차 위반	3차 위반
법 제54조에 따라 정신질환자(전문의가 조리사로서 적합하다고 인정하는 자는 제외), 감염병환자(B형간염환자 제외), 마약이나 그 밖의 약물중독자, 조리사 면허의 취소처분을 받고 그 취소된 날부터 1년이 지나지 아니한 경우 중 어느 하나에 해당하는 경우	면허취소		
조리사와 영양사가 법 제56조에 따른 교육(식품위생 수준 및 자질의 향상을 위함)을 받지 아니한 경우	시정명령	업무정지 15일	업무정지 1개월
식중독이나 그 밖에 위생과 관련한 중대한 사고 발생에 직무상의 책임이 있는 경우	업무정지 1개월	업무정지 2개월	면허취소
면허를 타인에게 대여하여 사용하게 한 경우	업무정지 2개월	업무정지 3개월	면허취소
업무정지기간 중에 조리사의 업무를 하는 경우	면허취소		

5. 식품 등의 표시광고에 관한 법률(식품표시광고법)

(1) 용어 정의(법 제2조)

건강기능식품	인체에 유용한 기능성을 가진 원료나 성분을 사용하여 제조(가공을 포함)한 식품(해외에서 국내로 수입되는 건강기능식품을 포함)
표시	식품, 식품첨가물, 기구, 용기·포장, 건강기능식품, 축산물(이하 "식품 등") 및 이를 싸는 것(그 안에 첨부되는 종이 등을 포함)에 적는 문자·숫자 또는 도형
영양표시	식품, 식품첨가물, 건강기능식품, 축산물에 들어 있는 영양 성분의 양 등 영양에 관한 정보를 표시하는 것

(2) 영양표시사항(법 제5조, 시행규칙 제6조)
① 표시대상 영양 성분: 열량, 나트륨, 탄수화물, 당류, 지방, 트랜스지방, 포화지방, 콜레스테롤, 단백질
② 영양 성분의 표시사항: 영양 성분의 명칭, 영양 성분의 함량, 영양 성분 기준치에 대한 비율

PART 06 공중보건

1. 공중보건의 개념

(1) **건강의 정의:** 단순히 질병이나 신체장애가 없을 뿐 아니라, 육체적·정신적·사회적으로 완전히 안녕한 상태(1948년 세계보건기구의 헌장)

(2) **윈슬로우(C.E.A Winslow)의 공중보건학 정의:** 조직적인 지역사회의 공동 노력을 통하여 질병을 예방하고 생명을 연장시키며 신체적·정신적 효율을 증진시키는 기술이자 과학

(3) **공중보건의 대상:** 지역사회의 인간 집단(최소 단위 시·군·구)을 대상으로 함(개인 ×)

2. 공중보건 수준의 평가지표

평균수명(기대수명)	인간의 생존 기대 기간
조사망률(보통사망률)	연간 사망자 수÷그 해 인구 수×1,000
비례사망지수	• 연간 총사망자 수에 대한 50세 이상의 사망자 수의 구성비 • 지수가 낮으면 건강 수준이 낮음을 의미함 • 비례사망지수=50세 이상의 사망자 수÷연간 총 사망자 수×100
영아사망률	• 생후 1년 미만인 영아의 사망률 • 한 국가의 보건 수준을 나타내는 대표적인 지표 • 영아사망률=연간 영아 사망 수÷연간 출생아 수×1,000
모성사망비	• 임신·분만·산욕(분만 후 자궁 등이 임신 전의 상태로 돌아가는 기간)과 연관된 질병 또는 이로 인한 합병증 때문에 일어나는 사망률 • 모성사망률=연간 모성 사망 수÷연간 출생아 수×100,000

3. 환경위생 및 환경오염 관리

(1) 일광

자외선	• 1,000~4,000Å 사이의 파장으로 3분류의 일광 중 파장이 가장 짧음 • 2,500~2,800Å 범위의 파장은 살균력이 가장 강해 소독에 이용됨 • 도르노선(생명선)은 2,800~3,200Å의 파장으로 건강선이라고도 함
가시광선	• 3,800~7,800Å 사이의 파장 • 사람의 눈에 보이는 범위의 파장 • 눈의 망막을 자극하여 색채와 명암을 구분하게 함
적외선(열선)	• 7,800Å(= 780nm) 이상의 파장 • 온실효과 유발

필수 Keyword
• **파장의 단파순** | 자외선 → 가시광선 → 적외선

(2) 온열 요인
① 감각온도 3요소: 기온(온도), 기습(습도), 기류(공기의 흐름)
② 기온역전현상: 대기권에서 고도가 상승할수록 기온이 높아져서 상부기온이 하부기온보다 높아지는 특수 상황에서 대기가 안정화되고 공기의 수직 확산이 일어나지 않게 되는 현상

(3) 공기 및 대기오염
① 정상 공기의 화학적 조성(0℃, 1기압, 건조 상태): 질소(N_2) 78% > 산소(O_2) 21% > 아르곤(Ar) 0.9% > 기타 원소 0.07% > 이산화탄소(CO_2) 0.03%
② 대기오염과 오염물질
   • 가스상 물질: 일산화탄소(CO), 아황산가스(SO_2)
   • 오염물질

1차 오염물질	분진, 매연, 검댕, 황산화물, 질소산화물 등
2차 오염물질	오존, PAN, 알데히드, 스모그 등

③ 군집독
   • 정의: 많은 사람이 밀집된 실내에서 공기가 물리적·화학적 조성의 변화를 일으키는 현상
   • 원인: 산소(O_2) 감소, 이산화탄소(CO_2) 증가, 고온·고습의 상태에서 유해가스 및 취기·구취·체취 등으로 인하여 공기의 조성이 변하기 때문에 발생함
   • 이상현상: 현기증, 구토, 권태감, 불쾌감, 두통 등
   • 예방법: 환기

4. 직업병

(1) **정의**: 직업(직종)별 특정 요인에 의해 그 직업에 종사하는 사람에게만 발생하는 특정 질환

(2) 원인별 직업병

이상온도	• 고열환경(이상고온): 열중증(열경련, 열허탈증, 열사병) • 저온환경(이상저온): 참호족염, 동상, 동창
이상기압	• 고압환경(이상고기압): 잠함병(잠수병) • 저압환경(이상저기압): 고산병
분진	진폐증(먼지), 규폐증(유리규산), 석면폐증(석면), 활석폐증(활석)
소음	직업성 난청(방지 방법: 귀마개 사용·방음벽 설치·작업 방법 개선), 두통, 불면증
조명 불량	안정피로, 근시, 안구진탕증
진동	레이노드병(손가락의 말초혈관 운동장애)
방사선	조혈기능 장애, 백혈병, 피부점막의 궤양과 암 형성, 생식기 장애, 백내장
자외선 및 적외선	피부 및 눈의 장애, 시력 저하
금속 중독	• 납(Pb) 중독: 연연(鉛緣), 권태, 체중 감소, 염기성 과립적혈구 수의 증가, 요독증 증세 • 수은(Hg, 미나마타병의 원인 물질) 중독: 피로감, 언어장애, 기억력 감퇴, 지각이상, 보행곤란 증세 • 크로뮴(Cr) 중독: 비염, 인두염, 기관지염, 비중격천공 • 카드뮴(Cd, 이타이이타이병의 원인 물질) 중독: 폐기종, 신장기능 장애, 골연화, 단백뇨의 증세

5. 감염병의 분류

구분	바이러스	세균
호흡기계 침입	홍역, 유행성이하선염, 인플루엔자	디프테리아, 백일해, 결핵, 한센병(나병), 성홍열, 폐렴
소화기계 침입	유행성간염, 폴리오(소아마비)	콜레라, 장티푸스, 파라티푸스, 세균성 이질
피부점막 침입	일본뇌염, 광견병(공수병), 후천성면역결핍증(AIDS)	파상풍, 페스트

6. 경구감염병

(1) **의의**: 손, 음료수, 식기 등에 의해 입, 호흡기, 피부 등을 통해 감염된 전염병(소화기계 감염병)

(2) **발생 요인**

① 감염원
- **병원체**: 세균, 스피로헤타, 바이러스, 리케차, 진균(곰팡이), 기생충 등
- **병원소**: 환자, 보균자, 매개 동물이나 곤충, 오염 토양, 오염 식품, 식기구, 생활용구 등

② 감염 경로: 병원소로부터 병원체가 탈출하여 감염원의 전파 경로에 따라 새로운 숙주로 침입하는 과정

③ 감수성 숙주: 숙주가 병원체를 받아들이는 감수성에 따라 전염병이 발생함

> **필수 Keyword**
> • **감염병의 생성 과정** | 병원소로부터 병원체 탈출 → 병원체의 전파 → 병원체의 침입 → 감수성 숙주의 감염

7. 인수공통감염병

(1) **의의**: 동물과 사람 간에 서로 전파되는 병원체에 의하여 발생되는 감염병

(2) **주요 인수공통감염병의 종류와 이환가축**

종류	이환가축	종류	이환가축
탄저	소, 말, 양, 염소, 낙타	결핵	소, 산양
야토병	산토끼, 쥐, 다람쥐	브루셀라증(파상열)	소, 돼지, 산양, 말, 산토끼, 개, 닭
돈단독	돼지가 대표적	렙토스피라증	쥐
큐열	쥐, 소, 양	구제역	소, 돼지, 양, 염소
조류인플루엔자	닭, 칠면조, 야생조류	광우병	소

8. 예방접종(인공능동면역)

구분	시기	종류
기본접종	생후 4주 이내	B.C.G.(결핵 예방접종)
	생후 2, 4, 6개월	경구용 소아마비, D.P.T.
	15개월	M.M.R., 수두
	3~15세	일본뇌염
추가접종	18개월, 4~6세, 11~13세	경구용 소아마비, D.P.T.
	매년	유행 전 접종(독감)

> **필수 Keyword**
> - **M.M.R.** | 홍역, 볼거리, 풍진을 예방하기 위한 백신
> - **D.P.T.** | 디프테리아, 백일해, 파상풍을 예방하기 위한 백신

9. 연령별 인구의 구성 형태

자연 증감	피라미드형	인구증가형, 후진국형
	종형	인구정지형, 이상적 인구형
	항아리형	인구감소형, 방추형, 선진국형
사회 증감	별형	인구유입형, 도시형
	표주박형	인구유출형, 농촌형

SUBJECT 02 안전관리

본책 P.106

PART 01 개인안전관리

1. 개인안전사고 예방 및 사후조치

(1) 위험도 경감의 원칙
① 목적: 사고 발생의 예방, 피해 심각도 억제
② 핵심 요소: 위험요인 제거, 위험 발생 경감, 사고 피해 경감
③ 고려 사항: 사람, 절차, 장비의 3가지 시스템 구성 요소

(2) 재난 원인별 점검 내용
① 사람(Man)

심리적 원인	망각, 걱정, 무의식적인 행동, 위험감각, 생략행위 등
생리적 원인	피로, 수면 부족, 신체기능, 알코올, 질병, 노화 등
작업환경적 원인	직장 내 인간관계, 리더십, 팀워크, 커뮤니케이션 등

② 기계(Machine): 기계설비의 설계상 결함, 방호장치의 불량, 안전의식의 부족(인간공학적 배려에 대한 이해 부족), 표준화의 부족, 점검 장비의 부족
③ 매체(Media): 작업 자세, 작업 동작의 결함, 부적절한 작업 정보 및 방법, 작업 공간 및 환경의 불량
④ 관리(Management): 관리 조직의 결함, 불명확 또는 불철저한 규정·매뉴얼, 안전관리 계획의 불량, 부족한 교육 훈련, 부하에 대한 지도 및 감독 부족, 불충분한 적성 배치, 건강 관리 불량

2. 작업안전관리

(1) 주방 내 재해 유형
① 절단, 찔림과 베임(가장 많이 발생)   ② 화상과 데임
③ 미끄러짐   ④ 끼임
⑤ 전기감전 및 누전   ⑥ 유해화합물로 인한 피부질환

(2) 신체부위별 안전장비의 종류

머리	안전모, 방열두건	눈 및 안면	보안경, 안면보호구
귀	귀마개, 귀덮개	호흡기	방진·방독마스크, 송기마스크, 공기호흡기
몸	방열복, 방수 앞치마	발	안전화(미끄럼 방지), 절연화, 정전화
안전대	안전블록	손	고무장갑, 팔토시, 방열장갑

PART 02 장비·도구 안전작업

1. 조리장비·도구의 안전점검

일상점검	• 주방관리자가 매일 육안으로 점검함 • 주방 내 조리기구, 전기, 가스 등의 이상 여부를 확인하고 그 결과를 기록·유지
정기점검	• 안전관리책임자가 매년 1회 이상 정기적으로 점검함 • 주방 내 조리기구, 전기, 가스 등의 성능 유지 여부를 확인하고 그 결과를 기록·유지
긴급점검	• 손상점검: 재해나 사고로 인한 구조적 손상 등에 의해서 긴급히 시행 • 특별점검: 결함이 의심되거나 사용 제한 중인 시설물의 사용 여부를 확인하고자 할 때 시행

PART 03 작업환경 안전관리

1. 작업장 환경관리

(1) **안전교육의 필요성**
① 안전교육은 위험에 관한 인식을 넓힘
② 직업병과 산업재해의 원인에 대한 지식을 확산시킴
③ 효과적인 예방책을 증진함

(2) **작업환경관리**

적정 온도	• 겨울: 18~21℃ • 여름: 25~26℃
적정 습도	50%
권장 조도	• 전처리실 및 조리작업대: 220Lux 이상 • 식재료 및 물품 검수 장소: 540Lux 이상

2. 작업장 내 안전수칙

조리장비 사용 시 안전수칙	조리작업자의 안전수칙
• 전기장비 사용 시 조리작업자의 손에 물기가 없어야 함 • 가스레인지 및 오븐은 사용 전후 전원 상태를 확인 • 냉장, 냉동시설의 잠금장치를 확인 • 조리장비의 사용 방법을 철저히 익힘	• 안전한 자세로 조리 • 규정된 조리 복장 착용 • 짐을 옮길 때 너무 무리하지 않으며 주변의 충돌 감지 • 뜨거운 것을 만질 때는 장갑을 착용

SUBJECT 03 재료관리

본책 P.124

PART 01 식품재료의 성분

1. 수분(물)

(1) 수분의 종류

자유수(유리수)	결합수
• 식품 중에 유리 상태로 존재하는 물(보통의 물) • 식품의 수분 함량 개념으로 사용 • 용매 작용 가능 • 미생물 번식에 이용 • 유기물로부터 간단하게 분리됨 • 0℃ 이하에서 얼음으로 동결, 100℃ 이상에서 증발 • 표면 장력이 큼	• 식품 중의 탄수화물이나 단백질 분자의 일부분을 형성하는 물 • 용매 작용 불가능 • 미생물 번식에 이용 불가능 • 유기물로부터 분리 불가능 • 0℃ 이하에서 얼음으로 동결되지 않음 • 자유수보다 밀도가 큼

(2) 수분활성도(Aw)

① 정의: 임의의 온도에서 식품 내의 물이 나타내는 수증기압(P)을 그 온도에서 순수한 물의 최대 수증기압(P_0)으로 나눈 것

$$식품의\ 수분활성도(Aw) = \frac{식품이\ 나타내는\ 수증기압(P)}{순수한\ 물의\ 최대\ 수증기압(P_0)}$$

② 식품별 수분활성도(Aw)

식품	수분활성도(Aw)	식품	수분활성도(Aw)
건조식품	0.20 이하	어패류, 과일, 채소류	0.90~0.98
곡류, 콩류	0.60~0.64	육류, 생선	0.98

③ 미생물 생육에 필요한 수분활성도(Aw): 보통 세균(0.91 이상) → 보통 효모(0.88 이상) → 보통 곰팡이(0.80 이상) → 내건성 곰팡이(0.65 이상) → 내삼투압성 효모(0.60 이상)

2. 탄수화물의 분류(결합한 당의 수에 따라)

(1) 단당류: 탄수화물의 가장 작은 구성 단위, 물에 녹고 단맛이 남

오탄당	아라비노스, 리보스, 자일로스
육탄당	포도당, 과당, 갈락토오스, 만노오스

(2) **이당류**: 단당류 2개가 결합된 당

자당(설탕, 서당: Sucrose)	포도당과 과당이 결합된 당, 단맛이 강한 표준 감미료이며 사탕수수나 사탕무에 함유
맥아당(엿당: Maltose)	포도당 두 분자가 결합된 당, 물엿의 주성분이며 소화·흡수가 빠름
젖당(유당: Lactose)	포도당과 갈락토오스가 결합된 당, 칼슘과 인의 흡수를 도움

> **필수 Keyword**
> - **당질의 감미도** | 과당(120~180) > 전화당(85~130) > 설탕(서당)(100) > 포도당(70~74) > 맥아당(엿당)(60) > 갈락토오스(33) > 젖당(유당)(16)

(3) **다당류**: 여러 종류의 단당류가 결합된 분자량이 큰 탄수화물로, 단맛이 없고 물에 잘 녹지 않음

전분(녹말: Starch)	• 포도당의 결합 형태로 아밀로오스(Amylose)와 아밀로펙틴(Amylopectin)으로 구성 • 단맛은 거의 없고, 식물의 뿌리·줄기·잎 등에 존재하며 곡류의 25~80%를 차지
글리코젠(Glycogen)	동물체의 저장 탄수화물로, 간과 근육에 많이 함유되어 있음
섬유소(Cellulose)	소화되지 않는 전분으로, 배변 운동을 돕고 비타민 B군의 합성을 촉진함
펙틴(Pectin)	세포벽 또는 세포 사이의 중층에 존재하며 겔화하는 성질 때문에 잼이나 젤리를 만드는 데 이용됨
키틴(Chitin)	새우, 게 껍데기에 함유되어 있음
이눌린(Inulin)	과당의 결합체로, 우엉과 돼지감자에 다량 함유되어 있음

> **필수 Keyword**
> - **찹쌀** | 아밀로펙틴 100%
> - **멥쌀** | 아밀로펙틴 80%, 아밀로오스 20%

3. 지질

(1) **구성 성분에 따른 분류**

단순 지질(중성지방)	• 지방: 지방산 3분자와 글리세롤 1분자의 에스테르 결합물 • 왁스: 고급 알코올과 고급 지방산의 에스테르 결합물
복합 지질	• 인지질(단순 지질+인): 레시틴, 세팔린, 스핑고미엘린 • 낭시실(난순 지질+당): 세레브로시드, 강글리오시드
유도 지질	• 콜레스테롤(동물스테롤): 프로비타민 D로 생체 내에서 자외선과 비타민 D_3로 변환 • 에르고스테롤(식물스테롤): 프로비타민 D로 자외선에 의해 비타민 D_2로 변환

(2) **지방산의 분류**

① **포화지방산**: 이중결합이 없는 지방산, 융점이 높아 상온에서 고체로 존재하며 동물성 지방에 함유
② **불포화지방산**: 이중결합이 있는 지방산, 융점이 낮아 상온에서 액체로 존재하며 식물성 지방 또는 어류에 함유
  - **트랜스지방산**: 불포화지방산인 식물성 기름(마가린, 쇼트닝 등)을 가공식품으로 만들 때 산패를 억제하기 위해 수소를 첨가하는 과정에서 생기는 지방산
  - **필수지방산(비타민 F)**: 체내의 대사 과정에 중요한 역할을 하는 지방산으로, 체내에서 합성할 수 없기 때문에 식사를 통해 공급받아야 함(리놀레산, 리놀렌산, 아라키돈산 등)

4. 단백질의 분류

(1) 성분에 따른 분류
① 단순 단백질: 아미노산만으로 구성된 단백질(알부민, 글로불린, 글루텔린, 프롤라민, 히스톤 등)
② 복합 단백질: 단순 단백질과 비단백질 성분으로 구성된 복합형 단백질(핵단백질, 당단백질 등)
③ 유도 단백질: 열에 의해 변성된 단순·복합 단백질이 산·알칼리 등에 의해 변성·분해된 단백질

(2) 영양학적 분류(필수아미노산 함량에 따른 분류)
① 완전 단백질: 필수아미노산이 골고루 들어 있는 단백질(달걀 흰자 – 알부민, 우유 – 카세인)
② 부분적 불완전 단백질
- 필수아미노산을 모두 함유하고 있으나 그 중 하나 또는 그 이상의 아미노산 함량이 부족한 단백질(쌀 – 오리제닌, 보리 – 호르데인)
- 부족한 아미노산을 다른 식품을 통해 보충함으로써 완전 단백질로 영양가를 높일 수 있음(리신이 부족한 쌀에 콩을 넣어 밥을 함으로써 완전한 단백질 공급)

③ 불완전 단백질: 하나 또는 그 이상의 필수 아미노산이 결여된 단백질로, 이 단백질 섭취만으로는 동물의 성장과 생명 유지가 어려움(옥수수 – 제인)

> **필수 Keyword**
> - **필수아미노산** | 체내에서 합성이 불가능하여 반드시 식사를 통해 공급받아야 하는 아미노산
>   - 성인에게 필요한 필수아미노산 8가지: 트레오닌, 발린, 트립토판, 아이소류신, 류신, 라이신, 페닐알라닌, 메티오닌
>   - 성장기 어린이나 회복기 환자 등에게 필요한 필수아미노산 10가지: 성인에게 필요한 필수아미노산 8가지+아르기닌+히스티딘

5. 무기질

(1) 특성
① 우리 몸을 구성하는 중요 성분으로 인체의 약 4~5%를 차지
② 체내에서 필요로 하는 양에 따라 다량원소와 미량원소로 구분

다량원소	하루에 100mg 이상 필요(칼슘, 인, 칼륨, 황, 나트륨, 염소, 마그네슘 등)
미량원소	하루에 100mg 미만이나 체중의 0.05% 미만 필요(철, 아연, 구리, 망가니즈, 아이오딘, 코발트, 불소 등)

③ 체내에서 체액의 pH와 삼투압을 조절
④ 신경의 자극 전달, 근육 수축, 혈액 응고 등에 관여
⑤ 생리적 반응을 위한 촉매제로 이용됨
⑥ 뼈, 치아(칼슘, 인, 마그네슘), 머리카락, 손톱(황), 혈액(철, 구리, 나트륨, 인, 염소 등)의 구성 성분
⑦ 체내에서 합성되지 않으므로 반드시 음식물로 섭취

(2) 종류별 결핍증

칼슘(Ca)	골다공증, 구루병, 골격·치아의 발육 불량, 골연화증, 혈액 응고 불량, 근육의 경련
인(P)	골격·치아의 발육 불량, 성장 정지, 골연화증, 구루병
철분(Fe)	철분 결핍성 빈혈(영양 결핍성 빈혈), 식욕 부진
마그네슘(Mg)	테타니(신경 및 근육경련), 간의 장애, 골연화증, 구토, 설사
나트륨(Na)·칼륨(K)·염소(Cl)	근육경련, 식욕 감퇴, 저혈압
황(S)	손톱, 발톱, 모발의 발육 부진
불소(F, 플루오린)	우치(충치)
아이오딘(I, 요오드)	갑상선종, 크레틴병(발육 정지)
코발트(Co)	악성 빈혈
아연(Zn)	면역 기능 저하, 상처 회복 지연, 성장 부진
구리(Cu)	빈혈(소적혈구성)

6. 비타민

(1) 특성
① 인체에 반드시 필요한 물질이지만 미량만 필요로 함
② 에너지원이나 신체 구성물질로 사용되지 않음
③ 대부분 체내에서 합성되지 않아 음식물을 통해서 공급해야 함

(2) 종류별 결핍증

지용성 비타민	비타민 A(레티놀)	야맹증, 점막장애, 안구 건조증
	비타민 D(칼시페롤)	구루병, 골다공증
	비타민 E(토코페롤)	용혈 작용, 노화 촉진, 불임증, 근육위축증
	비타민 K(필로퀴논)	혈액 응고 지연, 잦은 출혈
	비타민 F(필수지방산)	피부염, 피부건조증
수용성 비타민	비타민 B_1(티아민)	각기병, 다발성 신경염
	비타민 B_2(리보플라빈)	피부염, 구순구각염, 설염, 야맹증
	비타민 B_3(나이아신/니코틴산)	펠라그라(설사, 피부병, 우울증)
	비타민 B_6(피리독신)	피부염
	비타민 B_9(엽산)	빈혈
	비타민 B_{12}(코발라민)	악성 빈혈
	비타민 C(아스코르브산)	괴혈병, 간염
	비타민 P	피하 출혈

필수 Keyword

- **아스코르비나아제(Ascorbinase)** | 비타민 C를 파괴하는 효소

(3) 지용성 비타민과 수용성 비타민의 비교

구분	지용성 비타민	수용성 비타민
구성	탄소(C), 수소(H), 산소(O)	탄소(C), 수소(H), 산소(O), 질소(N)
종류	비타민 A, D, E, K, F	비타민 B_1, B_2, B_3, B_6, B_9, B_{12}, 비타민 C, 비타민 P
특징	• 기름에 용해가 잘 됨 • 기름과 함께 섭취했을 때 흡수율이 증가함	물에 용해가 잘 됨
과잉 섭취 시	체내에 저장되어 과잉증 또는 독성이 나타남	몸에 필요한 양만큼을 제외하고 모두 배출됨
결핍증	서서히 나타남	즉시 나타남
1일 섭취량	매일 섭취할 필요는 없음(간 또는 지방 조직에 저장됨)	매일 필요한 양만큼 섭취해야 함
손실	조리 손실이 적음	열과 알칼리성 물질에 쉽게 파괴됨

7. 식품의 갈변

(1) 효소에 의한 갈변

① 폴리페놀 옥시다아제: 채소류나 과일류를 자르거나 껍질을 벗길 때, 홍차 갈변

② 티로시나아제: 감자 갈변

③ 효소에 의한 갈변 방지법(효소의 활성 제거): 산 이용, 온도 조절, 당 또는 염류 첨가, 산소 제거, 기질 제거

(2) 비효소에 의한 갈변

마이야르 반응 (아미노카르보닐 반응)	• 아미노기(단백질)와 카르보닐기(당류)가 공존할 때 일어나는 반응으로, 멜라노이딘을 생성 • 에너지 공급 없이도 자연적으로 발생함
캐러멜화 반응	당류를 고온(180~200℃)으로 가열할 때 산화 및 분해 산물에 의한 중합, 축합으로 갈색 물질이 생성됨
아스코르브산의 산화 반응	비가역적으로 산화된 아스코르브산이 항산화제로의 기능을 상실하고 갈색화 반응을 수반함

8. 식품의 맛

(1) 기본적인 맛(헤닝의 4원미+감칠맛)

① 단맛

• 특징: 소량의 소금으로 단맛이 증가되고, 쓴맛, 신맛으로 단맛이 감소됨

• 종류

천연 감미료	당류, 당알코올, 아미노산 및 펩타이드
인공 감미료	아스파탐, 만니톨(다시마 표면의 흰 가루)

• 감미도: 단맛의 정도를 나타냄(10%의 설탕 용액의 단맛을 100으로 기준을 정해 그와 비교한 값)

② 짠맛

• 특징: 신맛이 더해지면 강해지고, 단맛이 더해지면 약해짐

• 종류: 염화나트륨, 염화칼륨, 브롬화나트륨(소금 성분) 등

③ 신맛
- 특징: 산이 해리되어 만들어진 수소이온에 의한 맛으로, 식욕 증진, 방부 효과 및 살균 효과가 있음
- 유기산이 포함된 식품: 젖산(요구르트, 김치류), 사과산(사과, 배), 초산(식초, 김치류), 구연산(감귤류, 딸기, 살구), 호박산(청주, 조개류, 김치류), 주석산(포도)

④ 쓴맛
- 특징: 인간의 자기 보존을 위한 본능적 감각이며 10℃ 정도에서 가장 강하게 느껴짐, 소량의 쓴맛은 식욕을 촉진시키고 맛에 변화와 힘을 줄 수 있음
- 종류: 후물론(맥주), 나린진(밀감, 자몽), 테오브로민(코코아, 초콜릿), 카페인(커피, 초콜릿), 쿠쿠르비타신(오이의 꼭지 부분), 테인(차류), 퀘르세틴(양파 껍질)

⑤ 감칠맛(맛난맛)
- 특징: 음식물이 입에 당기는 맛으로, 단백질 식품에 많음
- 종류: 글루타민산(김, 된장, 간장, 다시마, 죽순), 아미노산(소고기), 이노신산(가다랑어 말린 것, 멸치), 구아닐산(표고버섯, 송이버섯, 느타리버섯), 타우린(오징어, 문어, 조개류), 베타인(오징어, 새우)

(2) 기타 보조적인 맛
① 매운맛: 캡사이신(고추), 피페린·차비신(후추), 쇼가올·진저론·진저롤(생강), 시니그린(겨자), 알리신(마늘, 양파), 커큐민(강황), 신남알데히드(계피), 유황화합물(양파)
② 떫은맛: 탄닌(미숙한 과일에 포함되어 있는 떫은맛의 폴리페놀 성분, 인체 내에서 변비 유발)
③ 아린맛: 떫은맛과 쓴맛이 섞인 것 같은 맛, 사용하기 하루 전에 물에 담가 아린맛 제거 가능

(3) 기타 맛의 변화

맛의 대비 현상(강화)	주된 맛 성분에 소량의 다른 맛 성분을 넣어 주된 맛이 강해지는 현상
맛의 상승 현상	같은 맛 성분을 혼합하여 원래의 맛보다 더 강한 맛이 나게 되는 현상
맛의 억제 현상(손실)	서로 다른 맛 성분이 혼합되었을 때 주된 맛이 약화되는 현상
맛의 변조 현상	한 가지 맛 성분을 먹은 직후 다른 맛 성분을 먹으면 원래 식품이 맛을 다르게 느껴지는 현상
맛의 상쇄 현상	서로 다른 맛 성분이 혼합되었을 때 각각의 고유한 맛을 내지 못하고 약해지거나 없어지는 현상
맛의 피로 현상(순응)	같은 맛을 계속 섭취하면 미각이 둔해져 그 맛을 알 수 없거나 다르게 느끼는 현상

9. 식품의 냄새 - 헤닝(Henning)의 냄새 프리즘

냄새	종류	냄새	종류
과일향(Ethereal)	사과, 레몬	꽃향기(Fragrant)	장미, 매화, 백합
수지향(Resinous)	테르펜유, 송정유	매운향(Spicy)	마늘, 생강, 후추
부패한 냄새(Putrid)	부패육	탄 냄새(Burnt)	캐러멜류, 커피, 타르

> **필수 Keyword**
> - **어류와 관련된 냄새 성분** | 트리메틸아민, 암모니아, 피페리딘

PART 02　효소

1. 효소 반응에 영향을 미치는 인자

온도, 수소이온농도(pH), 효소 농도와 기질 농도, 저해제

2. 에너지원별 소화 효소

구분	탄수화물	지질	단백질
구성 성분	탄소(C), 수소(H), 산소(O)	탄소(C), 수소(H), 산소(O)	탄소(C), 수소(H), 산소(O), 질소(N)
1g당 열량	4kcal	9kcal	4kcal
에너지 적정 비율	65%	20%	15%
소화 효소	아밀레이스(아밀라아제), 말테이스(말타아제), 락테이스(락타아제), 수크레이스(수크라아제)	라이페이스(리파아제), 스테압신	펩신, 트립신, 에렙신
분해 산물	포도당	지방산, 글리세롤	아미노산

PART 03　식품과 영양

1. 영양소의 기능에 따른 분류

3대 열량 영양소	생명 유지와 활동에 필요한 에너지 공급[탄수화물(4kcal), 지질(9kcal), 단백질(4kcal)]
구성 영양소	인체를 구성하는 영양소(단백질, 무기질, 물)
조절 영양소	생리 기능을 조절하는 영양소(단백질, 비타민, 무기질, 물)

2. 기초 식품군

구분	특징	식품
곡류 및 전분류	• 탄수화물의 급원식품 • 우리 몸과 뇌에 에너지를 공급함	밥, 빵, 감자, 고구마, 과자, 국수, 떡 등
채소 및 과일류	• 비타민 및 무기질의 급원식품 • 몸의 기능을 조절하며, 무기질은 인체 구성 성분임	여러 가지 채소, 과일, 주스 등
고기, 생선, 계란, 콩류	• 단백질의 급원식품 • 근육, 혈액 등의 구성 성분 • 호르몬, 효소 기능을 조절함 • 성장 발달에 관여함	육류, 어류, 계란, 콩, 두부, 조개 등
우유·유제품류	• 칼슘과 각종 무기질, 단백질의 급원식품 • 골격과 치아의 구성 성분	우유, 요구르트, 떠먹는 요구르트, 두유, 아이스크림 등
유지 및 당류	• 지방과 당질의 급원식품 • 에너지 공급, 체온 유지, 신체 보호 등의 기능을 함 • 과잉 섭취 시 비만을 유발함	식용유, 버터, 마요네즈, 콜라, 견과류, 사탕 등

PART 04 저장관리

1. 냉동 · 냉장 저장

(1) **냉동 저장**: 미생물의 번식을 억제하고 품질의 저하를 방지할 수 있도록 식품의 종류와 특성에 따라 –23~–18℃ 범위 내의 온도로 저장

(2) **냉장 저장**: 냉장(0~10℃) 보관이 가능한 식품을 단기간 보관하기 위한 것으로 식품군별로 냉장 보관 온도와 기간이 다름

2. 창고 저장

(1) **저장관리**
① 창고 저장이 가능한 식품: 대부분 실온(20±5℃)에서 보관 가능한 곡류, 근채류, 건조식품류와 통조림류
② 저장 환경
- 직사광선이 없고 통풍이 잘 되어야 하며, 온도(15~25℃)와 습도(50~60%) 관리가 중요함
- 벽 상단과 창고 하단에 환기구가 설치되어야 하며 물품을 적재하는 선반은 통풍이 잘 되는 그물형이 좋음
- 창고는 업체의 상황에 따라 일반 창고, 식재료 창고, 음료 창고 등으로 구분

(2) **창고 저장의 원칙**
① 식재료의 표시 사항을 확인한 후 안내된 보관 방법에 맞게 저장할 것
② 식재료의 물리, 화학적 특성을 파악하고 저장할 것
③ 식재료의 포장 상태를 확인한 후 특성에 맞게 저장할 것

(3) **창고 저장관리의 원칙**: 안전성, 위생성, 자각성

3. 품질관리

(1) **자재분류**
① 입고된 식재료에 일정한 기준과 방법에 따라 품목별 식별코드 번호나 부호를 부여하는 것
② **자재분류의 원칙**: 데이터 코드화, 분류 집계의 체계화, 해독성과 편이성, 전산처리화

(2) **바코드**: 제품의 가격, 종류, 제조회사를 알 수 있고, 제조업체나 유통회사에서는 판매량과 재고량까지도 확인 가능

SUBJECT 04 구매관리

본책 P.172

PART 01 시장조사 및 구매관리

1. 시장조사

(1) **시장조사의 목적**: 구매 가격의 예산 결정, 합리적인 구매 계획의 수립, 신제품의 설계, 제품 개량

(2) **시장조사의 내용**: 품목, 품질, 수량, 가격, 구매 시기, 구매 거래처, 거래 조건

(3) **시장조사의 원칙**: 비용 경제성의 원칙, 조사 적시성의 원칙, 조사 탄력성의 원칙, 조사 계획성의 원칙, 조사 정확성의 원칙

2. 식품구매의 절차

품목의 종류 및 수량 결정 → 용도에 맞는 제품 선택 → 식품명세서 작성 → 공급자 선정 및 가격 결정 → 발주 → 납품 → 검수 → 대금 지불 및 물품 입고 → 보관

3. 식품재고관리

(1) **재고관리의 목적**: 물품의 수요가 발생했을 때 신속히 대처하여 경제적으로 대응할 수 있도록 재고의 수준을 최적 상태로 유지·관리하는 것

(2) **재고회전율**: 일정 기간 동안 재고가 제로베이스에 몇 번이나 도달되었다가 채워졌는지를 측정하는 것

(3) **적정재고 수준의 원칙(계속 공급의 원칙, 경제성 확보의 원칙)**
① 일정 기간 동안 사용된 평균 수요량 산정
② 품목에 따라 발주 및 배송 기간 등 유동적인 부분 고려
③ 저장 시설의 용량, 재고회전율과 재고의 균형 유지

(4) **재고자산 평가 방법**

선입선출법(FIFO)	먼저 구입한 재료부터 먼저 소비하는 것
후입선출법(LIFO)	나중에 구입한 재료부터 먼저 사용하는 것
개별법	구입 단가별로 재료에 가격표를 붙여서 보관하다가 출고할 때 그 가격표에 붙어 있는 구입 단가를 재료의 소비 가격으로 하는 방법
평균법	• 단순평균법: 일정 기간 동안 구입 단가를 구입 횟수로 나눈 구입 단가의 평균을 재료의 소비 단가로 하는 방법 • 이동평균법: 구입 단가가 다른 재료를 구입할 때마다 재고량과의 가중 평균가를 산출하여 이를 소비 재료의 가격으로 하는 방법

PART 02 검수관리

1. 식품검수관리

(1) **식재료의 검수 절차:** 납품 물품과 발주처·납품서 대조 → 품질 검사 → 물품의 인수 또는 반품 → 인수 물품 입고 → 검수 기록 및 문서 정리

(2) **식품 종류별 검수 순서:** 냉장식품 → 냉동식품 → 신선식품(과일, 채소) → 공산품

2. 검수용 온도계

적외선 온도계	식품검수 시 가장 많이 사용하며, 비접촉식이므로 제품이 손상되지 않는다는 장점이 있지만, 표면 온도만 측정이 가능함
탐침 심부 온도계	식품 내부 온도 측정이 가능함

PART 03 원가

1. 원가의 의의 및 종류

(1) **원가 계산의 목적:** 가격 결정, 원가 관리, 예산 편성, 재무제표 작성

(2) **원가의 종류**
① 원가의 3요소: 재료비, 노무비, 경비
② 원가의 분류(제품 생산 관련성에 따른 분류)
- 직접비: 특정 제품에 직접 부담시킬 수 있는 비용
- 간접비: 여러 제품에 공통 또는 간접적으로 소비되는 비용

(3) **원가 계산의 구조**
① 직접원가=직접재료비+직접노무비+직접경비
② 제조간접비=간접재료비+간접노무비+간접경비
③ 제조원가=직접원가+제조간접비
④ 총원가=제조원가+판매관리비
⑤ 판매가격=총원가+이익

(4) **원가 계산의 원칙:** 진실성의 원칙, 발생기준의 원칙, 계산 경제성(중요성)의 원칙, 확실성의 원칙, 정상성의 원칙, 비교성의 원칙, 상호관리의 원칙, 객관성의 원칙, 일관성의 원칙

(5) **손익분기점:** 이익도 손실도 발생하지 않으며, 한 기간의 매출액과 당해 기간의 총비용(=고정비+변동비)이 일치하는 기점

(6) **감가상각:** 시간이 지나면서 감소하는 자산의 가치를 내용연수에 따라 일정한 비율로 할당하여 비용화하는 것을 말하며, 이때 감가된 비용을 감가상각비라고 함

SUBJECT 05 기초조리실무

본책 P.196

PART 01 조리 준비

1. 조리의 정의 및 기본 조리 조작

(1) **조리의 목적**: 영양성, 기호성, 안전성, 저장성

(2) **폐기량과 정미량**

폐기량	조리 시 식품에 있어서 버려지는 부분의 양으로, 껍질, 꼭지, 씨 등이 해당됨
정미량	식품에서 폐기량을 제외한 부분으로 가식 부위(먹을 수 있는 부위)를 중량으로 나타낸 것

(3) **조리 방법**

물리적 조리	저울에 달기, 씻기, 담그기, 썰기, 갈기, 다지기, 치대기, 내리기, 무치기, 담기
생식 조리	가열하지 않고 생으로 먹는 방법
가열 조리	• 습열 조리: 데치기, 끓이기, 은근히 끓이기, 찌기, 삶기 • 건열 조리: 굽기, 볶기, 튀기기, 지지기 • 복합 조리: 습열 조리 + 건열 조리 • 초단파 조리: 전자레인지에 의한 조리
화학적 조리	효소(분해 작용), 알칼리(연화·표백 작용), 알코올(탈취·방부 작용), 금속염(응고 작용) 등

2. 식재료 계량 방법

(1) **계량에 필요한 조리기구**: 계량컵, 계량스푼, 저울, 온도계, 타이머 등

(2) **계량 방법**

액체 식품(물, 우유 등)	투명한 계량컵이나 스푼에 흘러넘치지 않을 정도로 담고, 눈높이를 비커 눈금의 밑선과 동일하게 하여 계량
입상 식품 (쌀, 소금, 백설탕 등)	덩어리가 없는 상태에서 가볍게 수북히 담은 후 평면으로 깎아 계량
분상 식품 (밀가루, 설탕 파우더 등)	체를 쳐서 계량컵이나 계량스푼에 가볍게 수북히 담은 후(담으면서 흔들어서는 안 됨) 평면으로 깎아 계량
지방 (버터, 마가린, 쇼트닝)	저울로 계량하는 것이 바람직하나, 컵이나 스푼으로 계량할 경우 실온에서 반고체 상태로 컵에 빈 공간이 없도록 꾹꾹 눌러 수평으로 깎아 계량
황설탕, 흑설탕	모양이 유지될 정도로 계량컵에 꾹꾹 눌러 담아 컵의 위를 평면으로 깎아 계량

PART 02   식품의 조리 원리

1. 농산물의 조리 및 가공 · 저장

(1) 전분

 ① 전분의 특징

전분의 호화(전분의 α화)	전분에 물을 넣고 가열하면 점성이 생기고 부풀어 오르는 현상
전분의 노화(전분의 β화)	호화된 전분을 공기 중에 방치하면 분자 구조가 다시 규칙적으로 정렬되어 생전분의 구조와 같은 물질로 변하는 현상
전분의 호정화(덱스트린화)	전분을 160~170℃의 건열로 가열하면 용해성이 생기고 점성이 낮아지며 맛이 구수해지고 색이 갈색으로 변하는 현상으로, 미숫가루, 누룽지, 빵 등에 활용
전분의 당화	전분을 당화 효소나 산을 이용해 가수분해하여 단당류, 이당류 또는 올리고당으로 만들어 감미를 얻는 과정으로, 조청, 물엿, 식혜 등에 활용
전분의 겔화	전분을 가열하여 호화한 후 냉각시키면 굳어지는 과정으로, 도토리묵, 청포묵, 메밀묵, 앵두편 등에 활용

> **필수 Keyword**
> - **전분의 호화에 영향을 주는 요인** | 전분의 종류, 전분 입자의 크기, 수침 시간, 가열 온도, 수소이온농도(pH), 젓기 정도, 당, 단백질, 지방, 염류

② 밀가루의 분류 및 용도

구분	글루텐 함량	용도
강력분	13% 이상	식빵, 하드롤, 파스타, 피자, 마카로니
중력분	10% 초과 13% 미만	소면 · 우동 등의 면류, 크래커
박력분	10% 이하	케이크, 과자, 튀김옷

③ 글루텐의 형성에 영향을 주는 요인: 밀가루의 종류, 물을 첨가하는 방법, 반죽을 치대는 정도, 입자의 크기, 온도, 지방, 설탕, 소금, 달걀, 우유, 팽창제

(2) 채소류

① 섭취하는 부위에 따른 분류

엽채류	배추, 양배추, 상추, 시금치, 깻잎, 쑥갓 등
경채류	인경채류(양파, 마늘), 셀러리, 아스파라거스, 죽순, 두릅 등
근채류	무, 당근, 우엉, 연근, 생강 등
과채류	가지, 호박, 오이, 토마토, 고추 등
화채류	브로콜리, 콜리플라워, 아티초크 등

② 채소의 갈변 방지법: 효소의 불활성화(가열 처리, 산 처리), 산소의 제거, 항산화제(아스코르브산)의 사용

(3) 과일류

① 과일의 갈변 방지법: 1%의 식염수나 설탕 용액에 담가 둠, 산 처리

② 과일류의 젤리화 조건: 펙틴 1.0~1.5%, pH 2.8~3.4, 당 60~65%에서 최적의 겔이 형성됨

2. 축산물의 조리 및 가공 · 저장

(1) 육류

① 육류의 사후경직과 숙성: 동물은 도살 직후 근육이 단단해지는 사후경직(사후강직)이 일어나며 이후 최대 강직 상태를 지나 체내의 효소에 의해 자가소화 현상(숙성)이 일어나면서 육질이 연해지고 풍미가 향상되며 소화가 잘 됨(숙성에 의해 육류의 품질 향상)

② 육류의 연화법
- 도살 직후 숙성 기간을 두어 근육 조직을 연화시킴
- 파파야의 파파인, 배의 프로테이스, 파인애플의 브로멜린, 키위의 액티니딘, 무화과의 피신 등의 단백질 분해 효소를 첨가
- 고기를 결의 반대로 썰거나 칼집을 넣거나 두들기거나 갈아주는 물리적 방법을 이용
- 결합 조직이 많은 부위는 장시간 물에 끓이면 콜라겐이 가수분해되어 연해짐
- 당 첨가(너무 많이 첨가할 경우 탈수 작용으로 고기가 질겨짐)
- 고기를 얼리면 고기 속의 수분이 단백질보다 먼저 얼어 용적의 팽창에 따라 조직이 파괴되므로 약간의 연화 작용이 일어남
- 염(소금, 간장 등) 첨가(염이 5% 이상이 되면 탈수 작용을 일으켜 질겨지고 맛이 없어짐)

(2) 달걀

① 달걀의 구조: 난각, 난백(약 55~60% 차지), 난황(약 30% 차지)

② 달걀의 특성: 응고성, 녹변 현상, 기포성, 유화성

③ 달걀의 신선도 평가
- 표면이 꺼칠꺼칠하며, 흔들어서 소리가 나지 않는 것이 신선함
- 신선한 달걀은 기실의 크기가 작으며 난황은 중앙 부근에 둥글고 옅은 자홍색을 띠지만, 오래된 달걀은 기실이 크고 난황이 붉은색을 띰
- 오래된 달걀일수록 난황계수와 난백계수가 작아짐
- 10%의 소금물에 달걀을 넣어 가라앉으면 신선한 것이고, 위로 뜨면 오래된 것

(3) 우유

① 조리 시 우유의 역할
- 음식의 색을 희게 함
- 단백질의 겔(Gel) 강도를 높임
- 갈변 현상인 마이야르 반응을 일으킴
- 여러 가지 냄새를 흡착함(생선의 비린내 제거)

② 우유의 가열 시 변화
- 유청 단백질이 응고하면서 피막을 형성함
- 저으며 끓이거나 뚜껑을 닫고 약한 불에서 은근히 끓이면 억제 가능함

3. 수산물의 조리 및 가공·저장

(1) 어류의 신선도 판정법
① 아가미가 선명한 적색이며 불쾌한 냄새가 나지 않는 것이 좋음
② 안구가 외부로 돌출되어 있고 생선의 눈이 투명한 것이 좋음
③ 신선한 생선일수록 복부의 탄력성이 좋음
④ 비늘이 밀착되어 있고 표면은 광택이 나는 것이 좋음
⑤ 탄력성이 있고 살이 뼈에 밀착되어 있는 것이 좋음
⑥ 악취, 시큼한 냄새, 암모니아 등의 냄새가 나지 않아야 함
⑦ 휘발성 염기질소 함량, 트리메틸아민(TMA) 함량, 히스타민 함량이 낮을수록 신선함

(2) 어취(생선 비린내) 제거 방법
① 산(레몬즙, 식초)을 첨가하여 트리메틸아민(TMA) 외 휘발성, 염기성 물질을 중화시킴
② 마늘, 파, 양파, 생강, 겨자, 고추냉이, 술 등의 향신료를 강하게 사용
③ 비린내 억제 효과가 있는 된장, 간장 첨가
④ 우유에 미리 담가 두었다가 조리(우유의 단백질인 카세인이 트리메틸아민을 흡착하므로 비린내를 제거하는 데 효과적)

4. 유지 및 유지 가공품

(1) 유지의 발연점이 낮아지는 요인
① 유지가 분해되어 유리지방산의 함량이 높아진 경우
② 용기의 표면적이 넓은 경우(1인치 넓을수록 발연점은 2℃씩 저하)
③ 기름에 이물질이 많은 경우
④ 사용 횟수가 많은 경우(1회 사용할 때마다 발연점이 10~15℃씩 저하)

(2) 유지의 산패에 영향을 끼치는 요인
① 온도가 높을수록 반응 속도가 증가함
② 광선 및 자외선은 산패를 촉진시킴
③ 수분이 많으면 촉매 작용이 강해짐
④ 금속류는 유지의 산화를 촉진시킴
⑤ 불포화지방산의 함량이 높을수록 유지의 산패가 촉진됨

5. 조미료

(1) 종류: 단맛(설탕, 물엿), 신맛(양조식초, 빙초산, 구연산), 짠맛(식염, 간장, 된장), 쓴맛(호프, 카페인), 감칠맛(멸치, 다시마), 매운맛(고추, 겨자, 고추냉이), 아린맛(감자, 죽순, 토란)

(2) 조미료의 4가지 기본 맛: 단맛, 신맛, 짠맛, 쓴맛

(3) 조미료의 첨가 순서: 설탕 → 술 → 소금 → 식초 → 간장 → 된장 → 고추장 → 화학 조미료

SUBJECT 06 한식

본책 P.248

PART 01 식생활 문화

1. 한국 음식 및 상차림의 특징

(1) 한국 음식의 특징
① 주식(밥)과 부식(반찬)이 뚜렷하게 구분되며, 영양학적으로 상호보완적임
② 음식의 종류와 조리법이 다양함
③ 김치, 젓갈, 장아찌, 장, 술 등의 발효식품과 저장식품이 발달함
④ 식재료 본연의 맛보다는 향신료(파, 마늘, 생강)와 양념(간장, 된장, 고추장, 참기름 등)의 복합적인 맛을 즐김
⑤ 음양오행 사상에 입각하여 오색재료, 오색고명을 많이 사용함
⑥ 국수, 죽, 식혜 등 곡물류의 가공·조리법이 발달함
⑦ 사계절이 있어 절기에 따라 시식을 즐기고, 농사에 의존한 구황식품과 구황음식이 발달함

> **필수 Keyword**
> • **오방색(다섯 가지 색)** | 흰색(달걀 흰자), 노란색(달걀 노른자), 붉은색(다홍고추, 당근, 실고추, 대추), 푸른색(미나리, 실파, 호박, 오이, 풋고추), 검은색(석이버섯, 표고버섯)

(2) 한국 상차림의 특징
① 공간 전개형 상차림으로 한상에 차려 놓고 먹는 식사법
② 유교의 영향으로 상차림이나 식사예법이 엄격함
③ 상의 배치(밥은 상의 앞 왼쪽, 국은 밥 오른쪽)와 수저의 위치(숟가락 왼쪽, 젓가락 오른쪽)가 정해져 있음

2. 한국의 식기

밥그릇	• 주발: 남성용 밥그릇 • 바리: 여성용 밥그릇, 뚜껑에 꼭지가 있음
조치보	• 주발과 같은 모양으로 탕기보다 작은 크기의 그릇 • 찌개, 찜 등을 담는 그릇
반찬그릇	• 보시기: 김치나 국물이 있는 반찬을 담는 그릇 • 쟁첩: 전, 구이, 나물, 장아찌 등을 담는 그릇
종지	간장, 초장, 초고추장, 꿀 등을 담는 그릇
조반기	죽, 미음 그릇
밥소라	떡국, 밥, 국수 등을 담는 그릇, 유기 재질로 뚜껑이 없음

PART 02 밥 조리

1. 밥에 대한 표현
진지(양반), 밥, 식사(서민), 수라(임금), 메(죽은 사람) 등

2. 밥 조리
(1) 밥 재료를 세척하는 이유
① 불순물 및 유해물, 불미 성분 제거
② 촉감 상승
③ 맛 상승

(2) 밥 짓는 방법
① 물의 양은 쌀 중량의 1.0~1.5배로 함(완성된 밥의 경우 2.3~2.4배가 됨)
② 60~65℃에서 호화가 시작되어 100℃에서 20~30분 정도 두면 호화가 완료됨

PART 03 죽 조리

1. 죽의 분류
(1) 농도에 따른 분류

미음	푹 고아 체로 걸러 낸 음식, 곡물의 10배의 물을 넣어 끓임
응이	녹말에 물을 넣어 끓임
암죽	밤이나 곡식 등의 가루를 밥물(밥 지을 때 끓인 물)에 타서 끓인 죽, 모유의 대용 식품
즙	육즙, 양즙

(2) 쌀의 처리 방법에 따른 분류

옹근죽	쌀알을 그대로 사용
원미죽	쌀을 갈아서/으깨서 가루는 걸러내고 싸라기만 사용
무리죽	쌀을 갈거나 쌀가루를 사용

2. 죽 상차림
① 죽을 주식으로 차리는 상차림을 말함
② 간을 할 수 있는 것(간장, 소금, 꿀 등)을 함께 담아 냄
③ 반찬으로는 동치미 또는 나박김치, 젓국조치, 마른찬 등 간이 약한 것이 어울림

PART 04 국·탕 조리

1. 국물 양과 명칭에 따른 분류

국	• 찌개보다는 국물이 많음 • 건더기는 국물의 1/3 정도
탕	• 건더기는 국물의 1/2 정도 • 고기, 생선 같은 재료에 양념을 넣어 오래 끓임
찌개	• 국보다 건더기가 많음 • 건더기는 국물의 2/3 정도
조치	• 궁중에서 찌개를 일컫는 말 • 건더기는 국물의 2/3 정도 • 맑은조치는 간장이나 젓국으로, 토장조치는 고추장이나 된장에 쌀뜨물로 조리
감정	국물이 적고 고추장으로 간을 한 찌개
지짐이	국보다 국물을 조금 넣어 짜게 끓임
전골	찌개와 국물 양은 같으나 재료를 가지런히 놓고 직접 화로 등을 준비하여 즉석에서 끓임

2. 국·탕에 부재료를 넣는 시점

향미 성분은 발산하지 않는 향신료와 부재료	처음부터 넣고 사용(마늘, 인삼)
향미 성분을 발산하는 향신료와 부재료	구수하고 담백한 맛을 감소시키므로 육수 끝내기 20분 전에 넣고 사용(파, 생강, 양파, 무, 통후추 등)

PART 05 찌개 조리

1. 찌개의 의의

① 찌개, 전골, 조치, 감정은 국물 양이 비슷하여 현대에 와서는 통상적으로 찌개 개념으로 인지함
② 건더기는 국물의 2/3 정도가 좋고, 센 불에서 끓이다가 국물이 끓으면 약하게 하여 끓임

2. 찌개 담기

고기 육수의 경우	육수로 끓인 고기를 썰어 주고, 무를 바닥에 평평하게 둔 후 그 위에 준비해 둔 재료를 올림
생선 육수의 경우	무처럼 단단한 채소를 바닥에 놓고 가지런히 담아 냄
채소 육수의 경우	숙주나 버섯 등을 위쪽에 가지런히 담아 냄

PART 06   전 · 적 조리

1. 전 · 적 개요

(1) 전

① 육류, 가금류, 채소류, 어패류 등을 먹기 좋은 크기로 잘라 양념한 후 밀가루와 달걀물을 씌워 팬에 지진 것을 말함
② 밀가루에 달걀물을 씌워 기름에 지지는 조리 방법이므로 영양소가 상호 보완됨
③ 종류, 모양, 형태, 조리법이 다양함

(2) 적

① 재료를 꼬치에 꿰는 조리 방법으로, 꼬치에 처음 꿰인 재료와 마지막 재료가 같아야 함
② 적의 명칭은 처음 꿰는 재료를 따름
③ 분류

지짐누름적	재료 하나하나를 익혀 꼬치에 끼운 후 밀가루와 달걀물을 씌워 팬에 지짐
누름적	재료를 익혀 꼬치에 끼우기만 한 것
산적	재료를 양념하여 익히지 않고 꼬치에 끼워 석쇠나 팬에 익힘

2. 전 · 적류 조리 시 유의 사항

① 신선한 재료를 선택할 것
② 전을 지질 때에는 달궈진 팬에 재료를 올려 기름 흡수가 적게 할 것
③ 전은 튀김이 아니므로 적당한 기름을 사용할 것(기름의 양이 적으면 눌어 붙을 수 있음)
④ 소금 간은 2%가 적당하나, 간을 약하게 하고 초간장을 곁들여 냄(달걀의 소금 간이 짜면 전 옷이 벗겨짐)
⑤ 밀가루를 많이 사용할 경우 텁텁하므로 재료의 5% 정도만 사용할 것
⑥ 전 재료는 교차오염 방지를 위해 팬에 한꺼번에 올리고, 한꺼번에 내릴 것
⑦ 부쳐진 전은 키친타월 위에 올려 기름을 일부 제거할 것

PART 07   생채 · 회 조리

1. 생채

① 계절에 나오는 싱싱한 재료를 익히지 않고 바로 무친 나물
② 식재료 본연의 맛을 살리며, 초장, 초고추장, 겨자, 식초 등을 이용하여 새콤달콤한 맛을 냄
③ 조리 과정에서 영양소 손실이 거의 없고, 비타민이 풍부함

2. 회

회는 어패류, 육류, 채소류를 썰어 날로 먹는 음식으로, 초간장, 초고추장, 겨자초장, 참기름장, 소금, 후추 등에 찍어 먹음

PART 08 조림 · 초 조리

1. 조림

(1) 특징
① 재료를 큼직하게 썬 다음 간장 등으로 간을 하여 약한 불에서 국물이 조금만 남도록 오래 조린 음식을 말함
② 국물 맛을 내기보다 재료에 맛을 들게 하는 조리 방법
③ 궁중에서는 조림을 조리개라고 함
④ 다른 조리법보다 간이 세기 때문에 저장성이 높음
⑤ 조림 요리 시 재료의 모든 부분에서 같은 맛이 나도록 해야 함

(2) 조리 시 유의 사항
① 불의 강도는 센 불 → 중불 → 약불 순으로 할 것
② 생선은 조림장이 끓은 뒤 넣어야 생선이 부서지지 않고, 생선을 넣고 끓을 때까지 뚜껑을 열고 요리해야 비린내가 적음
③ 고기는 끓는 물에 넣어 육즙이 나오는 것을 막아야 고기가 부드러움(단백질의 응고 작용)

2. 초

(1) 특징
① 초(炒)의 원래 뜻은 '볶는다'이며, 국물이 없도록 조린 음식을 말함
② 국물에 녹말물을 풀어 윤기나게 만들기도 함

(2) 조리 시 유의 사항
① 재료의 크기와 모양을 일정하게 썰 것
② 양념은 너무 세지 않게 하여 식재료 본연의 맛을 살릴 것
③ 삶거나 데치는 시간에 유의하고, 익힌 후 재빨리 식혀 색을 선명하게 할 것
④ 불의 강도는 센 불 → 중불 → 약불 순으로 할 것
⑤ 남은 국물은 10% 이내로 하고 녹말물로 농도를 맞출 것
⑥ 조리도구는 바닥이 넓은 것을 사용하여야 균일하게 익고 양념이 골고루 배어듦

PART 09 구이 조리

1. 구이의 특징

① 육류, 어패류, 가금류, 채소류 등의 재료를 직접 불에 굽는 음식
② 직접 불에 굽는 직화법과 철판 및 도구를 이용하는 간접화법으로 분류

2. 구이 조리 시 유의 사항

① 수분량이 많은 재료(생선 등)는 겉만 타고 속은 익지 않으므로 약한 불로 천천히 구울 것
② 생선과 소고기는 40℃ 전후에서 단백질이 응고됨(가장 맛이 좋은 응고 시점: 소고기는 65℃, 생선은 70~80℃)
③ 지방이 많은 고기는 로스팅 시 지방이 흘러 식자재에 들어가므로 주의할 것
④ 고추장 양념은 잘 타기 때문에 다른 양념을 먼저 해서 익히고 고추장 양념은 나중에 발라 구울 것
⑤ 구이는 달궈진 팬을 사용해 육즙이 빠져 나가지 않게 할 것
⑥ 고온으로 가열 시 겉만 타고 속은 익지 않으므로 온도 조절에 유의할 것

PART 10 숙채 조리

1. 숙채

① 숙채는 물에 삶기, 찌기, 볶기 등의 조리 방법으로 재료를 익힌 후 갖은 양념을 한 것으로, 보통 나물이라고 함
② 채소를 익혀서 조리하면 재료의 쓴맛이나 떫은맛을 없애고, 부드러운 식감을 줌

2. 숙회

① 숙회는 육류, 생선류, 어패류, 채소류를 끓는 물에 삶거나 데쳐서 익힌 음식을 말함
② 초고추장이나 겨자즙 등을 찍어 먹음

PART 11 볶음 조리

1. 볶음의 특징

① 소량의 기름을 이용해 팬에서 익히는 조리법
② 달궈진 팬에 단시간에 볶으면 원하는 질감, 색, 향을 얻을 수 있음
③ 넓은 팬을 이용하면 조리하기에 편리함
④ 완성된 요리는 남은 열로 인한 갈변을 방지하기 위해 재빨리 팬에서 내릴 것
⑤ 너무 낮은 온도에서 조리하면 기름이 많이 흡수되어 좋지 않음

2. 불 조절

① 다른 조리 방법보다 볶음 조리는 조리 시 화력이 중요하므로 강한 불에서 조리하고, 영양소의 손실을 방지하기 위해서 단시간에 조리할 것
② 화력이 약하면 조리 시간이 길어져 채소의 경우 수분 손실로 인해 식감이 좋지 않고, 조리 과정 중에 식재료 본연의 색이 변함

PART 12 김치 조리

1. 김치의 효능
항균 작용, 중화 작용, 항암 작용, 항산화 작용, 다이어트 효과, 동맥경화 및 혈전증 예방

2. 김치 숙성

(1) 김치 발효 중에 발생하는 맛 성분 변화
① 김치가 숙성되면서 생성된 유기산은 산도를 증가시키며 pH를 감소시키다가 숙성 후기에 유리아미노산에 의해 산도가 지나치게 떨어지는 것을 방지함
② 숙성 중 젖산, 구연산, 주석산이 가장 많이 생성됨
③ 아미노산 성분은 김치의 맛을 좋게 해줌

(2) 김치 발효 중 그 밖의 변화
① 비타민 C의 함량이 발효 초기에는 감소하다가 곧 회복하여 계속 증가하다가 약간 감소하는 양상을 보임
② 발효 최적기를 지난 후기에는 과도한 발효로 생성된 산을 이용하는 산막 효모류(칸디다, 피키아)가 증가함

(3) 김치 산패의 원인
① 김치 주재료 및 부재료가 청결하지 못한 경우
② 김치의 저장 온도가 높거나 소금 농도가 낮은 경우
③ 김치 발효 마지막에 곰팡이나 효모에 오염된 경우

07 양식

본책 P.306

PART 01 식생활 문화

1. 서양 음식의 분류

(1) 식사 제공 형태

브렉퍼스트	아침 식사, 달걀 요리나 빵, 과일, 베이컨 등과 주스, 커피로 구성
런치	정오부터 오후 2시 사이의 점심 식사, 수프, 생선 또는 고기 요리, 빵과 샐러드로 구성
런천	격식을 차린 점심 식사, 수프, 주요리 2종류, 샐러드, 빵, 후식, 음료 등으로 구성
디너	하루 중 가장 비중을 두는 식사(정찬), 전채 요리, 수프, 빵, 샐러드, 생선 또는 육류 요리, 후식, 음료 등으로 구성
서퍼	늦은 저녁 식사 또는 밤참, 가벼운 음식의 2~3코스로 구성

(2) 양식 코스 요리

애피타이저(Appetizer)	• 식사 전에 제공하여 식욕을 돋우어 주는 음식 • 차가운 애피타이저-카나페, 과일 등 / 따뜻한 애피타이저-구운 베이컨, 새우 등
수프(Soup)	스톡에 건더기를 넣고 끓여 양념한 것
앙트레(Entree)	정찬에서 중심이 되는 요리로, 생선 요리 뒤에 나가는 육류 요리
샐러드(Salad)	채소, 과일, 육류를 골고루 섞어 드레싱으로 간을 맞춘 음식
빵(Bread)	• 주로 처음부터 테이블에 놓여 있음 • 양식에서 빵은 요리와 함께 시작해서 디저트를 들기 전에 끝냄
디저트(Dessert)	• 식사의 마지막 단계로 제과, 제빵, 과일 등을 제공 • 차가운 디저트-아이스크림, 셔벗 / 따뜻한 디저트-파이, 케이크

2. 양식 조리 방법

로스트(Roasted)	육류를 덩어리째 오븐에 굽는 방법
훈제(Smoked)	연기를 이용해서 고기 등을 훈연 처리하여 건조시키는 방법
테린(Terrine)	보존을 위해 육류나 양념을 항아리에 담아 두는 방법
갈라틴(Galantine)	재료를 랩이나 면포로 말아 스톡에 익힌 후 식혀 차갑게 제공하는 프랑스 전통 요리
세비체(Ceviche)	얇게 자른 해산물을 레몬즙이나 라임즙에 재운 후 잘게 다진 채소와 함께 소스를 뿌려 차갑게 먹는 방법
콩디망(Condiment)	요리에 사용되는 여러 가지 양념을 섞은 것으로, 음식 전체의 맛을 조절
그라탱(Gratin)	식품에 치즈, 크림과 달걀 등을 올려 샐러맨더로 윗면이 황금색을 내게 하는 조리법

3. 양식 조리의 나라별 특징

국가	특징	대표 음식
미국	가공 식품, 반조리 식품, 인스턴트 식품 등이 발달	핫도그, 햄버거
프랑스	낙농업의 발달로 치즈, 생크림, 버터를 많이 사용	바게트, 브리오슈, 마카롱
이탈리아	저장을 목적으로 향신료를 많이 사용, 저장식품 발달	피자, 파스타, 젤라토, 아란치니, 크로켓
영국	소고기를 이용한 요리 발달, 티 타임 문화	로스트 비프, 피시 앤 칩스
독일	아침 식사 또는 브런치 중요, 감자와 빵이 주식	사워크라우트(독일식 김치)

> **필수 Keyword**
> - **세계 3대 진미** | 푸아그라, 캐비아, 트러플
> - **세계 3대 수프** | 프랑스의 부이야베스, 중국의 샥스핀, 태국의 똠양꿍

PART 02 스톡 조리

1. 스톡의 재료

부케가르니	통후추, 월계수잎, 타임, 파슬리 줄기, 마늘, 셀러리로 향을 낼 때 사용
미르포아	향을 강화할 때 사용하는 양파, 당근, 셀러리의 혼합물
뼈	뼈를 작은 조각으로 잘라 맛, 젤라틴, 영양 성분을 추출

2. 스톡의 종류

화이트 스톡	찬물에 각종 뼈, 야채, 향신료를 넣어 은근히 끓인 것(조리 중 색이 나면 안 됨)
브라운 스톡	각종 뼈, 야채를 오븐이나 스토브에서 갈색으로 구워 향신료를 넣고 장시간 끓인 것, 강한 육즙 향이 남
부용	야채, 식초, 소금, 와인 등을 넣고 맑게 끓인 것

3. 스톡의 문제별 해결 방법

문제점	해결 방법
색이 맑지 않은 경우	찬물에서 조리 시작, 소창으로 걸러냄
향이 적은 경우	조리 시간을 늘림, 뼈를 추가로 넣음
색이 옅은 경우	뼈와 미르포아를 짙은 갈색이 나도록 볶기
무게감이 없는 경우	뼈를 추가로 넣음
스톡에서 짠맛이 나는 경우	다시 조리(스톡에 소금 사용 금지)

PART 03 전채 · 샐러드 조리

1. 전채 조리

(1) 전채 조리 시 유의 사항
① 적당히 신맛과 짠맛으로 침샘을 자극해서 식욕을 돋우고 먹고 싶은 욕구를 일으킬 것
② 다음 요리에 대한 기대감이 생길 수 있도록 소량만 만들 것
③ 전채 요리는 식사의 시작을 알리는 음식으로 모양과 색채, 맛이 어우러지게 만들 것
④ 계절에 맞고 지역의 특성이 나타나는 식재료를 사용하며, 새로 재배되는 채소나 식재료를 활용할 것
⑤ 주요리에 사용되는 재료와 반복된 조리법을 사용하지 말 것

(2) 콩디망
① 요리에 사용되는 양념들을 섞은 것(단맛, 짠맛, 신맛, 쓴맛, 매운맛, 떫은맛, 감칠맛 등)으로 음식 전체의 맛을 조절함
② 전채 요리의 특성에 따라 제공되어야 함
③ 전채 요리에 조미료나 향신료로 사용되기도 하고, 전채 요리에 뿌리거나 작은 접시에 따로 제공됨
④ 오일 비네그레트, 베지터블 비네그레트, 토마토 살사, 마요네즈, 발사믹 소스 등

(3) 핑거볼
① 핑거 푸드나 과일 등을 손으로 먹을 때나 식후에 손을 씻을 수 있도록 물을 담아 놓는 작은 그릇
② 음료수로 착각하지 않도록 작은 그릇에 꽃잎이나 레몬조각을 띄워 식탁 왼쪽에 놓음

2. 샐러드 조리

(1) 샐러드 기본 구성

바탕(Base)	• 잎상추, 로메인 상추와 같은 샐러드 채소로 구성됨 • 그릇을 채워 주는 역할과 사용된 본체와의 색 대비를 이루는 것을 목적으로 함
본체(Body)	• 본체는 샐러드의 중요한 부분임 • 본체에 사용된 재료의 종류에 따라 샐러드의 종류가 결정됨
드레싱(Dressing)	• 일반적으로 모든 종류의 샐러드와 함께 냄 • 드레싱은 요리의 성공 여부에 매우 중요한 역할을 함 • 맛을 증가시키고, 가치를 돋보이게 하며 소화를 돕고, 곁들임의 역할을 함
가니쉬(Garnish)	• 완성된 제품을 아름답게 보이도록 함 • 때에 따라 형태를 개선하고 맛을 증진시키는 역할을 함

(2) 샐러드의 채소 손질 순서: 채소 세척 → 채소 다듬기 → 채소의 수분 제거 → 용기에 채소 보관하기

(3) 드레싱(Dressing)
① 종류

차가운 유화소스	비네그레트, 마요네즈
유제품을 기초로 하는 소스류	허브 크림 드레싱, 크림치즈 디핑소스
그 외	살사, 쿨리스, 퓨레

② 샐러드 드레싱의 목적
- 차가운 온도의 드레싱으로 샐러드의 맛을 한층 더 증가시켜 줌
- 맛이 강한 샐러드는 맛을 부드럽게 해 줌
- 맛이 순한 샐러드에는 향과 풍미를 충분하게 제공함
- 음식을 섭취할 때 입에서 즐기는 질감을 높임
- 신맛으로 소화를 촉진시키고, 상큼한 맛으로 식욕을 촉진시킴

③ 드레싱의 기본 재료: 오일, 식초, 달걀 노른자, 소금, 후추, 설탕, 레몬

(4) **샐러드 담을 때 주의 사항**
① 반드시 채소의 물기를 제거하고 담을 것
② 주재료와 부재료의 크기를 생각하여 부재료가 주재료를 가리지 않게 담을 것
③ 주재료와 부재료의 모양과 색상, 식감은 항상 다르게 준비할 것
④ 드레싱의 양이 샐러드의 양보다 많지 않게 담을 것
⑤ 드레싱의 농도가 너무 묽지 않게 할 것
⑥ 드레싱은 미리 뿌리지 말고 제공할 때 뿌릴 것
⑦ 샐러드를 미리 만들면 반드시 덮개를 씌워 채소가 마르지 않도록 할 것
⑧ 가니쉬는 주재료와 중복되지 않도록 사용할 것

PART 04 샌드위치 조리

1. 샌드위치의 종류

온도	핫	뜨거운 속재료를 주재료로 만든 샌드위치
	콜드	차가운 속재료를 주재료로 만든 샌드위치
형태	오픈	얇게 썬 빵에 속재료를 넣고 위에 덮는 빵을 올리지 않는 오픈 형태
	클로즈드	얇게 썬 빵에 속재료를 넣고 위·아래를 빵으로 덮는 형태
	핑거	일반 식빵을 클로즈드 샌드위치로 만들고 손가락 모양으로 길게 3~6등분으로 썰어 제공하는 형태
	롤	빵을 넓고 길게 잘라 재료(크림치즈, 게살, 훈제 연어, 참치)를 넣고 둥글게 만 후 썰어 제공하는 형태

2. 스프레드

(1) **역할:** 코팅제, 접착제, 맛, 감촉

(2) 종류

단순 스프레드	마요네즈, 잼, 버터, 머스터드, 크림치즈, 리코타 치즈, 발사믹 크림, 땅콩버터 등
복합 스프레드	• 버터 또는 마요네즈: 머스터드 스프레드, 앤초비 스프레드, 견과류 버터 스프레드, 사워크림 스프레드, 그린페퍼 스프레드, 레몬 버터 스프레드 • 유제품: 허니 크림치즈 스프레드, 사워크림 스프레드 • 올리브 오일: 바질 페이스트 스프레드, 타페나드 • 기타: 참치, 오렌지 망고 퓌레 스프레드, 아보카도 퓌레 스프레드

3. 샌드위치 플레이팅

① 재료 자체가 가지고 있는 고유의 색감과 질감을 잘 표현할 것
② 전체적으로 심플하고 깔끔하게 담을 것
③ 알맞은 양을 균형감 있게 담을 것
④ 고객이 먹기 편하도록 담을 것
⑤ 요리에 맞게 음식과 접시 온도를 조절할 것
⑥ 식재료의 조합으로 다양한 맛과 향이 공존하도록 할 것

PART 05   조식 조리

1. 조식의 종류

유럽식 아침 식사	각종 주스류와 조식용 빵, 커피나 홍차로 구성된 간단한 아침 식사
미국식 아침 식사	달걀 요리가 제공되며, 감자 요리와 햄, 베이컨, 소시지가 고객의 취향에 따라 제공됨
영국식 아침 식사	빵과 주스, 달걀과 감자 요리에 육류 요리나 생선 요리가 제공되며 조식 요리 중 가장 무겁게 느껴짐

2. 달걀의 조리법

습식열	포치드 에그(수란), 보일드 에그(삶은 달걀)
건식열	달걀 프라이, 스크램블 에그, 오믈렛, 에그 베네딕트

3. 조찬용 빵

토스트 브레드, 데니쉬 페이스트리, 크루아상, 베이글, 잉글리시 머핀, 바게트, 호밀빵, 브리오슈, 스위트 롤, 하드 롤, 소프트 롤

4. 조찬용 빵을 사용한 조리 방법

프렌치토스트	• 아침 식사용으로 많이 먹음 • 건조해진 빵을 활용하기 위해 만들어진 조리법 • 계핏가루, 설탕, 우유를 첨가한 달걀물에 빵을 담가 버터를 두른 팬에 구워 잼과 시럽을 곁들임
팬케이크	밀가루, 달걀, 물 등으로 반죽을 한 뒤 프라이팬에 구워 버터와 메이플 시럽을 뿌려 먹음
와플	서양 과자의 한 종류로 표면이 벌집 모양이고 식감이 바삭하며 아침 식사와 브런치, 디저트로 활용됨

5. 시리얼의 종류

차가운 시리얼	콘플레이크, 올 브랜, 라이스 크리스피, 레이진 브랜, 쉬레디드 휘트, 버처뮤슬리
더운 시리얼	오트밀

PART 06 수프 조리

1. 수프 구성 요소

스톡	• 수프의 맛을 좌우하는 가장 기본이 되는 요소 • 생선, 소고기, 닭고기, 채소와 같은 식재료의 맛을 낸 국물
농후제	• 수프의 농도를 조절하는 농후제: 리에종(Liaison) • 수프에 사용하는 것은 루(Roux)로, 밀가루를 색이 나지 않게 볶은 화이트 루(White Roux)를 주로 사용함
가니쉬	• 육류나 가금류, 생선류, 채소나 향신료를 사용하고, 적절한 모양과 크기로 제공함 • 종류: 토마토 콩카세, 크루통, 파슬리, 달걀 요리, 덤플링, 휘핑 크림 등
허브와 향신료	• 잎, 줄기, 꽃, 뿌리 등이 이용됨 • 식품의 풍미, 식욕 촉진, 방부 작용, 산화방지로 식품의 보존성 증가, 소화기능을 촉진시키는 역할을 함

> **필수 Keyword**
> • **리에종(Liaison)** | 소스나 수프를 진하게 하는 것으로, 루(Roux), 달걀 노른자, 밀가루, 전분 등을 사용

2. 수프 조리의 종류

(1) 농도에 의한 수프 조리

맑은 수프	• 콩소메: 고기와 채소를 푹 고아 진하게 우려낸 후 맑게 걸러낸 수프로, 주로 소고기, 닭, 생선을 기본 재료로 사용함 • 맑은 채소 수프: 여러 가지 야채와 페이스트를 넣어 만든 수프로, 미네스트로네가 대표적임

진한 수프	• 베샤멜: 화이트 루에 우유를 넣고 만든 약간 묽은 수프 • 벨루테: 브론드 루에 닭 육수를 넣고 만든 것을 기본으로 함 • 포타주: 재료 자체의 녹말 성분을 이용하여 걸쭉하고 불투명하게 만든 수프(리에종 사용×) • 퓌레: 야채를 잘게 분쇄한 것으로 크림을 사용하지 않고, 식재료가 가진 성분 그대로 이용해 농도를 조절함 • 차우더: 조개, 생선, 게살, 감자, 우유를 이용한 크림 수프 • 비스크: 갑각류(가재, 새우, 게 등)를 이용한 부드러운 수프로, 크림으로 맛과 농도를 조절함

(2) 온도에 따른 수프의 분류 및 조리 방법

가스파초	• 토마토, 오이, 양파, 피망 등 다양한 채소를 갈아서 만든 스페인의 대표적인 차가운 수프 • 채소 간 것을 체에 걸러 빵가루, 마늘, 올리브유, 식초 또는 레몬주스로 간을 하여 걸쭉하게 만듦
비시스와즈	• 삶은 감자를 체에 내려 퓌레로 만든 후, 잘게 썬 대파의 흰 부분과 함께 볶아 물이나 육수를 넣고 끓인 차가운 수프 • 크림, 소금, 후추로 간을 하고 처빌잎 등을 곁들이기도 함

(3) 지역별 대표 수프

부야베스	생선 스톡에 여러 가지 생선, 채소, 갑각류, 올리브유를 넣고 끓인 지중해식 생선 수프
굴라시	파프리카 고추로 진하게 양념하여 매콤한 맛이 특징인 헝가리식 소고기와 야채 스튜
미네스트로네	이탈리아의 대표적인 야채 수프로 각종 야채와 베이컨, 파스타를 넣고 끓인 수프
옥스테일	영국의 수프로, 소꼬리(Ox-tail), 베이컨, 토마토 퓌레 등을 넣고 끓인 수프
보르쉬	신선한 비트를 이용하여 만든 러시아와 폴란드식 수프로, 반드시 샘크림으로 장식함

PART 07 육류 조리

1. 육류 재료 준비

(1) 육류의 종류

소고기	• 선홍색을 띠며 광택이 나는 것이 좋음 • 근섬유는 결이 잘고 탄력이 크며 마블링이 좋음
송아지고기	• 담적색이고 지방이 섞여 있지 않음 • 연하여 숙성할 필요가 없으나 변패되기 쉽고 보존성이 짧음
돼지고기	• 7개월~1년의 어린 돼지고기를 식육으로 사용함 • 돼지고기의 색깔은 부위별로 다르며 일반적으로 담홍색, 회적색, 암적색을 띰 • 지방 함량이 많아 육질이 연하고 근섬유는 가늘며, 지방은 순백색으로 고기 사이에 적절하게 분포되어 있어 두꺼운 지방층을 형성함
양고기	생후 12개월 이하의 어린 양고기는 램(Lamb), 그 이상을 머튼(Mutton)이라고 함
닭고기	• 소고기에 비해 미오글로빈(육색소)의 함량이 적어 색이 연함 • 지방 함량이 적어서 맛이 담백함
오리고기	• 불포화지방산을 많이 함유함 • 칼슘, 철, 칼륨, 비타민 B_1(티아민), 비타민 B_2(리보플라빈)를 다량 함유함

거위고기	• 야생 기러기를 길들여 식육용으로 개량한 가금류 • 서양 요리에서 거위 간(푸아그라)은 세계 3대 진미에 속함
칠면조고기	• 미국, 멕시코에서 주로 많이 사육함 • 육질이 부드럽고 독특한 향이 있음 • 소화율이 높아 통째로 굽는 요리로 많이 사용함

2. 육류의 부재료와 마리네이드

부재료 (곁들임)	• 곡류, 서류, 두류, 채소류, 버섯류, 과일 등 • 소스가 사용됨
마리네이드 (밑간)	• 고기를 조리하기 전에 간을 배이게 하거나, 육류의 누린내를 제거하고 맛을 내게 함 • 육질이 질긴 고기를 부드럽게 하기 위해서 향미를 낸 액체나 고체를 이용하여 재워두는 것 • 육류에 마리네이드를 하면 향미와 수분을 주어 맛이 좋아짐

3. 육류 익힘의 5단계

레어(Rare) → 미디엄 레어(Medium Rare) → 미디엄(Medium) → 미디엄 웰던(Medium Well-done) → 웰던(Well-done)

4. 육류 요리 플레이팅의 5가지 구성 요소

단백질 파트	육류, 가금류 등
탄수화물 파트	감자, 쌀, 파스타
비타민 파트	브로콜리, 콜리플라워, 아스파라거스
소스 파트	모체 소스, 응용 소스(육류와 조화롭게 구성)
가니쉬 파트	신선한 잎(향신료)이나 기타 튀김을 이용

PART 08 파스타 조리

1. 파스타의 종류

건조 파스타	듀럼 밀을 거칠게 제분한 세몰리나(Semolina)를 주로 이용하고, 면의 형태를 만든 후 건조시켜 사용함
생면 파스타	세몰리나에 밀가루를 섞어 사용하거나 밀가루만 사용하고, 강력분과 달걀을 이용하여 만듦 • 오레키에테: 중앙부가 깊고 오목하게 파인 타원형의 파스타 • 탈리아텔레: 길고 얇은 리본 파스타로 면의 모양이 칼국수처럼 길고 납작함 • 탈리올리니: 탈리아텔레보다 너비가 좁음 • 파르팔레: 나비 모양의 파스타 • 토르텔리니: 속을 채운 뒤 반달 모양으로 접어 양끝을 이어 붙인 만두형 파스타 • 라비올리: 속을 채운 후 납작하게 빚어 내는 만두형 파스타

2. 파스타 형태와 소스

길고 가는 파스타	가벼운 토마토 소스나 올리브유를 이용한 소스가 잘 어울림
길고 넓적한 파스타	파르미지아노 레지아노 치즈, 프로슈토, 버터 등과 잘 어울림
짧은 파스타	가벼운 소스와 진한 소스 모두 어울림
짧고 작은 파스타	수프의 고명이나 샐러드의 재료로 많이 사용함
소를 채운 파스타	소에 이미 일정한 수분과 맛이 결정되어 있으므로 가벼운 소스를 사용함

3. 파스타의 기본 부재료

(1) **올리브 오일**
① 열전도가 느리기 때문에 저온에서 장시간 동안 하는 요리에 적합함
② 퓨어, 라이트 올리브 오일은 고온에서도 매우 안정성을 유지하는 지방산 구조 때문에 튀김이나 스튜, 소스 등의 뜨거운 요리에 적합함
③ 엑스트라버진은 빵을 찍어 먹거나 드레싱과 소스를 만드는 데도 사용함
④ 파스타에는 담백한 향미와 농도감을 위해 엑스트라버진 올리브 오일을 사용함
⑤ 올리브 오일에 허브와 스파이스를 첨가하여 사용하기도 함

(2) **토마토**
① 소금과 바질을 넣은 토마토 소스는 이탈리아 남부 지방에서부터 사용되기 시작함
② 항산화, 항암 등 각종 질병과 성인병을 예방할 수 있는 식품으로, 지중해 식단의 중요 식품에 해당함
③ 토마토 씨는 신맛이 나기 때문에 소스를 만들 때 씨가 들어가지 않도록 함

PART 09　소스 조리

1. 농후제

(1) **의의**: 소스나 수프의 농도를 내며 풍미를 더해 주는 것
(2) **종류**
① 루: 화이트 루, 브론드 루, 브라운 루
② 뵈르 마니에: 버터와 밀가루를 동량으로 섞어 만든 농후제

2. 후식 소스

(1) **크림 소스**: 앙글레이즈가 대표적

(2) **리큐어 소스**: 과일즙에 약간의 리큐어나 럼을 넣어 만든 것

(3) **초콜릿 소스**: 녹인 버터에 코코아 가루와 설탕 시럽을 섞어 만든 것, 바닐라향 등의 향료를 첨가

SUBJECT 08 중식

본책 P.348

PART 01 식생활 문화

1. 중국 요리의 분류

구분	특징	대표적인 요리
북경 요리 (베이징 요리)	• 고급 요리가 많이 발달함 • 튀김이나 볶음 요리가 발달함	베이징 덕(오리구이)
남경 요리 (상하이 요리)	• 동서양 사람들의 입맛에 맞도록 변화·발전됨 • 특산물인 장유를 사용하여 요리를 하며 기름기가 많음	홍샤로우
사천 요리 (쓰촨 요리)	• 야생의 특산물을 취하며, 특유의 조미 방식을 많이 사용함 • 맛이 매우 다양하며 진하면서 무겁고 신선함	마파두부, 누룽지탕
광동 요리 (광둥 요리)	• 싱겁고 기름이 적게 들어감 • 서양 요리 기술을 흡수·융합하여 선명한 지방 특색과 풍미를 형성함	광동식 탕수육, 상어 지느러미찜

2. 중국 요리의 특징

① 원료의 생산, 조리 기술, 풍미, 특색이 다양함
② 농후한 요리나 담백한 요리가 각각 복잡 미묘한 맛을 지님
③ 기름을 이용한 요리가 많고 다양한 식재료를 사용함
④ 높은 열에서 단시간에 조리하여 영양의 손실이 적음

3. 중식 재료 썰기

편(片, 피엔)	재료를 포 뜨듯이 한쪽으로 어슷하고 얇게 뜨는 것
사(絲, 쓸)	한식의 채 썰기와 같은 형태
괴(塊, 콰이)	재료를 덩어리 형태로 하여 수직으로 써는 것(직도법)
조(條, 티아오)	막대 모양으로 써는 것
정(丁, 딩)	재료를 사각형 모양으로 써는 형태
미(米)	쌀알 크기로 자르는 방법
말(末, 모)	참깨 크기로 잘게 다지는 도공법

4. 중식에서 사용되는 향신료·조미료

(1) **향신료:** 쟝(姜, 생강), 충(蔥, 파), 쏸(蒜, 마늘), 화쟈오(花椒, 산초씨), 딩샹(丁香, 정향), 파쟈오(八角, 팔각), 후이샹(茴香, 회향), 계피(桂皮), 진피(陈皮梅, 귤껍질) 등

(2) **조미료:** 소금, 식초, 간장, 굴소스, 두반장, 고추기름, 막장, 해선장, 새우간장, 겨자장, 노두유, 춘장, XO소스, 치킨파우더, 치킨스톡, 첨면장 등

PART 02 절임·무침 조리

1. 절임

(1) **종류:** 식초 절임, 소금 절임, 당 절임

(2) **절임·무침에 많이 사용하는 채소:** 향차이, 청경채, 무, 당근 등

(3) **절임류 종류:** 자차이, 장아찌

2. 무침

채소나 말린 생선, 해초 따위에 갖은 양념을 하여 국물 없이 무치거나 볶아서 식초, 설탕 등의 양념을 넣고 버무려서 제공하는 것

PART 03 육수·소스 조리

1. 육수

육류 또는 가금류, 뼈, 채소류, 건어물, 향신채 등을 넣고 물에 충분히 끓여 내어 우려낸 국물

2. 소스

(1) **정의:** 맛이나 빛깔을 더 좋게 하기 위해 식품에 넣거나 위에 끼얹는 액체 또는 반유동 상태의 조미료

(2) **구성 요소:** 육수, 농후제

(3) **중식에서 전분의 역할**
① 수분과 기름을 융화시킴
② 튀김 요리의 경우 바삭한 식감을 줌
③ 요리의 수분과 온도를 유지시킴
④ 국물을 걸쭉하게 함

PART 04 튀김 조리

1. 중식 튀김옷 재료

전분, 밀가루(박력분), 물(찬물), 달걀, 식소다, 설탕

2. 중식 튀김 조리법의 종류

초(炒)	알맞은 크기와 모양으로 자른 재료를 적은 양의 기름에 넣고 센 불이나 중간 불에서 단시간에 뒤섞으며 익히는 조리법
폭(爆)	재료를 1.5cm 정육면체로 썰거나 칼집을 낸 다음 뜨거운 물이나 육수, 기름 등으로 먼저 열처리한 뒤 센 불에서 재빨리 익히는 조리법
전(煎)	뜨겁게 달군 팬에 기름을 조금 두르고 밑손질을 한 재료를 펼쳐 놓아 중간 불이나 약한 불에서 한 면 또는 양면을 지져서 익히는 조리법
작(炸)	넉넉한 양의 기름에 밑손질한 재료를 넣어 튀기는 조리법
류(熘)	재료를 녹말이나 밀가루 튀김옷을 입혀 기름에 튀긴 후 여러 가지 조미료로 만든 소스를 재료 위에 끼얹거나 튀김과 버무려 내는 조리법
팽(烹)	적당한 모양으로 썬 주재료를 밑간하여 튀기거나 지지거나 볶아 낸 뒤, 다시 부재료, 조미료와 센 불에서 뒤섞으며 소스를 재료에 흡수시키는 조리법
첩(貼)	한 가지 재료를 곱게 다져서 큰 편을 낸 다른 재료 위에 얹고 나머지 재료로 덮은 후 편을 낸 재료를 아래로 향하게 하여 바삭하게 지져 낸 다음 물을 적당량 부어 수증기로 익히는 조리법

PART 05 조림 조리

1. 조림의 정의와 특징

(1) **정의**
① 손질한 식재료(육류, 생선류, 채소, 가금류, 두부)를 팬에 담아 불에 올려 양념을 하면서 불 조절을 하여 즙이 거의 없을 때까지 자박하게 끓여 내는 것
② **홍소-홍샤오**: 생선류, 육류, 가금류, 갑각류, 해삼류를 뜨거운 기름이나 끓는 물에 데친 후 부재료와 함께 볶아 간장 소스에 조린 것
③ **민-먼**: 뚜껑을 닫고 약한 불에서 굽거나 익히는 것

(2) **특징**: 조림은 정선된 재료를 양념하여 강한 불에서 약한 불로 불 조절을 하며 물 전분을 넣고 자박하게 끓여 냄

2. 조림의 종류

육류를 이용한 조림	난자완스, 오향장육	두부를 이용한 조림	홍소두부
어류를 이용한 조림	홍소도미	야채를 이용한 조림	오향땅콩조림

PART 06 밥 조리

1. 밥 짓기
① 용도에 맞게 쌀과 물의 양을 조절
② 중식 밥 제품별로 준비된 원재료와 부재료를 혼합함

2. 밥 조리 종류
유산슬덮밥, 잡탕밥, 송이덮밥, 마파두부덮밥, 잡채밥, 새우볶음밥, XO볶음밥 등

PART 07 면 조리

1. 면의 이해

(1) 면대와 면발
① **면대와 면발의 차이**: 면대는 반죽을 얇게 편 것, 면발은 면대를 썰어서 만든 면 가닥을 말함
② **면대와 면발을 만드는 방법**: 반죽을 얇고 넓적하게 펴서 면대를 만들며, 절출기 또는 칼날을 이용하여 면발을 만듦
③ **면발의 특성**
- **면 수분 함량**: 다가수 면발, 일반 면발, 반건조 면발, 건조 면발 등으로 구분
- **면발의 굵기**: 세면, 소면, 중면, 중화면, 칼국수면, 우동면 등으로 구분

2. 면 삶기

(1) 소금
① 국수의 특징에 따라 다른 종류의 소금 사용
② 대부분의 면에서는 밀가루 기준 2~6%의 함량으로 사용
③ 글루텐에 대한 점탄성을 증가시켜 주고, 맛과 풍미를 향상시켜 줌
④ 삶는 시간을 단축해 주고, 보존성을 향상시켜 줌
⑤ 건면의 경우에는 이상 건조, 낙면을 방지함

(2) 물
① 제면을 할 때 사용되는 물은 모든 부분에서 중요함(반죽할 때의 배합수, 삶을 때의 삶는 물, 수세, 세척 용수)
② 제면 공정에서 원료분 100에 대해 물 35 이상을 혼합 반죽하는 데 사용, 면을 삶을 때에는 충분한 양의 끓는 물에서 삶음

(3) **기타 부원료**
① 생면 제조에 사용되는 기본 원료는 밀가루이고, 이외 밀가루의 점도 및 성형을 위해 전분이 중요한 부원료로 사용됨
② 많이 사용하는 전분에는 타피오카 전분, 감자 전분, 고구마 전분, 옥수수 전분 등이 있음

PART 08 냉채 조리

1. 냉채 요리 선정 시 유의 사항

① 주요리의 가격에 유의할 것
② 주요리의 종류와 조리 형태를 고려할 것
③ 재료와 부재료에 균형을 이루어야 함
④ 조리 방법이 겹치지 않아야 함

2. 냉채 종류

무치는 냉채	해파리 무침, 피단냉채, 미역냉채 무침, 닭가슴분피 무침, 자차이 무침
데치는 냉채	오징어무침, 파생강갑오징어, 새우와 닭고기무침, 양장피
삶는 냉채	마늘소스삼겹살, 오향장육, 오향땅콩
양념에 담그는 냉채	사천포채, 매운맛 오이, 술 취한 새우, 진피무
수정모양냉채(젤라틴의 겔화)	수정 돼지고기
훈제냉채	훈제 숭어

3. 냉채에 어울리는 기초 장식

해물	무, 오이, 당근, 고추 등 사용
육류	• 마늘소스삼겹살 냉채: 무, 오이, 양파 등 흰색과 갈색이 나는 장식 사용 • 오향장육: 색이 짙으므로 흰색 장식 사용

PART 09 볶음 조리

1. 중식 볶음 음식의 특징

① 사전 준비를 중요시함
② 불의 요리
③ 향신료와 조미료를 많이 사용함
④ 식재료가 풍부함

⑤ 재료 고유의 맛, 색, 향을 살리고 모양이 풍요롭고 화려함
⑥ 오방색(노란색, 붉은색, 흰색, 청색, 검은색)을 사용함

2. 볶음 시 기름의 역할

열 매개체, 영양 공급원, 풍미 향상

3. 볶음 조리 방법

초(炒, 차오)	솥에 기름을 조금 넣고 재료를 센 불이나 중간 불에서 짧은 시간에 뒤섞으며 조미하여 익히는 방법
폭(爆, 바오)	폭은 1.5cm 정육면체나 가는 채, 꽃 모양으로 만들어 칼집을 낸 재료를 뜨거운 물이나 탕, 기름 등으로 빠르게 가열한 뒤 데치거나 튀기거나 익혀 내는 방법
류(溜, 리우)	여러 가지 조미료를 혼합하여 만든 걸쭉한 소스를 재료 위에 끼얹거나 조리한 재료를 소스에 버무려 묻혀 내는 방법
작(炸, 짜)	기름을 넉넉히 붓고 센 불에 튀기는 방법
전(煎, 젠)	기름을 두르고 지지는 조리법

PART 10 후식 조리

1. 중국 후식의 분류

(1) 더운 후식류 – 빠스류
① 여러 식재료를 이용하여 달콤하고 깔끔한 맛을 내도록 해야 함
② 식후에 먹는 음식이므로 양을 많지 않게 하며 모양과 향에도 신경을 써야 함

(2) 찬 후식류

시미로	전분의 한 종류인 타피오카를 주재료로 사용한 후식류로 여러 식재료와 혼합하여 냉장고에 차게 보관한 후 후식으로 사용
과일	모든 종류의 과일을 사용
무스류	거품처럼 부드럽고 차가운 크림 상태의 과자를 뜻함
파이류	주로 과일이나 견과류를 디저트의 주재료로 많이 이용함

SUBJECT 09 일식

PART 01 식생활 문화

1. 일본 요리의 특징

(1) 일본 요리의 기본 조리법
① 오미(五味): 단맛, 짠맛, 신맛, 쓴맛, 매운맛
② 오법(五法): 날것, 구이, 찜, 조림, 튀김
③ 오색(五色): 흰색, 검은색, 노란색, 빨간색, 파란색

(2) 일본 요리 담는 방법
① 색상의 조화를 고려
② 계절감을 살리는 기물을 선택
③ 자연 그대로의 맛과 멋을 살림
④ 그릇 바깥쪽부터 자기 앞쪽으로 담음
⑤ 오른쪽부터 왼쪽으로 담음
⑥ 차가운 요리는 찬 그릇을, 뜨거운 요리는 뜨거운 그릇을 사용
⑦ 생선의 경우 머리는 왼쪽, 배가 자신의 앞으로 오도록 담음
⑧ 공간의 미를 살림
⑨ 먹는 사람이 먹기 쉽도록 담음

> **필수 Keyword**
> - **일식 정통 조미 순서** | 사(설탕) → 시(소금) → 스(식초) → 세(간장) → 소(된장)
>   – 야채: 설탕 → 소금 → 간장 → 식초 → 된장 순으로 조미
>   – 생선: 청주 → 설탕 → 소금 → 식초 → 간장 순으로 조미

2. 양념장

폰즈	감귤류(유자, 영귤)의 즙에 간장, 청주, 다시마, 가다랑어포(국물)를 첨가하여 1주일 정도 숙성시켜 만든 간장
다데즈	• 여귀잎을 갈고 쌀죽, 알코올을 날린 청주와 식초, 소금 약간, 쌀죽을 넣어 만든 양념장 • 은어 구이에 사용
야쿠미 (곁들임 양념)	• 시치미: '일곱 가지 맛'이라는 뜻으로 고춧가루에 파래, 산초가루, 양귀비씨, 깨, 후추, 겨자, 진피 등을 섞어서 만든 매운맛을 내는 양념 • 유즈코쇼: 유자와 고추를 간 양념 • 산미를 내는 레몬, 유자, 영귤 등이 있고, 풍미를 위해 간 생강, 다진 실파, 간 무 등이 있음

PART 02 무침 조리

1. 일식 무침 조리의 특징

① 재료와 향신료를 섞어 조화로운 맛이 나게 함
② 무침 조리는 미리 양념을 하면 음식에서 물이 나오므로 상에 올리기 직전에 무쳐 냄
③ 어패류, 채소, 건어물 등을 삶거나 데쳐서 무치는 경우가 많으나, 날것으로 이용하는 경우도 있음
④ 재료는 신선한 것을 준비함
⑤ 재료에 따라 가열하거나 밑간을 먼저 한 후 무치는 경우가 있으나 가열해서 무칠 경우 식감을 위해 재료를 식혀 사용함

PART 03 국물 조리

1. 국물 요리의 종류

맑은 국물 (스마시지루)	• 뚜껑을 열었을 때 계절감과 향을 내는 것이 중요함 • 주재료와 부재료인 야채가 어우러진 맛과 색, 모양이 중요함 • 기본이 되는 다시 국물의 향과 맛을 살려야 함 • 맑은 국물 요리는 일본 코스 요리인 회석 요리에 주로 사용함
탁한 국물 (니고리시루)	• 식사와 함께 내는 요리 • 일본 된장(미소)을 이용한 된장국, 술지게미를 이용한 국물 등이 대표적임
된장국(미소시루)	적된장국(아카미소시루)과 흰된장국(시로미소시루)으로 구분됨

2. 맛국물 재료

(1) **다시마(곤부)**

① 특징
- 대부분 추운 곳에서 생산되며 일본은 홋카이도(북해도)가 주요 산지임
- 가공품으로는 영양가가 높은 도로로 곤부, 히로이 곤부 등이 있음
- 다시마는 감칠맛 성분인 글루타민산이 많아 국물 재료로 사용함

② 고르는 법: 잘 건조되고 검은색 또는 짙은 녹갈색으로 두껍고 하얀 염분과 같은 것이 묻어 있는 것

③ 이용 방법
- 끓이지 않는 방법: 깨끗한 젖은 행주로 다시마에 붙어 있는 먼지를 털어 내고 찬물에 담가 몇 시간 동안 우린 후 사용
- 끓이는 방법: 깨끗한 젖은 행주로 다시마에 붙어 있는 먼지를 털어 내고 찬물에 넣어 약한 불로 천천히 끓이다가 끓어 오르기 직전 90℃에서 다시마를 건져 내고 사용

(2) 가다랑어포(가쓰오부시)
① 특징
- 가다랑어(참치)를 손질하여 훈연하고, 건조시켜 대패로 얇게 포를 뜬 것
- 일본의 대표적인 국물과 요리에 다시마와 함께 이용함
- 그 외에도 정어리, 전갱이 등 여러 생선을 비슷한 방식으로 포를 만들기도 하지만 나머지 것들은 잡포(케즈리부시)라고 함
- 단백질이 분해되면서 이노신산이라는 독특한 감칠맛을 냄

② 가다랑어포 보관 방법
- 가다랑어포의 맛 성분은 휘발성이 많아 향 성분이 날아가므로 대패로 얇게 포를 떠 바로 사용할 것
- 훈연 가다랑어를 통째로 구입 시 냉장 보관하였다가 사용 시 바로 포를 떠서 사용할 것
- 구입 후 바로 사용하는 것을 권장함
- 대패로 밀어 놓은 상품은 일반적으로 냉동 보관할 것(가다랑어포를 깎은 채로 냉장고에 넣어 두면 건조해지고 가루가 됨)
- 보관 용기는 습기가 없는 것을 사용할 것

PART 04 조림 조리

1. 조림 조리의 특징

① 재료와 국물을 함께 끓여 맛이 속으로 스며들게 하는 조리
② 밥 반찬이 되고, 식단을 마무리 짓는 역할을 함
③ 야채 니모노는 야채를 기본 다시만 넣어 살짝 조리는 담백한 요리임

PART 05 면류 조리

1. 면류 조리의 종류

메밀국수(소바)	메밀가루로 만든 국수가 주재료이며, 다시마, 가다랑어포로 우려낸 국물에 간장으로 간을 맞춘 쯔유에 찍어 먹는 요리
우동	대표적인 일본 요리 중 하나로, 밀가루를 넓게 펴 만든 굵은 국수
라멘	일본의 대중 음식으로, 면과 국물, 그 위에 파, 돼지고기(챠슈), 삶은 달걀 등의 여러 가지 재료를 얹음
소면(소멘)	밀가루 반죽을 길게 늘여 막대기에 면을 감아 당긴 후 가늘게 만드는 국수

PART 06 밥류 조리

1. 차밥(おちゃずけ, 오차즈케)

① 차밥(おちゃずけ, 오차즈케): 따뜻한 밥 위에 뜨거운 차를 부어 먹는 요리
② 히야시차즈케(冷やし茶漬け): 뜨거운 밥 위에 차가운 차를 부어 먹는 요리

2. 밥 조리 시 가수량

① 침지나 가수량 변수 요인: 품종, 재배 조건, 저장 기간
② 쌀이 흡수하는 일반적인 물의 양: 쌀 중량의 1.2~1.4배
③ 물 양의 변수 요인: 가열 시 증발량, 기호, 용도 등

3. 덮밥류 조리

(1) 덮밥(돈부리모노)의 특징

① 일본에서는 덮밥을 돈부리모노라고 하는데, 이를 줄여 '돈부리'라고 함
② 사발 형태의 깊이가 있는 식기를 돈부리라 하는데, 여기에 밥과 반찬을 함께 담아 제공하는 요리임
③ 반찬으로 올리는 요리 이름에 따라 명칭을 사용함

(2) 덮밥의 종류

덮밥명	재료	덮밥명	재료
규동	소고기 조림	가츠동	돈가스
덴동	각종 튀김류	오야코동	조리한 닭고기, 달걀 조림
우나동	찌거나 구운 장어	부타동	돼지고기 구이
텟카동	참치회	가이센동	여러 가지 회

4. 죽류 조리

(1) 오카유(粥, おかゆ)

① 쌀을 씻어 10배의 물이나 다시 물을 부어 끓임
② 오래 끓여 부드럽게 먹음
③ 팥이나 쌀 등 곡류에 물을 충분히 넣고 부드럽게 끓임

(2) 조우스이(雜炊, ぞうすい)

① 밥 중량의 2배의 물을 넣고 끓인 죽
② 복어 냄비, 샤브샤브, 게 냄비, 닭고기 냄비 등 냄비나 전골을 먹고 난 후 생긴 맛국물에 밥을 넣고 끓여 부드럽게 만든 죽
③ 짧은 시간에 끓여 먹는 죽
④ 냄비나 전골이 없는 경우에는 맛국물에 여러 가지 재료와 밥을 넣어 끓이기도 함

PART 07　초회 조리

1. 일본 초회 조리 특징
① 초회는 맛이 담백하고 산미가 있어 식욕을 증진시키고 입안을 개운하게 함
② 식재료 본연의 특징과 맛을 살려 내는 것이 중요함
③ 신선한 재료를 선택함
④ 피로 회복에 도움을 주며 여름철의 음식으로 좋음

2. 초회 재료 준비
① 조리할 재료를 깨끗이 세척한 후 사용함
② 어패류는 수분과 비린내를 없애기 위해 소금을 사용함
③ 채소류는 소금에 주무르거나 소금물에 절여서 사용함
④ 삶거나 데쳐서 사용함
⑤ 건조된 재료는 물에 불려서 사용함

PART 08　찜 조리

1. 도미 고르는 법
① 생선 몸통은 황색, 홍색, 회색으로 살이 단단한 것
② 봄철에 분홍빛을 띤 참돔이 맛이 좋음

2. 도미 손질하기
도미 머리에 칼집 넣기 → 데바 칼끝으로 꼬리 부분을 자르고 꼬리를 들어 피 빼기 → 비늘 제거하기 → 아가미의 연결 부위를 자르고 배쪽에 칼집 넣기 → 아가미와 내장 제거하기 → 머리 자르기 → 꼬리 자르기 → 중간 뼈 위로 칼을 넣어 위에서 아래로 당기기 → 살과 뼈 분리하기(3장 뜨기) → 배쪽 갈비뼈 분리하기 → 용도에 맞게 잘라 사용하기

(1) **도미 머리 손질하기**: 도미 입 앞니 가운데로 데바 칼을 넣어 머리 가운데 자르기 → 머리 뒤쪽에 칼 넣기 → 머리를 잘라 2등분하기 → 양쪽 지느러미 자르기 → 가마 살 분리하기(머리가 클 경우 입과 눈 부분으로 분리) → 분리된 머리에 소금 뿌리기 → 끓는 물에 데쳐 찬물에 식히기 → 비늘과 불순물 제거하기

(2) **도미 꼬리 손질하기**: 꼬리지느러미를 V자로 손질하기 → X자로 칼집 넣기 → 소금 뿌려 놓기 → 데쳐서 손질하기

PART 09 　롤 초밥 조리

1. 초밥 종류

명칭	설명	명칭	설명
후토마키	굵게 만 김초밥	마키스시	김초밥
호소마키	가늘게 만 김초밥	데카마키	참치 김초밥
갓파마키	오이 김초밥	하코 초밥	도시락이나 상자에 재료를 넣어 만든 초밥

> **필수 Keyword**
> - 초밥 용어
>   - 스시즈: 배합초   - 고항: 밥   - 노리: 김   - 간뾰: 박고지
>   - 마구로: 참치   - 오보로: 생선가루 - 와사비: 고추냉이 - 쇼가: 생강

2. 밥과 배합초의 비율

① 밥과 배합초의 비율은 밥 : 배합초 = 15 : 1
② 김초밥은 배합초의 비율을 더 적게 하고, 생선초밥은 배합초의 비율을 조금 더 강하게 함

PART 10 　구이 조리

1. 일식 구이의 분류

(1) 조미 양념에 따른 분류

시오야키(소금구이)	소금으로 밑간을 하여 굽는 구이
데리야키(양념 간장구이)	구이 재료를 데리(양념 간장)로 발라가며 굽는 구이
미소야키(된장구이)	미소(된장)에 구이 재료를 재웠다가 굽는 구이

(2) 조리기구에 따른 분류

스미야키(숯불구이)	숯불에 굽는 구이
데판야키(철판구이)	철판 위에서 굽는 구이
쿠시야키(꼬치구이)	꼬치에 꽂아 굽는 구이

PART 01 식생활 문화

1. 영양 성분적 특징

저칼로리, 고단백, 저지방, 각종 무기질 및 비타민 함유

2. 복어의 효능

① 수술 전후 환자 회복
② 당뇨병, 신장 질환의 식이요법
③ 갱년기 장애
④ 혈전과 노화 방지
⑤ 폐경 연장, 각종 종양 예방 및 치료
⑥ 신경통, 두통, 해열, 혈압 강화, 치질 예방

3. 복어독

(1) **테트로도톡신**: 무색, 무미, 무취의 결정으로 말초신경과 중추신경에 강한 마비를 일으키는 독

(2) **부위별 독의 양**: 난소 > 간 > 피부 > 장 > 근육, 산란 직전(4~6월)에 복어독의 양은 최대

(3) **잠복기**: 식후 30분~5시간

(4) **중독 증상**

제1도(초기 증상)	입술 및 혀끝의 떨림, 혀끝의 지각마비, 무게 감각 둔화, 부자연스러운 보행, 구토 증상
제2도(불완전 운동마비)	손발의 운동장애, 발성장애, 언어장애, 호흡곤란, 촉각과 미각이 둔해짐, 혈압저하
제3도(완전 운동마비)	운동 불가능, 의사전달 불가능, 산소 결핍으로 입술, 뺨, 귀가 파랗게 나타남(치아노제 현상)
제4도(의식소실)	완전히 의식불능, 호흡곤란, 심장정지, 사망

(5) **중독 시 처치 및 치료**: 물, 증조수, 식염수 등을 다량으로 섭취한 후 위 세척을 하고 병원으로 옮겨 응급처치를 해야 함

PART 02 복어와 부재료 손질

1. 복어의 식용 가능 여부

(1) 식용 가능 종류

식용 가능(21종)	복섬, 흰점복, 졸복, 매리복, 검복, 황복, 눈불개복, 자주복, 참복, 까치복, 민밀복, 은밀복, 흑밀복, 불룩복, 황점복, 강담복, 가시복, 라투로가시복, 잔점박이가시복, 거북복, 까칠복
식용 불가능	국매리, 배복, 선인복, 벌레복, 별복

(2) 식용 가능 부위

식용 가능	입, 혀, 껍질, 지느러미, 살, 머리뼈 부분, 갈비뼈 부분, 정소(이리)
식용 불가능	안구, 간장, 난소, 알, 위장, 아가미, 쓸개, 비장, 신장, 심장, 내장(정소 제외)

2. 복떡 굽기
① 물을 침전시킨 쌀가루를 찌고 절구를 사용하여 만든 떡을 가열해서 사용함
② 떡을 굽지 않고 그대로 사용하면 형태에 변형이 생기므로 구워서 사용함

PART 03 복어 양념장 준비

1. 초간장 만들기

(1) 초간장(폰즈)의 정의
① 감귤류의 과즙을 이용한 일식 조미료
② 냄비 요리(지리, 백숙, 샤브샤브 등)와 산성이 적당히 융합되는 요리(생선회, 냉샤브샤브, 두부 요리, 생선구이, 찜, 초무침 등)에 사용됨

2. 초간장의 구성 재료

(1) 포
① 가다랑어포(가쓰오부시)

혼부시	대형 가다랑어를 3장 뜨기를 한 후 한쪽 살을 세로로 자른 것
가메부시	작은 가다랑어의 한쪽 살로 만든 것
오부시	혼부시의 등 부분
메부시	혼부시의 배 부분

② 그 외 포(자츠부시)
- 사바부시: 고등어포
- 이와시부시: 정어리포
- 소우다부시: 참치포

(2) 다시마
① 잘 건조되고 두툼하며 표면에 흰가루가 전체적으로 고르게 있는 것이 좋음
② 다시마 등 해조류에는 글루타민산이 많이 함유되어 있고 글루타민산을 가공한 것을 글루타민산나트륨(MSG)이라고 함

PART 04 복어껍질초회 조리

1. 복어껍질 손질 및 건조 방법

(1) 복어껍질 종류: 검은 껍질(구로가와), 흰 껍질(시로가와)

(2) 복어껍질 벗기는 방법: 손질된 복어껍질은 사시미, 아에모노, 굳힘 요리(니코고리)에 사용됨
① 관동 지방 방식: 두 장으로 잘라 펼치는 방법
② 관서 지방 방식: 한 장으로 통째로 벗기는 방법

(3) 복어껍질 손질 순서
① 복어 표면의 이물질을 솔로 닦아 냄(복어의 껍질은 점액질이 많고 냄새가 많이 나기 때문에 굵은 소금으로 잘 문질러 많은 물에 충분히 헹굼)
② 한 장 또는 두 장으로 껍질을 제거
③ 겉껍질과 속껍질을 데바 칼로 분리
④ 도마에 복어 껍질의 안쪽을 바닥에 밀착시키고 사시미 칼로 복어 표면의 단단한 가시를 제거
⑤ 가시 제거 후 끓는 물에 소금을 넣고 무르도록 삶아 얼음물에 식힘
⑥ 물기 제거 후 구시에 끼워 냉장고에서 꼬들꼬들하게 건조시킴

(4) 복어껍질 사용 방법
① 사용하기 전에 꺼내어 무침 등의 용도에 맞게 얇게 썰어 사용
② 겉껍질과 속껍질의 사용 비율은 9 : 1 정도로 함

2. 복어껍질초회 양념 만들기

무	후로부키, 니모노, 기리보시, 회, 무즙, 생선회의 곁들임 등으로 사용
고춧가루	• 덜 익은 것: 푸른 고추(아오토우가라시) • 익은 것: 붉은 고추(아카토우가라시)
실파	생선회나 음식에 곁들이는 향신료 또는 양념으로 많이 사용

PART 05　복어죽 조리

1. 다시마

(1) 종류

종류	특징	분포도
참다시마	• 잎이 얇고 넓음 • 토종 길이 1m, 일본 유입종 길이 2m	동해안 사근진 연안
애기다시마	• 잎은 밑부분이 좀 넓은 좁고 긴 띠 모양 • 길이 0.6~2m, 너비 5~9cm, 황갈색 또는 밤색	동해, 중국, 일본 연해
개다시마	길이 1~2m, 너비 20~30cm	한국, 일본, 사할린섬, 쿠릴열도

(2) 성분: 단백질 7%, 지방 0.5%, 무기질 28%, 요오드, 칼슘, 철, 비타민 C, 글루타민산(감칠맛)

2. 죽의 종류

오카유	• 불린 쌀 이용: 쌀을 반만 갈아서 맛국물을 넉넉히 넣고 끓임 • 밥 이용: 밥에 물을 넣고 밥알을 국자로 으깨면서 끓임
조우스이	밥을 기본으로 잘게 썬 고기, 채소, 어패류 등을 넣어 끓인 맑거나 걸쭉한 죽

PART 06　복어튀김 조리

1. 양념 재우기 순서

복어 손질하여 수분 제거 → 복어살 칼집 넣기 → 실파 얇게 썰기 → 소스 만들기(국간장 1T, 미림 1T, 정종 1T, 참기름 약간) → 복어살을 소스에 1분 재우기 → 복어살 건져 체에 밭치기 → 유자 껍질을 다져서 복어살에 묻히기

2. 튀김의 종류

스아게	식재료 그 자체를 아무것도 묻히지 않은 상태에서 튀겨 내는 튀김
고로모아게	박력분이나 전분에 물을 넣어서 튀김옷(고로모)을 만들고 재료에 묻혀 튀겨 내는 튀김
가라아게	양념한 재료를 그대로 튀기거나 박력분이나 전분만을 묻혀 튀긴 튀김

3. 복어튀김 관련 용어

아게다시	튀긴 재료 위에 조미한 조림 국물을 부어 먹는 요리(다시 : 연간장 : 미림 = 7 : 1 : 1)
덴다시	튀김을 찍어 먹는 간장 소스(다시 : 진간장 : 미림 = 4 : 1 : 1)
야쿠미	요리의 풍미를 증가시키거나 식욕을 자극하기 위해 첨가하는 야채나 향신료
텐카스	튀김옷(고로모)을 방울지게 튀긴 것, 튀길 때 재료에서 떨어져 나온 여분의 튀김

PART 07 복어회 국화 모양 조리

1. 복어살 전처리 방법

(1) 생선포 뜨기의 종류

두 장 뜨기 (니마이오로시)	생선의 머리를 자르고 난 후 씻어서 살을 오로시(필렛, 생선살만 분리)하고 중간 뼈가 붙어 있지 않게 살이 두 장이 되게 하는 방법
세 장 뜨기 (산마이오로시)	기본적인 생선포 뜨기의 방법으로, 생선을 위쪽 살, 아래쪽 살, 중앙뼈의 세 장으로 나누는 방법

(2) **생선 비린내 제거 방법**: 물로 씻기, 산 첨가, 간장 첨가, 된장 첨가

2. 복어회 뜨기

(1) **복어 횟감의 전처리**
① 복어회의 국화 모양을 나타내기 위해 횟감용 살을 두 개로 나누기
② 한쪽은 바깥쪽 국화 모양, 다른 한쪽은 안쪽 국화 모양을 위해 준비
③ 3 : 2의 비율로 약간 칼을 기울여 횟감용 살을 두 개로 나누기
④ 복어 살의 폭이 넓은 부분은 접시 바깥쪽의 국화 모양 만들기
⑤ 작은 부분은 접시 안쪽의 국화 모양으로 사용

(2) **복어회 모양 내기(생선살 써는 방법)**

평 썰기	참치회 썰기에 이용
잡아당겨 썰기	살이 부드러운 생선의 뱃살 부분을 썰 때 유효한 방법
깎아 썰기	사시미 아라이(얼음물에 씻는 회)할 생선이나 모양이 좋지 않은 회를 자를 때 쓰는 방법
얇게 썰기	복어처럼 살에 탄력이 있는 흰살 생선을 최대한 얇게 써는 방법
가늘게 썰기	칼끝을 도마에 대고 손잡이가 있는 부분을 띄어 위에서 아래로 긁어 내려가면서 써는 방법
각 썰기	참치나 방어 등의 붉은살 생선을 직사각형 또는 사각으로 자르는 방법
실 굵기 썰기	실처럼 가늘게 써는 방법
뼈째 썰기	작은 생선을 손질 후 뼈째 썰어 얼음물에 씻어 수분을 잘 제거하고 회로 먹는 방법

3. 복어회 국화 모양으로 담기

복어회 뜨기	복어회를 얇고, 길게 잘라 국화꽃 모양으로 둥근 접시에 담는 기술(기쿠모리)
복어회 담기	복어회를 잘라 큰 둥근 접시에 원반 모양에 맞춰 평평하게 국화 모양, 모란꽃 모양 등으로 표현하는 방법도 있으며, 학 모양, 공작 모양 등의 형상에 맞춰 접시를 선택하여 표현하는 방법도 있음
접시 사용	기본적으로 원형 접시를 사용하고, 무늬와 색이 있는 접시를 선택하며 가능한 사각 접시와 투명 유리 접시는 피함
곁들임 재료 담기	폰즈(지리스)는 감귤류를 짜낸 즙에 진간장, 미림, 청주 등을 잘 혼합하여 숙성한 소스로 흰살 생선에 잘 어울림

PART 08 복어 선별 · 손질관리

1. 복어 기초 손질

순서	방법
위생적으로 세척	흐르는 물에 이물질과 잡티를 제거 → 뼈 부분에 고인 피를 제거 → 혈관 제거 → 충분히 헹궈 피를 완전히 제거
점액질 제거	입, 지느러미, 껍질의 점액질을 소금으로 문지르고, 끓는 물에 데쳐 점액질을 제거 → 껍질은 칼로 점액질을 긁어 낸 후 물에 담가두었다가 필요시 손질 후 삶아 사용
부위별 분리	입, 지느러미, 껍질을 분리 → 안구 제거
부위분리 및 손질	아가미와 아가미를 덮고 있는 뼈 사이에 칼집 넣기 → 머리, 몸통, 아가미살, 내장 부위를 분리, 손질
용기 확인	모든 불가식 부위를 확인(눈과 복어의 개수 확인)

2. 복어의 독성 부위 폐기

(1) 폐기 방법
① 복어의 내장은 독성이 있는 음식물로 분류되어 음식물 쓰레기가 아닌 종량제 봉투에 넣어 폐기해야 함
② 운반 과정에서 복어 내장이며 독이 있다는 표시와 더불어 이를 취급하는 직원의 교육도 필요함

(2) 폐기 시 주의 사항
① 복어 독성 부위의 별도 폐기를 위한 폐기물 수거 직원을 대상으로 교육을 통해 복어 독성 부위 폐기물이 잘 관리되도록 하고, 폐기물 수거 직원이 바뀌면 다시 교육해야 함
② 복어 폐기물이 썩거나 냄새가 나는 것을 방지하기 위해 폐기물 수거 시간이 길어지면 냉장 보관하였다가 수거 시간에 맞추어 내어 놓아야 함
③ 폐기물 협력 업체로부터 복어 독성 부위를 어떻게 처리하는지에 대한 의견을 듣고 적합한 방법인지 판단 후 의견을 제시함
④ 독성 부위의 안전한 폐기가 중요한 이유는 이를 생선 내장으로 착각하여 섭취하는 것을 방지하기 위함이고, 사료나 친환경 비료를 만드는 곳에 보내져서 피해를 보는 것을 사전에 방지하기 위함임

꿈을 현실로 만드는 에듀윌

공무원 교육
- 선호도 1위, 신뢰도 1위! 브랜드만족도 1위!
- 합격자 수 2,100% 폭등시킨 독한 커리큘럼

자격증 교육
- 9년간 아무도 깨지 못한 기록 합격자 수 1위
- 가장 많은 합격자를 배출한 최고의 합격 시스템

직영학원
- 검증된 합격 프로그램과 강의
- 1:1 밀착 관리 및 컨설팅
- 호텔 수준의 학습 환경

종합출판
- 온라인서점 베스트셀러 1위!
- 출제위원급 전문 교수진이 직접 집필한 합격 교재

어학 교육
- 토익 베스트셀러 1위
- 토익 동영상 강의 무료 제공

콘텐츠 제휴 · B2B 교육
- 고객 맞춤형 위탁 교육 서비스 제공
- 기업, 기관, 대학 등 각 단체에 최적화된 고객 맞춤형 교육 및 제휴 서비스

부동산 아카데미
- 부동산 실무 교육 1위!
- 상위 1% 고소득 창업/취업 비법
- 부동산 실전 재테크 성공 비법

학점은행제
- 99%의 과목이수율
- 17년 연속 교육부 평가 인정 기관 선정

대학 편입
- 편입 교육 1위!
- 최대 200% 환급 상품 서비스

국비무료 교육
- '5년우수훈련기관' 선정
- K-디지털, 산대특 등 특화 훈련과정
- 원격국비교육원 오픈

에듀윌 교육서비스 **AI 교육** AI 프롬프트 연구소/AI CLASS(ChatGPT/AICE/노션 AI/중개업 AI 등) **공무원 교육** 9급공무원/소방공무원/계리직공무원 **자격증 교육** 공인중개사/주택관리사/손해평가사/감정평가사/노무사/전기기사/경비지도사/검정고시/소방설비기사/소방시설관리사/사회복지사1급/대기환경기사/수질환경기사/건축기사/토목기사/직업상담사/청소년상담사/전기기능사/산업안전기사/산업위생관리기사/건설안전기사/위험물산업기사/위험물기능사/설비보전기사/에너지관리기사/유통관리사/물류관리사/행정사/한국사능력검정/한경TESAT/매경TEST/KBS한국어능력시험·실용글쓰기/국제무역사/무역영어 **어학 교육** 토익 교재/토익 동영상 강의 **금융/IT/비즈니스** 전산세무회계/ERP정보관리사/재경관리사/정보처리기사/컴퓨터활용능력/SQLD/ADsP **대학 편입** 편입영어·수학/연고대/의약대/경찰대/논술/면접 **직영학원** 공무원학원/소방학원/공인중개사 학원/주택관리사 학원/전기기사 학원/편입학원 **종합출판** 공무원·자격증 수험교재 및 단행본 **학점은행제** 교육부평가인정기관 원격평생교육원(사회복지사2급/경영학/CPA) **콘텐츠 제휴·B2B 교육** 교육 콘텐츠 제휴/기업 맞춤 자격증 교육/대학취업역량 강화 교육 **부동산 아카데미** 부동산 창업CEO/부동산 경매마스터/부동산 컨설팅 **주택취업센터** 실무 특강/실무 아카데미 **국비무료 교육(국비교육원)** 전기기능사/전기(산업)기사/소방설비(산업)기사/IT(빅데이터/자바프로그램/파이썬)/게임그래픽/3D프린터/실내건축디자인/웹퍼블리셔/그래픽디자인/영상편집(유튜브) 디자인/온라인 쇼핑몰광고 및 제작(쿠팡, 스마트스토어)/전산세무회계/컴퓨터활용능력/ITQ/GTQ/직업상담사

교육문의 1600-6700 www.eduwill.net

강의 누적 조회 수 193만회
실기 감독위원의 Full 강의 무료

식품 분야의 전문 교수진!
무료강의로 한 번에 합격!

강점 1 최신 출제 기준 완벽 반영
강점 2 조리기능사, 제과·제빵기능사, 떡제조기능사 실기 모든 과제 강의 무료 제공
강점 3 단기 합격을 책임지는 교재별 맞춤부록 제공

* 에듀윌 조리기능사, 제과·제빵기능사, 떡제조기능사 강의 누적 조회 수, 에듀윌 도서몰/네이버TV/유튜브 합산 1,936,966회 (2025년 9월 기준)
* 에듀윌 정책에 따라 강의 타이틀 및 콘셉트는 변경될 수 있습니다.